Hans Jacob Leu

Allgemeines Helvetisches, Eidgenössisches oder Schweizerisches Lexikon

Hans Jacob Leu

Allgemeines Helvetisches, Eidgenössisches oder Schweizerisches Lexikon

ISBN/EAN: 9783742808622

Hergestellt in Europa, USA, Kanada, Australien, Japan

Cover: Foto ©Andreas Hilbeck / pixelio.de

Manufactured and distributed by brebook publishing software (www.brebook.com)

Hans Jacob Leu

Allgemeines Helvetisches, Eidgenössisches oder Schweizerisches Lexikon

Allgemeines Helvetisches, Eydgenössisches, Oder Schweitzerisches LEXICON,

In welchem das, was zu wahrer Erkanntnuß des ehe- und disrmaligen Zustandes und der Geschichten der Helvetischen und Eydgenößischen oder Schweitzerischen, wie auch deroselben Zugewandten und Verbündeten Länderen, so dann derer darinnen befindlichen Orten, Geschlechtern, und fürnehmsten Persohnen, welche sich in Geist- und Weltlichem Stande, in den Wissenschaften und Künsten, in dem Krieg und sonsten hervorgethan und noch thun, erforderlich seyn mag;

aus allen denen hievon handlenden gedruckten und geschriebenen Büchern und vielen sonst erhaltenen schriftlichen Nachrichten,

in Alphabetischer Ordnung vorgestellet wird

Von

Hans Jacob Leu.

XX. Theil X. Y. Z.

Zürich, bey Hans Ulrich Denzler, MDCCLXV.

X.

Xylotectus, siehe Zimmermann.

Y.

Was nicht unter solchem Vor-Buchstaben sich findet, kan auch unter den Vor-Buchstaben El. und J. nachgesucht werden.

Ybach, siehe Jbach.

Ybenscher, siehe Uebeschi und Jbischi.

Yberg, von Yberg oder Abyberg.

Ein ausgestorbenes Geschlecht in der Stadt Lucern, welches Antoni, Heinrich und Werner, des gleich hernach vorkommenden Land-Amann Conrads von Schweitz Söhne dahin gebracht, und A. 1386. in der Schlacht bey Sempach um das Leben kommen: von selbigen stammen ab Hans, der A. 1414. des grossen und A. 1417. des innern Rahts worden; ein anderer des Namens ward A. 1451. des grossen und A. 1437. des innern Rahts, auch A. 1441. Landvogt der Freyen Aemtern, und A. 1443. von Baden: Peter ein Sohn eines Schultheissen von Willisau ward A. 1506. des grossen Rahts, und blieb A. 1515. in der Schlacht bey Marignano: Jost ward A.

1538.

1538. des grossen Rahts, A. 1539. Landvogt von Kriens, A. 1548. von Sargans, A. 1549. des innern Rahts, A. 1551. und 1555. Landvogt von Münster, und A. 1559. von Rußweil, und ist als Hauptmann in Königlichen Französischen Diensten, A. 1562. in der Schlacht bey Blainville umkommen; auch ward Walter A. 1566. des grossen Rahts.

Ein uraltes Geschlecht in dem Land Schweitz, und dem alten Viertel, aus welchem Rudolf zu End des XII. Seculi gelebt, und von ihme abgestamt Conrad, Ritter, der A. 1251. Land-Amman gewesen, und die Bündnus mit der Stadt Zürich, und dem Land Uri in diesem Jahr errichten helfen, Walter A. 1267. Abt des Stifts Engelberg worden, und Hartmann als des Stifts St. Gallen Dienstmann, A. 1262. das Schloß Yberg in dem Thurthal erbauet, und deswegen von Graf Kraft von Toggenburg, nebst seinem Sohn Ulrich auf das Schloß Uznaberg gefangen gesetzt worden, und, da er aus dieser Gefangenschaft entrunnen, sich nach St. Gallen begeben, und dem Abt Berchtold alle seine an gedachtes Schloß gehabte Rechtung übergeben.

Vorbemeldter Land-Amman Conrad zeugte nebst andern Kindern auch einen Sohn gleiches Namens, welcher auch A. 1295. Land-Amman worden, und hinterlassen Caspar, der nebst seinem Schwager Joost von Maas A. 1301. die Reichs-Vogtey des Thals Ursern und des Flecken Gersau zu Lehen gehabt, Johannes A. 1315. unter dem Namen Heinrich Abt des Stifts St. Urban worden, und Conrad, der älteste Sohn auch A. 1341. und 1350. Land-Amman worden, und ein Vatter gewesen obigen Antons, Heinrichs und Werner, so sich zu Lucern gesetzt: und Ulrichs der der Jüngste gewesen, und zu Schweitz geblieben, und A. 1397. und A. 1422. auch Land-Amman worden, dessen älterer Sohn Werner A. 1444. in der Schlacht bey St. Jacob vor der Stadt Basel geblieben, und der jüngere Johannes A. 1426. Zeug bey der Friedens-Handlung mit Herzog Philippo Maria von Mayland gewesen, auch A. 1428. und 1438. Land-Amman worden, auch ein Gesandter bey Graf Friedrich
von

von Toggenburg An. 1436. da selbiger gleich vor seinem Ableben die Toggenburger und Uznacher auch zu Landleuthen von Schweitz verordnet: auch Pannerherr, und in dem alten Zürich-Krieg Hauptmann An. 1443. in der Schlacht bey St. Jacob an der Sil vor der Stadt Zürich, auch zu Pfäffiken gewesen, und den 2. Augstm. An. 1445. auf dem grossen Flooz vor Rapperschweil so verwundet worden, daß er an dem dritten Tag darauf gestorben. Von seinen Söhnen ward Heinrich A. 1454. Land-Amman, und ein Vater Heinrichs Pfarrer von Freyenbach, Ulrichs und Werners, die A. 1468. vor Waldshut umkamen, und Ulrichs, welcher A. 1482. Land-Amman worden, und im gleichen Jahr Gesandter zu Beylegung der zwischend den Städten Zürich und Strasburg gewalteten Streitigkeiten, auch 1484. Gesandter zu Beschweerung des mit König Carolo VIII. von Frankreich errichteten Bunds gewesen: sein Sohn Johannes blieb in dem Schwaben-Krieg A. 1499. vor Rheinegg, und sein Sohn Caspar war ein Vatter Heinrichs der A. 1538. Landvogt von Sargans worden, und aus dessen Söhnen Caspar schon Anno 1530. wegen denen in der Stadt Rotweil vorgefallenen Religions-Streitigkeiten Gesandter dahin gewesen, und daselbst auf der Cantzel die Catholische Religion so verfochten, daß sie die Oberhand behalten, und die Evangelischen Prediger abgestellt worden, darfür ihne dortige Oberkeit für sich und seine Nachkommen mit dem Burger-Recht, und auch einem silber-verguldeten einen Greiffs-Klauen vorstellenden Trinkgeschirr beschenkt, welcher annoch von den ältesten des Geschlechts aufbehalten wird; er ward auch A. 1559. Landvogt von Baden, und A. 1562. 1566. 1570. 1574. 1580. und 1586. Land-Amman, und immittelst auch Gesandter An. 1564. zu Beschweerung der mit König Carolo IX. und A. 1582. mit König Henrico III. von Frankreich, und der A. 1588. mit König Philippo II. von Spanien errichteten Bündnussen, auch A. 1586. bey Errichtung des sogenannten guldenen Bundes unter den Catholisch-Eydgenößis. Städt und Orten: er war auch Ritter und Lands-Hauptmann, und hat A. 1562. ein Haus im sogenannten Grund, und A. 1592. darbey ein Capell zu Ehren S. Sebastiani und Rochi erbauet, und mit ansehnlichen Einkünften begabet, deren Verforgung und Capelan Beſtellung annoch bey dem Geſchlecht ſtehet: er iſt den 22. Sept. An. 1598. in dem 98. Alters Jahr geſtorben, und haben von ſeinen 24. erzeugten Kindern Conrad Heinrich, Johann Sebaſtian, und wiederum Conrad Heinrich das Geſchlecht in 3. Linien fortgepflanzet.

I. Conrad Heinrich war erſtlich Landſchreiber, hernach auch Hauptmann in Königlichen Franzöſiſchen Dienſten, auch Ritter, und ſein Sohn Sebaſtian, der das groſſe Hauſe in Mutzhof erbauet: A. 1616. Seckelmeiſter, A. 1620. Landvogt von Lugano oder Lauis, A. 1624. Statthalter, und An. 1626. 1634. 1644. und An. 1648. Land-Amman: war auch Geſandter An. 1622. auf der wegen denen in Graubündten gewalteten Mißhelligkeiten, und zu Lindau unfruchtbarlich gehaltenen Conferenz, A. 1623. zwiſchen den Landleuten beyder Religionen in dem Land Glarus über verſchiedene mehrere und mindere Anſtöß gemachten Verglich, und An. 1634. auch bey der zu Meyland erneuerten Bündnus mit König Philippo III. von Spanien; es ward auch ſein Sohn Johannes A. 1638. Hauptmann in Königlichen Spaniſchen Dienſten unter dem Regiment Zweyer, und deſſen Sohn Johann Sebaſtian A. 1650. Hauptmann in gleichem Dienſt unter dem Regiment Crivelli.

II. Johann Sebaſtian, der ſiebende Sohn ermeldten Land-Amman Caſpars, ward A. 1620. Lands-Statthalter, und An. 1622. 1632. und 1642. Land-Amman, und ſein Sohn Caſpar A. 1637. Landſchreiber, A. 1644. Landvogt von Lugano oder Lauis, A. 1658. Lands-Statthalter, auch A. 1660. 1664. 1668. und 1674. Land-Amman, war auch Lands-Hauptmann, und Geſandter A. 1648. an den Groß-Herzog von Toſcana, und An. 1663. zu Beſchweerung des mit König Ludovico XIV. von Frankreich erneuerten Bunds, und auch Obriſt-Wachtmeiſter unter dem in Königlichen Spaniſchen Dienſten geſtandenen Regiment Zweyer, und hinterlieſſe nebſt andern Kindern folgende 4. Söhne Johann Sebaſtian, der A. 1667. Landvogt der Freyen-Aemtern worden, Conrad Heinrich der Theologiæ Doctor, Notarius poſtolicus, An. 1657. Pfarrer von Küßnacht, und A. 1669.

der Hauptkirch bey S. Martin in dem Flecken Schweiz, und annebst A. 1685. Probst des Stifts zu Bischofzell worden, auch Bischöflicher Costanzischer Commissarius in dem Land Schweiz, und An. 1685. Decanus der IV. Waldstädter Capituls, und 46. Jahr durch Pfarrer bey ersagter Hauptkirch zu Schweiz gewesen; Johann Rudolf hernach als Capuciner P. Sebastian Prediger, Magister, Unterweiser der Novizen und neu angenohmenen Ordens-Brüdern, öfters Guardian, 6. mahl Definitor, auch 20. Jahr Beichtvater der Kloster-Frauen zu Altorf gewesen, auch von dem General-Ordens-Capitul zu Rom zum Custode der Schweizerischen Provinz ernannt worden: und Johann Caspar, der An. 1664. der Stift St. Gallischen Schirm-Städt und Ortischer Hauptmann zu Wyl, und von seinen Sohns Söhnen Caspar Franz Diethelm, A. 1698. Chorherr des Stifts von Bischofzell, Joseph Antoni unter angenommenen Namen P. Rochi oftmahliger Guardian in Capuciner-Clöstern, und Heinrich Dominici der des Land-Rahts worden, und ein Vatter gewesen, nebend andern Kindern auch Georg Franzen, der erstlich Pfarrer zu Diessenhofen, und A. 1745. Chorherr des Stifts zu Bischofzell worden, Carl Dominic der als Capuciner P. Heinrich viel Jahr Missionarius in Moscau gewesen, und A. 1747. in der Stadt Moscau gestorben, und Joseph Antoni, der Grenadier-Hauptmann in dem Nideröstschen Regiment in Königlichen Spanischen Diensten gewesen, und 1725. des Land-Rahts, und A. 1754. Landvogt von Bellenz worden.

III. Conrad Heinrich, der jüngste Sohn obigen Land-Amman und Ritter Caspars, hat An. 1641. die Capell bey St. Johann im Ried in dem Muota-Thal erbauet, und ward An. 1622. Landvogt von Einsideln, auch A. 1652 Land-Statthalter, und 1654. Land-Amman, und sein jüngster Sohn Johann Rochus hat gedachte Capell A. 1682. von neuem auferbaut, vergrössert, und mit mehrern Einkünften begabet; er war Hauptmann in Königl. Spanischen und auch Kayserlichen Diensten, auch A. 1694 Land-Amman und A. 1695. Gesandter zu der Erneuerung der Bündnus mit dem Bischof von Basel, und ist den 21. Mart. A. 1736. in dem 93. Alters Jahr gestorben. Von deſſen 9. Söhnen der andere Joseph Antoni, Hauptmann unter dem Regiment Reding, in Herzoglichen Savoyischen Dienſten geweſen, der fünfte Sebaſtian Rochus als Feld-Caplan, in der Schlacht bey Villmergen A. 1712. verwundet worden, der ſechſte Dominic Nazari in den Benedictiner-Orden in dem Stift Einſideln unter dem Namen P. Heinrich getretten, und auch daſelbſt Pfarrer worden; der ſiebende Leonhard Leonzi A. 1702. Lieutenant unter dem Regiment Diesbach in Kayſerlichen Dienſten, und von A. 1734. bis A. 1737. unter dem Kybiſchen Regiment in Königlichen Sardiniſchen Dienſten worden, und in dem letſten Jahr zu Cagliari in Sardinien geſtorben, und der achte Franz Xaveri von A. 1704. bis A. 1723. in Herzoglichen Savoyiſchen, und hernach in Königlichen Sicilianiſchen und Sardiniſchen Dienſten geſtanden, und bis zur Capitain-Lieutenant Stell gelanget, in dem letſtgedachten Jahr aber als Hauptmann über ein Compagnie unter dem Niederöſtiſchen Regiment in Königlichen Spaniſchen Dienſten worden. Auch war ſeine Tochter Maria Dominica 27. Jahr Vorſteherin des Frauen Cloſters bey St. Peter auf dem Bach zu Schweiz: ſein älteſter Sohn Johann Caſpar, der dritte Georg Franz, der vierte Conrad Heinrich, und der neunte Johann Martin haben das Geſchlecht fortgepflanzet.

I. Johann Caſpar, obigen Land-Amman Johann Rochi älteſter Sohn, ward A. 1691. Hauptmann unter dem Meyerlſchen Regiment in Königlichen Spaniſchen Dienſten, und An. 1702. unter dem Regiment Diesbach in Kayſerlichen Dienſten, und iſt A. 1746. in dem 78. Alters Jahr geſtorben, und hat hinterlaſſen Franz Antoni, der A. 1710. als Cadet unter das in Kayſerlichen Dienſten geſtandene Regiment Diesbach getretten, hernach A. 1723. in Königliche Spaniſche Dienſt, unter das Regiment Niederöſt kommen, und darin nach und nach geſtiegen, daß er A. 1730. Ober-Lieutenant, A. 1733. Regiments-Adjutant, A. 1735. Capitaine-Lieutenant, und A. 1738. Hauptmann worden, und jbermahlen Land-Hauptmann der Landſchaft Einſidlen iſt.

II. Georg

II. **Georg Franz** trate in Königliche Spanische Dienste A. 1691. unter das Regiment Meyer als Fähndrich, und ward An. 1693. Lieutenant, kam hernach in Kayserl. Dienst, An. 1695. als Hauptmann unter das Regiment Bürklin, und ward folglich A. 1704. Obrist-Wachtmeister, und A. 1712. Obrist-Lieutenant des Diesbachischen und A. 1734. des Niederöstischen Regiments, auch im Jun. A. 1736. Obrister dieses letztern, welches aber gleich hernach abgedankt, er aber doch folglich den 16. Dec. 1750. General-Feld-Wachtmeister in gleichen Diensten ernennt, annebst aber auch An. 1737. Land-Stattbalter zu Schweitz worden, und den 27. Mart. An. 1753. in dem 80. Alters Jahr gestorben, und war ein Vatter Johann Rudolfs Rochi, der A. 1712. Fähndrich, A. 1715. Lieutenant, und An. 1736. Hauptmann in Kayserlichen Diensten, und A. 1754. Secretarius des Stifts Pfeffers worden, Heinrichs Franz Mariä, der auch Fähndrich A. 1735. in Kayserlichen Diensten, und An. 1758. des Land-Rahts zu Schweitz worden, und Mariæ Walburgis, die A. 1753. Vorsteherin der Kloster-Frauen in der Auw zu Einsidlen worden.

III. **Conrad Heinrich**, der vierte Sohn obbemeldten Land-Amman Johann Rochi, ward A. 1694. Hauptmann in Königlichen Spanischen Diensten, warb hernach A. 1706. eine Compagnie in Herzogliche Savoyische Dienste unter das Regiment Kod, ward in diesem Dienst A. 1732. Major, A. 1734. Obrist-Lieutenant, und den 11. Mart. A. 1737. Schweitzerischen Garde Hauptmann mit Obristen Rang und Titel: von seinen Söhnen ward 1. Joseph Antoni, in Königl. Sardinis. Diensten unter dem Regiment Hackbrett A. 1716. Fähndrich, 1720. Lieutenant, und 1727. Capitaine-Lieutenant; er ward in der Belagerung von Mellina und An. 1734. in der Schlacht bey Parma hart verwundet, und bekam folglich A. 1736. seines Vaters Compagnie, welche ihme A. 1749. bewilliget worden seinem jüngsten Bruder abzutretten, da er die Garde-Lieutenant-Stell unter der Schweitzerischen-Garde, und auch den Ritter-Orden S. Mauritii und Lazari erhalten. 2. Julius Franciscus Pritius viel Jahr Feld-Pater unter dem Rietmannischen Regiment in diesen

Diensten,

Diensten, und folglich Hof-Caplan des Bischofs von Jurea, und seit A. 1754. Dom-Herr daselbst worden. 3. Felix Antoni Dominic ward in Königl. Sardinischen Diensten A. 1721. Cadet unter dem Regiment Hackbrett, und A. 1733. Lieutenant unter dem Lydischen Regiment, hernach A. 1738. des Land-Rahts zu Schweitz, und A. 1755. Sibner des Alten Viertels, und warb A. 1757. als Hauptmann eine halbe Compagnie unter das Regiment Reding in Königlichen Spanischen Diensten. 4. Caspar Antoni Sebastian ward in Königlichen Sardinischen Diensten unter dem Regiment Hackbrett An. 1724. Cadet, An. 1728. Fähndrich A. 1734. Lieutenant A. 1741. Capitaine-Lieutenant, und An. 1743. Hauptmann: und 5. Joseph Franz Xaveri Hypolitus ward in gleichen Diensten An. 1731. Cadet, 1732. Fähndrich, A. 1734. Lieutenant, A. 1740. Capitaine-Lieutenant, und A. 1749. auch Hauptmann, und obigen Hauptmann Conrad Heinrichs Tochter Maria Margaretha ward A. 1755. Vorsteherin der Kloster-Frauen bey dem obern heiligen Creutz zu Altorf: vorbemelten Ritters und Garde-Lieutenant, Joseph Antoni vier Söhn erhielten schon in der Wiegen von dem König von Sardinien den Cadetten-Sold mit Fähndrichs Range, und ward hernach der erste Joseph Antoni, A. 1750. Lieutenant unter dem Kalbermattischen Regiment, und A. 1754. Fähndrich unter der Schweitzerischen Garde, der andere Aloysi An. 1754. Fähndrich unter dem Regiment Kalbermatter, und A. 1756. in Königl. Sicilianischen Diensten Lieutenant unter dem Schweitzer-Garde-Regiment Tschudi, und die zwey jüngsten Franz Dominic A. 1756. und Beat Caspar Joseph A. 1760. Fähndrich unter dem obbemelten Regiment Kalbermatter: von des Sibners Felix Antoni Söhnen, starb Franz Dominic als Fähndrich unter gleichem Regiment, und Johann Joseph Antoni als Capitaine-Lieutenant unter dem in Königlichen Spanischen Diensten stehenden Regiment Reding, unter welchem nun noch Georg Franz Felix A. 1758. Hauptmann, und Joseph Franz Antoni A. 1759. Capitaine-Lieutenant worden.

IV. Johann Martin, auch obigen Land-Amman Johann Rochi, und zwahren jüngster Sohn, trat A. 1709. als Cadet in in Herzogl. Savoyischen und A. 1712. als Fähndrich in Kayserl. Diensten unter das Regiment Diesbach, weiters in Königliche Spanische Dienst, An. 1725. als Lieutenant unter das Niederöstische, und An. 1728. als Capitaine-Lieutenant unter das Beßlerische Regiment bis auf desse A. 1748. erfolgte Abdankung; und sein Sohn Rochus Dominicus Thaddeus ward in Königlichen Spanischen Diensten, A. 1740. bis 1744. unter dem Regiment Wirz, hernach An. 1744. Lieutenant unter dem Regiment Beßler, und An. 1748. als Lieutenant unter gedachtem in Königliche Sicilianische Dienste gekommenen Regiment Wirz.

Yberg.

Ein grosses Gebäu und Freyhof, insgemein genannt Schlößlein in der Stadt Mellingen, welches Catharina von Yberg A. 1350. ihrem Ehemann Johannes Segeser zugebracht, hernach an den Deutschen Ritter-Orden kommen, und A. 1730. von selbigen an Joost Ranuti Segeser wieder verkauft worden, welcher daraus ein Fidei-Commiß für den ältesten aus dem Geschlecht Segeser errichtet. Siehe auch Iberg.

Yburger.

Ein ausgestorbenes Geschlecht in der Stadt Zürich, aus welchem Johannes gebürtig von St. Gallen, An. 1436. das Burger-Recht erhalten, in dem alten Zürich-Krieg auch einer der 60. sogenannten Böcken oder Schwerdtlern, auch von An. 1449. bis A. 1453. Zunftmeister, auch verschiedene Pfarrer in dem Zürich Gebiet, dem Thurgäu ꝛc. gewesen.

Tenne, siehe Eviena.

Yenni.

Ein ausgestorbenes Geschlecht in der Stadt Freyburg, aus welchem Wilhelm A. 1541. Rahtsherr worden.

Yens.

Ein klein Dorf und Filial-Kirch von der Pfarr S. Livres in dem Bernerischen Amt Aubonne, allwo ein Herrschaftliches Haus,

Haus, welches einem aus dem Geschlecht Bикart gehöret, welchem nebst einem von Tavell, einem Marquis, und noch zwey andern auch die Herrschaft darüber zuständig.

Oettenbach

Ein Waldwasser, welches bey entstehenden starken Regenwetter von dem Berg Haaggen, ob dem Flecken Schweitz stark anlauffet, und sich zum grossen Schaden der anliegenden Häusern und Gütern ergiesset, und letstlich sich in die Seweren stürzet.

von Ofenthal, siehe Ifenthal.

Ofertswyl.

Ein Hof in der Pfarr Täffers, in der alten Landschaft der Stadt Freyburg.

Ol.

Ein ausgestorbenes Geschlecht in der Stadt Solothurn, aus welchem Stephan O. 1551. des grossen Rahts, A. 1552. Jung-Raht, und A. 1562. Vogt zu Palm worden.

Omburg oder Imburg, siehe Chur, Stadt

Ommenberg.

Ein Berg, darauf das Schloß Sonnenberg in der Landvogtey Thurgäu gebauet, und auf welchem vieler Weinwachs.

Onn siehe Inn

von Onkenberg siehe Inkenberg.

Opiken.

Ein Dorf in der Pfarr Meyers Capell, in der Stadt Zugischen Ober-Vogtey Rosch oder Gangoltschweil.

Ornis siehe *Giornico*.

Osenberg-

Ysenbergschweil.

Ein Dorf in der Pfarr und Gerichte Muri, in den Obern Freyen Aemtern.

Ysenbollingen.

Ein Dorf in der Pfarr Meyringen, und der Bernerischen Landschaft Hasli.

Ysenburg.

Ein Berg in der Pfarr Schübelbach, in der Schweitzerischen Landschaft March.

Ysiken, siehe Isiken

von Ysinken.

Ein ausgestorbenes Geschlecht in der Stadt Zürich, aus welchem Ulrich A. 1344. und 1346. Zunftmeister worden.

Ysliken.

Ein Lehenhof des Stifts Frauenthal in der Stadt Zugischen Ober-Vogtey Cham.

Yslisberg siehe Islisberg.

von Ysnach.

Ein ausgestorbenes Geschlecht in der Stadt Zürich, aus welchem einige auch auf dem Schloß Wurp gesessen, und Ulrich A. 1344. Zunftmeister, Johannes An. 1383. Rahtsherr und Silwald Meister, und einer gleiches Namens A. 1424. Rahtsherr, A. 1432. Obervogt von Rümlang, A. 1437. Reichsvogt, und An. 1437. Hauptmann über einen Zusatz zu Ellg, und An. 1443. in Neu Regensberg, welches er an die Eydgenossen übergeben.

von

von Yſni.

Ein ausgeſtorbenes Geſchlecht in der Stadt Solothurn, aus welchem Magnus zu Anfang des XV. Seculi daſelbſt Stadt-ſchreiber] geweſen.

Yſo ſiehe Iſo.

Itta.

Ein ausgeſtorbenes Geſchlecht in der Stadt Zürich, aus welchen Thomas A. 1577. des groſſen Rahts worden.

von Yttingen.

Ein ausgeſtorbenes Geſchlecht in der Stadt Baſel, aus welchem Heinrich A. 1426. erſtlich Obervogt von Homburg, und in gleichem Jahr Obervogt von Waldenburg worden.

Yverdon oder Yverdun,

Deutſch Ifferten, ein mittelmäßige wohlgebaute Stadt und Schloß in dem Gebiet der Stadt Bern, zu oberſt an dem Neuenburger-See, welcher dortherum auch etwann den Namen von derſelben hat, und ehemahls bis an die Stadt gegangen, ſeit einem Seculo aber ſich ſo zurück gezogen, daß dermahlen von den Stadt-Mauren bis an den See in einer Ebne etwann von 50. Jucharten ein Spaziergang von Bäumen angelegt iſt, der auch in Mitten der beyden Aermen des Fluſſes Theilaz liget, welcher durch die nahe bey der Stadt geſchehende Vereinigung der beyden Bächen von Orbe und Talant entſtehet, und in zweyen Aermen ſich in den See ergieſſet, da der gröſſere dieſer Aermen einen ſichern Haven ausmachet, in welchem jederzeit eine Menge allerhand Schiffen ſich befinden, welche zu der Abfahr der vielen Land-Weinen, auch vielen Kaufmanns-Gütern in und aus Frankreich, Italien und Deutſchland gebraucht werden. Das Schloß iſt an dem einten Ende der Stadt um etwas erhöhet, weitläufig und nach alter Art gebauet, hat 4. Thürne, und auf einer Seiten ein Waſſer- auf der Seiten aber gegen der Stadt trockene Gräben, und iſt nahe bey dem groſſen Platz,

auf

auf welchem die mit einem schönen und hohen Glocken-Thurn versehene, und A. 1738. neue schöne gebaute Kirch, das gleichfalls wohlgebaute Rahthaus, auch das Zeug- und ein Kornhaus stehen; es befindet sich darin das Collegium, ein Spittal und zwey Gebäu, die zur Niederlagen und Kauf-Hauses dienen, und an dem See ein Pulfer-Magazin, die Stadt und die in einer kleinen Insul liegende Vorstadt der Mühlenen, sind mit hohen und starken Mauren und Thürnen umgeben, und in der Stadt befinden sich noch 3. gleich weite Gassen, 4. Haupt-Thor und eben so viel Brucken, 5. lauffende Brunnen, und in gedachter Vorstadt gegen dem Hafen ein Hoch-Oberkeitliches Magazin für Salz und Korn: auf der andern Seiten der Stadt aussert den Mauren jenseit des Flusses ist noch eine andere grosse Vorstadt la Plaine oder Ebne genannt, deren schöne gerade und weite Gaß einen schönen Eingang in die Stadt machet, auch ist zu bemerken eine Schleusse, worauf die Schiff aus dem obern Canal in den untern herab, und aus diesem in jenen hinauf gelassen werden: ein wenig weit von dieser letztern Vorstadt siehet man noch Ueberbleibsel von einer daselbst gestandnen nun abgegangenen Kirch, und unweit darvon auf der Landstraß gegen Lausanne und Morges befindet sich ein reiche Quell von warmen mineralischen Wasser, welches sowohl zum trinken als auch zum baden, mit guter Würkung wieder die Brust-Beschwärden, offene Schäden, Krankheiten der Haut ꝛc. gebraucht wird, und ward hierzu von der Oberkeit von Bern vor wenigen Jahren ein neues und grösseres Badhaus erbauet.

Die Gelegenheit des Orts zeiget, daß schon in uralten Zeiten dorten ein kömlicher Wohnplatz müsse gewesen seyn, und wird danahen auch von einigen selbiger unter die von den Helvetiern zu C. Jul. Cæsaris Zeiten abgebrannten 12. Städten gezellet, auch von vielen für eine der Ebrodunum ehemahls genannten Städten geachtet, wie unter dem Articul *Ebrodunum* das mehrere zu sehen; und wollen auch einige, daß sie zu Anfang des V. Seculi von einem Hauptmann der siebende Compagnie der damahls in solche Länder eingefallenen Vandalen oder Wenden genannt Ebroduno wieder seye erbauet worden: dieser Platz kam hernach

hernach unter die Könige von Burgund, und nach deren Abgang an das Deutsche Reich, da von denen über selbige Lands-Theil geordnete Regenten Herzogen von Zähringen Conrad in dem XII. Seculo das Schloß daselbst erbauet, und da Graf Petrus von Savoy nach der Mitte des XIII. Seculi Yverdon entweder durch ein lange Belagerung und Aushüngerung, oder aber durch ein Kauf von Ame von Mömpelgard, Herrn von Montfaucon an sich gebracht; in bessern Stand gestellt worden seyn solle: dieser Ort bliebe hernach in dem Gewalt der Grafen, und hernach Herzogen von Savoy, und war die andere unter den 4. sogenannten bonnes Villes (guten Städten) in der Wadt: Sie ist innert solcher Zeit in Mitten des XV. Seculi fast völlig eingeäschert, und sind durch einen nun anderwertshin geleitheten Bach viele Häuser, und darunter auch das Rahthaus, darinn auch das Geschütz bewahret worden; hingerissen worden: in dem zwischend Herzog Carl von Burgund, und den Eydgenossen entstandenen Krieg, haben auch, da die Herzogin von Savoy heimlich und der Savoyische Graf von Romont offentlich des ersten Parthey genohmen haben, A. 1475. die Stadt Bern, Freyburg und Solothurn die Stadt Yverdon durch Uebergab eingenommen, und nebst der Stadt Lucern eine Besatzung darein gelegt, und erstlich 8. alldortige Burger zu Geisseln, weilen sie der Burgerschaft nicht allzuwohl getraut, mitgenommen, hernach aber auf derselben anscheinende Treu wieder-ledig gelassen, worauf die meisten Burger von Yverdon bis an zwey, mit dem gedachten Graf von Romont einen Anschlag gemacht, und am Freytag vor Antonii Tag im Jan. A. 1476. da selbiger mit etlich tausend Mann in der Stille dahin gerückt, demselben die Thor eröfnet, da zwischend diesen und der in der Stadt gewesenen Eydgenößischen Besatzung ein ernstlicher Streit entstanden, diese aber sich so tapfer gewehret, daß sie auch nach langem Gefecht sich in das Schloß ziehen können, und darnach auch daraus die Feinde mit Verlurst 30. Mann wieder abtreiben können, und die Stadt folglich geplündert, und hierauf das Schloß mit 200. Mann besetzt geblieben: die Stadt ward bey dem noch in gleichem Jahr erfolgten Frieden an den Herzog von Savoy abgetretten, und von seinen Nachfahren besessen bis A. 1536.

da die Stadt Bern auch dahin gezogen und die Vorstadt eingenommen, und bey vorgehabten Sturm die Einwohner genöthiget sich den 25. Febr. an selbige mit Auslieferung ihrer Rechten, Briefen, Gewehr ꝛc. zu übergeben, und ward hierauf sogleich der Catholische Gottesdienst allda völlig aufgehebt, und die Stadt nebst dem gleich vorkommenden Amt zu einer Landvogtey gemacht.

Die Stadt hat jedoch auch einen Raht aus 36. Gliedern, der die Stadt-Geschäfte besorget, und wird das Haupt darvon Banneret, so viel als Pannerherr genennt; doch wird derselbe auch in den kleinen Raht, der aus 12. Gliedern 8. alljährlich abwechslenden Gliedern des grossen Rahts, und die alltäglichen Geschäfte behandelt: und in den grossen Raht, darzu denn auch noch die übrige 16. Glieder gezogen werden; abgetheilet.

Es sind in der Stadt zwey Französische und seit A. 1703. auch ein Deutscher Pfarrer, und für Unterweisung der Jugend bis in die Philosophiam ein Collegium von einem Rectore und 4. Præceptoren.

Auch werden in dieser Stadt auf den Dienstag nach Pauli Bekehrung, Dienstag nach Palm-Sonntag, Dienstag nach dem Pfingst-Tag, am ersten Dienstag im Sept. Dienstag nach Catharina-Tag, und den 27. Decemb. Jahr-Märkt gehalten. Stumpf. *Chron. Helv. lib. VIII. c. 13.* Stettler Nüchtl. Gesch. *ad diſſ. ann.* Guilliiman *de reb. Helv. lib. I. c. 3. Cronique du Pays de Vaud. pag. 26.* Plantin *Abregé de l'Hist. de Suisse p. 56. 119. 234. 520.*

Yverdon oder Yverdun, Landvogtey.

Die der Stadt Bern zugehörige, von gleich beschriebener Stadt den Namen habende Landvogtey oder Amt Yverdon oder Yverdun gränzet gegen Aufgang an das Freyburgische Amt Etafis, gegen Abend an das Bernerische Amt Romainmotier, und die Bern-Freyburgische Landvogtey Grandson, gegen Mittag

tag an das Bernerische Amt Morges oder Morsee, und die Bern-Freyburgische Landvogtey Tscherlitz, und gegen Mitternacht an den Neuburger (Neuchatel) oder Yverdoner-See: sie ist ziemlich weitläufig und begreift nebst der gedachten Stadt Yverdon, auch noch die Pfarren und Filialen von Baulmes und Peney, Berchier nebst Fey und Ruayre, Bulet, Champvent und Mathoud, Chavornay und Bavois und Corselle, S. Cierge, S. Croix, Cronay und Orsens, Dompneloye und Bioleymagnou, Grissier und Ursins, Lignerolles und les Clées, Paqui und Demoret, Pomy und Cuarney, Rances und Valleyres, Warens nebst Essertines und Pally nebst noch vielen in selbige pfarrgenößigen Dörfern grossen und kleinen, welche alle bis gegen 60. ansteigen sollen: auch gehören unter solche Landvogtey die Freyherrschaft Berchier, und die Herrschaften Ballaigue, Ober und Unter Bavois Bourjeod, Byollei, Champvant, S. Christophle, Correvont, Corcelles sur Chavornay, Cronay, Essert, Lignerolles, Matthond, Mollondens, la Motthe, Ossens, Pailly, Prahin und Warrens: übrigens hat dieses Amt und Landvogtey gleiche Schicksal gehabt mit der gleich vorbeschriebenen Stadt, und ist A. 1536. mit selbiger an die Stadt Bern kommen, und seither verwaltet worden durch nachfolgende Landvögte, welche erwehlet worden,

Anno
1536. Georg zum Bach, genannt Hubelmann.
1541. Joost von Diesbach.
1545. Peter von Grafenrid.
1549. Albrecht von Erlach.
1554. Jacob Wuß.
1562. Josua Wytenbach.
1567. Niclaus Manuel.
1572. Hans Rudolf Stürler.
1578. Steffan Wytenbach.
1585. David Tscharner.
1591. Albrecht Manel.
1595. Sebastian Darm.

Anno
1601. Bartolome May.
1607. Franz Guder.
1613. Antoni von Erlach.
1617. Niclaus von Diesbach.
1624. David Fellenberg.
1624. Hans Rudolf von Erlach.
1630. Niclaus Dachselhofer.
1634. Hans Rudolf Dubi.
1640. Joos von Diesbach.
1646. Franz Ludwig von Grafenried.
1652. Georg Steiger.

Anno

Anno	Anno
1658. Bartolome May.	1714. Hans Jacob Steiger.
1664. Albrecht Manuel.	1720. Niclaus Jenner.
1670. Hans Ludwig Steiger.	1726. Sigmund Sinner.
1676. Jacob Jenner.	1732. Emanuel Steiger.
1678. Emanuel Steiger.	1738. Gabriel Mutach.
1684. Hans Rudolf von Luternau.	1744. Johann Bernhard von Muralt.
1690. Emanuel Wurstenberger.	1750. Joh. Emanuel Fischer.
1696. Samuel Zehender.	1756. Albrecht Thormann.
1702. Christof von Grafenried.	1758. Victor von Gingins.
1708. Sigmund Zehender.	

Yverdon oder *Yverdun*. Classi.

Von obbeschriebener Stadt hat auch den Namen eine der IV. Classen, in welche die Pfarrer und Geistlichen in der Bernerischen Landschaft Waat oder Pays de Vaud eingetheilt sind, und einen eigenen Decanum zum Auffseher haben; es gehören aber darunter die Pfarrn und Filialen von Agy und Arnex, Baulmes und Peney, Berchier, Fey und Ruayre, Bulet, Bursinel, Champvent und Matthoud, Chavorney nebst Bavois und Corselle, Chenit, S. Croix, Cronay und Orsens, Cuarnens und Mont la Ville, Dompneloye und Bioley magnoa, Grillier und Ursins, le Lieu, Lignerolles, nebst les Clees und Balaigues, Nods, Pomy und Cuarney, Rances und Valleyres, Romainmôtier und Bretonniere, la Sarra, nebst Eclepens und Orny, Valorbes, Vaulion, Warens nebst Essertines und Pally, auch Yverdon.

Yverdoner - See. siehe *Neuchatel - See*.

von *Yvernoy*, siehe *Ivernoy*, von *Ivernois*.

Yvigen,

Ein Berg in der Böschenrieder Bünet, in der Pfarr Lengg in dem Bernerischen Amt Zweysimmen, darab der

Yvigbach

in die Simmen fliesset.

Yvonand, oder *Ivonant*.

Ein Dorf, Kirch und Pfarr in der Bern-Freyburgischen Landvogtey Grandson, allwo die Einwohner A. 1532. durch das Mehr der Stimmen die Evangelische Lehr angenommen, da zuvor der Probst und Dom-Capitul von Lausanne den Priester daselbst bestellt: der dermahlige Evangelische Pfarrer versiehet auch die Filial Rovray und gehört in die Claß Grandson: er ist alba in eines Bauren Garten ein mit kleinen gewürfleten Marmorsteinen, von allerhand Farben eingelegte Estrich von sogenannten Musaischen Arbeit entdeckt worden.

Yvorne, und *Yvornaz*.

Ein grosses Dorf mit schönen Rebbergen, in der Pfarr und Bernerischen Amt Aelen (Aigle) darvon ein grosser Theil durch ein den 4. oder 24. Mart. A. 1584 erfolgtes Erdbidem, und dardurch verspaltnen, und erstlich auf das Dorf Corbeyrier oder Corbieres, und hernach auch auf dieses Dorf gefallenen Berg überdeckt worden, und viele Menschen, Vieh und Güter zu Grund gegangen, wie das mehrere unter dem Articul *Corbeyrier* schon angebracht zu finden: auf dessen Umschutt hernach dieses Dorf wieder erbauet worden.

Yzikon.

Ein Dörflein in der Pfarr und Landvogtey Grüningen, in dem Gebiet der Stadt Zürich.

Zacco.

Z.

Zacco.

Von diesem Namen finden sich unter den Præsidibus Rhætiæ, unter dem Articul *Rhæti*.

la Zachotta.

Ein Hof in der Pfarr Givisier, in der alten Landschaft der Stadt Freyburg.

Zäh, auch Zay.

Ein ausgestorbenes Geschlecht in der Stadt Zürich, aus welchem Rudolf A. 1428. Rahtsherr, A. 1432. Zunftmeister, und A. 1439. wiederum Rahtsherr worden, und Johannes in mitten des XV. Seculi Chorherr des Stifts zum grossen Münster gewesen.

Ein Geschlecht in dem Arter-Viertel des Lands Schweitz, aus welchem Johann Jacob A. 1734. des Land-Rahts worden.

Ein Geschlecht in dem Land Glarus, aus welchem Wälti und Conrad in der Schlacht bey St. Jacob vor der Stadt Basel A. 1444. um das Leben kommen, Fridolin An. 1532. Pannerherr, und Rudolf A. 1604. Landvogt zu Werdenberg worden, auch einer A. 1677. ein halbe Compagnie in Königl. Französischen Diensten angeworben.

Zähner.

Ein Geschlecht in dem Land Appenzell Ausser-Rooden, meistens in dem Rooden Hundweil, aus welchem Ulrich An. 1650.

1650. Seckelmeister, Martin, 1670. Lands-Fähndrich U. 1675. Seckelmeister, und U. 1684. Statthalter, auch Ulrich U. 1698. und Martin U. 1734. Lands-Fähndrich worden: es ward auch aus selbigem Jacob U. 1698. Pfarrer von Trogen, und An. 1730. Decanus der Geistlichen in gedachtem Land, und hat eine Erklärung des sogenannten Zürichischen Fragstückleins An. 1741. zu Schafhausen in Druck gegeben.

unter Zältlin.

Ein Hof in der Pfarr Rot und Lucernerischen Landvogtey Habsburg.

Zäpfen.

Ober- und Unter-Häuser und Güter in der Pfarr Sternenberg, und der Zürichischen Landvogtey Kyburg.

von Zäringen oder Zähringen, Herzogen.

Von dem ab- und herstammen dieses Geschlechts finden sich verschiedene Bericht und Meinungen oder vielmehr Muthmasungen, und leithen einige selbiges her von König Sigeberto von Vesterreich oder Metz des ersten Christlichen Königs Clodovæi von Frankreich Sohns-Sohn: andere von den Grafen von Altenburg, aus welchen hernach auch die Grafen von Habsburg entstanden: und daß einer von selbigen, der auch das Briesgau besessen, sich von einem unweit Freyburg in selbigem erbauten Schloß Zäringen folglich geschrieben habe: noch andere aus dem Geblüt der letsten Königen von Burgund, und zwaren von einem Sohn Königs Rudolphi II. gleiches Namens, der Herzog genannt worden, und dem Vermuthen nach auch die Güter des Hauses Strählingen in diesen Landen besessen: von diesem Haus und Herzogen kommt aber hier allein zubemerken, was die ehemahlen klein Burgundische und dermahlen Eydgenößische Lande anbetrift, und kommt also zum ersten zum Vorschein ein Berchtold, den einige für einen Sohn eines U. 1077. gestorbnen Herzog gleiches Namens von Kärnten, und Bischof Gebhards von Costanz Bruder halten, welcher mit Graf Friederich von Hohen ben Stauffen wegen des Herzogthum Schwaben Krieg geführt, und A. 1081. durch Vermittlung Kaysers Henrici IV. von demselben das, was im Thurgäu, und Schwarzwald, Briesgau rc. gelegen, und auch die Kast-Vogtey über die Stifter und Stadt Zürich und Zürichgau zu Ausübung dessen, was zuvor die Kayser in diesen ausgeübt, bekommen: er solle auch A. 1086. und 1087. auch nach einigen A. 1092. bey Anlas einer streitigen Abts-Wahl von St. Gallen aus Eyfer gegen dem einten aus den Herzogen von Käruthen abstammenden das Kloster St. Gallen, und auch Rorschach und andere Landschaften mit Raub und Brand beschädiget haben: andere machen einen um diese Zeit gelebten Herzogen Berchtold zu einem Sohn eines Rudolfs, welche beyde 1076. die Stiftung des Klosters Rüggisberg bestäthiget, und daß dieser Rudolf obbemeldten Königs Rudolph II. Sohns Herzog Rudolfen Sohns Sohn gewesen: Zu einem Sohn und Nachfahr des eint oder andern Berchtolden wird gesetzt Conrad Herzog von Zäringen, der von Kayser Heinrico V. da selbiger den ungehorsamen Graf Reynold oder Reginbaldum von Burgund in die Acht erkläret, A. 1120. zum Regenten über dieses Grafen Land verordnet worden: als aber dieser Graf Reynold sich nicht unterwerfen wollen, sondern sich seiner Landen immerfort angemasset, hat der Herzog Conrad ihne aus des Kaysers Befehl überzogen, und A. 1124. gefangen bekommen, und dem Kayser überliefert, welcher ihne aber wieder ledig gelassen, dem Herzog Conrad aber das Uechtland und die Waat von desselben Landen überlassen, und er von Kayser Lothario A. 1126. zum Herzog und Regent von Burgund ernannt worden, dessen ungeachtet Graf Reynold sich noch nicht gesetzt, sondern noch forthin viel Unruhen errichtet, und danaben auch den Herzog Conrad veranlasset in solchen seinen neuen Landen verschiedene Schlösser, und darunter auch das zu Morges oder Morsee anzulegen, und einige von den alten mehrers zu bevestigen: er suchte auch seinen Ansprach an das Herzogthum Schwaben gegen obbemeldten Graf Friedrichen von Hohen Stauffen Sohn Herzog Friedrich gelten zu machen, und erregte auch demselben viel Streit, danaben, und da er sich auch der Wahl ermelten Herzogen Bruders Conraden zum Kayser widersetzte, ward er A. 1138.

von dieses Herzogs Sohn Friedrich (der hernach auch Kayser worden, und den Zunamen Barbarossa beygelegt bekommen) überzogen, der ihm sein meistes Land und darunter auch die Stadt Zürich durch eine Belagerung weggenohmen, der Kayser aber, nachdem er sich ihme unterworfen, ihme das meiste wieder zugestellt, mit der Kast-Vogtey über Zürich aber einem andern Fürsten belehnet. Sein Sohn Berchtold nach den meisten der IV. nach, andern der III. zugenannt muste noch weiter mit obbemelten Graf Reynold in Streit fortleben bis A. 1156. Kayser Fridericus I. verordnet, daß dem Reynold die Grafschaft Burgund, dem Herzog Berchtold aber das sogenannte Minder Burgund, oder was auf der Morgen Seiten der Bergs Juræ von dem Rhodan bis an die Aren und allso das Uechtland, Waat und ein Theil des Aergäus verbleiben solle, darbey auch unlang hernach der Kayser dem Herzog auch noch mit der Kast-Vogtey über die Bisthümer Genf, Lausanne und Sitten belehnet, und ihme den Titel eines Herzogs von Zäringen und Regent von Burgund ertheilt: weilen der Herzog aber obiges Recht mit mehrerer Ausdähnung über das Bistum und Stadt Genf an den Graf von Genevois übergeben, hat der Kayser selbige Belagrung 1162. wiederum aufgehebt, und da auch dieser Herzog A. 1182. wider die Landleuth in Wallis da sie sich auch der Kast-Vogtey dortigen Bischofs einziehen wollen; über die Grimsel und Gemmi mit vielem Volk gezogen, hat er doch, da einige seiner eigenen Führern Verräther worden, und auch viel Adel aus dem Uechtland, Aergäu rc. den dortigen Landleuthen Fürschub geleistet: mit grossem Verlurst wieder zurückziehen müssen, da er unlang zuvor auch die Stadt Freyburg in Uechtland auch zu seiner Sicherheit wider sein eigne Widerwillige erbauet: er hat auch von dem Kayser die Kast-Vogtey über Zürich wieder erhalten, und sie auch sein Sohn gleiches Namens der V. oder IV. behalten, da er ihme A. 1185. nach seinem Tod gefolget, auch diesem Herzog war der Adel in seinen Landen ganz widrig, so daß er A. 1190. viel von ihnen, und auch die von ihnen zur Aufruhr wider ihne verführte Oberländische Angehörige von Simenthal, Thun und zwar dieser in dem Thal zu Grindelwald mit Gewalt zur Gehorsam bringen müssen,

sen, auch hierauf sowol Burgdorf und Moudon oder Milden mit Mauren umgeben, als auch An. 1191. die Stadt Bern von neuem anlegen lassen: er ward sogleich auf Anstiften Pabst Innocentii III. Au. 1198. von einigen zum Römischen Kayser erwehlet, deren Würde er aber sich freywillig entschlagen; er bewarb sich folglich A. 1208. unter allerhand Auerbietungen um die Kast-Vogtey des Stifts St. Gallen, mochte aber selbige nicht bekommen: er soll A. 1211. gleich seinem Vater einen Zug wider die Walliser gethan, aber aus gleichen Ursachen und nach einer bey Ulrichen vorgegangenen Treffen darinn unglücklich gewesen seyn: da auch der Adel in diesen Landen ihren Widerwillen und Erbitterung so weit ausgedähnet, daß er nach einigen sein Gemahlin zum Kinder Zeugen durch beygebrachte Getränk untüchtig gemacht, und seinen 2. Söhnen mit Gift vergeben; oder nach anderen die Gemahlin vermögen, das sie das letztere selbst an ihnen ausgeübet und hernach sie deswegen hingerichtet worden: (deren Söhnen Cörper in das Münster zu Solothurn beygesetzt, und bey Anno 1544. vorgenohmnen Vergrösserung des Chors gefunden, und hinter den Chor-Altar gelegt worden;) hat er sich aus diesen obern Landen hinweg und in das Briesgäu begeben, und ist auch den 3. Mart. An. 1218. zu Freyburg in Briesgäu gestorben, hat auch zuvor die beyde Städte Bern und Freyburg an das Reich übergeben; seine übrige Verlassenschaft aber ist an seine Schwestern Agnes, welche an Ego oder Egino Grafen von Fürstenberg oder Urach (Aurach) und Anna, welche an Graf Ulrich oder nach andern seinen Sohn Graf Werner von Kyburg vermählet gewesen; und zwahrn an die erstere die welche in dem Briesgau, Schwarzwald ꝛc. und an die andere die in dem Uechtland und Theil Aergäu gelegen: kommen. Stumpf. Chron Helv. *lib. IV. c.* 45. 46. 47. *lib. VII. c.* 28. 29. 30. *lib. XI. c.* 4. **Münster** Cosmog. *lib. III. c.* 265. **Guler** Rh*æt.* p. 120, **Tschudi Chron. Helv.** ad di*ct.* an. **Wurstis. Basel Chron.** p. 40. *Guilliman.* Habsburg. *lib. IV. c.* 3. *lib. V.* **Stettler Nüchtl. Gesch.** P. I. p. 1. 2. 6. 8. von **Wattenweil** *Memoires* in den *Mercures Suisses Sept. Nov. Dec.* A. 1746. und *Jan.* 1747.

Zäslin.

Zäslin.

Ein Geschlecht in der Stadt Basel, aus welchem Heinrich A. 1492. Meister worden, Claus An. 1531. Fähndrich des Baselischen Zuzugs in dem Treffen auf dem Gubel gewesen, und A. 1537. auch Meister worden: weiters warden aus diesem Geschlecht Claus A. 1557. Hans Heinrich An. 1634. und einer gleiches Namens An. 1655. Rathsherr, und dieser auch A. 1670. Dreyerherr, A. 1676. auch Dreyzehnerherr und An. 1691. Obrister Zunftmeister, auch Johannes An. 1708. Rahtsher, und Hans Heinrich A. 1755. Meister und A. 1757. Dreyzehnerherr: so wurde auch Johann Ulrich A. 1540. Profesfor Codicis und Juris Feudalis, und Emanuel A. 1687. Medicina Doctor, A. 1696. Professor Rhætorices und An. 1714. der Sitten-Lehre und natürlichen Rechten, auch An. 1712. und 1726. Rector der Hohen Schule, und hat A. 1687. ein *Dissertation de Olfactu* zu Basel in 4to in Druck gegeben.

Zäzenweil, auch Zäzweil und Zezweil.

Ein Dorf in der Pfarr Hochstetten und dem Amt Signau, allwo der Helfer von Hochstetten wohnet. Und ein Dorf in der Pfarr Gundischweil in dem Amt Lenzburg beyde in dem Gebiet der Stadt Bern.

Zaf.

Ein Geschlecht in Graubündten und insbesonder in der Stadt Chur, aus welchem Nicolaus, Amman zu Sils in dem Obern Engadin gewesen, und hinterlassen Nicolaum, der Medecinæ Doctor und auch zu Venedig in Geheim öfters die Evangelische Lehr geprediget, hernach auch Pfarrer in Graubündten worden, und Theses *de Actuali Dei providentia*, *Præs. Joh. Rud. Stuki* A. 1645. zu Zürich in Druck gegeben, und Saturninum, der zu Basel studiert und A. 1658. ein *Disputation de Officio Christi Mediatorio* daselbst in Druck gegeben, hernach Pfarrer auf Soglio, und A. 1679. Rector der Schulen,

ken, und Pfarrer zu S. Regula in der Stadt Chur und An. 1706. Antiſtes und Pfarrer der Kirch S. Martini allba, auch Decanus der Geiſtlichen des Gottshauſes worden, und das Burger-Recht in der Stadt Chur erhalten, und ein Vater geweſen, 1. Nicolai der Profeſſor Philoſophiæ und Pfarrer der Franzöſiſchen Gemeind in der Stadt Chur worden, und in Druck gegeben

Diſſertatio de Portis inferni Eccleſiæ non prævalituris. ad Matth. XVI. 18. Baſel A. 1685. 4to.

Diſp. de Lege Orali Judæorum. Chur A. 1713. 4to.

La Voye de la Paix de l'Egliſe, ou la Tollerance Chretienne demontrée dans l'Avis de St. Paul ſur le Devoir des Chretiens dans les differens de Religion. Haag A. 1733. 8vo.

Tabulam Rhætiæ Geographicam.

Und hat hinterlaſſen, 2. Antonium der Seckelmeiſter zu Chur und ſein Sohn Nicolaus Zunftmeiſter, und Antoni Baumeiſter worden, und b. Nicolaum der ein *Diſp. de Philoſophia vera & falſa.* zu Chur A. 1727. in Druck gegeben, auch Medicinæ Doctor und auch Profeſſor Philoſophiæ zu Chur worden: 2. Rudolfen, deſſen Sohn gleiches Namens Medicinæ Doctor zu Leiden in Holland, und 3. Gaudenz, deſſen Sohn Gregorius Stadtſchreiber zu Chur worden.

Zaſlon.

Ein Dörflein in der Pfarr Serville, in dem ſogenannten Pays de la Roche in der Freyburgiſchen Landvogtey Bulle.

Zafreila.

Ein Thal welches nebſt Falee eine der 4. Nachbarſchaften, welche das Hochgericht Vals oder Peters-Thal in dem Obern Grauen Bund ausmachen.

Zagni.

Ein Geschlecht in dem Flecken Teglio oder Tell, in der Grau-Bündnerischen Landschaft Veltlin, aus welchem Carolus Cæsar Medicinæ und Philosophiæ Doctor, und A. 1703.

Trattato sopra l'Acqua acidula Minerale di nouvo ritrovata in Teglio esperimentata con felici successi. 8vo in dem Unter Engadin in Druck gegeben.

alle Zalende.

Der dritte Canton unter den 6. welche die vierte Contrada des Hoch-Gerichts Puschlav genannt Brüs oder Brusasco ausmachen, in dem Gotts-Haus-Bund.

Zaloüg, oder *Salerna*.

Eine der Vier Bürden oder sogenannten Schulzen in welche die Landschaft Saffien in dem Obern Grauen Bund eingetheilt ist, allwo die Evangelische Hauptkirch dieser Landschaft auf der rechten Seiten des Land-wassers an dem Rand eines ungeheuren Tobels stehet, damit der Gloggen-Schall desto weiter das Thal auf möge gehört werden; doch kan keiner, der nur ein schwache Stimm hat, wegen des starken Geräusches des Wassers in dieser Kirch verständlich predigen: der Pfarrer gehört in das Unterwalder Collegium.

Zamariel, siehe *Chandieu*.

Zambachose.

Ein Dorf in der Pfarr und Freyburgischen Landvogtey Rue.

Zambra, siehe Prevost.

Zanchius, *Hieronymus*.

War von Alzano in Italien gebürtig, und erstlich ein Canonicus regularis, und hat A. 1550. mit Petro Martyre selbige Lande, und auch die Catholische Religion verlassen und 3. Jahr lang

lang die Evangelische Lehr in der Graubündnerischen Grafschaft Cleven geprediget, auch die An. 1553. von den Graubündnerischen Kirchen-Vorstehern aufgesetzte Glaubens-Bekanntnuß unterschrieben, und sind von ihme 3. daselbst gehaltene Predigen in Druck kommen: er ward A. 1553. zu der Theologischen Profession nach Strasburg beruffen, begabe sich aber wegen vielen daselbst gehabten Zwistigkeiten An. 1563. wieder nach Cleven, und hat daselbst der Kirchen von neuem gedienet, bis er An. 1573. zu der Theologischen Profession nach Heidelberg beruffen worden, und daselbst A. 1590. gestorben.

Zauler.

Ein Geschlecht in der Stadt St. Gallen, aus welchem Ulrich A. 1616. Zunftmeister, und sein Sohn Georg A. 1637. Rahtsherr und A. 1657. Steurherr worden.

auf dem Zangger

Ein Capell in der Waldstadt Einsidlen im Land Schweitz.

Zanno.

Ein Geschlecht in Graubündten, aus welchem Johannes nach der Mitte oder zu End des XIV. Seculi Abt von Disentis erwehlt worden.

Zanol.

Ein Geschlecht in den Hochgericht Puschlav in dem Gotts-haus-Bund, aus welchem Johannes Antonius A. 1517. Podesta von Piuri oder Plurs worden.

Zapf. sihe Zaf.

Zapfera.

Ein Hof in der Pfarr und Landvogtey Plasenen in dem Gebiet der Stadt Freyburg.

Zapfner.

Ein ausgestorben Geschlecht in der Stadt Zürich, aus welchen Johannes A. 1340. Zunftmeister worden.

Zappelli di Auriga. siehe *Auriga.*

Zara.

Ein Dorf in der Ebne in der Pfarr Saxon und Landvogtey S. Maurice in dem Untern-Wallis.

Zarrey.

Ein Dorf in dem Dom-Stift S. Maurice zugehörigen Banier-Thal in dem Untern-Wallis.

Zasius. Joh. Ulrich.

Des berühmten Rechtsgelehrten Ulrich Zasii Sohn folgte selbigem in solcher Rechtsgelehrtheit nach, ward auch zu Basel in derselben Doctor und von A. 1540. bis A. 1545. Professor Codicis und des Lehen-Rechts und folglich deren Kayseren Ferdinandi I. und Maximiliani II. Hofrath.

Zauggenried.

Ein Dorf in der Pfarr Jeginstorf in dem Amt Fraubrunnen und dem Bernerischen Landgericht Zollikofen.

Zaun.

Ein Hof bey dem Dorf Ettisried und in der Pfarr Satzlen in dem Land Unterwald ob dem Wald.

Auch Allment Zaun wird genennt der Ort gleich vor dem Flecken Glarus, auf welchem die gemeine Lands-Gemeind beyder Religionen Landsleuten gehalten wird.

Häuser und Güther in den Pfarren und Gemeinden Hundwell und Gais in dem Land Appenzell Ausser-Rooden.

Zaun,

Zaun, von Zaun, Zun, von Zun de Zuno.

Ein Adeliches Geschlecht, welches seinen Sitz zu Steins-berg oder Arbez in dem Hochgericht Unter-Engadin ob Val Tasna in dem Gottshaus-Bund gehabt, und davon noch ein Thurn übergeblieben; aus selbigem ward Peter in Königlich Französischen Diensten An. 1525. in der Schlacht bey Pavia gefangen, und A. 1533. Podesta von Tirano, Jacob A. 1549. Podesta von Piuri oder Plurs, Hans A. 1585. Podesta von Morbegno, Andreas A. 1579. und einer gleichen Namens 1665. Podesta von Teglio oder Tell; auch waren einige von den ersten auch Bischöflich-Churische Castellanen von Remüs, und ist unter einem A. 1565. wegen mit den Unter-Engadineren gehabten Streitigkeit das Schlos Remüs verbrandt aber wieder auferbaut worden.

Zay. sihe Zäh.

Zaygi.

Aus diesem Geschlecht ward Wencelaus A. 1385. Chorherr des Stifts zum grossen Münster in der Stadt Zürich.

Zaz.

Ein abgebrochenes Schloß bey Zuz in dem Hochgericht Ober-Engadin in dem Gottshaus-Bund.

Zbäche, Zbächi. siehe Bäche.

Zbaumgartnershauß. siehe Baumgartnershauß.

Zberg oder Zbunerg.

Ein altes Geschlecht in dem Land Uri zu Erstfeld und Silenen seßhaft, aus dem Itta A. 1260. ein Stifts Frau S. Lazari-Ordens zu Seedorf gewesen, Hans A. 1530. des Land-Rahts und Erasmus A. 1613. und sein Sohn gleiches Namens, A. 1652. Landvogt von Livenen worden, und auch des Land-Rahts gewesen; des letztern Sohn Melchior als Fähndrich unter dem in der Republic Venedig angeworbenen Regiment, An. 1688. in Morea umkommen, dessen einter Sohn Johannes, und des andern Sohns Erasmi zwey Söhne Johann Melchior und Johann Franz des Land-Rahts worden, und der letztere noch ist, und der erstere auch Lieutenant unter dem in Königlichen Sicilianischen Diensten stehenden Regiment Jauch gewesen.

Zbrun.

Ein Geschlecht in dem Zehnden Leugg und dem Land Wallis, aus welchem Antoni A. 1672. Meyer des Zehndes worden.

Zbrunnen. siehe Brunnen.

Zebedée. Andreas.

War A. 1536. der erste Evangelische Prediger zu Orbe und hernach A. 1543. Pfarrer zu Yverdon und A. 1546. Professor artium liberalium auf der Academie zu Lausanne alle in dem Gebiet der Stadt Bern, welche Stell er bey zwischen Calvino entstandnen Mißverständnuß Vireto und ihm A. 1557. behalten.

Zeberg. siehe Ceeberg.

Zebnet oder Zäbnet.

Ein Geschlecht in dem Land Uri, aus welchem Jacob An. 1440. Landvogt von Livenen, und Heinrich A. 1496. und Peter A. 1518. Landvogt von Bollenz worden.

Zeender.

Ein A. 1745. ausgestorbenes Geschlecht in der Stadt Zürich, aus welchem Niclaus A. 1445. Zunftmeister A. 1528. des grossen Rahts, auch Hans Heinrich A. 1626. Leonhard A. 1668. und Christof A. 1653. des grossen Rahts worden, und diese drey letztern auch Spittal-Schärer gewesen; es ward auch Rudolf A. 1606. Hauptmann über eine Compagnie in Königs Henrici IV. von Frankreich Diensten, welche aber sogleich abgedankt worden, und ward hernach Hauptmann in der Republic Venedig Diensten und ist A. 1616. gestorben. und in dem Geistlichen Stand ward Nicolaus A. 1530, Diacon der
Kirch

Kirch von St. Peter in der Stadt Zürich und einer gleiches Namens A. 1537. erster Evangelischer Pfarrer zu Schlieren. Siehe auch Zehender und Zender.

Zeerläder.

Ein Geschlecht in der Stadt Bern, aus welchem Niclaus A. 1627. Schulmeister in der lateinischen Schul, A. 1634. Pfarrer von Oberburg, und A. 1666. Decanus der Burgdorfer Claſs, und sein Sohn gleiches Namens A. 1649. Schulmeister der lateinischen Schul, A. 1660. Pfarrer von Kilchberg und A. 1684. auch Decanus der gleichen Claſs worden, und Frischingischen Ehren-Cranz A. 1673.

Disp. Theol. de ultimo adventu Christi, A. 1678. 4to.

Ein Music-Büchlein, 8vo.

Clüfels den aus Caiaphas Haus ausgehenden Petrum verdeutscht A. 1685. zu Bern in 12. in Druck gegeben.

Zeerufinen. siehe zen Rufinen.

Zefel.

Ein Geschlecht in dem Land Uri und der Genoſsamme Aetlinghausen, aus welchem Ulrich 1515. in der Schlacht bey Marignano umkommen, Waltert A. 1559. Landvogt von Livenen und A. 1590. des Rheinthals worden, auch des Land-Raths und Hauptmann in Königl. Französischen Diensten gewesen, und A. 1633. in dem 98. alters Jahr gestorben, auch Caspar A. 1625. Landvogt von Livenen worden, und des Land-Rahts gewesen.

Zeglingen.

Ein Dorf in der Pfarr Kilchberg und der Stadt Baselischen Obervogtey Farnspurg, wordurch ehmahls die Straſs über den Hauenstein gegangen.

Zehenden. siehe Zehnden.

Zehender.

Ein Geschlecht in der Stadt Bern, welches, wie unten vor-

vorkommen wird, aus dem Argau und der Stadt Arau ursprünglich, und von des Marquards Schultheissen von Arau Söhnen Hans Ulrich, Ludwig und Simon sich zu Bern gesetzt und der jüngste Simon A. 1548. des grossen Rahts, und A. 1557. deutsch Weinschenk worden, und ohne Söhne abgestorben, die zwey ersten aber das Geschlecht in zwey Linien fortgepflanzet.

1. Hans Ulrich ward A. 1531. des grossen Rahts A. 1533. Hofmeister von Königsfelden und A. 1545. Hauptmann von Chillion und Landvogt von Vevay oder Vivis, und von seinen Söhnen Hans A. 1545. Unter-Schreiber A. 1546. des grossen Rahts, A. 1553. Landvogt von Ternier in Savoy, allwo er den Evangelischen Gottesdienst beförderte: und A. 1565. Landvogt von Echallens oder Tscherschlitz; Samuel A. 1557. Chorschreiber und A. 1558. des grossen Rahts. David, Mundschenk der Königin Agnes von Ungarn und Marquard, A. 1563. Substitut in der Stadt-Canzley, A. 1564. Chorschreiber, A. 1565. des grossen Rahts A. 1572. Landvogt von Nyon oder Neuws, A. 1580. des kleinen Rahts A. 1581. Zeugherr, A. 1584. Gubernator von Aigle oder Aelen, und A. 1586. nach aufgegebenem Amt wieder des kleinen Rahts, auch V. 1588. Bös-Pfenninger und Landvogt von Lausanne, A. 1595. zum drittenmahl des kleinen Rahts; war auch Gesandter A. 1581. in Frankreich, und A. 1582. zweymahl an den Herzogen von Savoy in der Stadt Genf Angelegenheiten. Von dessen Söhnen Marquard und Samuel auch wieder zwey Hauptlinien enstanden.

A. Marquard ward A. 1604. des grossen Rahts, A. 1610. Landvogt von Landshut, A. 1620. des kleinen Rahts, A. 1624. Landvogt von Lausanne, da er die angesponnene Verrätherey entdeckt, A. 1631. wiederum des kleinen Rahts, A. 1634. Salz-Director, und A. 1635. Seckelmeister welscher Landen, und ein Vater Marquards, Hans Rudolph und Daniel deren Nachkommen sich wiederum in 3. Linien vertheilt.

Marquard ward A. 1627. des grossen Rahts, und A. 1642. Landvogt

vogt von Arwangen und sein Sohn gleiches Namens A. 1664. des grossen Rahts, und A. 1677. Landvogt von Erlach: von dessen Söhnen hat Johann Friedrich erstlich in dem in Königlich Französischen Diensten gestandnen Regiment von Erlach in Catalonien auch in einigen Schlachten gedienet, und viel Wunden darvon getragen, ward hernach Capitain Commandant in Kayserlichen Diensten in den Waldstädten, und in dem A. 1712. vorgefallnen Krieg erstlich Commandant von 450. Mann auf den Lucernischen Gränzen und in dem Kloster St. Urban, hernach auch Regiments Major unter dem Tillierischen Regiment in St. Gallischen Landen und Commandant von Rapperschweil und ward letstlich Kaufhaus-Verwalter zu Bern: und Alexander hat als Hauptmann der Schlacht bey Vilmergen A. 1712. beygewohnet und hinderliesse Sigmund der A. 1735. des grossen Rahts A. 1742. Zollherr im Kaufhaus, A. 1747. Castellan von Wimmis und A. 1759. von Zweysimmen, und seine Söhne Niclaus Sigmund A. 1743. Capitain Lieutenant in dem Volk-Aufbruch nach Basel, hernach Land Major des Ober-Argäu, weiter A. 1755. des grossen Rahts und A. 1756. Landvogt von Lauppen, und Emanuel Friedrich erstlich Capitain Lieutenant in der vereinigten Niederlanden Diensten, und A. 1755. des grossen Rahts, ist auch Hauptmann über eine Compagnie Dragoner.

b. Hans Rudolf ward A. 1635. des grossen Rahts, und A. 1645. Landvogt von Signau, und ein Vatter Marquard der A. 1673. des grossen Rahts, und A. 1677. Commandant von Arburg worden, und Hieronymus der Schafner zu allen Lüften worden. Von des Commandanten Marquards Söhnen ward Johann David, Zoll-Commissarius zu Morges Emanuel Pfarrer von Ruggisperg A. 1707. und Seedorf A. 1721. und Abraham Stadt Lieutenant zu Bern, und Schafner in St. Johannes-Haus, und des Hieronimus Sohn Niclaus Feldprediger in Königlich Französischen Diensten und Pfarrer von Gugisperg, und machte aus seiner ganzen Verlassenschaft ein Geschlecht-Stiftung zur Auferziehung der Jugend männlichen Geschlechts.

c. Daniel hatte einen Sohn Marquard der A. 1691. des grossen Rahts worden, aber ohne Leibs-Erben gestorben und eine Tochter Elisabeth die an Wolfgang von Bonstetten verheurathet gewesen, und weilen sie ohne Kinder gestorben 12000. Pfund aus ihren Mitteln auch zu einer Stiftung zur Auferziehung der Söhnen vor diese Marquards Linien verordnet.

B. Samuel auch obigen Rahtsherrn Marquards Sohn ward A. 1610. des grossen Rahts, A. 1616. Landvogt von Moudon oder Milden, und An. 1625. von Romainmotier alda er nebst seiner Ehefrauen an der Pest gestorben, und nebst 7. Töchtern Samuel, Antoni, Marquard, Daniel und Gabriel hinterlassen, welche das Geschlecht auch in 5. Linien fortgesetzt.

1. Samuel ward A. 1632. des grossen Rahts, und A. 1643. Obervogt von Biberstein und von seinen Söhnen Hans Ludwig A. 1673. des grossen Rahts und A. 1678. Landvogt von Gottstadt, Wolfgang Major in Kön. Französischen Diensten, und A. 1673. des grossen Rahts, und von dessen Söhnen einer gleichen Namens A. 1691. Pfarrer von Wahleren und A. 1732. zu Oberwyl, und von dessen Söhnen auch einer gleiches Namens A. 1735. des grossen Rahts, und A. 1750. Obervogt von Schenkenberg, und Friedrich A. 1740. Landschreiber von Lenzburg und dessen Sohn gleiches Namens, A. 1762. Verwalter des grossen Spittals.

2. Antoni bekam von seiner Ehefrauen Ursula Stürler die Herrschaften Syens, Rossens und Bussy, und ward A. 1645. des grossen Rahts, und A. 1652. Landvogt von Moudon oder Milden, und von seinen Söhnen Franz Ludwig A. 1673. des grossen Rahts A. 1686. Hofmeister von Königsfelden, und A. 1713. Landvogt von Erlach, Antoni A. 1673. des grossen Rahts, und A. 1698. Obervogt von Biberstein, und Hans Rudolf A. 1664. des grossen Rahts A. 1677. Gubernator von Bonmont, und A. 1703. Castellan von Frutigen, und von des Landvogts Franz Ludwig Söhnen, Johann Franz Antoni A. 1727.

A. 1727. des grossen Rahts, und A. 1739. Landvogt von Lauppen, und Franz A. 1727. des grossen Rahts, und A. 1739. Landvogt von Castelen, und des Obervogt Antoni Sohn gleiches Namens war ein Vatter wieder eines gleichen Namens der Doctor Juris zu Paris und Secretarius in der Zoll-Cammer worden: und des Castellan Hans Rudolfen Sohn, Johann Carl/An. 1717. Rahts-Exspectant, A. 1718. des grossen Rahts und A. 1728. Landvogt von Brandis auch folglich Saltz-Director.

3. Marquard ward An. 1638. des grossen Rahts, An. 1643. Landvogt von Signau, und An. 1668. Castellan von Wimmis; als A. 1656. bey dem Auffstand der die Oberländischen aufrührischen Angehörigen um derselben Aussöhnung bey der Oberkeit zuthun war, haben diese mit Oberkeitlicher Bewilligung diesen ehmaligen in dortigen Gegenden gewesenen Landvogt ersucht ihre Beschwerden vorzutragen: von seinen Söhnen ward Marquard Schafner von Attisweil und Niclaus A. 1686. des grossen Rahts, und A. 1686. Castellan von Wimmis und Sigmund A. 1691. des grossen Rahts, und A. 1708. Landvogt von Yverdon, und des Schafner Marquards Sohn Emanuel und sein Sohn gleichen Namens Oberkeitliche Werkmeister in Holzwerk.

4. Daniel ward A. 1651. des grossen Rahts, A. 1658. Zollherr im Kaufhaus, A. 1660. Schultheiß von Murten, und A. 1675. Ober-Spitthalmeister, und sein Sohn Samuel A. 1680. des grossen Rahts, A. 1690. Iseler, A. 1691. Gleithsherr und A. 1696. Landvogt von Yverdun und hat gezeuget Emanuel Daniel, der A. 1700. Pfarrer von Amsoltingen und An. 1726. von Wichtracht und Samuel der An. 1721. der erste Verwalter bey der neuen Einrichtung der Insul worden. Emanuels Söhne Niclaus und Friedrich traten An. 1726. in Kön. Spannische Dienste und nahmen die Catholische Religion an, kamen hernach in Königl. Sicilianische Dienste und ward der erste Obrister und der andere Hauptmann

mann, der Grenadier unter dem Regiment Wirz und des Pfarrers Daniels Sohn Emanuel ward A. 1730. Rahts-Exspectant, A. 1735. des grossen Rahts, A. 1745. Gewölb-Registrator, und A. 1760. Landvogt von Frienisberg.

5. Gabriel ward Hauptmann in der Republic Venedig Diensten unter dem Regiment Wys und A. 1656. über eine Compagnie Auszüger in den Oberländischen Unruhen, A. 1657. des grossen Rahts, A. 1661. Landvogt von St. Johannis Insul, und A. 1672. Insulmeister, und von seinen Söhnen Hans Rudolf Schafner zu Frienisberger-Haus, und Johann Jacob Inspector des Kornmarkts und der Landstraß und Gleitsherr bey der Neuenbrugg, und dessen Sohn Johann Jacob A. 1719. Pfarrer von Kirchlindach, A. 1733. Diacon des grossen Münsters in der Stadt Bern, und A. 1752. Oberster Prediger desselben und Decanus der Claß von Bern; Er hat zu Bern in den Druck gegeben

Versuch einer Historischen Chronologie vorstellend die richtige Maas des Jahrs, nach welchen die Zeiten der Welt gerechnet werden, samt einer kurzen Beschreibung der in der Kirche von Zeit zu Zeit aufgekommenen Fest- und Feyer-Tägen. Bern A. 1738. 8vo.

Der Glaubens-Kampf Jacobs über Gen. XXXII. 27. 28. A. 1744.

Ehrengedächtnus Herrn Hieronimus von Erlach, Schultheissen ꝛc. über Jos. XXIV. 29. 30. A. 1748.

Ein Abbits-Rede eines Irrlehrers aus Hochoberkeitlichen Befehle über 2. Cor. IV. 3. 4. A. 1751.

Die Absichten GOttes in der Offenbahrung seiner Gerichten, über Esaj. XXVI. 9. A. 1755.

Versuch einer Prophetischen Zeitrechnung von dem Anbruch der seligen Tagen der Kirchen in den letzten Zeiten, nebst 3. Capituls-Reden. ibid. A. 1760. 8vo.

Sein Sohn gleichen Namens ward erstlich Ober-Lieutenant in der vereinigten Niderlanden Diensten unter dem Regiment

ment Grafenried und A. 1756. Land-Major in den Land-Gerichten.

II. Ludwig auch Schultheiß Marquards von Arau Sohn ward An. 1540. des grossen Rahts und Iseler An. 1545. Obervogt von Biberstein und A. 1570. Landvogt von Interlachen, und von dessen Söhnen einer gleichen Namens A. 1566. des grossen Rahts, und A. 1591. Schultheiß von Unterseen, Hans Ulrich A. 1572. des grossen Rahts, A. 1580. Schultheiß von Unterseen, und A. 1590. Landvogt von Arberg, Marquard A. 1579. des grossen Rahts, und Hans A. 1588. des grossen Rahts, A. 1619. Schultheiß von Unterseen, und A. 1594. Gubernator von Bonmont, und von dieses Söhnen Marquard A. 1614. des grossen Rahts, A. 1615. Zeugwart, A. 1623. Stift-Schafner von Zofingen, A. 1639. des kleinen Rahts, und A. 1640. Zeugherr, und Ludwig A. 1624. des grossen Rahts, und von des Zeugherrn Marquards Söhnen Hans Ulrich A. 1630. Landschreiber von Trachselwald und A. 1635. des grossen Rahts, und Marquard A. 1657. des grossen Rahts, und A. 1663. Obervogt von Biberstein, und Josua ein Vatter worden Isaacs der A. 1680. des grossen Rahts und. A. 1690. Landvogt von Lugano oder Lauis worden.

Ein Geschlecht in dem Ort Zug, und insbesonder in der Gemeine Menzingen, aus welchem Hans und sein Sohn Oswald, auch Jacob A. 1515. in der Schlacht bey Marignano um das Leben kommen, Heinrich A. 1548. Landvogt des Rheinthals und Hauptmann unter dem A. 1557. Pabst Paulo IV. bewilligten Eydgenössischen Regiment worden, einer gleichen Namens des Rahts und A. 1657. Gesandter auf der Gemeinen Eydgenössischen Jahr-Rechnungs-Tagsatzung gewesen, und P. Mauritius eine Capuciner, Marianische Nachtigal zu Zug A. 1713. in 8vo. in Druck gegeben.

Ein Geschlecht in der Stadt Schafhausen, aus welchem Heinrich A. 1695. Zunftmeister worden.

Ein ausgestorbenes Geschlecht in der Stadt St. Gallen, aus welchem Jacob A. 1472. Rahtsherr worden.

Ein ehemahliges Geschlecht in dem dermahligen Bernerischen Argau und in der Stadt Arau, welches nach einigen Berichten unter die Edelknecht der Grafen von Rore und hernach deren Grafen von Froburg gezehlet worden; aus welchem Rudolf nebst andern Edelknechten von Graf Vollmar von Froburg in dem A. 1260. an die Herzogen Rudolf und Friderich von Oesterreich gethanen Verkauf der Grafschaft Arburg vorbehalten worden. Marquard eines Nicolai Sohn war ein Vatter Hans Ulrichs der A. 1407. und Ludwigs, der A. 1434. Schuldheiß der Stadt Arau worden, und der letztere A. 1442. von Kayser Friderico III. im Namen dieser Stadt die Lehen über die Herrschaft Königstein samt Aerlispach und Küttigen empfangen von des Hans Ulrichs Söhnen ward Heinrich des deutschen Ordens Ritter, und ist in Preussen gestorben, und Marquard wohnete mit andern Edlen aus dem Argäu A. 1476. der Schlacht bey Murten als Hauptmann und auch als Ritter dem in der Stadt Regenspurg An. 1480. gehaltenen Thurnier bey, und ward auch A. 1491. Schultheiß von Arau. Von seinen Söhnen haben sich Hans Ulrich, Ludwig und Simon in der Stadt Bern gesetzt, wie oben gemeldet worden, nach einem Bericht sollen auch Hans Ulrich A. 1444. Ludwig A. 1451. und Hans Ulrich A. 1536. Schultheissen zu Arau gewesen seyn. Auch war aus diesem Geschlecht Johannes der erste Evangelische Prediger der A. 1528. diese Lehre daselbst eingeführet.

Ein Geschlecht in der Bernerischen Stadt Zofingen, aus welchem Hans A. 1529. einer gleichen Namens A. 1570. und Joseph A. 1610. Schultheiß worden.

Zehen Gerichten Bund

Wird in lateinischer Sprach Fœdus decem communitatum, auch Liga decem Judiciorum, in Französischer la Ligue des Jurisdictions oder Communautés auch etwann Ligue des Droitures, in Italiänischer Sprach, la Lega delle dieci Dritture

turæ, und in Romanscher Sprach, la terza Lia da 10. Drec-
tūras genannt, welchen Nammen man herleiten will, daß darhin
zwahr nur 7. Hochgericht, von selbigen 3. aber jedes noch in
2. andere abgetheilt gewesen, wie wohl in dem U. 1436. errichteten Bunds-Brief schon Eilf Gerichten gedacht wird, und
jez Hoch- und abgetheilte Gericht 13. gezellt werden: selbiger
ist der dritte Bund der sogenannten III. Bündten oder Graubündnerischen Republic, und gränzet die in selbigen gehörige
Landschaft gegen Aufgang an das Hochgericht Unter-Engadin,
gegen Nidergang an die Stadt Chur, das Hochgericht der IV.
Dörfferen, an das Domleschger Thal in dem Gotts-Haus-Bund,
und an den Rhein, und darüber an die Landvogtey Sargans,
gegen Mittag an die Hochgericht Ober-Halbstein, Obervaz,
Greiffenstein und Bergün in dem Gotts-Haus-Bund, und
gegen Mitternacht an die Graffschaft Vaduz, und das Oesterreichische Montafuner Thal, und mag in die Länge und Breite,
etwan 10. bis 12. Stundwegs ausmachen: die meiste darin gelegnen Gericht von Davos, in dem Preteigau, Schanfick, Churwalden etc. bestehen aus Heüreichen Bergen, (darunter auch der
Höhe Rhætico zu zellen) Alpen, und auch in denen zwahr
auch unebnen Thälern aus gutem Wieswachs, und dienen
danaher sonderheitlich zu der Viehzucht, und dem auch dar-
ausfliessenden Nutzen von Milchwerk: es hat auch vieler
Gattungen Baum-Obs, und an einichen Orthen etwas
Korn etc. in den Gerichten Mevenfeld und Malans aber hat
es nebst dem Wieswachs auf den Bergen und Thal, annoch
villes und gutes Reb- und Wein-Gewächs: ein grossen Theil
diser Landschaft durchfliesset der Fluß Lanquart, auch sind darin
das Flüßlein Plesur, und andere genannte Landwasser, auch finden sich darin Bäder zu Alvonau, Fideris, Fläsch und Ganig
auch das Arasker-Saurwasser, auch möchten etwann Minera-
lien und Metall in den Bergen anzutreffen seyn, wovon aber
keine bearbeitet werden.

Diser Bund, obgleich er diesmahlen den Zehen Gerichten
Bund sich selbst nennet, und auch von anderen genannt wird,
begreifft doch mehrere Gericht, und werden, wie schon oben angemerkt

gemerkt worden, in dem A. 1436. zwischent selbigen errichteten Bund-Brief eilf Gericht, ausgesetzt, und zwahren das Land und Gericht auf Davos, das Land und Gericht im Prettigau zum Kloster, das Land und Gericht zu Castels, das Land und Gericht zu Schiers und Sewis, und auch der Chor-Herren-Gericht zu Schiers; das Gericht zu Malans, das Gericht zu Meyenfeld, das Land und Gericht zu Bellfort, das Land und Gericht zu Churwalden, das Unter-Landgericht zu Schausick, und das Land und Gericht zu Schausick zur Langenwies: Von anderen werden die Gericht benamset Davos, Clösterlin, Jenatz, Schiers, Churwalden, Alvonoü, Schausick, St. Peter Langwies, Malans, Jennins und Meyenfeld: von andern, Davos, Alvonoü, Churwalden, Langwies, St. Peter in Schausick, zum Clösterlin, Castels oder Jenatz, Schiers, Malans, und Meyenfeld: noch von andern Davos, Kloster, Castels, Schiers, Churwalden, Bellfort und Alvonoü, St. Peter in Schausick, Langwiesen, Malans und Meyenfeld: dermahlen werden in diesem Bund 7. Hochgericht, und unter und mit denselben 13. halbe Hochgericht gezehlet, und zwahren als Hochgericht Davos, Kloster, Castels, Schiers, Meyenfeld, Bellfort und Schausick, und theils ganze theils halbe Gericht 1. Davos allein: zum Kloster, 2. Kloster und 3. Saas zu Castels. 4. Luzein und 5. Jenatz: zu Schiers. 6. Schiers, und 7. Sewis: zu Meyenfeld. 8. Meyenfeld und 9. Malans: zu Bellfort. 10. Alvonoü und 11. Parpan: zu Schausick. 12. St. Peter, und 13. Langwies.

Für die ältesten Einwohner dieser Landschaft werden auch ausgegeben die Corvantii und Rucantii, zu welchen sich auch die Rhæti und jene zu diesen gesellet, zumahlen auch der von diesen allem Anschein nach den Namen habende hohe Berg Rhætico in solcher Landschaft und derselben Gränzen gelegen: wie selbige mit den Rhætis, unter den Gewalt der Römeren, Allemaniern, Franken und auch folglich unter das deutsche Reich, und die Herzogen von Allemanien und Schwaben kommen, kan unter dem Articul Graubündten und Rhætia nachgeschlagen werden: es haben sich auch sonderheitlich unter letzterer Regierung

gierung in den dermahligen Graubündnerischen Landen, das Bischtum zu Chur, das Stift Disentis, und verschiedene Grafen, Freyherrn und Edle sich viele und grosse Recht über Blut- und andere Gerichte, Gemeinden, Dörfer ꝛc. angemasset, und insbesonders nach Abgang der Herzogen in Schwaben, und um selbige Zeit in dem XIII. Seculo eingefallenen Kayserl. Wahl-Streitigkeiten sich in selbige vester gesetzet, und haben solches in dem grösten Theil dieser Landschaft absonderlich die Freyherren von Baz ausgeübet, und soll Walter oder nach einigen Marquart in der Mitte dieses Seculi das Prättigäu, das Schanfick, Bellfort auch Churwalden besessen, und auch das Land Davos, wie unter solchem Articul zu sehen, in einen wohnbahren Stand gestellet haben. Seines Bruders Sohn Johann Donat ist A. 1330. oder 1333. ohne Männliche Leibs-Erben gestorben, und hat die einte seiner Töchteren Cunigund oblige Land und Gericht ihrem Ehemann Graf Fridrich von Toggenburg zugebracht, nach dessen Sohns Sohn gleiches Namens A. 1436. erfolgten Ableiben ohne Männliche Erben, und darauf über die Erbschaft entstandenen Streit, haben die demselben zuständige gewesnen Eilf Gerichte an dem Freytag nach des Fronleichnams-Tag in gleichem Jahr sich mit einandern, jedoch mit Vorbehalt ihres Erb-Herren Rechten, verbunden wie nachfolget.

Allen denen die diesen Brief ansehen, lesen oder lesen hören, thun kund und verjähen offentlich männiglichen mit Urkund diß Briefs, daß nachbenambste eilf Gerichte: deß Ersten das Land und Gericht auff Davos, das Land und Gericht im Prättigäu zum Closter, das Land und Gericht zu Castels, das Land und Gericht zu Schiers und Sewis, und auch der Chorherren-Gericht zu Schiers mit allen ihren Rechten, und auch das Gericht zu Malans, und das Gericht zu Mäyenfeld, und was darzu gehört: und auch das Land und Gericht zu Bellfort, und das Land und Gericht zu Churwalden, und das Unter-Land-Gericht in Schanfick, und das Land und Gericht in Schanfick zur Langen-Wieß, daß wir alle gemeiniglich und

F einhel-

einhelliglich zu einander gehuldet und geschworen habend, als dann hernach geschrieben staht:

Des Ersten, daß wir einanderen beholffen sond seyn, bey geschwornen Eyden, worzu jemand Recht hat.

2. Die obgenannten Länder und Gericht wollen auch ihrem Erb-Herren thun worzu er Recht hat, so sie vernehmen, daß er ein Erb-Herr ist.

3. Ist beredt und bedinget, ob wir obgenannte Länder und Gericht einen Erbherr gewunnend, daß wir doch beyeinander sollend bleiben bey den Eyden, als ob geschrieben staht, und einander beholfen seyn, worzu jemand Recht hat, mit guten Trewen ohne Geferd, nun hinnach, und uns darvon nicht lassen tringen.

4. Ist auch beredt, daß wir obgenannte Länder und Gerichte keines unter uns nit fürbaßhin kein Beding noch Bündnuß suchen noch machen sollen ohne Erlaubnuß der obgedachter Länder und Gerichten Wissen und Willen, welches Land und Gericht sich dessen übersehe, daß sie anderstwo Bündnus aufnehmen oder machten, dieselbe wären dann Meineydig, und sollen dann die andern Gericht das, so sich übersehen hat, straffen nach ihren Ungnaden.

5. Wann die Länder und Gericht zu schaffen gewunnend, daß sie zusammen kommen wollen zu Tagen, so sollen sie auf Davos kommen, und den Tag leisten.

6. Wann wir unter uns Länder und Gerichten Leuth bedörffend zu dem Rechten, alsdann soll ein Richter den anderen mahnen um 1, 2, 3, 4, oder 5, Mannen, da soll dann derselbige Richter, so gemahnet würd, den andern als viel schicken, als er ihn dann mahnet, und den Ehrsamen Leuthen soll man geben alle Tag achtzehen Pfenning und die Kost ungefahrlich, und deß sollen sich die zwo Partheyen lassen benügen; und die

darge-

dargesandt sind, sond sitzen, und das Recht sprechen, welcher Theil dann mit dem Rechten unter ligt, der soll des Gerichts Schaden dem andern abthun.

7. Ist auch beredt und bedinget, daß wir obgenante Länder und Gericht uns nicht unter einanderen in frembde Gericht treiben noch führen sollen, weder mit geistlichen noch weltlichen Gerichten; wir sollen das Recht von einanderen nehmen, wo ein jeder seßhaft ist, ausgenommen ewige Zinß, ligende Güter und Erbschafften, die soll man berechten an denen Stätten und Gerichten da dieselben Zinß und Güter gelegen sind, ausgenommen Ehe-Sachen die soll man berechten an denen Stätten da es billich ist. Wäre auch Sach, daß ein Gericht Rechtloß wurde, so sollen die andern obgenante Gericht darzu kehren, und thun, daß dasselbe Gericht besetzt werde; daß niemand sich klage noch Rechtloß werde. Wäre auch, daß einer oder mehr aus diesen obgeschriebnen Landen und Gerichten zöge, so ist derselbe der aus den Landen zeucht, seines Eyds und Gelübds ledig und loß, den er in die eilf Gericht gethan hat, ungefahrlich.

8. Wo ein Schuld beschehe oder begangen wurde in diesen obbeschriebnen eilff Gerichten, die solle berechtet werden in demselben Gericht, da dieselbig Schuld begangen wurde.

9. Falls daß etwas an diesem Brieff vergessen worden, daß es zu lützel oder zuviel geschrieben oder gemacht wäre, so ist auch beredt und bedinget, daß man solches mit gemeinem Rath mindern oder mehren mögen, daß es uns an den Eyden nicht binden solle. Was aber hier vorgeschrieben oder gemacht, das ist alles mit guten Trewen, ohne allen Gefehrd geschehen; auch beschlossen, daß diese Bündnuß zu zwölff Jahren umb solle erneuert und geschworen werden.

Und dieses alles zu wahrer Urkund, und steter, vester, ganzer Sicherheit wahr und stet zu halten was hie von uns genannten eilff Gerichten geschrieben staht in diesem offnen Brieff; so haben wir, das obgenannt Land und Gericht auf

Davos gemeinlich ernstlich erbetten den Frommen Uldrichen Belv, zu disen Zeiten Amman auf Davos, daß er seyn eigen Insigel für uns und unsere Nachkommende offentlich gehencket hat an diesen Brieff.

Also haben obgenannte Länder und Gericht im Prättigäw zum Closter auch ernstlich erbetten den frommen Jan Heintz, in diesen Zeiten unseren Amman, daß er sein Insigel für uns ꝛc. auch gehenckt hat an diesen Brieff;

Und wir das obgenannt Gericht zu Castels und auch das Gericht zu Malans haben ernstlich erbetten den frommen, bescheidnen Jos Gersta, zu diesen Zeiten Amman zu Castels, daß er sein Insigel für uns ꝛc. auch gehenckt hat an diesen Breiff.

Und wir das Gericht zu Schiers und Sewis haben ernstlich erbetten den frommen, bescheidnen Bartholome Rugetb, zu diesen Zeiten Amman zu Schiers und Sewis, daß er sein Insigel für uns ꝛc. gehenckt hat an diesen Brief.

Zu denen vorgenannten Insiglen und obgemeldten der Chorherren Gericht zu Schiers haben auch erbetten den Frommen, bescheidenen Jannt Schneider, zu diesen Zeiten der Chorherren Amman, daß er sein Insigel für uns ꝛc. gehenckt hat an diesen Brieff zu den andern genannten Insiglen;

Und wir das obbesagte Gericht zu Mävenfeld haben erbetten den frommen, bescheidnen Wilhelm Schärer, zu diesen Zeiten Vogt zu Mävenfeld, daß er sein Insigel für uns ꝛc. gehenckt hat an diesen Brieff zu den andern obgenannten Insiglen;

Und wir das Land und Gericht zu Bellfort, haben erbetten den frommen, bescheidnen Josen Malletb, zu diesen Zeiten Amman im Gericht zu Bellfort, daß er sein Insigel gehenckt hat an diesen Brieff, für uns ꝛc.

Und wir das obgenannte Gericht in Schanfick, haben auch ernstlich erbetten den frommen, bescheidnen Hansen Teuresta, zu diesen Zeiten Amman zu St. Peter, daß er sein Insigel für uns ꝛc. gehenckt hat an diesen Brieff.

Und wir das obgenannte Land und Gericht in Schanfick zu der Langenwieß, haben auch erbetten den frommen und bescheidenen Hans Held, zu diesen Zeiten Amman zu der Langenwieß, daß er sein Insigel für uns ꝛc. gehenckt hat an diesen Brieff, zu den andern obgenannten Insiglen, und wir obgenannte Länder und Gericht uns vestenlich verbunden haben unter denen obgenannten Insiglen, der geben ward an dem nechsten Freytag nach unsers HErren Fronleichnams-Tag, in dem Jahr, da man zahlt von Christi Geburt, vierzehen hundert dreyßig und sechs Jahr.

Durch die das folgende Jahr vorgegangene Vertheilung dieses Grafen grossen Verlassenschaft, sind von denen in diesem Landbezirk, die Land und Gericht Davos, Kloster, Bellfort oder Alvonau, Churwalden, Schanfick und Langenwis an die Gräfin Cunigund und Catharina von Werdenberg, des Graf Wilhelm von Montfort Ehe-Frau und Graf Heinrichs von Sax in Mosax Witwe. Die Gericht Castels und Schiersch an Ulrich Graf von Mätsch, und die Gericht von Mayenfeld und Malans an Verena, Freyherrn Wolfhart oder Wolfgangs von Brandis Ehe-Frau, und Margaretha Freyherrn Thürings von Arburg Ehe-Frau kommen, und haben der 2. ersten Gräfinen A. 1438. denen von Davos ihre Freyheiten bestähtet, und auch ihre Ehemänner und Sohn A. 1441. andere Gericht mit schönen Freyheiten begnadet, auch sie nicht nur in ihrem errichteten Bund bleiben lassen, sondern auch noch bewilliget, fürbas Bündnus, ob man sie nothdürftig wäre, zu suchen und zu machen.

Alle diese 6. Gerichte gelangten hernach an gedachten Graf Wilhelm von Montfort, und verkaufte er selbige An. 1459. an seinen verwandten Graf Hugonen von Montfort der gleich des folgenden Jahrs denselben auch ihre Freyheiten bestähtet, selbige aber A. 1471. ersagten Graf Wilhelm wieder lösen

lösen lassen müssen, der sie folglich sogleich dem Herzogen Sigmund von Oesterreich, und dieser sie desselbigem Jahrs an Graf Ulrich, und seinen Sohn Graf Gaudenz von Mätsch auf Wiederkauff verkauft, da dieser im gleichen Jahr den ermeldten Gerichten nicht nur ihre Freyheiten auf ewig bestähtet, sondern auch ihnen vergunt zu ewigen Zeiten zu halten, und zu vollführen alle die Bündnussen und Eyd, so sie gemacht oder gethan haben, und ihnen auch erlaubt fürbas Bündnis zu suchen, ob man sie nothdürftig würde, mit dem ferneren verbinden gemeldte Gericht ohne ihren guten Willen und Erlaubnus, nimmermehr zu verkauffen, noch zu versetzen, noch in keinen Weg von ihren Handen zu lassen, wie sie dann mit Rath und Zuthun der beyden andern des Obern und Gotts-Haus-Bunds, (mit denen und zwar mit dem ersteren A. 1471. und mit dem andern A. 1450. absonderlich und A. 1471. mit beyden in ein ewig Bündnus (die oben in dem IX. Theil p. 119. völlig zufrieden, eingelassen:) zwar A. 1477. den Verkauff an gemeldten Herzog Sigmund von Oesterreich hinterhalten mögen, des folgenden Jahrs aber demselben die Wiederlösung zugestanden, da er ihnen nicht nur die Bestähtigung ihrer Freyheiten auch geschwornen ewiger Bünden sondern auch die Zoll-Freyheit in seinen Landen ertheilt, welche auch Kayser Maximilianus A. 1496. bestähtiget, es haben aber in dem A. 1499. entstandenen sogenannte Schwaben-Krieg dieser Gericht in gegeneinandern Haltung ihren dem Haus Oesterreich schuldigen Rechten, und der mit dem Obern und Gotts-Haus-Bund habenden Bündnussen, dieser letzterer Pflicht der ersterer vorgezogen, und diesern beyden Bündten Hilf geleistet, sind aber durch den erfolgten Frieden wieder angehalten worden, dem Haus Oesterreich zu Abstattung seiner Rechten wieder zu huldigen, und sind ihm auch noch die bisdahin von denen Grafen von Mätsch besessene Gerichte Schiersch und Castels überlassen worden, solches jedoch mit dem Beding, daß auch selbiger wie die erstere sechs bey der Bündnus, so sie mit denen Bünten vormahls gehabt haben, bleiben lassen soll, welches, und auch all andere dieser Gerichte gehabte Freyheiten hernach Kayser Maximilianus I. selbst A. 1500. und auch Kayser Carolus

lus V. A. 1520. und auch folglich die aus dem Erz-Haus
Oesterreich gewesene Besitzer der Grafschaft Tyrol bestäthiget
haben, und während deren Besitz einen Landvogt darüber jedoch mit Wissen und Willen der Einwohnern, gesetzt haben, das
auf einem A. 1652. abgeschliffenen Schloß genannt Castels in der
Gemeind Luzein und dem Castelser-Gericht seinen Sitz gehabt,
und bey Antritt seiner Verwaltung den Gerichten schweeren
müßte, sie bey ihren Freyheiten, alten Löbl. Bräuchen und
Gewohnheiten, sie seyen geschrieben oder nicht: lassen zu verbleiben, und sie darbey zu schützen und zu schirmen, auch der
Zeit seiner Verwaltung sich in ihre Standessachen ganz nicht
zu mischen, sondern sie nach ihrem Gutdunken schalten und
walten zu lassen, hergegen sich die Gericht auch gegen dem
Erz-Haus Oesterreich verbunden die Gerichts-Herrlichkeit,
Oberkeit und Gerechtigkeit, so selbiges in den Gerichten habe,
gleichfalls zu handhaben, und zu schirmen: es wollte aber
auch während solches Besitzes der Erz-Herzog Leopold An.
1621. seine Recht darüber noch weiter ausdähnen und sich alles Hoch-Oberkeitlichen Gewalts anmassen, und hat daneben
auch seine Völker in diese Gericht einrucken lassen, die in demselben grosse Beschädigungen ausgeübet, in den folgen Jahren
aber von den Einwohnern auch einen starken Gegenstand, unter
beydseitigen vielem Verlurst und Schaden, verspühren müssen:
es ist auch auf einer A. 1622. in der Stadt Lindau vorgegangenen Conferenz vieles wider dieser Gerichten Freyheit zwar ver-
handlet worden, hat aber nichts zu Stand gebracht werden
mögen, es ist aber doch dahin kommen, daß diese Gericht im
Nov. An. 1625. den Bunds-Brief mit den anderen beyden
Bündten wiederum von neuem beschweeren können, wie davon
das mehrere oben in dem IX. Theil p. 160. seq. angebracht worden. Bey denen zwischen dem Erz-Herzogen von Oesterreich
und denen benachbarten Gerichten wegen beydseitigen Rechten
und Freyheiten so vielfaltig entstandenen Mißhelligkeiten ist letstlich ein Auskauff dieser Rechten auf die Bahn kommen, und
bey dem Erz-Herzog Ferdinand Carl erstlich den 10. Jun. An.
1649. durch Bevollmächtigte für die Gericht und Landschaften
Davos, zum Closter, Castels oder Jenaz, Schiers und Seewis,
auch

auch das Gericht und Landschaft Churwalden, und hernach den 27. Jul. A. 1652. das Gericht Bellfort innert und ausfert der Brugg, Albonau und Lenz, auch das ganze Thal Schanfick und Langwiesen dahin zu Stand gebracht worden, daß ersagter Erz-Herzog Ferdinand Carl ermeldten Gerichten und Gemeindten alle seine habende und prætendirende Ansprachen, Proprieteten, Herrlichkeiten, Gerechtigkeiten und Gewaltsamen in geist- und weltlichen Sachen, Schutz und Schirm, alle Schlösser, Thürn, Häuser, Stadlen, Mobilien, Lehen und Lehenwart, freye und eigene Leuth, Güter, Forst, Waldungen, Wun und Weyden, Vogteyen, Vogt-Rechten, Regalien, Zöll, Rent, Zins, Zehenden, Gülten, Nutzen, Fählen, Faßnacht-Hüner, Gelds, Geleit Gevrit, Wildbann, Jagd und Vögel Mäller, Fischenzen, Weyerstätte, See, Bäder, Wasser, und Wasser-Fluß-Mühlen, Schätz, Erz, allerley Metall-Gruben und Bergwerk, besucht und unbesucht, ob und unter der Erden, samt allen Ob- und Nidern Gerichten, Bussen, Peenen und allen anderen Zugehörungen genannt und ungenannt, nichts davon ausgenommen noch vorbehalten, wie es an seine Vorfahren, und ihne kommen, und sie es bis dato ingehabt, gebraucht und prætendiert in Form eines ewigen unwiderruflichen Kauffs überlassen, eigenthumlich cediert und übergeben; auch ermeldte Gericht und Gemeinden und dero angehörige der Pflicht und Eyd, wormit sie ihm verbunden gewesen, völliglich ohne einichen Vorbehalt ledig gesprochen für ganz frey unansprächliche Leuthe erklärt, und zu ewigen Weltzeiten beruffen, ihnen auch die gehabte Documenta, Urbaria, Schriften und Urkunden so viel deren in seinen Archivis bisher gefunden worden, sammentlich herausgegeben, und so über kurz oder lang derselben mehr gefunden wurden, selbige ihnen eingehändiget, oder wo solches nicht geschehen könnte, todt, krafftlos und ungültig zu allen Zeiten seyn und gehalten werden sollen, mit dem ferneren Anfügen einerseits, daß er sich auch für alle seine Erben und Nachkommen in beständig und kräftigster Form aller Titeln, Rechtsamen, Proprieteten, Prætensionen, so sie gegen gedachten Gerichten jemahls gehabt haben, entschlahe und verziehe und begebe, auch verspreche, sie wieder alle Ein- und

Zuspruch

Zuspruch diſes Kaufs halben gegen jedermänniglich zu gewähren und zu verantworten allezeit auf ſeinen Köſten, mit der Erläuterung, daß mit ihm und ſeinen Nachkommen oftbemeldte Gericht in der alten aufgerichteten und kürzlich erneuerten Erbvereinung nicht anderſt dann andere gefreyte Leuth der anderen zwey als Ober- und Gotts-Haus Bündten bleibend, und anderſeits, daß er ſich erkläret, daß noch hiefür, gleichermaaſſen es bishar bräuchlich geweſen, gedachter Gerichten Einwohner und Laubleuth alle ihre Sachen, was das für ſeyend und Namen haben mögend, in ſeinen Landen, Schlöſſern, Städten und Gebieth, allenthalben Zoll und Aufſchlag frey ohn einiche Hinderung oder Niderlag durchführen mögen, und ſollen zu allen Zeiten: und iſt der erſte Auskauf um 75000. und andere um 21500. Gulden Tyroliſcher Währung beſchehen, und hat Kayſer Ferdinand III. als Römiſcher Kayſer und älteſter regierender Erz-Herzog des Hauſes Oeſterreich den 26. Jul. An. 1649. dem ſchon geſchloſſenen und noch zu ſchlieſſenden Kauff beſtähtiget.

Da auch das Biſtum Chur noch einiche Rechtſamen in Bürgerlichen und Criminal-Fällen in den Gerichten des Schanfick, zu St. Peter und an der Langwies gehabt und das Haus Oeſterreich auch Lehensweis ſelbige beſeſſen, als haben erſagte Gericht zu ihrer völligen Befreyung auch ſelbige A. 1657. um tauſend Gulden Churer-Währung, und 2. Meyländer Schul-Stipendia von dem Biſtum käuflich an ſich gebracht.

Die niemahl unter dem Erz-Haus Oeſterreich geſtandene Gericht Meyenfeld und Malans ſind, wie obbemelt, an Wohlfahrt oben Wolfgang von Brandis und Thüring von Arburg von ihren Ehe-Frauen aus der Toggenburgſchen Erbſchaft kommen, und haben von ſelbigen auch A. 1438. gleich der obigen Gerichten ſchöne Freyheiten, und auch die Beſtähtigung ihres zuvor errichteten Bundes erhalten, es iſt auch folglich Meyenfeld A. 1509. von Freyherr Johann von Brandis und Graf Rudolf von Sulz, und Malans A. 1536. von Hans an Marmels an die Gemeine III. Bund jedoch mit Vorbehalt ihrer Freyheiten verkauft worden.

Von der Religion in diesem Lands-Bezirk so wohl zu ehemahligen Heidnischen als erstern und folgenden Christlichen Zeiten, kan unter den Articlen Chur-Bischtum, Graubündten S. Luci &c. nachgesehen werden, und ist nur noch beyzufügen, daß einige aus des Namens Gleichheit die Heidnische Göttin Majam für eine absonderliche Göttin der Stadt Meyenfeld achten wollen: diesere Landschaft ist in den Christlichen Zeiten unter dem Bischtum-Chur gestanden, die Evangelische Lehr ward schon um das Jahr 1521. oder 1522. in dem Gericht Meyenfeld, durch Hans Jacob Bürkli von Zürich, nach einigen zu erst zu Fläsch, nach anderen zu Malans und zwar so gleich mit vielem Beyfahl geprediget, wie auch um selbige Zeit in dem wilden St. Antonien-Thal, in dem Prättigäu, und unlang hernach in den Gerichten Davos, Closter, Castels, Schiers, Meyenfeld, Schanfick, bey St. Peter und an den Langwis, auch zu Maliz in Chur-Walden, sonderlich nebst ermelten Bürkli, durch Jacob Spreiter, Andreas Schmid, Caspar Schuler, Andreas Sofrid, Samuel Frick ꝛc. mit gleicher Würkung, so daß diese Lehr in selbigen nach und nach angenohmen, und An. 1561. in den Gerichten eigne Chorgericht angestellt, und für alle gemeinsame Ehe-Satzungen errichtet worden: auch ward A. 1590. in dem Gericht Sewis die Evangelische Lehr völlig eingeführt, und ist A. 1616. in dem Closter Chur-Walden zu erst Evangelisch geprediget worden: A. 1621. aber sind des Erz-Herzog Leopoldi von Oesterreich Völker in einen Theil des Gerichts Meyenfeld, das Schanfick ꝛc. eingefallen, und haben an vielen Orten die Evangelische Religion und Prediger abgeschaffet, und den Catholischen Gottesdienst meistens durch Capuciner verrichten lassen, und obgleich zu Anfang des folgenden Jahrs die Prättigäuer solche nebst der Oesterreichischen Mannschaft zwar wieder abtreiben mögen, so haben doch die Oesterreichischen schon im Aug. wieder selbige Gericht einnehmen mögen, und die Catholische Religion wieder geäuffnet, auch ist auf dem in diesem Jahr zu Lindau gehaltenen Friedens-Congres

Congreß nebend andern auch wegen des Gerichts Mevenfeld beabredet worden, daß die Religion in demselben befreyt seyn, und die Catholische unverhinderlich geübet, alles was derselben zum Nachtheil verordnet gewesen aufgehebt, den Catholischen ihre Recht wieder zugestellet, die Catholischen Ordens Geistliche darinnen wohnen und Clöster bauen mögen, der Bischof und Clerisey aber in den Dingen, welche die Einwohner zu Uebung der Evangelischen Religion ohne Nachtheil der Catholischen verordnen möchten, nicht einmischen sollen ꝛc. und hat solches Gericht diese Beding annehmen müssen: A. 1623. und bey der im Aprill und May von seithen des Erz-Herzogs von Oesterreich, in denen, wie obbemelt, ihme zugehörigen Gerichten eingenohmer Huldigung, ward zwar vertröstet sie bey der Evangelischen Religion zulassen, dessen ungeachtet sind die Kirchen so gleich den Capucinern übergeben worden, welche aber wenig Besuch gehabt, und liesse dieser Erz-Herzog im Junio An. 1624. selbiger Orten alle von der Römischen Kirch nicht gutgeheissene Lehr, Gottesdienstliche Ubungen und Bücher verbiethen, und zugleich befehlen, alle von derselben gebottene Fest- und Feyrtag nach den Gregorianischen Calender zu halten, die Ehe-Sachen an den Bischof von Chur zu bringen, alle Sonn- und Feyrtag der Meß und Catholischen Predig beyzuwohnen, die Kinder in die anzustellende Catholische Schulen zu schicken, sich innert Jahrsfrist zu der Catholischen Religion vorzubereiten ꝛc. als aber noch zu End dieses Jahrs Französische und Eydgenößische Völker gegen die Graubündnerische Lande angeruckt, sind die Capuciner sogleich aus selbigen abgezogen und ist der Evangelische Gottesdienst wieder hergestellt worden, und hat des gedachten Erz-Herzogs Sohn und Nachfolger Ferdinand Carl A. 1637. sich erkläret die Evangelische Religion, und gedachte Gericht frey zu lassen, und ist es folglich nach derselben völligen Befreyung darbey geblieben, wie das mehrere in dem XI. Tom. unter dem Articul Graubündten. p. 129. seq. zu sehen.

Von denen von diesen eilf Gerichten selbst und hernach auch mit den andern beyden dem Obern und Gotts-Haus-Bund errichteten Bundnussen ist gleich hievor Anregung gescheben,

hen, und können auch die von allen III. Bündten gemeinsamlich mit Kaysern, Päbsten, Fürsten und andern Herren auch einigen Eydgenößischen Städt und Orten geschloßnen Bündnussen Erb-Einigungen, Capitulaten und Verkomnussen in gleich bemeltem IX. Tom. unter dem Articul Graubündten p. 136. seq. gefunden werden, denen nur noch beyzufügen, daß dieser Bund auch mit denen von Sargans alte Verkommnussen habe: daß selbiger der sonst von den meisten Eydgenößischen und Zugewandten Städt und Orten A. 1521. mit König Francisco I. von Frankreich getroffenen Bündnus erst A. 1523. beygetretten, und daß dieser Bund auch An. 1567. an die mit denen beyden andern Bündten verbündeten Eydgenößisch Städt und Ort Anwerbung um ein gleiche Bündnus gethan, damahls aber nicht völlig willfährigen Bescheid, wohl aber die Versicherung erhalten, daß der Bund sich von ihnen aller guten Freundschaft, Eyd- und Bundsgenößischer Treu und Liebe versehen und vertrösten möge, und werde man ihnen als guten lieben Eyd- und Bundsgenossen zuschreiben, und indgend sie solches auch gegen ihnen thun &c. es wurde aber folglich von dem Bund den 8. Sept. A. 1590. ein absonderliche Bündnus mit der Stadt Zürich und dem Land Glarus geschlossen, und was auch dieser Bund mit den anderen Krafft Bündnus, Erb-Einigung, Capitulat. und auch sonsten verschiednen Potentaten, Fürsten und Ständen von Zeit zu Zeiten Hilfs-Völker zugestanden und bewilliget, ist auch in dem obbemeldten Articul das mehrere angebracht worden, gleich auch unter selbigem weitläufig zu finden, was für Streitigkeit dieser Bund nebst den andern mit fremden Potentaten und Ständen gehabt, und wie sie gütlich oder rechtlich beygelegt worden, auch etliche mahl zu kriegischen Unternehmungen ausgeschlagen, und was bey solchen insbesonders dieser Bund von An. 1622. etliche Jahr, durch viele Uebezüg, Beschwerden und Schaden von Oesterreichischen Völkern erlitten.

Auch von denen in den III. Bündten selbst vorgegangenen verschiedenen Unruhen, und daraus entstandenen Straf-Gerichten &c. ist in gleichem Articul das mehrere angebracht worden,

von

von diesem Bund aber ist absonderlich anzumerken, die An. 1642. in selbigem entstandene wichtige Mißhelligkeit zwischen dem Hochgericht Davos, und den übrigen Hochgerichten dieses Bunds, da das erstere aus verschiedenen, seit Errichtung des Bunds, habenden Besitzes angesprochen und verlangt, daß sein bestellter sonderbahre Landammann, Landschreiber und Landweibel, auch der Landammann oder Haupt, Landschreiber und Landweibel auch des ganzen Bunds seyn, und bey ihme und seinen Handen auch das gemeine Bund-Sigel, gemeine Archivum samt den Gemeinen des Bunds-Banner seyn und bleiben sollten, die anderen Hochgericht diesem Hochgericht solches nicht mehr zugestehen, sondern auch Antheil an solchen Stellen, und derselben Abwechslung und gemeinem Sigel, Archiv und Banner haben wollen, und in gedachtem Jahr Thuring Enderli zu einem Bunds-Landamman erwehlt, und folglich das Hochgericht Davos, da selbiges diesen nicht als solchen erkennen wollen, aus dem Bund ausgeschlossen, auch keinen andern Richter als die mehrere Stimmen der den Bund einverleibeten Hochgerichten annehmen, das Hochgericht Davos aber solcher Streitigkeit Entscheid den beyden andern, dem Oberen, und Gotts-Haus-Bund überlassen wollen; da sich nun solche Zwistigkeit zu weit aussehenden Gefährlichkeiten angelassen, haben die mit dem X. Gerichten Bund mehreres verbündete Städt Zürich und Bern und das Land Glarus des folgenden Jahrs zu verschiedenen mahlen Hans Heinrich Waser, Stadtschreibern der Stadt Zürich, in das Graubündtner-Land abgesandt, welcher es durch unermüdete Unterhandlung endlich dahin bringen mögen, daß beyde Theil sich zu einem verbindlichen Compromiß und beydseitiger Annahm und Auswahl von Schiedrichtern erkläret, darauf ein jeder Theil einen aus ihrem Mittel, mit Ledigslassung ihrer Landpflichtigen Eyds, und beyde Theil zwey aus dem Obern und Gotts-Haus-Bund (und zwahr durch das Loos, welcher Theil einen aus den ersten, und welchen Theil einen aus den anderen Bund nehmen mögen solle) ausgewehlet, und obbemelten Stadtschreiber Waser zum Obmann ernannt haben, welcher auch letztlich, da die Schiedrichter in ungleiche Meinungen zerfallen, den Ausspruch den 11. Jan. A. 1644. dahin er-

ertheilt, daß das Hochgericht Davos den Vorsitz in Bund und Beytagen haben, und wann der Bund eigner Geschäften halben zu Tagen komme, solches auf Davos geschehen, und der Landamman daselbst die Direction und Umfrag halten, auch die Bunds-Tage aller III. Bündten wann es zu Fällen kommt auf Davos gehalten werden sollen, so dann daß die Bunds-Landamman-Stell unter den Hochgerichten umgehen das Hochgericht Davos aber selbige zwey Jahr und jedes des anderen IX. Gerichten aber nur ein Jahr haben, die Erwehlung aber jederweilen auf Davos mitten in dem Aprill durch die Abgeordnete des gesamten Bundes, und zwahr durch zwey aus jedem Hochgericht vom desselben Räthen und Gemeinden erwehlten, und zwahr ohne Practic vorgenommen werden solle, jedoch keiner zu einem Bunds-Landamman, Landschreiber und Landweibel, der fremden Herrschaft auf einiger Weise verpflichtet, auch keiner der in Aemtern sitzt zum Abgeordneten von den Räthen und Gericht erwehlt werden mögen, und ein Bunds-Landamman jederweilen die 1ste Stimm samt dem Vorsitz haben solle: welters wann die Bunds-Landammanschaft dem Umgang nach auf Davos kommt, sie sich ihres eignen Landschreibers in gemeinen Namen bedienen, und übrigen Hochgerichten in ihrem Umgang auch diesen Landschreiber zu gebrauchen, oder aber einen anderen zu erwehlen frey stehen, der Landweibel aber des Bunds allwegen aus dem Hochgericht, da der Bunds-Landamman genommen, erwehlt, beyde aber von selbigem Hochgericht das Jahr hindurch in den Kosten verlegt, die Landschreiber aber, weilen sie nicht auf den Umgang gerichtet, von dem Gemeinen Bund versoldet werden solle. Fehrners daß das Archivum und gemeine Bundes-Schriften auf Davos verbleiben, und jedem Hochgericht auf Begehren eine Verzeichnus oder auch ein Abschrift derselben gegeben werden, auch das Panner auf Davos verbleiben, und selbige Landschaft ein tüchtige Persohn zum Panner-Trager erwehlen, und dem Bund nahmhaft machen, und dann am selben, denselben zu bestähtigen, oder einen andern von Davos oder von andern Orten zu benamsen stehen, das Bunds-Sigel aber in jedes Bundes-Haupt Händen seyn, und er in allen drey Bündten, wie auch des X. Gerichts-Bunds-

Sachen

Sachen besiglen mögen, doch ohne des Bunds Wäffen und Befehl nichts gesiglet werden soll.

Es entstuhnden auch A. 1684. sonderheitlich in dem Brättigäu wegen Verwaltung des Land-Seckels, von fremden beziehenden Pensionen ꝛc. Unruhen und da auch in den andern Bündten ein gleiches geschehen, so ist A. 1694. ein gemeine Reforma darwider gemacht worden, und A. 1728. kam dieser Bund nebst dem Obern Bund mit dem Gotts-Haus-Bund, wegen des von den ersteren auch verlangenden Umgangs des von dem letztern bishar allein geübten Præsidii bey den Congressen, Verwaltung der gemeinen Land-Cassa durch ihren Bundschreiber, wegen Zehlung der Mehren in Bunds-Geschäften, ob sie Bundsweise oder nach den Gemeinden beschehen ꝛc. soll in grosse Streitigkeit, welche aber theils durch Vermittlung von Zürich- und Bernerischen Gesandtschaft, theils unter ihnen selbst wieder berichtiget worden.

Auch ist von diesem Bund anzumerken, daß er A. 1550. dem Obern Bund den Rang vor dem Gotts-Haus-Bund zugesprochen, und daß über die mit den andern beyden Bündten gemein gemachte Satzungen, selbiger auch A. 1561. ein Abzugs, auch ein Ordnung wider das practiciren auf Aemter, und An. 1563. eine, daß ein angenohmner Fremder 12. Jahr lang nicht zu Aemtern gelangen möge, gemacht.

Wann aber und wie auch dieser Bund zu der Landschaft Veltlin, Cleven und Wormbs gelanget, ist unter dem oft anangezognen Articul Graubündten weitläufig anzutreffen.

Der höchste Gewalt in diesem Bund gleich in andern beyden Bünden bestehet in den Mehren der Stimmen der Hoch- und andern Gerichten, welche ihre Meynung entweder durch ihre Botten auf den Bundstagen, oder auch in Schrift, über die ihnen ab solchen Bundstagen zuschickende Abscheide, oder sonst von dem Bunds-Landamman ihnen schriftlich mittheilende Vorfallenheiten ertheilen, und zwahren diesere letztere an den Bunds-Land-

Landamman, der dann auch das ausfallende Mehr den Hoch- und übrigen Gerichten schriftlich wissend machet, und sind dieser Stimmen 15. benanntlich des Bunds-Landammans, so dann der Hoch- und Gerichten Davos 2. Kloster 1. Saas 1. Lutzein 1. Jennatz 1. Schiers 1. Seewis 1. Malans und Jenning 1. Meyenfeld 1. Bellfort 1. Churwalden 1. St. Peter 1. und Langwies 1.

Die allgemeine Zusammenkunft dieses Bunds oder so genannte Bunds-Tag wird alljährlich ohngefehr auf den 25. May alten Calenders, und zwahr jederweilen auf Davos gehalten, und da des Bundes absonderliche Geschäft behandlet, auch der Bunds-Landamman, Schreiber und Weibel erwehlt, und werden auf selbigen von jedem der gleich bemelten Gerichten zwey Boten dahin geschickt, auf den allgemeinen Bunds-Tag aller III. Bündten aber werden, nebst dem Landamman (welcher, wann in dem dritten Jahr selbiger auf Davos gehalten wird, auch darauf das Præsidium führet) auch Botten von Davos 2. und von den übrigen gedachten Gerichten nur 1. abgesandt.

Das Haupt dieses Bunds wird Bunds-Landamman genennt, und wird, wie obbemeldet auf dem absonderlichen Bunds-Tag dieses Bundes von denen eintreffenden Bunds-Botten erwehlt und alljährlich abgeänderet, doch so daß der Anfang bey dem Hochgericht Davos gemacht, folglich einer aus dem Hochgericht Kloster, Castell und Schiers, so dann wiederum einer aus dem Hochgericht Davos, und weiters aus den übrigen Hochgerichten darzu erwehlet wird, seinen Sitz aber ausser den Bunds-Tagen an seinem sonstigen Wohnungs-Ort behaltet: es ist aber schon zuvor angezeiget worden, daß bis A. 1644. der jeweilige absonderliche Landamman des Hochgerichts Davos solche Stell auch eines Landammans des ganzen Bunds vertretten, und sind auch unter dem Articul Davos in dem VI. Theil p. 23. die bis dahin gewesne Landamman ausgesetzt worden, danaben hier nur die seit der Zeit aus allen Hochgerichten erwehlte nachgebracht werden, wie dann erwehlt worden:

Anno

Zebenge.

Anno.
1644. Thuring Enderli.
1645. Johannes Sprecher.
1646. Ulisses von Salis.
1647. Meinrad Buol.
1648. Ambros Planta.
1649. Johann Antoni Buol.
1650. auch gleicher.
1651. Andreas Sprecher.
1652. Heinrich Schmid.
1653. Paul Vallär.
1654. Hans Michel.
1655. Meinard Buol.
1656. Carl von Salis.
1657. Johann Antoni Buol.
1658. Johannes Scandolera.
1659. Paul Jenatsch.
1660. Peter Schmid.
1661. Johannes Sprecher.
1662. Hercules von Salis.
1663. Paul Jenatsch.
1664. Hercules von Salis.
1665. Ulrich Buol.
1665. Johannes Scandolera.
1667. Paul Jenatsch.
1668. Johannes Jeuch.
1669. Flori Sprecher.
1670. Hans Michel.
1671. Paul Jenatsch.
1672. Johann Peter Enderli.
1673. Paul Buol.
1674. Ulrich Buol.
1675. Paul Jenatsch.
1676. Andreas Sprecher.
1678. Hieronymus von Salis.
1679. Paulus Sprecher.

Anno
1680. Joh. Friedrich Brügger.
1681. Ulrich Buol.
1682. Johannes Scandolera.
1683. Salomon Sprecher.
1684. Johannes Jeuch.
1685. Christian Vallär.
1686. Hieronimus von Salis.
1687. Salomon Sprecher.
1688. Gubert von Salis.
1689. Ulrich Buol.
1690. Raphael Scandolera.
1691. Andreas Jenatsch, alii Salomon Sprecher.
1692. Jacob Schmid.
1693. Christof Sprecher.
1694. Ulisses von Salis.
1695. Leopold Jenatsch, alii Georg Sprecher.
1696. Gubert Planta.
1697. Hercules Brugger.
1698. Ulrich Buol. Carl von Salis.
1699. Andreas Jenatsch.
1700. Jacob Jannet.
1701. Christian Vallär. alii Jacob Jannet.
1702. Andreas von Salis.
1703. Andreas Sprecher.
1704. Hans Peter Enderli.
1705. Hans Antoni Buol.
1706. Otto Schwarz.
1707. Leopold, alii Georg Jenatsch.
1708. Jacob Ulrich Albertin.
1709. Johann Sprecher.

Zehenge.

Anno
1710. Ulrich Enderli Davaz.
1711. Hans Antoni Jenatsch.
1712. Gubert von Salis.
1713. Christian Buol.
1714. Carl von Salis.
1715. Conrad Margedant.
1716. Andreas Marut.
1717. Jacob Jannet.
1718. Hercules von Salis.
1719. Paul Sprecher.
1720. Joh. Friderich Brugger.
1721. Jacob Jannet.
1722. Johann Baptista Scandolera.
1723. Hans Antoni Jenatsch.
1724. Christian Marugg.
1725. Andreas Sprecher.
1726. Jacob Ott.
1727. Georg Sprecher.
1728. gleicher.
1729. Ulrich Buol.
1730. Josias Pellizari.
1731. Salomon Sprecher.
1732. Johannes Sprecher.
1733. Jacob Jannet.
1734. Johann Gaudenz von Salis.
1735. Salomon Sprecher.
1736. Johann Friderich von Salis.

Anno
1737. Gubert Wiezel.
1738. Johann Vollet.
1739. Georg Sprecher.
1740. Johann Sprecher.
1741. Andreas Sprecher.
1742. Andreas Ott.
1743. Jörg Bidsch von Porta.
1744. Gubert von Salis.
1745. Leonhard Buol.
1746. Josias Pellizari.
1747. Andreas Sprecher.
1748. Johann Marugg.
1749. Leonhard Jannet.
1750. Joh. Gaudenz v. Salis.
1751. Salomon Buol.
1752. Hercules von Brügger.
1753. Gubert von Wiezel.
1754. Josias Pellizari.
1755. Johann Andreas Sprecher.
1756. Jacob Ulrich von Albertin.
1757. Johannes Sprecher.
1758. Andreas von Otto.
1759. Georg Sprecher.
1760. Johann Planta von Wildenberg.
1761. Ulrich Buol.
1762. Christof Sprecher.
1763. Jo. Andreas Sprecher.

Ein jedes aber dieser Hoch- und abgetheilten Gerichten hat in seinem Bezirk alle hohe und nidere Gericht, jedoch eines mehrere oder mindere Gericht als das andere, und hat danaben auch ein jedes seinen eigenen Landamman, Pannerherr, Seckel-

Secfelmeister, Richter oder Rechtsprecher, Schreiber und Weibel welche wie auch die Bunds-Boten, und andere Gerichts-Aemter die Gerichts Angehörige entweder selbst auf ihren alljährlich meistens auf öffentlichen Plätzen haltenden Gerichts-Gemeinden bestellen, oder etwann ausser den Landamman, Bannerherr und der wichtigen Stellen: durch einige von ihnen Verordnete, und zwahr auf ein oder auch zwey Jahr bestellen, und sogleich auf den Plätzen oder hernach auf den Rahthäusern beeydigen: Die Aemter in der Unterthauen Landen, Veltlin, Cleven und Worms gehen nicht den Hochgerichten nach um, sondern kommen, nach verschiedenen Verkommnissen, bald dem einten, bald dem anderen Hochgericht zu, und werden auf den Fall von den Einwohnern dieser Hochgerichten durch offentliches Mehr, auch etwann um Gelt unter ihre Mittentwohner hingegeben.

Die Civil-Geschäft behandlet und beurtheilet ein jedes Hoch- und abgetheiltes Gericht, durch die bey jedem derselben ausgesetzte Richter völliglich, und ist von solchen kein weitere Appellation aussert aus der den III. Bündten mit gewissen Rechten verpflichteten Herrschaft Mevenfeld, auch dem halben Hochgericht Bellfort allwo der Appellat jedoch befugt ist dem Appellanten in der Landschaft Davos oder dem Hochgericht Churwalden das Appellations-Gericht anzuweisen.

Wie die Malefiz-Geschäft in jederen Hoch- und abgetheilten Gerichten behandlet werden, ist unter eines jeden absonderlichen Articul zu finden, und in jeden diesen Gerichten, welche meistens Evangelischer Religion, werden die Ehe-Sachen meistens durch 7. weltliche Richter beurtheilet, darzu aber auch die Pfarrer der Gemeinden gezogen werden: zu den Kriegs-Geschäften und Vorsorgen aber sind auch in jedem Gericht Hauptleuth, Bannerherren, und nöthige Officier geordnet, auch wird in diesem Bund der Stadt Chur Gewicht, Mäs und Maas gebraucht.

Die Einwohner dieses Bunds und bald aller Hoch- und abgetheilter Gerichten pflichten der Evangelischen Religion bey,

und

und machen die Geistlichen darinn eines der VI. Evangelischen Colloquiorum in den III. Bündten aus, welchem 35. Pfarren einverleibt, und darüber ein Decanus und Præses gesetzt ist, die meisten Einwohner des Bellforters und Churwalder Hochgerichts aber sind Catholischer Religion, und stehen unter dem Bischtum Chur.

In allen Hoch- und anderen Gerichten dieses Bunds ist die Deutsche Sprach in Uebung, allein das von Bellfort ausgenommen, in welchem auch die Romansche Sprach geredt wird.

Des Bundes Waapen macht ein vertheilter Schild aus, in welchem in dem das 1. und 4. Viertheil gelb mit blauer Einfassung, und das 2. und 3. blau mit gelber Einfassung und der Halter desselben ein wilder ganz haariger Mann mit einem langen weissen Bart, auch mit einem Kranz auf dem Kopf, und einem Gürtel um den Leib beyde von Tannen,

In dem Sigel stehet ein solcher Mann hinter dem Schilt, und hat in der rechten Hand ein Panner mit obigem Schilt, und in der linken ein Tannenbaum samt der Wurzel, doch abgeastet, daß nur ein grosser Busch oben daran ist, mit der Umschrift: Sigel des Gerichten-Bunds.

Der Landweibel tragt ein Mantel von blauer Farb auf der rechten, und gelber Farb auf der linken Seithen grad hinunter vertheilt.

Zehnden und Zehnden Hauptleuth.

Da die Landschaft und Republic von Wallis in VII. Theil, welche Zehnden genennt werden, abgetheilet ist, und ein jeder von solchen Zehnden einen eignen Hauptmann hat, als kan hiervon sowohl in dem Articul Wallis, als auch unter den Articlen eines jeden solcher VII. Zehnden des mehrern gefunden werden.

Zehnder.

Zehnder.

Ein Geschlecht in der Lucernischen Stadt Willissau, aus welchem Gallus Anno 1493. und Hans Jacob An. 1614. Schultheissen worden. Siehe auch Zender.

Zeigler.

Ein ausgestorbenes Geschlecht in der Stadt Basel, aus welchem Heinrich An. 1449. und einer gleiches Namens An. 1461. Oberster Zunft-Meister worden, und dieser letztere auch Gesandter zu Berichtigung des zwischend denen Städten Zürich und Strasburg An. 1482. gewalteten Streitigkeiten gewesen, auch ward Heinrich An. 1487. Artium liberal. Magister und ist Wilhelm An. 1502. Dreyerherr und An. 1503. Burgermeister und Lut oder Lucas An. 1510. Dreyerher und An. 1523. Burgermeister worden.

Zeihof.

Ein Hof in der Filial-Pfarr Greppen in der Lucernischen Landvogtey Habsburg.

Zeiller.

Aus diesem in der Steyermark befindlichen Geschlecht ward Martin Ober-Auffseher der deutschen Schulen in der Stadt Ulm, und hat auch nebend vielen andern Topographien auch *Topographiam Helvetiæ, Rhætiæ, & Vallesiæ* A. 1654. zu Frankfurt am Mayn in fol. in Druck gegeben.

Zeiner.

Ein ausgestorbenes Geschlecht in der Stadt Schafhausen, aus welchem Hans Ulrich A. 1629. Zunftmeister worden.

Zeinigen oder Einigen.

Ein Dorf und Kirch ein Stund ob der Stadt Thun auf der mittäglgen Seiten des Thuner-Sees in der Frey-Herrschaft Spietz und dem Gebiet der Stadt Bern. Es soll daselbst in uralten Zeiten ein Kirch erbauet worden seyn, und nebst dem Ort Paradys genannt worden, und da von König Rudolph von Burgund und seiner Gemahlin Bertha in dortiger Nachbarschaft Kirchen und Pfarren zu Aesch, Amsoltingen, Frutigen, Hiltersingen, Leisigen, Scherzlingen, Sigrisweil, Spiez, Thierachern, Thun, Utigen und Wimmis erbauet und errichtet worden, hat Pabst Leo VIII. in dem X. Seculo geordnet, daß selbige alle als Töchtern der Mutter-Kirch von Paradys geachtet, und die darein gehörige auf der Kirchweyh dieser Kirch allda vor dem Frohn-Altar mit Opfer und Gaben sich einfinden sollen; es muß aber diese Kirch zu Anfang des XIII. Seculi in einem etliche Jahr zwischend Wilhelm von Sträblingen, und seinen Unterthanen gewalteten Streit in Abgang gekommen seyn, und wurden die letstere angehalten ein andere zu bauen, welche auch A. 1235. eingeweyhet worden, doch haben hernach obbemeldte 12. Kirchen solche Mutter-Kirch so verlassen, daß sie bald nicht mehr besucht worden, und danahen den Namen z'einigen oder Einigen bekommen, welchen sie hernach behalten: es war aber diese Kirch bis An. 1574. ein Filial von der Pfarr Spiez, da sie zu einer eignen Pfarr gemacht worden, auch gewesen bis An. 1760. da sie wieder zu einer Filial von Spiez gemacht worden, und dortiger Pfarrer allda alle 14. Tag an einem Sonntag prediget, der übrige Gottesdienst aber zu Spiez verrichtet wird, und in die Thuner-Class gehöret. Es haben sich auch ehemahl Edle davon geschrieben, aus welchen Johann An. 1356. das Rahts zu Thun, Adam An. 1401. Chorherr von Amsoltingen und Immer An. 1400. des grossen Rahts zu Bern gewesen.

Zeinser-Mülle.

Ein Mülle und Hof in der Pfarr Niderweil und dem Stift St. Gallischen Oberberger-Amt.

Zeis.

Ein ausgestorbenes Geschlecht in der Stadt Bern, aus welchem Ebrhard A. 1509. des grossen Raths worden.

Zeisen-

Zeisenstein.

Ein kleiner Hof in dem Moos und Pfarr und Stadt-Gerichten von Lucern.

Zeisigegg, von Zeisigen.

Ein abgegangne Burg auf einem Bühel ausert Flüelen in dem Land Uri, darauf nach einigen die Edlen im Weyler, nach andern die Imhof von Blumenfeld, und noch andern die von Zeisigen ihren Sitz gehabt, von welcher durch den Wald ein halbe Stund ein besetzte Stras gegangen seyn soll, und vor einigen Jahren ein steinerne Stägen unter der Erden angetroffen worden.

Zeitgloggenmacher.

Ein Geschlecht in der Stadt Bern, aus welchem Lienhard A. 1493. des grossen Rahts worden.

Zek.

Ein ausgestorbenes Geschlecht in der Stadt Basel, aus welchem Bartolome A. 1520. Meister worden.

Zelg.

Ein Haus und Güther in der Pfarr und Obervogtey Mellen, und ein Haus und Güther in der Pfarr Oetweil und Obervogtey Stäffen, beyde in dem Gebiet der Stadt Zürich.

Etliche 6. 4. 3. 2. und 1. Häuser und Güther in den Pfarren und Gemeinden Wald, Teufen, Rechtobel, Heyden, Wolfhalden, so auf der Zelg, an der Zelg, Ober- und Unter Zelg genennt werden in dem Land Appenzell Ausser-Rooden.

Ein Hof in der Pfarr und Gemeind Eggersried in dem Stifft St. Gallischen Rorschacher-Amt.

Zelger.

Zelger.

Ein altes Geschlecht in dem Land Unterwalden Nid dem Wald, aus welchem Heinrich An. 1405. 1414. 1415. Land-Amman worden und nebst Thomas, der A. 1419. 1420. und 1421. auch Land-Amman gewesen, A. 1422. in der Schlacht bey Bellenz erschlagen worden: Marquard ward Land-Amman A. 1428. 1430. 1432. 1433. 1434. 1435. 1438. ward inmittelst auch 1435. Landvogt von Baden, und hat als Lands-Hauptmann an der Letze am Hirzel A. 1443. das Leben verlohren: weiters warden Land Amman Walter An. 1440. 1445. 1447. 1448. und 1450. Heinrich A. 1480. und 1481. (auch in diesem Jahr Landvogt von Baden:) Märchi oder Marquard (der A. 1484. ein Verständnis mit König Carolo VIII. errichten helffen:) A. 1492. 1495. 1496. 1501. 1506. und 1508. und ein anderer gleiches Namens. A. 1521. 1526. 1528. 1531. (in welchem Jahr er auch als Lands-Hauptmann ob- und Nid dem Kernwald der Schlacht bey Cappel beygewohnt, und auch den Landsfrieden errichten helffen:) A. 1534. Ludwig genannt der schöne Pannerherr An. 1548. Thomas An. 1554. 1559. 1564. und 1569. Wolfgang, Ritter und Lands-Hauptmann A. 1574. 1578. 1585. 1589. und 1592. (auch A. 1582. Landvogt des Thurgäus.) Crispin auch Obrist-Lieutenant und Landhauptmann A. 1614. 1619. und 1624. Johannes auch Lands-Hauptmann. An. 1621. 1623. und 1632. Peter, auch Pannerherr. A. 1645. 1649. und 1656. Beat Jacob, auch Pannerherr A. 1692. 1696. und 1700. Antoni Maria, auch Pannerherr An. 1712. und Michael Jacob, auch Ritter, A. 1740. 1744. 1748. 1753. und 1757. Es haben auch einige aus diesen, und auch andere aus diesem Geschlecht andere Landes-Aemter als Statthalter, Seckel-Meister, Bauherr Obervogt, Landschreiber rc. versehen, und sind gar viele des Land-Rahts gewesen, und annoch: auch warden über obbemelte zu Landvögten erwehlt in die Freyen-Aemter Haus Heinrich A. 1445. in das Rheinthal, Caspar A. 1578. zu Lugano oder Lauis Peter An. 1680. zu Mendrisio, Caspar An. 1646. zu Bellenz Wolfgang An. 1570. Sebastian An. 1594. Peter An. 1636.

1636. und 1642. Beat Jacob An. 1684. Franz Remigi An. 1709. und 1721. Beat Jacob A. 1739. Joseph Remigi An. 1757. und 1763. auf der Riviera Georg An. 1532. Peter An. 1540. Beat Jacob An. 1682. Franz Remigi An. 1707. und 1719. Beat Jacob A. 1737. Joseph Remigi An. 1755. und 1761. und in Bollenz Balzer A. 1582. Thomas 1630. Franz Melchior und sein Sohn Matthias Quirinus A. 1684. Daniel A. 1690. Johann Joost Melchior A. 1709. und Carl Joseph An. 1757.

Aus diesem Geschlecht sind auch in fremden Diensten gleichbemeldten Landvogt Johann Joost Melchiors Sohn Joseph Daniel A. 1704. als Cadet unter die Königl. Französischen Garde kommen, hernach unter dem Regiment Pfyffer Fähndrich, unter und ander Lieutenant A. 1710. aber unter der Garde-Compagnie Pfyffer Unter-Lieutenant A. 1713. ander und A. 1719. erster Lieutenant, auch im Jul. A. 1725. Ritter St. Ludovici Ordens worden, A. 1742. auch ein Commission eines Obersten bekommen, und den 1. Jan. A. 1748. auch zum Brigadier ernannt worden; er befande sich auch An. 1706. in der Schlacht bey Rameilles, und wohnte den Feldzügen An. 1707. 1708. 1709. 1711. 1713. 1734. 1742. und folgenden bey, auch warden Hans Melchior, Dominic, Benedict, Franz Joseph Hauptmann in verschlednen Königl. und Fürstlichen Diensten: und sind auch Hans, Velti und Balzer An. 1515. in der Schlacht bey Marignano geblieben.

Zell.

Ein Dorf, Kirch und Pfarr auf der rechten Seiten der Tös, unter dem Dorf Turbenthal in dem sogenannten ennern Amt der Zürichischen Landvogtey Kyburg, da die Pfarr an die Pfarren Turbenthal, Schlatt, Sehen und Wildberg gränzet, von dem Raht der Stadt Zürich bestellt wird, und in das Ellgauw Capitel gehört.

Ein Hof in der Pfarr und Nidern Gerichten Bubicon, in der Zürichischen Landvotey Grüningen.

J   Ein

Zell.

Ein Dorf, Kirch und Pfarr zwischend den Pfarren Ettißweil und Ufhausen, in der Lucernerischen Landvogtey Willisau, allwo der Pfarrer von dem Rabt der Stadt Lucern bestellt wird, und in das Willisauer Capitel gehört, der Twing und die Nidern Gericht aber dem Besitzer des Schlosses Castrellen zuständig: auch ist ein Capell, die Mariä-Zell genannt wird gleich ausser der Lucernerischen Stadt Sursee auf einem Hügel an dem Sempacher-See, welche dem Stift Einsidlen gehöret, und sie dahin auch einen Capellan setzet.

Ein Berg in dem Rheinwald, gegen Aufgang in dem Obern Grauen Bund.

Zeller.

Ein Geschlecht in der Stadt Zürich, welches Christen gebürtig von St. Gallen dahin gebracht, und An. 1469. das Burger-Recht erhalten; von dessen Söhnen Jacob An. 1510. des grossen Rahts, A. 1517. Rahtsherr, A. 1519. Zunftmeister und A. 1520. wieder Rahtsherr. Hans A. 1520. des grossen Rahts, und Stephan A. 1519. des grossen Rahts, A. 1523. ein Verordneter zu Abschaffung der Bildern aus der Kirchen, An. 1525. Rahtsherr, A. 1528. des grossen Rahts, A. 1531. einer der Hauptleuthen über 2000. dem Herzog von Mayland überlassenen Eydgenossen wider den Jacob von Medici, Anno 1533. Landvogt von Andelfingen An. 1544. Zunftmeister, und An. 1547. Amtmann zu Stein am Rhein worden, und ein Vatter gewesen eines gleichen Namens, der A. 1584. des grossen Rahts und A. 1591. Amtmann von Embrach worden, und hinterlassen Heinrich, der An. 1600. *Theses de fide justificante*, Præs. Amando Polano Theol. D. & Prof. zu Basel in Druck gegeben, An. 1602. Schulmeister in der I. Obern lateinischen Class und Prediger von Zumiken, A. 1605. Schulmeister der II. Class und Prediger von Wytikon, A. 1606. Schulmeister der III. Class und Prediger von Rieden, An. 1611. Provisor und Prediger von Schwamendingen und A. 1625. Ludi Moderator, auch A. 1627. Chorherr des Stifts zum grossen Münster worden, und hinterlassen folgende 5. Söhne, Hans Heinrich

rich der A. 1629. auch Schulmeister der I. Obern lateinischen Claſs und Prediger von Zumiken, A. 1630. Schulmeister der II. Claſs und Prediger von Wytiken, An. 1633. Schulmeister der III. Claſs und Prediger von Rieden, A. 1634. Proviſor und Prediger von Schwamendingen, An. 1641. Ludi Moderator, An. 1645. auch Chorherr des Stifts zum groſſen Münſter, An. 1659. Profeſſor der griechiſchen Sprach und An. 1660. Theologiæ in dem Obern Collegio mit beybehalt der Chorherrn-Stell worden, und in Druck hinterlaſſen zu Zürich in 4to gedruckte Diſputationen.

De æterno & immutabili tam Electionis, tam Reprobationis Decreto, à quo & Electorum ſalus & reproborum damnatio dependet. An. 1660.

Confutatio Transſubſtantiationis Papiſticæ. An. 1661.

De Staurolatria Pontificiorum deteſtanda. An. 1662.

De Hominis ad legem ſervandam impotentia & meritorum ejusdem tam ad prædeſtinationem quam juſtificationem conſequendam nullitate in genere & de operum ſupererogationis Nundinatione ac pretioſiſſimo Chriſti merito in ſpecie An. 1663.

De S. Scripturæ perfectione & Traditionum humanarum caupona. An. 1624.

De binis quæſtionibus I. an præter Sacros & veridicos V. & Nov. Teſt. Prophetas novelli quidam vates alii Eccleſiæ Dei ſint commendandi? II. An non potius tutiuſque in S. Scriptura divina autoritate & plenitudine prorſus acquieſcendum. An. 1665.

De quæſtionibus aliquot dubiis occaſione Contagionis graſſantis. An. 1666.

De Aſtrologiæ judiciariæ vanitate. An. 1667.

Utrum Eccleſiarum Reformatarum Paſtores illæſa Conſcientia oviculis ſuis indifferenter permittere poſſint, ut deſertis orthodoxæ veritatis pratis neceſſitate quavis externa urgente aliena ſectentur paſcua, an vero omni ſtudio illas domi potius retinere ratione officii teneantur. An. 1668.

Gotthard der A. 1637. Pfarrer in Uetiken, und A. 1638. von Wildberg auch 1664. Decan des Unter Wezikomer-Capituls worden, Hans Jacob der Y. 1663. Pfarrer von Sulzbeck und Rees in dem Herzogthum Cleven, und A. 1662. Pfarrer von Ellg (solche Stell aber nicht angenommen:) und A. 1678. Pfarrer von Lippstadt worden, und zuvor:

Analecta positionum de circulo logico ubi sensus sophisticum circulum in fidei dogmatibus asserendis à Pontificiis, non item ab Orthodoxis committi demonstratur, Praes. Joh. Wirz. A. 1644. und

Specimen Philologiæ Sacræ, quo orientalium quarundam linguarum & Dialectorum Hebraicæ, Chaldaicæ, Syriacæ, Arabicæ, Persicæ, Ægyptiacæ & Æthiopicæ ratio, earundum in Christianæ Theologiæ studio usus carptim breviterque indicatur & explicatur. Praes. Joh. Henr. Hottingere Prof. An. 1646. zu Zürich in 4to in Druck gegeben.

Hans Rudolf der A. 1639. Helfer von Bischofszell, An. 1643. Helfer von Uster, Pfarrer von Münchaltorf und An. 1664. Pfarrer von Uster worden, und Stephan der A. 1652. Pfarrer von Bettschwanden in dem Land Glarus, An. 1662. Cammerer der Geistlichen in selbigem Land, und An. 1670. Pfarrer von Altstetten in dem Rheinthal worden: von welchen allen ausser dem Hans Jacob das Geschlecht fortgepflanzet worden, und sind auch verschiedne zu Pfarr-Pfründ gelanget; insbesonder aber hat Professor Theologiæ Hans Heinrich nebst andern Kindern hinterlassen Hans Rudolf, der erstlich Hof-Prediger des Pfalz-Grafen von Zweybrücken, und nach gethanen Reisen und Aufenthalt in Engelland &c. in dem Vatterland, An. 1668. Pfarrer von Schwamendingen, und A. 1675. von Meilen worden, da unter ihme A. 1682. Uetiken durch Errichtung einer eignen Pfrund darvon abgesöndert worden. Von ihme ist in Druck kommen.

Geistliches Regenten-Bild in Englischer Sprach durch Hans Heinrich Huser zu St. Jacob in Jamaica vorgestellt, und hernach verdeutscht, und mit einer Zugab von der Gelegenheit der Inseln Jamaica vermehret. Zürich An. 1673. 4to

Tay-

Taylors Christliche Lebens-Kunst aus dem Englischen verdeutscht. Basel A. 1682. 8vo.

Christlicher Abschied oder herzlicher Segens-wunsch eines Seelsorgers gegen sein vertrautes Christenvolk über Act. XX. 32. Zürich. A. 1683. 4to.

Hans Jacob, der, nachdeme er A. 1662. unter die Kirchen-Diener aufgenommen worden, sich auch in Engelland begeben, und bey eines Obristen Morgan Söhnen Unterweiser gewesen, und nachdem dieser Königl. Gros Brittanische Gubernator der Insul Jamaica worden, mit selbigen An. 1664. sich dahin begeben, da er zuvor von dem Bischoff von Londen nach rühmlich ausgestanden Untersuchung und in etlichen Sprachen abgelegten Predigten mit dem Titul eines Königl. Capellanen verordnet worden, die Christliche Lehr in selbiger Insul fortzupflanzen und zu vermehren, welches er auch als ein Prediger von S. Andreæ auf dieser Insul gethan, auch in America An. 1692. gestorben, und ist hiervon nebst noch dreyen andern Bürgern von Zürich, anderwertigen Reisen eine Beschreibung An. 1678. zu Zürich in 8vo in Druck kommen; und Hans Caspar der ein Scherer worden und ein Vatter gewesen Heinrichs, der An. 1711. Pfarrer von Bernang oder Bernegg in dem Rheinthal, und An. 1715. Decan des dortigen Capituls und A. 1722. Pfarrer von Hirzel in dem Zürich-Gebiet, und sein Sohn gleiches Namens A. 1761. Pfarrer bey dem Creutz gleich vor der Stadt Zürich worden, da dieser zuvor Kronfähigkeit des beharenden zu Zürich A. 1758. 4to in Druck gegeben. Letsten obbemelten Professoris Theologiæ Hans Heinrichs Sohn Stephan Pfarrer von Altstetten war ein Vatter nachfolgender zweyen Söhnen Hans Heinrichs, der erstlich zur Unterweisung der Churfürstl. Pfälzischen Kindern zu Heidelberg mitgezogen worden, und nach seiner Zurückkunft, erstlich An. 1674. an seines Vatters statt Pfarrer von Altstetten in dem Rheinthal auch Cammerer des Rheinthaler-Capitels, hernach A. 1690. Pfarrer von Kilchberg an dem Zürich-See, An. 1691. Helfer bey St. Peter, und A. 1693. Pfarrer zum Frau-Münster in der Stadt

Stadt Zürich worden, aber A. 1699. schon in dem 45. Alters-Jahr gestorben, und in Druck hinterlassen

Predig von der Ruh der Seelen über Psalm. CXVI. 7. Zürich A. 1679. 4to

Entwurf der lieblichen Schönheit des Himmlischen Bräutigams und der Ihme ergebnen Seelen, über Cant. I. 15. 16. St. Gallen A. 1684.

Abscheids-Predig über Act. XX. 31. 32. Zürich An. 1690. 4to.

Geistlicher Liebe Bauw. über 1. Cor. VIII 1-4. ibid. eod. 4to.

Abscheids-Predig von dem Wachsthum in der Gnad und Erkanntnus Christi. über 2. Petr. IV. 18. An. 1691. ibid. 4to.

Eintritts-Predig von der Predigern des Evangelii Amt zu des Menschen Seligkeit zu helfen. über Act. XVI. 9. ibid. eod. 4to.

Des Göttlichen Worts Betrachtungen in X. Predigten. ibid. eod. 4.

Predig von Theur-und Hungers-Noht. über Psalm. CV. 16. ibid. A. 1692.

Die Regel des Christlichen Wandels darbey Fried und Barmherzigkeit zu erlangen, über Gal. VI. 16. ibid. An. 1693. 4to.

Von treuer Verrichtung und geziemender Annehmung des heiligen Predig-Amts, über 2. Cor. IV. 5. A. 1693.

Des Göttlichen Worts Betrachtungen in X. andern Predigen. An. 1694. 4to.

Idea Catechismi theoretico practici. ibid. A 1695. 12mo.

Und Peters, der A. 1675. unter die Kirchen und Schul-Diener aufgenohmen, An. 1677. Diacon und Schulmeister von Schwanden und A. 1684. Pfarrer von Blten, beyde in dem Land Glarus, An. 1692. Diacon und A. 1699. Pfarrer zum

zum Frau-Münster in der Stadt Zürich, und den 24. Aug. A. 1713. Oberster-Pfarrer zum grossen Münster, und Antistes der Kirchen und Schulen worden, und den 19. Mart. A. 1718. in dem 63. Alters Jahr gestorben, und zu Zürich in Druck gegeben 4to.

Erinnerungs-Predig über 2. Tim. II. 19. A. 1681.

Eintritts-Predig über Ps. XXX. 11. A. 1692.

Der Brautwerber JEsu Christi, über 2. Cor. XI. 2. A. 1699.

Ein ausgestorbenes Geschlecht in der Stadt Bern, aus welchem Joost A. 1514. des grossen Rahts worden.

Ein Geschlecht in der Stadt Basel, aus welchem Heinrich A. 1527. Meister und Hans Jacob A. 1745. des grossen Rahts worden.

Zellers-Mülle.

Ein Hof in der Pfarr und Gemeind Herisau in dem Land Appenzell ausser Rooden.

Ein Mülle und Hof in der Pfarr Goßau und Stift St. Gallischen Oberberger-Amt.

Zeller-See, siehe See: Unter.

Zell-Hof.

Ein Hof in der Pfarr und den Gerichten der Lucernerischen Stadt Sursee.

Zelltwäg.

Verstreute Häuser gleich vor der Stadt Zürich bis zu der Kirch zum Creutz in der Ober-Vogtey der IV. Wachten.

Zellwag.

Zellwag.

Einige Häuser in der Pfarr und Gemeind Gais, in dem Land Appenzell Auſſer Rooden.

Zellweger.

Ein Geſchlecht in dem Land Appenzell Auſſer Rooden, aus welchem einer A. 1490. bey Anlas des Bruchs des Kloſters zu Rorſchach mit einem Fahnen Kriegs-Volk in dem Rheinthal gelegen, Hans An. 1493. Landamman des ganzen Landes geweſen, und einer des Rahts zur Zeit der Religions-Veränderung einige gelehrte lateiniſchen Brief geſchrieben, welche auf der Stadt St. Galliſchen Bibliothec aufbehalten werden: es hat ſich dieſes Geſchlecht folglich weit ausgedähnet, gleich dann aus ſelbigem in der Gemeind Trogen, Heriſau, Hundweil, Waldſtatt und Teüffen ſich befinden, aus welchen aber zwey Haupt-Stämmen zu bemerken.

I. Conrad, der erſtlich zu Appenzell geſeſſen, hernach um die Zeit der Landes-Theilung von da auf Heriſau gezogen, und A. 1604. Landweibel, und A. 1613. 1617. 1621. 1625. 1629. 1633. und 1638. Landamman worden, da er ſich zu Teüſſen geſetzt, und An. 1621. Geſandter zu Stillung der Unruben in Graubündten, und An. 1622. auf dem beswegen zu Lindau angeſtellten Congreß geweſen: ſein Sohn Johannes ward A. 1628. Lands-Bauherr und A. 1642. auch Landamman, aber An. 1645. bey einer entſtandenen Lands-Zwiſtigkeit dieſer Stell wieder entlaſſen, und ſein Sohn Conrad, der ſich zu Trogen aufgehalten, iſt A. 1668. Lands-Seckelmeiſter, An. 1680. Landvogt des Rheinthals und An. 1683. 1688. 1690. und 1694. auch Landamman worden, und hat hinterlaſſen 6. Söhne, aus welchem Johannes, der des Rahts von Trogen und Zeugherr; Conrad der erſtlich auch des Rahts von Trogen, und hernach A. 1702. Statthalter, A. 1704. Bannerherr und An. 1710. 1714. 1718. 1722. 1726. und 1730. Landamman worden, auch An. 1713. Geſandter auf der zwi-

ſchend

Zellw.

schend den Städten Zürich und Bern, und dem Stift St. Gallen verpflognen Friedens-Handlung zu Rorschach gewesen, und An. 1733. bey denen deswegen entstandnen Landes-Unruhen entlassen worden: Jacob der An. 1701. Landschreiber, und An. 1710. auch entlassen, hernach aber Hauptmann der Rood Trogen und A. 1720. Lands-Fähndrich worden, und Sebastian ward des Rahts zu Trogen: des ersten Zeugherrn Johannes Sohn Hans Jacob ward A. 1734. Hauptmann der Rood Trogen, auch Examinator, Siechen-Pfleger und Lands-Bauherr, und des Sebanstians Sohn gleiches Namens auch des Rahts von Trogen: es ist auch aus diesem Stammen Hans Jacob des Rahts von Teüffen, An. 1692. Lands-Fähndrich, An. 1694. Lands-Hauptmann, und A. 1697. Lands-Seckelmeister worden.

II. Conrad ward zu Anfang des XVI. Seculi Hauptmann der Rood Trogen und Siechen-Pfleger, welch beyde Stellen auch sein Sohn Johannes bekommen, und auch A. 1639. Lands-Seckelmeister worden, und ein Vatter gewesen Johannes, Bartolome und Conrads, welche das Geschlecht in 3. andere Linien fortgepflantzet.

a. Johannes hat sich in Teüffen gesetzt, und ist allda des Rahts gewesen seines Sohns Conrad Sohn, Ulrich des Rahts und A. 1760. Hauptmann selbiger Rood worden.

b. Bartolome ward erstlich des Rahts von Trogen, und hernach A. 1664. Lands-Seckelmeister und A. 1668. Statthalter, und der ältere seiner Söhnen Conrad der auch des Rahts von Trogen und Zeugherr, und da er sich hernach zu Herisau haushäblich nidergelassen, sein Sohn Sebastian A. 1738. Hauptmann desselben Rood; und der jüngere Sohn Hans Jacob ward auch des Rahts von Trogen und Hauptmann von derselben Rood Examinator und A. 1723. Lands-Bauherr.

c. Con-

c. Conrad, begleitete A. 1663. seinen Schwäher - Vatter Landamman Rechsteiner auf die Bunds-Erneuerung mit König Ludovico XIV. nach Paris, ward hernach auch des Rahts von Trogen, weiters A. 1680. Lands-Seckelmeister A. 1681. Statthalter und A. 1697. Pannerherr, und da er A. 1698. vorgesehen daß ihme wider seinen Willen die Landamman - Stell möchte aufgetragen werden, hat er sich nicht auf die Lands-Gemeind eingefunden, ist aber doch Statthalter geblieben, und ein Vatter gewesen, folgender 7. Söhnen Johannes der des Rahts auf Gais gewesen, Conrad der An. 1692. des Rahts und Kirchhöre - Schreiber von Trogen, An. 1698. Lands - Hauptmann An. 1704. Seckelmeister, und An. 1721. Statthalter worden, und A. 1732. seine Stelle aufgegeben, Jacobs und Sebastians, die des Rahts von Trogen, und Adrians der erstlich Capitain-Lieutenant in der Vereinigten Niederlanden Diensten, und hernach des Rahts auf Gais und Land - Major worden. Bartolome, der Fähndrich in der Vereinigten Niderlanden Diensten gestanden; und Gabriels: von des letztern Statthalter Conrad Söhnen ward der älteste Laurenz An. 1713. Medicinæ Doctor zu Leiden in Holland, da er eine *Disputation de Nutritione animali* in 4to. in Druck gegeben, und ward ihm, nach seiner Zuruckkunft mit Einzug zweyer Rahtsverordneten von der Oberkeit A. 1723. die Einrichtung und Registratur des Landes-Archivs aufgetragen, welche er bis auf An. 1730. zu Stand gebracht, und folglich auch des Rahts und Kirchhöre - Schreiber von Trogen, Examinator, Land - Major und Archivarius worden, als man ihne aber bey Anlaas der Lands-Unruhen A. 1733. des Beysitzes an Räthen entlassen, hat er auch seine übrige Aemter aufgekündet, und sich hernach aller offentlichen Volks-Versammlungen und Landes - Geschäften völlig entschlagen, und allein den Studien und Arznen ergeben; er hat auch D. Johann Jacob Scheuchzern verschiedene Physicalische Warnehmungen zugeschickt, welche er seinen eignen Werken und auch den Breslauischen Sammlungen mit oder ohne seinen Namen einverleiben lassen; auch finden sich von ihme jedoch ohne seinen Namen in den Sitten-Mahler-Discursen, *Mercure Suisse* &c. von seinen Anmerkungen, und unter

seinen

seinem Namen in den Abhandlungen der Naturforschenden Gesellschaften in der Stadt Zürich (deren Mitglied er auch ist;) in dem I. Band: eine kurze Beschreibung des Acker- und Feld-Baus in dem Land Appenzell: er hat auch ein kurze, natürliche Moralische und Politische Beschreibung des gedachten Lands und dessen Einwohnern ꝛc. in Französischer Sprach und eine Beschreibung der Democratischen Freyheit und derselben Mißbräuchen aufgesetzt, welche aber bis dahin in Schriften geblieben; und die andern zwey Söhne gedachten Statthalters Conrad und Johannes haben nebst deren Söhnen Handelschaft in Frankreich getrieben, und war der letste auch des Rahts von Trogen, welter A. 1744. Lands-Hauptmann A. 1745. Pannerherr, und An. 1746. Landammann, dieser Stell aber gleich des folgenden Jahrs wieder entlassen, und sein Sohn Johannes ist An. 1758. auch des Rahts von Trogen, und A. 1760. Quartier-Hauptmann worden.

Obigen Jacobs Sohn Sebastian ward A. 1762. des Rahts von Trogen, und Adrians Sohn Conrad ward des Rahts auf Gais, aber A. 1733. bey Anlaas gedachter Unruhen auch entlassen, hernach wieder erwehlet, er aber solche Stell nicht mehr annehmen wollen:

Es ward auch aus diesem Geschlecht aber einer anderer Linien Sebastian des Rahts von Herisau, und A. 1686. Lands-Seckelmeister, einer gleiches Namens, A. 1738. Hauptmann der Stadt Herisau.

Zeltner.

Ein ausgestorbenes und ein noch lebendes Geschlecht in der Stadt Solothurn,

aus dem ausgestorbenen ward Christian An. 1504. des grossen Rahts, und sein Sohn Hans A. 1537. auch des grossen Rahts A. 1550. Jung-Raht, und A. 1554. Alt-Raht, auch von dessen Söhnen Antoni A. 1578. des grossen Rahts, und da er zum Jung-Raht erwehlet worden, ist er an gleichem Tag gestorben; und

Johann Jacob An. 1599. Probſt des Stifts zu Solothurn worden:

Das annoch übrige Geſchlecht dieſes Namens hat Urs A. 1609. in die Stadt gebracht, und iſt A. 1644. des groſſen Rahts, und A. 1680. Landvogt von Meynthal, und von ſeinen Söhnen Johann Peter A. 1690. Rahtſchreiber A. 1693. des groſſen Rahts, und A. 1709. Schultheis von Olten, und Franz Victor erſtlich Pfarrer von Kriegſtätten, und A. 1729. Probſt der Stift von Schönenwerd worden: es hat auch der Schultheis Johann Peter hinterlaſſen Franz Xaveri Joſeph, der A. 1730. Pfarrer von Kriegſtätten, und ſeither auch Sextarius des Williſauer Capitels worden, auch Theologiæ Doctor und Protonotarius Apoſtol iſt, und Franz Joſeph Peter, der A. 1725. des groſſen Rahts, A. 1736. Jung-Raht, und An. 1746. Alt-Raht, auch An. 1758. Vogt von Kriegſtätten, und An. 1763. Vogt von Bucheggberg, und von ſeinen Söhnen Franz Xaveri Joſeph Antoni A. 1759. und Franz Peter Aloyſi A. 1762. des groſſen Rahts worden, und dieſer letztere auch Münz-Director iſt.

Zempi.

Ein Hof in der Pfarr Abligenſchweil in der Lucernertſchen Landvogtey Habsburg.

Zenagel.

Ein ausgeſtorbenes Geſchlecht in der Stadt Zug, aus welchem Johann A. 1387. 1393. und 1403. des kleinen Rahts der Stadt, Johann Ulrich A. 1413. Amman der Stadt und des Amts, und Walter A. 1414. und Werner A. 1447. des kleinen Rahts der Stadt worden; auch gedachter Walter und ſeyn Sohn Hänsli, und noch ein Hans in der Schlacht vor Belleng A. 1422. erſchlagen worden.

Zender, oder Zeender.

Ein Geſchlecht in der Stadt Bern, aus welchem Heinzmann oder Heinrich A. 1446. Burger allda, und A. 1458. des groſſen

grossen Rahts, auch von seinen Söhnen Heinrich An. 1472.
Caspar A. 1480. und Hans A. 1480. auch des grossen Rahts,
und dieser letztere auch An. 1491. Landvogt von Trachselwald
worden, Burkhard war A. 1476. in der Schlacht bey Murten: Hans ward A. 1503. 1519. und 1529. des grossen Rahts,
wie auch Andreas A. 1505. und dieser auch A. 1513. Landvogt
von Trachselwald A. 1521. des kleinen Rahts und Landvogt
von Arwangen, A. 1527. von Buchsee A. 1537. von Biberstein, und A. 1544. des kleinen Rahts: auch ward, Michael
A. 1510. und Jacob A. 1514. auch Peter A. 1556. des grossen Rahts, sein Sohn Conrad Deutsch Seckelmeister, und seine
Söhne Peter A. 1604. Niclaus A. 1612. Hans Jacob A. 1621.
und Michael A. 1638. des grossen Rahts.

Aus diesem Geschlecht findet sich auch Hans der A. 1523.
des grossen Rahts A. 1534. Landvogt von Erlach, A. 1542. des
kleinen Rahts, in gleichem Jahr Schultheis von Unterseen An.
1550. Schafner in dem Interlachen Haus, und A. 1554. Landvogt von Gottstadt worden, und hinterlassen Michael, Samuel
und Hans, welche das Geschlecht in drey Linien fortgepflanzet.

A. Michael ward A. 1652. des grossen Rahts, A. 1558.
Zeugwart, A. 1561. Landvogt von Laudshut, A. 1567. wieder Zeugwart, A. 1568. Landvogt von Thorberg, A. 1577.
des kleinen Rahts und in gleichem Jahr Landvogt von Frau-
brunnen, A. 1585. nochmahl Zeugwart, und A. 1586. des kleinen Rahts und Zeugherr, von dessen Söhnen Michael An.
1579. des grossen Rahts A. 1587. Landvogt von Bipp An.
1610. Mushafen-Schafner, und A. 1623. Schafner in dem
Frienisberger-Haus, Hans, ein künstlicher Glasmahler A. 1592.
Zeugwart, ehe er des Regiments gewesen, A. 1593. des grossen
Rahts, A. 1610. Ober Spittal-Meister, und A. 1617. Schafner im Interlachen-Haus, und Abraham A. 1599. des grossen Rahts worden, und A. 1611. die grosse Glogg in dem
Münster zu Bern giessen helfen; welches letztern Sohn David
A. 1632. und sein Sohn Abraham beyde rot- und Gloggen-
giesser A. 1673. des grossen Rahts worden.

B. **Samuel**, ward A. 1564. des grossen Rahts, und hat hinterlassen Bernhard, der An. 1604. Spittal-Meister von Neuenstadt A. 1606. und 1614. des grossen Rahts, und An. 1614. Ober-Spittal-Meister worden; Andreas, der A. 1608. des grossen Rahts, A. 1610. Einlasser-Meister, A. 1313. Landvogt von Lauppen und A. 1629. Insul-Meister worden; und Caspar der A. 1627. des grossen Rahts, und A. 1636. Schafner in St. Johansen Haus worden; aus welchen Landvogt Andreas ein Vatter gewesen Samuels, dessen Sohn David An. 1647. Canzley-Substitut A. 1651. des grossen Rahts, A. 1660. Schultheis von Unterseen, und A. 1668. Kirchmeyer von Burgern, und sein Sohn gleiches Namens A. 1680. des grossen Rahts worden.

C. **Hans** ward A. 1576. des grossen Rahts, An. 1580. Landvogt von Lauppen A. 1588. des kleinen Rahts und Zeugherr, An. 1592. Landvogt von Buchsee, und An. 1599. wiederum des kleinen Rahts, und An. 1660. auch nochmahlen Zeugherr vom kleinen Raht, und ward von seinen Söhnen Hans A. 1608. des grossen Rahts A. 1614. Ober-Spittal-Meister, und A. 1615. Landvogt von St. Johansen, Michael A. 1610. des grossen Rahts A. 1613. Landvogt von Buchsee, und An. 1625. von Nyon oder Neuws, und Hans Rudolf A. 1619. des grossen Rahts A. 1628. Landvogt von Romainmôtier An. 1635. des kleinen Rahts An. 1637. Salz-Director, An. 1640. Venner, A. 1646. Zeugherr und A. 1647. wieder Venner ꝛc. vorigen Landvogt Michaels Sohn Friedrich ward A. 1645. des grossen Rahts, und An. 1655. Landvogt von Buchsee: von Venner Hans Rudolfs Söhnen, ward Hans Rudolf A. 1645. des grossen Rahts A. 1653. Zeugwart A. 1659. Stift-Schafner zu Zofingen und A. 1678. Insul-Meister, Daniel A. 1645. des grossen Rahts A. 1658. Landvogt von Ober-Hofen und An. 1672. Kornherr, und David A. 1651. des grossen Rahts, und blieb An. 1656. in der Schlacht bey Villmergen: obigen Stift-Schafner Hans Rudolfs Sohn gleiches Namens ward A. 1671. Doctor Medicinæ zu Basel, und hat daselbst ein Dissertation *de Hæmoptysi, sive Sputo Sanguinis* in Druck gegeben, und

und hernach A. 1680. des grossen Rahts, A. 1688. Landvogt von Sanen, und A. 1702. von Nydau, auch 1718. Salz-Director von Burgern, und von seinen Söhnen einer auch gleiches Namens A. 1708. Rahts-Exspectant in der Canzley, An. 1710. des grossen Rahts, A. 1720. Landvogt von Nydau und A. 1738. des kleinen Rahts, und dessen Sohn Franz Ludwig, Artillerie-Major, auch A. 1755. des grossen Rahts.

Es ward auch aus diesem Geschlecht Emanuel An. 1570. Pfarrer von Erißweil, und An.   Decan der Langenthaler-Claß, und einer gleiches Namens A. 1601. Gymnasiarcha, An. 1611. Professor Philosophiæ und A. 1612. Lingua Hebreæ und Catechescos in der Stadt Bern, An. 1619. Pfarrer von Büren, A. 1621. von Münsingen, und An. 1625. von Gerzensee.

Zender.

Ein ausgestorbenes Geschlecht in dem Land Schweitz, aus welchem Leonhard 50. Jahr Schulmeister daselbst gewesen, und A. 1627. bey Abänderung des Capuciner Closters daselbst eine Wohnung für 3. Schulmeister errichtet, und An. 1670. auch die Capell der 14. Nohthelfern neuerbauen helfen.

Zendri.

Ein Hof in der Pfarr Meyers-Cappel, in der Lucernerischen Landvogtey Habsburg.

Zengasinen, siehe *de Cabanis*.

Zenhofen, siehe zum Hof oder Hofen

Zenoin.

Ein ausgestorbenes Geschlecht in der Stadt Basel, welches Thomas gebührtig von Vicenza aus dem Venetianischen dahin gebracht, und dessen Bruders Sohn Hieronymus Medecinæ und Philosophiæ Doctor, A. 1643. Professor der Griechischen Sprach auf dortiger Hohen Schul worden.

Zenoni

Zenoni.

Auch *Presta de Zenoni*; ein ehemahliges Adeliches Geschlecht in der Graubündnerischen Herrschaft Worms oder Bormio, welchem unter den Herzogen von Meyland die Gemeind Sondalo, Somma Cologna auch Lovero mit Hohen und Nidern Gericht verliehen gewesen, einer Namens Nicolin aber in dem XV. Seculo solche Lehen wegen etwas Uebertrettung verwürkt hat. Guler *Rhæt.* p. 172. 6.

Zen Rufinen, siehe Rufinen.

Zenschmiden.

Ein Dörflein in der Eysten und dem Saaser-Thal, in dem Zehnden Visp und Land Wallis.

Zenschwidern.

Ein Dörflein in dem grossen Thal in dem Zehnden Visp und Land Wallis.

Zentgraf.

Ein ausgestorbenes Geschlecht in der Stadt Schafhausen, aus welchem Werner, gebührtig von Suhl An. 1551. zum Burger und Münz-Meister angenohmen worden, auch sein Sohn Hans Jacob A. 1593. solche Stelle erhalten, aber ohne männliche Leib-Erben gestorben.

Zentner.

Ein Geschlecht in dem Land Glarus, und absonderlich in der Pfarr und Gemeind Elm, aus welchem Hans in dem Schwaben-Krieg A. 1499. umkommen, und in dem lauffenden Seculo Hans und sein Sohn Hans Heinrich, und Heinrich und sein Sohn Niclaus des Land-Rahts gewesen.

Zentriegen.

Ein Geschlecht in den Zehnden Raron und dem Land Wallis, aus welchem Johannes A. 1521. und einer gleiches Namens

Namens A. 136. Lands-Hauptmann, auch Johannes A. 1511. und 1515. einer gleiches Namens A. 1536. 1542. und 1553. Christian An. 1560. Johannes An. 1562. 1564. und 1566. Theodolus A. 1672. und Johannes A. 1704. Meyer des gedachten Zehndes, auch Johannes 1516. und einer gleiches Namens A. 1544. und 1558. Landvogt von S. Maurice worden; auch findet sich aus diesem Geschlecht Henricus A. 1456. Burgermeister der Stadt Sitten.

Zerbriggen.

Ein Geschlecht in dem Zehnden Visp und dem Land Wallis, aus welchem Johann A. 1732. und 1741. Nicolaus An. 1747. und Johannes An. 1750. Castellan des Zehndes worden.

Zer Gloggen, siehe Gloggen.

Ze Rhein, auch Ze Ryn, und Ze Rhyn.

Ein Adeliches Geschlecht dermahlen in dem Sundgau und Obern Elsas welches vor diesem auch das Burger-Recht in der Stadt Basel gehabt, und aus selbigem daselbst Werner, Ritter An. 1202. der Rähten, Hans, Ritter A. 1290. Burgermeister, und solche Stelle auch Burkhard A. 1414. und Jacob A. 1452. erhalten, und gedachter Burkhard auch Hauptmann über einige Reuter A. 1421. in einem Zug wider die Hussiten in Böhmen, und A. 1423. zur Hilf dem Bischof von Basel, gewesen; auch ward aus diesem Geschlecht Friedrich A. 1436. und Caspar A. 1479. Bischof von Basel, und war auch dieser letztere schon zuvor als Dom-Custos An. 1460. Rector dortiger Hohen Schul: auch warden Michael An. 1437. Johannes An. 1453. Caspar An. 1460. Pröbst des Stifts St. Ursiz, und Maria Francisca A. 1664. Maria Susanna An. 1701. und Maria Anna Francisca A. 1735. gefürstete Abtißinen des Stifts Schännis.

von Zeringen siehe Zäringen.

Zerkinden, siehe Kinden.

Zerkirchen.

Ein Geschlecht in den Zehnden Brüg und Land Wallis, aus welchem Johann Peter An. 1754. Meyer von Nenda worden.

Zerláder, siehe Zeerláder.

Zerlodinen, oder Zlowiner.

Ein Geschlecht in dem Zehnden Goms und Land Wallis, aus welchen Peter A. 1509. und Johann A. 1541. Meyer desselben gewesen.

Zerneüs, siehe Serneüs.

Zernez, siehe Cernez.

Zerzuben, Zerzube.

Ein ausgestorbenes in der Stadt Bern, aus welchem Johannes A. 1337. des Gerichts gewesen.

Ein Geschlecht in dem Land Wallis, aus welchem Jacob A. 1490. Lands-Hauptmann Stattbalter, Jacob A. 1485. Gros-Castellan, und A. 1478. und 1495. Burgermeister von Sitten, und Heinzenmann A. 1512. Castellan von Brüg gewesen.

Zesenberg.

Ein Berg in dem Grindelwald in dem Bernerischen Amt Interlachen.

Zetter.

Ein Geschlecht in der Stadt Müllhausen, aus welchem Peter A. 1641. Zunftmeister, und A. 1648. Rahtsherr, einer gleiches Namens A. 1675. Zunftmeister A. 1680. Rahtsherr und A. 1694. Burgermsl. er, auch Johann A. 1704. Zunftmeister worden.

Zeug.

Zeüg.

Unter und Ober: Höf in dem Strich durch den Boden in der Pfarr und Landvogtey Entlibuch, in dem Gebieth der Stadt Lucern.

Zeveille und Zeveillance.

Auch Cheville, ein Berg in dem Untern-Wallis, an den Gränzen des Gebiets der Stadt Bern, darvon im Sept. An. 1714 zwey Drittel durch den Einfall des Bergs Diableret mit Steinen bedeckt worden, und dardurch auch das darvon herabrinnende Flüßlein Zeveillance seinen vorigen Lauf abändern müssen, und sich in 3. verschiedene Meergrüne zwahr nicht breite aber unergründlich tieffe See ergossen: Scheuchzer Schweitz. Natur-Gesch. P. I. p. 139.

Zehwyl.

Ein ausgestorbenes Geschlecht in der Stadt Lucern, aus welchem Ulrich A. 1505. Rahtsherr worden.

Zeyner.

Ein ausgestorbenes Geschlecht in der Stadt Zürich, aus welchem Heinrich A. 1489. des grossen Rahts und hernach in gleichem Jahr Zunftmeister einige Jahr, und folglich A. 1504. wieder des grossen Rahts, Cuz A. 1495. des grossen Rahts, und Ludwig A. 1516. des grossen Rahts und A. 1524. Zunftmeister und in gleichem Jahr einer der Verordneten die Bilder aus den Kirchen zu thun, gewesen.

Zezéle, siehe Siselen.

Zezifen.

Ein Dörflein in der Pfarr Affeltrangen und Nidern Gerichten der Commenda Tobel in der Landvogtey Thurgäu.

Zezio.

Ein Geschlecht in der Gemeind Ascona und der Landvogtey *Locarno* oder Luggarus, aus welchem Julius J. U. Doctor Proto-Notarius Apost. Canzler und Pro-Vicarius der Bischöflichen Curia von Como auch im Oct. A. 1756. der erste Lector und Professor Juris Canonici zu Como worden.

Zezweil, siehe Zäzenweil.

Zseeg.

Ein Hof in der Pfarr Rot und Lucernerischen Landvogtey Habsburg.

Zfrut.

Ein durch ein stozige Felsenwand gehender Weg samt einer Capell darauf in der Pfarr Isenthal, und einer gleiches Namens nebst einem Haus zu Silenen, beyde in dem Land Uri.

Zgraggen oder Zgrafen.

Ein Thal-Capell samt einigen Häusern ob dem Stäg am Fuß des Gurtneller-Bergs in der Pfarr Silenen und dem Land Uri.

Auch ein Geschlecht, welches sonderlich in den Genossamen Silenen und Schaddorf in dem Land Uri aufhaltet, und in einige Linien vertheilt ist, aus welchem Heinrich An. 1522. Landvogt auf Riviera, und A. 1538. von Livenen, und Jacob A. 1609. Landvogt der Frey-Aemtern worden: von den Linien von Silenen ward Hans Melchior und seine Söhne Johannes und Hans Melchior und dessen Sohn gleiches Namens des Land-Rahts: auch von einer andern Linien Johann Joseph auch des Land-Rahts; wie auch aus denen von Schaddorf, Hans Caspar A. 1660. auch Johann Jacob und Johann Martin des Land-Rahts gewesen.

Zhag.

Zhag.

Ein Geschlecht in dem Ort Zug, aus welchem Götschi An. 1529. Gesandter bey Errichtung des Bundes mit König Ferdinando von Ungarn, und A. 1531. des Landfriedens mit der Stadt Zürich gewesen, und A. 1532. Landvogt des Rheinthals worden.

Zhofen. siehe zum Hofen.

Zhuker.

Ein Geschlecht in dem Land Wallis, aus welchem Jacob A. 1542. Dom-Herr von Sitten gewesen.

Ziberwangen, oder Züberwangen.

Ein Dorf und Capell in der Pfarr Zuozweil in dem Stift St. Gallischen Wyler-Amt.

Zibenzach, siehe *Giviſſer*.

Zibol, siehe Zybol.

Zibler.

Ein Geschlecht in dem Land Appenzell, aus welchem Hermann A. 1449. Landammau worden, A. 1461. den Frieden mit Herzog Sigmund von Oesterreich errichten helfen, An. 1465. Gesandter auf der Eydgenößischen Zusammenkunft die zwischend dem Lande Appenzell und dem Stift St. Gallen gewalteten Streitigkeiten zu vermitteln, gewesen, und A. 1490. mit des Stifts St. Gallen Schirm Städten und Orten wegen der Zerstöhrung des zu Rorschach angelegten Klosters Friede schliessen helfen, Matthias ward Landschreiber, und hat die Evangelische Religion in dem Land Appenzell befürdert, auch A. 1529. den Frieden zwischen den VII. ersten Eydgenößischen Städt- und Orten vermitteln helfen, und Hermann ist A. 1613. Landschreiber der Aussern Rooden worden.

Ein ausgestorbenes Geschlecht in der Stadt St. Gallen, aus welchem Ulrich A. 1443. und einer gleiches Namens An. 1449. Zunftmeister worden.

Zieberg, siehe Ceberg.

Ziegelacker.

Ein Hof in der Pfarr Huttweil in dem Bernerischen Amt Trachselwald.

Ziegel-Brugg.

Ein Brugg über den Fluß Lint nebend und unter Nider Urnen in dem Land Glarus; nebst einem dem Land gehörigen Zollhaus, unweit auch von dem Flecken Wesen.

Ziegelgüter.

Hof in der Pfarr und Lucernerischen Landvogtey Weggis.

Ziegelhaus.

Ein Haus und Güter in der Pfarr Sternenberg und der Zürichischen Landvogtey Kyburg.

Ziegelmatt.

Ein Hof in der Pfarr Rot und Lucernerischen Landvogtey Habsburg.

Ziegelries.

Ein Dörflein in der Pfarr Schüpfen, in dem Bernerischen Amt Frienisberg.

Ziegler.

Ein Geschlecht in der Stadt Zürich, welches, wie unter dem Articul im Weerd zu sehen: unter diesem Namen von Bremgarten nach Zürich kommen, und hernach von denen von einnem der erstern hiesigen Burger und seinem Sohn Hans, auch Gros Hans

Hans genannt, zuerst in diesen Landen zu Bedeckung der zuvor mit Steinen und Schindeln bedeckten Haus-Tächern gebrennten Zieglen und Bewerbung der Ziegelhütten sie gemeinlich die Ziegler genennt worden, und solchen letztern Namen schon seith dem End des XV. Seculi allein geführt, und sind von ermelten Hansen Söhnen Rudolf unter denen dem Pabst Julio II. und Leoni X. A. 1512. und 1521. zugestandnen Hülfsvölkern, auch A. 1513. in der Schlacht bey Novarra in des Herzogs von Meyland Diensten Hauptmann gewesen, Johannes A. 1489. des grossen Rahts A. 1490. Zunftmeister und A. 1494. wieder des grossen Rahts worden, Simon An. 1489. des grossen Rahts worden, Heinrich in dem Schwabenkrieg A. 1499. Hauptmann auf dem Schloß Küßenberg gewesen und A. 1500. eine Reise nach Jerusalem gethan, und daselbst das Ritter-Zeichen des Heil. Grabs erhalten, und klein Hans der die Ziegelhütten besessen, und beworben, und A. 1513. des grossen Rahts worden und das Geschlecht fortgepflanzet und ein Vater gewesen 1. Hansen zugenannt Pfästl, der in dem Zug in das Meyländische A. 1513. Kriegsschreiber gewesen, und der Schlacht bey Novarra, und hernach A. 1515. auch deren von Marignano als Hauptmann beygewohnet, nach derselben in einem Aufstand der Unterthanen zwahr gefangen gesetzt, aber nach befundner Unschuld wieder ledig gelassen worden: er ward A. 1519. Zunftmeister, blieb es aber nicht lang, da er die Zunft aufgegeben: A. 1525. zog er mit einer Compagnie dem Herzog Ulrich von Würtemberg zu Hilf wider der Oberkeit Willen, darum er auch gestraft worden, ward doch folglich noch A. 1531. einer der Kriegs-Rähten nach der Schlacht bey Cappel und A. 1534. des grossen Rahts; 2. klein Hansen, 3. Heinrichs der A. 1535. und 4. Hans Rudolfs der A. 1418. auch des grossen Rahts worden, welche zwey auch nebst Rudolf der A. 1531. in der Schlacht bey Cappel geblieben: einige Nachkommen hinterlassen, die aber ausgestorben: und anbey des klein Hansen Sohn Johannes An. 1555. des grossen Rahts A. 1560. Zunftmeister A. 1563. Landvogt der Freyen-Aemtern und A. 1571. Stillherr und Obervogt von Horgen worden, des Heinrichs Sohn gleiches Namens An. 1598. des grossen Rahts, A. 1607. Rahtsherr und Obervogt von Bülach An. 1609.

1609. Landvogt von Lugano oder Lauis, und An. 1617. Bannerherr worden, und des Rudolfen Sohn Heinrich An. 1553. des grossen Rahts An. 1562. Obervogt von Lauffen An. 1573. Rahtsherr und An. 1578. Landvogt von Locarno oder Luggaris worden: und auch 5. Itel Hansen der erstlich unter seinem Bruder obbemelten Hans Pfäsli in dem Meyländischen und auch in den Pabst-Zügen gedienet, letstlich den Namen Jung-Hans angenommen, auch A. 1552. des grossen Rahts worden, und das Geschlecht durch Johannes, Adrian und Hans Bernhard fortgepflantzet, auch von seinen Söhnen Hans Heinrich, und Hans Felix, der A. 1583. des grossen Rahts worden: Nachkommen hinterlassen, welche aber aus gestorben.

I. Johannes ist An. 1564. des grossen Rahts und A. 1568. bis 1571. und hernach A. 1576. wieder Zunftmeister worden, A. 1577. Bauherr und unter ihme A. 1580. das Linden-Thor in den dermahligen Stand gestellt, er ward folglich auch A. 1584. Landvogt von Kyburg, und A. 1594. wiederum Zunftmeister und Obervogt von Küsnacht, Anno 1597. Gesandter an König Henricum IV. von Frankreich wegen von ihme in die Eydgenoßschaft geschickten, aber in Burgund geraubter Gelteru, und A. 1599. Oberster Meister und Statthalter, und ward von seinen vielen Kindern Hans Jacob A. 1601. des grossen Rahts, und sind von dessen Sohns-Sohn Hans Rudolfs 5. Söhnen Nachkommen entstanden: darunter auch Caspar einer dieser 5. Söhnen A. 1719. des grossen Rahts und An. 1715. Gros-Keller des Stifts zum grossen Münster worden: auch hat ein andrer Sohn obigen Jacob Namens Hans gezeuget Johannes der ein Vater gewesen Salomons der A. 1694. Pfarrer von Seben und A. 1711. von Oberwinterthur und An. 1728. Cammerarius und A. 1738. Decanus der Winterthurer-Capitels worden.

II. Adrian ward A. 1580. des grossen Rahts A. 1585. Zeugherr A. 1588. einer der Gesandten zu Beschweerung des Bunds mit der Stadt Strasburg, A. 1597. des Rahts von freyer Wahl, A. 1602. Landvogt des Rheinthals und A. 1613.

Amtmann

Amtmann zum Frau-Münster in der Stadt, und ist in dem 87. Alters-Jahr, da er sich 5. Jahr zuvor wieder verheyrahtet: abgestorben; von seinen 17. Kinderen Christof A. 1611. Gericht-Schreiber, und A. 1612. des grossen Rahts und Johann oder Jung-Hans A. 1630. des grossen Rahts und A. 1648. Obmann am Allmosen-Amt worden, auch Adrian und Hans Jacob das Geschlecht in 2. neuen Linien fortgepflanzet.

A. Adrian ward A. 1625. des grossen Rahts, und A. 1626. Landvogt von Sax und A. 1635. Assessor Synodi und hat *Pharmacopœam Spagyricam* A. 1616. in Zürich in 4to in druck gegeben, und sein Sohn gleiches Namens ward Lands-Hauptmann von Sax und hat hinterlassen auch ein Sohn gleiches Namens, der Medicinæ Doctor und sich auf Gaiß in dem Land Appenzell Ausser Rooden gesetzt, und auch des Rahts selbiger Rood worden, und ein Vater gewesen Hans Conrad der A. 1697. des grossen Rahts A. 1700. Landvogt von Knonau A. 1710. Zunftmeister A. 1711. Obervogt von Dübendorf A. 1712. Commandant des Klosters-Cappel in damahligen Kriegs-Unruhen und A. 1712. und 1718. Silherr worden; und Adrians der A. 1697. zu Utrecht, da er ein *Disputation de Odontalgia* in 4to in Druck gegeben, Medicinæ Doctor, A. 1718. des grossen Rahts, A. 1729. Amtmann zu Winterthur A. 1731. Zunftmeister und Obervogt von Stäfen, A. 1742. und 1748. Bauherr, und von seinen Söhnen einer gleiches Namens A. 1734. des grossen Raths und A. 1745. Amtmann von Küßnacht, und A. 1762. Obervogt von Hegi, und Leonhard A. 1746. des grossen Rathsworden: 2. Salomon der A. 1673. des grossen Rahts A. 1675. Hauptmann über ein Compagnie von 150. Mann zu Hilf der Stadt Straßburg, da er auch A. 1678. die dortige Rhein-Schanz tapfer verthädigen helfen, hernach An. 1685. Landvogt von Sax und An. 1700. von Sargans worden, und hinterlassen Johannes, der A. 1697. Medicinæ Doctor zu Basel, A. 1719. des grossen Rahts und A. 1722. Assessor Synodi und im gleichen Jahr Examinator der Kirchen- und Schul-Diener worden, auch

Differtationem de verrucis A. 1696. zu Jena, und

Differt. casum viri hypochondriaci exhibentem A. 1697. zu Basel beyde in 4to in Druck gegeben.

3. Hans Jacob, der Landshauptmann der Herrschafft Sax gewesen, und nebend anderen Kindern hinterlassen Beat, der A. 1714. Stadt-Richter an dem Stadt-Gericht A. 1723. des grossen Rahts A. 1725. Schultheis an dem Stadt-Gericht A. 1727. Landvogt von Sax und A. 1727. von Sargans, und sein Sohn gleiches Namens A. 1746. (ohne der Regiments gewesen) Landvogt von Locarno oder Luggarus und A. 1748. der Stifft St. Gallischen Schirm-Städt und Orten Hauptmann zu Wyl worden.

B. Hans Jacob auch obigen Rahtsherr und Amtmann Adrians Sohn legte sich auf die Arzneykunst, kam A. 1608. nach Genf, allwo er sich 2. Jahr aufgehalten, und nach einer Reis auf Padua und nach Italien, kam er erstlich nach Basel und begab sich A. 1613. nach Königsberg, da er auch 2. Jahr seine Studien fortgesetzt, und hernach eine Reise durch Pohlen, Litthau, bis an die Gränzen von Moscau gethan, und nach seiner Zurückkunfft A. 1615. zu Basel Medicinæ Doctor, A. 1625. Leib-Medicus des Obrist Steiners in Graubündten, und hernach zu Zürich A. 1630. der grossen Rahts, A. 1634. Zunfftmeister und Obervogt von Horgen worden und hat in Druck hinterlassen

Theses Astronomicas Præs. Joh. Ludov. Lucio, Prof. A. 1612. Basel, in 4to.

Theses Medicas de peste. Præs. Joh. Nicol. Stupan. Med. D. & Prof. eod. ibid. in 4to.

Theses de Odontalgia & dolore dentium, Præs. Georgii Lothi, M. D. & Prof. A. 1613. Königsberg.

Disp. de primis corporum naturalium principiis internis & constitutivis. Præs. eod. A. 1614. *ibid.* in 4to.

Quæstiones Medicas de venenis A. 1615. Basel. in 4to.

Tabac von dem heilsamen Wundkraut *Nicotiana*, oder Beinwelle, eod. ibid. in 4to.

Beschreibung des Urdorfer-Bads. A. 1620. in 4to.

De Fermentatione generationis & corruptionis causa. A. 1647. Basel in 4to. oder kurzer Bericht, wie ein Ding natürlich vergehen, und ein anders daraus werden könne.

Er hinterließ nebst andern vielen Kindern 1. Adrian. 2. Christoph, der sich erstlich zu Schafhausen, Lyon, &c. in Apothecken aufgehalten und hernach zu Padua einige Monat in der Arzneykunst geübet, folglich nach Zürich kommen, und ein eigene Apothek angerichtet, A. 1650. aber wieder nach Padua gereiset, und daselbst Medicinæ Doctor worden, auch A. 1656. von der Oberkeit zu Bern dahin berufen und mit dem Burger-Recht beschenket worden, A. 1662. sich aber wieder nach Zürich begeben, und 3. Hans Jacob, der nach einigem Aufenthalt in Apothecken eine Reise durch Frankreich gethan und hernach sich zu Basel auf die Arzneykunst gelegt, folglich nach Zürich kommen, und sich verheyrathet, A. 1663. aber nach Valence in Dauphiné sich begeben, und daselbst Medicinæ Doctor, und zu Zürich A. 1664. ausserordentlicher Stadt-Arzt worden. Von ihme ist in Druck kommen

Theses Physico-Medicæ de lacte, Præf. Immanuele Stupano Med. D. & Prof. Basel A. 1659. in 4to.

Disp. Medica de veneni natura. Præf. Casp. Bauhin. Med. D. & Prof. Ibid. eod. in 4to.

Beschreibung des Gyren-Bads in der Landvogtey Grüningen; Zürich A. 1662. fol.

Beschreibung des Bads von Schinznacht A. 1676.

Beschreibung der Bäderen von Wengi und Niedr-Urnen.

Beschreibung des Bads zu Urdorf, A. 1662. in fol. A. 1676. in 4to.

Quæstiones IV. Medicæ. Valence A. 1663. in 4to.

Natürliche Ursachen des Erdbidems, A. 1674. in 4to.

Von selbigen hat 1. Adrian einen Sohn hinterlassen, Namens Hans Georg, der ein *Dissertationem de translatione Monarchiæ Persicæ in Macedonicam seu Græcam, Præs. Joh. Casp. Seelmatter,* zu Bern A. 1682. in Druck gegeben; der Christoph aber war ein Vater 20. Kindern, von welchen Leonhard hinterlassen Jacob Christoph, der A. 1722. des grossen Rahts, und Leonhard, der A. 1733. des grossen, und A. 1741. des kleinen Rahts worden, auch ward Jacob Christophs Sohn Leonhard, A. 1745. des grossen und A. 1756. des kleinen Rahts, auch A. 1759. Obervogt von Rümlang und A. 1763. von Wiedikon; und von des Rahtsherrn Leonhards Söhnen Jacob Christoph A. 1742. des grossen Rahts, und A. 1752. des kleinen Rahts und Zunfftmeister, auch in gleichem Jahr Obervogt von Wollishofen, und A. 1763. auch Seevogt, Matthias A. 1748. und Rittmeister Leonhard A. 1756. des grossen Rahts: und Heinrich auch obigen Christophs Sohn ist ein Vatter gewesen Christophs, dessen Sohn Hans Rudolph A. 1756. Pfarrer von Mammern worden, und eine heilige Erweckungs-Rede über *Eph. IV.* 29. zu Zürich in 4to. in Druck gegeben.

III. Hans Bernhard, auch obbemeldten Itel-Hansen Sohn hat hinterlassen Caspar, der ein Schifmeister und ein Vatter gewesen eines gleichen Namens, der A. 1653. Pfarrer von Bernegg, und A. 1661. Leut-Priester in der Kirch zum grossen Münster in der Stadt Zürich worden: von dessen 12. Kindern einige Söhne das Geschlecht fortgepflanzet, unter welchen 1. Hans Heinrich A. 1679. Französischer Prediger und Schul-Meister, und A. 1684. Diacon in der Stadt Biel, A. 1692. Pfarrer von Bieterlen, und A. 1762. von Regenstorf worden, und dessen Sohn Hans Caspar eine *Dissertationem in locum* 2. *Cor. V.* 21. *de Satisfactione Chri-*

Chriſti, Præſ. Lud. Chriſt. Mieg, *Th. D. & Prof.* zu Marburg A. 1704. in Druck gegeben; und 2. Peter ein Vatter geweſen Hans Rudolphs, der A. 1730. Præceptor der I. und A. 1736. der III. Lateiniſchen Schule zum Frau-Münſter, A. 1748. Præceptor der II. Claſs, A. 1749. Proviſor, und A. 1751. Ludi-Moderator der Obern Lateiniſchen Schulen, auch A. 1756. Chor-Herr des Stiffts zum groſſen Münſter worden.

Von ihm iſt zu Zürich in Druck kommen.

Die edle Friedens-Luſt auf den zwiſchend denen Ständen Zürich und Bern und dem Stifft St. Gallen geſchloſſenen Frieden. A. 1719. in fol.

M. Ulrich Zwingli, und *M.* Heinrich Bullingers, beyder erſter Oberſten Pfarrer zu Zürich Lebens-Beſchreibungen, A. 1719. in 4to.

Der ſingende Chriſt, A. 1722. in 8vo.

Das verſpührte Erdbeben als ein Bewegung der Herzen zur Andacht betrachtet, A. 1748.

Des nach der ſeligen Ewigkeit reiſenden Chriſten treuer Geleitsmann, A. 1728. ... 1748. 12mo.

Des nach der ſeligen Ewigkeit reiſenden Chriſten zufällige Gedancken, A. 1731. 12mo.

Erbauliche Gedanken über den Vieh-Preſten, A. 1732.

Erbauliche Gedanken über die Brunſt in dem Spittal zu Zürich, eod.

Neue Nachricht alter und neuer Merkwürdigkeiten in einem vertrauten Geſpräch und ſichern Briefe von der Landſchafft Carolina und übrigen Pflanz-Städten in America, A. 1734. und der hinkende Bott aus Carolina, A. 1735.

Erbauliche Catechiſmus-Uebung, A. 1735. gr. 8.

Beweg-Gründe zu wahrer Forcht GOttes bey Anlaß der Sturm-Winde, A. 1739. 4to.

Neuer historischer *Mercurius*, oder das Merkwürdigste, theils aus der politischen, theils aus der gelehrten Welt, deßgleichen vermischte Samlung alter und neuer Merkwürdigkeiten aus der Philosophie, GOttes-Gelahrtheit, Sitten-Lehr, &c. 8. Stück, A. 1741. und 1742. 8vo.

Evangelium JEsu Christi secundum S. Matthiæ Enarrationem ad fidem latinæ translationis, prout illam exhibent editi Bibliorum Codices Tigurini, A. 1543. & 1545. *recensuit, & subsidio ad juvandam interpretationem instruxit, A.* 1743. 8vo.

Tabula Synoptica formationem verborum Græcorum in Ω *explicationem*, A. 1745.

Die Würksamkeit des Glaubens in den Nutz-Anwendungen des ganzen Christlichen Catechismi, A. 1747. und A. 1750.

Bericht von dem Korn-Regen, A. 1749.

Freymüthige Gedanken über ein freundliches Gespräch, betreffend die in Löbl. Canton Lucern der Religion halben entstandenen Bewegungen, A. 1749. 8vo.

Bunians Reise des Christen, und auch der Christin und ihrer Kindern nach der seligen Ewigkeit, A. 1759.

Des singenden Christen nach der heutigen Mund-Art eingerichtete Fest-Lieder, Psalmen und Andacht-erweckende Gesänge, eod. 8vo.

Des singenden Christen fortgesetzte Uebung der Andacht, oder theils verbesserte, theils neue Kirchen- und Haus-Gesänge, A. 1761. 8vo.

Er hatte auch Antheil an den gelehrten Zeitungen von A. 1721. und 1722. und sind auch von seiner Arbeit, theils mit, theils ohne Namen unter des Sprengen A. 1720. zu Basel herausgegeben geist- und weltlichen Gedichten.

Es sind auch von ihme die von A. 1726. bis A. 1750. an den Neu-Jahrs-Tagen von der Music-Gesellschafft auf dem Music-Saal zu Zürich in Music gestellt und ausgetheilte Gedichte, und hatte er auch Antheil an den in 3. Bänden A. 1754. und 1757. herausgegebenen neuesten Samlungen vermischter Schrifften; und hat von A. 1750. und folgenden Jahren Monatliche Nachrichten einiger Eydgenößischen Merkwürdigkeiten gelieferet.

Ein Geschlecht in der Stadt Bern, aus welchem Hans A. 1469. Rubi A. 1473. Peter A. 1509. des grossen Rahts, und dieser auch A. 1530. Schuldtheiß von Büren, und A. 1536. Schafner von Hettiswyl worden.

Unter diesem Namen findt sich auch einer aus dem Geschlecht von Siltelingen aus der Stadt Basel; siehe auch Zeigler.

Ein ausgestorbenes Geschlecht in der Stadt Freyburg, aus welchem Amadeus A. 1668. Landvogt von Wippingen, oder Vuypens, und Hans Jacob A. 1668. Landvogt von Chatel S. Denis worden.

Ein Geschlecht in der Stadt Solothurn, aus welchem Hans A. 1408. und sein Sohn Ulrich A. 1433. des Rahts, und dieser auch A. 1467. Vogt von Flumenthal worden. Von dessen Söhnen Joost A. 1506. und sein Sohn Urs A. 1560. des grossen Rahts, auch dieser A. 1577. Jung-Rath, und dieses Sohn gleichen Namens A. 1641. des grossen Rahts, A. 1646. Jung-Raht, und A. 1665. Alt-Raht, auch dessen Sohn Johann Benedict A. 1712. des grossen Rahts worden, auch Medicinæ Doctor und Stadt-Physicus gewesen. Es warden auch aus diesem Geschlecht Nicolaus An. 1503. Abt von Beinweil, Joost An. 1508. Chor-Herr des Stiffts zu Solothurn, und A. 1523. Pfarrer von Flumenthal, Peter A. 1538. des grossen Rahts, und Ludwig A. 1573. des grossen Rahts und A. 1600. Schuldtheiß von Olten.

Ein Adeliches Geschlecht in der Stadt Schaffhausen, aus welchem Conrad sich A. 1421. für die Stadt um eine beträchtliche Summ verbürget, und A. 1439. Seckel-Meister, und A. 1549. des kleinen Raths worden, und hinterlassen Peter, der A. 1470. des grossen Raths worden, und Conrad, dessen Sohn Hans An. 1487. von dem damahligen Römischen König und folgenden Kaiser Maximiliano I. in den Adel-Stand erhoben, und ihm ein Wappen-Brief ertheilt worden; er ward A. 1492. Sekel-Meister, und A. 1497. oder A. 1502. Obherr zu Schaffhausen, und A. 1512. einer der Eydgnößischen Gesandten an Pabst Julium II. und A. 1513. Hauptmann in dem Zug in Meoland, da er sich in der Schlacht bey Novarra hervorgethan; er ward An. 1515. zum Burgermeister zu Schaffhausen erwehlt, und hat die Annahm der Evangelischen Lehr in der Stadt Schaffhausen mit vielen Eifer und Sorgfalt befürdern lassen, wohnete auch A. 1526. der wegen der Religions-Mißverständnuß zu Baden gehaltenen Disputation bey, halfe auch A. 1530. die zwischen den Städten Bern, Freyburg und Genf einer, und dem Herzog von Savoyen und dem sogenannten Löffel-Bund, und A. 1540. den zwischen der Stadt Rottweil und Hansen von Landenberg gewalteten Streit beylegen.

Von seinen Söhnen ward der jüngste Itel-Hans An. 1548. Stadt-Richter, A. 1549. des grossen Raths, A. 1553. Obherr, und An. 1554. Obervogt im Buch, und A. 1555. Statthalter; hernach auch von seinen Söhnen Beat Hauptmann in Königl. Französischen Diensten, und Franz des grossen Rahts, und des Beats Sohn Ruprecht auch Hauptmann in Königl. Französischen Diensten, und des Franzen Sohn, Hans Wilhelm, A. 1624. des grossen Rahts, A. 1629. Obherr, A. 1635. oder 1645. Obervogt im Rayet, und A. 1648. Statthalter und hat eine Beschreibung des Lebens und Sterbens Pannerherrn Hansen im Thurn, auch einen weitläufigen Bericht vom Ursprung und Namen des Edlen Geschlechts deren im Thurn A. 1615. zu Schaffhausen in 4to. in Druck gegeben; auch ist von ihm ein Fasciculus Carminum.

Der

Der ältere Sohn Franz war A. 1515. in der Schlacht bey Marignano, und A. 1531. als Lieutenant von dem Schaffhauser Volck in dem Gefecht auf dem Gübel bey Menzingen in dem Ort Zug; und sein Sohn Hans Jacob ward A. 1545. des grossen Rahts, A. 1554. oder 1561. Seckelmeister, A. 1565. Obherr und Obervogt von Lohningen, A. 1577. Statthalter, und A. 1590. Burgermeister, und haben von seinen Söhnen Franz, Hans, Christoph und Hans Conrad das Geschlecht in 4. Linien fortgepflanzet.

A. Franz war erstlich an Graf Joachim von Fürstenberg Hof, hernach A. 1604. des grossen Rahts zu Schaffhausen, und A. 1595. Obervogt von Neunkirch, und dessen Sohns Sohn Hans Jacob auch A. 1669. Obervogt allda A. 1676. des grossen Rahts, und 1684. Vogt-Richter.

B. Hans hinterliesse Hans Jacob und Franz, von welchen wieder 2. Linien entstanden.

1. Hans Jacob war erstlich A. 1612. Verwalter des Closters Allerheiligen, A. 1624. Obervogt von Neunkirch, A. 1631. des grossen Rahts, A. 1642. Vogt des Reichs, A. 1644. Seckelmeister, A. 1645. Obherr, A. 1648. Obervogt zu Rüedlingen, und hat A. 1656. die Seckelmeister-Stell aufgegeben; sein Sohn Hans ward A. 1649. Obervogt von Neunkirch, und A. 1673. des grossen Rahts, und des Sohns-Hans Jacobs Söhn, Hans Conrad, Rittmeister, und Hans Jacob, Pannertrager, und des Rittmeisters Hans Conrads Sohn, Hans Jacob Dragoner-Hauptmann, und A. 1737. Stadt-Major, und des Pannertragers Hans Jacobs Sohn, Hans Jacob Lieutenant unter der Königlichen Französischen Schweizer-Garde, und Ritter des Ordens der Kriegs-Verdiensten.

2. Franz ward An. 1614. beyder Rechten Doctor zu Basel, auch A. 1626. des grossen Rahts,

und

und A. 1628. Rahtschreiber, und seines Sohns Hans Conrads Sohn Hans Ulrich Gerichtsschreiber, dessen einter Sohn gleichen Namens Lieutenant in Königl. Französischen Diensten worden, und der ander Franz A. 1724. Medicinæ Doctor zu Basel, und A. 1751. Professor der Medicin zu Rinteln, auch A. 1737. und A. 1748. Rector der hohen Schul daselbst worden, und in Druck gegeben:

Positiones Miscellaneas Philosophicas, Præs. Joh. Rudolph. Iseli, J. U. D. zu Basel A. 1724. 4to.

Disp. de Aphonia periodica ex vermibus orta, Basel An. 1724. 4to.

Programma de eo, quod in Medicina neseffarium est, Rinteln, A. 1731.

Programma de Naturæ benignitate circa conservandos incolas quoscunque. ibid.

Disp. de spinosa ventosa. A. 1741.

Disp. de liquore cornucens succinato, ejusque genere & virtute. A. 1743. 4to.

Beschreibung des Rodenbergischen Gesundbrunnens. A. 1743. 8vo.

Disp. de Methodo cognoscendi morbos. A. 1745. 4to.

Programma de creati hominis officio humano. A. 1745. 4to.

Disp. de morbis præcipuis sinuum ossis frontis maxillæ superioris & quibusdam maxibullæ inferioris. A. 1750. 4to.

Und in dem Commercio Lib. Norico cap. IV.

Observationem circa musculum temporalem.

C. **Christof** ward A. 1626. des grossen Rahts, A. 1629. Obherr, und ein Vater Hans Jacobs, Hansen, Alexanders, und Hans Conrads, welche das Geschlecht in 4. Linien fortgesetzt.

a. Hans

2. Haus Jacob ward A. 1613. beyder Rechten Doctor in Basel, An. 1622. Stadtschreiber, An. 1634. Obherr An. 1641. Seckelmeister, A. 1642. Statthalter und Obervogt über den Rapet, und A. 1645. Burgermeister, war Gesandter auf vielen Eydgenößischen Jahr-Rechnungs- auch andern Tagsazungen, und besonders auch A. 1632. bey dem zwischen den Städten Bern und Solothurn wegen der an der Clus vorgegangnen Mißhandlung errichteten Verglich, A. 1634. bey der von den Evangelischen Eydgenossen an den König von Frankreich wegen den Zöllen abgeordneter Gesandtschaft, und A. 1657. bey dem Entscheid der VII. ersten Eydgenößischen Städt und Orten geschlossenen Frieden, und haben von seinen 9. Söhnen Christof, Heinrich, Johannes, Laurenz und Hans Conrad das Geschlecht fortgepflanzet.

1. Christof trate in Königliche Französische Kriegs-Dienst, und wohnte als Hauptmann unter dem Regiment Mollondin A. 1637. den Belagerungen von Landrecie, und Damvilliers und An. 1638. der von S. Omer bey, warbe hernach A. 1647. eine halbe Compagnie unter der Garde an, welche er besessen bis A. 1661. da er von dem nur 14. Jahr alten Eberhard Stoker zu Thayngen vor seiner Hausthür erschossen worden, aus Raach daß er seiner Mutter Bruder Hauptmann Heinrich im Thurn A. 1659. in einem Duell bey Solothurn entleibet; er hinterließ Haus Jacob, der An. 1684. des grossen Rahts, und An. 1694. Obherr worden.

2. Heinrich trieb Handelschaft, und starb A. 1667. zu Alicante in Spanien, und ward von seines Sohns Hans Jacobs Söhnen Bernhardin A. 1717. des grossen Rahts, A. 1722. Vogt-Richter und A. 1735. Obherr; und Tobias Ober-Baumeister: von des Obherrn Bernhardins Söhnen aber Hans Jacob An. 1737. Pfarrer von Neunkirch, A. 1747. Pfarrer von Beringen, auch A. 1761. Früh-Prediger in der Stadt, Laurenz A. 1736. Professor Politicæ & Historiarum, und A. 1749. Stadt-Richter und Vogt

des Reichs, und Bernhardin A. 1738. Medicinæ Doctor zu Leiden, und hat daselbst eine *Disputation de Saliva* in Druck gegeben; und des Ober-Baumeisters Sohn Heinrich ward A. 1722. des grossen Rahts und A. 1741. Obherr.

3. Johannes.

4. Laurenz haben auch eine zahlreiche Nachkommenschaft hinterlassen.

5. Hans Conrad ward des grossen Rahts A. 1679. und Obherr A. 1691. und seine Söhne Hans Jacob, Christof und Alexander erhielten von Kayser Carolo VI. wegen durch den ganzen Spanischen Successions-Krieg den Kayserl. in den Oesterreichis. Waldstädten gelegten Regimentern angeschafften Nothwendigkeit A. 1717. die Erneuerung ihres Adels mit Vermehrung und Vergrösserung des Wappens und dem Zunamens von Zieglern: und ward aus selbigen Hans Jacob auch A. 1697. des grossen Rahts und von seinen Söhnen Johann Conrad An. 1711. Unterschreiber, An. 1722. Stadtschreiber, und Hans Jacob A. 1724. des grossen Rahts, und A. 1741. Vogt-Richter, A. 1757. Obherr, und auch dessen Sohn Diethegen A. 1759. des grossen Rahts. Auch haben Christof und Alexander männliche Nachkommen hinterlassen, und ist aus diesem Geschlecht auch Johann Jacob A. 1754. Medicinæ Doctor zu Basel, und A. 1757. des Stadt-Gerichts und ist A. 1760. des grossen Rahts worden zu Schafhausen, und hat A. 1754. eine *Dissertation de submersis & methodo illis succurrendi*, zu Basel in Druck gegeben.

b. Hans, auch des Obherrn und Stadt-Richters Christofs Sohn, war ein Vater Christofs, dessen Sohn Hans Conrad A. 1685. Præceptor in dem Gymnasio, auch Pfarrer von Büesingen, und A. 1688. Conrector, und sein Sohn Christof A. 1720. auch Præceptor in dem Gymnasio und Pfarrer von Herblingen, auch hernach zugleich Professor Eloquentiæ A. 1726. Conrector, und A. 1745. Rector, und sein Sohn An. 1759. Diacon bey der Kirch zu St. Johann worden.

a. Alexan-

c. **Alexander** ward A. 1643. Vogt des Reichs, und Stadt-Richter, A. 1661. Obherr, und hat auch Nachkommenschaft.

d. **Hans Conrad** ward Pfleger des Stifts Allerheiligen, und von seinen Söhnen **Hans Conrad** (alii **Heinrich**) An. 1688. Landvogt des Meynthals, und **Christof** An. 1692. des grossen Rahts.

D. **Hans Conrad** auch des ältern Burgermeisters **Hans Jacobs** Sohn war erstlich Lieutenant in Königlichen Französischen Diensten, und hernach Statthalter des Stadt-Gerichts zu Schafhausen, und sein Sohn **Hans Ludwig** ward A. 1635. Hauptmann in Königlichen Französischen Diensten unter dem Regiment Mollondin.

Es befindet sich in Schafhausen noch ein altes burgerliches Geschlecht gleiches Namens: wovon 1520. **Hans** Stadt-Richter, 1524. des grossen Rahts, 1526. des kleinen Rahts und Obervogt zu Neuhausen gewesen. Ein anderer **Hans Ziegler** ward 1582. des grossen Rahts: **Beat** ward 1600. des grossen Rahts, und 1612. des kleinen Rahts, **Heinrich** ward 1613. des grossen Rahts.

Ein Geschlecht in der Zürichischen Stadt Winterthur, aus welchem einige des kleinen Rahts, und **Ulrich** A. 1515. Spitthalmeister **Diethelm** A. 1732. Kirchenpfleger. Und **Johann Jacob** An. 1752. Medicinæ Doctor zu Basel worden, und daselbst ein *Dissertation de Mechanismo Contractionis Musculorum* in Druck gegeben, und An. 1763. des grossen Rahts worden.

Ein Geschlecht in der Stadt St. Gallen, aus welchem **Bernhard** A. 1591. und dessen Sohns Sohn **Bernhard** An. 1684. und **Jacob** A. 1692. Zunftmeister worden.

Ein Geschlecht in der Stadt Müllhausen, aus welchem Peter A. 1564. Zunftmeister, A. 1574. Rahtsherr und An. 1578. Burgermeister A. 1586. aber von den unruhigen Burgern entsetzt und übel mißhandlet worden: es warden auch folglich aus diesem Geschlecht Jacob A 1607. Rahtsherr und A. 1611. Burgermeister, Michael A. 1636. Zunftmeister und A. 1665. Rahtsherr, Jacob An. 1700. Zunftmeister und im gleichen Jahr Rahtsherr, welche Stell auch Hans Jacob A. 1711. bekommen.

Ziegler oder von Zieglerberg.

Aus einem solchen nach einiger Bericht aus Bayern ursprünglichen Geschlecht ward Paulus A. 1499. Bischof von Chur.

Ziel.

Ein Bach der ab dem Schweitz-Glarnerischen Gamser-Berg herab in den Rhein fliesset: und 2. Häuser in der Pfarr und Gegend Hundweil in dem Land Appenzell Ausser Rooden: siehe auch Zil.

Zielempen.

Wird annoch genannt eine besondere Wohnung in dem Stadt Baselischen Schloß Farnspurg, welches den Namen behalten von den Edlen dieses Namens, deren Stammhaus in dem Amt Pfirdt gestanden seyn solle, und sie Lehen-Trager der Freyherrn von Farnspurg gewesen seyn sollen, aus welchem Arnold und sein Sohn A. 1314. Vergabungen an das Kloster Ollsperg, da um selbige Zeit Susanna aus diesem Geschlecht Aebtißin gewesen: gethan, und Heinzmann An. 1414. in gedachtem Haus, und viele Gefälle zu Gelterkinden, Ritenbach, auf der Mülle von Waldenburg rc. gehabt, und Freyherr Thomas von Falkenstein das Gebäude Zielempen mit den darzu gehörigen Gefällen in Mitten des XV. Seculi der Stadt Basel verkauft Bruckner Werkwürdigkeiten der Landschaft Basel P. XVIII. es ist auch aus diesem Geschlecht Heinzmann An. 1418.

1418. Schultheis der Bernerischen Stadt Arau, und Heintzmann A. 1408. Schultheis in der dermahligen Solothurnischen Stadt Olten worden, und hat Hans aus diesem Geschlecht 1478. sein Recht an das Haus Habberg an die Stadt Solothurn verkauft.

Zieli.

Ein ausgestorbenes Geschlecht in der Stadt Bern, aus welchem Hans A. 1472. Wilhelm A. 1496. und Wilhelm der jünger A. 1502. des grossen Rahts, und dieser letztere auch An. 1530. Stift-Schafner in der Stadt Bern worden.

Zielibach.

Ein Dorf in der Pfarr Utzstorf in dem Bernerischen Amt Landshut an den Solothurnischen Gränzen.

Zieri.

Ein Geschlecht in dem Schächenthal und der Pfarr Silonen in dem Land Uri, aus welchem Jacob A. 1655. und 1668. Landvogt von Livenen auch des Land-Rahts, gleich zuvor auch nach andern des Land-Rahts gewesen.

Zifen, siehe Zyffen.

Ziger.

Aus diesem Geschlecht ward Conrad in Mitten des XV. Seculi Chorherr des Stifts zum Frau-Münster in der Stadt Zürich.

Zigerkopf.

Einer der höchsten Bergen in der Pfarr Flumbs in der Landvogthey Sargans.

Zigerli.

Ein ausgestorbenes Geschlecht in der Stadt Bern, aus welchem Rudolf A. 1632. des grossen Rahts und A. 1640.

Mußhafen-Schafner, und sein Sohns Sohn gleiches Namens A. 1680. des grossen Rahts worden.

Ein Geschlecht in dem Ort Zug, und absonderlich auch in der Gemeind Aegeri, aus welchem: Hansle in dem Unterfall einer Gassen in der Stadt Zug in den See An. 1435. auch ertrunken, einer N. N. A. 1512. auch einer der Eydgenößischen Gesandten an Pabst Julium II. nach Rom gewesen, Hans A. 1513. in der Schlacht Novarra geblieben, Heinrich A. 1519. Landvogt der Freyen-Aemtern worden, und Appollinarius An. 1558. und 1566. Aumman der Stadt und Amt Zug worden.

Ein ausgestorbenes Geschlecht in der Stadt Solothurn, aus welchem Hans des Rahts A. 1417. Vogt von Bechburg gewesen.

Zigerloch, siehe alten Alp.
Zigerwäber, siehe hinterm Ofen.
Zigetsee.

Ein Hof in der Pfarr Sirnach in dem Tanneger Amt und Landvogtey Thurgäu.

Ziggenhausen.

Höf in der Pfarr Schüpfen in der Landvogtey Entlibuch in dem Gebiet der Stadt Lucern.

Zil.

Ein ausgestorbenes Geschlecht in dem Land Uri, aus welchem Peter A. 1422. in der Schlacht bey Belleng und Heini A. 1499. in dem Zusatz zu Rheinek um das Leben kommen.

Zil, auch Zyl und Zihl.

Und nicht, wie in dem Basler Lexico stehet: Syl: wird von

von einigen genannt der Ausfluß des Sees von Neuchatel oder Neuenburg in den Bieler-See, der aber eigentlich *Tiele* heisset, wie unter solchem Articul zu sehen; es wird folglich auch der Ausfluß des Bieler-Sees in der Bernerischen Landvogtey Nidau, der da Schiffbar ist, also genennt, bis selbiger sich bey Mayenried in der Pfarr und auch Bernerischen Amt Büren in die Aren ergießt, und nennen auch etliche das Flüßlein Tiele auf deutsch Zil oder Zyl.

Ein Hof in der Filial-Pfarr Vitznau, und Lange-Zil einige Höfe in Pfarr Weggis, alle in der Lucernischen Landvogtey Weggis.

Unter und Ober-Zihl: Hof in der Pfarr und Gemeind Tablet in dem Stifft St. Gallischen Lands-Hofmeister-Amt.

Zilbrugg.

Wird auch etwan genennt Zollbrugg über die *Tiele* von deren unter solchem Articul nachzusehen.

Zily auch Zyli.

Ein alt Adeliches Geschlecht in der Stadt St. Gallen, so seinen Ursprung aus Italien haben solle, und ehemals viel Güther auch in dem Thurgäu, Stifft St. Gallischen alten Landschaft und Rheinthal besessen; aus selbigem solle Johannes A. 1378. Stadt-Schreiber gewesen seyn, und sein Sohn Heinrich ward A. 1456. Rahtsherr, und war auch Baumeister in dem Münster, und ein Vater Heinrichs, der A. 1473. Zunftmeister A. 1474. Vogt von Forstek in Saß A. 1477. wieder Zunftmeister A. 1483. Unter-Burgermeister A. 1484. oder 1485. Burgermeister und A. 1490. auch Banner-Hauptmann in währender damaligen Belagerung, Jacobs der Baumeister in dem Münster, und Franz der A. 1498. Stadtamman worden und hinterlassen Antoni, der A. 1527. sich als Priester verehelichet A. 1535. Prediger und A. 1557. Decanus worden, Hans nach Feldkirch gezogen, und der älteste Jacob A. 1519. Stadt-Richter A. 1533. Hof-Richter A. 1545. Bursterer der adelichen Gesellschaft von Notenstein, auch A. 1546. Stadtamman worden, dessen Tochter erster

Ehe Anna ihr von ihrer Mutter ererbte Schloß Eppishausen in dem Thurgau ihrem Ehemann Johann Ritter von Urendorf zugebracht; von seinen aus der anderen Ehe erzeugten 10. Kindern, ward Hans Jacob A. 1579. Rahtsherr, und A. 1591. Steur-herr, Heinrich A. 1568. Stadt-Richter, und A. 1572. Um-geltner, Hans Antoni A. 1586. auch Stadt-Richter, Sebastian A. 1595. wie die andere Brüder alle Purstner der obbemeldten adelichen Gesellschaft, und Georg A. 1629. Vogt von Bürg-len. Vorgemeldter Umgeltner Heinrich hatte einen Sohn gleiches Namens der A. 1604. Stadt Amman worden: Stadt-Richter Hans Antoni war ein Vater Hans Jacobs, und dieser Hans Antoni der des Prinz Wilhelmi II. von Oranien Garde-Haupt-mann und A. 1652. Stadt-Hauptmann zu St. Gallen wor-den, und sein jüngerer Sohn Sebastian A. 1704. als Königl. Preußischer Jägermeister zu Leuenberg bey Berlin gestorben, der ältere Daniel aber hinterlassen Hans Antoni, der A. 1718. Stadt-Richter A. 1721. des grossen Rahts A. 1738. Zunft-meister A. 1740. Rahtsherr und A. 1741. Rahts-Busner, Verwalter des Post-Amts und Hauptmann auf der hohen Wehr worden, und ein Vater gewesen Daniels, der von A. 1725. bis A. 1729. zu Marburg und Jena in den Rechten studirt, und an letzterm Ort im Jan. A. 1729. ein *Disser-tation de Præscriptione Jurisdictionis Teritorialis*, Præs. Burkh. Gotthelf Struven J. U. D. & Pr. in 4to in Druck gegeben, und beyder Rechten Licentiatus hernach A. 1729. erstlich bey dem Freyherr von Jachsheim und Reichs-Hofraht, und hernach bey dem Graf Johann Franz von Khevenhüller und A. 1730. bey dessen Bruder General-Secretarius und hernach zwey Jahr des Grafen von Seeau Söhnen Hofmeister auf Hohen Schulen gewesen und nach seiner Heimkunft A. 1734. Canz-ley Substitut An. 1745. Actuarius bey dem Kaufmännischen Directorio und A. 1757. Rahts-Substitut worden; Hans Antonis, der nach durch Frankreich Holland und Engelland gethanen Reisen A. 1747. Pfarrer der Französischen Kirch zu St. Gallen worden, und Heinrichs, der erster Lieutenant unter dem Königl. Preußischen Husaren-Regiment von Belling ist, und des letzt bemelten Sebastians Sohn Hans Antoni ist A. 1635. Rahtsherr A. 1637. Rahts-Busner A. 1638. Oberbaumeister und A. 1645. Bussen-Richter worden.

Es war auch aus diesem Geschlecht Dominicus, der schon An. 1524. die Evangelische Lehr geprediget, und erstlich Schulmeister und hernach A. 1532. Prediger auch Ehe-Richter worden, und A. 1526. der Religions-Disputation zu Baden und A. 1528. deren zu Bern A. 1529. dem Religions-Gespräch zu Marburg und A. 1536. einer zu Basel Evangel. Eydgenöss. Städten der Religions halber gehaltner Zusammenkunfft beygewohnet.

Zilis.

Das erste Dorf, wann man über die nach der sogenannten Via mala angelegte steinerne Brugg in dem Schamser-Gericht und Thal in dem Obern Grauen Bund kommt, zur rechten des Rheinflusses, allwo auch ein Kirch und Evangelische Pfarr die in das Colloquium unter den Wald gehöret; es macht selbiges nebst den Nachbarschaften Ciraun und Ruschein oder Raschein eine der 4. sogenannt Dretturas aus in welche das Gericht Schams eingetheilt ist, und wird auf dortigem Berg auch Bley-Erz angetrofen.

Zilishauser.

Aus diesem Geschlecht war Johannes A. 1319. Chorherr des Stiffts zum grossen Münster in der Stadt Zürich.

Zilschlacht.

Ein Dorf nebst einem Kirchlein oder S. Afra-Capell in der Pfarr Sitterdorf in der Landvogtey Thurgau, da der Evangelische Pfarrer von Sitterdorf auch zu einigen Zeiten den Gottesdienst verrichtet; es gehört zu der Herrschaft Bidegg, A. 1736. aber ward es davon gesöndert, und gehört dermahlen zu der Herrschaft Oettlishausen.

Zilweil.

Einige Häuser in der Pfarr Bürglen in dem Bernerischen Amt Nydau.

Von Zimberen, oder von Zimmern.

Ein Freyherrlich und auch Gräflich Geschlecht aus Schwabenland, aus welchem Catharina, Johann Werners Freyherren von Zimbern, und Herren von Meßkirch und Wildenstein in dem Stifft zum Frau-Münster in der Stadt Zürich An. 1496. zur Aebtißin erwehlt worden, und An. 1524. mit Bewilligung auch der übrigen Staffts-Frauen das Stifft samt allen Gerechtigkeiten und Gefällen der Stadt Zürich übergeben, und dafür ein ziemliches Leibgeding empfangen, auch folglich Eberhard von Reischach geheyrahtet.

Zimmenrüty.

Ein Hof in der Pfarr Surfee und der Lucernerischer Landvogtey Münster.

Zimmerberg.

Einige Häuser in der Pfarr Hirzel und Zürichischer Obervogtey Horgen.

Ein Hof in der Pfarr Oberburg und Amt Burgdorf, und ein Berg in der Pfarr Schinznacht und Amt Castelen beyde in dem Gebiet der Stadt Bern.

Von Zimmeren siehe Zimberen.

Zimmerling.

Ein ausgestorbenes Geschlecht in der Stadt Basel, aus welchem Hans A. 1514. und Theodor 1524. Meister worden.

Zimmerman.

Ein Geschlecht in der Stadt Zürich von verschiednem Herkommen, aus welchem Ulrich An. 1485. Zunftmeister A. 1489. in damahligen Bürgerlichen Unruhen entlassen, A. 1490. aber wiederum des grossen Rahts und A. 1494. auch Zunftmeister, weiters Peter A. 1513 Felix A. 1533. und Georg A. 1555. des grossen Rahts worden; Hans Rudolf hat zu Heidelberg studiret, ward Medicinæ Doctor und auch Rector der Schulen zu Kayserlauthern in der Pfalz und hat

Dissert.

Differt. de prædicabilibus & antepradicamentis & poſtprædicamentis, Præſ. Anaſtio Hok. A. 1608.

Diſſ. de natura Logicæ. eod.

Problemata Medica tribus Diſſertationibus propoſita. A. 1613.
Zu Heidelberg in 4to in Druck gegeben.

Und sein Bruder Matthias ward A. 1637. des grossen Rahts und An. 1647. Groskeller des Stiffts zum grössen Münster: es ward auch aus diesem Geschlecht Caspar erstlich des Hölzern Werks-Meister folglich An. 1648. Zunfftmeister A. 1652. Silherr A. 1654. auch Obervogt von Wollishofen und A. 1663. Obervogt in Lauffen und Felix A. 1668. des grossen Rahts und A. 1669. Pfleger des Stiffts zum grossen Münster, Leonhard A. 1693. des grossen Rahts, A. 1699. der erste Obervogt von Altikon und A. 1712. Landvogt von Knonau, und sein Bruder Christof A. 1721. des grossen Rahts dessen Sohn Andreas A. 1730. zu Helmstädt Medicinæ Doctor worden, und Diſſertationes

De neceſſitate & contingentia rerum. Præſ. David Holybalb. Phil. Pr. An. 1709. zu Zürich 4to.

De prudenti morbi tractatione præcipuo Artis Medicæ ſpecifico, Helmſtädt. An. 1730. 4to herausgegeben.

Auch war ermeldten Landvogt Leonharts und Christofs Vatters Bruder ein Gros Vater Heinrichs eines Wund-Arzts, dessen Sohn Hans Jacob, A. 1715. unter die Kirchen- und Schuldiener aufgenohmen, folglich seine Studia zwey Jahr zu Bremen fortgesetzt, und nach seiner Zuruckkunft A. 1731. erstlich Profeſſor des Natur-Rechtens, und in gleichem Jahr noch zugleich auch der Kirch- und Welt Geschichten, und A. 1737. Profeſſor der Gottsgelehrtheit und Chorherr des Stiffts zum grossen Münster worden, und den 3osten Nov. A. 1756. in dem 61. Alters Jahr gestorben: es sind von ihm in druck kommen.

Hiſtoria de Vita, fatis & laboribus Viri Cl. Joh. Jacob Huldrici Eth. & Jur. Nat. Prof. acceſſit Oratio de Stoicorum & Epicuræa-

cureorum Religionis Christianæ intentatis convitiis. Ah. 1732. in 4to.

Libellus de Miraculis, quæ Pythagoræ, Apollonio Tyanensi, Francisco Assisio, Dominico & Ignatio Loiola tribuuntur. Auth. Phileleuthero Helvetio. Duaci 1734. und 1754. 8vo.

Oratio de præcipuis Virtutibus, quibus S. Theologiæ Professorem ornatum esse opportet: accessit brevis vitæ fatorumque Job. Rod. Crameri Antecessoris Narratio. A. 1737. 4to & in Museo Helv. Part. 9.

Disquisitiones II. Historicæ & Theologicæ de Visionibus, quæ quatuor primis post excessum Christi & Apostolorum Seculis Christianis quibusdam contigisse dicuntur. A. 1737. 1738.

Meditationum de Causis magis magúsque invalescentis Incredulitatis & Medela huic malo adhibenda. XII. A. 1739-1750. 4to.

Dissertationum de recentiorum quorundam eruditorum præposteris adversus incredulos disputandi methodis V. A. 1739-1743. 4to.

Oratio de præcellentia Eruditionis Theologicæ mentium cælo receptarum collata cum imperfecta & umbratili rerum divinarum, quæ in terris locum habet, cognitione. A. 1741 4to.

Diss. de Fanaticismo Protestantium Doctrinæ temere & falso impactis, Dissertationis de præposteris adversus incredulos disputandi methodis continuatio I. A. 1744.

Dissert. in qua probatur Examen Religionis, quod secundum Protestantium principia omnibus est instituendum, Indifferentismo non patrocinari, neque tranquillitatis societatis Civilis officere. Dictæ Dissertationis Continuatio II. A. 1744.

Meditationes II. complementes Salutaria quædam Monita ad verum & legitimum usum S. Cænæ pertinentia. A. 1746. 1747.

Meditationes VII. de pia & circumspecta in tradendis Sanctioribus disciplinis Sectanda Simplicitate. A. 1748-1754.

Theses Theologicæ. A. 1751.

Dissertationes V. de Crimine Hæretificationis ejusque caussis & remediis A. 1752 - 1756.

Differt. de Titulis ac honoris testificationibus, quibus usi sunt Apostoli in suis Salutationibus ad Ecclesias Christianas datis. An. 1755. 4to.

Es finden sich auch von ihme in

Bibliotheca Bremensi

Classis. VIII. Fasc. 2. *Conjectura de Scheirim ad quædam loca S. Scripturæ elucidanda.*

Dissertatio in qua contra Ludworthium Clericum aliosque ostenditur Systema de Naturis plasticis posita etiam & concessa existentia Naturarum plasticarum dubiis in hoc argumento ocurrentibus non satisfacere.

Musæo Bremensi.

Vol. I. fasc I. *Dissertatio de Fato Stoicorum.*

Vol. I. fasc. *Dissertatio in qua Evehemerus Messenius contra Calumniam Atheismi defenditur.*

Schellhorn Amœnitatibus Litterariis.

Tom. IX. *Dissertatio de Atheismo Platoni impacto.*

Tom. XI. *Differt. de Præstantia Religionis Christianæ collata cum Philosophia Socratis.*

Tom. XIV. *Apologia Dissertationis de Atheismo Platonis contra ea, quæ in Gundlingianonem Parte 43. & 44 peracerbe monuit Gundlingius.*

Bibliotheque Germanique.

Tom. V. Art. 6. *Epistola de Naturis plasticis.*

Tempe Helv.

Tom. I. Sect. III. *Dialogus de Natura Idearum, in quo probatur nos nescire, quid sint Ideæ.*

Tom.

Tom. II. Sect. I. *Oratio de disciplina Arcani veteris Ecclesiæ nostra ætate non usurpanda.*

Journal Helv.

De optima ratione pacem inter protestantes promovendi.

Französisch.

Museo Helvetico

Particul. I. & II. *Meditatio de eo quod nimium est in studio Literis inclarescendis sub nomine Lucii Candidi.*

III. *De Theologia M. Tull. Ciceronis.*

VI. *Examen argumentorum quibus suam de Fato Stoicorum sententiam olim impugnaverat Cl. Buddeus Theol. Jenensis.*

X. *De Religione Pythagoræ,*

XIII. *Dissertatio de pretio artis Rhetoricæ.*

XV. *De Religione Plutarchi.*

XVII. *De Theologia Euripedis.*

XVIII. *Epistola sub nomine I. Pacimontani, qua Amici Judicium de Reformatorum b. m. incomparabili in Interpretatione S. Literarum peritia, literis ad Cl. Formejum familiariter expositum, modeste vindicat adversus Cardinalem Quirinum.*

XX. & XXI. *de Atheismo Jordano Bruno Nolano impacto.*

XXIV. *Apologia Socratis contra calumnias Aristophanis.*

XXVI *De Religione Homeri.*

XXVII. *De Religione Hesiodi.*

Und sind die meisten solcher Arbeiten zusammengedruckt worden unter dem Titul

Opusculorum Theologici, Historici & Philosophici argumenti. Vol. I. U. 1751. und Vol. II. 1757. und 1758.

In welch letztern auch zwey zuvor noch nicht gedruckte *Orationes de Theologo pacifico* und *de Theologo contentioso* enthalten.

Ein

Ein ausgestorbenes Geschlecht in der Stadt Bern, aus welchem Rudi, Conrad und Hänsli A. 1446. und Heinrich A. 1448. des grossen Rahts, und dieser letzterer auch A. 1458. des kleinen Rahts, A. 1469. Bauherr und A. 1470. wieder des kleinen Rahts, Hans A. 1468. Caspar A. 1472. Heinrich An. 1485. einer gleichen Namens An. 1532. des grossen Rahts und einer der Führern der Nachhut in dem Zug wider Savoyen A. 1536. auch Ludvig A. 1534. und Heinrich A. 1538. des grossen Rahts worden.

Ein ausgestorbenes Geschlecht in der Stadt Lucern, aus welchem Petermann A. 1499. Balthasar A. 1615. und Johann An. 1617. des innern Rahts, Peter An. 1507. und Balz A. 1629. Landvogt von Weggis, Jacob A. 1601. und Hans A. 1609. Landvogt von Kriens, und obiger Balz A. 1603. Landvogt von Habsburg und A. 1611. von Büren, Jacob A. 1613. Landvogt von Malters, Johann An. 1620. Landvogt des Rheinthals und Balthasar An. 1627. Obervogt von Ebiken worden.

Es war auch aus diesem Geschlecht Johannes, der auch Xilotectus genannt worden: Chorherr zu Lucern und Münster, ein gelehrter Mann, welcher wegen Anmuhtung zu der Evangelischen Lehre sich von Lucern wegbegeben müßte, und A. 1523. nach Basel begeben, allwo er auch A. 1526. an der Pest gestorben. *Rodolphi Collini Vita in Miscell. Tig. P. I. p. 4.*

Ein Geschlecht in dem Land Unterwalden, aus welchem und zwar ob dem Wald Rudolf A. 1467. 1476. 1479. und A. 1481. Landammann gewesen, und Nid dem Wald und zwahr aus des Uerti Bürgen in dem lauffenden Seculo Niclaus A. 1703. Hans Caspar A. 1716. Joseph A. 1720. Johann Antoni A. 1727. Wolfgang A. 1737. Antoni A. 1746. Jacob An. 1748. und Martin An. 1761. des Land-Rahts worden.

Ein ausgestorbenes Geschlecht in der Stadt Freyburg, aus welchem Peter A. 1475. der erste Zoller an der Senseu-Brugg, Petermann A. 1531. Landvogt von Font und A. 1536. Venner und A. 1539. Rahtsheer, Hans A. 1538. Venner, Joost An. 1575. Stadt-Schreiber, Peter An. 1582. Landvogt von Ueberstein und einer gleichen Namens A. 1582. Großweibel, An. 1597. Rahtsherr, An. 1600. Burgermeister und A. 1609. Seckelmeister, auch Niclaus A. 1586. und Hans Ulrich A. 1614. Landvogt von Ueberstein worden.

Ein ausgestorbenes Geschlecht in der Stadt Solothurn, aus welchem Hans A. 1533. des grossen Rahts, A. 1547. Jung Raht, A. 1547. Burgermeister und A. 1549. Vogt am Läbern gewesen.

Ein ausgestorbenes Geschlecht in der Stadt St. Gallen, aus welchem Rudolf A. 1499. Ulrich genannt Langeloch An. 1500. und Ludvig An. 1545. Zunftmeister worden, und Wolffgang auch vieles zur Annahm der Evangelischen Religion in dem Land Appenzell beygetragen und A. 1533. Pfarrer auf Gaiß worden.

Ein Geschlecht in dem Zehnden Visp in dem Land Wallis, aus welchem Joseph A. 1742. Castellan daselben worden.

Ein Geschlecht in der Bernerischen Stadt Brugg, aus welchem Johann Georg A. 1751. Doctor Medicinæ zu Göttingen An. 1753. ein Mitglied der Medicinisch-Physicalischen Gesellschafft zu Basel, A. 1714. Stadt-Physicus von Brugg, und A. 1759. ein Mitglied der Sicilianischen Academie des guten Geschmaks zu Palermo worden, A. 1760. einen Beruf zu einer Medicinischen Profession auf der hohen Schul zu Göttingen erhalten, sollichen aber nicht angenommen; er ward auch in diesem Jahr ein Mitglied der Academie der Wissenschafften zu Pesaro, der Oeconomischen Gesellschafft zu Bern, der Chur-Bayerischen Academie der Wissenschafften zu München, An. 1761. der Königl. Preußischen Academie der Wissensenschafften zu Berlin und A. 1762. der Naturforschenden Gesellschafft zu Zürich., von ihme ist in Druck kommen:

Disp. de Irritabilitate, A. 1751. Göttingen, in 4to. nachgedruckt zu Neapoli, und in das Italienische übersetzt von Joanne Vincentio Petrini zu Rom A. 1755. und zu Bologna A. 1757.

Das Leben des Herren von Haller, Zürich A. 1755. in 8vo.

Gedanken bey dem Erdbeben, das den 9. Christmonat An. 1755. in der Schweiz verspühret worden. ibid. A. 1756. 4to.

Ueber die Zerstöbrung von Lisabona. ibid. eod. 4to.

Betrachtungen über die Einsamkeit. ibid. eod. 8vo.

Von dem National-Stolz. ibid. A. 1758. und 1760. in 8vo.

Von der Erfahrung in der Arzney-Kunst, I. Theil. ibid. A. 1763. II. Theil A. 1764. 8vo.

In dem Journal Helvet. von Nov. 1752. und den Samlungen vermischter Schrifften, Vol. I. P. III. p. 56.

Lettre concernant Mr. de Haller.

In Actis Helvet. Physic. & Medic. T. II.

Historia Vitii deglutitionis quinque annorum sanati.

In den Abhandlungen der Naturforschenden Gesellschafft zu Zürich. 1. Th.

Beschreibung einer allgemeinen Wassersucht, und darnach erfolgten Schlaffsucht, epileptischen Convulsionen und Blindheit, und der Art wie dieses Uebel geheilet worden.

Beschreibung zweyer Pocken-Krankheiten, die in dem einten Fall ein kalter Brand, und in dem andern nach einer auszehrenden Brust-Krankheit sehr gefährliche Zufälle begleitet, und wie sie geheilet worden.

Ein Geschlecht in der Lucernischen Stadt Sursee, aus welchem Cunzmann A. 1421. Schultheiß allda worden.

Ein Geschlecht in der Stadt Zugischen Obervogtey Gangoldschwil, aus welchem Johannes erstlich Capellan in der Stadt Zug, und hernach um das Jahr 1600. Pfarrer zu Sachslen in dem Land Underwalden, ob dem Wald auch Cammerarius der IV. Waldstädter Capituls worden, und den Pfarr-Hof und die Helferey zu gedachten Sachslen, auch die schöne S. Caroli Capell auf dem Flüelen samt dem Pfrund-Haus aus seinen Mitteln erbauet.

Ein Geschlecht in der Stadt Rapperschwil, aus welchem Matthæus Medicinæ Doctor, und erstlich Bad-Arzt zu Pfefers und hernach Stadt-Schreiber zu Rapperschweil worden, auch Undam Jordanis Fabarianam, Pfeferischer Jordan, oder Entwurf des Pfeferzer-Bads A. 1689. zu Baden. in 12mo. in Druck gegeben, und Hans Jacob An. 1714. Schultheiß allda worden.

Ein Geschlecht in der Stifft St. Gallischen Stadt Wyl, aus welchem Magdalena A. 1582. Anna A. 1590. und Barbara A. 1638. Aebtißinen des Klosters Feldbach worden.

Ein Geschlecht in der Thurgäuischen Stadt Diesenhofen aus welchem Heinrich An. 1609. Evangelischer Schultheiß worden.

Zimmermann.

Aus einem Geschlecht dieses Namens ward Johannes, Decan zu Collmar von Herzog Carolo III. von Savoy A. 1512. nebst einigen anderen, und A. 1513. allein an die Eydgnoschafft abgesandt.

Zim=

Zimmerwald.

Ein Dorf, Kirch und Pfarr auf dem Langenberg, zwey Stund von der Stadt Bern in dem Land-Gericht Sefftigen: das Dorf gehörte in die Pfarr Belp, bis A. 1699. die Oberkeit daselbst eine eigene Kirche und Pfarr-Haus erbaut und ein Pfrund gestifftet, welche an die Pfarren Belp, Oberbalm, Rügisberg König, und Thurnen gränzet, von dem Raht der Stadt Bern bestellt wird, und in die Claß von Bern gehöret; es war ehemals daselbst auch das Stamm-Haus der Edlen dieses Namens, aus welchen Burkhard A. 1304. des grossen, Johannes A. 1367. des kleinen Rahts zu Bern gewesen.

Zimiken, siehe Zymiken.

Zimlischberg.

Ein Dörstein in der Pfarr Rapperschweil an einem Flüßlein, welches aus einem Weyer von Seeweil herfliesset in dem Bernerischen Land-Gericht Zollikofen, da die Niedern-Gerichte in das sogenante Frey- oder Schuldheißen-Gericht gehören, allwo auch ehemals ein Stammhaus gestanden Edel-Leuthen, die sich davon geschrieben, aus welchem Hans A. 1146. gelebt und Itho A. 1353. ein Theil des Guts Zimlischberg an die Commenda Buchsee verkaufft.

Zimpel.

Vorder- und Hinder: Höf in der Pfarr und Gemeind Bar, in dem Ort Zug.

Zindel.

Ein Geschlecht in dem X. Gerichten-Bund, aus welchem Simon den zwischend den Evangelisch-Eydgenößischen Städten und den ersten V. Catholisch-Eydgenößischen Städten und Orten sogenannten ersten Lands-Frieden An. 1529. errichten helfen. Siehe auch Zundel, Zündel.

Zindelspiz, und Zindlen.

Ein hoher Berg in dem Weggithal und der Schweizerischen Landschaft March.

Zing.

Ein ausgestorbenes Geschlecht in der Stadt Bern, aus welchem Bernhard A. 1458. des grossen Rahts worden.

Ein ausgestorbenes Geschlecht in der Stadt Lucern, aus welchem Antoni A. 1557. Landvogt von Münster worden. Siehe auch Zingg und Zink.

Zingel, und ab Zinglen.

Zwey Berg, einer in dem Isenthal und der andere in dem Schächenthal, beyde in dem Land Uri.

hohen Zingel, siehe Swalmis.

Zinger.

Im Zingen: ein Hof auf dem Berg Kreyen in der Pfarr Hasli und Landvogtey Endlibuch: Auch ein Hof in der Pfarr und Landvogtey Malters, beyde in dem Gebiet der Stadt Lucern. Siehe auch Zinken und Zinggen.

Zingg: Zingk, Zink.

Ein ausgestorbenes Geschlecht in der Stadt Zürich, aus welchem Ulrich, A. 1522. der erste Evangelische Pfarrer von Dürnten worden, A. 1528. der Religions-Disputation zu Bern beygewohnet, A. 1535. Pfarrer von Rüti A. 1542. von St. Jacob gleich vor der Stadt Zürich, An. 1545. Burger in dieser Stadt, und An. 1547. Diacon in der Leut-Priesterey der Kirch zum grossen Münster allda worden: Heinrich ward
An.

A. 1590. Pfarrer von Bubikon, und A. 1599. von Hinweil, auch A. 1629. Decan des Ober-Wezikommer-Capituls, und sein Sohn Hans An. 1613. Pfarrer von Marbach in dem Rheinthal A. 1617. von Trogen in dem Appenzeller-Land, A. 1624. von Glarus und Decan des Glarner-Capituls, An. 1638. Pfarrer zu Stein am Rhein, und A. 1648. von Stäfen: Michael, gebührtig von Glarus ward A. 1626. Pfarrer von Saz, A. 1630. zu St. Gallen A. 1638. Diacon von Bülach und A. 1640. Pfarrer von Fischenthal, bekam A. 1648. wegen einer auf die Burger-Bibliothec gestellten kunstreich verfertigten Uhr das Burger-Recht in der Stadt Zürich, und ward im gleichen Jahr Pfarrer von Altstetten, da er auf dem Feld ein Saul zu Bemerkung des von ihm aufgezeichneten Laufs der Sternen aufgerichtet: und war von A. 1653. bis 1662. Pfarrer bey St. Jacob vor der Stadt Zürich, und kam hernach wegen irrigen Lehren aus dem Land, war sonst in der Mathesi auch Algebra wol erfahren, und ist von ihme auch ein deutsches Rechen-Büchlein in Druck kommen.

Ein Geschlecht in der Gemeind Gyswil in dem Land Unterwalden ob dem Wald, aus welchem Johannes An. 1421. Landamman, und Niclaus A. 1632. Melchior A. 1651. Peter A. 1667. Caspar An. 1671. Melchior A. 1684. Hans Peter A. 1703. des Land-Rahts worden.

Ein ausgestorbenes Geschlecht in der Stadt Basel, aus welchem Bartholome A. 1529. Landvogt von Homburg worden.

Ein Geschlecht in der Stadt St. Gallen, aus welchem Heinrich An. 1610. Zunftmeister, und An. 1612. Vogt von Bürglen worden, und verschiedne des grossen Rahts, und auch Caspar A. 1753. worden.

Ein Geschlecht in der Zürcherischen Stadt Winterthur, aus welchem Heinrich A. 1436. Schuldheis daselbst worden.

Ein Geschlecht in der Schweitzerischen Waldstadt Einsidlen, aus welchem Franz Päbstlicher Capellan sich A. 1522. geheyrathet und die Evangelische Lehr angenohmen, auch A. 1528. der Religions-Disputation zu Bern beygewohnet, und hernach der erste Evangelische Pfarrer von Zurzach worden: und Maurus ward A. 1749. Abt von Engelberg.

Auch ein Geschlecht in der Landvogtey Sargans, aus welchem Justus A. 1647. Abt von Pfeffers worden. Auch soll aus einem Geschlecht dieses Namens Johannes in der Mitte des XV. Seculi Abt von Rüti gewesen seyn.

Zinggen.

Vorderist: Mittlest: und Hinderist: Höfe, und

Zinggen-Graben.

Verstreute Häuser allda in dem Braudösch-Viertel in der Pfarr Trub und Bernerischen Landvogtey Trachselwald.

Zinggenhuob.

Ein Hof in der Pfarr Gossau und dem Stift St. Gallischen Oberberger-Amt.

Zinggo.

Ein ausgestorbenes Geschlecht in der Stadt Solothurn, aus welchem Ulrich A. 1370. des Rahts und 1371. Bauherr worden.

Zingler.

Ein ausgestorbenes Geschlecht in der Stadt Freyburg, aus welchem Balthasar A. 1686. Landvogt von Montenach worden.

Zink, siehe Zingg.

Zinken,

Zinken, auch Zinkgletscher.

Wird auch etwan Argletscher, genannt ein starke hohe Eiswand von dem Berg Grimsel in dem Bernerischen Land Ober Hasli, welche von oben hinunter rinnenden Wasser mit einer Gattung Sand-Decke überzogen, und unten am End desselben die Ar in einem zimlichen bald vereinten, bald in viele Ränse zertheilten Strohm zum erstenmahl sichtbar hervorkommet.

Zinnen.

Ein Hof in der Pfarr und Lucernerischen Landvogtey Weggis.

Zinserschweil.

Ein Hof in der Pfarr Sursee und in der Lucernerischen Landvogtey Rußweil.

la Zintre.

Ein Hof in der Pfarr und Thal Charmey, in der Freyburgischen Landvogtey Corbers.

Zinzikon.

Ein Hof in der Pfarr Ober-Winterthur und der Zürichischen Landvogtey Koburg.

Zipper.

Ein ausgestorbenes Geschlecht in der Stadt Bern, aus welchem Hans A. 1425. des kleinen Rahts worden.

Ein ausgestorbenes Geschlecht in der Stadt Basel, aus welchen Bläsi A. 1504. Meister worden.

Zipperrüti.

Ein Hof in der Pfarr Wollhausen und Lucernerischen Landvogtey Rußweil.

Zippert.

Ein Geschlecht in Graubündten, aus welchem Laurenz

A. 1529. Podesta von Piuri oder Plurs, und Johann Georg, gebürtig van Filisur A. 1541. Podesta von Tirano worden.

Zirkels.

Ein klein Dorf in der Pfarr Dudingen, in der alten Landschaft der Stadt Freyburg.

Zisek.

Ein ausgestorbenes Geschlecht in der Stadt Bern, aus welchem Benedict A. 1551. des grossen Rahts und A. 1570. Schafner des St. Johanser Hauses worden.

Zistenegg.

Einige Häuser in der Pfarr Büeler in dem Land Appenzell Ausser Rooden.

Zisweilen.

Ober und Unter: Höfe in der Pfarr und Lucernerischen Landvogtey Rußweil.

Zitter.

Ein fruchtbarer Berg in der Pfarr Wesen und Schweitz-Glarnerischen Landvogtey Gaster. Siehe auch Sitter.

Zizers.

Ein grosser volkreicher und wohlgebauter Flecken, und eines der sogenannten vier Dörfern, welche ein Hochgericht des Gotts-Haus-Bundes ausmachen, und welches auch etwann den Namen auch der drey andern bekommt: er ligt zwey starke Stund unter Chur auf der rechten Seiten des Rheins, an dem unten dieser Flecken ein gar weitläufige Auw und Gemeind Gut hat, daß einem jeden Einwohner seinen Antheil daran bey 1000 Gulden geschätzt wird, er aber auch viel Kosten

sten an die Wuhrungen zu Abhaltung des Rheins Ueberschwemmungen zuverwenden hat: auch ist selbige Gegend an Wein, Obs- und Feld-Früchten wohl fruchtbar: die erste Evangelische Predig ward daselbst den 4. Oct. A. 1612. gehalten, und ward währenden folglich in dortigen Landen entstandenen Unruhen und Oesterreichischen Einfällen der Evangelische Gottesdienst wieder hinterhalten bis An. 1644. da selbiger wieder eingeführt und bishin fortgesetzt wird, und zwahren in einer Kirch ob dem Flecken, da der Catholische Gottesdienst in der alten Kirch gehalten wird, der Kirchhof und Begräbnus-Platz bey dieser für beyde Religionen gemein sind; es gehört der Evangelische Pfarrer in das Churer Colloquium, und ist daselbst An. 1685. ein Hospitium für 2. Capuciner zu Verrichtung des Catholischen Gottesdiensts angeordnet worden: es solle An. 838. in selbiger Gegend eine Schlacht zwischend dem Rhätischen Grafen Adelbert und einem seiner Widersachern Raperto vorgegangen seyn. Kayser Otto I. M. hat den Hof Zizers dem Bischthum Chur in dem X. Seculo vergabet, A. 1622. sind von denen Spaniern, welche die dort von den Landleuthen angelegte Schanz durchschlagen wollen, durch die Prättigäuer 145. erschlagen worden, An. 1623. aber bey einem Durchzug auch Spanischer Soldaten 17. Häuser und 22. Ställe im Feur aufgangen; worbey noch anzufügen, daß *Bucelinus in Rhætia Sacra & Prof.* in præfat. diesen Flecken pagum Ciceronianum nennet, und den Namen von M. T. Cicerone, der daselbst ein Lager gehabt haben solle: herleithen wolle. Guler Rhät. p. 106. Anhorn Wiedergeb. der Rhät. Kirch. p. 84. 224. Rhan Eydgen. Gesch. Beschr. *ad dict. ann.*

Zlanwüren.

Ein Geschlecht in dem Land Wallis, aus welchem Peter A. 1520. Lands-Hauptmann worden.

Zmillachern.

Ein Geschlecht in dem Land Wallis, und insbesonder in dem Zehnden Raron, aus welchem Theodulus A. 1670. Josephus

sephus Christianus A. 1722. und 1728. und Theodulus An. 1746. Meyer des Zehnden und Theodorus An. 1696. Meyer von Nenda worden: auch Joseph Johann Ignati dermahlen Prior von Nider-Gestellen und Vicarius Foraneus der Geistlichen in dem Zehnden Raron und Titular-Dom-Herr von Sitten ist.

Zmittenholz, siehe Felsenburg.

Znaß.

Ein Hof in der Pfarr und Gemeind Aegeri in dem Ort Zug.

Zniderist.

Ein ausgestorbenes Geschlecht in dem Land Unterwalden Nid dem Wald, aus welchem Pannerherr Bartolome An. 1422. Landamman, und in der Schlacht bey Bellenz erschlagen worden, auch Heinrich A. 1441. 1443. 1446. 1451. und 1455. Landamman gewesen.

Zobel.

Aus einem Geschlecht dieses Namens aus der Stadt Augspurg hat Martin an das ihme von der Oberkeit zu Lehen gegebne Salz-Werk zu Aelen in dem Gebiet der Stadt Bern viele Mühe und Kosten verwendet, da er es aber erblich auf sich und seinen Nachkommen An. 1582. zubringen verlangt, ist ihme hierin nicht gewillfahret worden. Stettler Nüchtl. Geschicht P. II. p. 281.

Zobel.

Drey Häuser und Güter in der Pfarr und Gemeind Schwellbrunn in dem Land Appenzell Ausser Rooden.

Zobrist.

Ein ausgestorbenes Geschlecht in der Stadt Zug, aus welchem Hans und Erni in der Schlacht bey Bellenz A. 1422. geblieben, Michael A. 1511. Ober-Vogt von Walchweilen worden,

worden, und nebst seinem Bruder Bernhard A. 1515. in der Schlacht bey Marignano umkommen, Caspar von An. 1546. bis A. 1571. des Innern Rahts gewesen, und immittelst auch A. 1549. Landvogt von Hünenberg und A. 1571. Ober-Vogt von Cham worden.

Zoccata Valle.

Ein Thal und Theil des Thals Tarteno in der Gemeind Talamona in der Squadra von Morbegno und der Graubündnerischen Landschaft Veltlin, durch welches ein Weg in das Bergamascer Gebiet in dem Venetianischen gehet.

Zoccolanten.

Ein Franciscaner-Orden von der sogenannten mindern Observanz genannt, da die demselben einverleibte zum Unterscheid von den Capucinern keine Bärte, und anstatt einer zugespitzten, runde Kappen tragen, von deme zu Lugano oder Lauis und Bellinzona oder Bellenz Klöster sich befinden.

auffem Zobel.

Zwey Häuser und Güter in der Gemeind Urnäschen und dem Land Appenzell Ausser Rooden.

Zörnli, auch Zörlin.

Ein ausgestorbenes Burgerliches Geschlecht in der Stadt Zug, aus welchem Erni A. 1422. in der Schlacht bey Bellenz geblieben.

Ein ausgestorbenes Geschlecht in der Stadt Basel, aus welchem Hans Jacob A. 1616. Hauptmann in der Republic Venedig Diensten, A. 1623. Stadt-Hauptmann in der Stadt St. Gallen, An. 1629. Obrist-Lieutenant der Stadt und Landschaft Basel, A. 1631. Obervogt von Homburg und An. 1635. von Waldenburg, zweyter A. 1649. Meister, A. 1654. Landvogt von Lugano oder Lauis, und A. 1656. Rahtsherr, und An. 1658. Schultheis von Liestal worden; dessen Sohn gleiches Namens An. 1656. Fürstl. Anhalt-Haszgerodischer Secretacretarius A. 1658. geheimer Cammer-Secretarius und A. 1660. Hof- und Leib-Medicus, folglich A. 1664. Gerichts-Schreiber in der Stadt St. Gallen und A. 1670. Stadt-Schreiber allda worden, und hinterlassen einen Sohn gleiches Namens, der A. 1699. Canzley-Substitut A. 1722. Rahts-Substitut und A. 1744. Rahts- und Gerichts-Schreiber allda worden, und ein Vatter gewesen Georg, der A. 1730. beyder Rechten Licentiat zu Basel worden, und ein *Dissertation de jure Clericorum* daselbst in 4to in Druck gegeben, hernach A. 1734. Canzley-Substitut und A. 1754. Stadt-Schreiber, A. 1762. aber wegen verschiedenen Verbrechen hingerichtet worden.

Zofingen.

Auch Zophinga, und in Latein *Tobinium*; ein wolgebaute zimlich grosse in einem fruchtbaren und lustigen Thal ein Stund ob Arburg an den Gränzen des Lucerner-Gebiets an der Wyger in dem Argäu und dem Gebieth der Stadt Bern gelegne Stadt, in welcher eine schöne Pfarr-Kirch mit einem grossen und hohen Thurn, auch ein anständiges Rahthaus, wie auch ein hernach vorkommendes Hoch-Oberkeitliches Stifft- oder Amthaus und ist auf einem Theil eines auf der Metzg angelegten neuen Gebäus, sinth A. 1732. die A. 1695. angefangne und hernach wolvermehrte Bibliothec und Münz-Samlung befindlich, und hat das Stifft St. Urban auch ein gutes Schafner-Haus in der Stadt, auch werden seith etwas Zeit daselbst verschiedene Handlungen in Seiden, Leinwatt und Baumwollen verpflogen. Gleich vor den Mauren finden sich auf dem Schützen-Platz zwey grosse Linden-Bäum nebend einandern, deren der eine zwey und der ander einen Boden von den ausgedähnten Aesten mit Tischen besetzt hat, welche aber ein Gemeinsame, jedoch von unterschiedlicher Höhe haben, und auf die man durch Stegen hinauf steiget, und auf selbigen wol 50. Personen mit aller Komlichkeit speisen können. Den Namen dieser Stadt wollen einige herleiten von dem Lateinischen Namen Tobinium, aus welchem nach und nach Tobingen, Zobingen und leistlich Zofingen worden

den seye: anders von der ehemaligen Gelegenheit da sie zwischend zweyen dermahligen ausgeräuteten Wäldern, gleich als in einem Zopff gelegen: und noch einige von dem Aufenthalt des Grafen von Froburg, Spitzenberg, auch Herzogen von Oesterreich ꝛc. selbiger, da die viele herum wohnhafft gewesne Edelleuth, wann sie ihnen ihre Dienst-Bezeugung abgelegt, und bey ihrer Rückreise befragt worden, wo sie gewesen: gesagt haben, z'Hof innen. ꝛc.

Von derselben Alterthum ist nichts genaues bekannt, doch wird selbige gemeinlich unter die alten Städte und auch von einigen unter die zu C. Jul. Cæsaris Zeiten von den Helvetiern selbst verbrannte Oerter dieses Lands gerechnet, und daß selbige sonderlich unter Fränkischen Königen und Kayseren merklich müsse zugenohmen haben auch daraus geschlossen, weilen sie mit Mauren umgeben gewesen, als von einer Münz schon vor alten Zeiten innert selbigen in dem Münz-Bezirk des Stiffts zum Frau-Münsters in der Stadt Zürich gedacht wird. Sie mag auch hernach unter den Burgundischen Königen unter den Grafen von Spitzenberg, deren Stamhaus der Enden gestanden, und deren Wappen die Stadt annoch führet; gestanden seyn, ist aber nach Abgang ermeldter Königen A. 1032. an Kayser Conrad II. und das deutsche Reiche kommen. Es scheint es seye die Stadt hernach Pfandsweise an die Grafen von Froburg und Hohenberg kommen, und sind A. 1234. die Prediger oder Dominicaner-München in die Stadt aufgenohmen. A. 1240. aber solches denen Augustinern abgeschlagen worden; da aber bey denen damahligen zwischend Kayser Friderico II. und den Bäbsten entstandenen Streitigkeiten, und von denen letztern gegen dem erstern vorgegangen Vorbannungen sich aller Orten in dem Reich auch viel Mißhelligkeiten ereignet, haben A. 1241. ersagte Prediger-Mönchen sich mit der Stadt auswärtigen Feinden in ein Verrätherey eingelassen, und selbigen auf Othmar-Tag bey nächtlicher Zeit den Eingang in die Stadt befördern wollen, und das Losungswort: daher gaht er: mit einandern beabredet, als aber solcher Anschlag mißlungen, warden gleich 9. solcher München über der Stadt Mauren hinaus gehenkt, und ihr

zubauen

zubauen angefangnes Kloster von ersagten Grafen in ein Chorherren-Stift veränderet worden, worvon hernach das mehrere folgen wird; darbey aber noch anzumerken, daß zu ewigen Angedenken dieses verrähterischen Unterfangens, seither und bis anjetzo jeweilen von Othmars-Tag bis auf Liechtmeß alle Abend um 7. Uhr ein Wächter in der Stadt herumgehet, und an allen Orten, da man zu Nacht die Stunde meldet, auch die wort: daher gaht er: ausruffen thüge: doch solle A. 1253. Frauen dieses Prediger- oder Dominicaner-Ordens daselbst ein Kloster zu errichten bewilliget worden seyn: Es hat folglich die Stadt bey denen obbemelten in dem Reich gewalteten Mißhelligkeiten und Unruhen sich A. 1258. in des benachbarten Grafen Rudolfs von Habsburg Schutz und Schirm mit Vorbehalt ihrer damahligen Freyheiten ergeben, welchem sie auch A. 1262. wider den Bischoff von Strasburg, und A. 1268. wider den Bischoff von Basel, auch da selbiger A. 1273. Römischer Kayser worden: A. 1278. wieder den König Ottocar von Böhmen Hilffe geleistet, und darauf auch von dieserem Kayser A. 1289. die Bestätigung ihrer Freyheiten erhalten: wornebst auch noch ein Bericht fallet, daß Graf Ludwig von Froburg und Hohenberg A. 1274. seine an der Stadt Zofingen gehabte Rechte seines Vatters an gemelten Kayser Rudolphum I. vermählten Schwester Anna oder Gertrud übergeben, und sich allein die Kastvogtey über dortiges Stift vorbehalten habe: Als nach ersagten Kaysers Tod die Stadt dem neuerwehlten Kayser Adolpho gehuldiget, nahm des Kaysers Sohn Herzog Albertus (hernach auch Kayser:) solches so übel auf, daß er A. 1295. selbige durch seinen Landvogt in Argäw überziehen lassen, und sie genöthiget sich Ihme und folglich dem Haus Oesterreich zu untergeben, unter welchem sie A. 1333. mit andern Oesterreichischen Pflegern, Amtleuthen und Städten ein fünfjährige Schutz-Bündnus errichtet, A. 1363. ihre Stadt-Satzungen oder sogenannte Hand-Veste gestellt, A. 1381. von Herzog Leopold in selbiger ein prächtiger Thurnier, (welchem 600. Helm und Edle und 400. andere Lehen- und Dienstleuth beygewohnet:) gehalten worden. A. 1386. selbigem auch hülflich zugezogen, da in der Schlacht bey Sempach nach ihr Schultheis und Pannerträger Dut oder Tuto, als er sich nach empfangnen Wunden von den Eydgenossen umgeben, und daß er sein Panner nicht erretten mögen, solches von der Stangen ab und in Stücken zerrissen, und in den Mund gestecket, und solches allso bey ihme als erschlagen gefunden worden, wie dann noch nebend ihme 14. Burger allda um das Leben kommen; es zogen auch A. 1388. die von Bern für die Stadt, trieben die Oesterreicher bis an selbige, hätte auch wenig gefehlt, daß sie ihnen die Stadt abgelauffen hätten, und ward hierbey alles Vieh und anderes vor der Stadt weggenommen: es hat auch die Stadt A. 1410. mit andern Oesterreichischen Städten und Edelleuthen ein zweyjähriges Schutz-Bündnus errichtet, und A. 1412. den zwischend dem Haus Oesterreich und den Eydgenossen errichteten Bund angenohmen. Da 1415. Herzog Friedrich von Oesterreich in des Kaysers und des Concilii von Costanz Acht und Bann gerathen, und von dem Kayser den Eydgenossen aufgetragen und befohlen worden gedachten Herzogs Land zuüberziehen, sind die von Bern für diese Stadt gezogen, und hat hierauf selbige auf Donnstag vor Georgen Tag sich an die Stadt Bern so ergeben, daß sie das Haus Oesterreich für ihre Herren ewiglich aufgegeben, und hingegen endlich versprochen der Stadt Bern Treu und Wahrheit zu leisten, ihren Schaden zu wenden und ihren Nutzen zu befordern, auch daß ihr Stadt ihr offen Haus und Stadt seyn, und sie der Stadt Bern wieder männiglich in allen Nöthen und Sachen berahten und behülflich seyn, und nimmermehr von derselben entfrömdet, noch ohne derselben Wille und Wissen von Handen gelassen werden solle, daragen die Stadt Bern auch ihnen zugesagt, sie bey allen ihren Freyheiten, Gnaden, Handvestenen, Briefen, Privilegien und guten Gewohnheiten, so sie von Kaysern, Königen oder Herrschaften Oesterreich erworben, bleiben zu lassen, auch daß alle die Rechnung, so die Herrschaft Oesterreich in und an der Stadt Zofingen gehabt, es seye an Leuthen oder an Gut, alles denen von Zofingen fürwert hin gänzlich verbleiben, an der Stadt hangen, und darum niemand zu antworten haben sollend, nützid ausgenohmen noch vorbehebt dann das Gleit, das die

Stadt Bern auch mit ihren Wissen und Willen vorbehalten hat: und ist dieiere Stadt seither und bis anjezo unter dieser Stadt Schutz, und in allen der hohen Lands-Oberkeit anhängigen Sachen untergeben gestanden: die Stadt hat auch A. 1528. da die Stadt Bern die Evangelische Lehr angenohmen: ein gleiches gethan, und sind von der erstern aus dortigen Stifts-Gütern dieser Stadt jährlich 50. Malter Korn und 50. Malter Haber, theils zu Erhaltung der Armen, theils an die Gemeine Gebäu und Stadt-Mauren zu verwenden auch über das 18. fleißigen Schuler-Knaben etwas in Früchten verordnet worden: auch hat die Stadt Bern An. 1532. allhier eine Disputation mit den Widertäufern halten lassen, auf welcher von selbigen 23. auf erhaltenes sicheres Geleit erschienen sind.

Es hat in dieser Stadt zwey Schultheissen, von welchen der regierende das Haupt dortiger Regierung ist, und alle zwey Jahr auf den 1. May. abgeändert, und gemeinlich der andere oder alt Schultheis an seine statt erwehlt wird, der dann alsobald nach der Wahl der Stadt Bern als der hohen Lands-Oberkeit die Huldigung leistet, und sind zu Schultheissen erwehlt worden.

Anno
1207 Ullman Burkhard
1234 Hans Ellendörfer.
1246. Herman v. Gaffenweil.

Diesere drey werden Richter genannt, folgende alle aber Schultheissen.

1252. Peter Huter.
1265. Walthert von Strauhbach.
1267. Ulrich von Hofen.
1274. Ulrich Hangartner.
1283. Werner Huter.

Anno
1288. Albrecht Muterman.
1292. Werner Mederlin.
1295. Rutschman von Wol.
1206. Wilhelm von Luternau.
1299. Heinrich Kalbo.
1309. Johannes zum Brunnen.
1311. Walthard von Reitnau.
1313. Vollmar v Bömgarten.
1315. Heinrich von Luternau.
1322. Heinrich von Riethal.
1325. Heinrich Schwarz.

Anno

Anno	Anno
1334. Heinrich v. Babachthal.	1452. Rutschman Tulliker.
1340. Baltz Winznauwer.	1476. Hans Götschi.
1341. Heinrich von Roht.	1478. Hans Kuhn.
1347. Hartman v. Bömgarten.	1481. Ulrich Tulliker.
1349. Herrmann Fritschall.	1487. Hans Nudorf.
1350. Walthart von Elsaß.	1494. Hans Schneider.
1353. Johans Gerstengrath.	1496. Stefan Runtschman.
1356. Hans Neuwdorf.	1504. Jacob Tripscher.
1362. Peter Ruber.	1506. Hans Abegg.
1368. Heinrich Rapplin.	1514. Augustin Huter.
1374. Peter Guterlin.	1518. Caspar Beck.
1376. Claus Tuto oder Dut.	1527. Hans Gränicher.
1383. Ulrich Schutz.	1519. Hans Zehnder.
1387. Bartli Pfister.	1555. Bartholome Scheurmann.
1390. Ulrich Illenbrecht.
1392. Hans Meyer. Ritter.	1563. Hans Madliger.
1394. Conrad Spull.	1565. Ulrich Koch.
1396. Hans Galterkinger.	1568. Claus Tulliker.
1399. Walthard Schütz.	1570. Hans Zehnder.
1401. Ulrich Spull.	1580. Hans Gränicher.
1402. Conrad Martin.	1587. Michael Ringier.
1404. Ulrich Schütz.	1587. Conrad Rapp.
1406. Conrad Störl.	1588. Jacob Müller.
1410. Peter Ottiman.	1599. Rudolf Gränicher.
1412. Hans von Ruseck. Freyherr auf Bottenstein.	1606. Japhet Scheurmann.
	1610. Joseph Zehnder.
1416. Herrmann Martin.	1611. Johannes Kohler.
1426. Ulrich Wäber.	1622. Michael Rohener.
1432. Hans Martin.	1630. Jacob Müller.
1434. Berchtold Pfister.	1632. Joh. Thomas Sprüngli.
1435. Heinrich Nükom.	1646. Urs Syfrid.
1440. Hans Oeschlin.	1648. Johannes Suter.
1443. Hans Fürbas.	1658. Mauritz Blum.
1446. Rudolf Rym.	1666. Johann Georg Stelnegger.
1448. Claus Abegg.

Anno		Anno	
1676.	Johannes Müller.	1724.	Joh. Rudolf Salchli.
1678.	Samuel Schumacher.	1730.	Joseph Anthoni Hürsch.
1684.	Samuel Steinegger.	1732.	Joh. Adam Senn.
1694.	Johannes Suter.	1737.	Joh. Rudolf Suter.
1708.	Joh. Rudolf Suter.	1749.	Joh. Jacob Imhof.
1722.	Joh. Georg Steinegger.	1760.	Samuel Ringier.

Der kleine Raht bestehet aus dem regierenden Schultheis und 12. Räthen (darunter der alt Schultheis der erste und der Seckelmeister jeweilen der andere ist auch dem Stadtschreiber welcher in allen Räthen und Cammern die Feder führet, aber kein Stimm hat, wol aber mit den Räthen im Rang bis an den Seckelmeister steiget; und besorget dieser Raht die Policey-Freyheiten, strafbaren Haushaltungen, und alltäglich vorkommende bürgerliche Geschäfte und Streit-Händel, auch ligt ihme die Handhab der Hoch-Oberkeitlichen und dortiger Stadt-Ordnungen, und werden auch von ihme die bürgerliche Streit-Händel in der zweyten Instanz beurtheilet.

Der grosse Raht aber bestehet aus dem kleinen Raht und 40. Bürgern so die vierzig oder die Bürger genennt werden, also aus 50. Gliedern unter dem Vorsitz des regierenden Schultheissen; und gehören vor selbige die wichtige Policey-Freyheiten, und die strafbaren Sachen, die an das Leben gehen, auch die Verfertigung der bürgerlichen Gesätz- und Ordnungen über Sachen von Wichtigkeit, wie auch die endliche Beurtheilung der bürgerlichen Streit-Sachen.

Nebend diesen beyden Rähten werden auch noch von dem kleinen Raht mit Zuzug des Stadtschreibers 20. alle Jahr ein Tag vor der Regierungs Besatzung aus der gemeinen Burgerschaft von neuem erwehlt, welche zu keinen Berahtschlagungen zu reden, sondern nur anstatt der ganzen Gemeind, welche bis An. 1529. den Besatzungen beygewohnet; der gleich hernach vorkommende Aemter und Dienst besetzen zu helfen haben.

Es

Es hat auch über das in der Stadt ein Stadt-Gericht, vor welchem alle burgerliche Streit-Händel in erster Instanz alle Schelt-Händel, Schlägereyen behandlet, auch alle überligende Güther geschehende Käuff und Täusch öffentlich angegeben und richterlich gefertiget werden: Es bestehet selbiges aus dem regierenden Schultheis 3. des kleinen und 6. des grossen Rahts, unter welch letzteren auch der sogenannte Eynunger ist, wovon die erstere alle 3. Monat ihrem Rang nach umwechslen, der Eynunger alle 3. Jahr und von den übrigen 5. alle 2. Jahr etliche abgeändert werden, und einer von ihnen nur 2. Jahr bleibet.

Das Waisen-Gericht behandlet alle Waisen-Sachen, setzt Vögt, nimmt Rechnungen von ihnen ab, und hat die Aufsicht bey den Theilungen, da Waisen Antheil haben, und sind denselben alle Geldt-Tag-Sachen und Verrechtfertigung der Schuldnern anhängig; es bestehet aus dem Alt-Schultheis 3. Gliedern des kleinen und 3. des grossen Rahts, wovon alle Jahr etliche abgeändert werden, und jeder nur 2. Jahr darin verbleibet.

Das Chor- und Ehe-Gericht bestehet aus dem Alt-Schultheis, den 2. Pfarrern 2. des kleinen und 4. des grossen Rahts, davon denen 6. letztern jeder nur 1. Jahr darin bleibet, und stehet dieses Gericht lediglich unter dem Ehe-Gericht der Stadt Bern.

Es erwehlet aber der grosse Raht mit zuthun des Stadt-Schreibers und der Zwanzigen einen Schultheis, den kleinen und grossen Raht, den Stadtschreiber, Eynunger, die Gerichtssäßen von Burgern, die Glieder der Holz-Commission, den Unter-Bauherr, Grosweibel, Spithal-Meister rc. der kleine Raht aber die Zwanzig, die Waisen-Richter und Feur-Commission, auch alle Aemter, so die kleinen Räht bedienen als Seckelmeister, Spithal-Vogt, Pfenningschafner, Kornschafner, Kirchen-Pfleger, Bauherr rc. auch alle Unter-Bedienten; und mit zuthun der beyden Pfarrern, auch die Chor-Richter.

Die

Die Stadt hat nebst andern Freyheiten ihre eigne Stadt-Satzungen in Policey und bürgerlichen Sachen zu machen, das Recht offne Aechter zubehausen, auch daß von ihres grossen Rahts-Urtheilen, die Streitsach seye klein oder gros: nicht weiter appellirt werden kan, sondern die Streitigkeit endlich alda geurtheilet wird, aussert daß von dem Chor- oder Ehe-Gericht die Appellation an das Chor-Gericht der Stadt Bern gehet: die Stadt hat auch die hohe und niedere Gerichtbarkeit in ihrem ganzen Twing, und empfangt ein jeweiliger Schultheis bey seiner Huldigung den Blut-Bann von der Stadt Bern; es erstreckt aber sich ihr Twing gegen Morgen ohngefehrd ein Stund, auf den übrigen Seiten aber kaum ein halb Viertel Stund von der Stadt, und liegen darinn die kleinen Dörfl:in Altachen, Riedthal, Mühlethal und Bottenstein, (welcher letztere einer von Rüßegg, Oesterreichischer Hauptmann in der Stadt bey der Stadt Uebergab an die Stadt Bern A. 1415. der Stadt Zofingen geschenkt:) und stehen die Einwohner derselben (mit Ausnahm einiger zu Ausburgern angenohmene Ausburgern:) mit den Burgern, so in der Stadt wohnen, in gleichen Rechten, werden auch durch kein absonderliches Gericht regiert, sondern gehören unter das Stadt-Gericht ꝛc. und unter der Stadt Hohe- und Nidere-Gerichtbarkeit, aussert ein Theil von Bottenstein, welcher theils in die Bernerische Landvogtey Lenzburg, theils in die Lucernische Landvogtey Wykon, und nur die niedre Gerichtbarkeit der Stadt Zofingen darein gehöret. Von dem von der Stadt Zofingen ansprechenden Münz-Rechten sind in den nachbemerkten gedruckten Schriften die Gründ und Gegengründ befindlich.

Es hat in der Stadt zwey Predicanten, einen Helfer, der auch den samtlichen Pfarern der Langenthaler-Claß zur Hilf gesetzt ist, einen Schulmeister, der auch Prediger auf der Vestung Arbürg ist, und einen Provisor, von welchen die 3. erstere der kleine Raht, und die 2. letztern der Schul-Raht der Stadt Bern erwehlet, und alle in die Claß von Langenthal gehören: und sind A. 1747. die beyde Predicanten-Häuser von

von Grund aus neu erbauet worden; es besorget auch die Stadt Bern die dortige Kirche und Schul-Gebäude.

Es hat diesere Stadt grosse Feurs-Brunsten erlitten, gleich A. 1393. der ganze untere Theil, A. 1396. die ganze Stadt bis an ein einziges Haus, An. 1423. der ganze Obere Theil, A. 1462. wiederum der ganze Obere Theil, und A. 1473. nochmahlen der Untere Theil der Stadt bis an wenige Häuser verbrunnen: und hat die Pest An. 1576. bey 300. Versohnen, und A. 1628 über 600. Versohnen weggerafft, und darunter 53. Ehen gescheiden und 8. gar ausgestorben, auch A. 1519. so starck angesetzt, daß ein Umgang in das Kloster Schönthal angestellt worden, bey der Ueberfahrt über die Aren aber 11. Bürger und ein Knecht ertruncken.

Es werden auch allda auf H. Drey-Königs-Tag, Dienstag nach Herren-Fasnacht, am Oster-Dienstag, auf Bartholomäi Tag, ersten Mittwoch im Weinmonat, und auf Othmari-Tag Jahr-Markt gehalten.

Stumpf Chron. Helv. *lib. VII. c. 33.* Tschudi *Chron. Helv. ad dict. ann. Guilliman. de reb. Helv. lib. I. c.* Waldkirch Eydgenöss. Bunds-und Staats-Historie, Anhang zum I. Theill p. 24. 31.

Beschreibung über der Stadt Zofingen Münz-Gerechtigkeit A. 1721. fol.

Recapitulation aus der *publicirten* Beschreibung der Münz-Gerechtigkeit. 4to.

Scriptum Apologeticum oder Schutz-Schrift in Gegenstellung der Antworten über die der Stadt Zofingen Münzens-Gerechtigkeit bishin bekannt gemachte Einwürfe. fol.

Exposition durch welche der Stadt Zofingen Gerechtsame in Münzen fehrner *explanirt* wird. A. 1728. fol.

Schema oder kurzer Entwurf über der Stadt Zofingen Berechtigung zu Münzen.

Deduction

Deductîon über der Stadt Zofingen *Conventional*-Rechte
A. 1415. fol.

Zu dem Stift zu Zofingen scheinet den Anlaas gegeben haben das daselbst A. 1234. allem Anschein nach, auch durch des Grafen von Froburg Beytragen angelegte Prediger oder Dominicaner-Mönchen-Kloster und daß nachdem selbige aus oben schon angefügten Ursachen um das Jahr 1241. daraus verjagt worden; von diesem Grafen solches Kloster in ein Chorherren-Stift verwandelt worden; es solle obiges geschehen seyn von Graf Ludwig und seinen Söhnen Hartmann und Rudolf, auch der letztere in seinem Wittmer Stand der erste Probst worden seyn; worbey jedoch auch anzumerken, daß einige dieses Rudolfen Vater Ulrich nennen, welches vielleichter auch einer des Grafen Ludwigs Söhnen gewesen seyn mag: da auch Graf Hartmanns Sohn Ludwig die Stadt Zofingen, wie auch obbemeldet; A. 1214. seines Vaters an Kayser Rudolph. I. vermählete Schwester abgetretten, hat er sich dennoch die Kast-Vogtey des Stifts vorbehalten, und soll er A. 1291. die Chorherrn für etwas Zeit ausgejagt haben: Herzog Leopold von Oesterreich hat A. 1369. und Herzog Friedrich A. 1407. dieses Stift in ihren Schutz aufgenohmen, auch Pabst Martinus V. zu Anfang des XV. Seculi, da zuvor A. 1396. die Chorherrn 5. Jahr lang ihrer Gefällen missen müssen bis die abgebrannte Stifts-Kirch wieder erbauet worden: Hemman von Hüntschiken soll nach einigen A. 1434. nach andern An. 1459. der Vogtey Buchs bey Damersellen, jetz Knutweil in dem Lucerner Gebiet genannt: an das Stift vergabet haben, es solle auch Pabst Sixtus IV. der Stadt Bern A. 1479. die Bestellung des Probsts und der Chorherrn übergeben haben, und findet sich daß

Pröbste worden.

Anno	Anno
1242. Rudolf von Froburg.	1258. Vollmar von Froburg.
1245. Ulrich von Froburg.	1263. Rudolf von Froburg.

Anno

Hof.

Anno
1273. Lutbold von Yffenthal.
1280. Heinrich von Yffenthal.
1290. Rudolf von Wartenfels.
1313. Conrad von Gösken.
1323. Johannes von Butikon.
1361. Rudolf von Richenthal.
1385. Heinrich v. Bubendorf.
1394. Johannes von Butikon.
1411. Hartmann von Bubenberg.
1421. Burkhard Martin.

Anno
1431. Conrad von Grünenberg.
1455. Hans Martin.
1465. Burkhard Schön.
1473. Georg Guilhermi.
1478. Peter Kistler.
1492. Diebold von Erlach.
1503. Johannes Freyburger.
1508. Johannes Allmän.
1515. Joh. Andreas von Luternau.
1521. Balthasar Sprenglg.

Nach der Religions - Abänderung ist das Stift mit seinen vielen Gefällen an die Stadt Bern kommen, und ward zu derselben Verwaltung seither ein so genannter Stift-Schafner von und aus dem grossen Raht auf 6. Jahr gesetzt, welcher in dem Stift-Haus zu Zofingen sich aufhaltet, und auch dortigen 5. Geistlichen, und auch 9 andern Pfarreren ihre Geistliche Bestallung ganz oder zum Theil ausrichtet, auch durchreisenden und einheimischen Armen Allmosen austheilet, anbey aber keine Niedre Gericht zu verwalten hat, zumahlen unlang nach der Religions-Abänderung obbemelt zu der Stift veraabte Vogtey Buchs der Stift S. Urban gegen Zehenden, Bodenzins 2c. im Berner-Gebiet überlassen worden; es warden aber zu

Stift-Schaffneren erweblet.

Anno
1527. Conrad Dübi.
1533. Ulrich Guggisperg.
1538. Jacob Wys.
1543. Vincenz Dachselhofer.
1549. Adrian von Bubenberg.
1554. Hans von Rütl.
1559. Samuel Tillmann.
1565. Hans Müller.

Anno
1571. Lienhard von Werdt.
1577. Jacob Neuenfels.
1577. Ulrich Farschon.
1583. Andreas Kroneisen.
1588. Hans Ernst.
1593. Hans Wys.
1594. Peter Güldi.
1600. Vincenz Huber.

Anno
1605. Hans Roman.
1606. Hans Hofsteter.
1611. Lienhard Dys.
1617. Hieronymus Huser.
1623. Marquard Zehender.
1629. Hans Juker.
1635. Caspar Komlin.
1641. Niclaus Kohler.
1647. Daniel von Werdt.
1653. Hans Friedrich Kastenhofer.
1649. Hans Rudolf Zehender.
1665. Abraham von Werdt.
1671. Daniel Lerber.
1676. Abraham Dick.
1682. Niclaus Fischer.
1688. Hans Rudolf Nägelli.
1694. Abraham Dick.

Anno
1699. Samuel Fischer.
1705. Ferdinand v. Diesbach.
1711. Abraham Dünz.
1717. Albrecht Bucher.
1723. Franz Ludwig Müller.
1729. Johann Rudolf Wyttenbach.
1735. Victor Emanuel Wurstenberger.
1739. Johann Rudolf Fellenberg.
1745. Caspar Wys.
1751. Franz Ludwig von Grafenried.
1757. Johann Friedrich Freudenreich.
1763. Franz Ludwig Victor von Erlach.

Zofinger.

Ein ausgestorbenes Geschlecht in der Stadt Bern, aus welchem Heinrich An. 1337. des grossen Rahts und Gerichts worden.

Ein ausgestorbenes Geschlecht in der Stadt Freyburg, aus welchem Peter A. 1464. Peter A. 1487. Hans A. 1513. Niclaus A. 1523. und einer gleiches Namens A. 1537. Heimlicher worden.

Zoger.

Ein ausgestorbenes Geschlecht in der Stadt Lucern, aus welchem Rudolf A. 1461. und 1463. Landvogt von Kriens und im Eigenthal, A. 1467. zu Weggis, A. 1480. Rahtsherr und A. 1483. Landvogt von Entlibuch, Niclaus A. 1467. Landvogt

Landvogt auch allda, Rudolf A. 1467. und 1473. Landvogt von Büron, und A. 1471. von Habsburg und A. 1475. von Entlibuch, Jacob A. 1520. Landvogt von Locarno oder Luggarus, Hans A. 1521. Rahtsherr und A. 1529. Landvogt von Entlibuch, und Hans A. 1550. Rahtsherr worden.

Zoja. siehe Zoya.

Zollbrugg.

Ein Brugg und Zoll-Haus an der Aren, da die Aren aus dem Brienzer-See fliesst bey dem Dorf Goldswil in der Pfarr Ringgenberg in dem Amt Interlachen darüber die Straß auf Hasli gehet: Auch ein Brugg über die Emen nebst einem Wirtshaus und einigen Häusern in der Pfarr Lauperswil in dem Amt Trachselwald, beyde in dem Gebiet der Stadt Bern.

Ein Brugg bey dem Schloß Reichenau in dem Gericht Damins da sich der vorder und hintere Rhein vereinigen, und darüber die Straß auf Räzuns und Thußs gehet, in dem Obern-Grauen-Bund.

Zwey Brüggen da die obere über die Lanquart von Zizers gen Meyenfeld führet, und allda der Zoll dem Bischthum von Chur gehöret, in dem Hochgericht der IV. Dörfern in dem Gottshaus-Bund lieget; die untere aber gleich darunter über den Rhein gehet und in die Landvogten Sargans und weiters in die Eydgenoßschaft führet in der Gemeind Malans (deren auch der Zoll gehöret) in dem X. Gerichten-Bund.

Zoller.

Ein Adeliches Geschlecht in der Stadt Zürich, welches von Zeiten von Bol geheissen, und nachdeme einige darvon von Kayseren den Zoll zu Andelfingen rc. zu Lehen bekommen, haben sie sich hernach von Bol genant Zoller, und letstlich wegen dieser Lehenschafft allein Zoller genennt; und findet sich aus selbigen Hugo von Bol genant Zoller in Mitten des XII. Seculi Bischof Ortlieben von Basel Dienstmann, Conrad von Bol genant Zoller A. 1259. des Rahts von Geschlechtern in der Stadt Zürich und Zeug in dem Verkauf der Grafen von Kyburg an das Stifft Wettingen von Schlieren und Dietiken: Es ward folglich Ulrich Zoller um das Jahr 1380. des Stiffts Einsidlen Amtmann in der Stadt Zürich, und sein Sohn Cunzman oder Conrad A. 1384. Rahtsherr A. 1391. auch Obervogt von Tallweil und A. 1406. erster Obervogt von Männedorf und dessen Sohn Johannes A. 1418. Obervogt von Tallweil, A. 1420. Reichsvogt, A. 1430. Obervogt von Meilen A. 1432. von Ehrlibach und A. 1435. und 1439. Obervogt von Rümlang; war auch A. 1414. auf dem Concilio zu Costanz unter der Zahl der Edlen, auch in dem alten Zürich Krieg einer der 60. dapfern Männern oder Schwerlern, von denen unter dem Articul Böl: das mehre zu finden; und war ein Vatter Wigand, der A. 1470. Rahtsherr und Obervogt von Rümlingen A. 1472. von Männendorf, und 1474. von Ehrlibach worden, auch A. 1476. in der Schlacht bey Murten mit gewesen, und in gleichem Jahr die Niedern Gericht von Bonstetten erkaufft, welche aber sein Sohn Wilpert A. 1507. wieder verkaufft der auch A. 1516. des grossen Rahts worden, und A. 1531. in der Schlacht bey Cappel um das Leben kommen, auch hinterlassen Heinrich, der A. 1531. des grossen Rahts A. 1539. Amtmann des Bischofs von Costanz in der Stadt Zürich und in gleichen Jahr Hauptmann in Königl. Französischen Diensten worden, und Hans Wilpert, der A. 1559. des grossen und A. 1561. des kleinen Rahts, A. 1564. Landvogt von Wädenschweil, A. 1571. wiederum des kleinen Rahts und Obervogt von Höngg, auch A. 1572. Stallherr worden: Von seinen Söhnen ward Hans Heinrich A. 1588. des grossen Rahts, zog A. 1598. auf das von ihm erkauffte Schloß Wetziken, und muste deswegen die grosse Rahts Stell aufgeben, nachdem er aber selbiges A. 1612. wieder verkauft, ward er A. 1621. wieder des grossen Rahts, und sein Sohn gleiches Namens A. 1624. Schützen-Hauptmann

Zoll. 141

mann unter dem Regiment Schmid in Graubündten A. 1650. des grossen Rahts und A. 1654. Amtmann von Winterthur. 2. Hans Wilpert A. 1603. des grossen Rahts und A. 1610. Obervogt von Steinegg, und 3. Hans Jacob, der älteste A. 1587. des grossen Rahts, A. 1591. Obervogt von Lauffen und A. 1625. Landvogt von Eglisau und von seinen Söhnen Hans Wilpert A. 1616. des grossen Rahts und Joost A. 1626. des grossen Rahts A. 1632. und A. 1650. zum andern mahl Landvogt von Regensberg, und von dessen Söhnen ist der jüngere Joost ein Vatter gewesen David der A. 1728. des grossen Rahts und A. 1738. Landvogt der Untern freyen Aemtern worden; der ältere Hans Wilpert aber A. 1688. des grossen Rahts und A. 1694. Amtman zu Winterthur worden, und hat nebend verschiednen andern hinterlassen Hans Heinrich der A. 1696. Lieutenant in der vereinigten Niederlanden Diensten, A. 1712. in dem damahligen Krieg Major und einige Zeit Commandant von Usnach gewesen, A. 1738. des grossen Rahts und A. 1740. Landvogt von Eglisau worden, und ist A. 1763. in dem 92. Alters Jahr gestorben, und Hans Wilpert, der A. 1711. Unter- und A. 1713. Ober-Rahts-Substitut in der Canzley A. 1716. von der Evangelisch Eydgenössischen Städt und Orten wegen einigen Anliegenheiten der Stadt Basel an den Königlichen Französischen Hof abgeordnet A. 1719. Unter-Schreiber A. 1720. Stadt-Schreiber A. 1729. Landvogt von Kyburg A. 1736. Rahtsherr und Obervogt von Rümlang worden, und A. 1757. in dem 84. Alters Jahr gestorben, und von des Landvogt Hans Heinrichs Söhnen ward Hans Wilpert A. 1752. Hauptmann unter dem neu-angeworbenen Regiment Lochmann in Königlichen Französischen Diensten, und A. 1762. Ritter des Ordens der Kriegs Verdiensten: und Rahtsherr Hans Wilpert Sohn Hans Jacob ward A. 1752. des grossen Rahts und A. 1762. Landvogt von Baden.

Zoller auch Zollner, ein ausgestorbenes Geschlecht in der Stadt Bern, aus welchem Matthyas A. 1466. und Gutman A. 1495. des grossen Rahts worden, und dieser da er A. 1500.

als Hauptmann in Diensten des Herzogs Ludovici von Meyland wider der Oberkeit Willen getretten, entlassen, aber An. 1504. wiederum des grossen Rahts erwehlt worden.

Ein ausgestorbenes Geschlecht in der Zürichischen Stadt Winterthur, aus welchem Conrad A. 1292. Schultheis allda worden.

von Zolleren, oder von Hohen Zollern.

Aus diesem Gräflichen nun Fürstlichen Hause in Schwaben ward Fridericus A. 1293. von einigen Domherrn zu einem Bischof zu Costanz erwehlt, ist aber bey streitig gewordner Wahl abgestanden, ein anderer aber gleiches Namens ist An. 1433. zu einem Bischof daselbst erwehlt worden und geblieben. Aus selbigen hat Friedrich sich mit Ursula ein Tochter des Freyherrn Ulrich Brunner von Razüns in Graubündten verheyrathet, und hat sie nach Absterben ihres Vaters A. 1459. die Frey-Herrschaft Razüns ererbt, welche hernach an ihren Sohn Graf Joost Niclaus von Zollern kommen, dessen Sohn Itel Friedrich aber selbige A. 1490. mit Vorbehalt des Wiederlösungs-Recht, und folglich auch dieseres an Kayser Maximilianum I. verkauft. Sprecher *Pall. Rhæt. p.* 206. es ist dieses Geschlecht auch Erz-Marschall des Stifts St. Gallen.

Zollershof.

Ein Hof in der Glarnerischen Landvogtey Werdenberg.

Zollet.

Ein Geschlecht in der Stadt Freyburg, aus welchem Hans Peter An. 1665. Landvogt von Bellegarde und Jaun, Jacob A. 1667. Landvogt von Ueberstein, Phillpp A. 1689. Landvogt von Bellegarde und Jaun: Hans Ulrich A. 1709. Grosweibel und A. 1738. Venner, Georg Antoni An. 1719. Landvogt von Romond Placidus An. 1760. Venner, Franz Peter Niclaus Gerichtschreiber, und Johann Jacob A. 1761.

Ober-Wegs-Auffeher und Kirchenmeyer, und Franz Jacob A. 1759. Spitthal-Schreiber worden: auch ward Franciscus Prosper Chorherr des Stifts S. Nicolai in dortiger Stadt.

Zollhaus, siehe Datio.

Zollhof.

Ein Hof in der Pfarr Sursee in der Lucernerischen Landvotey Münster.

Zollifen.

Ehemahls auch *Cholinkoven*: ein grosses aber verstreutes Dorf, Kirch und Pfarr auf einer Höhe zur rechten Seiten des Zürich-Sees, in der Zürichischen Ober-Vogtey Küßnacht, selbiges ligt zwischend der Stadt Zürich und dem Dorf Küßnacht, und stoßt die Pfarr auch an selbige Pfarr und die Filial-Pfarr Zumikon, und wird von dem Stift zum grossen Münster in der Stadt Zürch bestellt, und gehört in das Zürich-See Capitul, auch gehören darein viel Landgüter, auch Dörflein und Höfe: der Pfarrer hat bis A. 1706. in der Stadt seine Wohnung gehabt, in selbigem Jahr aber ist ihme dort ein Pfarrhaus erbauet worden, die Gericht daselbst sind mit dem von Küßnacht A. 1358. an die Stadt Zürich kommen, und soll ehemahls daselbst auf der sogenannten guldenen Halden ein Burg und Stammhaus Edler die sich davon geschrieben gestanden seyn, von welchen Beringer, Ulman und Dietrich A. 1145. Wisseno An. 1229. Johannes An. 1303. sich finden, es ward auch dieses Dorf in dem alten Zürich-Krieg A. 1443. 1444. und 1445. von den mit der Stadt Zürich in Streit gestandnen Eidgenossen, und absonderlich auch denen von Schweiz mit Raub und Brand beschädiget.

Zollikofen.

Ein Dorf in der Pfarr Bremgarten und der Herrschaft Reichenbach, in dem von selbigem den Namen habenden Bernerischen

Land-Gericht Zollikofen,

Welches unter dem Venner der Gesellschaft zu Gerbern und Leuen stehet, und in welches die Aemter Frienisberg, Buchsee, Frau-Brunnen Thorberg, die Herrschafte Jägenstorf und Hindelbank, und die Pfarren Krauchthal, Hindelbank, Grafenried, Lipach, Mönchen-Buchsee, Rappenschweil, Schüpfen, Seedorf, Wolen, Meykirch, Kilchlindach und Bremgarten gehören.

Zollikofer.

Ein ausgestorbenes Adeliches Geschlecht in der Stadt Bern, aus welchem Hans Conrads gebürtig von Costanz Sohn, An. 1421. des grossen und A. 1427. des kleinen Rahts, und An. 1432. Landvogt von Trachselwald, und A. 1438. wiederum des kleinen Rahts worden, und A. 1466. das Burger-Recht in der Stadt St. Gallen angenohmen, von seinen Söhnen aber Rudolf zu Bern geblieben, und An. 1465. des grossen Rahts, und A. 1482. Landvogt von Bipp worden.

Ein Adeliches Geschlecht in der Stadt St. Gallen, welches gleich vorbemeldter Hans A. 1466. von Bern dahin gebracht, und daselbst Burger, auch ein Mitglied der Adelichen Gesellschaft zum Nothvestein allda worden, und nebst auch obbemeldten Landvogt Rudolf noch Sebastian und Ludwig hinterlassen, von welchen das Geschlecht in zwey Linien in St. Gallen fortgepflanzet worden.

A. Sebastian (dessen Nachkommen, weil er schwarzhärig gewesen, zum Unterscheid der andern, die Schwarzen auch die Regenspergischen von einigen in den Stift St. Gallischen Landen gelegnen Gütern, und die Bärglischen von einem Land-Gut am Brühl in den Stadt St. Gallischen Stadt-Gerichten genannt worden) hat nebst seinem hernach vorkommenden Bruder Ludwig, auch Leonhard Kellern den Grund zu der lateinischen Schul zu St. Gallen gelegt, und zu derselben die ersten und namhaf-

namhaften Vergabungen gemacht, daß sie danahen als Haupt-Stifter des Gymnasii und Schule daselbst geachtet worden, und bis jetz aus solcher dreyen Nachkommen in jede Linien ein Beysitzer den Schul-Raht zu geben hat. Und ist aus selbigen Jacob A. 1529. Rahtsherr und An. 1540. Steurherr; Otmar A. 1547. Rahtsherr, und A. 1554. Linsebühl-Pfleger, Sebastian A. 1560. Stadt-Richter, und A. 1563. Rahtsherr, weiters verschiedne Stadt-Richter und Schul-Räth, auch Hieronymus Medicinæ Doctor und An. 1683. Schul-Rath, auch A. 1584. Stadt-Arzt worden.

B. Ludwig (dessen Nachkommen, weil er rohthärig gewesen, die rohten Zollikofer genennt worden) ward An. 1510. Rahtsherr, und A. 1514. Seckelmeister, und hat nebst seinem Bruder Sebastian wie gleichbemeldt, den Grund zu dortigem Gymnasio und Lateinischen Schul durch schöne Vergabungen gelegt, und ist danahen auch bis dermahlen einer von seinen Nachkommen ein Mitglied des Schul-Rahts: von seinen Söhnen Georg Hans, und Ludwig sind wider drey Linien entstanden.

1. Georg, von dessen Söhnen Leonhard A. 1573. Rahtsherr und Seckelmeister worden, auch A. 1582. Gesandter bey Erneuerung des Bunds mit König Henrico III. von Frankreich zu Paris gewesen; er kaufte auch A. 1564. das Land-Gut Pfauen-Moos in der Pfarr Berg, in der Stift St. Gallischen alten Landschaft, mit 7. Reb-Lehen in dem Rheinthal, und An. 1585. die Herrschaft Alten-Klingen in der Landvogtey Thurgäu, welche beyde weilen er keine Kinder hatte, seiner beyden Brüdern Laurenz und Georgen Söhnen und allen ihren ehtlichen Nachkommen männlichen Geschlechts zu einem immerwährenden Fidei-Commiss (das auch hernach in Ansehung Alten-Klingen und Rheinthalischen Räb-Lehen von dem Thurgäu und Rheinthal regierenden Städt und Orten, und betreffend Pfauen-Moos von dem Stift St. Gallen bestähtet, und diese Zollikofer und ihre Nachkommen zu freyen und Edlen Landsässen angenommen worden:) gestiftet

und verordnet, auch das schöne Schloß Alten-Klingen von Grund aufgebaut, und es in drey Monat Zeit völlig unter das Tach gebracht; annebst auch ein jährliches Stipendium für die Studierende aus dieser Brüdern Söhnen Nachkommen, desgleichen auch für die Armen gestiftet, welche auch dieserer Nachkommen hernach von Zeit zu Zeit vermehret; worbey zu bemerken, daß das Landgut Pfauen-Moos mit den Reben in dem Rheinthal jederweilen der älteste von diesen Laurenzen und Georgen Nachkommen besitze, und danaben der Besitzer jederwellen Erbsas von Pfauen-Moos genannt werde, auch zugleich der erste Verwalter von Alten-Klingen seye; und daß neben demselben noch ein Verwalter von Alten-Klingen, und zwar der älteste von der andern solcher Linien seye; auch daß die Verwaltung der Herrschaft Alten-Klingen jederweilen einem von diesen 2. Verwaltern und den übrigen 8. Stamm-Aeltesten aus diesen 2. Haupt-Linien und zehen Stämmen erwehlten Obervogt anvertrauet seye: von den andern obigen Georgs Söhnen, gleichbemeldten Laurenz und Georg auch Joost aber ist das Geschlecht in weitere 3. Linien fortgepflanzet worden.

       a. Laurenz ward A. 1556. Hof-Richter des Stifts St. Gallen, und An. 1559. Stadt-Ammau der Stadt St. Gallen, und hat von Dorothea, Burgermeister Joachim von Watt oder Vadianii einiger Tochter und Erbin hinterlassen, Joachim, Laurenz, David und Leonhard, derer jeder eine neue Linie errichtet.

       1. Joachim ward A. 1587. Verwalter von Alten-Klingen, A. 1595. Rahtsherr, und An. 1614. Burgermeister und Panner-Hauptmann, und ist von seinen Nachkommen Gordian An. 1644. Stadt-Hauptmann, und A. 1648. Verwalter von Alten-Klingen, Joachim A. 1662. Stadt-Umman, und A. 1684. Erbsaß von Pfauen-Moos, Gottfried A. 1652. und sein Bruder Bartholome An. 1691. Obervogt von Alten-Klingen, und dieser letztere auch A. 1692. und ihr Bruder Hans Ludwig A. 1695. Verwalter von Alten-Klingen, und Erbsaß von Pfauen-Moos worden. Gordian ward

ward An. 1670. Medicinæ Doctor auf der Hohen Schul zu Basel, und hat daselbst eine *Dissertation de Morborum differentiis & caussis* in 4to. damahls in Druck gegeben, ist auch An. 1675. Stadt-Arzt zu St. Gallen worden; Friedrich ward An. 1703. Verwalter von Alten-Klingen, Sebastian A. 1723. gleichfalls, und zugleich Erbsaß von Pfauen-Moos; Christof A. 1738. Verwalter von Alten-Klingen; Joachim Laurenz war Königlicher Gros-Britanischer Cammer-Bedienter, und A. 1751. Verwalter von Alten-Klingen, und Erbsaß von Pfauen-Moos, und Hans Jacob ward Capitain in Königlichen Französischen Diensten, unter dem Regiment von Afry, und A. 1757. Verwalter von Alten-Klingen.

2. Laurenz ward Stadt-Hauptmann in der Stadt St. Gallen, und hat An. 1590. Schloß und Herrschaft Oetlishausen in der Landvogtey Thurgäu erkauft, und ward A. 1623. Verwalter von Alten-Klingen, und Erbsaß von Pfauen-Moos: Georg Joachim war Gerichtsherr von Oetlishausen und Thurberg, und A. 1652. Verwalter der Herrschaft Alten-Klingen, und A 1677. Erbsaß von Pfauen-Moos; Laurenz ward A. 1657. Stadt-Diaconus und Pfarrer zu St. Leonhard zu St. Gallen; Daniel ward A. 1652. Obervogt und A. 1715. Verwalter von Alten-Klingen, und sein einter Sohn gleiches Namens An. 1697. Lieutenant A. 1701. Capitain-Lieutenant und A. 1712. Hauptmann unter dem Regiment Albemarle in der Vereinigten Niederlanden Diensten; nach der Zuruckkunft aber A. 1716. Stadt-Hauptmann zu St. Gallen, An. 1721. Stadt-Major und Zunftmeister, An. 1731. Obervogt von Bürglen, An. 1738. Rahtsherr, und An. 1739. Kirchenpfleger und Steurmeister, und A. 1741. Verwalter von Alten-Klingen; und der ander Sohn Georg Joachim ward A. 1695. Canzley-Substitut An. 1698. Rahts-Substitut An. 1699. Raht- und Gerichtschreiber, und A. 1717. Stadtschreiber, und hat hinterlassen Daniel der zu Marburg, Halle und Leiden die Rechte studiert, und A. 1715. auf der Hohen Schul zu Basel beyder Rechten Doctor worden, und eine *Dissertation de vera non simulata Juris Consultorum*

fultorum Philofophia ex l. 1. ff. de R. I. & in 4to. in Druck gegeben, und bey seiner Zurückkunft in gleichem Jahr Profeſſor Philofophiæ & Latinitatis, und A. 1761. auch Verwalter von Alten-Klingen worden; und David Anton, der ſtudierte gleichfalls die Rechte zu Marburg, Heidelberg und Genf, und ward An. 1721. Ober-Canzley-Subſtitut, und An. 1734. Spitthalſchreiber, auch iſt von ihm in Druck kommen.

Lobrede von JEſu Chriſto an die Kleingläubigen. Baſel 1727. 8vo,

Frühlings-Früchte geiſtlicher Liedern und Gedichten. ibid. 1728. 8vo.

Der beſchäftigte Tiſch-Genoß bey der Gnaden-Tafel des HErrn. Zürich 1739. und vermehrter 1748. 8vo.

Auch Tobias Sebaſtian, der A. 1737. Diacon und An. 1738. Præceptor in dem Gymnaſio zu St. Gallen worden; auch David Antoni Sohn Georg Joachim ward Deutſch und Franzöſiſcher Prediger An. 1754. zu Murten, An. 1755. in Monsheim, A. 1758. zu Iſenburg oder Welſchdorf, und in gleichem Jahr Evangeliſch-reformierter Pfarrer in Leipzig, da er D. Iſaac Wats richtige und nützliche Fragen über JEſum den Sohn GOttes, in Druck befürdert.

3. **David** ward A. 1632. Verwalter von Alten-Klingen, und An. 1638. Erbſaß zu Pfauen-Moos, und von deſſen Nachkommen einer gleichen Namens Obervogt von Alten-Klingen, und ein anderer dieſes Namens A 1681. Medicinæ Doctor zu Baſel, da er auch eine *Diſſertation de Polypo Cordis* in 4to in Druck gegeben; es ward auch Eraſmus A. 1719. Statthalter in dem Stadt-Gericht, und An. 1740. auch Verwalter von Alten-Klingen; Laurenz A. 1729. des groſſen Rahts, A. 1740. Zunftmeiſter und Unter-Bürgermeiſter; Daniel Herrman An. 1729. Diaconus zu St. Leonhard, und Abend-Lehrer, und A. 1731. zu St. Laurenzen oder Linſebühl, und Caſpar A. 1733. Pro-Diaconus, An. 1737.

1737. Diaconus von Linsebühl und zu St. Leonhard, auch A. 1751. einer der Præceptorum in dem Gymnasio und hat zu St. Gallen in Druck gegeben.

Gebett-Music in 1000. auserlesenen Gebett-Liedern mit Melodien. 1738. 8vo.

Musicalisches Rauch Werk in 300. kleinen Gebett-Liedern, mit Melodien. 1740.

Geistliche liebliche Lieder zum Lob GOttes, und zur Vermehrung der geistlichen Seelen-Music, mit neuen Melodien. ibid. 1744. 8vo.

Die heilige Braut-Stimme der zu dem Abendmahl der Hochzeit des Lamms eingeladenen und berechtigten Gästen. ibid. 1745. 8vo.

Laurenz ward A. 1762. Canzley-Substitut.

4. Leonhard auch Sohn obigen Stadt-Amman Laurenzen, von dessen Nachkommen Leonhard Laurenz A. 1653. Hauptmann über ein Fahnen Ausschuß wider die in dem Berner-Gebiet aufgestandene Unterthanen gewesen; Mauritz A. 1681. Verwalter zu Alten-Klingen, und Erbsaß von Pfauen-Moos; Ruprecht A. 1684. Abraham A. 1708. und Jacob 1717. Verwalter zu Alten-Klingen und Erbsaß von Pfauen-Moos, auch Georg Laurenz An: 1727. Verwalter zu Alten-Klingen, und Erbsaß von Pfauen-Moos; und Mauritz A. 1731. Diaconus zu St. Leonhard, A. 1737. in Linsebühl, und A. 1745. Stadt-Diaconus und Pfarrer von St. Leonhard worden.

b. Georg, auch obigen ersten Georgen Sohn hat hinterlassen Georg, Daniel, Niclaus, Tobias, Leonhard, Caspar, von deren jedem eine neue Linien entsprungen.

1. Georg ward A. 1610. Verwalter zu Altenklingen, und von seinen Nachkommen Erasmus

mus A. 1654. und Abraham A. 1688. Verwalter von Altenklingen und Erbsassen von Pfauen-Moos; Georg Christof hat A. 1655. von König Ludovico XIV. für sich und dem von obigen Laurenz und Georg abstammenden ganzen Geschlecht einen Adels-Brief erhalten; und ward Michael A. 1676. Kayserr Leopoldi Bergwerk-Inspector auch A. 1679. Hof-Rath, und A. 1681. Director und Inspector der Kupfer-Bergwerken in Ungarn; Christof Fürstl. Brieg-Lignitz- und Wollauischer Geheimer Rath, Commun. Cammerer und Ober-Steuer-Einnehmer in Schlesien, und sein Sohn Maximilian Ehrenreich A. 1640. Medicinæ Doctor A. 1670. Fürstl. Briegischer Leib-Medicus und A. 1680. geheimer Rath, auch A. 1678. Herr von Käbischau: Georg A. 1708. Verwalter von Altenklingen und Erbsas von Pfauen-Moos: einer gleiches Namens A. 1717. Verwalter von Altenklingen und A. 1721. Erbsas von Pfauen-Moos, und sein Bruder Martin A. 1723. Verwalter von Altenklingen und A. 1729. Erbsas von Pfauen-Moos; Christof Theodor hatte eine Compagnie unter der blauen Holländischen Garde, ward hernach Major, Obrist-Lieutenant, Obrist, A. 1727. Brigadier in den vereinigten Niederlanden Diensten, und Hans Jacob ward A. 1717. Pfarrer von Bürglen, und A. 1729. Præceptor in dem Gymnasio zu St. Gallen.

2. Daniel ward A. 1587. Verwalter von Altenklingen, und A. 1612. Erbsas von Pfauen-Moos; unter dessen Nachkommen sein Sohns Sohn, Daniel A. 1672. Stadtamman worden; auch Hans Jacob A. 1701. Verwalter von Altenklingen; Felix A. 1686. Gerichts-Stadthalter, A. 1733. Stadtamman, und in gleichem Jahr Rathsherr, und A. 1736. Steurherr, auch A. 1739. Verwalter von Altenklingen, und Erbsas von Pfauen-Moos; Heinrich A. 1728. Rahtsherr und A. 1731. Linsebübl-Pfleger und A. 1736. Schaffner des St. Catharinen-Amts worden; von des Rahtsherr Peters Söhnen Georg Leonhard A. 1735. Gerichts-Stadthalter A. 1736. Hauptmann der Grenadier-Compagnie, in gleichem Jahr Stadtamman A. 1745. Rahtsherr, und A. 1756. und 1761. Schafner des St. Catharina-Amts; und Johann,

bann, Herr von Wolfenberg A. 1743. Lands-Lieutenant der Landgraffchaft Thurgäu; und des Rahtsherr Heinrichs Sohn Jacob A. 1751. Gerichts-Stadthalter und A. 1762 Stadt-amman: aus gleichem Geschlecht ward Daniel A. 1721. bey der Chur-Pfälzischen Geistlichen Administration Rechnungs-Revisor, und von seinen Söhnen Georg Leonhard A. 1726. Canzlist und A. 1737. würklicher Secretarius, und Georg Peter A. 1750. Rechnungs-Revisor bey gedachter Chur-Pfälzischen Geistlichen Administration, und Julius Hieronymus A. 1756. des grossen Rahts und A. 1759. Zunfftmeister zu St. Gallen.

3. Niclaus ward A. 1617. Gerichts-Stadthalter A. 1620. Verwalter von Altenklingen A. 1629. Stadtamman und A. 1633. Rahtsherr, und sein Sohn Jacob A. 1656. Verwalter von Altenklingen und A. 1657. Erbsas von Pfauen-Moos: auch wurden aus diesem Stammen Hans Jacob A. 1700. Verwalter von Altenklingen und Niclaus A. 1683. des grossen Raths: Johannes, nachdem er zu Zürich und Basel gestudiert, war A. 1653. deutscher Pfarrer in der Stadt Genf, von dannen er A. 1655. eine Reise durch Frankreich, Holl- und Engelland gethan, auch bald ein Jahr lang sich zu Londen, und auf den hohen Schulen zu Oxfort und Cambridge aufgehalten, und A. 1656. den Beruf zu einer Prediger-Stell zu Embden, und zu der zwenten Prediger-Stell der Französischen Gemeind zu Canterbury, auch den Pfarrdienst zu Weinheim in der Chur-Pfalz ausgeschlagen, nach seiner Zurückkunft aber An. 1657. zum Diacono zu St. Leonhard in der Stadt St. Gallen, und A. 1666. zum Pfarrer der Gemeind Herisau in dem Appenzeller-Land, und in gleichem Jahr auch zum Camerario des Appenzeller-Capituls erwehlt worden: Von ihme ist in Druck gekommen:

Joseph Halls feurige Pfeil des Satans ausgelöscht, aus dem Englischen übersetzt. Basel A. 1670.

Uebersetzung der Seelen-Uebung *Simonis Simonidis* und *William Pemble*, aus dem Holländischen. ibid. A. 1670. und 1683. 12mo 1744.

Franc. Ridder tägliche Haus-Uebungen, aus dem Holländischen. ibid. A. 1674. und 1685. 8vo.

Des H. Stephani Freudenblick. ibid. 1674. 4to.

Himmlischer Freudenblick und einer gläubigen Seelen Vorgeschmack des ewigen Lebens. ibid. A. 1677. 8vo.

Gnaden-Vermählung JEsu Christi mit seinen auserwehlten. ibid. A. 1678. 4to.

Misera Lamiarum Sors oder der unseligen Unholden elender Zustand. St. Gallen. A. 1689. 4to.

Sathanas Bescheltung aus *Zach. III.* 1. 2. ibid. A. 1690. 4to.

Neueröfneter Himmlischer Weyh-Rauch-Schatz oder vollständiges Gebett-Buch. Basel. A. 1691. und 1701. 8vo.

Fürforderung Adams für Gottes-Gericht über *Gen. III.* 9. St. Gallen. 4to.

IV. Weyhnacht- und Neu-Jahr- auch andre absonderliche Predigten.

Weiters war aus dieser Linien Jacob A. 1695. Pfarrer von Hundweil A. 1704. auf Wolfhalden A. 1714. in der Stadt St. Gallen A. 1729. Cammerer und A. 1733. Decanus; Jacob Laurenz A. 1697. und Niclaus A. 1718. des grossen Rahts; Hans Balthasar A. 1751. Verwalter von Altenklingen und A. 1754. Erbsas von Pfauen-Moos; Georg Caspar A. 1712. Obervogt von Altenklingen und A. 1736. Amt- und Gerichtschreiber von Bürglen; Johannes A. 1713. Diaconus zu St. Leonhard und A. 1717. Spittal-Pfarrer zu St. Gallen; Georg des Decani Sohn A. 1735. Præceptor in dem Gymnasio und A. 1753. erster Diaconus zu St. Laurenzen

renzen und im Linſebühl; Hector hat zu Jena und Hall in der Medicin ſtudiert, und iſt an letſterm Ort A. 1730. Doctor darin worden, und hat eine *Disputation de Potus frigidi Salubritate* Præſ. Frid. Hoffman M. D. und Prof. in 4to daſelbſt in Druck gegeben, und ſein Bruder Johannes ward Feld-Prediger A. 1741. unter dem in Königl. Franzöſiſchen Dienſten geſtandnen Regiment Seedorf und A. 1748. unter dem Regiment Chambrier in der vereinigten Nieder-Landen-Dienſten, auch A. 1749. Diaconus bey der Franzöſiſchen Gemeind in dem Haag, da er auch über den A. 1751. erfolgten Hinſcheid des Prinzen von Oranien und Statthalters der vereinigten Niederlanden eine öffentliche Leich-Rede gehalten, welche hernach in Druck gekommen; er ward folglich als ein Lands-Kind in den Holländiſchen Synodum aufgenohmen, und in gleichem Jahr zum Pfarrer der Franzöſiſchen Wallonen-Gemeind zu Deventer erwehlet; auch David ward A. 1758. Hauptmann, und A. 1759. Gerichts-Statthalter zu St. Gallen.

4. Tobias ward A. 1624. Erbſas von Pfauen-Moos, und ſein Sohn Daniel A. 1666. Verwalter von Altenklingen und A. 1667. Erbſas von Pfauen-Moos; auch Paulus A. 1684. Verwalter von Altenklingen; des Daniels Sohn Tobias kauffte nebſt zweyen hernach abgeſtorbenen Brüdern Daniel und Herman A. 1661. von Frau Maria Jacobea Segeſer von Brunegg gebohrner von Bornhauſen das in der Herrſchaft Gottlieben in der Landvogtey Thurgäu gelegene Land-Gut und Sitz Ober-Caſtel, begabe ſich A. 1705. des Burger-Rechts der Stadt St. Gallen, ward A. 1715. Verwalter von Altenklingen und Erbſas von Pfauen-Moos und iſt A. 1716. in dem Neunzigſten Alters-Jahr geſtorben, und hat hinterlaſſen Daniel Herman, der A. 1711. auch das Burger-Recht in gedachter Stadt aufgegeben, mit Vorbehalt daß er und die ſeinen wieder der Zugang zu ſelbigem haben mögen, als er auch deswegen an daſige Knaben-Schul ein Vergabung gethan, auch A. 1712. durch Heyrath mit Dorothea von Breiten-Landenberg den Frey-Sitz Rehlingen bey

Ermattingen in obgedachter Landvogtey bekommen An. 1720. von seinem Schwager Johann Jacob von Breiten Landenberg auch das Schloß und Herrschaft Haard bey gemeltem Ermattingen, nebst denen mit der Herrschaft Salenstein zu zwey Jahren umwechslenden Gerichtbarkeit Hatten- und Hefenhausen erkauft, A. 1723. Lands-Hauptmann der Landvogtey Thurgäu, und zwar der erste Evangelischer Religion erwehlet worden, A. 1725. an statt dem alten Wohnhaus zu Ober-Castel ein grosses gemaurtes Gebäu oder gemeinlich genanntes Schloß aufgebauet, und A. 1741. in dem 77. Alters-Jahr gestorben, und ein Vater gewesen Daniel, der das Haard nebst obiger Gerichtbarkeit, Johann Dietrich der Ober-Castel und Tobias, des Rehlingen besitzet: es ward auch von diesem Stammen David Burgermeister der Pfälzischen Colonie zu Magdenburg, und ist A. 1734. gestorben, obigen Pauls Sohn Tobias ward Hauptmann und hernach Obrist-Lieutenant in Kayserlichen Diensten: auch ward aus diesem Stammen Georg Caspar A. 1745. unter die Kirchendiener aufgenohmen, und A. 1753. Schloß-Prediger zu Oetlishausen, verwechselte aber An. 1757. den Geistlichen mit dem weltlichen Stand, und ward zum Obervogt von Bürglen erwehlt, und A. 1762. bestähtet, und sein Bruder Johann Rudolf ward A. 1762. Oberster Cantzley-Substitut.

5. Leonhard, von dessen Nachkommen Magnus A. 1647. Obervogt von Alten-Klingen worden, Christof Officier, Leonhard Major, und Georg Friedrich Capitain in Königlichen Dänischen Kriegs-Diensten, und Sebastian Churfürstl. Brandenburgischer Bau- und Zeug-Hauptmann gewesen, und des Georg Friedrichs Sohn Wilhelm Friedrich A. 1730. Stadt-Hauptmann und An. 1739. des grossen Rahts zu St. Gallen worden.

6. Caspar ward A. 1639. Verwalter zu Alten-Klingen und A. 1648. Erbsaß von Pfauen-Moos, und von seinen Nachkommen Hans Jacob A. 1686. Obervogt von Alten-Klingen, Hans Rudolf An. 1757. und Jacob

Jacob Chriſtof An. 1760. Verwalter zu Alten-Klingen und Erbſaß von Pfauen-Moos.

c. Jooſt auch obigen erſten Georgs Sohn kaufte A. 1580. die Herrſchaft Sonnenberg in dem Thurgäu (da ihm ſein obbemeldter Bruder Leonhard aufgetragen, ſie für ihne zu erkauffen) für ſich ſelbſten, und verurſachte dadurch, daß er und ſeine Nachkommen von des gedachten Leonhards ſamtlichen oben angezeigten Stiftungen ausgeſchloſſen worden; das Schloß Sonnenberg verbrann A. 1596. und iſt von ihme A. 1598. neu auferbauet worden, ſein Sohn Caſpar aber hat ſelbiges A. 1618. wieder verkauft: von ſeinen Nachkommen ward Ulrich A. 1702. des groſſen Rahts, und ſind auch wenig andere übrig.

II. Hans, ein Sohn obigen Seckelmeiſter Ludwigs, von deme die ſogenannte Waltheriſche Linien abſtammet, und aus deſſen Nachkommen Joſeph A. 1734. desg roſſen Rahts, und A. 1748. Zunftmeiſter worden.

III. Ludwig auch ein Sohn obigen Seckelmeiſter Ludwigs, deſſen Sohns-Sohn Hans Ludwig Königlicher Schwediſcher Obriſter, hernach Landgräfl. Heſſiſcher Obriſt-Feldzeugmeiſter, und letztlich Königl. Däniſcher General-Lieutenant, und ſein Bruder Hector Medicinæ Doctor A. 1622. Stadt-Arzt und A. 1645. Stadtſchreiber worden: welche Linien aber A. 1670. ausgeſtorben.

Zollner, ſiehe Zoller.
Zollrüti.

Ein Hof in der Pfarr Schübelbach, in der Schweizeriſchen Landſchaft March.

Zoloüg, ſiehe Zaloüng.
Zopf.

Ein Haus und Güter in der Pfarr Hombrechtiken und der Züricbiſchen Landvogtey Grüningen.

Zopfen-

Zopfenberg.

Ein Dörflein in der Pfarr Sursee in dem Gericht Eich und Ober-Kirch, in der Lucernerischen Landvogtey Münster.

Zopfi.

Ein Geschlecht in dem Land Glarus, aus welchem Johann Peter A. 1725. des Land-Rahts, A. 1730. der Stifts St. Gallischen Schirm-Städt und Orten Hauptmann zu Wyl, A. 1742. Landvogt von Lugano oder Lauis, und von seinen Söhnen Hilari als V. Richter An. 1742. Georg An. 1744. und Samuel A. 1753. des Lands-Rahts worden.

Zopfmatt.

Ein Hof in der Pfarr und Zürichischen Landvogtey Wädenschweil.

Zoppi.

Ein Geschlecht in Graubündten, aus welchem Johann Antoni A. 1761. Vicari in Veltlin worden.

Zorn.

Ein Hof in der Pfarr Bischofzell und dem S. Pelagii, Nidern Gerichten in der Landvogtey Thurgäu.

Zoß.

Ein ausgestorbenes Geschlecht in der Stadt Basel, aus welchem Caspar A. 1525. und Theodor A. 1600. Rahtsherr worden.

Zoya, oder *Zoja.*

Ein Geschlecht in den Gerichten Thusis und Schams in dem Obern Grauen Bund, aus welchem Ulrich gebürtig von Thusis A. 1551. und Christian auch von dort, A. 1695. Podesta von Teglio, Johann gebührtig von Splügen A. 1693. und nach seinem Absterben A. 1694. sein Sohn Christian Podesta von

Tirano,

Tirano, und Johannes auch von dorten An. 1715. Podesta von Morbegno, auch Johann Paul, auch von Splügen An. 1719. Vicari des Veltlins, und einer gleiches Namens auch von Splügen A. 1743. Vicari und An. 1755. Lands-Hauptmann des Veltlins worden; auch einer A. 1743. ein Compagnie unter das neue Regiment von Travers in Königl. Franßösischen Diensten angeworben.

Z'Roz, siehe zu Roz.

Zuben.

Auf Zuben: ein in Felsen eingehauener Weg an der Aaren in der Bernerischen Landschaft Ober-Hasli.

Ein Dorf in der Pfarr Kerns in dem Land Unterwalden ob dem Wald, allwo auch eine Capell S. Nicolai, welche ein Capellan versiehet: und ein uralter Thurn.

Ein kleines Dorf in der Pfarr Altnau in der Landvogtey Thurgäu, darvon einige Häuser in Hohen und Nidern Gerichten derselben; einige in die Nidern Gerichten des Stifts St. Gallen, und einige in die Vogtey Egger gehören.

Von Zuben.

Ein Adeliches Geschlecht in dem Land Unterwalden ob dem Wald, aus welchem Johannes An. 1348. ein Mark-Streit zwischend den Ländern Uri und Schweitz vermittlen helfen, Berchtold A. 1381. und 1382. und Niclaus A. 1388. und 1389. Landamman worden, Heinrich A. 1404. das Land Schweitz und die aussern Gemeinden des Orts Zug mit der Stadt Zug vergleichen helfen, Georg An. 1409. und 1410. Landamman und A. 1421. Landvogt von Baden, Georg An. 1430. und 1435. Landamman, Niclaus An. 1470. Landvogt von Sargans, und An. 1480. und 1488 Landamman, auch A. 1482. die zwischend denen Städten Zürich und Straßburg gewaltete Streitigkeit beylegen helfen, auch A. 1489. zu Stillung

lung der Burgerlichen Unruhen in der Stadt Zürich Gesandter gewesen, A. 1598. Landvogt von Medrisio und A. 1611. 1615. 1619. 1625. und 1629. Landammann, und Leonti, Lands-Seckelmeister und A. 1725. Landvogt von Sargans, auch seither Hans Balthasar des Land-Rahts worden.

Zer=Zuben, siehe Zerzuben.

Zuber.

Ein Geschlecht in der Stadt Zürich, aus welchem Hans Ulrich A. 1675. des grossen Rahts und A. 1677. Obervogt von Lauffen, und Hans Rudolf A. 1717. des grossen Rahts worden.

Ein ausgestorbenes Geschlecht in der Stadt Bern, aus welchem Jso A. 1423. des grossen Rahts und A. 1416. Landamman von Hasli, und Hieronymus An. 1629. des grossen Rahts worden, und Petrus Præceptor in dortiger Schul ein *Prosodiam latinam* A. 1645. in Druck gegeben.

Ein ausgestorbenes Geschlecht in der Stadt Solothurn, aus welchem Matthyas A. 1421. Jung und 1450. Alt-Raht worden.

Ein Geschlecht in dem Land Wallis, aus welchem Sebastian A. 1602. Landvogt von S. Maurice A. 1604. Landschreiber A. 1611. Lands-Hauptmann-Statthalter, A. 1618. Gesandter den Bund mit den III. Bündten zu beschweeren, und A. 1621. Lands-Hauptmann, Franz Maurits A. 1760. Gros-Castellan des Zehndens Sitten: Antoni A. 1599. und einer gleiches Namens A. 1606. Castellan, und Antoni A. 1603. Pannerherr des Zehndens Brüg, Sebastian A. 1604. einer gleiches Namens A. 1637. und Felix A. 1712. Castellan, und Sebastian An. 1619. Zehnden-Hauptmann des Zehndens Visp, Sebastian A. 1658. Landvogt von S. Maurice einer gleiches Namens A. 1712. Meyer von Renda und auch einer dieses Namens A. 1609. Domherr von Sitten worden.

Ein

Ein Geſchlecht in der Stadt Müllhauſen, aus welchem Iſaac A. 1626. Zunftmeiſter, und A. 1647. Rahtsherr einer gleiches Namens An. 1695. Zunftmeiſter, und Johannes An. 1745. Zunftmeiſter und A. 1749. Rahtsherr worden.

Zuberbüeler.

Ein Geſchlecht in dem Land Appenzell-Auſſer-Rooden, aus welchem Conrad An. 1641. Hauptmann über ein Compagnie unter dem in Königl. Franzöſiſche Dienſt angeworbenen Regiment Rahn, Hans Jacob A. 1738. Lands-Statthalter, Ulrich A. 1740. Hauptmann der Rood Trogen und einer gleiches Namens A. 1756. Hauptmann der Rood Waldſtadt, auch Hans Jacob A. 1743. Medicinæ Doctor zu Erfurt worden, und daſelbſt ein *Diſputation de Febre catarrhali epidemica* in 4to. in Druck gegeben, auch An. 1762. Lands-Hauptmann worden.

Zuberſchwarz.

Ein Hof in der Pfarr Surſee und dem Gericht Eich in der Lucerneriſchen Landvogtey Münſter.

Zuberwangen, ſiehe Ziberwangen.

Zubler.

Ein ausgeſtorbenes Geſchlecht in der Stadt Zürich, aus welchem Hans, zuvor Untervogt von Wollen in den Freyen Aemtern wegen ſeines Wohlverhaltens A. 1531. das Burger-Recht in der Stadt Zürich erhalten, auch A 1544. des groſſen Rahts An. 1545. Zunftmeiſter und A. 1546. Schafner zu Stein am Rhein, und Leonhard A. 1592. des groſſen Rahts worden, und von ihme.

De Triangulo. Zürich An. 1602. und Deutſch Baſel An. 1605. 4to.

Novum Inſtrumentum Geomætricum. Baſel A. 1607.

Fabrica & Uſus Inſtrumenti Chorographici. ibid. eod. Leiden von Caſpar Waſer in latein überſetzt.

Neue Geometrische Büchsen-Meisterey. Zürich A. 1614. in 4to.

De variis sciatericis cum descriptione novi Instrumenti astronomici. Basel eod. in 4to. in Druck kommen.

Es warden auch aus diesem Geschlecht Hans A. 1596. des grossen Rahts, Franz An. 1612. Zunftmeister und A. 1616. Amtmann von Cappel, Bläsi A. 1622. Zunftmeister und An. 1627. Obervogt von Höng, auch Georg A. 1640. des grossen Rahts.

Zuccati.

Ein Geschlecht von Ponte in der Graubündnerischen Landschaft Veltlin, aus welchem viel berühmte Mahler, und künstliche Zeichner entstanden, und darunter Franciscus und Valerius zwey Brüder in dem XVI. Seculo die kostbare Mosaische und eingelegte Arbeit in der Herzoglichen Capell von S. Marco zu Venedig verfertiget, und der berühmte Mahler Tiziano den Francisco stäts um und bey sich haben wollen. Quadrio Disp. intorno alla Valtellina Tom. III. p. 513.

Zuchweil.

Ein Dorf, Kirch und Pfarr in der Solothurnischen Vogtey Kriegstetten eine halbe Stund von der Stadt entlegen, deren Pfarr von einem von dem Probst dortiger Stift ernannten in der Stadt wohnenden Pfarrer versehen wird: es haben allda A. 1530. die in der Stadt Solothurn der Evangelische Religion beygethan gewesne Burger ihren Gottesdienst verrichtet: und hat das Dorf A. 1553. 1555. und 1560. grosse Feuersbrunst erlitten.

Zübenzach, siehe Givisiez.

Zülbach.

Ein Bach zwischend dem Dorf und der Zürichischen Landvogtey Sax, und der Schweitz Glarnerischen Gemeind Gambs.

Züblin.

Züblin.

Ein Geschlecht in der Stadt St. Gallen, aus welchem Hans A. 1594. Zunftmeister und A. 1600. Rahtsherr auch An. 1615. Stokherr, und der einte seiner Brüder Felix A. 1613. Zunftmeister worden, und der andere Jacob ein Vater gewesen Felix und Ambrosi die das Geschlecht in 2. Linien fortgepflanzet.

A. Felix ward A. 1672. Zunftmeister A. 1676. Rahtsherr A. 1677. Stokherr A. 1680. Spengherr und A. 1689. Schafner in Thurgäu, und sein Sohn Hector A. 1712. Zunftmeister A. 1718. Rahtsherr und A. 1720. Linsebühel-Pfleger.

B. Ambrosi ward A. 1699. Rahtsherr, und hernach auch Verwalter des Post-Amts und Zuchthauses, auch Schafner in Thurgäu; und warden von seinen Söhnen Jacob A. 1713. Zunftmeister und Unter-Burgermeister, und A. 1720. Burgermeister, Georg An. 1729. Zunftmeister, und Friedrich An. 1732. Zunftmeister und A. 1734. Unter-Burgermeister, und dessen Sohn Ambrosi A. 1752. Zunftmeister und Unter-Burgermeister: auch ist aus diesem Geschlecht Hans An. 1672. Zunftmeister 1676. Rahtsherr, A. 1677. Stokherr, A. 1680. Spengherr, und An. 1689. Schafner in Thurgäu und Hans Joachim An. 1744. Diacon zu Purisbury in Carolina, und hernach Prediger zu Savannah in Georgien in dem Gros-Brittanischen Gebiet in West-Indien, und Daniel A. 1763. Rector des Gymnasii zu Düsseldorf worden.

Züchlin.

Ein ausgestorbenes Geschlecht in der Stadt Müllhausen, aus welchem Hans Georg A. 1587. Stadtschreiber worden.

in den Zügen.

Wird genannt ein langer, gäher rauher Weg von der Gemeind an den Wiesen bis zu deren von Schmitten, auf welchem wo man immerhin schaut, es seye in ein tieffes Tobel oder ob sich in gähe Felsen-Berg, die Aussicht recht gräslich vorkommt, in dem Hoch-Gericht Belfort in dem X. Gerichten-Bund.

Zülli.

Ein ausgestorbenes Geschlecht in der Stadt Bern, aus welchem Hans A. 1468. und noch zwey dieses Namens, An. 1473. und 1477. auch Ludwig A. 1494. des grossen Rahts, und Andreas A. 1517. des grossen und A. 1529. des kleinen Rahts, A. 1530. Castellan von Frutingen A. 1535. wiedrum des kleinen Rahts A. 1536. einer des Kriegs-Rahts bey dem Zug und Einnahm der Wadt, An. 1539. Landammann von Hasli A. 1543. nochmahlen des kleinen Rahts und A. 1556. Venner worden.

Züllibach.

Ein Bach der ab dem Stoffelberg herab und bey Woden in der Pfarr Baumen und Zürichischen Landvogtey Kyburg, in die Tös fliesset. Siehe auch Zülbach.

Zülling.

Ein ausgestorbenes Geschlecht in der Stadt St. Gallen, aus welchem Tobias An. 1517. 1520. und 1526. Zunftmeister worden.

Zündel.

Ein Geschlecht in der Stadt Schafhausen, aus welchem Hans Heinrich A. 1618. und Alexander An. 1688. Zunftmeister und Tobias A. 1704. Landvogt von Neunkirch worden.

Zun Zünen, siehe de *Sepibus*.

Zünnikon.

Ein klein Dorf in der Pfarr Ellg und den Nidern Gerichten

richten Hegi an den Thurgäuischen Gränzen in der Zürichischen Landvogtey Kyburg.

Zürcher.

Ein Geschlecht in der Stadt Lucern, aus welchem P. Dionysius A. 1740. in den Capuciner-Orden getretten, auch etwas Zeit Lector Theologiæ in dem Kloster zu Lucern gewesen, und A. 1757. ein kurze Anred über die Wichtigkeit des Eydschwurs und die Schuldigkeit der Gehorsame eines Unterthanen gegen seiner rechtmäßigen und natürlichen Oberkeit in der Pfarrkirch der Stadt Willisau bey Anlaas der neuerrichteten Kriegs-Fähnen, daselbst in 4to. in Druck gegeben.

Ein Geschlecht in der Gemeind Menzingen und Bar und dem Ort Zug, aus welchem Hartmann, Hans und Matthys A. 1513. in der Schlacht bey Novarra, und Hans und Heini A. 1515. in der Schlacht bey Marignano geblieben, Jacob A. 1589. Hauptmann über ein Compagnie unter dem in die Dienste der sogenannten Ligue in Frankreich angeworbnen Pfyferischen Regiment worken, Georg Seckelmeister An. 1614. Gesandter auf der Gemein Eydgenößischen Jahr-Rechnungs-Tagsatzung, und in dem lauffenden Seculo Jacob Seckelmeister und zwey Johann Peter des Stadt- und Amts-Rahts zu Zug aus der Gemeind Menzingen gewesen.

Ein ausgestorbenes Geschlecht in der Stadt Solothurn, aus welchem Ulrich A. 1529. des grossen Rahts gewesen.

Ein Geschlecht in dem Land Appenzell-Ausser-Rooden, aus welchem einige in der Gemeind Gais, und andere in der Gemeind Teufen sich aufhalten, aus deren erstern Ulrich An. 1648. Hauptmann in der Republic Venedig Diensten in Dalmatien und hernach unter dem in Königlichen Französischen Diensten gestandenen Regiment Lochmann bis A. 1654. gewesen, und das Jahr zuvor auch des Lands Appenzell Hilfsvölker ler zu Stillung des Bauren-Aufstands in dem Gebiet der Stadt Bern ꝛc. dahin geführt; A. 1663. begleitete er die Gesandtschaft auf den Bunds-Schwuhr nach Paris; ward auch An. 1666. Lands-Fähndrich A. 1668. Lands-Hauptmann und An. 1671. Hauptmann unter dem Regiment Stuppa in Königlichen Französischen Diensten, und blieb A. 1674. in dem Treffen bey Seneff; und sein Sohn ward A. 1696. Capitaine-Lieutenant in Diensten der Vereinigten Niederlanden, und A. 1721. in dem Land Lands-Hauptmann, und von dessen Söhnen ward 1. Johann Ulrich in folgenden Diensten An. 1703. Regiments-Quartier-Meister in den Vereinigten Niederlanden A. 1711. Lieutenant in Kayserlichen A. 1713. Adjutant wieder in den Vereinigten Niederlanden A. 1716. in der Republic Venedig, A. 1719. Hauptmann und Major in Spanischen A. 1726. Obrist-Lieutenant und Lands-Hauptmann in Collberg in Preußischen und A. 1743. Hauptmann in Sardinischen Diensten und ist A. 1747. bey Fenestrelle geblieben; und 2. Hans Heinrich A. 1733. Capitaine in Französischen und A. 1747. Capitaine-Lieutenant auch A. 1763. Hauptmann unter dem in der Vereinigten Niderlanden Diensten stehenden Regiment Jung Stürler.

Aus dem in der Gemeind Teufen sich aufhaltenden Geschlecht dieses Namens ward Gebhard A. 1735. Lands-Fähndrich A. 1740. Lands-Hauptmann A. 1744. Landvogt von Rheinthal, und A. 1747. 1750. 1754. 1758. und 1762. Landammann.

Ein Geschlecht in der Stadt Müllhausen, aus welchem Martin A. 1631. Zunftmeister und A. 1638. Rahtsherr und Walter A. 1753. Zunftmeister worden.

Ein ausgestorbenes Geschlecht in der Bernerischen Stadt Arau, aus welchem Johannes A. 1421. Schultheis worden. sehe auch Züricher, Guldenbek.

Zürich.

Zürich.

Auch Zürch und in dem XIV. Seculo auch Zuirich, Zürik, Zyrik und Zürch, wie es auch von einigen Fremden etwann annoch unbegründt geschrieben wird: in Latein, *Turicum*, *Thuriaum*, *Tigurium*, *Turigum*, *Turegion*, *Thurigion*, *Turregum*, *Duregum*, *Tauregion*, *Turregium*, *Turicense* auch *Thuricenum Castrum* auch *Tugurum*, *Tugurinum*, in Französischer Sprach *Zuric*, in Italiänischer *Zurigo*, ein grosse wohlgebaute volkreiche und wolbevestinete Stadt, welche das erste Ort der Eydgenoßschaft ausmachet, und in derselbigen den Vorsitz hat: sie ligt an dem End und Ausfluß des von ihren den Namen habenden und hernach vorkommenden Zürich-Sees, dessen Ausfluß erstlich in der Stadt die Aa und gleich darunter die Limmat genannt wird, und die Stadt in zwey ungleiche aber durch Bruggen zusammengefügte Theil abtheilet, (davon der zur rechten Seiten etwas höher und grösser als der zur Linken und der erste die grosse und der letztere die kleine Stadt genannt wird:) an einem angenehmen Ort zwischend zweyen an Wein und Korn fruchtbaren Höhen, und fliesset gleich unter der Stadt ein anderer Fluß die Sill genannt, in die gedachte Limmat, und durch die grosse Stadt der Wolfbach:

Von dem ersten Ursprung dieser Stadt sind die Bericht und Meynungen ungleich, und ohne genugsame Begründnus; es setzen selbigen viele auch alte Geschichtschreiber auf die Zeiten des Patriarchen Abrahams, daß zu selbiger Zeit ein König Thuricus auf der linken Seiten des gedachten See-Ausflusses auf der Höhe, wo dermahlen der Linden-Hof stehet: ein Schloß und kleines Städtlein angelegt haben solle; und melden andere, daß zu den Zeiten des Patriarchen Jacobs ein deutscher König Suevus auf der rechten Seiten gedachten See-Ausflusses der andern und dismahl mehrern Stadt den Anfang gegeben habe; auch noch andere wollen den Ursprung derselben den Tauriscis zuschreiben. Ob aber zu obigen Zeiten solche von den Morgenländern und dem Meer entlegne Orte schon

schon bewohnet gewesen, und Könige, und zwahren wie der Thuricus ein Arelatenischer König, und Suevus ein König der Deutschen und Schwaben von obigen benannt worden, an diesen Orten geregirt haben sollen, ist auch um so da undeutlicher, als das sogenannte Arelatenische Königreich erst in dem V. Seculo nach Christi Geburt entstanden, und von dem ersten Siß der Deutschen und Schwaben in solche Gegenden auch noch nicht genugsam begründetes sich zeiget: es seye nun diesem, wie ihm wolle: so können doch die begründesten Muthmassungen walten, daß dieser Ort eine der ältesten Wohnplätzen gewesen seye, sonderheitlich in Ansehung derselben lieblichen, fruchtbaren, und zum Durchpaß in Italien und aus demselbigen bis in Niederland und an das hohe Meer vermittelst des Sees und des Auslaufs weiteren Laufs komlichen Gelegenheit, als wohl zu erachten, daß die älteste Einwohner solcher Landen auch ihre Wohnplätze an die best gelegene Oerter, Straßen und Päß angelegt haben werden, zumahlen auch wol zu begreiffen, daß die zu des Römischen Königs Tarquinii Zeiten aus Thuscien unter Rhæto vertriebne ihren Aufenthalt nicht in den hohen Gebirgen gesucht, und hätten suchen müssen, wann nicht schon die untern fruchtbaren Gegenden, wo Zürich lieget: bewohnt und besetzt gewesen wären; und auch deren sich zu den Cimbrischen Völkern gesellten Helvetischen Völkern Tigurinorum (welche auch in dieser Gegend gesetzt werden:) Hauptort wol das Tigurum gewesen seyn möge rc. rc. auf den Grund solchen Alterthums und Gelegenheit dieseres Orts und Stadt wird auch darfür gehalten, daß selbige auch eine der 12. Städten, welche die Helvetier zu C. Jul. Cæsaris Zeiten bey dem Auszug aus ihrem Land in Gallien verbrannt; gewesen seye, und daß hernach, da dieser von gedachtem Cæsare zurückgetrieben worden; selbige auch wieder an diesem wolgelegnen Ort Wohnhäuser erbauet habind: ob aber auf Jul. Cæsaris Kösten, und er deswegen auch ein Stifter genannt werden möge: ist unerläutheret: bey dem in dem III. Seculo geschehenen Einfall der Alemanern auch in diesere Römischen Provinzen wird auch dieser Ort von selbigen nicht verschohnet worden seyn, nach derselben Abtreibung aber solle der Kayser Diocletianus diesem Ort wieder verbesseret,

seret, erweiteret, und nach einigen; mit Thürnen bewahret haben, und wird in der Beschreibung des Marterthums S. Felicis & Regulæ eines Castri an diesem Ort gedacht: es solle aber
dieser Ort durch die weitere Ueberzüg der Alemaniern, Hunnen,
Wenden ꝛc. wieder in den Abgang gekommen seyn; zumahlen
auch die erstern nicht viel auf eingeschlossenen Plätzen gehalten
haben sollen: nach dem von König Clodoveo oder Ludovico
I. M. über die Alemanier Anno 499. erfochtenen Sieg
aber wollen einige ihne zu einem Stifter etwer neuen Stadt
alba machen, andere aber bemerken daß unter ihme und
folgenden Fränkischen Königen man auch noch keine Anmuthung gehabt innert verschlossenen Plätzen zu wohnen, sonder solches auf vertheilten, Curtis genennten Meyer-Hofen
gewesen, und wo etwann viele derselben bey einandern
gestanden, ein solcher Ort Burgum oder Castellum genennt
worden seye; und möge wol auch ein offentlichs Gebäu an dem
erhöbeten Ort auf der linken Seiten des durchfliessenden Wassers, wo der dermahlige Lindenhof, aufgeführt gewesen seyn,
welches die über den diesortigen Twing oder Cent-Gericht gesetzte
Grafen bewohnet habind: auch ward hernach bey zugenohme-
nem Christenthum, und nach einigen fast zu End des VII. Seculi ein Kirch-Gebäu daselbst auf der rechten Seiten bey der
Begräbnus der Märtorern S. Felicis und Regulæ erbauet, und
soll auch folglich in dem folgenden Seculo daselbe von dem
Königlichen Französischen Land-Hofmeister Carolo Martello,
und zu Anfang des IX. Seculi von Kayser Carolo M. nach einigen etwas vergrössert, oder wenigstens der andere Thurn
ausgebauet, oder nach andern, dieses Gebäu erst hernach also
angelegt worden seyn; auch wurde in Mitte dieses IX. Seculi
von dieses Kaysers Sohns Sohn König Ludovico von Deutschland oder Ost-Franken auch das Stift zum Frauen-Münster
auf der vorüber gelegnen Seiten erbauet, jedoch auch zu selbiger Zeit dieser Ort bald Vicus, bald Villa, bald auch Castrum
auch Castellum genennt; dieser beschlossene Ort solle erstlich
auf der rechten Seiten angefangen haben bey dem folglich genennten Glentner Thurn, und daselbst auch eine Farth auf die
linke Seiten in die danahen annoch genannte Schüpfi oder

Schipfi

Schiff gewesen seyn, und von dannen gegangen seyn bis zum Wellenberg, weiters bis zu dem Haus zur Schmid-Stuben, von dannen zum Thurn bey dem grossen Erkel, weiters zum Escher- und Steinhaus-Thurn, und letstlich zu dem Thurn bey dem steinernen Erkel auf Dorf und von dannen bis an die Aa, also daß das dermahlige Niederdorf, Brunngaß, Spithal-Prediger-Platz Rinder- und Neu-Markt, Unter und Ober vielleicht von dort umbezäunten Burgerlichen Gärten ernannte Zäunen, die Neustadt und das Oberdorf aussert demselben gelegen gewesen; es solle aber Kayser Carolus Crassus auch zu End dieses Seculi angefangen haben auf beyden Seiten Mauren, Thürn und Gräben anlegen zu lassen; solches aber bey dem folgenden Einfall und Streiffen der Ungarn erst in Mitte des X. Seculi von Ottone M. zu künftiger Beschützung gegen selbige und andere vollendet worden seyn; und um selbige Zeit von A. 1228. bis 1230. sollen die Ring-Mauren verbessert, und die Gräben tieffer gemacht, und um das Jahr 1300. die Mauren, Thürn und Gräben in den völligen Stand gebracht, zuvor aber um selbige Zeit, und unlang hernach das Prediger-Barfüßer- und Augustiner-Ordens-Closter erbauet, und A. 1245. das erste auf den dermahligen Lindenhof gebaute Schloß abgebrochen, und zu andern Gebäuen gebraucht, auch nach dem An. 1280. erfolgten Abbrennen eines Theils der grossen Stadt anstatt der vorigen hölzern folglich steinerne Häuser erbauet, und nach dem A. 1313. wieder erfolgten Brand-Schaden in der kleinen Stadt die Häuser bis über das erste Gemach mit Mauren zu bauen anbefohlen worden seyn: es ward auch ferners A. 1398. ein neues Rathhaus erbauet, A. 1403. und 1404. die Gassen in der Stadt mit Steinen besetzt, A. 1412. das jetzige Kaufhaus an der Obern Brugg samt dem sogenannten Hottinger-Thurn daran erkauft, An. 1420. die Metzg errichtet, und in gleichem Jahr das Wasser-Rad an der Untern, und A. 1422. auch das an der Obern Brugg, A. 1430. ein Rohr-Brunnen in dem Renn-Weg, und An. 1432. noch mehrere in der Stadt erst A. 1511. aber der erste in dem Niederdorf angelegt; weiters ist An. 1456. oder 1469. das Gericht- und An. 1487. das Zeughaus, An. 1521. der Thurn und die Pastey an dem Renn-Weg,

Weg, A. 1532. der Wall in dem Oetenbacher-Garten, A. 1533. die Papier-Mühle, und A. 1540. nach verschüttetem sumpfigen Platz in dem Kraz auch das dortige Bollwerk, und A. 1571. das Bollwerk oder die Pastey vor dem Augustiner Thor, und A. 1581. das an dem Linden-Thor, auch A. 1580. die Wärt von dem Rüden bis zu dem Helm-Hauß und A. 1637. die vorüber in der kleinen Stadt, auch A. 1621. das Bollwerk an dem Spitz und A. 1629. das an dem Kronen-Thor, und A. 1630. das an dem Kezer-Thurn erbauet worden, sonderheitlich aber wurde der Anfang der Befestigung der Stadt mit Schanzen A. 1642. um die grosse Stadt gemacht, und A. 1647. mit derselben in der kleinen Stadt fortgesetzt, und dardurch ein Theil von Stadelhofen, und der sogenannte Thal-Acker dem Stadt-Bezirk einverleibet, auch A. 1672. ein grosses Frucht-Magazin in dem Thal-Acker und von A. 1694. bis A. 1698. ein neues Rahthaus erbauet;

Von denen eben schon angezeigten verschiedenen Benamsungen dieser Stadt, derselben Ursprung und Herleitbungen, und darüber waltenden auch verschiedene Meynungen und Muthmassungen; ist schon unter dem Articul *Tigurum: Tigurini: Turegum: Turicus* das mehrere angebracht worden, und zu finden, und ist nur noch in Ansehung des jetzigen Namens Zürich anzufügen, daß selbigen einige von dem Wort Thurico herhollen, als wann anstatt desselben erstlich Thürich und hernach Zürich entstanden seye, und andre herleiten von denen in Uraltesten Sprachen befindlichen Ausdrücken, Zur, Zyr auch Tinz, welches einen Felsen bedeutet, und Ich oder Ach, so ein Wasser anzeiget, also Zur ich so viel sagen wollte, als ein Felsen an dem Wasser, als auf einen solchen das ehemalige älteste Schloß und Castell auf dem dermaligen Linden-Hof gestanden. Betreffende die offentliche und andere Gebäu der Stadt Zürich, so kommen erstlich zubetrachten die ehemahlige und annoch befindliche Geistlichen und unter denselben

1. Das grosse Münster, welches auf einer etwelchen wenigen Höhe zur rechten Seiten des Ausflusses des Sees durch
die

die Stadt stehet, und ein ansehnliches hohes, und also in der grossen Stadt, und durchaus von Quader-Steinen erbautes, gewölbtes auch weitläufiges Kirchen-Gebäu ist, und zwey grosse gleichfalls von Quader-Steinen aufgeführte und ehemahls mit Kupfer, dermahlen aber mit Schindlen bedeckten Helmen versehene Thürn, in deren einem gegen Mittnacht gelegen, die Gloggen hangen, (und der danahen auch der Gloggen-Thurn genennt wird, und durch die Stral den 7ten May A. 1572. und den 21sten Augstm. A. 1763. angezündet, abgebrant worden:) und zu Tag und Nacht auf selbigem ein Wächter sich aufhaltet, der zu jeder Stund selbige meldet, weilen keine Schlag- und Zeig-Uhr an beyde Thürnen befindlich, auch aussen an der Mitte desselben ein Ritter zu Pferd zum Vorschein komt: der andere gegen Mittag gelegene Thurn aber hat keinen sondern Gebrauch, jedoch ist an selbigen eine grosse steinerne Bildnus Kayser Caroli M. mit einer überguldeten Crone auf dem Haupt und einem grossen eisernen Schwert mit verguldetem Hand-Griff in einem Thron sitzend vorgestellet: auch stehet noch ob dem Chor ein kleines Thürnlein, darin ein Glogge, von deren weilen sie sonderlich an angehenden Tag und Nacht die ehemalige Gebätt-Zeit ankündet; selbiges den Namen Bätt-Gloggen-Thürlein annoch hat: in dieser Kirch wird auch alljährlich zweymahl bey deme auf S. Johannis Baptistæ-Tag im Jun. und auf S. Johannis Evangelistæ-Tag im Dec. vornehmenden Regiments-Besatzungen die ganze Burgerschaft versamlet, der Stadt Fundamental Satz- und Ordnungen belesen, und von dem neuerwählten Burgermeister, und kleinen Räthen und ganzer Burgerschaft der Pflicht-Eyd feyerlich geleistet und beschwohren; auch wird in einem Gewölb in dieser Kirch der Oberkeitliche Schatz und ein Theil des Archivs aufbehalten, und sind auf und an selbigen auch ein sogenannter Creutzgang, ein Theil der Collegiorum (in der einem auch der Gottes-Dienst in Französischer Sprach verrichtet wird:) und Lateinischen Schulen, auch die sogenannte Chorherrn-Stuben, da die Oberkeitlich verordnete Examinatores der Kirchen und Schulen, und auch die Glieder dortiger Stifft und ihre Oberkeitliche Pfleger zusammenkom-

men;

men; erbauet: der Ursprung derselben ist noch zweifelhaft, und wird gemuhtmasset, daß da an dem Ort, da diese Kirche stehet, nach dem uralten Wahn die Leiber S. Felicis und Regulæ gelegen seyn sollen: bey in dieser Gegend entstandenem Christenthum wol auch an demselben ein Gottesdienstliches Gebäu möchte errichtet worden seyn, und komt vorderist zum Vorschein eines Königs Ludovici Kriegs-Obersten Rupertus (von welchem ein eigner Artikul zufinden) der dem König seine Güther übergeben haben solle, eine Kirch zu Zürich zubauen, und wollen einige solche für diesere Kirch nebst dem daran gegen Mitternacht stehenden Thurn, und die daran in Stein gehauene Ritter-Bildnuß für desselben Bild achten, von dem andern gegen Mittag stehenden, demselben nicht in allem gleichen Thurn aber darfür halten, daß selbiger eintweder auch von demselben angelegt, aber erst von dem Königl. Fränckischen Haus-Hof-Meister Carolo Martello oder dem Kayser Carolo M. in dem VIII. oder anfangs IX. Seculi, ohngeachtet in seinem Vergabungs-Brief nichts davon gedacht wird, ausgebauet, oder erst von diesem aufgeführt worden seye, weil er annoch der Caroli Thurn genennt wird; andere aber schliessen aus dem, daß zu der Zeit dises Ruperti und bis in Mitten des IX. Seculi weder Thürn noch Gloggen sonderlich bekant gewesen, solches Kirchen Gebäu von keiner sonderlichen Grösse noch Achtbarkeit gewesen, auch nur von Holz gewesen seyn möchte; und daß, da in Kaysers Caroli M. vorgebenden Bestähtigung und Vermehrung dieseres Ort Einkommen, von den Gebäuen keine Anregung geschiehet: wol bey des Einkommens und des Gottes-Diensts Vermehrung, möchte erstlich das Gebäu um etwas vergrösseret, auch etwan ein klein Thürlein (welches das dermahlige sogenannte Bätt-Gloggen-Thürlein seyn möchte) darauf erbauet, und mit einer Glogg zu dem damahligen Gottes-Dienst versehen, folglich auch nach und nach die Kirchen von Quader-Steinen und Säulen erweitert, und etwan zu End des XI. Seculi ein höherer Thurn ausert dem Kirchen-Gebäu gegen der Mittnacht Seithen aufgeführt worden seyn; es muß auch fehrners das Gebäu weiters ausgedähnet und die Kirch-Maur weiters hinaus gesetzt, und auf

Y 2 beyden

beyden Seiten gegen Mitternacht (nach Abschaffung obbemelten Thurns:) hinaus gesetzt, und auf beyden Seiten zu äusserst solcher Maur zwey der Maur gleichlaufende Thürn angesetzt worden seyn; und solches alles nach und nach als noch A. 1250. Ablas-Begnadigungen ertheilte für die Beyträg, damit die Kirch möchte ausgebauet werden, und der Fron-Altar erst A. 1278. eingeweyhet worden, auch die in dieser Kirch, in dem Chor, auf dem Gewölb, in der Krufft, im Creuzgang bey 20. befundnen Caplaneyen und Abtäre erst zu Ausgang des XIII. und zu Anfang des folgengen Seculi und hernach nach und nach gestifftet worden: muhtmaslich müßten auch die zwey gleichbemerkte Thürn etwan erstlich nur so hoch als das Kirch-Gebäu gewesen seyn, als erst A. 1488. und 1499. die Helm auf beyde aufgestelt worden: und ward auch die jezige Canzel erst A. 1526. aus alten Steinen erbauet: wann aber an den Gloggen-Thurn die daran in Stein gebauene Ritter-Bildnus verfertiget und an dem andern Thurn die grosse Kaysers oder Königs-Bildnus aufgestellt worden; ist noch unerläuteret. Es war aber diesere Kirch nicht nur dieseres Stiffts Stifft Kirch, sondern ist nach der Mitte des XII. Seculi auch zu einer Pfarr-Kirch gemacht worden, und ist selbige auch dermahlen eine und zwahr die erste der in der Stadt Zürich befindlichen 4. Pfarr-Kirchen, dahin nicht nur ein Theil der Burgerschaft, sondern auch noch viele Landleute aus der Obervogtey Küsnacht, und den IV. Wachten Pfarrgenößig sind, und wird darin der Gottes-Dienst alltäglich versehen, und sind dazu verordnet der von klein und grossen Rath erwehlte Pfarrer (der zugleich auch Antistes aller Kirchen in dem Gebiet der Stadt Zürich, und der Evangelischen Kirchen und Pfarren in den gemeinen Landvogteyen Baden, Thurgäu und Rheinthal ist auch gemeinlich der Oberst Pfarrer genennt wird) und 2. Predicanten, auch die zwey von den Chorherrn und ihren Oberkeitlichen Pflegern erwehlte Helfer oder Diaconi, deren einer Leutpriester genennt wird.

2. Die Kirch zum Frau-Münster welche auf der linken Seiten des Ausflußes des Sees durch die Stadt unweit von dem

demselben, und also in der sogenannten kleinen Stadt stehet; sie war die Stiffts-Kirch des dortigen Frauen-Stiffts, von welchem hernach das mehrere folgen wird; sie soll von König Ludovico von Deutschland oder Ost-Francken aber nur mit einem und zwar dem Obern Thurn gegen der Brugg angelegt, erst aber 879. von seiner in dortigem Stifft gewesenen anderen Aebtißin Tochter in den Stand gebracht worden seyn, daß sie eingeweyhet worden: zu Anfang des XI. Seculi ward noch ein Thurn (gegen den Kraz) und 3. Bögen in dem Chor und um die Mitte des XIII. Seculi das Chor bis auf die halbe höhe, auch der Creuz-Gang daran erbauet; sie ist ziemlich groß, und ward A. 1713. innwendig wol erneuert: sie hatte auch erstlich zwey nicht gar hohe Thurn, welche niemals völlig ausgebauet worden seyn möchten; von A. 1730. bis 1733. aber ist der einte derselben gegen dem sogenannten Kraz abgeschliffen, hingegen der gegen dem sogenannten Münster-Hof von neuem und höher aufgeführt, mit einem ansehnlichem Helm versehen, auch daran ein Schlag- und Zeig-Uhr mit Zeit-Tafeln auf alle 4. Seiten verfertiget worden: in uns an derselben wird auch das übrige und mehrere Standes-Archiv aufbehalten, und befindet sich auch daran ein grosser Creuz-Gang, und auf und an demselben auch ein anderer Theil der Collegiorum, und Lateinischen Schulen, wie auch ein Wohnung für den zu Verwaltung dortiger Gefällen geordneten Oberkeitlichen Amtmann, wie auch für den Oberkeitlichen Registratoren. Diesere Kirch ist auch eine der Pfarr-Kirchen der Stadt, dahin aber nur ein kleiner Bezirk der Stadt Pfarr Genößig ist, und darzu ein von klein und grossen Raht erwehlter Pfarrer und ein von dem kleinen Raht erwehlter Helfer oder Diacon verordnet sind.

3. Die Kirch zu St. Peter ligt auch in der kleinen Stadt auf einem etwas erhabnen Ort ist weitläufig und mit schönen Gips-Werk, von gekünstleten Marmor überzogene Säulen, auch eine Canzel von guter Schreiner Arbeit versehen, hat auch einen in die 200. Schuh hohen dicken steinern Thurn, darinn ein Kunstreiche Senkel-Uhr welche auf allen

4. Selten die Stunden auf grossen Tafeln zeiget, und befindet sich auch auf der Seiten gegen dem Rahthaus unter einer solchen Tafeln noch eine A. 1538. verfertigte Tafel, die der Sonnen- und Monds-Lauf zeiget: es stuhnde in dem IX. Seculo daselbst ein Capell an deren statt hernach, unwissend um welche Zeit; ein Kirch erbauet, A. 1661. verbessert und A. 1705. ist die dermahlen 327. Schuh lange Kirch von neuem zu bauen angefangen, und den 21sten Nov. 1706. eingeweyhet worden; der Thurn ist A. 1645. und 1657. von Stral-Streichen beschädiget, und den 20sten Jul. 1699. der Helm darvon angezündet, und bis kauf die Maur abgebrant, aber sogleich wieder hergestellet worden. Es sind dahin Pfarrgenößig der gröste Theil der Einwohnern der kleinen Stadt, und auch aussert der Stadt die Dörfer Wiediken und Engi, nebst vielen selbiger Enden gelegnen Höfen, und Häusern, und haben die Pfarrgenossen in und aussert der Stadt das Recht ihren Pfarrer, Diacon oder Helfer, auch den Kirchen-Pfleger, Sigrist und Todtengräber zu erwehlen, welches seith A. 1671. durch das heimliche mehr geschiehet; wann selbige aber solche Freyheit erlanget, und ob sie selbige ununterbrochen ausgeübet, ist unerläuteret, zumahlen sich sonst zeiget, daß die ehemahlige Capell daselbst schon in dem X. Seculo dem Stifft zum Frau-Münster vergabet, der Pfarr Saz allda von selbigem A. 1345. dem Burger-Meister Rudolf Brun, und von desselben Erben A. 1361. dem Spittal verkaufft worden: es hat auch diesere Kirch ein schönes Kirchen-Gut, aus welchem aber die Kirch, Pfarr-Helfer-Sigrist und Todte-Gräber-Häuser in Stand gehalten werden müssen, und wird selbiges von dem von den Pfarrgenößig meistens aus den kleinen Räthen der Stadt erwehlten Kirchen-Pfleger verwaltet.

4. Die Kirch zu dem St. Geist, oder gemeinlich zu Predigern genannt, ligt in der grossen Stadt an der Stadt Ring-Mauren zwischend dem Cronen- und Nieder-Dorf-Thor, und an der einten Seiten des Spittals; dieselbe ward von A. 1611. bis A. 1614. an die ehemahlige Prediger-Kirch schön angebauen, und ist den 21sten Augstm. A. 1614. die erste

erste Predig darin gehalten: zuvor schon An. 1302. ist ein eigner Caplan auch zu dem Spitthal geordnet gewesen, an dessen
statt A. 1544. die Oberkeit ein Pfarrer der an einem Sonntag in der Prediger-Kirch ein Predig thun, und in der Wochen die Kranknen besuchen solle: bestellt, demselben An. 1571.
ein Chorherrn-Pfrund zugeordnet, und A. 1575. auch die Zubienung der H. Sacramenten bewilliget worden, doch so, daß
er der Pfarr zum grossen Münster auch mit Predigen und
andern zur Hilf stehen solle, A. 1612. aber auch die Einseg-
nung der Ehen demselben zugestanden und daraus ein eigne von
dem grossen Münster abgesönderte Pfarr gemacht, und noch
ein Helfer und Diaconus zu Versehung solcher Pfarr und insbesonder dieser auch des Spitthals verordnet worden, davon
der erstere von klein und grossen Rähten, und der andere von
den kleinen Rähten erwehlet wird: dieses ist die vierte Pfarr in
der Stadt Zürich, und gehört anuebst bald dem halben und
zwar der untere Theil der grossen Stadt, auch noch die in
der Obervogtey der IV. Wachten gleich vor der Stadt gelegnen
Gemeinden Fluntern, Ober- und Unter-Straß auch in selbige: den Namen zu Predigern hat solche Kirch behalten, weilen sie, wie obbemelt, an die Kirch der ehemahligen Prediger
Mönchen angebauet, da der Gottesdienst zuvor in selbiger gehalten worden, jetz aber selbige (in welcher annoch einer der
7. höchsten Chören in Deutschland befindlich:) annoch gegen
die neue offen stehet, und man auch durch selbige in die neue
gehet, darin aber kein Gottesdienst mehr verrichtet wirde: ermeldte Prediger Mönchen kamen bald nach ihrer Ordens-
Errichtung A. 1230. nach Zürich, und fiengen zu Stadelhofen
ein Haus an zu bauen, und obgleich das Stift zum grossen
Münster, und andere Geistliche sich aus Forchten daß sie ihnen
in ihr Pfarr-Recht eingreiffen möchten, wider derselben Annahm
gesetzt; ist ihnen dennoch auf Anweisung Pabst Gregorii IX.
und durch Für-Schreiben von S. Thomæ Stift zu Strasburg;
gleich des folgenden Jahrs die S. Niclaus Capell in der Brunngaß
eingeräumt, samt beygelegner Hofstadt übergeben, ein Kirchhof
eingeweyhet, auch das an den Spitthal gestandene Kloster und
obbemerkte Kirch und Chor A. 1240. ausgebauen worden: diesere

sere Mönchen warden A. 1247. da sie in der zwischend dem Kayser und Pabst gewalteten Mißhelligkeit auf des Bischofs von Costanz Befehl nicht mehr Meß halten wollen; aus der Stadt getrieben, da sie sich nach Winterthur auf den heiligen Berg in Bischof Strasburgischen Schutz begeben, und ihnen, unerachtet des folgenden Jahrs wiederum einige Geistliche in die Stadt gelassen worden; wegen ihren der Stadt auch sonst beschwehrlichen Aufführung der Zugang in die Stadt nicht wieder und erst A. 1249. ihnen gestattet worden, daß zwey Läyen-Brüder in ihr Kloster zu dessen Verwahrung gehen möchten, und sollen sie erst des folgenden Jahrs wieder in selbiges kommen seyn; da folglich A. 1280. unfehrn von diesem Kloster ein Feuer entstanden, welches den grösten Theil der grossen Stadt eingeäschert und viel Burger ihre Häuser wieder zu erbauen ausser dem Stand gewesen; haben ihre Ordens-Brüder von Strasburg ihnen so viel Geldt vorgestreckt, daß sie viel dergleichen lähre Plätz erkauffen, ihr Kloster verweitern, und auch weitläufige Gärten anlegen können, und danahen die damahlige Räthe ihnen weiters zu kauffen verbotten haben: letstlich ist bey der Religions-Veränderung An. 1525. dieseres Kloster aufgehebt, und seine Einkünften dem daran gelegenen Spitthal einverleibet worden.

5. Es war ehemahls auch ein Barfüsser oder Franciscaner-Ordens-Closter an der Ring-Maur der grossen Stadt zwischend dem Linden- und dem Cronen-Thor, welches mit Beyhilfe der Burgern schon A. 1240. im Stand gewesen; sie sollen nach einigen gleich hernach wegen der Päbsten den Burgern wegen ihren Anhang an den Kayser auferlegten Bann nebend andern Geistlichen die Stadt verlassen haben, hernach aber sich wieder in selbiger mit einer Bewilligung an Gottes-Dienst unter gewissen Bedingen zu verrichten; eingefunden haben, da aber die Burgerschaft die unbedingte völlige Verrichtung des Gottesdiensts verlangt, sollen A. 1247. die Geistliche wieder aus der Stadt gezogen, oder ausgejagt worden, die Barfüsser aber zwahr auch zum Linden-Thor aus, aber nur den Graben ab, und wiederum zu dem Cronen-Thor

ein

ein in ihr Kloster gezogen seyn, und den Burgern den Gottes Dienst verrichten gehulfen, und dardurch bey der Burgerschaft einen guten Willen erworben haben, wie dann auch A. 1336. die Abänderung des Stadt-Regiments in dortiger Kirch behandlet worden: bey der Religions-Abänderung An. 1524. ward das Kloster und Kirch derselben aufgehebt, und die Gebäu erstlich der Froschauerischen Druckerey eingegeben A. 1532. aber über derselben Gefäll ein eigner Beamter, Obmann genannt, von welchem unten unter den Stadt-Häuptern das mehrere vorkommen wird; gesetzt, und wird dermahlen auch noch in diesem Kloster-Gebäu der Vorraht von andern abgeänderten Klöster-Einkommen verwahret und aufbehalten.

6. Auch die sogenannten Eremiten oder Einsidler Augustiner bekamen A. 1265. an der Ringmauren der kleinen Stadt unweit der Pfarrkirch St. Peter auch ein Kloster durch Hülf Graf Rudolfs von Habsburg des damahligen Hauptmanns der Zürichern und Graf Krafts von Toggenburg der das Holz darzu gegeben; auch folgends da gedachter Graf Rudolf Kayser worden, er selbiges auch mit schönen Freyheiten begabet hat, auch solle die Burgerschaft, und insbesonder die Geschlechter Schäflin, Biber, Maneß, Stachel, Müller ꝛc. vieles darzu beygetragen, und danahen auch dieser Geschlechter ihre Begräbnis darinn ausgewehlet haben: dieses Kloster ward auch zu End A. 1524. aufgehebt, und die Einkommen A. 1537. dem Almosen-Amt zugeordnet; das grosse Gebäu des Klosters aber ward zu einer Wohnung des Obmanns dieses Almosen-Amts, und auch eines Amtmanns des sogenannten hintern Amts, gemacht, und zu Aufbehalt der nöthigen und dahin gehörigen Früchten eingerichtet, und sonderlich A. 1710. da das hölzerne Gebäu des alten Klosters bis auf den untersten Boden, auch der hinten gestandene Creutzgang abgeschliessen worden zu all obigem komlicher aufgebauet und errichtet: an dem Ort, wo die Kirchen gestanden, sind dermahlen oben Oberkeitliche Korn- und Frucht-Schüttenen, und darunter die Münz und auch des Münz-Meisters Wohnung, und ward

An.

A. 1692. das darauf gestandene Thürlein, auf dessen Helm ein guldene Cron gewesen: abgeschlissen.

7. Es war auch zu unterst der kleinen Stadt an der linken Seiten der Aa auf einer etwelchen Höhe ein Frauen-Kloster genannt am Oetenbach, welches erstlich Augustiner, hernach aber Prediger-Ordens gewesen seyn solle: den Anfang desselben wollen einige herleithen von einigen Weibs-Persohnen, welche theils in dem Neu-Markt, theils auf Dorf ein Klösterliches Leben angefangen, und hernach erstens ein Haus aussen an dem Horn in dem Seefeld gebauet hatten, und folglich in die Stadt an ein Ort zwischend der Aa und der Sil gezogen sind, und selbiges Ort danahen Ort am Bach genennt habind: es finden sich aber auch Anzeigen, daß Lüthold Prühhund an selbiges etwas Anspruch gemacht, aus Grund, daß seine Vordern selbiges gestiftet habind: das eint oder andere aber müßte vor A. 1239. geschehen seyn, als Pabst Gregorius IX. schon in diesem Jahr die Priorin S. Mariæ Kilchen am Oetenbach bey der Burg zu Zürich, und ihre Schwestern St. Augustiner-Ordens in sein Schutz aufgenohmen, auch ihnen die von seinen Vorfahren auch Königen Fürsten und andern erhaltene Freyheiten, Recht, und Güter bestähtiget, wie wohl auch ein Gerücht fället, daß die aus dem Seefeld erst An. 1314. dahin eingezogen, und von denen das Jahr zuvor abgebrannten und also Oeden Plätzen selbiger Enden gekauft und darauf erbauet, und danaben selbiges Oedenbach genannt habind; dieses Kloster solle auch um diesere Zeit von der Königin Agnes von Ungarn und folglich auch von andern schöne Vergabungen empfangen haben, daß es in einen gar guten Stand kommen, und auf eine Zeit 90. Frauen in demselben gewesen seyn sollen, auch von An. 1475. bis 1478. der annoch befindliche schöne Creutzgang errichtet worden seye: A. 1525. hat man dieses Kloster zwahr aufgehebt, und denen daselbst gewesnen, und auch aus andern Frauenklöstern dahin gesetzten Frauen welche sich nicht verheyratbet, ehrliche Leibgeding bis an ihr Absterben, zu Verwaltung aber der diesörtigen Einkommen ein Ammann verordnet: das Kloster-Gebäu ward in dem folgenden

Seculo

Seculo theils zum Aufbehalt eines grossen Theils des Oberkeitlichen trocknen Frucht - Vorrahts in dem genannten Korn-Amt und theils zu einem Waisenhaus verordnet, und warden auch einige Gemach zu Verwahrung unnüzen Gesinds angewendet, und A. 1655. auch ist ein Theil der ehemahligen Kirch wiederum zum Predigen an einem Sonntag angestellt, und A. 1703. erweitert, auch das Thürnlein darauf A. 1709. mit einer Glogg versehen worden, gleich dann zu Versehung dortigen Predigen und auch zur Aufsicht der Unterweisung dortiger Waisen - Kindern seit 1655. ein Pfarrer und An. 1705. auch ein Helfer bestellt worden.

8. Es war auch ehemahls ein Art Frauen-Kloster der S. Augustini Regul in der sogenannten Samlung von Costanz oder zu S. *Verena*, welche erstlich ihre Wohnung gehabt haben sollen an dem Ort, wo es noch dermahlen in dem Spitthal die Sammlung genennt wird, hernach aber dieselbe an der Brunngaß erweiteret an dem Ort, welchem auch nachdem diese Frauen A. 1525. nach Aufhebung des Klosters erstlich in das Kloster am Oetenbach gebracht, und die Gefäll dem Spitthal einverleibet worden: an den berühmten Buchdrucker Froschauer kommen: der Namen Froschau beygelegt worden, und noch behaltet: so waren auch von denen sogenannten Beginnen oder willig armen Schwestern viele in der Stadt, und soll Johann Bilgeri zugenannt Grimm, An. 1324. seinen Antheil an der Steingaß (von welchem selbiger folglich der Bilgeri - oder Grünen - Thurn genennt worden:) theils dem Spitthal, theils den willig armen Schwestern vergabet haben, welche sich dort und bey den sogenannten Waldshut gesetzt, und nach und nach auch von andern so mildiglich betrachtet worden, daß sie A. 1366. in des Spitthals - Pfleg aufgenohmen, und von desselben Pflegeren versprochen worden, 40. derselben allda zu erhalten; nach deren Abgang ward dortiges Hause An. 1525. zu einer Wohnung der Spitthal - Predigern geordnet: es solle auch ein solches Beginnen - oder Schwestern - Haus an dem Ort, wo jetz das grosse Zeughaus stehet: aber in der A. 1469. in Gassen entstandenen Brunst auch abgebrunnen gewesen seye.

9. Es

9. Es kommt auch noch in Betrachtung die sogenannte Wasser-Kirch, welche den Namen bekommen haben wird, weilen sie von dem Ausfluß des Sees in die Stadt umgeben ist: von ihrem eigentlichen Ursprung ist nichts deutliches bekannt, doch ist viel Anscheln, daß selbiger Kirch oder Capell die alten Grafen von Kyburg den Anfang müssend gegeben haben, da An. 1255. oder 1256. von Grafen Hartmann dem Alten und Jungen die daselbst gestandene Capell, nebst dem Capellan-Satz dem Stift zum grossen Münster, vergabet worden, und findet sich auch daß Burkhard und Ulrich die Kriegen, auch die Edlen von Hottingen, auch zuvor den Capellan-Satz von den Grafen von Kyburg zu Lehen gehabt: es ist auch A. 1284. von der Stift da zuvor kein beständiger Gottesdienst darin gehalten worden; ein eigner Capellan hierzu bestellt, und diese Capell A. 1288. eingeweyhet worden: es sind folglich in derselben vermuthlich auch aus der Sag, daß S. Felix und Regula an dieserm Ort den Marter-Tod erlitten, nach und nach bey 7. Altäre von verschiedenen Versohnen errichtet worden, A. 1472. aber ist selbige abgeschliffen und bis A. 1479. von neuem erbauet, und mit einem kunstreichen Gewölb und noch mit 3. mehrern Altaren versehen An. 1486. eingeweyhet, und A. 1487. auch ein Thurn darauf erbauet worden; es waren auch in derselben die von Zeiten zu Zeiten von den Feinden eroberte Banner und Fahnen aufgestecht, welche aber An. 1525. anderwertshin verwahret, der vorige Gottesdienst darin aufgehebt auch der Thurn abgeschliffen, und das Gebäu erstlich zu Aufbehalt der Kaufmanns-Gütern auf 3. unterschlagenen Böden gebraucht worden: An. 1631. aber ward der obere und A. 1632. der mittlere Boden zur Aufbehalt der Burger-Bibliothec gewiedmet, An. 1634. die Schnecken oder Wendel-Treppen auf selbige erbauet, und A. 1640. der Unter-Boden zu Haltung der Schul-Orationen und Disputationen, und An. 1676. auch zur Bibliothec und der obere Boden zu einer Kunst-Kammer verordnet, und A. 1717. und folgendes Jahr ward der Ober-Boden auch durchgebrochen, und zwey Gäng und Gallerien ob dem Untern-Boden in Ey-Gestalt gemacht, auf dem obersten die Kunst- und natürliche Seltzamkeiten, auf

dem

dem mittlern und untern aber die Bücher aufbehalten, wie das mehrere unter dem nachfolgenden Articul Burger-*Bibliothec* zu sehen werden: es ist auch nebend dieser Kirch ein Brugg welche beyde die grosse und kleine Stadt mit einandern vereiniget.

Es war auch in alten Zeiten gleich vor der kleinen Stadt auf einer wenigen Höhe ein Kirch, erstlich zu *S. Cyriac* und hernach *S. Stephan* genannt, an deren statt wegen ihrer Enge und Kleine folglich die obbeschriebene Kirch zu S. Peter entstanden, und an gleichem Ort war ein andere Capell zu St. Anna, welche annoch stehet, und etwann zu Abdankungen der in den daran stossenden A. 1564. angelegten Kirchhof begrabenden Persohnen Leich-Begleitern gebraucht wird.

Unter den weltlichen Gebäuen hat den Vorgang

a. Das Rahthaus, welches ein ablang geviertes drey Stockwerk hohes, und von lauter Quaderstein-Stucken errichtetes ansehnliches mit einem von schwarzem Marmor aufgeführten Portal, und aussenwendig ob den Liechtern theils mit Brustbildern Vatterländischer auch andern Eydgenössisch- und Griech- und Römischen für die Freyheit ihres Vatterlands besorgt gewesenen treu und dapfern Männern und beygefügten Denksprüchen, theils mit in Stein erhobenen Frucht-Zierathen, inwendig aber mit zweyen Rahtstuben für den kleinen und grossen, und auch für den kleinen Raht von künstlicher Schreiner- und Bildschnitzer-Arbeit, und schönen Stuben-Ofen. (an denen die merkwürdigste Thaten der Eydgenössischen Alt-Vordern, der Stadt zugehörigen Städt, Schlösser, Aemter ꝛc. und andere nachdenkliche Sinnen-Bilder vorgestellt werden:) auch andern Gemächern und der Bewohnung des Grosweibels versehenes Gebäu, welches von A. 1694. bis A. 1698. von neuem auferbauet worden auf das noch gut befundene Fundament des von A. 1398. bis A. 1400. von Holz aufgeführten aber zum Einfall geneigt gewesenen Gebäus, unter welchem vor diesem Krämer und Fellbrötler feil gehabt, und auch das Haus der Gesellschaft zum Schnecken angebauet gewesen, dieseres Rahthaus stehet bald mitten in der Stadt, und zwahren in der

grossen

grossen Stadt, auf der rechten Seiten der Aa welche unter den Schwibbögen, darauf es stehet: durchfliesset, und findet sich auf zweyen Seiten von demselben dieses Wasser, und auf den zwey andern weite mit Zünften und andern Gebäuen umgebene Plätz, und ab dem einten die aus der grossen in die kleine Stadt führende weitläufige untere genannte Brugg, und an derselben auch vor dem Rahthaus über

b. Das sogenannte Richthaus, oder das zu Haltung des Stadt-Gerichts gewiedmete Gebäu, und darunter auch die Burger-Wacht-Stuben, auch ohnweit darvon

c. Das Ehe-Gericht-Haus, auf welchem das Ehe-Gericht sich versammelt und gehalten wird.

d. Die Burger-*Bibliothec* befindet sich auf der gleich vorbeschriebnen Wasser-Kirch, und zwahren auf dem untersten Boden indem man durch die Haupt-Thür (unweit von welchem die sogenannte Obere-Brugg anfanget:) auf einer steinernen Treppen von etlichen Stuffen hinunter steiget: ein zahlreiche Menge von gedruckten Büchern, und darunter sonderlich ein Haupt-Sammlung von Biblen; in 25. Gestellen und Gebaltern eingetheilt, darvon A. 1744. ein Verzeichnus in 8vo. in Druck gegeben worden, wie auch in einem Gehalter viele rare Handschriften, und darunter auch eine uralte von dem Psalter-Davids in griechischer Sprach ꝛc. von selbigem stieget man auf einer steinernen Wendel- oder Schneggen-Treppen auf den ersten bald das ganze Gebäu bis an die Haupt-Thür und diesere Treppen umgebenden Gang oder Gallerie, auf welchem nebst dem übrigen und grösseren Theil der Handschriften sonderlich auch von Vatterländischen Histori-Schreibern, die in Druck ausgegangnen Schriften und Uebersetzung hiesig Verburgerten, und auch die übrigen Bücher, die auf dem untern Boden kein Platz mehr gefunden, gleichfalls in Gesteller und Gebalter aufgestellet sind: und von dieserem Gang und Gallerie führet besagte Wendel- oder Schneggen-Treppen, noch auf einen gleich dem Vorigen das Gebäu umgebenden andern Gang oder Gal-

lerie

lerie auf welchem ein Gehalter von einer grossen Anzahl alter und neuer Münzen, ein grosse gar umständliche Land-Cart des Gebiets hiesiger Stadt, verschiedene Globi, kunstreiche Uhrwerk und Gemähler, und andere sehenswürdige Werke der Natur und Kunst aufbehalten und gesehen werden mögen; auch befinden sich an denen Einfassungen dieser beyden Gängen und Gallerien die Bildnussen der meisten gewesenen Burgermeistern der Stadt aufgestellet: der Anfang dieser Burger- und öffentlichen Bibliothec ward von etlichen Burgern A. 1628. und An. 1629. gemacht, und von selbigen und hernach auch andern so viel Bücher zusammen geschenkt und erkauft worden, daß sie in denen in absönderlichen Häusern ausgelesenen Gemächern nicht genugsamen Platz mehr gehabt, und dannahen A. 1631. und folgenden Jahren sie von der Oberkeit in obbemeldte Wasser-Kirch zu bringen bewilliget, und folglich von Zeit zu Zeit der mehrere Platz in selbiger angewiesene und ausgerüstet worden wie in vorigen Articul, Wasser-Kirch: das mehrere angebracht worden: es ist ein Gesellschaft von einer zimlichen Anzahl von Burgern Geist- und Weltlichen Standes, welche selbige nicht nur in guten Stand zu unterhalten, sondern auch mit allem nöthigen und nützlichen zu vermehren, und in ferneres Aufnehmen zu bringen sich bemühen, und aus ihnen einen Præsidem, meistens aus dem kleinen Rath, nebst 12. Rähten von beyden Ständen erwehlen, welche die nähere Sorgfalt darüber in öftern Zusammenkunften ausüben, und ist auch zu derselben Aufnung der Oberleitliche Befehl A. 1692. und 1728. ergangen, daß von allen Büchern, welche von Verburgerten Verfassern sowol hier als in der Fremde gedruckt werden, und auch von denen anderwertigen, für welche hiesige Oberkeit Freyheit ertheilt, ein Stuck auf diesere Bibliothec geliefert werden solle; darbey noch anzufügen, daß auch denen Burgern ab der Bibliothec Bücher zu ihrem Gebrauch nach Haus ausgeliehen und abgefolget werden, jedoch unter denen Bedingen, welche in der Vorrede der obbemelten A. 1744. gedruckten Verzeichnus ausgesetzt sind: und ist darzu auch ein eigner Bibliothecarius bestellt.

c. Die

e. Die Bibliothec der Stifft zum grossen Münster, auch genannt Bibliotheca Carolina, enthaltet auch ein grosse Anzahl gedruckter sonderlich von hiesigen Gelehrten seith der Religions-Verbesserung ausgefertigten Werken, und sind darein A. 1532. auch die von M. Huldrich Zwingli hinterlassene Bücher erkaufft worden: es befindet sich auch darinn ein von Kayser Carolo M. dem Stifft vergabete grosse auf Pergament mit gar vielen vergulbeten Buchstaben geschriebene lateinische Bibel, und noch viele andere alte Handschrifften von obbemelten hiesigen Gelehrten, und darunter auch die Briefwechsel M. Heinrich Bullingers, Johann Heinrich Hottingers, und anderer Gelehrten ꝛc. und ist einer aus der Zahl der Chorherrn zu derselben Aufsicht und Besorgung verordnet: selbige ist aufbehalten in einem grossen Gemach auf der sogenannten

f. Chorherren-Stuben, welches ein A. 1662. und folgenden Jahr an dem Creutzgang der Kirch zum grossen Münster errichtetes Gebäu, auf dessen obern Boden die Zusammenkünften sowol dieses Stiffts-Chorherren und deroselben Oberkeitlichen Pflegern, als auch derer Examinatoren Geist- und Weltlichen Standes derer Kirchen- und Schul-Dienern, auf dem untern aber auch in einem Angebäu der Studenten-Collegia, und in diesem einem auch der Französische Gottesdienst gehalten wird.

g. Collegia für die studierende Jugend in den Sprachen und höhern Geist- und Weltlichen Wissenschaften ist eines, wie gleich bemeldet an und auf der Chorherren-Stuben in dem Sommer in dem A. 1534. errichteten Angebäu und in dem Winter in dem untern Boden derselben, in welchen beyden auch die offentliche Orationes und Disputationes gehalten werden; das andere aber ist an der Kirch zum Frau-Münster angebauet, und wird das erstere das obere oder Carolinum-Collegium, das letztere aber das untere oder Collegium Humanitatis genennt, unter und von welchen beyden unten das mehrere vorkommen wird, so warden auch

h. Gebäue

Zürich.

h. Gebäue zu 5. lateinischen Schulen, auch auf der andern Seiten gedachter Chorherren-Stuben, A. 1572. und zu 5. dergleichen bey dem Collegio zum Frau-Münster A. 1601. angelegt, in welchen die Jugend unterwiesen wird, bis sie die Tüchtigkeit hat in das Collegium Humanitatis befürderet zu werden. Auch ward A. 1586. in einem Gebäu in dem sogenannten Kinder-Markt Platz gemacht zu Haltung 3. deutscher Schulen für die minderjährige Jugend, welches danahen jetz die deutsche Schul genennt wird. Es sind auch in der grossen und kleinen Stadt noch verschiedene absonderliche junge Knaben und Töchtern Schulen, welche alle doch unter gehöriger Aufsicht stehen.

i. Der sogenannte Zucht-Hof, ein Gebäu unweit der Kirch und dem Amtmanns-Haus zum Frau-Münster, welches 1636. aus dem Frucht-Behalter oder Haus dieseres Amts zu einer Wohnung einiger 15. bis 20. studierenden Oberkeitlich unterhaltner jungen Knaben eingerichtet, A. 1687. aber wieder abgeänderet, und etwas Zeit von vertriebnen Piemontesern hernach Holländischen und Engelländischen Gesandten, und weiter von einigen Geistlichen bewohnt worden, bis A. 1710. da es wieder zu einer Wohnung 15. Oberkeitlich unterhaltnen studierenden Knaben verordnet worden, und noch ist, auch das *Collegium alumnorum* genennt, und der Geistliche Aufseher Zuchtherr oder auch Inspector genennt wird: der Anfang zu dieser Stiftung wurde gemacht A. 1538. für ein Zuchtmeister und 15. Knaben, und ihnen A. 1540. ein Herberg in dem dermaligen Amthaus zum Frau-Münster A. 1636. auf dem Obern Boden angewiesen: A. 1636. ward noch über das das obbemelte Haus für einen andern Zuchtmeister und 10. dergleichen Studenten angeordnet, solches aber A. 1687. wiederum aufgehebt, und der andere Zuchtmeister oder Inspector des sogenannten alten Zuchthofs, mit von dem kleinen Raht erwehlten zum Geistlichen Stand gewidmeten jungen Bürgern A. 1710. in obiges Gebäu gesetzt, allwo sie noch und zwahren auch einer von der Zeit an, da er unter die Kirchen- und Schul-diener aufgenohmen worden, noch 3. Jahr Oberkeitlich unterhalten werden.

k. Der Zeug-Häusern sind verschiedne und zwahr in der kleinen Stadt, in welchem ein grosse Anzahl von grossen und kleinen Batterey- Feld- und andern Stucken, Mörsern, auch von Flinten und andern kleinen Geschütz, daß viel tausend Mann daraus bewehrt werden kan; und auch ein grosser Vorraht von allen andern Kriegs-Nohtwendigkeiten; und einige grosse und kleine Feur-Spritzen aufbehalten und verwahret werden; das Haupt und Gröste davon stehet in den sogenannten Gassen wo man durch das Katzen-Thor in die Stadt kommet, und ward A. 1487. erbauet, in dessen untersten Boden die grössesten Stuck und Mörser, auf dem andern die Doppel-Hagen und eine grosse Menge Flinten, auch viele von denen in ehemaligen Kriegen eroberte Banner und Fahnen, auf dem dritten ein merkliche Anzahl Harnisch, und auf dem vierten auch viel Halleparten, Spies und befindlich ꝛc. in dem unweit davon von ersagtem Katzen-Thor der Stadt Ringmaur nach bis zu dem Capeller-Hof angebauten sogenannten Sand-Hof stehet ein ziemliche Menge allerhand Gattung Feld-Stuck; in denen auf der andern Seiten des Haupt-Zeughauses in der sogenannten Gassen noch stehenden 2. Gebäu, sind noch allerhand kleine Gewehr auch Trommen, Sättel und andere zum Krieg dienende Sachen aufbehalten, und in dem unten an der Kirch zu St. Peter gebauten sogenannten Leuen-Hof ist ein Geppfeter Saal für die Zusammenkunft der Oberkeitlichen über das Zeug-Hause geordueten Commissarien, auch der der Gesellschaft der Feur-Werkern einverleibter Burgern, und unten in dem Hof die Werkstätt der die Ernst-und Lust-Feur-Werker-Kunst lehrnenden jungen Burgern, und auch der sonstigen Arbeitern in dem Zeug-Haus. Gleich aber vor gedachtem Katzen-Thor in der Vorstadt des Thallachers ist der A. 1686. erbaute sogenannte Feld-Hof, welches ein weitläufiges Gebäu, in dessen Mitten seith A. 1756. des einten Zeugmeisters Wohnung angelegt worden, auf der Seiten aber ein grosser Vorraht von Kuglen, Bomben, Zelten, Munition

tion und Proviant-Wägen, Schanzen-Zeug ꝛc. sich findet; auch ist noch ein auf der andern Seithen des Thal-Ackers gegen und an dem See innert den Schanzen-Pallisaden gelegenes Gebäu, der Schiff-Schopf genannt, darinn zwey auf den hiesigen See sich schickende Kriegs-Schiff, auch Anker-Seil und anders zur Schiffahrt nöhtiges aufbehalten werden.

1. Der Spittal stoßt wie oben bey Anlaas der Kirch zu dem H. Geist oder den Predigern angemerkt worden; an diesere Kirch, und war ehemahl in dem dermahlen weitläufigen Bezirk desselben nebst dem Spittal, auch das Kloster der Prediger Mönchen dessen Gefälle auch bey der Religions-Veränderung A. 1525. diesem Spittal einverleibet worden, wie zuvor A. 1378. Pabst Urbanus VI. in Ansehung seines damahligen mangelbaren Zustands, da er nur 20. arme und elende Persohnen erhalten mögen; ein gleiches mit der Pfarrkirch zu St. Peter gethan, von deren Absönderung von dem Spittal ist nichts eigentliches bekannt, da indessen folglich der Spittal nach und nach durch Vergabungen, durch die Gefäll obigen Prediger-Klosters, auch des Klosters Sellnau und der Schwester Sammlung von S. Verena selbiges viel Lehen Höfe und Güter, auch Zehnden, Zins an verschiedenen Orten ꝛc. besitzt, auch ein eigene Mülle, Pfisterey, Metz auch alle Handwerker in der Stadt hat, und andere Mittel in so guten Stand kommen, daß dermahlen 6. bis 700. Persohnen in selbigem unterhalten werden, und zwahren in verschiedenen Gebäuen, davon auch eines A. 1732. abgebrunnen, A. 1734. aber ein anderes wieder erbauet worden: es sind zu desselben Aufsicht verordnet 2. Glieder des kleinen und 1. des grossen Rahts als Pflegere, und hat die Verwaltung der Gefällen ein Spittal-Meister, der aus dem kleinen oder grossen Raht genohmen, und alle 9. Jahr abgeänderet wird, und einen eignen Schreiber und ander Unter-Beamte unter sich hat: der Spittal oder die alte Capell bekam schon A. 1302. eine Vergabung von der Stadt, aus deren ein Capellan für die Armen und Kranken daselbst erhalten werden können, und warden dieseren hernach von dem Stift zum grossen Münster, als in deren Pfarr

der Spittal, gelegen bestellet: der jezige Spittal aber hat auch seith A. 1682. einen eignen Prediger der alle Sonntag in einem Gemach, darinn die Kranknen liegen, predigen, auf die H. Fest das H. Abendmahl austheilen, auch die Kranknen fleissig besuchen solle, welches zuvor ein Helfer oder Diaconus zum Predigen thun müssen, welcher jedoch nebst dortigem Pfarrer auch noch von Zeiten zu Zeiten Besuch in dem Spitthal abstatten müsse: es ist auch zu dem Spitthal ein eigener Wund-Arzt, den man Spitthal-Arzt nennet, verordnet, und sind auch beyde Stadt-Arzt nebst demselben zu Besuchung und Besorgung der Kranknen ꝛc. in demselben verpflichtet, auch wird alle Dienstag in einer Stuben in dem einten Gebäu von Oberkeitlich verordneten klein und grossen Rähten auch Aerzten und Wund-Aerzten eine Zusammenkunft gehalten, und in der sogenannten Gschau oder Wund-Gschau der vorkommenden armen, kranknen und presthaften Persohnen Zustand untersucht, einige in den Spittal zur Cur aufgenohmen, und auch einigen Arzneyen in ihren Heimat mitgetheilet: auch ist darin A. 1739. ein eigenes Gemach zu Zerschneidung und Anatomirung menschlicher Cörpern angeordnet und eingerichtet, und darzu und zur Unterweisung in solcher Wissenschaft auch ein darin Erfahrner bestellet worden: annebst werden auch einige Bürger oder Angehörige ab der Landschaft zu Pfründern in dem Spittal angenohmen, und ihnen nach dem Werth des bezahlten Pfrund-Gelts Unterhaltung verschaffet.

m. Das Waisenhaus ward A. 1637. in dem ehemahligen oben schon beschriebnen Kloster am Oetenbach angelegt, und seither durch Vergabungen, Beysteur und andere Mittel in solch guten Stand kommen, daß dermahlen über hundert mangelbare Waislein, Knäblein und Töchterlein aus der Stadt und ab der Landschaft verpflegt, und in Lesen, Schreiben und allerhand Hand-Arbeit unterrichtet werden, bis sie sich selbst ernehren können, und ward darüber von den Oberkeitlichen Allmosens-Pflegern ein sogenannter Waisenvatter zu 12. Jahren bestellet, auch haben der Pfarrer und Helfer am Oetenbach die Ober-Aufsicht auf ihre Unterweisung.

n. Das

Zürich.

n. Das sogenannte Waag-Haus oder Kauf-Haus, und

o. Das Salz-Haus stehen nebend einandern, und wurden aus und an dem A. 1412. erkauften sogenannte Hottinger-Thurn und zwahren das erste A. 1582. und das andere An. 1542. eingerichtet, und zwahren das erstere zum Abwägen, auch Ab- und Aufladen auch Verschicken durch die Stadt der gar vielen bald täglich in Schiffen und Wägen herkommenden und wieder verschickenden Kaufmanns-Gütern unter der Aufsicht des darinn wohnenden Oberkeitlichen Waagmeister: und das andere zum Verkauff und Aufbehalt eines Theils des Oberkeitlichen sonst auch an andern Orten verwahrten Salzes unter der Aufsicht des darinn wohnenden Oberkeitlichen Salz-Haus-Schreibers; es ligen auch beyde zu dieserm Gebrauch auch Ein- und Ausladen gar gelegen auf der rechten Seithen des Ausflusses des Sees zwischend der Gros-Münster- und Wasser-Kirch in der grossen Stadt.

p. Das Bau-Haus oder sogenannte Neue-Bau; ein A. 1583. gleich an dem Ausfluß des Sees in die Stadt auf der linken Seiten oder der kleinen Stadt erbautes lustiges Haus, darinn der Oberkeitlich aus dem kleinen Raht verordnete Banherr, der die Aufsicht über die Oberkeitliche Gebäu hat, wohnet; darbey auch das Stein-Rad oder auch genannte Kranich, durch Mittel dessen auch die allerschwehrsten Stein und Sachen aus den Schiffen auf das Land gebracht werden, auch zur Komlichkeit der gleich darbey stehenden Hütten der Steinmetzen: und unweit darvon auch der sogenannte Werk-Hof ist, da auf einem weiten Platz das Oberkeitliche Bau-Holz gezimmert und bearbeitet wird.

q. Das Korn-Haus, ist ein grosses Gebäu auch an dem Ausfluß des Sees auf der linken Seiten in der kleinen Stadt vor der Kirch zum Frau-Münster über an dem End der obern Brugg, welches von A. 1616. bis An. 1620. erbauet, und A. 1668. noch mit einem grossen Vor-Tach zu Beschirmung der Frucht vor dem Regen versehen worden: in dem untern

Theil desselben wird alle Freytag der Korn-Markt von vielen ein- und ausländischen Frucht gehalten, und auch aus den benachbarten Länderen Schweitz, Zug, Glarus und den Schweitz-Glarnerischen Unterthanen besucht, darbey sich die Gelegenheit zeiget, daß die erkaufte Frucht sogleich daraus in die Schiff geladen, und den Zürich-See hinaufgeführet werden kan: auf dem obern Boden wird auch ein Theil von den Oberkeitlichen Vorraths-trocknen Früchten, der mehrere Theil aber in den obbemelten verschiednen Korn-und andern Aemtern verwahret, und insbesonder auch in den

r. **Magazinen** deren ein 270. Werk-Schuh langes und 70. Schuh breites A. 1672. in dem Thal-Aker, und ein anderes A. 1704. und 1705. an einem in die Stadt geleitheten Arm von dem Fluß Sil in der Vorstadt vor dem Rennweg-Thor, beyde in der kleinen Stadt erbauet worden.

s. **Die Mezg**, ist unter dem Ehe-Gerichts-Haus, gleich unter dem Raht-Haus, und sind darinn 48. Bänck, auf welchen das Fleisch ausgehauen und verkauft wird, und ist gleich vor selbiger über das A. 1420. erbaute mit grossen steinernen Blatten besetzte und in mitten mit einem lauffenden Brunnen versehenen Schlacht-Haus, da sonderlich das Horn-Vieh geschlachtet wird, unter welchem auch die Aa durchlauft, und allen Unraht wegschwemmet.

t. **Die Münz** und Wohnung des Münz-Meisters ist, wie oben angezeiget worden, ein Theil des ehemahligen Augustiner Ordens-Kloster und Kirch.

u. Zum Verkauf des Garns, Flachs, Rosten und Leinen-Tuch dienet das A. 1564. an der Wasser-Kirch anerbaute sogenannte Helm-Haus, und zum verkauf des Anken oder Butters, auch Käsen, Unschlit und Ziger ist die zwischend dem Raht-Haus und Rüden A. 1611. erbaute Anken-Waag gewiedmet, und geschehen solche Verkäuf alle Wochen an dem Freytag.

w. Music

Zürich.

w. Music-Saal, ein An. 1683. gleich vor dem Korn-Haus über erbaute und auch hernach verbesserter schöner Saal, darin ein Geselschaft von Liebhabern der Music alle Dienstag zusamenkommt und in Vocal- und Instrumental-Music sich übet, gleich ein andere dergleichen Geselschaft in einem An. 1702. in dem obbemelten Haus zur Deutschen-Schul am Sonntag und Samstag ein gleiches thut.

x. Der Marstall ist ein A. 1536. erbautes Gebäu unweit dem Spittal in dem Niederdorf, allwo ein Anzahl Reit-Pferd zum Oberkeitlichen Gebrauch unter einem darinn wohnenden Marstall-Meister unterhalten werden.

y. Die Häuser der Constaffel und Zünften, in welche die ganze Burgerschaft eingetheilet ist, sind in der grossen und kleinen Stadt vertheilt, und deren 8. in der grossen und 5. in der kleinen Stadt alle weitläufig und schön, und zwar in dem laufenden Seculo das zur Saffran A. 1723. das zur Meisen A. 1752. das zur Gerwi A. 1703. und das zur Zimmerleuthen A. 1708. von Quader-Steinen erbauet, und mit den weitläufig wohl eingerichteten Stuben zu den Versammlungen der Zünsteren, auch andern Sälen und Gemächern zu denen Zunft-Mahlzeiten ꝛc. versehen: auch hat

z. Es haben auch die Geselschaft zum Schnecken, wie auch die Geselschaft der Bogen-Schützen hinter dem Linden-Hof, auch die andere Schützen-Geselschaft in dem sogenannten Platz ein A. 1572. erbautes und A. 1689. in die Schanzen-Wassergräben unten an der kleinen Stadt eingeschlossenes Gebäu; da von denen ermelten Geselschaften das mehrere hernach vorkommen wird.

aa. In der Stadt haben auch die Stadt Schafhausen, das Hoch- und Dom-Stifft Costanz, die Stifft Einsidlen,

sidlen, Schännis, Wettingen, und gleich unten an der Stadt auch das Stifft St. Bläsi einige Häuser, in welchen ihre zu Bezug der in dem Zürich-Gebiet und benachbarten Orten habende Gefälle aus der Burgerschafft verordnete Amtleuth wohnen. Gleich auch vor der Religions-Veränderung noch andre in dem Zürich-Gebiet gewesene Stiffter gehabt.

bb. Thürne in der Stadt sind an der Ring-Mauren der grossen Stadt ob dem Ober-Dorf, Cronen- und Nieder-Dorf-Thoren, und zwischend dem ersten und andern Thor auch der Wolfs-Thurn, und zwischend dem andern und dritten Thor der sogenannte Ketzer-Thurn, der den Namen mag bekommen haben, daß die in dem dort benachbarten Prediger-Kloster sich aufgehaltnen Mönchen die wider des Pabsts Gewalt und Lehr sich gesetzt, von ihnen als Ketzer ausgeschrauen in selbigen Thurn gefangen aufbehalten haben; auch war in dieser Stadt auf der Höhe ob dem Ober-Dorf-Thor ein gevierter über hundert Schuh hoher aufgemaurter Thurn der Geis-Thurn genannt, in welchem A. 1651. bey 423. Centner Pulver verwahret, selbiges aber den 10. Jun. des folgenden Jahrs durch einen Stral-Streich entzündet, und dadurch dieser Thurn in die Luft gesprengt, auch die benachbarte Ring-Mauren bey 200. Schuh darnieder geworfen, und die benachbarten Häuser empfindlich beschädiget, auch die Stein weit in der Stadt herum mit Schaden zerstreut worden, dabey auch 7. Persohnen um das Leben kommen, und 22. verwundet worden: so dann sind an den Ring-Mauren der kleinen Stadt 6. Thürn, aus welchem der unterste, der Weiß- oder Lauß-Thurn genannt, zu einer Gefangenschaft geordnet worden: weiters stehen annoch (aber etliche ohne Helm) 12. in der Stadt, welche vor altem Ritter-Thürn genannt, und von Rittermäßigen Geschlechtern zu ihrer Sicherheit erbauet und bewohnet worden seyn sollen, und zwar in der grossen Stadt der jetz genannte steinene Ergel auf Dorf, das Rüti-Haus an der Schneider-Gaß, der Thurn oben an der Stein-Gaß, der Gros-Ergel, deren von Hottingen, wo jetz das Kauf-Haus, das Stein-Haus auf dem Wolfbach, der Grimmen-Thurn, der Wellenberg im Nieder-

Nieder-Dorf und der Gläntner Thurn unten an der Rosen-Gaß, und in der kleinen Stadt bey dem Schwert, und der rote Thurn auf dem Wein-Platz, auch stehet mitten in dem Einfluß des Sees auf einen Felsen der vermuhtlich von den anstoffenden Wellen sogenannte Wellenberg, welcher schon zu der Römern Zeiten gestanden seyn, und durch ein darauf zu Nacht angezündete Fackel den Schiffenden die Gelegenheit des Orts gezeiget haben solle, vor etlichen Jahrhunderten aber und bishin zu einer Gefangenschafft gebraucht worden.

cc. Bruggen oder Bruken, sind über den Außfluß des Sees und desselben Durchfluß durch die Stadt zu Zusammenfügung beyder der grossen und kleinen Stadt zwey, darvon die obere von der Wasser-Kirch bis zu dem Kornhaus gehet, aber nur zum Fußgehen, und nicht zum Fuhrwerk gewiedmet, und von welcher A. 1566. ein grosser Theil gebrochen und darbey 7. Persohnen ertrunken und viel verwundet worden: Die untere aber gehet von dem Rahthaus bis auf den Wein-Platz, ist viel breiter und grösser, und gehet darüber alles Fuhr-Werk aus einer in die andere Stadt, und ist darauf auch der alltägliche Obst- und Köhl-Marckt, und ein Spatziergang für die Bürger, und ist selbige A. 1375. bey einer Procession eingebrochen, und 7. Persohnen ertrunken, auch sind A. 1615. und 1658. Stuck darvon abgebrochen, und bey letsstem Anlaas auch 8. Persohnen ertrunken. Auf beyden ist ein überaus lustige Außsicht auf den See, und die in der nähe liegende Oerter, und in der weite auch auf die höchste Gebirge auch sind darauf Wasser-Räder zu Brünen, welche gleich hernach vorkommen werden: unter solchen Bruggen sind auch zwey schmale Bruggen oder Stege, auf dem erstern 5. und auf dem untern 4. Müllenen angelegt, und die danahen Mülli-Steg genennt werden, von denen allein der untere von einer Seiten zu der andern ein Durchgang machet.

dd. Grosse und weite Plätz in der Statt sind auch etliche und zwahren in der grossen Stadt der alt Platz, und Hecht-Platz an der Schifflände auf dem Ober-Dorf: Müsegg oder

Chorherren-Platz vor der Chorherren-Stuben, Unter-Zühnen, und des sogenannten Stüßis Hofstatt ob der Mezg, und der Platz vor dem Rahthaus darauf der Fisch-Markt gehalten wird ꝛc. und in der kleinen Stadt der A. 1676. mit Steinen besetzte Münster-Hof vor der Kirch zum Frau-Münster, wo seith A. 1701. in beyden Jahr-Markten die Krämer-Läden sich befinden, der Wein-Platz an der untern Brugg, allwo der Wein-Markt gehalten wird, Peters Hofstatt, der Kratz, darauf die Stein-Metz-Hütten, der Platz bey der Münz ꝛc. sonderheitlich aber

ee. der Linden-Hof auf einer Höhe oder Bühel bald unten in der kleinen Stadt an der linken Seiten der durch die Stadt laufenden Aa, welcher den Namen hat von denen darauf stehenden vielen Linden-Bäumen, und darauf ein anmühtige lustige Aussicht, auch noch einige steinerne Tisch, auf welchen ehemals und insbesonder A. 1489. 1537. und 1568. Bürgerliche Ergetzlichkeiten angestellt und gehalten worden; auchs warde A. 1668. ein springender Brunn darauf aus einem Sood unten an dem Bühel durch von gedachte Aa getriebne Räder 115. Schuh hoch geleitet: es wird dieser Orth, sonder Zweifel auch wegen seiner annehmlichen Gelegenheit für den Platz geachtet, auf welchem der Anfang zu Gebäuen in dieser Gegend von einem Thurico solle gemacht worden seyn; folglich solle es auch das Castrum und Schloß gewesen seyn, und die Römische Beamtete auf selbigem ihren Sitz gehabt haben; und ist auf selbigem A. 1747. ein alt Römischer Grab-Stein heraus gegraben worden, auch ward hernach ein Capell auf selbigen gestifftet. Einige sagen, daß dieses Schloß A. 1245. bey damahligen Päbstlichen Bann aus Bewilligung Kayser Friderici II. damit dasselbe niemand zum Nachtheil der Stadt in Besitz nehmen thuge; abgebrochen worden seye, andere aber; daß es damahls nur entdachet, und zu einer Wohnung untüchtig gemacht worden, erst A. 1313. nach der in selbiger Gegne vorgegangnen grossen Brunst völlig abgeschlissen und die Stein zu Erbauung neuer Häusern angewendt worden seyen. Es findet sich aber auch eine Anzeig

von

Zürich.   195

von Bischof Eberhard von Costanz von A. 1271. daß das Schloß und Capell schon vor der damahligen gelebten Gedächtnus übersteigenden Zeit aus dem Grund eingerissen worden seyn, und solle auch schon A. 1302. von der Oberkeit mit Beyhilf des Stiffts zum Grossen Münster aus den Einkünfften der Capell auf den Hof ein Caplaney in dem Spittal errichtet worden seyn; es haben auch dermahlen auf diesem Hof die Bogen-Schützen ihren Schieß-Platz.

    ff. Brünnen oder Spring-Brünnen befinden sich in der Stadt ohne die Vorstädte in der grossen 15. und in der kleinen 6. von gutem und gesunden Wasser auf welcher Säulen verschiednes gestellt ist, insbesonder aber auf dem vor dem Rahthaus auf dem Fischmarkt die A. 1535. von Marmor gemachte, zuvor auf einem Brunnen an der Kirchgaß gestandene hernach daher gestellte aus einem harten Stein künstlich geschnitten Bildnus des einen Leuen zerreissenden Samsons, und auf dem auf der danahen genannten Stüßis-Hofstatt die steinerne Bildnus des ehemahligen Burgermeister Stüßis ꝛc. wobey noch anzumerken, daß der erste solcher Spring-Brunnen A 1430. in dem Rennweg, und hernach von Zeit zu Zeit an andern Orten in der Stadt, jedoch erst A 1511. der erste in dem Nieder-Dorf aufgerichtet worden: wohin auch gehören

    gg. Die Wasser- oder Schaufel-Räder an beyden der obern und untern Brugg, welche beyde in Mitten solcher Brugg und zwahren das an der Untern-Brugg A. 1420. und das an der Obern-Brugg A. 1422. erbauet worden, welche in ihrem Umkreise kleine kupferne Eimer haben, welche aus der durchlauffenden Aa das Wasser einschöpfen und es oben auf der Brugg und zwahr auf der untern Brugg in 8. und auf der obern Brugg in 7. Röhren wieder ausgiessen, da dieses Wasser über den Gebrauch auf der Brugg auch noch durch Canäl in andere Burgers-Häuser geleithet wird.

    hh. Gassen groß und kleine sind in der grossen Stadt über 40. und in der kleinen bey 20. darunter einige in den ältesten

Theilen der Stadt etwas enge, die niedrern aber eine ziemliche Weite haben; es gehen auch auf beyden Seiten des durch die Stadt ablauffenden Ausflusses des Sees oder der An Weg und Gäng welche an den meisten Orten auch mit kleinen Mauren oder Wuren von dem Wasser gesöndert sind, und danahen auch Würinen genennt werden.

ii. Thor in der grossen Stadt sind das Oberdorfer-Linden- Cronen- oder Neumarkt- und Niederdorfer Thor auch der sogenannte Grendel oder Hätten durch welchen man aus dem See in die Stadt hinein fahret: und in der kleinen das Katzen-Thor, so erst A. 1659. zu einem völligen Thor eingerichtet worden: Augustiner- und Remweg-Thor, welche alle durch Bruggen über die

kk. Stadt-Gräben (in denen vor der grossen Stadt Hirschen unterhalten, die aber vor der kleinen Stadt mit Wasser angefüllet sind) führen in die

ll. Vorstädte, welche auf beyden Seiten der grossen und kleinen Stadt dermahlen mit vielen schönen Gebäuen und Lust-Gärten besetzet sind, und meistens die vor der grossen Stadt zu den Gemeinden Riespach, Hottingen, Ober- und Unter-Stras, und die vor der kleinen Stadt zu den Gemeinden, Wietikon und Enge gehört haben, ehe selbige umgeben und in die Stadt eingeschlossen worden, und in die

mm. Schanzen, welche nun beyde Städte und Vorstädt cumgeben, und darzu den 30. Aprill A. 1642. der Anfang an der grossen Stadt vor dem Niederdörfler-Thor auf dortiger Höhe gemacht und darmit so fortgefahren worden, daß die grosse Stadt und darzu eingezogene Vorstädt in 5. Jahren umschanzet gewesen, und sodann An. 1647. ein gleiches mit der kleinen Stadt, und deren darin eingeschlossenen Vorstadt vorgenohmen und folglich ausgeführt worden: und aus starken Bollwerkern, erforderlichen Ravelinen, halben Monden, Zangen-Werkern, genugsam Abschnitten ꝛc. wie es des Orts Gelegenheit mitgebracht,

bestehet:

bestehen und auf der Seite der grossen Stadt mit trocknen und auf der Seiten der kleinen Stadt mit aus dem See abgeleiteten Wasser-Gräben versehen sind: es ward auch A. 1660. das Schänzlein bald in die Mitte des Ausflusses des Sees in die Stadt angelegt, und auch die Stadt mit doppelten Pallisaden verwahret; und durch die Schanzen zu den

nn. Pforten, von denen A. 1654. die Cronen- A. 1647. die Nieder-Dörfler- A. 1661. die Sil- und A. 1678. die Ober-Dörfler-Pforten (von denen die Sil-Porten in der kleinen, die andern aber in der grossen Stadt sind:) erbauet, und sind annebst auch noch zwey kleinere Ausgäng oder Pförtlein durch die Schanzen in der grossen Stadt das Hottinger- und in der kleinen Stadt das Wollishofer-Pförtlein angelegt worden.

Es sind auch sowohl in der Stadt als sonderlich in den Vor-Städten in gar vielen Häusern verschiedene Gemächer eingerichtet, und auch eigene Gebäu aufgeführt, in welchen die Kaufmanschaft und Gewerb in Seiden, Baum- und anderer Wullen, und in viel andern Handlungs-Gattungen überaus stark getrieben wird, als auch der benachbarte See und desselben Ausfluß gar komlich sind die Waaren aus und in Deutschland, Italien, Niederland und weiters zu beschicken und wiederum fortzubringen.

Uebrigens solle der Bezirk rings um die grosse und kleine Stadt innert den Schanzen 4220. Schritt und um den bedecktem Weg der Schanzen 5720. Schritt: die Länge innert den Thoren der grossen Stadt 1270. und der kleinen 1050. auch die Breite innert der Thoren der grossen Stadt 460. und der kleinen 430. Schritt: und die ganze Fläche der Stadt und Schanzen 430. Jucharten, und darunter das Wasser der Aa, Stadt-und Schanzen-Gräben fast den fünften Theil derselben ausmachen.

Da die Bewohner dieser Landsgegend, sie mögen gleich die ehemahlige Tigurini gewesen seyn oder nicht: gewiß Helvetier gewesen, so haben dieselbige in Ansehung der Beherrschung auch gleiche

Schicksal mit den andern, und letstlich mit dem Theil der Helvetiern, welche an den Rhein und Deutschland gegränzet: anfanges unter und von sich selbst, hernach unter den Römern, Alemaniern und Franken gehabt, und ist hierüber das mehrere unter den Articeln Helvetier, *Tigurini*, Römer, Alemannier und Franken schon angebracht worden, und daselbst, ohne unnöthige Wiederholung zu finden, aussert daß noch anzufügen, daß zu der Römischen Beherrschungs-Zeit daselbst ein Zoll bezogen worden, und daß allem Anschein nach auch wegen der Lage dieser Ort bey der Alemanischen und Fränkischen Regierung zu Zürich ein über die daselbst und in einem gewissen benachbarten Landstrich gelegene Meyer-Höf oder Curtes ein damals sogenanntes Cent-Gericht, Twing, oder Mallus oder Versammlung der freyen Besitzern derselben oder Edelingeern zu Beurtheilung der rechtlichen Streitigkeiten bey welchen es auf die mehrere Stimmen derselben ankommen, und der Vorsteher oder Centener derselben Urtheil mit seiner Beystimmung bekräftiget:) angelegt gewesen, und daß auch über selbiges, und auch noch über andere dergleichen zu einem Gäu gemachten Cent-Gerichten und zur Verwaltung auch anderen Kayserlichen Rechten in selbigen gesetzte Ober-Auffseher oder genannte Graf daselbst auf einem eigenen Curte gesessen seye und von welchem man an einen Herzogen und unter den Franken noch an den Palens-Graven oder Pfalz-Grafen (*Comitem Palatinum*) die Geschäfte bringen mögen: es warden aber unter der Fränkischen Regierung viel ehemald von Freyen besessene Meyer-Höfe und Curtes zu Saalischen Hof-und Tafels-Gütheren gemacht, und zu Beziehung des Nutzens darvon auch ein Fiscus bestellt, andere aber auch den vorherigen Edelingeren Besitzern überlassen, die dem Stift zum grossen Münster begabte Meyer-Höfe warden dadurch dem Mallo nicht entzogen, sondern die deswegen entstandene Streitigkeiten wurden in selbigem weiters gleich beurtheilet, In Ansehung aber deren dem Stift zum Frau-Münster begabeten Meyer-Höfen, welche zuvor Saalische Hof- und Tafel-Güther gewesen; soll nach einigen der Unterscheid beobachtet worden seyn, daß zwahr dergleichen Streitigkeiten auch vor dem Mallo behandlet worden, alsdann aber nicht der Graf
sondern

sondern des Stifts Advocat oder Kaſt-Vogt in ſelbigen den Vorſitz gehabt: es ſcheinet auch daß die Fränkiſche Kayſer auch in dieſem Ort ein Fiſcum, darinnen die Einkünften der Kayſerlichen eignen Güthern, Straf-Geldter, Zöllen und andern Gefälle gefloſſen; angelegt gehabt. Da das Deutſche Reich nach Abgang der Fränkiſchen von Carolo M. abſtammenden Kayſeren in dem X. XI. und XII. Seculo an Herzogen von Frankenland, Sachſen, Bayern, und wieder von Frankenland kommen, iſt wahrſcheinlich, daß auch die vorige Regierungs-Art in dieſem Landen möchte abgeändert, und etwann bey Vermehrung der Einwohnern anſtatt obbemerkten Gerichten, Verſammlungen oder Mallorum von allen freyen Einwohnern die Beurtheilung der Streitigkeiten von Erb und Eigen und Schulden-Sachen nur gewiſſen Perſohnen unter einem Vorſteher, der anſtatt eines Centeners und Grafen, Schultheiß auch Advocatus Comitis genannt worden; aufgetragen ſeyn möchte, ob aber auch ſchon zu ſelbiger Zeit oder hernach dieſer Perſohnen Beſtellung dem Stift zum Frau-Münſter, welches ſolches in folgenden Zeiten ausgeübet, überlaſſen worden ſeye, iſt noch nicht genugſam erläutert: auch daß die Burger bey ſolcher Veränderungen der Kayſern und darbey entſtandenen vielen Unruhen mit Bewilligung und Begnadigung einiger Kayſern für ihre geleiſtete oder verlangende Dienſt, (gleich dann nach einigen ſchon Kayſer Henricus I. der Vogler ſo dieſen Ort in dem X. Seculo zu einer unmittelbaren Stadt des Reichs erklärt und auch hernach der Kayſer Otto M. und Henricus III. An. 1045. derſelben Freyheiten ertheilt haben ſolle:) zu Beſorgung der übrigen Burgerlichen Angelegenheiten, Einrichtung des Handels und Wandels, und Beylegung der darüber etwann entſtandenen Streitigkeiten auch einige Männer aus ihren Mittel verordnet, oder ein Gattung eines Stadt-Rahts angeſtellet habind, worvon die Namen der ſchon A. 1111. geweſenen befindlich; daß aber die in der Stadt geweſene Stifter auch den Raht beſetzt haben, zeiget ſich keine genugſame Begründnus wol aber, daß von den Kayſeren Reichs-Vögt beſtellt geweſen, welche über Miſſethaten, ſo das Blut berührend, und über das Blut zu richten gehabt, die Stadt aber dannoch jederzeit unter dem

Reich

Reich gestanden und ein Reichs-Stadt gewesen und daß von Kayser Conrad I. gleich Anfangs des X. Seculi ein Herzog über Allemannien, der die Kayserlichen Geschäfte in diesen Landen besorget, auch dergleichen verschiedene hernach verordnet worden: es ward aber An. 1081. bey Vertheilung der Allemannischen Lande nebst andern auch die Kast- und Reichs-Vogtey über die Stifter zu Zürich, und allem Anschein nach auch über die Stadt allda von Kayser Henrico IV. dem Marggraf Berchtold von Zähringen übergeben, von Kayser Conrado II. seinem Sohn Herzogen Conraden aber A. 1138. wieder genohmen und nach einigen Herzogen Welphen von Bayern und Spoleto (unter welchem An. 1165. ein Thurnier in der Stadt Zürich gehalten worden seyn solle:) und hernach Graf Albrecht von Habsburg übertragen; nach andern aber selbige gedachten Herzog Conrad wieder überlassen, wenigstens zeiget es sich daß selbige sein Sohn Herzog Berchtold A. 1187. und sein Sohn gleiches Namens Anno 1210. gehabt jedoch, daß auch unter selbigen in der Stadt ein locus Imperialis Palatii, und ein Reichs-Gericht gewesen, und nach Abgang derselben An. 1218. die Stadt unmittelbar wieder an das Reich kommen, und von Kayser Friderico II. so in des Reichs-Schutz aufgenomen worden, daß sie nicht mehr davon entfremdet werden sollen, ihr auch weiter ihren Raht selbst zu besetzen gestattet, annebst aber auch noch Reichs-Vögt bey dem Richten über das Blut, welche aber nicht mehr von so vornehmen Häusern als die die vorige gewesen: (gleich dann von einig A. 1213. eines Grafen von Wandelberg und eines Freyherrn von Bonstetten gedacht wird:) gesetzt worden, auch die Burgerschaft sich auch der damahligen verwirreten Zeitläuffen, und darauf erfolgten streitigen Kaysers-Wahlen gleich andern Reichs-Ständen und Staaten zu der Besteiffung und Aeuffnung ihrer Freyheiten, auch ihrer Sicherheit bedienet, gleich um selbige Zeit die in dem sogenannten Richt-Brief enthaltne Satzungen wenigstens zusammengetragen, auch A. 1251. ein Schutz-Bündnus, wie hernach folgen wird; mit den Ländern Uri und Schweitz geschlossen worden; da auch ersagten Kaysers Friderici Sohns-Sohn Herzog Conradin von Schwaben folglich eine Ansprach

an

an die Stadt Zürich als an das Herzogthum Schwaben gehörig gemacht, und bey derselben Abschlag von seinem Vatter König Conrad, der sich auch des Reichs nach des Vatters Tod angemasset: die Acht wieder dieselbe ausgewürket: hat Kayser Richardus gleich in dem folgenden Jahr A. 1262. solche Acht wieder aufgehebt, aus beygesetzter Ursach, weilen die Stadt nicht zu dem gedachten Herzogthum, sondern zu dem Reich von altem her gehöret: folglich hat Kayser Rudolphus I. und die meiste seiner Nachfolger der Stadt ihre Freyheiten bestähtet und sie in des Reichs Schirm aufgenohmen, auch hat insbesonders dieser Kayser Rudolphus auch noch die Reichsvogtey zu seinen Handen genohmen, und A. 1273. verordnet, daß ein von ihm gesetzter Reichsvogt solche Stell allein zwey Jahr behalten, und dann vor 5. Jahren nicht mehr darzu gelangen möge, auch daß die Stadt auch in einem Nothfall auf keine Weise von dem Reich entäusseret werden solle: Adolphus A. 1293. daß die Burger, wann das Reich ledig, Vögt (da unter ihme, nach einigen: Ulrich von Busegg An. 1293. als Vogt gefunden werden solle.) zu Beurtheilung deren Blut-Straffen verdienenden Verbrechen setzen mögend: Albertus I. A. 1298. daß niemand einen Burger von Zürich, um was für Sachen es seyen, vor einen Richter ausser der Stadt laden mögen, und wer etwas wider einen Burger hat, er seine Klag vor dem Richter der Stadt einbringen und seine Urtheill geleben solle. Da hernach A. 1330. Kayser Ludovicus IV. die Stadt Zürich Herzog Ottoni von Oesterreich verpfänden wollen, hat sich die Stadt solchem Kraft ihrer obigen von Kayser Rudolpho I. hier wider erhaltenen Freyheit widersetzt, dieser Kayser die folgende Jahre solche Pfandschaft nicht nur wieder aufgehebt sondern auch ersagte, und andere Stadt Freyheiten, auch A. 1337. die in der Stadt neu eingerichtete Regierungs-Form bestähtet, wornebst von einigen Rudolf Graf von Hochenburg A. 1333. Reichs-Vogt zu Zürich gewesen zu seyn, gedacht wird: obige Bestähtigung hat auch sein Nachfahr gethan und über selbige annoch Kayser Carolus IV. A. 1362. in der Stadt Zürich auch ein Land- oder Hof-Gericht mit aller Freyheit, welche das von Rothweil bis daher gehabt, errichtet, und in gleichem

chem Jahr auch die Freyheiten ertheilt, daß wer in die Stadt komme und ein Tag und ein Jahr sitzt, er diene oder habe Haus, der Eigenschaft gänzlich entbrosten und ledig seyn, daß auch Edelleuth, so auf dem Land gesessen zu Burgern angenohmen werden mögen; auch hat dieser Kayser bey einer in gleichem Jahr mit der Stadt Zürich beschlossenen Bündnuß derselben mit den Eydgenossen zuvor geschlossene Bündnussen nicht nur bestäthet: sondern auch noch diesen Bund vorgesetzt, und A. 1365. noch der Stadt Zürich die Bewilligung ertheilt Aechter enthalten zu mögen, und auch die Freyheit ertheilt, daß ein Burgermeister daselbst die Lehen, die dem Reich gehören, und 3. Meilen Wegs weit und breit von der Stadt ligen, wie die ledig werden, zu des Reichs Händen leyhen möge: Kayser Wenceslaus hat über die Bestätigung der Stadt Freyheiten auch noch derselben A. 1392. und 1400. erlaubt Juden aufzunehmen, und A. 1400. der Stadt die Reichs-Vogtey mit ihren Zugehörungen eingegeben und befohlen, also daß sie, als oft sie wollen, einen Vogt kiesen und nehmen sollend und mögen von ihme und seinen Nachkommen an dem Reich ungehinderet, der bey ihnen, in ihrem Raht sitzen solle, so man über schädliche Leuth und über das Blut richten soll: Kayser Sigismundus hat gleichfalls der Stadt-Freyheiten bestähtet, und noch über das A. 1415. der Stadt Zürich das Freyamt, auch Baden, Mellingen, Bremgarten und Sursee verpfändet und bewilliget alles einzuhaben, wie sie von Herzog Friedrich von Oesterreich eingenohmen worden, (von dem unter solchen Artikeln das mehrere nachgesehen werden kan:) weiters A. 1425. der Stadt und der Abtey die Münz, als sie selbige von langer Zeit her hargebracht, bestähtet, und An. 1433. auch der Stadt erlaubt und Gewalt gegeben, daß sie den Bann über das Blut zu richten, einem jeglichen der Eydgenossen Vögten, in welcher Herrschaft oder Vogtey so die Eydgenossen gemeinlich oder sunderlich innhand, verleyhen mögen an sein und seiner Nachkommen statt, und in gleichem Jahr auch der Stadt Recht-Bücher, darinn ihre Bussen geschrieben stand, auch die Bücher, dariñ man des Rahts Erkanntnussen schreibet; bestähtiget: auch Kayser Albertus II. hat An. 1439. und Fridericus III. An. 1442.

der

der Stadt Freyheiten bestätbiget, und dieser auch ein hernach vorkommende Verordnung wegen des Hof-Gerichts ertheilt, auch A. 1447. der Stadt die Freyheit ertheilt daß sie auf der Lindmatt bis zu dem Rhein, und den Rhein ganz ab mit ihren eignen Schiffen, Leuthen, aller Kauffmannschaft-Gut fahren, und dieselbe Reichs-Strassen gebrauchen und üben mögen ungehinderet, ungesaumt und unbeschwert mit Zollen, Mauten, Gelaithen und Stürleuthen anders und höbers, dann das von alten Herkommen ist: weiters erfolgten auch Bestäthigungen der Stadt Freyheiten von den Kayseren Maximiliano I. A. 1487. Carolo V. An. 1521. Ferdinando I. An. 1559. und Maximiliano II. A. 1566. und hat insbesond:r Carolus V. noch erläuteret in Ansehung der Reichs-Vogtey, daß ein Burgermeister und Raht aus ihnen einen Vogt nehmen sollen und mögen, dem sie den Bann daselbst über das Blut zu richten leyhen, und derselbe Vogt bey ihnen im Raht, mit beschlossener Thür über schädliche Leuth nach Erkanntnus des mehrern Theils der Rähten über das Blut richten möge; und in Ansehung des Münz-Rechts, daß sie mögend münzen Gold und Silber, klein und gros ohne männiglichs Hinternus mit Zahlen, Korn und Zusatz; gleicher Kayser hat auch in gleichem Jahr einem jeden Hauptmann, der von der Stadt Zürich mit ihren biderben Lüthen ins Feld zu Krieg zu ziehen verordnet wird, den Bann über das Blut zu richten verleyhen, auch die Stadt befreyet falsche, Betrieger, Verrähter, Stifter des Auflaufs schandlich und mörderische Todschläger rc. welche sich der Freystädten mißbrauchen wollten aus selbigen weanehmen zu mögen: aus was Ursachen auch solche letztere Bestähtigungen noch gesucht worden, und wie in dem A. 1648. geschlossenen Westphälischen Frieden die Stadt Zürich nebst der ganzen Eydgenoßschaft von dem Reich exemt erkennt worden, ist unter dem Articul Eydgenossen, das mehrere zu finden. Ueber das was von der Regierung und Regiment der Stadt Zürich bishin angemerkt worden, ist noch beyzufügen, daß in den ältesten Zeiten, da ein Raht in derselben gewesen: nach einigen: selbiger erstlich 12. Versohnen ausgemacht, welche von der Gemeind erwehlet, und ein ganzes Jahr die Burgerliche Geschäft allein,

Cc 2 aussert

aussert mit Zuzug des Reichs-Vogts in Sachen die das Blut angegangen, besorget und beurtheilet, und dann nach verflossenem Jahr eintweder beståhtet oder andere an ihre statt gesetzt worden: und daß solches in folgenden Jahren abgeändert, und solcher Stadt-Raht des Jahrs in 3. Ziel mit 1. Jan. 1. May 1. Septemb. gestellt, und zu jedem solcher 3. Zielen 12. meistens 4. Ritter und 8. Burger erwehlt worden; welche letztere Regierungs-Form andere für die erstere, und die obbemeldte jährliche für nicht genugsam begründet achten wollen: immittelst aber will man aus dem sogenannten Richt-Brief schliessen, daß die Wahlen der Råhten von der ganzen Burgerschaft unter dem Vorstand der abgehenden Råhten 14. Tag vor jedem Ziel auf dem sogenannten Hof vorgenohmen, aber meistens auch wieder von den Råhten, die es des vorigen Jahrs gewesen, genohmen, wann aber einer der Råhten innert der Zeit der 4. Monaten mit Tod abgegangen, oder der Stell unwürdig worden, den übrigen desselben Rahts ein anderen zu erwehlen überlassen worden seye; da aber auch andere vermeinen, daß wann einer einmahl erwehlt gewesen, er es beständig geblieben, aussert daß er jedesmahl 2. Rahts-Ziel still stehen müssen: welchen noch anzufügen, daß in wichtigen Fållen eintweder der Raht auch noch die 2. Rotten der abgegangen und allfällig künftigen zu sich gezogen, und doch dann das abgeschlossene unter seinen alleinigen Namen und meistens mit den Worten; man schreibet allen Råhten: ausgefertiget worden: oder aber und sonderlich wann es ein Krieg anzufangen oder um anders wichtiges zuthun gewesen, auch die ganze Burgerschaft oder wenigstens aus selbiger 100. zusammen beruffen worden, und dann das behandelte unter den Worten; der Raht und die Burger sind überein kommen: oder der Raht und die Burger setzen mit gemeinen Raht: ausgeschrieben worden: auch daß ein Parthey von einer Rahts-Urtheil nicht an die Gemeind appelliren, wol aber der Theil des Rahts, der mit seiner Meinung nicht aufkommen können, es dahin ziehen mögen, da dann daraus hierzu so viel als der Raht gut befunden, zusammen beruffen worden: es möchten auch etwann Zünfte in der Stadt gewesen seyn, derenhalben aber ward A. 1302. gesetzt und geschworen

Zürich.

schworen daß niemands kein Zunft noch Meisterschaft noch Gesellschaft mit Eyden, mit Worten oder mit Werken werben noch thun solle: da aber folglich ein Theil und zwahr der mehrere Theil dieser Rähten ihren Gewalt mißgebraucht, die Burger, wann sie ihre Nothdurft von ihnen suchten, schmählich mit Worten hielten, Edle und andere an ihren Lehen und andern Güthern truckten, niemand nicht, als wann er ihnen zu Willen stuhnd, richteten, den Burgern ihre Umgelten und das Stadt-Gut einnahmen und die nicht verrechnen könnten, und auch noch an vielen Stucken mißthaten, und heimliche Eyd und Bündnussen zusammen geschwohren ꝛc. wurde die Burgerschaft, sonderlich da auch einige der Rähten die andern von solchen Sachen abzustehen, aber ohne Würkung, vermahneten, unwillig, und begehrte der mehrere derselben auch aus Edlen und anderen Burgern bestandene Theil von denen in Majo An. 1335. angetrettenen 12. Rähten Rechnung über ihre Verwaltung mit dem Beyfügen, daß wann sie solche geben werden, sie ein gleiches auch von den beyden andern Rähten forderen wollind; da aber 8. aus selbigen solches ausgeschlagen, und es mit Drohen abhalten wollten, auf das Beharren aber aus der Stadt gewichen, und hernach auch von mehrern der fehlbaren aus den andern beyden Räthen einige sich aus der Stadt begeben, andere mit Geldt-Bussen, Verweisung auf einige Jahr unter vorherigem Versprechen innert solcher Zeit nichts wider die Stadt vorzunehmen, belegt und auch einiger Nachkommen von dem Zugang zu dem Regiment ausgeschlossen worden ꝛc. ꝛc. hat sich die Burgerschaft auf Dienstag vor S. Magdalenæ Tag An. 1336. zusammen gethan, und in der Barfüsser-Kirch die Abänderung einer solchen nur in wenig Persohnen bestehenden meistens gefährlichen Regierungs Art berahten, und vorderist mit einandern auf und angenohmen, daß nimmermehr enkhein Rabt wäsen soll mit 4. Richtern und 8. Burgern, als es bisher gewöhnlich gewesen, sondern man einen Burgermeister und einen Rabt von denen Rittern und von den Burgeren und von den Handwercken haben solle, daß ein jeder der Burgern, der 20. Jahr alt ist, dem Burgermeister und dem Rabt gehorsam zu seyn, und mit Leib und Gut zu helfen gegen allen, die sich wider sie setzen: schwehren, der Eyd aber solches dem Burgermeister zuthun dem andern vorgehen solle: auch ward die Burgerschaft in die sogenannte Constabel, darin Ritter, Edelleuth, Burger die ihr geltend Gut haben, Kaufleuth, Gwandschnider, Wechseler, Goldschmied und Salzleuth gehören sollen: und dann noch in 13. Zünften, in die der Krämer und Handwerker abgesönderet, und jede ein Banner gehabt; davon das mehrere hernach folgen wird: eingetheilet, und solle der Raht aus selbigen des Jahrs zweymahl auf S. Johannis Tag im Sommer und auf S. Johannis Tag zu der Weyhnacht so erwehlet werden, daß der Burgermeister jedesmahl 2. Ritter oder Edelknecht, und 4. Burger, welche er bey seinem Eyd die beste bedunkt; kiesen, und solche 6. dann nebst dem Burgermeister 6. Ritter oder Edelknecht und 7. ehrbare Burger von der Constabel, also 15. kiesen sollen, und dann darzu auch ein jegliche der 13. Zünften einen Zunftmeister, ein halb Jahr aus einem Handwerk, und das andere halbe Jahr von dem andern Handwerk, ob der Handwerken so viel darauf, nehmen, oder wann sie auf einer Zunft in der Wahl stößig wurden, der Burgermeister ihnen wenn er will des Handwerks geben mögen, welche 13. auch in dem Raht gehen, und allso jährlich zweymahl nebst dem Burgermeister 26. dem Raht beywohnen sollen, doch so, daß zwahr der Burgermeister auf nöthig befinden etwann 1. 2. oder 3. aus dem abgehenden Raht in den angehenden setzen möge, ein Zunftmeister aber, der es ein halb Jahr gewesen, er des andern halben Jahrs nicht, wol aber hernach wieder erwehlt werden möge rc. und ist noch in diesem Jahr auf S. Johannis-Tag im Sommer mit der Wahl der Anfang gemacht worden: es hat auch Kayser Ludovicus IV. solche Abänderung und neue Regiments-Form am Samstag vor der Herrn-Faßnacht An. 1337. bestähtiget, und war der erste Burgermeister Rudolf Brun bis A. 1361. und der ander Rüdger Manneß bis A. 1384. durch das gantze Jahr bey beyden Rädten unabgeändert, da immittelst A. 1373. auch der Vorgang des Burgermeisters Eyds ausgelassen, auch bey denen auf den Zünften vorfallenden Wahl-Stössen, dem Burgermeister und dem Raht ein Zunftmeister zugeben, und wann

bey

bey der halbjährigen Rahts-Abänderung ein Burgermeister nicht in der Stadt wäre, oder darzu nicht helfen wollte, den abgehenden Rähten und Zunftmeistern einen neuen Raht zu setzen der Gewalt ertheilt, und annebst aber auch eine Ordnung wegen des Vorgangs in den Processionen gemacht: hernach aber warden auch zwey Burgermeister einer auf S. Johannis Tag im Sommer, und der andere auf S Johannis Tag zur Weynachten erwehlt, und auf Samstag nach S. Jacobi Tag An. 1393. ward von der Burgerschaft wiederum ein Abänderung vorgenohmen, und allem Anschein nach damahls auch noch der grosse Raht der Zweyhundert bestellet, auch mit einandern aufgenohmen, daß die Gemeind der Stadt Zürich dem Burgermeister dem Raht, den Zunftmeistern und den 200. dem grossen Raht gehorsam zu seyn sich endlich verpflichten, auch daß ein Burgermeister nicht mehr nur von beyden Rähten und Zunftmeistern, sondern auch von dem grossen Raht erwehlt, auch zu vorbemerkten halben Jahren um ein abgehender Burgermeister nebst den abgehenden Rähten, Zunftmeister und dem grossen Raht, den Raht von Rittern, Edelleuthen, von ehrbaren Burgern der Constavel von den Zünften und den Handwerken von 13. Persohnen und auch die 13. Zünften zugleich einen Zunftmeister liesen, und da in einer andern diesen Zünften man der Wahl halber stößig wurde, dann der Burgermeister, der Raht, Zunftmeister und der grosse Raht, dann der Zunft einen Zunftmeister geben mögen und sollen mit dem Anhang, daß welcher ein halb Jahr Burgermeister, des Rahts oder ein Zunftmeister gewesen, er es des andern nächsten halb Jahrs nicht, wol aber das folgende halb Jahr wieder werden mögen solle: es zeiget sich auch aus einer Verordnung von A. 1401. daß ein Burgermeister und Raht von der Constavel und die neu und alten Zunftmeister und die so von ihrer Zunft unter die 200. gehen, liesen und nehmen, mögen so viel man gebristet oder manglen die unter die 200. gebend, mit dem Beyfügen als das von Alters her gewesen ist: an welcher Einrichtung nichts geänderet worden, bis A. 1442. da der Wullenwäber und Leynwäber-Zünften vereiniget, und also die Anzahl der Zünften um eine abgeschwinnen, und nur noch 12. Zünft gewesen, danahen von selbiger Zeit an nur 12.

in dem Raht und 12. Zunftmeister erwehlet worden, und der Raht nebst dem Burgermeister aus 24. Persohnen bestanden, und allso geblieben bis A. 1498. da auf Samstag vor S. Sebastians-Tag wiederum einige Abänderung vorgegangen, da ausgesetzt worden, daß jede Zunft 2. Zunftmeister und 1. des kleinen Rahts haben, und die 2. erstere von den Zünften ohne Beding erwehlet, als wann sie in dem Mehren stößig wurden, einer von dem klein und grossen Raht aus dortigen Zünftern genohmen werden, den andern oder den Rahtmann der klein und grosse Raht jedoch aus den zwölf grossen Rähten selbiger Zunft geben, die Constaffel aber selbst, anstatt den Zünften nur 2. haben 4. aus ihren Mitteln erwehlen, und dann noch der klein und grosse Raht 2. aus der auf der Constafel befindlichen 18. grossen Räht kiesen mögen, und allso die Constafel 6. in dem ab- und angehenden Raht haben sollen, und daß wann also aus der Constafel 6. und jeder Zunft 3. erwehlt, zu Ansmachung der 50. Zahl in dem ab- und angehenden kleinen Raht nebend beyden Burgermeistern noch 6. manglen; solche 6. von dem kleinen und grossen Raht, aus allen grossen Rähten der Constafel und allen Zünften mit freyer Wahl erkiesen und erwehlt werden mögen sollen: es ward auch in Ansehung des grossen Rahts verordnet, daß die Constafel 18. und ein jede Zunft 12. Mann darin haben, und so einer darvon mit Tod abgienge, oder sonst unnütz wurde, die übrige kleine und grosse Räht der Constafel oder Zünften einen andern aus denen der Constafel oder ihren Zünften einverleibeten Burgern nehmen mögen, doch so wol die Wahl der Zunftmeistern als der grossen Rähten jederweilen dem kleinen und grossen Raht vorgetragen, und die Bestähtigung darüber erwartet werden solle mit der Erläuterung, daß zwahr der Raht, wie schon vor ermeldet, zweymahl besetzt, jedoch zu jedem halben Jahr nur 12. in dem Raht und 12. Zunftmeister, allso nebend dem Burgermeister 24. erkiesen werden sollen: weiters ward auch von neuem angesetzt, daß der klein und grosse Raht auf der Zeit der Weynachten aus den 24. Zunftmeistern 3. derselben von freyer Wahl zu Obersten Zunftmeistern erwehlen mögen die mit den Zunftmeistern die Sachen, welche der Zünften Gewerb und Handwerk

(nicht

(nicht aber Auffätz oder Sachen, die die Stadt oder Burger gemeinlich berühren und beschwehren möchten:) ohne daß der Burgermeister und der übrige Raht bey ihnen seyn noch sie davor hindern sollen: behandlen und beurtheilen mögen: so daß jedoch der erste unter den dreyen jährlich abgeändert, und ein neuer zu den andern zweyen erwehlet, und solche aus 3. verschiedenen Zünften genohmen werden sollen, von welchen auch der erste, und in seiner Abwesenheit der andere und also auch dritte, so die Burgermeister nicht in der Stadt; Statthalter des Burgermeisterthums seyn sollen: worbey auch einem jeglichen des neuen Rahts oder einem der Zunftmeistern bewilliget worden, wann man in dem Raht über ein Geschäft (die von dem Stadt-Gericht dahin gezognen Urtheil ausbedungen:) nicht einhellig möchte werden; selbiges für den grossen Raht, so er es bey seinem Eyd nohtdürftig seyn bedunkt, zu ziehen, doch daß zum mindesten auch unter den Rähten und Zunftmeistern 2. seiner Meynung gefolget habend: es geschahen aber alle solche Wahlen auf dem Rahthaus und auf den Zünften bey offenem Mehr mit Aufhebung einer Hand, und zwahren nur allein auf den zu halben Jahren um angesetzten Rahts-Besatzung-Tagen, aussert daß sich zeiget, daß wann ein Burgermeister, der würklich in dem Amt gewesen: gestorben auch aussert und vor solcher Zeit ein anderer erwehlt worden, und daß auch solches seit Anfang des XVII. Seculi bey dem Absterben eines aussert dem Amt abgestorbnen Burgermeisters vorgenohmen worden; es warden auch folglich von dem kleinen und grossen Raht einige Abänderungen gemacht, als den 12. Jun. A. 1626. daß wann ein Rahtsherr oder Zunftmeister, der nicht des regierenden oder neuen Rahts wäre, und abstirbt oder abgeändert würde; mit der Wahl bis auf obbemelte zwey Rahts-Besatzungs-Tage zu gewartet, im Fall aber einer von den Rahtsherren oder Zunftmeistern, der des neuen Rahts, absterben thäte oder abgeänderet wurde: die Wahl an sein statt so gleich behörigen Orts vorgenohmen werden solle: und den 6. Nov. A. 1628. daß die dem kleinen und grossen Raht zukommende Wahlen der Burgermeistern, Statthaltern, Rahtsherren und andern, auch der Landvögten und Amtleuthen, wie auch

D d   der

der grossen Rähten auf Constafel und Zünften nicht weiter bey dem offentlichen Mehr, sondern durch ein heimliches durch absonderliche Einlegung von Pfennigen in bestellte Trulen, und sodann deren offentliche Zehlung derselben geschehen, das offentliche Mehr aber weiters auf den Constafelherrn und Zunftmeister-Wahlen verbleiben solle; weiters den 8. Jun. A. 1636. daß auch die Wahlen der Rahtsherrn und Zunftmeistern, auch deren, so des alten Rahts wären, gleich nach dem Absterben oder Abänderungen vorgenohmen werden sollen, und An. 1654. daß die Burgermeister aus den Persohnen des kleinen oder grossen Rahts und nicht anderstwoher genohmen, auch nicht 2. Brüder zu Obrist Zunftmeistern oder Statthalteren erwehlt werden, die beyde Rähte wol bey einandern sitzen; auch jeder des Rahts und nicht einer des neuen Rahts den Zug an den grossen Raht thun mögen sollen: auch in Majo A. 1655. daß die Wahlen der grossen Rätten auf Constafel und Zünften gleich nach Absterben oder Abänderungen vorgenohmen werden sollen: und da A. 1713. bey einigen entstandenen Burgerlichen Mißhelligkeiten der klein und grosse Raht auch die Gemeind oder Burgerschaft bisher beschriebne Fundamental-Satzungen von neuem erbauret, sind solche Satz- und Ordnungen mit wenigen Erläuterungen den 16. Dec. bestähtiget und gleich des folgenden Tags feyerlich geschwohren worden, und sind unter solchen Erläuterungen, daß in Bestellung des Regiments ein billiche Burgerliche Theilsame beobachtet, in den kleinen Raht aber keiner der nicht das 36. Alters Jahr angetretten, und in den grossen Raht keiner, der nicht das dreyßigste Alters Jahr erreicht, erwehlt werden möge, und daß wann es um Bundnussen zu machen, Krieg anfangen und Frieden zu schliessen zu thun ist, das vor dem grossen Raht berahtschlagete auch auf Constafel und Zünfte gebracht, und erst hernach so viel es auch möglich und es die etwann geschwinde Fäll es zulassen, darüber von dem grossen Raht abgesprochen werden solle ꝛc. ꝛc. worbey noch anzumerken, daß die hievor angezeigte von der ganzen Burgerschaft A 1336. 1373. 1393. 1498. und 1713. errichtete Fundamental-Satzungen gemeinlich die geschwohrne Briefe genannt werdind.

Zürich.

Vorhin ist auch angezeiget worden, daß Kayser Carolus IV. A. 1362. auch in der Stadt Zürich ein Kayserliches Land- oder Hof-Gericht mit aller Freyheit, welche das Gericht von Rottweil bis dahin gehabt, gegeben, daß sie das in ihrer Stadt haben mögend, und ward Rudolf von Arburg zum ersten Hof-Richter ernannt: es hat auch Kayser Wenceslaus solches A. 1384. bestähtet, und finden sich auch, daß von solcher Zeit bis An. 1400. von dem Raht von Zürich 12. Richter zu beyden halben Regiments-Abänderungs-Zeiten zu Hof-Richtern erwehlet worden, allem Ansehen nach aber muß solches nicht fortgesetzt worden seyn, beswegen doch von Kayser Friderico III. der Stadt A. 1442. die Freyheit ertheilt worden, daß wann sie solches Gericht von redlicher Sachen wegen wenig oder viel, kurz oder lang anstehen liessen, solches ihnen keinen Schaden bringen, sondern sie solches Gericht von des Kaysers und des Reichs wegen welters brauchen, besetzen und entsetzen mögend, welches aber in folgenden Zeiten völlig unterlassen worden.

Belangende das Stadt-Gericht über Schuld-Sachen in der Stadt, so scheinet selbiges anstatt der ehemahligen sogenannten Mallorum etwann in dem XI. oder XII. Seculo entstanden, und der Aebtißin zum Frau-Münster die Besetzung desselben Vorstehers oder sogenannten Schultheissen überlassen worden seyn, ob sie aber auch die Richter bestellet habe, findet sich nicht genugsam erläuteret, zumahlen sich auch zeiget, daß man von des Schultheissen Handlung an den Raht gelangen mögen und schon A. 1324. von den damahligen Stadt-Rähten Ordnung, wann der Schultheiß zu richten anfangen solle, gemacht worden, und schon unter dem ersten Burgermeister ein Rahts-Erkanntnus sich findet, daß jeglicher angehender Raht 4. ehrbar Mann von Burgern ausliesen solle, die das halbe Jahr für ihres Schultheis (wie er genannt wird:) Gericht gehen und Fürsprecher der Partheyen und Richter seyn sollen, auch A. 1348. einem jeden Raht aufgetragen worden, alle Wochen 3. aus dem alten Raht benanntlich der 1. von den Edlen, der 2. von der Constafel und der 3te von den Zunftmeistern zu verordnen, welche die folgende Wochen nebst dem

Schultheis sitzen und schauen solle, daß das Gericht gemeistert und allen gleich gerichtet werde, welches An. 1397. auf 2. zu 14. Tagen um gesetzt worden: der Schultheis ward von dem Stift zum Frau-Münster bestellt, bis selbige alle ihre Rechte A. 1524. der Stadt übergeben, und ward von derselben der erste A. 1526. und seither alle folgende erwehlet: der Richtern finden sich von A. 1376. und hernach in dem Rahts-Bücheren zu jedem halben Jahrs Besatzung (daraus sich schliessen lasset, daß sie von dem Raht erwehlt worden seyen:) bis A. 1419. sechs und von A. 1490. acht, darunter in dem folgenden Seculo sich öfters vier, welche zu vielen mahlen nach einandern in beyden Rahts-Zihlen erwehlt sich befindet, und 4. andere, von welchen allem Anschein nach, sonderlich in den spähtern Zeiten 2. auch schon des Gerichts gewesen, und 2. die das erste mahl in das Gericht gesetzt worden: und danaben darvon in den folgenden Zeiten die 4. erstere stäte, die andere mittler- und die letzten Jung-Richter genannt worden, und wurden A. 1668. dem Gericht noch 1. Mittel, und 1. Jung-Richter alle halb Jahr zugeordnet, und A. 1714. wurden auch noch 2. Richter darzu gethan, so daß das Gericht dermahlen aus dem Schultheis und 12. Richtern besetzet, wie unten das mehrere vorkommen wird.

Von den ersten Einwohnern dieser Gegend, Religion und zwahren noch in dem Heidenthum findet sich nichts absonderliches, als daß an dem ehemahligen Tempel zu Münchenweiler in dem Amt Murten-Mauren in einem Stein eines Genii Pag: Tigor: gedacht wird; da, wann die Tigorini in gedachter Gegend sich aufgehalten, darfür gehalten wird, daß sie darunter die sonst in diesern Landen sonderbar hochgehaltene Deam Aventiam, welcher dieser Tempel geweyhet gewesen; verstanden und sie auch verehret haben werden: auch von dem Anfang des Christenthums in dieser Gegend kommt auch nichts vor bis auf die ausgegebene Marterung S. Felicis und Regulæ an diesem Ort, welche nach denen unter solchen Articuln befindlichen Anzeigen zu End des III. oder Anfangs des IV. Seculi geschehen seyn, und selbige auch schon daselbst angetrofne Christen im Glauben gestärkt haben sollen, es möchte auch die Christenliche Religion

Religion unter der noch übrigen Römisch und folglich Allemannischen Beherrschung dieses Lands nicht völlig erlöschen, doch derselbe Anhänger in nicht grosser Anzahl gewesen seyn, bis die Fränkische Könige solche Landschaft in ihren Gewalt bekommen, und auch die Christenliche Religion zu End des V. Seculi angenohmen, und selbige zu bekennen erlaubt haben, da sich sonder Zweifel die Anzahl der Christenlichen Einwohnern vermehret haben, und auch ein Gebäu zu Verrichtung ihres Gottesdienst gemacht worden seyn wird: obgleich es auch scheinet, daß doch das Heidenthum in dieser Gegend noch nicht völlig erloschen seye, indeme S. Columbanus noch zu Anfang des VII. Seculi zu Tucconia oder zu Tuggen oben an dem Zürich-See gottlose Götzendiener angetroffen haben solle: doch zeiget sich, daß die Anzahl der Christen sich stark vermehret habe, da Rupertus, wie in seinem Articul zu finden, zu End des gedachten Seculi seine Güther König Ludovico übergeben, damit an diesem Ort ein sonder Zweifel grössere Kirch gebauet, und ein immerwährender Gottesdienst angerichtet werde, welcher auch durch verschiedene und sonderlich Kayser Caroli M. zu Anfang des IX. Seculi geschehene Vergabungen vermehret worden, daß daraus das Stift zum grossen Münster und hernach auch des Frau-Münsters entstanden, von deme hernach das mehrere zu finden: es muß auch folglich die Kirch zu Zürich in so gutem Ansehen gewesen seyn, daß Rapertus in seinem Buch de Orig. & Caf. Mon. S. Galli schon zu End gleichen Seculi angemerkt, daß ein jeder Bischof von Costanz alsobald nach seiner Einweyhung persöhnlich nach Zürich kommen, sich daselbst im grossen Münster dem Volk zeigen, und ein Meß halten müssen. Als hernach Arnoldus de Brixia oder Bressa wegen seiner geprediten Lehr wider der Geistlichen Besitzung der weltlichen Güthern und Gerichts-Zwangen und Bestraffung der Hohen und Niedern Geistlichkeit lasterhaften Lebens aus Italien und Frankreich fliehen müssen, hat er sich A. 1140. zu Zürich eingefunden, und 5. Jahr seinen Aufenthalt gehabt, und in der Stadt und der umliegenden Landschaften an seiner Lehr so viel Anhänger gefunden, daß Bischof Herrmann von Costanz ihne auch von dannen getrieben: es sind zwahr hernach bald innert 80. Jahren Stifter und Klöster auf dem Zürich Berg, zu Cappel, Embrach, Rüti, Töß, und der Barfüsser und Prediger Mönchen in der Stadt entstanden, doch scheinet auch daß des obigen Arnoldi Lehr nicht völlig in der Stadt erloschen seye, indem A. 1230. von den Geistlichen in der Stadt auch verlangt worden an die Verbesserung und Vermehrung der Stadt-Mauren und Gräben gleich andern Burgern zu steuren und arbeiten zu lassen, und daß sie Mezen und Kebsweiber von sich laßind und abschaffind auch nicht nur der Raht solches ihnen gebotten, sondern auch viel Burger zusammen geschwohren auf Ausbleiben der letstern einander zu helfen solche Weiber aus der Stadt zu schaffen; da die Geistlichen aber ihnen hierwider habende Befreyungen vorgeschützt, und hierauf auch unter der Burgerschaft nicht gleiche Gedanken fortgewaltet, hat Bischof Conrad von Costanz die Geistlichen der Steuren und Beytrag an die Stadt-Mauren-Gräben ꝛc. ledig erkannt, und auch der Zusammenschwur zu Austreibung ermelter Weibern aufgehebt und nachgelassen, worbey man sich auch damahlen bequemen müssen:

Da durch die zwischen Kayser Friderico II. und den Päbsten entstandener Streitigkeit, und von den letsteren des ersteren vorgenohmene Verbannung auch An. 1240. in der Stadt Zürich viel Unruhen entstanden, und daraus, weilen der meiste Theil der Burgerschaft auch dessen ungeachtet dem Kayser getreu verblieben: auch selbige in den Bann gethan worden, haben sie, nachdem die Geistlichen den Gottesdienst nicht mehr verrichten wollen, selbige alle aus der Stadt vertrieben; nach einigen sind die Geistlichen erst nach eilf Jahren wieder in die Stadt kommen, nach andern aber sollen sie durch Zuthun ihrer Verwandten, eher wieder in die Stadt gelassen, aber bey verweigerten Gottesdienst von der Burgerschaft wieder bedrohet worden seyn vertrieben zu werden; und da Pabst Innocentius IV. den Geistlichen mit leiser Stimm und bey beschlossenen Thüren, auch in Abwesenheit der Verbanuten den Gottesdienst zu verrichten A. 1247. und unlang hernach sein Legat denen so das aus Päbstlichen Befehl wider den Kayser geprebigte Creutz annehmen wollte: die Sacrament zuzudienen bewilliget, die

Burger-

Burgerschaft darmit aber sich nicht gesättiget, sondern dem Kayser treu verbliben, hat der Bischof von Costanz der gesamten Geistlichkeit, gebotten die Stadt zu räumen, welches sie zwahr gethan, aber solches sich am ersten gereuen lassen, und zwahr bey dem ermelten Päbstl. Legat die Bewilligung ausgewirket wieder in die Stadt zu kehren, und den Gottesdienst wochentlich einmahl jedoch nach obiger Päbstlichen Verordnung zu halten, die Burgerschaft aber einen völligen unbeschrenkten Gottesdienst, oder mit den Geistlichen nichts zu schaffen haben wollen: es soll letstlich A. 1249. durch des Bischof von Costanz (auf erhalten Päbstliche Erlaubnus) Verordnete den Geistlichen in der Stadt den Gottesdienst zu verrichten und die Sacrament zuzudienen zugelassen, und hingegen von der Burgerschaft ihnen die Stadt wieder geöfnet worden seyn; da in Ansehung der Barfüsser Mönchen einige bemerken, daß selbige schon A. 1240. darinn geblieben, andere aber daß sie bey einem dieser Anlässen zwahr mit den andern Mönchen aus der Stadt zum Linden-Thor hinaus gezogen, durch das Cronen-Thor aber wieder in die Stadt und in ihr Kloster geschlichen, und auch solang der Bann gewähret in der Stadt geblieben seyn, und danahen auch bey den Burgern einen bessern Willen, als die andern Mönchen erworben: An. 1254. hat Pabst Innocentius IV. alle Pfarr-Kinder in der Stadt zu ihren ordentlichen Seelsorgern gewiesen, und denen Mönchen befohlen, daß sie ohne Erlaubnus des Pfarrers weder Beicht hören, noch Sacrament zudienen, noch die Begräbnus bey ihnen gestatten sollind: A. 1277. erhielt das Stift zum grossen Münster von Kayser Rudolpho I. die Befreyung von den Wachen und andern Burgerlichen Beschwehren, A. 1280. ward ein Stadt-Satzung wider den Ankauf Häusern und Plätzen in der Stadt an Geistliche sonderlich Klöster gemacht: A. 1300. sind das Stift zum grossen Münster und die Räht und Gemeind der Stadt mit einandern übereinkommen, daß wie es gehalten werden sollte, wann ein Chorherr, Caplan, und die weltliche Pfaffen an einem Burger einen Frevel mit Worten oder Werken thäte, und wie solches die Chorherrn oder sogenannten Pfaffen-Richtern ausrichten sollen. Bey deren Päbsten auch

wider

wider Kayser Ludovicum IV. bezeigten Widerwillen und deſſelben Verbannung kam die Stadt Zürich wegen ihrer Treu und Anhang an dem Kayſer auch A. 1331. wieder in den Bann, und da die Geiſtliche deswegen den Gottesdienſt mit Meß halten, Singen und Leſen nicht verrichten wollten, bedroheten die Burger ſelbige bey deſſen Unterlaſſung aus der Stadt zu jagen, welchem einige durch ihren Wegzug vorgekommen, andere aber denſelben nachgetriben worden und ſolle die Stadt Zürich folglich 18. Jahr ungeſungen geweſen ſeyn, und man erſt den 3. May An. 1349. darin angefangen haben wieder zu ſingen, zu leſen und den Gottesdienſt zu vollbringen; worbey doch einige wollen, daß zwahr An. 1331. viel Geiſtliche vertrieben worden, einige aber noch geblieben; und die ſogenannte Gottes Recht den Burgern gethan, A. 1338. aber alle aus der Stadt weggeſchaffet worden, und bis An. 1349. daraus geblieben; und noch andere melden, daß die Barfüſſer (als deren Oberſte es auch mit Kayſer Ludovico gehalten, und dieſer Kayſer auch einen aus ihrem Orden zu einem Pabſt ernannte.) in der Stadt geblieben ſeyen, und den Gottesdienſt verrichtet haben.

Als alſo die Geiſtliche ihren Gewalt und Freyheiten zum Nachtheil der Oberkeitlichen Gewalts mißbraucht, und der Burgerſchaft und Land mit ihren Bännen, auch um Schulden und andern Sachen beſchwerlich geweſen, hat auch die Stadt Zürich mit den meiſten Eydgenößiſchen Städt und Orten An. 1370. ein Ordnung hierüber errichtet, welche unter dem Articul: Pfaffen-Brief weitläufig zu finden; folglich aber auch A. 1393. mit einandern aufgenohmen, daß in Kriegs-Anläſſen man keine Kirch, Klöſter, Capellen, aufbrechen und in keine gehen ſolle darinnen zu brennen, zu rauben zu verwüſten, es wäre dann daß die Feinde oder deren Gut darinn gefunden werden, als man ſolche wol angreiffen und beſchädigen möge: A. 1407. ward ein Verglich zwiſchend der Oberkeit und Geiſtlichen zu Zürich gemacht, und von dem Biſchof von Coſtanz beſtätiget, daß wann ein Burger einen Geiſtlichen beleidigte der Raht demſelben, und wann ein Burger von einem Geiſtlichen beleidiget wurde, von 2. von dem Stift und 1. von der Abtey
von

von Frau-Münster (so Pfaffen-Richter genannt worden: gut Recht gehalten werden solle: es hatte auch die Stadt Zürich gleich übrige Eydgenößische Städt und Orten ihre Gesandtschaft auf dem A. 1414. angefangnen, und einige Jahr fortgesetzten Concilio zu Costanz, und erhielt das Stift zum grossen Münster, A. 1424. von Pabst Martino V. die Bewilligung wegen damahl sich zeigenden irrigen Lehren ein Doctorem Theologiæ oder Baccalaureum zu bestellen, der alle Sonn- und Feyer-Tag in der Mutter-Sprach predigen, auch 3. mahl in der Wochen in Theologia lesen, und das Volk in der Evangelischen Wahrheit unterweisen und aufwecken thüge: die Stadt mußte auch An. 1437. eine Gesandtschaft auf das zu Basel gehaltene Concilium absenden, da selbiges auf die an selbiges von Herzog Friedrich von Oesterreich wider die Stadt angebrachte Klagden die Stadt vor sich bescheiden, aber nichts friedliches zwischend Ihnen ausrichten mögen, es hat auch folglich dieses Concilium einen Frieden zwischend der Stadt Zürich und den Eydgenossen A. 1439. und 1444. zu vermitteln getrachtet, solchen aber nicht auswürken mögen: A. 1475. hat der Rabt ein Verordnung gemacht, daß wer Geist- oder weltlich etwas Stiften, Klöstern oder zu andern miltem Gebrauch vermachen woll, solches mit Oberkeitlicher Bekrähtigung geschehen solle, welches aber A. 1491. durch Vermittlung Bischöfl. Costanzischen Abgeordneten dahin erleuthert worden, daß der Probst, Chorherren und Caplanen zum grossen Münster ohne solche Erlaubnus an Gottshause, Pfrunden, Spittal, Almosen und dergleichen Vermachtnussen machen mögen, andere Vermächtnussen aber dem Rabt zur Bestähtigung, Aenderung oder Verminderung vorgelegt werden sollen: A. 1479. hat Pabst Sixtus IV. ein Jubel-Jahr in der Stadt Zürich auf 5. Jahr ausruffen lassen mit Versprechung des gleichen Ablassens, wie durch Besuchung der 7. Kirchen zu Rom in dem auch daselbst gehaltenen Jubel-Jahr erhalten werden; sonderlich denen, welche auch die Kirchen zu Zürich besuchen, und an deren bey dem Grossen und Frau-Münster Ausbauung und Verbesserung, Wiederaufrichtung der Wasserkirchen etc. etwas beytragen werden; er hat sich auch einen Theil des fallenden Gelds für den Bau S. Petri Kirch zu

Rom vorbehalten, der 1900. Pfund ausgeworfen, welcher aber nicht daran, sondern an die den Eydgenossen schuldige Bundes-Gelder verwendt worden seyn solle: gleicher Pabst hat auch in gleichem Jahr Burgermeister und Raht zu Zürich und ihren ewigen Nachkommen die Gnad und Freyheit verleyhen und gegeben, daß, wann fürohin die Probstey des Stifts zum grossen Münster in der Stadt Zürich und zu Embrach, auch andere Chorherrn-Pfründ, Caplaneyen, und auch andere geistliche Aemter und Pfründ dieser Stiftern, auch des Stifts S. Felicis und Regulæ zur Abtey in dem Päbstlichen Monat ledig werden und geliehen verfallen sind: solch verfallene und ledige Probsteyen, Chorherren-Pfründ, Caploneyen und andere geistliche Aemter und Pfründ geschickten Burgerlichen Versohnen hinleihen und gefügen mögind, und darauf solche Versohnen dem Capitel præsentieren sollen jedoch mit Vorbehalt auch der von den erwehlten dem Pabst gehörigen Annaten und Gebühren: es hat auch die Stadt mit den übrigen Eydgenößischen Städt und Orten A. 1481. in der zu Stans gemachten Verkommnus obige beyde A. 1370. und 1393. errichtete Ordnungen bestähtet: die Stadt Zürich hat zwahr mit den übrigen Eydgenößischen Städt und Orten An. 1487. den von dem Pabst von der Priesterschaft unter dem Vorwand des Türken-Kriegs abgeforderten Zehenden Theil ihrer Gütern abzuhalten sich bemühet, aber an den Kirchen-Thurn Bau zum grossen Münster ein Steur ꝛc. samtlicher Geistlichkeit gefordert, An. 1491. aber obige Verordnung von A. 1475. in Ansehung des Stifts zum grossen Münster dahin eingeschrankt, daß es bey dem, was der Probst, Chorherren und Caplän an Gottshäuser, Pfründ, Spittal, Almosen ꝛc. auch ohne Oberkeitliche Bewilligung verordnen werden: bleiben, was sie aber aus Freundschaft oder sonsten verordnen, solches dem Raht zur Bewilligung, Vermehr-oder Verminderung vorgetragen werden solle: A. 1512. ließ Pabst Julius II. durch seine Legaten auskünden, daß wer 7. in der Stadt Zürich angewiesene, damahls danahen genannte Buß-Kirchen, nach Form des Jubel-Jahrs zu Rom nacheinandern besuchen wurde, er so viel

Ablas

Ablas-Gnaden erlangen solle, als wann er nach Rom gereiset wäre, und bekam in gleichem Jahr auch von Ihme die Stadt ein Damastenes Panner, darinn die Crönung Mariä vorgestellt ist.

Die in selbigem und auch folgenden Jahr durch die Päbstlichen Gesandten in der Eydgenoßschaft und auch der Stadt Zürich verursachete viele Unruhen und Verwirrungen, auch die allzustarke Ausdähnung des Päbstlichen und Bischöflichen Gewalts, da auch der Bischoff von Costanz durch ein Mandat denen in seinem Bischthum sitzenden Priestern verbotten sich den weltlichen Gerichten, schon auch die Sachen weltlich wären; zu unterwerfen, und da auch A. 1518. von der Oberkeit mit Zuzug eines angewesten Päbstlichen Gesandten ein Ordnung gestellt werden müssen, damit, wie es ausgedruckt worden; in den Klöstern nicht so unwesentlich gehandelt werde, und die sogenannte Curtisanen mit Päbstlichen Briefen viel geistliche Pfründ und Gefälle angegriffen: sonderheitlich aber viele in Religions- und Kirchen-Sachen eingeschlichene irrige Lehrsätz, Aberglauben, Ablas, Ceremonien und andere Beschwerden :c. erweckten bey vielen weltlichen und geistlichen eine Begierd und Eyfer zu einer abänderlichen Verbesserung, welche auch beförderet worden durch des Päbstlichen Commissarii Bernhardin Samson A. 1518. in verschiedenen Orten der Eydgenoßschaft angestellten Sünden-Ablaß-Kram und Verkauf, und durch des zu Zürich zum Leut-Priester in dem grossen Münster von dortigem Stift erwehlten M. Ulrich Zwingli hierwieder und verschiedene andere obbemerkte Irrthümmer, Aberglauben :c. gethane Predigen und Vorstellungen auf und nebend der Canzel, mit welcher er den 1. Jan. A. 1519. in Erklärung des Evangeliums S. Matthæi den Anfang gemacht: und es ward unlang darauf erwehntem Samson der Eingang mit obbemeldten Ablas-Kram in der Stadt nicht gestattet, und, da er unter andern Vorgeben den Zugang auf die damahls zu Zürich gehaltenen Gemein Eydgenößischen Tagsatzung erhalten, hat er sogleich darnach wieder aus der Stadt sich weggebegeben müssen; es fanden auch des ersagten M. Zwingli Lehren bey einigen weltlichen

lichen und geistlichen Standes und auch anderen verburgerten Persohnen Anmuthung und Beyfall, und haben A. 1522. einige Burger, auch auf seine Lehr, daß das Fleisch-Verbott von gewissen bishin bestimmten Tagen in der H. Schrift nicht begründet, und der Christenlichen Freyheit zu wider: in der Fasten und andern gesetzten Tagen Fleisch zu essen angehebt, welches abzustellen des Bischofs von Costanz Abgeordnete bey der Oberkeit und auch dem Stift zum grossen Münster verlangt, welche sie auch erhalten jedoch mit dem an den Bischof auf die von dem Zwingli gethane Gegen-Vorstellungen gestellten Ersuchen, daß er ohne Verschub daran seyn möchte, daß die Gelehrte in seinem Bischthum zusammenkommen und wie man sich in solchem Fall zu verhalten, ein Erleuterung gebind, und alle gleich predigen und lehren sollind: es beschwehrten sich auch die in den Klöstern in der Stadt Zürich sich befundene Mönchen bey der Oberkeit gegen Zwingli wider sie haltenden Predigen, deren Begründung aber Zwingli zu zeigen sich anerbotten: auch hat Zwingli und verschiedene Priester aus dem Zürich- Lucern- Schweitz- und Zuger-Gebiet an Gemein Eydgenossen und auch an den Bischof von Costanz durch umständliche Bittschrift begehrt Gottes Wort ohne Hinternus zu predigen und zu Ausweichung der bey vielen Geistlichen wegen des Ehe-Verbotts vorgehenden Aergernussen sich verbeyrathen zu mögen: es wollten auch einige Frauen in dem Kloster Oetenbach den Orden verlassen, darüber aber die Erlaubnus ausgestellt worden, doch müßten auf S. Thomas Abend alle Geistlichen in Gegenwart der Burgermeistern die von den Päbsten und sonsten habende Pensionen verschwehren: als allso sich zu Stadt und Land viel Zweytracht zwischen denen, welche das Wort Gottes wollten geprediget haben; und denen, welche selbige für Verführer und Ketzer gescholten; entstanden, hat der kleine und grosse Raht der Stadt Zürich, auch auf Ansuchen des Zwingli (ohneracht Pabst Adrianus zuvor nicht nur den Raht aller Gnaden, sondern auch den Zwingli durch ein eignes Breve seines besten Willens zu seiner Ehre und Nutzen versichert:) auf Samstag nach der Beschneidung An. 1523. einen Befehl an alle Kirchen-Diener und Priester in ih-

rer

rer Stadt und Landschaft so jemand denselben falscher Lehr zu überzeugen vermeinte, ergehen lassen auf den 29. Jan. auf dem Rahthaus zu erscheinen, und das, was er widerfechten wolle, aus Göttlicher Schrift deutsch anzuzeigen, da sie dann mit etlichen Gelehrten ob es sie gut bedunkt, aufmerken, und nachdem es mit Göttlicher Schrift sich befinden werde, ein jeden heimschicken werden fürzufahren oder abzustahn, daß nicht ein jeder für und für, was ihn gut dunkt, ohne Grund predigen, mit dem Anfügen, daß sie auch solches dem Bischof von Costanz anzeigen werden, damit er oder sein Abgeordneter ob sie wollind; auch darbey seyn mögen ꝛc. es warden auch die zu Baden versamlet gewesne Eydgenößische Gesandte schriftlich ersucht sich hierbey einzufinden, und hat Zwingli in 67. Articlen seine bisher geprediget Lehr verfasset, und in Druck gegeben, mit dem Anerbieten selbige aus Göttlicher Schrift zu verfechten, und denen nachzugeben, welche anders aus derselben darthun werden, darinn sonderheitlich das Ansehen der H. Schrift auch ohne Bekräftigung der Kirch, daß Christus das einige ewige Haupt der Gläubigen, und ein einiger Oberster und ewiger Priester seye; daß GOtt allein die Sünden um desselben willen verzeyhe; daß die Meß kein Opfer, alle Speisen zu jeder Zeit erlaubt, alle Mönchs-Orden verwerflich, dem Oberkeitlichen Gewalt alle Menschen auch die Geistliche zu gehorsammen schuldig seyen ꝛc. ausgesetzt ist; es kam auch aus dem Zürich-Gebiet und anderen Orten (aussert aus den Eydgenößischen Orten, welche den ihrigen solches verbotten:) bey 600. von Weltlichen und Geistlichen auch vornehmen Doctorn und andern Gelehrten, und andern Personen dahin und darunter auch einige Bischöfliche Costanzische Abgeordnete, unter welchen D. Johannes Faber die Anwesenden zu bereden unterstanden, daß dergleichen wichtige Religions-Streitigkeiten nicht in dergleichen Versammlungen zu behandlen sondern auf das Vermög eines Reichs-Abscheids innert Jahrsfrist haltende Concilium zu verschieben seyen, und sie allein abgeordnet worden von den eingerissenen Streitigkeiten Bericht einzuholen, und die Partheyen zu versöhnen, und daß man eher auf hohen Schulen zu Paris, Cölln ꝛc. dergleichen vor gelehrten Leu-

then vornehmen sollte ꝛc. als aber Zwingli angetrungen, daß weilen es sich gewiß zeige, daß die Canonische Bücher des alten und neuen Testaments die einige und sicherste Regul und Richtschnur, nach deren alles in der Kirch eingerichtet und geschlichtet werden müsse, auch viel gelehrte Männer auch gegenwärtig; ejmand dermahlen beweise, daß etwas in solchen Articuln wider die wahre Religion streite, auch das vorgegebne Concilium nur ein Auffschub seye: worauf zwahr auch von ersagtem Faber aber nur bey einem sonst auf der Bahn gekommen Anlaas etwas von der Anrufung der Heiligen aus den Concilien ꝛc. vorgebracht, und ihme von Zwingli darüber geantwortet worden; letstlich aber hat der Burgermeister eine Vermahnung an die samtliche Versammlung gethan das gutbefindende vorzutragen, und da sich niemand gezeiget, die Versammlung aufgehoben; Nachmittag aber vor dem Raht verlesen worden, daß weilen nach dem obbemelten Ersuchen von dem Bischof niemand die spännige Articul zu erdauren zusammenberufen worden; die Widerwertigkeiten aber unter den Geistlichen immerfort gedauret; Er diesern Tag angesetzt, und da sich in dieser Versammlung sich niemand wider M. Ulrich Zwingli erhebt oder mit H. Schrift unterstanden ihne zu überwinden; erkent, daß er fürfahren und fürhin wie bisher die göttliche Geschrift nach dem Geist GOttes verkünden, und alle Seelforger in ihrer Stadt und Landschaft nichts dann daß sie mit der H. Schrift bewahren mögend: predigen, und einandern bey sonst zu erwartenden Straf nicht mehr schmützen noch letzern sollen: worauf der Faber noch einige Vorstellungen von der Nohtwendigkeit eines menschlichen Richters die H. Schrift recht zu verstehen, von den auch in selbiger angeregten mündlichen Angebungen ꝛc. und zugleich angefügt, daß er beweisen wolle, daß des Zwingli Schluß-Reden wieder das Evangelium und Paulum seyen; welches Zwingli nebst Widerlegung des angebrachten von ihme zu erwarten sich vernehmen lassen, folglich auch gedachte Schluß-Reden mit Beweisthume aus H. Schrift in Druck gegeben, Faber aber solche niemahlen widerlegt: Es ward hierauf die Evangelische Lehr zu Stadt und Land mit vieler Furcht und Annahm geprediget, und zeigte
sich

sich viel Begird und Eyfer, auch die darwider in vorigen Zeiten eingeschlichene Mißbräuch abzustellen, gleich dann auch den 28sten April dies Jahrs Wilhem Rönblin Pfarrer von Wytikon der erste von den Geistlichen offentlich in der Kirch daselbst ehelich eingesegnet worden, im Jun. von den Kloster-Frauen an dem Oetenbach einige mit Oberkeitlicher Bewilligung aus demselben getretten, und die andere, jedoch ohne den Ordens-Kleidern, in selbigem geblieben: den 10ten Augstm. der H. Tauf das erste mahl in verständlicher deutscher Sprach ohne die bisherige Beschwehrung, Chrysam, Salz ꝛc. zugedienet, und in Sept. ein Ordnung wegen Anwendung des Zehendens, Abstellung vieler Abforderungen zu wegen der Sacramenten, Begräbnussen ꝛc. mit dem Stifft zum grossen Münster wie unter solchem Articul das mehrere vorkommen wird: beabredet und errichtet worden. Da sich aber annoch Zweytracht unter dem Volk, sonderlich wegen dem Bilder-Dienst und der Meß erhebt, und auch vor Michaelis-Tag ein zu Stadelhofen gestandnes Crucifix umgeworfen worden, hat der klein und grosse Raht (vor welchem solche Religions-Sachen zu behandlen aufgenohmen worden:) gut befunden auf Montag Simonis und Judæ Tag deswegen ein andere Versammlung auf dem Raht-Haus anzusehen, und durch ein offentliches Mandat auszukündigen, und allen Leut-Priestern und Pfarrern in ihrem Gebiet zu befehlen, daß sie gemeinlich oder ob sondere Personen geistlich oder weltlich in der Stadt oder ausserhalb hierzu reden wollind, auf angesetzten Tag allda erscheinind, und das, so ein jeder der Meßbräuchen der Meß und Bildern halben schirmen oder widerfechten will, deutsch anzeigind, da die Oberkeit mit Fleiß aufmerken und nachdem sich die Wahrheit erfindt, wie es sich gebühret: handlen werde; es hat auch die Oberkeit den Bischöffen von Costanz, Chur und Basel, auch der Universität daselbst, wie auch den 12. Eydgenößischen Städt und Orten und einige Verwandten zugeschrieben, daß sie ihre Gelehrte zu ihnen hierzu zu reden schickind: es ist aber auf obbestimten Tag niemand von den Bischöffen noch von der Universität von Basel, auch nicht von den Städt und Orten der Eydgenoßschaft und Verwandten, ausgenohmen von Schaffhausen und

und Stadt St. Gallen, erschienen, wol aber waren versamlet ob 350. Priester, darunter auch Abt, Pröbst 10. Doctores viel Magistri und auch viel andere gelehrte Leuth, und schätzte man die versameleten in 900. Personen; es warden D Joachim von Watt (Vadianus) von St. Gallen, D. Sebastian Hof-Meister, Predicant von Schaffhausen D. Christof Schappeler, gebührtig von St. Gallen und Predicant von Memmingen zu Præsidenten verordnet, und ist 3. Tag über obbemerkte zwey Articul wegen des Bilder-Diensts und der Meß verschiedenes vor, jedoch meistens nicht aus der H. Schrift, und darwider aus solcher vorgetragen worden, und hat hierauf die Oberkeit ein kurze und christliche Einleithung, wie die Evangelische Lehr und Wahrheit und zwahr auch in diesen Articlen in ihren Land fürohin einhellig verkündet werden solle: verfertigen lassen, in Druck gegeben, und den 17ten Nov. den Kirchen-Dienern mit dem Befehl sich derselben fleißig zu bedienen zugeschickt, auch dem Bischof von Costanz auf sein der Lutherischen Lehr und Predigen halben ihren zugeschicktes Mandat in Antwort ertheilt, daß sie solches nicht anschlagen lassen, und man in ihrem Gebiet das Evangelium und recht göttliche Wort verkünde, so er aber vermeine, daß etliche Ketzerische Händel geprediget werden, er solches anzeigen solle, und man alsdan nach der Gebühr handlen werde: es ist auch gleich bemerkte Einleithung demselben, wie auch den Bischoffen von Basel und Chur auch der Universität und hohen Schul von Basel, und den Eydgenößischen Städt und Orten zugesandt worden mit dem Ersuchen ob sie nochmals etwas mit rechter göttlicher Schrift abzuwenden vermeinen, sie solches auf künftige Pfingsten thun möchten, als dann, was GOtt gefällig und seinen Wort gemäs vorgenohmen werden solle; da immittelst auch in der Stadt einige Chorherrn und Priester bey der Meß, als welche noch nicht genugsam widerlegt wäre; zu bleiben, andere aber nicht mehr Meß halten wollten; ist von der Oberkeit zwahr erkent worden, niemand zu nöthigen Meß zu halten, wer es aber thun wolle, solches es züchtiglich und dem Wort GOttes gemäs zuthun; jedoch auch allen Geistlichen in der Stadt auf den 28sten Dec. vor dem kleinen und

grossen

grossen Raht zu erscheinen gebotten worden, da sie, so sie aus H. Schrift zu beschirmung der Meß etwas beyzubringen wissen, angehört werden, mittlerweil aber in den Kirchen alle Taffelen beschlossen, und an den Fest-Tagen keine silberne, vergulte noch andere kostbare Bildnussen hervorgestellt werden sollen; da auch an ermelten Tag, und in Anwesenheit 8. Gliedern des kleinen und grossen Rahts, auch des Abts von Cappel der Pröbsten zum grossen Münster und Embrach ꝛc. den 13ten und 14ten Jan. A. 1524. wiederum 4. Chorherrn und noch einen, und auch Zwingli und die zweyen andern Leut-Priester Leo Jud und Heinrich Engelhard über die damahligen Religions-Streitigkeiten angehört worden, hat hierauf der klein und grosse Raht erkent, daß obige 5. weilen sie nichts wider des Zwingli ehemahlige Articul erfochten; vor sie gestellt, und ihnen angezeiget werden solle, daß sie nunfürohin die Sachen bey den Hoch-Oberkeitlichen Mandaten bleiben lassen, und darwider weder heim, noch offentliches nichts thun sollen, man aber sonsten sie, was sie wollen, glauben lasse: es hat auch dieses Jahrs Pabst Clemens VII. ein von Zürich an ihn wegen ausstehenden Kriegs-Dienst-Sölden abgeschickte Gesandschafft unfreundlich auch mit Beschuldigung der Ketzerey abgewiesen, sie aber sich vernehmen lassen, daß man zu Zürich nichts glaube als was den Schriften des alten und neuen Testaments gemäs, und wann man ihnen aus diesen Büchern etwas besseres weisen könne, seye man bereit GOtt zu gehorsamen; auch ist ein Gesandschaft von den übrigen XII. Eydgenößischen Städt und Orten in die Stadt Zürich kommen und hat den 21sten Mart. vor klein und grossen Raht mit weitläufiger Vorstellung des bisher eingeführten Glaubens begehret, daß, gleichwie sie den neuen auf die Bahn gekommnen in allen ihren Gerichten zu straffen gesinnet; sie auch denselben zu Zürich untertrucken helfen, und den Zwingli und seinen Anhang, sie seyen Geistlich oder Weltlich abstellen möchte; mit dem Anfügen, ob man zu Zürich sich, gleich sie zu erklagen habend, des grossen Gewalts, so sie von Päbsten, Cardinälen, Bischoffen und Geistlichen Oberkeiten mit Curtisanen, Anfallung der Pfrunden; Betriegung des Ablasses, strengen und
unend-

unendlichen Geistlichen Gerichts-Zwang und Bann ꝛc. sie mit ihnen darüber sitzen und Fürsehung thun wollen, damit man des entladen werde ꝛc. worüber ihnen in Antwort (welche auch in Druck kommen:) ertheilt worden, daß man ihnen in allem dem so möglich seye, und die Bünde mit geben, wie sich redlichen Eydgenossen geziemet, gern willfahren, und nach schuldiger Pflicht gewärtig seyn wolle; was aber das Wort GOttes und das Heyl der Seelen und Conscienzen antreffe, man darvon nicht weichen könne, mit beygefügter Bitt, daß, gleichwie man an sie und an die Bischöffe, hohe Schul ꝛc. schon geschrieben, daran seyn möchten, daß sie, ob sie wider GOttes wahres Wort handleten, ihnen hiezwischen Pfingsten durch ihre Seelsorger oder sonst gelehrte Männer aus göttlichen Schriften alten und neuen Testaments anzeigen lassind, welches sie nochmahlen gütlich erwarten, und wo ihnen etwas bessers bescheint werde, sie sich allezeit nach GOttes willen weisen lassen wollind ꝛc. da nun nichts weiters eingekommen, wurde die in der Pfingstwoche, auf den Hof bisher übliche Procession noch das letzte mahl, jedoch mit einer Predig gehalten, die an einem Pfingst-Montag nach Einsidlen seith der Schlacht bey Tättweil von A. 1351. gehaltene Creutz-Fart aber abgestellt, auch am Samstag vor Pfingsten von klein und grossen Raht das sogenannte Fronleichnahms-Fest samt dessen Octav oder Ablas-Wochen aufgehebt, auch aus gleichem Befehl im Jun. die in denen sogenannten Särken der H. Martyreren (Felicis und Regulæ) in der Gros- und Frau-Münster noch angetroffene wenige Gebein ehrlich beerdiget, und um diese Zeit auch die Orglen, das Grab- und Wetter-Läuten, die Opfer für die Todten, Beichtgelt, Processionen, Segnen der Palmen, Salzes, Wassers und Liechtern, auch die letzte Oelung abgethan, weiters den 8ten Jun. jederem die von ihme oder den seinigen aufgerichtete Bilder zu sich zu nehmen bewilliget, den 15ten dieses Monats den Ober- und Unter-Vögten die Bilder, an was Orten selbige verehret werden, wegzuthun befohlen, und den 20sten dieses Monats durch 3. Pfarrer und 14. des Rahts bey verschlossener Thüren die Bilder aus den Kirchen in der Stadt wegnehmen lassen.

Zürich.

Es sind in dem folgenden Monat von einer zu Zug gehaltnen Tagsatzung von 10. Eydgenößischen Städt und Orten wiedermahlen Gesandte zu Zürich angelangt und haben ihr obbemeltes Begehren ernsthaft wiederhollet, und da sie auch gleiche Antwort erhalten, darüber von denen Gesandten der Städt und Orten Lucern, Uri, Schweitz, Unterwalden, Zug und Freyburg denen von Zürich angezeigt worden, daß sie die Stadt Zürich nicht mehr zu Tagen beruffen, noch bey ihnen sitzen lassen wollind; es ist imnittlest auch von dem Bischof von Costanz ein in 50. Bogen gedruckte Vertädigung der Bildern und der Meß nach Zürich geschickt, selbiger Ungrund aber nach vorheriger Erdaurung von Geistl- und Weltlichen Vorgesetzten durch ein den 18ten Aug. von der Oberkeit auch in Druck herausgegeben, Verantwortung dargelegt worden: es ist in diesem Monat auch das Neue Testament in deutscher Sprach auch zu Zürich in Druck kommen: auch hat die Stadt Zürich durch eine Gesandtschaft auf eine zu Lucern gehaltenen Tagsatzung verschiedene über sie ausgestreute dießfällige Verläumdungen vor dortigen klein und grossen Raht, und auch den Lands-Gemeinden abzulegen und zu widersprechen verlangt, hat aber es allein an dem ersten Ort thun mögen, anbey aber auch gut befunden ihre ganze Landschaft von allem dem, was wegen der Religion in vorgehendem und diesem Jahr sich begeben: zuberichten, und von ihren, wessen sie sich zu ihren zu versehen; zu vernehmen, und hat selbige darüber die Antwort erhalten, daß die Oberkeit möchte noch fürter, wie bisher, des Friedens sich befleissen, so man aber derselben mit Gewalt zusetze, sie ihro zum Besten alles Vermögen aufsetzen wolle. Auf das an die Städt und Ort Bern, Glarus, Schafhausen und Appenzell gethane Ansuchen das Beste der Stadt gegen die übrige obbemeldte Ort zu befürdern, und die bedrohete Trennung zu verhindern, ist zwahr freundlicher, aber nicht völlig vergnüglicher Bescheid erfolget: auch sind im Aug. und Oct. ab Eydgenos. Tag-Satzungen wieder den Zwingli ernsthafte Klägten kommen, und eine Disputation angebahnet werden wollen, welches derselbe zu der Oberkeit willen gesetzt, selbige aber ihne nirgend ausser ihr Land schicken wollen, wol

aber

aber innert demselben jedermann mit ihme aus GOttes Wort zu disputieren freygestellt, und auch deme sich hierzu anerböttnen D. Johann Egg unter dem 6. Nov. ein sicheren Gleits-Brief hierzu ertheilt, selbiger aber sich nicht eingefunden. Uebrigens aber sind noch in dieserem Jahr auf St. Andreas Tag von der Aebtißin des Stifts zum Frau-Münster in der Stadt alle desselben des Stifts-Würde, Freyheiten, Gefälle, Amtleuth und Aemter ꝛc. der Oberkeit zu Zürich übergeben, und zu Handen gestellt worden, wie hernach unter dem Articul dieses Stifts das mehrere vorkommen wird.

Es sind auch den 3. Dec. die noch in den Klöstern der Prediger und Augustiner-Mönchen übrige wenige in das Barfüsser Kloster geführt, und von selbigen aus allen 3. Klöstern die jungen und tüchtigen zu dem Studieren oder Handwerken angeführt, die alten aber bis auf ihr Ableiben unterhalten worden; worzu aber eines jeden dieser Klöstern Gefälle angeordnet worden, ist schon oben bey Beschreibung solcher Klöstern angebracht zu finden: auch hat den 20. dieses Monats das Stift zum grossen Münster der Stadt alle ihre hohe und niedere Gericht übergeben: von deme, was in dieseren und folgenden Jahren mit den sogenannten Wiedertäufern vieles gehandlet worden, ist unter dem Articul Wiedertäufer, des mehrern ausgeführt zu sehen: A. 1525. ward den 15. Jan. ein Allmosens-Ordnung für Einheimisch und Fremde errichtet, und darin auch das aus 5. verkauften Chorherren-Höfen erlöste, und von einigen Caplaneyen und Brüderschaften eingezogene angewendet: im Febr. warden die V. Bücher Mosis samt den übrigen Historischen auch den sogenannten Lehr-Büchern Jobs und Salomons und den Psalmen Davids nach der Ursprünglichen Hebräischen Wahrheit verdeutscht, in Zürich in Druck gegeben: es kam auch in diesem Monat von Pabst Clemente VII. ein abermahliges Breve an Zürich mit ernstlichen Ausdruckungen gegen das Reformations-Werk und dessen Anfänger, und mit vielen Schmeichelworten sie wieder an sich zu locken: um diese Zeit hat die Oberkeit zu Zürich von den ihren zu Stadt und Land, wessen sie sich in diesen Läuffen zu denselben zu versehen: zu

verneh-

vernehmen nöthig befunden, und darüber die einhellige Antwort erhalten, daß man die Oberkeit ersuche bey dem Evangelio zu bleiben, sich wo möglich vor Krieg zu vergaumen, und männiglichen des Rechtens zu seyn, ob aber sie jemand überfallen wolle, sie zu derselben Leib und Gut setzen wollten, welches allessen man sich mit dem Eyd verbunden: es warden auch nochmahlen den 11. und 12. Apr. die Pfarrer der Haupt-Kirche nebst drey andern Geistlichen, und auch der Unter-Stadtschreiber am Grüth über die Meß gegen einandern vor dem kleinen und grossen Raht verhört, und dann hierauf von dieserm erkennt, daß die Meß abgethan, und die Altär aus den Kirchen abgeschaft, und folgenden Tags nicht mehr Meß gelesen, sondern das H. Abendmahl gehalten werden solle; weiters ward ein eignes Ehe- und Chor-Gericht angeordnet, und ein Ordnung und Ansehen, wie hie zu Zürich in der Stadt über-eheliche Sachen gericht soll werden, in 4to in Druck gegeben, auch den 9. Jun. an statt des Chor-Gesangs angefangen in dem Chor des grossen Münsters täglich Freytag und Sonntag ausgenohmen um 8. Uhr Vormittag die Bücher des alten Testaments in Hebräisch, Griechischer und Lateinischer Sprach, und in dem Chor zum Frau-Münster Nachmittag um 3. Uhr die des Neuen Testaments in deutscher Sprach zu lesen, und zu erklähren, im Sept. aber ward das Chor-Gesang völlig abgethan und von dem Stift zum grossen Münster dortiger Kirchen-Schatz der Oberkeit übergeben; es kame auch den 12. Sept. ein Gesandter von Glarus, und den 18. gleichen Monats Gesandte von Bern, Glarus, Basel, Solothurn, Schafhausen und Appenzell, und den 29. Nov. wieder 4. Gesandte von Bern nach Zürich, und ersuchten vor kleinem und grossem Raht von ihrer Aenderung in dem Gottesdienst abzusteben, und die Meß wieder aufzurichten, es besuche sie dann, wer sie wolle; und solches um Friedens willen, als die 6. übrige Eydgenoßischen Städt und Ort sonsten nicht mehr auf Tagleistungen bey ihnen sitzen wollind, worüber nicht nur solchen Gesandtschaften in Antwort ertheilt worden, sondern auch dem klein und grossen Raht der Stadt Bern den 21. Dec. und hernach auch zu Solothurn durch Gesandtschaft vorgetragen worden,

daß

daß man nichts gethan, als darauf Gottes Wort gewiesen, und möchten die übrige Städt und Ort ihre Gelehrte und der H. Schrift berichtete nach Zürich schicken um mit ihren Kirchen-Dienern die H. Schrift hierüber, wer recht oder unrecht habe, zu erdauren, darbey aber seye Zürich keines andern bewußt, als daß sie als redliche Eydgenossen die Bünd gegen männiglich halte, und in den Bündten nirgends stehe, daß so jemand Gottes Wort nachfolgete, und thäte, was GOtt gebiete, solche deßwegen abgesöndert, und als Uebertretter der Bündten von den Eydgenößischen Versammlungen ausgeschlossen werden sollen ꝛc. weiters warden in diesem Jahr die Frauen aus den Klöstern in der sogenannten Sammlung und an dem Selbnau in das Kloster am Oetenbach gebracht, und folglich solche Klöster aufgehebt, und denen welche sich nicht daraus begeben wollen, lebenslängliche Unterhalt verschaffet, auch warden in diesem Jahr auch die Stifter und Klöster Stein am Rhein, Rüti, Embrach, Kußnacht und Tös der Oberkeit übergeben und besorget, wie unter eines jeden absonderlichen Articul zu sehen; es warden auch aus der sogenannten Wasser-Kirch die darin aufgestellt gewesene ehemahls eroberte Panner und Fähnlein abgenommen und anderstwo versorget.

Auch hatte die Stadt Zürich bey obgedachtem Pabst Clemente VII im Nov. durch ein Abgesandten wiedermahlen sowol die Krafft vormahligen Bündnuß auferloffene schuldige Geldter, als auch die den Soldaten ausstehende Sold begehren, und da obgegen ihnen Andung wegen der Religion geschehen, ihme die angezogene sogenannte Einleithung der Predicanten zu Zürich übergeben lassen, auch da unterm 11. Dec. der Pabst an Zürich die Antwort ertheilet, daß, weilen sie in ihren Irrthumen verharren, er, schon ihre Ansprach billich wäre, sie mit gutem Gewissen nicht bezahlen, und man sie bey ihren besitzenden Güthern nicht lassen könne, anbey sich auch vernehmen lassen, daß er einen Gelehrten nach Genf oder Lausanne sie in den Religions-Sachen zu berichten abordnen wolle ꝛc. hat die Oberkeit zu Zürich unterm 10. Jan. A. 1526. in einer weitläufigen Antwort die Billichkeit ihrer Anforderung, und

daß

daß einem jeden Christen gebühre das, einem anderen, wer er seye; versprochne zu halten, auch daß ihren Gelehrten wegen Unsicherheit an entfehrnte Oerter zu gehen nicht zuzumuthen, wenn aber jemand nach Zürich gesendet werde; er alle Sicherheit haben solle ꝛc. vorgelegt, und ihren Gesandten wieder zuruckberuffen, welches letztere sie auch den übrigen XII. Eydgenößischen Städt und Ortex über ihre Einladung zu der in dem Majo dies Jahr zu Baden angestellten Religions-Disputation antwortlich bedeutet, Zwingli aber über die daselbst zum Disputiren ausgesetzte Articul auch durch den Druck sogleich ein Antwort herausgegeben, und seine Meynung hernach weiter verthädiget; da zuvor auch die zu haltende Feyer-Tag angeordnet, inmittelst noch die bisher widerspännig gewesne Chorherren, Caplän und Mönchen, dem Burgermeister zu schweeren und auch die Predigen und Lectionen bey Verlurst ein Viertel Kernes für jede Versaumnuß zu besuchen angehalten, und hernach auch die Sacrament-Häuslein und noch übrige Altär in der Stadt abgebrochen, und aus den Steinen ein neue Canzel bey dem grossen Münster erbauet, auch in allen Pfarren zu Stadt und Land Verzeichnüßen der bezognen Ehen, auch getauften Kindern und ihre Eltern angeordnet; was aber für Widrigkeiten wegen der Eydgenößischen Bunds-Schwurs entstanden, wird hernach bey Behandlung der Bündten vorkommen: A. 1527. ward auch das Stift Cappel der Oberkeit von Zürich übergeben, wie unter solchem Articul das mehrere zu sehen; auch ward in diesem Jahr eine Ordnung woran man die verkaufte Kirchen-Zierahten verwenden wolle, auch wie man zu Stadt und Land die Kirchen-Güther verwalten, und die Almosen austheilen solle, gemacht, und den 9. Dec. die Orgeln aus der Kirchen gethan, und das Singen in den Kirchen unterlassen.

A. 1528. ward im Jan. die in der Stadt Bern angestellte Religions-Disputation, auch von Zwingli und andern Gelehrten, auch von 4. Rahts-Gliedern besucht und in dem Frühling warden von der Oberkeit zwey Synodi gehalten, und darin alle Pfarrer zu Stadt und Land beeydiget, jedes Wandel untersucht

sucht, die Fehlbare bestraft, die von den sonst annoch verpfründeten Geistlichen die zum Predig-Amt tüchtig erfunden, selbiges anzunehmen errinnert, auch die etwann in der Kirchen befundene Mängel verbesseret, auch wurde den 9. Dec. erkennt, daß die, welche dem verbesserten Gottesdienst nicht beypflichten, weder in den kleinen noch grossen Raht kommen mögen, und die, so darin wären, und solchen Ordnungen sich nicht untergeben wollen, des Rahts entlassen werden sollen, auch A. 1529. im Jan. verbotten zur Meß auch an ausländische Ort zu geben; da es auch aus verschiedene gleich hernach vorkommenden Ursachen im Jun. zu einem Auszug bey denen VII. ersten Städt und Orten gegen einandern kommen, haben die Thätlichkeiten doch mögen hinterhalten werden, und hat man sich über verschiedene Articul und insbesonder auch wegen der Glaubens-Freyheit in den Städt und Orten selbst, und den Gemeinen Herrschaften, Aufhebung des von den Catholischen Städt und Orten mit König Ferdinando von Ungarn wegen den Religions-Streitigkeiten errichtete Bündnus. Verbott alles Schmähens gegen einandern, Erneuerung der Bündnussen ꝛc. verglichen; auch warden in diesem Jahr die Propheten aus Hebräischer Sprach durch die Predicanten zu Zürich verdollmetschet zusamt den durch Leo Jud verdeutschten sogenannte Apocryphischen Büchern in Druck gegeben: A. 1530. ward wegen denen Pfarr-Competenzen und Einkünften und denen bisherigen sogenannten Jahrzeiten eine Ordnung gemacht, auch die Kirch des auch aufgehebten Stifts auf dem Heiligen Berg bey Winterthur abgeschliffen: A. 1531. aber entstuhnde zwischend denen obbenannten VII. ersten Städt und Orten wegen ungleichen Auslegungen des vor zwey Jahren errichteten Verglichs und Landfriedens, von der Catholischen Seithen vielfaltig auslassenden Schmähungen der Evangelischen und anderen Ursachen wiederum ein solcher Widerwillen, daß im Majo von den Evangelischen den Catholischen der freye Proviant abgeschlagen, und ward nach verschiednen zwischend denselben jedoch vergeblich verpflogen Zusammenkunften, und durch Königliche Französische und anderer Städten Gesandte vorgeschlagene Schied-Mittel im O.A. der Stadt Zürich von den V. Catholischen Orten

ten die Bund-Brief abgeforderet worden, auch der feindliche Auszug gegen einandern und hierauf auch die Treffen bey Cappel und auf dem Gubel (von welchen unter diesen absonderlichen Articlen das mehrere zu finden:) erfolget, in dem den 16ten Nov. errichteten sogenannten Landsfrieden aber die freye Beybehaltung und Annahm der eint oder andern Religion in Gemeinen Herrschaften, die Aufhebung der Evangelischen errichteten Burger-Rechten, Abstellung aller Feindschaft ꝛc. geschlossen worden, und hat sich hierauf die Stadt und Land Zürich den 9ten Dec. aufs neue zu der reinen Evangelischen Lehr und deren Beschirmung verpflichtet. A. 1532. ward den 8ten Aprill Oberkeitlich bestimmet, daß künftighin jährlich nach Ostern und im Herbst Synodi und allgemeine Kirchen- und Schul-Diener Versammlungen gehalten werden sollen: da die Oberkeit zu Zürich in dem Maj. durch ein offentliches Mandat sich erkläret, daß nachdem die nicht zu kleiner Schmälerung und Verkleinerung des Leidens Christi abzihlende Römische Meß abgethan, und der wahre Gebrauch des H. Abendmahls nach Christi Einsatzung eingeführt; die aus den Ihrigen so sich von dem letstern absondern, von Stadt und Land verwiesen, und die bey den Päbstlern annoch communiciren, so sie keine Unruhen verursachen, an keine Ehren-Stellen befürderet werden sollen ꝛc. ward solches von den Catholischen Gesandten auf einigen Tagsatzungen nicht nur geandet, sondern verlangt angeregte Wort aus dem Mandat zunehmen, welches auch soweit getrieben worden, daß Zürich sich erklährt hierüber das Eydgenößische Recht zu gebrauchen, bey welchem Anlaas aber des folgenden Jahrs im Aprill diesere Mißverständnus durch die Schieds-Richter gütlich gehoben worden: A. 1536. befanden sich auch einige Zürichischen Gelehrte zu Basel bey Errichtung der ersten Eydgenößischen Evangelischen Glaubens-Bekanntnus, welche auch von den Oberkeitlichen Gesandten unterschrieben worden: An. 1538. wurden für 15. zu dem Kirchen- und Schul-Dienst gewidmete junge Knaben Aufenthalt, Nahrung und Unterweisung angeordnet, auch um selbige Zeit ward der Unterricht der jungen und erwachsnen nach dem A. 1534. von Leone Judæ in Druck gegebenen kleinen und grossen Catechismis wie zuvor in den Schulen, also auch dermahlen an einem Samstag und folgends auch an dem vierten Sonntag in den Kirchen geübt und eingeführt: A. 1543. kam die von einigen Zürichischen Gelehrten in Latein übersetzte Bibel das erstemahl in Druck. Auf die A. 1545. und hernach von dem Pabst geschehene Einladung der Eydgenossen auf das angestellte Concilium hat Zürich nebst übrigen Evangelischen Städt und Orten solches damahls und A. 1551. und 1562. abgelehnet, auch A. 1548. deren Catholischen Städt und Orten an sie geschickten Gesandschaften dessen Ursachen eröfnet. A. 1550. den 10ten Dec. ward von dem klein und grossen Raht erkennt daß fürohin keiner in denselben angenohmen werden solle, es bekenne dann frey und offentlich, daß ihme ihre Religion (wie sie die aus H. Biblischer Schrift erlehrnet, und viel Jahr mit Ehren hergebracht:) zusamt allen andern Christlichen Gebräuchen der Sacramenten nicht mißfällig, sonden ganz und gar von Grund seines Herzens genehm und anmuhtig, und er deren mit rechten Treuen begierig seye rc. und daß auch ob sich jemands des nicht entschliessen, sondern ehe des Regiments abstehen wolte, er nicht allein des Regiments nicht fähig seyn, sondern auch seinethalben die fehrnere Gebühr erkennt werden solle: welches annoch bestehet, und ein jeder, der in den kleinen Raht ohne daß er zuvor des grossen Rahts gewesen, oder in den grossen Raht befürderet wird; annoch zu bekennen pflichtig ist, A. 1555. warden verschiedene von Locarno oder Luggarus wegen der Evangelischen Religion geflüchtete zu Zürich aufgenohmen, und A. 1558. das Allmosen alle Sonntag vor den Kirchen-Thüren in der Stadt einzusammlen angeordnet. Da wegen der Allgegenwart der menschlichen Natur Christi zwischend den Evangelisch Reformierten und Lutherischen Gelehrten viel heftige Schriften gegen einandern gewechslet worden, und Herzog Friedrich von Sachsen An. 1562. bey der Stadt Zürich sich wegen deren von ihren Gelehrten herausgebenen beschwehrt, ward ihme in Antwort bedeutet, daß hiesige hierzu den anfänglichen Anlaas nicht gegeben, den andern auf ihre allzuhitzige Schriften jedoch mit möglicher Bescheidenheit zu antworten genöhtiget worden, man aber zu Beförderung der Einträchtigkeit in der Evangelischen Kirchen jederzeit alles willig beytragen werde: An. 1566. haben alle Kirchen-Diener in der Stadt und Landschaft Zürich die den 1sten Mart. dies Jahrs errichtete Evangelische Eydgenößische Glaubens-Bekantnus angenohmen und unterschrieben: A. 1571. wurde in dem Sept. zu Stadt und Land der Dienstag zu einem wochentlichen Bet-Tag angeordnet: An. 1583. und 1586. warden von den Evangelischen und Catholischen Eydgenossen Gesandschaften zu einanderen geschickt um das schädliche Mistrauen, welches auch nebend andern aus der Religions-Verschiedenheit gewaltet: aufzuheben, aber ohne genugsamme Würkung: A. 1596. gab die Oberkeit zu Zürich ein offentliche Schutz-Schrift in Deutsch-Latein- und Italiänischer Sprach, wieder ein falsches Geschrey, als ob der Teufel den ersten Pfarrer daselbst ab der Canzel genohmen; in Druck heraus. Als A. 1597. der Bischof von Costanz der Stadt Zürich ein Religions-Disputation jedoch in seiner als Prælidenten Gegenwart mit Anmassung des ehemahls über die Stadt gehabten Bischöflichen Gewalts anerbotten, hat dieselbe, da auch die Verhandlung an den Pabst gebracht werden wollen; sich hierzu einzulassen Bedenkens getragen, gleichwol ihme des folgenden Jahrs obbemerkte Evangelisch Eydgenößische Glaubens-Bekantnus zugeschickt, und ihme, worin er befinde, daß sie mit dem Verstand der H. Schrift streite, schriftlich anzuzeigen heimgestellt; darauf erst nach mehr als einem Jahr ein so titulirte Widerlegung Calvinischer und Zwinglischer Confession nach Zürich geschickt worden, und darin nur die 3. ersten Capitul derselben mit vielen unguten Ausdruckungen angezäpft, von der Stadt Zürich aber darüber ein abgefaßtes Gegen-Bedenken übersendet worden, und darüber weiters nichts vorgegangen, als daß A. 1603. ein Buch unter dem Titul: Acta deren zu Zürich zwischend Herrn Bischof von Costanz und dem Raht der Stadt Zürich angestellten Disputation in Druck kommen, und dessen Gegend Beantwortung auch im Aug. gleichen Jahrs in Druck gegeben worden: da zuvor A. 1598. die Zubienung des H. Taufs in Beyseyn der ganzen Gemeind und am H. Pfingst-Tag das Kirchen-Gesang aus den Psalmen Davids an Sonn- und

Dienst-Tagen vor und nach den Predigen eingeführt worden, auch ein Anordnung, wie zu Stadt und Land der Catechismus und Kinder-Bericht in den Kirchen- und Schulen gehalten und geübt werden solle; in Druck gegeben worden, welche auch A. 1609. erläuteret und A. 1637. der Anfang zu Haltung der Kinder-Lehren auf alle Sonntag in der Stadt gemacht, und hernach auch auf der Landschaft angeordnet worden: An. 1610. wurden die zu Abend um 5. Uhr haltende sogenannte Abend-Gebett in den vier Pfarr-Kirchen zu halten angefangen, und zwahren von Anfang an den Mittwochen und Freytagen und hernach A. 1647. das letztere an den Samstagen und A. 1620. wurden die sonst vor und nach dem Gottes-Dienst in dem grossen und Frau-Münster offen gewesne Kirchen-Thüren beschlossen: auch A. 1638. die sonst öfters mit vielem Unwesen begleitete Kirchenweyhe-Feyren in der Stadt abgestellet: was wiedermahlen A. 1601. 1613. und 1636. mit den Wiedertäufern gehandlet und vorgenohmen worden, ist schon unter solchem Articul angebracht worden: es warden auch A. 1618. nach dem Ansuchen der General-Staaden der vereinigten Niederlanden der Oberste Pfarrer von Zürich nebst andern Evangelisch Eydgenößischen Gelehrten auf den zu Dordrecht wegen unter dortigen Gelehrten von der Lehr wegen der Gnade GOttes angesetzten Synodum abgeordnet, und A. 1619. ward die Wieder-Gedächtnus der vor 100. Jahren vorgegangnen Religions-Verbesserung in allen Kirchen durch Dank-Predigen und in Collegiis durch Orationen gefeyret: A. 1632. ward in der zwischend denen des Thurgäus und Rheinthals regierenden Orten gewalteten Streitigkeit nebend anderem gesprochen, daß von den Evangelischen Einwohnern miteinandern und auch von den Catholischen mit Evangelischen habenden Ehe-Handlen in diesen gemeinen Vogteyen das Ehe-Gericht zu Zürich besucht werden solle: A. 1637. ward der Unterhalt zu Auferziehung noch mehrerer zum geistlichen Stand gewiedmeter junger Burgern um etwas vermehret, A. 1687. aber wieder abgeänderet, wie oben bey der Beschreibung des Zucht-Hofs zusehen: und wie A. 1655. bey Anlaas einiger von Art aus dem Land Schweiz zu Zürich angenohmenen

Evange-

Evangelischen Religion und denselben hinterhaltenen Mittlen ꝛc. es zu Thähtlichkeiten zwischend den VII. ersten Eydgenößischen Orten gekommen, wird hernach das mehrere vorkommen. Es ward auch A. 1675. die von einigen Evangelisch-Eydgenößischen Gelehrten über verschiedene Lehr-Puncten zu Beybehaltung der Rein- und Einigkeit derselben aufgesetzte sogenannte Formula Consensus zu Zürich auf- und angenohmen, wie auch von denen darüber A. 1722. und folgende Jahr erfolgten Bewegungen ein eigner Articul das mehrere zeiget: da auch etwas Zeit einige Leuth von allerhand Ständen und Beruf unter dem Schein und Vorgeben göttlicher unmittelbaren Eingeistungen und besonderer Frommkeit allerhand die bisherige Evangelische Lehr verletzende Lehr-Sätz beyzubringen und eine Trennung von der Kirch zu belieben unterstanden, und daraus eine gänzliche Verwirrung und Zerrüttung der Kirchen und gemeinen Wesens zu besorgen gewesen; als ward A. 1717. den 7. Apr. durch ein Oberkeitlich gedrucktes Mandat zu Stadt und Land anbefohlen daß sich jedermänniglich von dergleichen irrigen Lehrern und Schwerm-Geistern, sie kommen von aussen oder innen her, gänzlich hüte, sie nirgends beherberge, sondern an nächst gelegenes Oberkeitliche Amt einliefere, mit selbigen keine Unterredungen, Zusammenkünften, noch Briefwechsel halte, keine von dergleichen Schwermereyen handlende Bücher beschicke, annehme, lese, verkauffe ꝛc. aller heimlichen tag- oder nächtlichen Privat-Zusammenkunsten, sonderlich in denen ausserordentlicher Gottesdienst verrichtet wird, sich müßige ꝛc. mit dem Ansinnen an die Lehrer zu Stadt und Land hierwider auch ihrem Amt treulich zu warten, und an Oberkeitliche Beamtete dergleichen Versohnen, und die so ihnen Unterschlauf geben, gefänglich anzunehmen und zu Oberkeitlichen Händen einzuliefern ꝛc. ꝛc.

Belangend sodann die auch zum Theil oder meistens einlauffende Unterweisung der Jugend in Schulen und Collegiis in der Stadt Zürich, so will man nicht ohne Ursach muthmassen, daß selbige auch einen Theil der Sorgfalten des Stifts zum grossen Münster müsse gewesen seyn, als bey selbigen An. 1271.

1271. einer aus ihrem Mittel ein sogenannter Scholasticus und Schul-Herr erwehlt und ihme der Gewalt ertheilt worden, über die Schulen und derselben Vorstehern das gutbefindende zu verordnen, und will auch aus einem Instrument aus dem XV. Seculo Anschein sich zeigen, daß auch bey dem Stift Frau-Münster Schulen gewesen seyn möchten: in welch letsterm Seculo auch einige gelehrte Burger von Zürich als Felix Hämmerli, Felix Schmid ꝛc. sich hervorgethan, auch einige Fremde sich daselbst aufgehalten, sonderheitlich aber auch viele Burger sich auf den Hohen Schulen von Basel, Heidelberg, Wien, Paris, Meyland, Pisa ꝛc. Studierens halben begeben, und wegen geschickter Schulmeister auch fremde (darunter auch der hernach Cardinal und Bischof von Sitten wordene Matthæus Schinner zu zellen:) nach Zürich kommen, auch sich Anzeigen von dort gehaltenen öffentlichen Disputationen befinden.

Bey der Religions-Verbesserung ward sogleich auch die Verbesserung der Unterweisung, sonderheitlich im Geistlichen und auch andern Wissenschaften und Sprachen besorget und schon über das, was schon zuvor wegen der Catechetischen Unterrichts angemerkt worden A. 1523. gut befunden wolgelehrte Männer, die alle Tag öffentlich ein Stund in der H. Biblischen Schrift in der Hebräischen, Griechischen und Lateinischen Sprach lesind, zu verordnen, welches hernach A. 1525. so eingerichtet, und den 19. Jun. der Anfang darmit gemacht worden, daß alle Morgen (Frey- und Sonntag ausgenommen:) um 8. Uhr in dem Chor des grossen Münster, (und hernach in dem Winter auf der Chorherren-Stuben:) die Bücher des Alten Testaments in ihrer Folg-Ordnung, und zwar nach verrichtetem Gebett, aus selbigen von einem Student ein Text in lateinischer Sprach aus der sogenannten Vulgata oder Hieronimi Uebersetzung vorgelesen, hernach von einem verordneten Leser (folglich Professor genannt) selbiger aus der Hebräischen Sprach erklährt, und dann auch noch von einem andern die Uebersetzung der LXX. Dollmetschen darmit zusammen gehalten und verglichen, und zuletst auch von einem Kirchen-Diener oder Predicanten das also behandlete in Deutsch dem gemeinen Mann

in

in einer Predig vorgetragen, Nachmittag aber um 3. Uhr das Neue Testament in der Kirch zum Frau-Münster erklähret worden; und müßten der erstern Handlung alle Chorherren Predicanten, Caplanen, Mönchen und Studenten beywohnen, in der Nachmittägigen aber fanden sich eine grosse Anzahl Geist- und Weltlicher-Manns- und Weibs-Persohnen bey: es warden auch zu gleicher Zeit ein Leser der in lateinischer Sprach auch in der Logic und Rhetoric bestellet, und waren also damahls ein Professor in Theologia, einer in der Hebräischen Sprach und zugleich auch in der Theologie, einer in der Griechischen Sprach, und einer in der lateinischen Sprach, Logic und Rhetoric, und kam A. 1541. darzu auch ein Professor in der Physic: A. 1534. ward das Angebäu bey der Kirch zum grossen Münster, in welchem annoch in dem Sommer die Professores ihre Lection halten: erbauet, und obige Schrift-Erklärungen dahin verlegt, und A. 1556. verordnet, daß die zwey Professoren der Gottsgelehrtheit eine Wochen um die andere selbige lehren, und die H. Schrift erklähren thügind, da es sich aber auch findet, daß zwahr vor und nach solcher Zeit erstlich etwann Diaconi in der Stadt, und hernach auch etwann noch ein anderer nebend selbigen das Neue Testament erkläh- ret haben, aber noch in dem XVI. Seculo, und seither nur 2. ordentliche Professores Theologiæ bestellt gewesen, unter welchen hernach (unbekannt seith welcher Zeit, oder aus was Ursa- sachen) bis jetz ein Unterscheid gemacht, und einer Professor des Alten und einer des Neuen Testament genennt worden, die meisten oder bald alle sich Professores Theologiæ ohn solchen Unterscheid geschrieben und noch schreiben: es waren aber unlang auch seith der Religions-Verbesserung in der Stadt zwey Haupt-Schulen eine bey dem grossen- und eine bey dem Frau-Münster, und in jeder 5. absonderliche Eintheilungen oder Classen, da die erstere in beyden Schulen Schulmeister, die andern Provisores, und die übrigen der obern Schul Lec- tores und in der Untern Collaboratores genennt, und von selbigen die Jugend in den Lateinischen und Griechischen Spra- chen unterwiesen worden, bis sie die höhere Geist- und Welt- liche Wissenschaften in vorbemeldten Collegio zu erlernen tüchtig

tig geachtet worden, und zwahren bis A. 1601. da man gut befunden ein Mittel Studium zwischend den Schulen und dem Obern Collegio anzuordnen, und darzu auch 4. Professores zur Unterweisung 1. in der lateinischen und griechischen Sprachen. 2. in der Rhetorica und Logica. 3. in der Catechetischen Gottsgelehrtheit und 4. in der Hebräischen Sprach zu bestellen, (welches das Collegium Humanitatis benennt worden) auch die vorbemeldte 2. Schulen zusammen zu stossen, und eine bey dem grossen Münster, jedoch von 6. Classen anzurichten: Welches gewähret bis A 1634. da man das obbemeldte Mittel-Studium und Collegium Humanitatis weiters bleiben lassen, und darnebend wiederum zwey Schulen, eine bey dem grossen- und eine bey dem Frau-Münster, und ein jede von 5. Eintheilungen oder Classen angestellet, A. 1652. aber in beyden Schulen 6. Eintheilungen und Classen gemacht, selbige aber A. 1669. wiederum auf 5. eingezogen, wie sie annoch dermals sind; es ward aber auch in dem Obern Collegio A. 1639. dem ältern Professori Theologiæ das alte Testament zu erklären, und dem andern locos communes theologicos zu lehren aufgetragen, jedoch auch wochentlich Umwechslungs-Weise: und warden immitteist und hernach in solchem Obern Collegio auch noch absonderliche Professionen bestellet, als A. 1612. in der Historie (welche aber hernach etlichemahl in die Geist- und Weltliche getheilt, einigemahl aber wieder vereiniget worden:) A. 1650. in der Sitten-Lehr und in gleichem Jahr eine in der Wohlredenheit A. 1663. zu kurzer Darlegung und Erleüterung des Innhalts der Heil. Schrift und desselben desto leichtern Begriffs, An. 1710. in den Mathematischen Wissenschaften, An. 1713. durch eines Burgers Vermächtnus in der Vaterländischen Historie, und An. 1724. in dem Recht der Natur; und ward A. 1738. die in den Mathematischen Wissenschaften wiederum der Profession der Natur-Wissenschaft einverleibet; welchem auch noch beyzufügen, einerseiths daß wie oben schon zu finden ein Aufenthalt und Unterhaltung 15. zum Geistlichen Stand gewiedmeter jungen Leuthen Oberkeitlich angeordnet, und anderseiths daß ein Frau Agnesa Thomannin, Heinrichs von Huben Wittfrau durch eine Vermächtnus der

von

von ihren vernach den Namen bekommen und behaltenen Thomannischen Stiftung gemacht, aus welcher seith dem 27. Apr. An. 1600. jährlich der studirenden Jugend nötbige und nutzliche Bücher ausgetheilet werden, und zwahren wegen starkem und bald jährlichen Anwachs solcher Stiftung durch gleich gutmüthige Vermächnussen von Geist- und Weltlichen Mann- und Weibs-verburgerten Persohnen in grosser Anzahl: worbey auch anzumerken, daß die Stadt Zürich sich theils allein, theils nebst den andern Evangelisch Eydgenößischen Städten vielen fremden, verfolgten, geflüchteten und vertriebenen Glaubens-Genossen gar öfters angenohmen durch angelegentliche Für-Schreiber und auch Gesandschaften bey den Königen von Frankreich A. 1536. 1557. und 1586. und auch bey den Herzogen von Savoy A. 1655. 1663. und 1686. durch gutmüthige Aufnahm Unterhalt und theils weiterer Beförderung dergleichen und öfters in gar grossen Anzahl A. 1555. von Locarno oder Luggarus, An. 1620. aus dem Veltlein, A. 1676. aus Ungarn 1682. und 1685. aus Frankreich An. 1686. und 1688. aus Piemont, A. 1703. aus Orange, An. 1703. 1714. und 1716. ab den Französischen Galeern und An. 1730. aus dem Thal Pragelas, auch durch gar öftere und reiche Liebes-Steuren für dergleichen Glaubens-Verwandte in und aus Frankreich, Ungarn, Pohlen, Böhmen, Unter-und Ober-Pfalz, Piemont, Veltlein und andern Ländern ꝛc.

Es hat die Stadt Zürich auch, ehe sie in den Eydgenößischen Bund getretten; mit einigen benachbarten Geist- und Weltlichen Herren mehrers aber mit Ländern und Städten sich in freundschaftliche meistens aber Schutz-Vereinigungen und Bündnussen, und hernach auch nach und nach mit den samtlichen Eydgenößischen und mehrern zugewandten Städt und Orten, und auch mit Kaysern, Königen, und Republiken in Bündnussen, Vereinen, Burger-Recht ꝛc. eingelassen, und zwahren schon An. 1251. mit den Ländern Uri und Schweitz auf 3. Jahr, An. 1291. mit Elisabetha Gräfin von Homberg, und Frau von Rapperschweil auf 3. Jahr, um selbige Zeit mit Bischof Rudolf von Costanz, A. 1294. mit Otto von Ochsenstein, Oesterreichischen Pfleger im Namen selbiger Herrschaft auf 2. Jahr A. 1297. mit Lüthold, Freyherr von Regensberg auch auf 2. Jahr, A. 1312. mit den Städten Costanz, Schafhausen und St. Gallen auf etliche Jahr, An. 1321. mit Bischof Gerhard und der Stadt Basel auf einige Zeit A. 1327. mit den Städten Costanz, Ueberlingen, und Lindau, auf 2. Jahr, An. 1327. mit den Städten Maynz, Worms, Speyr, Strasburg, Basel, Freyburg in Briesgäu, Bern, Solothurn, Graf Eberhard von Kyburg, den Städten Costanz, Lindau und Ueberlingen, auch mit den Ländern Uri, Schweitz und Unterwalden auch auf 2. Jahr, und An. 1329. mit den Städten Maynz, Worms, Speyr, Strasburg, Basel, Freyburg, Costanz, Bern, Lindau, Ueberlingen, Ravenspurg und St. Gallen auch auf 2. Jahr, A. 1331. mit Kayser Ludovico und etlichen Fürsten und Städten in Schwaben, nebst den Städten St. Gallen und Rottweil auf des Kaysers Leben und 2. Jahr darnach, A. 1333. nebst den Städten Basel, Costanz, St. Gallen, Bern und Solothurn auch den Grafen von Nydau, Fürstenberg und Kyburg, mit den Oesterreichischen Landvögten, Pflegern und Amtleuthen, auch Städten in dem Argäu, Thurgäu, Suntgau, Elsas und Briesgäu auf 5. Jahr, A. 1335. mit Graf Hans von Habsburg zu Rapperschweil ein Burger-Recht, A. 1340. mit den Städten St. Gallen und Costanz auf 4. Jahr, und dem Bischof und Stadt Basel auf 2. Jahr, A. 1344. mit selbigen und der Stadt Schafhausen, An. 1347. mit den Städten St. Gallen und Costanz auf 3. Jahr, und A. 1346. mit der Stadt Schafhausen, A. 1348. mit dem Bischof und der Stadt Basel auf etliche Jahr, A. 1350. mit des Herzogs von Oesterreich Landvögten und Pflegern im Sundgau, Elsas, Briesgäu, Schwaben, Aergäu und Thurgäu auf 6. Jahr, und mit der Stadt Schafhausen auf gleiche Jahr: der Haupt und ewige Bund mit denen Vier zuvor Eydgenößisch verbündeten Städt und Orten Lucern, Uri, Schweiz und Unterwalden ward A. 1351. auf Walburgs-Tag zu Anfang des Meymonats geschlossen, aber erst auf Mittwoch nach Johann Bapt. Tag A. 1352. würklich verbriefet, und der Stadt Zürich die erste Stell in

auch

auch so gleich in ihren gemeinsamen Schriften, als dem Zuger- und Glarner-Bunds und Zusamenkunsten zugestanden welche sie auch in den Gemein-Eydgenößischen Schriften und Zusammenkunsten bis anhin behalten: es lautet aber solche Bündnus von Wort zu Wort, wie folget:

In GOttes Namen Amen;

Wir der Burger-Meister, die Räte, und die Burgere gemeinlich der Stadt Zürich, der Schultheiß, der Rat und die Burgere gemeinlich der Stadt zu Lutzern, die Amman, die Landlute gemeinlich der Lender zu Ure, ze Schwytz, und ze Underwalden tund kund allen, die diesen Brief sehend oder hörend lesen, daß wir mit gutem Rat und mit synneklicher Vorbetrachtung durch guten Frid, und Schirmung unser Lib und Güter, unser Stedt, unser Lender und Lüten, durch nutz und Frömung willen gemeinlich des Landes, einer ewigen Bündniß und Fründschaft übereinkommen syen zusamen gelopt, und geschworen haben, liplich und offenlich gelehrt Eyde zu den Helgen für uns und all unser Nachkomen, die harzu mit namen ewenklich verpunden und begriffen sin sullen, mit einander ein ewig Bündniß zehalten und zehaben, die ouch uns und hienach onwandelbar unerbrochen und allerding unverseret mit gutem trüwen stät und vest ewenklich pliben sol, und wan aller zergenglicher Ding vergessen wirt, und der Louf dirre Welt zergät, und in der Zyt der Jaren vil ding gendret werdent, davon so geben wir die vorgenenten Stedt und Lender einandren dirre getrüwet Gesellschaft, und ewigen Bündnisse ein erkentlich gezügniß mit Briefen und mit geschriften, also, daß wir einandren getrülich behulfen und beraten sin sullen, als vers uns Lib oder gut erlangen mag, an alle geverden gen alle dien und uf alle die, so uns an Lib oder an gut, an Eren, an Freyheiten mit Gewalt oder on recht unfüg, unlust angrifen, bekrenken, dekeinen widerdries oder schaden tetind, uns oder jemand, so in

dirre

dirre Bundniſſe iſt, nun oder hienach inwendig dien Zilen und kreiſen, als hienach geſchriben ſtát, das iſt des erſten, da die Ar entſpringet, das man nempt an Grymsland und die Aren ab fûr Haſle fûr Bern hin und jemer me ob der Ar nach untz an die Statt, da die Ar in den Rin gat, und den Rin wideruf untz an die Statt da die Tur in den Rin gat, und dieſelben Tur jemer me uf untz an die Statt da ſy entſpringt, und von dem Urſprung und derſelben Statt die Rúthy durch Churwalchen uf untz an die veſty zu Ringgenberg, und von derſelben Ringgenberg über enehalb dem Gotthard hin untz uf den Plattner und von dannen hin untz uf den Dörſel und von dem Dörſel wider über untz an den Grymſel, da die Ar entſpringt. Were aber daß in diſen vorbenempten Zilen und kreiſen jemand, ſo in dirre Bündniß iſt, dekeiner wyſe jemer one recht von jemand angriffen oder geſchadget wurde an Lût oder an gut, darumb ſo mag und ſol der Rat, oder die Gemeind der Stadt oder des Lands, ſodan geſchadget iſt umb den ſchaden ſich erkenen uf ihr Eide, und was ſich dan derſelb Rat oder die Gemeind oder das merteil der Stadt oder des Landes, ſodan geſchadgt iſt, uf den Eid erkenent, um Hilf oder anzugriffen umb keine Hand ſach, ſodan notdürftig iſt, darumb ſoll und mag der Rat oder die Gemeind derſelben Stadt oder das Land ſodan geſchadget iſt, die andren Stett und Lender, ſo in dirre Bündniß ſind, manen und uf wen die Manung beſchicht mit des Rates oder der Gemeind der Stadt oder des Landes Botten oder Briefen in die Rete und Gemeind der Stadt, der Gemeind oder zu dien Kilchen der vorbenempten dryer Lenderen one alle geverde, über den und über die ſullend inen die andere Stett und Lender, ſodan gemant ſind, bey den Eiden unverzogelich behulfen und beraten ſin, mit ganzem ernſt, und mit allen Sachen, als die Notdürftig ſind, die ſich danne ein Hilfe erkant und gemant hand on alle geverde, und ſoll unter uns den vorgenent Stedt und Lenderen nieman gen den anderen

Zürich.

ren dirre Bündniß, dirre Manung und die Hilf keineswegs ab noch uszgan mit Worten noch mit Werken, kein ding suchen noch werben darumb die Hilf, un die dan zumal gemant ist, zerdrent oder abgeseit werden mögte on alle geverd: und sol auch jedwedere Stadt und jeglich Land dieselbe Hilf mit ir selbs kosten tun on alle geverde: Were auch des an uns oder an jemand so in dirre Bündniß ist, dekein gecher schad oder Angrif beschehe da man gecher hilf zenotdürftig wäre, da süllen wir zu allen Syten ungemant unverzogenlich gefaren uns schicken wie das gerochen und abgeleit werde on allen Fürzug; were aber das die Sach als grob were, das man eines Gezuges oder eines Gesesses notdürftig were, wanne dan harumb da kein Stadt oder Land under uns von jemand, so in dirre Bündniß ist, mit Botten oder mit Briefen ermant wirt, darnach söllen wir unverzogenlich zu tagen komen zu dem Gotzhaus der Abptye zu den Einsidlen und dazu Rat werden, was uns dann aller nutzlichst dunkt, also das dem oder dien sodann umb Hilf gemant hand unverzoglich gehulfen werde on alle geverde: Were auch daß man jemand besitzen wurde, so soll die Stadt oder das Land, so die Sach angat, und die danzumal gemant hand, den Costen einig haben, so von Werken oder werklüten von des Gresesses wegen daruf gat on alle geverde. Wer auch das jemand wer der were dekeinen so in dirre Bündnisse sind, angriffe oder schadgete one recht und derselb usserhalb dien vorbenempten Zilen uns Kreisen gesessen were, wenne es danne zu Schulden kumpt, daß der oder die so den Angriff und den Schaden getan hand, komend in den Gewalt unser der vorbenampten Eidgnossen, denselben oder die alle ir Helfer und Diener lip und gut sol man heften und angrifen und sie des wysen das sie denselben Schaden und Angriff ablegen, und widertügend unverzogenlich one alle geverde: Were auch das wir die vorgenanten von Zürich Stöß oder Mißhellung gewunen gemeinlich mit dien vorbenempten unseren Eidgnossen von Lutzern, von Ure, von Schwytz und von

H h 3

Under-

Underwalden oder mit ir keiner besunder, das GOtt lang werde,
darumb sullen wir zutagen komen zu dem vorgenampten Gotzhus
zu den Einsideln und soll die Stadt Luzern oder die Lender si alle
gemeinlich oder ir eins besunder, so dan stöß mit uns den von
Zürich hat, zwen erber man darzu setzen, und auch wir zwen;
dieselben vier sullen den schweren zu den heligen die sach und die
stöß unverzogenlich uszerichtene zu mögenen oder zu dem rechten,
und wie es die vier oder der mertheil under inen dann ustrichtent,
das sullen wir zu beyden syten stät hand on alle geverde. Were
aber daß die vier so darzu benempt werden sich gelich teiltind und
stößig wurden, so sullen sie bei den Elden so si geschworen hand,
inwendig unser Eidgnoschaft einen gemeinen man zu inen kiesen
und nennen der si in der sach schidlich und gemein dunk, und welchen
si darzu kiesend den sullend die in der Stadt oder Land er gesessen
ist bitten und des wysen das er sich der sach mit dien vieren an-
neme und mit sinem Eid sich verbind uszerichtene on alle geverde:
es solle auch kein Leye den anderen, so in dirre Bündniß sind,
um kein Geltschuld uf geistlich Gericht laden, wen jederman soll
von dem andern Recht nemen an den Stetten und in den Gericht
da der anspreching dann seßhaft ist, und hingehöret, und soll man
auch dem da unverzogenlich richten auf den Eid ôn alle geverde;
were aber das er da rechtloß gelassen wurde, und das kuntlich were,
so mag er sin recht wol fürbas suchen, als er dan notdürftig ist ôn
alle geverde: es sol auch nieman, so in dirre Bündniß ist, den anderen verheften noch verbieten wen den rechten Gelten oder Burgen,
so im darum geseset hat ôn alle geverde : Wir sind auch ein-
helliklich übereinkomen das dekein Eidgnoß, so in dirre Bündnißen
sind, umb kein sach für einem anderen pfand sin sullen ôn alle geverde; Were auch das jemand, so in dirre Bündnisse ist an Lib
verschulti als vere daß er von seinem Gerichte darumb verschruwen
wurde, wo das dem andern Gericht verkundt wirt mit der Stadt
oder des Lands besigleten Brief, so soll man in auch da verschryen
in demselben Gerichte als es dort auch verschruwen ist ône alle geverde: und wer inne darnach wussentlich huset oder hoffet essen als
trinken git, der sol in denselben schulden sin, also das es inne doch
nit an den Lib gan solle ôn alle geverde: Ouch haben wir gemeinlich uns selben usbehept und beredt, were das wir samend oder unser
Stett und Lender keines besunder und jemerthin gen Herren oder

gen

gen Stetten fürbas versorgen oder verrinden woltind, das mugend wir wol tun also das wir doch dise Bündnus vor allen Bünden, die wir hienach nemen werdent gegen einander ewenklich stet und vest haben sollen mit allen sachen als si an disem Brief beredt und verschriben ist on alle geverd: es ist ouch eigenlich beredt were daß jeman den Rudolfen Brun Ritter, der jez Zürich Burger-Meister ist oder welcher immer da Burger-Meister wirt, die Räte die Zünfte und die Burger gemeinlich derselben Stadt betrenken oder bekümeren wolte an ire Gerichte, an ir Zünften, und an ir Gesezten die si gemachet hand, und in dirre Bündnisse begriffen sind, wenne wir die vorgenempten von Luzern, von Ure, von Schwytz oder von Underwalden darumb ermant werden, von eim Burger-Meister allein oder von einem Rat Zürich mit eines Burger-Meisters oder des Rates Zürich besigleten Brief, so sullen wir inen unverzogenlich uf den Eide behulfen und beraten sin das der Burger Meister, die Räte und die Zünft bi ir Gewalt, bi ir Gerichten und bi iren Gesezten verbliben, als si es unzhär in dis Bündniß bracht hand on alle geverde: Wir die vorgenenten von Zürich, von Luzern, von Ure, von Schwytz und von Underwalden haben uns selber in dirre Bündniß vorbehept und usgerlassen unserem Herren den König und dem Heiligen Römschen Rich die Rechtung, die wir inen tun sullen, als wir von alter und guter Gewonheit herkomen sind on alle geverde: darzu haben wir die vorgenten von Zürich usgelassen unsern Eidgnossen die Bunde und die gelüpte die wir vor dirre Bündniß gethan haben on alle geverde: wir die vorgnenten von Luzern, von Ure, von Schwytz und von Underwalden haben uns ouch selber usgelassen die gelüpte und Bündnisse, so wir vor mit einandren haben, das die dirre Bündniß ouch vorgan solen on alle geverd. Dabey sol man sunderlich wüsen, das wir eigenlich beredt und verdingt haben gegen allen dien, so in dirre Bündniß sind, das ein jeglich Stadt jeglich Land, jeglich Dorf, jeglich Hof, so jeman zugehört, der in dirre Bündniß ist bi ir Gerichten, bi ir Freyheiten, bi ir Handvestinen, bi iren Rechten und bi iren guten gewonheiten genzlich beliben sullent, als si es unz hergefürt und bracht hand, also das nieman den andren daran trenken noch sumen soll on alle geverde: es ist ouch sunderlich beredt durch das dise Bündniß jungen und alten, und allen die so darzu gehören jemernier desto wesentlicher sige,

das

das man ye zu zehen Jaren uf ingenden Meyen darvor oder darnach angends, als es under uns dien vorgenenten Stetten und Lendern ieman an den andren vorderet by unseren Eiden diser gelüpt und Bündniß erlüchten und ernüweren sullend mit worten, mit geschrift und mit Eiden, und mit allen dingen, sodan nothdürftig ist, was ouch dann mannen oder knaben zu dien Zyten ob sechszehen jaren alt ist die sullend dann sweren dis Bündniß ouch stets zehaben ewenklich mit allen stücken als an disem Brief geschriben stat on alle geverd; were aber das die nüwrung also nicht beschehe, ze benselben Zilen und es sich von keiner Hand sach wegen sumend oder verzihen werde, das soll doch unschedlich sin dirre Bündniß, wann si mit namen ewenklich stet und vest beliben soll mit allen stücken so vorgeschriben stand on alle geverd. Wir haben ouch einmütenklich mit guter Vorbetrachtung uns selber vorbehept und behalten, ob wir durch unsren gemeinen Nuz und Notdurst keiner Ding um oder hienach ze mer ze Räte werden anders dan in dirre Bündniß jez verschriben und beredt ist, es wäre ze mindren oder ze meeren das wir dis alles mit einandren wol mugend und Gewalt haben sullend, wan wir sie alle, die in dirre Bündnisse dan sind einhelliglich ze Rat werden, und übereinkomen des uns nuz und füeglich dunkt on alle geverd: und herüber ze einem ofnen Urkund das diß vorgeschrieben alles nun und hienach ewenklich war und stet belibe von uns und allen unsren nachkomen, darum so haben wir die vorgenenten Stett und Lender, von Zürich, von Lutzern, von Ure, von Schwytz, und von Underwalden unsren Ingesigle offentlich gehenckt an disen Brief der geben ist. Zürich an St. Walpurg Tag ze ingenden Meyen da man zalt von GOttes Geburt drüzehen hundert und fünfzig jar darnach in dem ersten jar.

Wie dann An. 1352. das Land Glarus, und hernach auch das Land Zug in den Eydgenößischen Bund aufgenohmen, und auch mit Zürich verbündet worden: A. 1356. machte Albrecht von Buchhelm, Herzogs Albrechts von Oesterreich Landvogt in Argäu, Thurgau, Suntgau, Elsas ꝛc. im Namen gleiches Herzogs eine Bündnus mit der Stadt Zürich auf 5. Jahr, welche auch gedachter Herzog bestähtiget, welche auch A. 1359. noch auf 2. Jahr, und hernach An. 1365. weiters verläu-

Zürich.

verlängert worden: es machte auch A. 1362. Kayser Carolus IV. mit der Stadt Zürich ein Schutz-Bündnus, und bewilligte auch daß die Stadt mit den Städten Coſtanz, St. Gallen, Lindau, Ravenſpurg, Ueberlingen, Wangen, Buchhorn und Pfullendorf ein gleiches Bündnus auf ſein des Kayſers Leben und 2. Jahr nach ſeinem Tod errichten möge: A. 1375. machte Herzog Leopold von Oeſterreich auch einen Bund mit den Städten Zürich und Bern auf ein halb Jahr lang ungefährlich und A. 1385. Biſchof Niclaus von Coſtanz mit der Stadt Zürich ein auf ſein Lebzeit geſtelltes Burger-Recht: In gleichem Jahr ward auch zwiſchend den Städten Zürich, Bern, Solothurn auch Stadt und Amt Zug, und bey 50. Frey- und Reichs-Städten an dem Rhein in Franken und Schwaben ein neunjährige Schutz-Bündnus errichtet, und A. 1393. von dem Burgermeiſter und dem kleinen Raht der Stadt Zürich und den damahligen Herzogen von Oeſterreich ein Bündnus auf 20. Jahr abgeredt, worzu ſich aber folglich die Burgerſchaft daſelbſt nicht verſtehen wollen, ſondern noch einige die darzu geholfen; abgeſtraft: es hat auch die Stadt Zürich An. 1393. den ſogenannten Sempacher-Brief wegen des Verhaltens in Kriegen mit den andern Eydgenoſſen errichtet: es ſetzen einige die mit der Stadt Zürich von Graf Friedrich von Toggenburg auf 18. Jahr errichtete Burger-Rechts-Bündnus auf den 20. Sept. A. 1400. andere auf A. 1402. auch hat er den 1. Jun. A. 1405. und den 25. Mart 1415. ſelbiges erneuert, und das letſtemahl auf ſein Lebens Zeit und 5. Jahr nach ſeinem Todt verlängert: An. 1407. erhielte Winterthur, Bülach und Regensberg zu ihrem Schutz bey damahligen Unruhen für etwas Zeit das Burger-Recht zu Zürich, und A. 1408. ward den 1. Jun. auch zwiſchend der Stadt Zürich und dem Land Glarus ein abſonderlich doch dem erſten Bund unnachtheiliger Bund, und A. 1411. zwiſchend der Stadt Zürich und denen damahligen Eydgenöſſiſchen Städt und Orten (Bern ausgenommen) und dem Land Appenzell ein Burger- und Land-Recht errichtet: A. 1415. ward mit der Stadt Bremgarten ein Bunds-Vertrag gemacht, A. 1419. hat der Biſchof, das Capitul und die Stadt Chur mit der Stadt Zürich ein Burgerger-Recht auf 51. Jahr angenohmen, und An. 1423. haben die Städte Zürich und Bern auf Vicenzen Tag zu Zofingen ein ewige Bündnuß mit einandern geschlossen: A. 1436. erneuerte Graf Friedrichs von Toggenburg Wittwe das Burger-Recht noch aufs. Jahr, und An. 1437. machte die Stadt Zürich mit Graf Bernhard von Thierstein ein Schutz-Bündnuß wegen seines Schlosses Wartau in dem Sarganser-Land, und An. 1442. mit Kayser Friderico, und auch seinem Bruder Albrecht und Vettern Sigmund Herzogen von Oesterreich ein Bündnuß jedoch mit Vorbehalt des Eydgenößischen Bunds, An. 1451. den 15. Jun. ward das Burg- und Land-Recht der Städten und Ländern Zürich, Lucern, Schweitz und Glarus mit dem Stift St. Gallen aufgerichtet, An. 1452. auf Othmars Abend das obbemerkte An. 1411. zwischend den meisten Eydgenößischen Städt und Orten, und dem Land Appenzell errichtete Burg- und Land-Recht bestähtiget erläutert, und das Land Appenzell zu ewigen Eydgenossen angenohmen: An. 1452. und 1453. ward ein Bunds-Verständnuß zwischend König Carolo VII. von Frankreich und den damahligen Eydgenossen und der Stadt Solothurn errichtet: A. 1454. verband sich im Jun. die Stadt Zürich nebst den Städten und Orten Bern, Lucern, Schweitz, Zug und Glarus mit der Stadt Schafhausen auf 25. Jahr, und im gleichen Jahr an St. Johannes Abend nebst gleichen Städt und Ort mit der Stadt St. Gallen auf beständig, auch ward die Bündnuß mit Schafhausen A. 1460. auf 25. Jahr verlängeret, A. 1463. erneueret: ward An. 1459. zwischend den Städten Zürich, Schafhausen und Stein ein 25. jährige, und An. 1463. zwischend den samtlichen Eydgenößischen Städt und Orten und der Stadt Rottweil ein 15. jährige Bündnuß gemacht, und im gleichen Jahr bestähtigte König Ludovicus XI. von Frankreich obige mit seinem Vatter Carolo VII. aufgerichtete Bunds-Verständnuß: Es verbande sich die Stadt auch mit andern Eydgenößischen Städt und Orten A. 1466. mit Galeatio Maria Herzogen von Meyland wie auch A. 1469. mit Bischof Herrmann von Costanz auf sein Leben, und mit den Grafen Ulrich und Eberhard von Würtemberg auf 10. Jahr: A. 1470. machte gedachter König

Ludovi-

Ludovicus XI. von Franckreich mit den Eydgenößischen Städt und Orten ein Bunds-Verkommnus wider den Herzog Carl von Burgund, welche auch hernach A. 1474. 1475. und 1476. erneueret und erläuteret worden: An. 1470. machte mit der Stadt Zürich allein der Bischof, Capitul und Stadt Chur ein Burger-Recht auf 26. Jahr, und A. 1472. die Reichs-Stadt Buchhorn auf 25. Jahr A. 1474. aber ward zwischend der Stadt Zürich nebst samtlichen Eydgenößischen Städt und Orten, und dem Herzog Sigmund von Oesterreich ein Bündnus unter dem Namen Erb-Einung, auch zwischend selbigen und dem Herzogen von Lottringen, Bischöffen und Städten Strasburg und Basel, auch den Städten Colmar, Schlettstadt, ꝛc. ein Schutz-Bündnus wider den obgedachten Herzog von Burgund auf 10. Jahr geschlossen, und A. 1478. machte die Stadt Zürich mit den übrigen Eydgenossen ein Bündnus mit Pabst Sixto IV. und A. 1479. mit der Stadt Schafhausen auf 25. Jahr, und in diesem Jahr ward auch dem Stift St. Gallen die von der Stadt und den übrigen drey Schirm-Orten verlangte Hauptman Stell bewilliget: An. 1481. wurden die Städt Freyburg und Solothurn in den ewigen Eydgenößichen Bund aufgenohmen, und mit den übrigen Eydgenossen die Verkommnus von Stans wegen Vertheilung in den Vorfallenheiten eroberten Land, Leuthen und Beuten ꝛc. errichtet: A. 1482. ward ein Bündnus zwischend der Stadt Zürich allein und den Grafen Eberhard den ältern und jüngern von Würtemberg, An. 1484. zwischend König Carolo VIII von Franckreich und den damahligen Eydgenößischen Städt und Orten ein Bundes-Verständnus, A. 1485. mit Pabst Innocentio VIII. An. 1488. dem Römischen König Maximiliano und den Städt und Orten Zürich, Bern, Zug und Solothurn, und A. 1493. zwischend den Eydgenößischen Städt und Orten und den Bischoffen von Strasburg und Basel, auch den Städten Strasburg, Basel, Colmar und Schlettstadt ein Schutz-Bündnus auf 10. Jahr gemacht: An. 1496. hat die Stadt Zürich mit dem Bischof, Gotteshaus und Stadt Chur wieder ein 26. jährige und A. 1497. die damahls Eydgenößische Städt und Ort mit dem Bischof von Costanz auf sein Leben

Zürich.

Bündnussen gemacht: die Stadt Zürich nebst den Eydgenößischen Städt und Orten Lucern, Uri, Schweitz, Unterwalden, Zug und Glarus haben auch An. 1497. mit dem Obern-Grauen-Bund, und A. 1498. auch mit dem Gotts-Haus-Bund ein ewige Bündnus aufgerichtet, und An. 1499. ward zwischen König Ludovico XII. von Frankreich und der Stadt Zürich, und allen übrigen damahligen Eydgenößischen Städt und Orten auch wieder ein Bund und Verständnus errichtet, A. 1500. die obbemerkte Oesterreichische Erb-Verein zwischend Kayser Maximiliano I. und den Städten und Orten Zürich, Bern, Uri und Unterwalden erneueret, auch im gleichen Jahr zwischend denen samtlichen Eydgenößischen Städt und Orten, auch dem Pfaltz-Graf Philipp am Rhein, Herzog Georgen von Bayern und Herzog Ulrich von Würtemberg, jedem besonders auf 12. Jahr lang ein Bündnus geschlossen, und A. 1501. die Stadt Basel und Schafhausen in den ewigen Bund auf und angenohmen; auch hat die Stadt Zürich mit den Städten und Orten Bern, Zug, Basel, Freyburg, Solothurn, Schafhausen, Appenzell, Abt und Stadt St. Gallen, A. 1509. mit Herzog Ulrich von Würtemberg ein 12. jährige Bündnus, und mit übrigen Eydgenößischen Städt und Orten A. 1510. mit Pabst Julio II. ein Schirm-Bündnus auf 5. Jahr errichtet, A. 1511. die obbemerkte Oesterreichische Erb-Verein mit Kayser Maximiliano I. und seinem Enkel Ertz-Herzog Carolo (hernach Kayser Carolo V.) in Ansehung der Frey-Grafschaft Burgund erneueret und ausgedehnet, A. 1512. mit Herzog Carolo von Savoy ein Schirms-Bund auf 25. Jahr aufgerichtet, und A. 1513. ward das Land Appenzell eines der Orten des ewigen Eydgenößischen Bundes: A. 1514. ward ein Bündnus zwischend Pabst Leone X. und den samtlichen Eydgenößischen Städt und Orten auf 5. Jahr errichtet, und A. 1515. traten diese auch in den sogenannten heiligen Bund, welcher zuvor zwischend dem Pabst, Kayser, König von Spanien und dem Herzog von Meyland aufgerichtet worden, und im gleichen Jahr ward auch die Stadt Müllhausen zu einem Zugewandten Eydgenößischen Ort angenohmen; An. 1516. ward zwischend dem König Francisco I. von Frankreich und der Stadt Zürich und allen damahligen Eydgenößischen

und

und Zugewandten Orten ein ewiger Frieden und Verständnis beschlossen, und An. 1519. kam auch die Stadt Rottweil als ein Zugewandtes Ort in den Eydgenößischen Bund, und An. 1527. machte die Stadt Zürich mit der Stadt Costanz ein zehenjähriges Burger-Recht, und A. 1528. errichteten die Städt Zürich und Bern ein Burger-Recht zu beydseitiger Hülfs-Leistung, in welches annoch in diesem Jahr die Stadt St. Gallen, und zu Anfang des folgenden Jahrs auch die Städte Basel, Müllhausen und Biel eingetretten, und haben auch An. 1530. mit den Städten Zürich und Basel ein gleiches Burger-Recht, Landgraf Philipp von Hessen auf 5. und die Stadt Strasburg auf 12. Jahr errichtet: und warden A. 1552. mit übrigen Städt und Orten die Meyländischen Bunds-Articul erneuert: A. 1557. ward die Erb-Verein mit dem Ertz-Haus Oesterreich von den Eydgenößischen Städt und Orten bestähtiget, A. 1584. zwischen den Städten Zürich, Bern und Genf ein ewige Bündnus, und A. 1588. zwischend diesen beyden Städten Zürich und Bern, und der Stadt Strasburg auch ein Schutz-Bündnus, An. 1590. zwischend der Stadt Zürich dem Land Glarus und dem zehen Gerichten Bund ein ewige Bündnus, An. 1612. zwischend den Städten Zürich und Bern und Georgio Friderico Marggraf von Baaden-Durlach eine auf 12. Jahr errichtet: A. 1614. trat die Stadt Zürich auch in die schon An. 1601. von den übrigen Eydgenößischen und Zugewandten Städt und Orten mit der Cron Frankreich errichtete Bündnus, und A. 1615. ward zwischend den Städten Zürich und Bern und der Republic Venedig ein Bündnus beschlossen, An. 1663. die zwischend König Ludovico XIV und den Eydgenößischen und Zugewandten Orten erneuerte Bündnus zu Paris feyerlich beschwohren: auch haben beyde Städte Zürich und Bern A. 1706. ein Bündnus mit der Republic Venedig und die Stadt Zürich allein A. 1707. mit den III. Bündten in Graubündten ein ewige Bündnus errichtet: was auch die Stadt Zürich mit andern Eydgenöß'schen Städt und Orten A. 1668. wegen gemeinsamer Hilfs-Leistung für ein Verkommnus und sogenanntes *Defensional* errichtet, ist unter dem Articul: *Defensional* zu finden.

Ji 2   Nebst

Nebst solchen Bündnussen erhielten auch das Burger-Recht in der Stadt Zürich An. 1293. das Stift Wettingen A. 1342. des Johanniter-Ordens-Commenthur von Wädenschweil, und An. 1349. der von Klingnau und Biberstein, in diesem letztern Jahr das Stift Pfeffers, A. 1377. des Johanniter-Ordens Commenthur von Bubikon und A. 1396. die von Küßnacht, unmittelst auch A. 1386. Abt Peter von Einsidlen auch wegen Pfäffiken auf 10. Jahr, welches hernach auch alle seine Nachfahren fortgesetzt: auch ward das Burger-Recht ertheilt A. 1401. dem Stift St. Bläsi, A. 1402. dem Stift Rüti A. 1403. dem Stift Cappel, und An. 1405. dem Stift Schännis, weiters A. 1406. den Geßlern Besitzern der Herrschaft Grüningen, A. 1416. dem Stift Wurmspach, A. 1436. dem von Tenniken und A. 1438 dem von Rheinau A. 1459. den Freyherren Gradlern, Besitzern von Eglisau An. 1464. den Aebten von Stein und Reichenau, A. 1479. dem Grafen von Thengen und Nellenburg und A. 1488. dem Freyherr von Sax, und auch dem Graf von Sulz wegen des Kleggäu: und zwahren verschiedenen von selbigen nur auf gewisse Jahre von andern aber ward es fortgesetzt und bey Absterben oder Abänderungen erneueret, und zwahren dermahlen annoch von den Stifftern Einsidlen, Pfeffers, St. Bläsi, Schännis, Wurmspach und Tenniken, auch von dem Fürstl. Schwarzenbergischen Haus als Erbfolger der Grafen von Sulz wegen des Kleggäu.

Es hat die Stadt Zürich eine weitläufige hernach vorkommende Landschaft, und auch einige Herrschaften in der benachbarten Landvogtey Thurgäu für eigen, und annebst auch verschiedene, Land, Graf- und Herrschaften mit einigen andern Eydgenößischen Städt und Orten gemeinschaftlich von Zeit zu Zeit erworben, und zwahren was ihre eigene Land anbetrifft, so ward schon A. 936. der Statt von Kayser Ottone M. die Gerechtigkeit über den grösten Theil des hernachfolgenden Zürich-Sees, und A. 1309. von Kayser Alberti I. Erben der Silwald und das Sil-Feld geschenkt: und kamen hernach an die Stadt durch Käuf, Pfandschaften, Tausch, Zug ꝛc. die Vogt-Recht,

Recht, Hoch- oder Nider-Gericht (wie bey jedem Urtheil zu finden:) von A. 1358. Zollikon, Trichtenhausen und Stadelhofen, A. 1367. von Windlach, An. 1384. Küßnacht und Goldbach, auch Höngg, A. 1385. Tallweil, A. 1396. Wollishofen, A. 1400. Ehrlibach, An. 1402. Greiffensee An. 1405. Männedorf und Liebenberg A. 1406. Maschwanden, Horgen und ein Theil von Rüeschliken, A. 1408. Grüningen und Stäfen A. 1409. Regensberg und Bülach, A. 1410. der Vogtey von Meilen, A. 1412. Herliberg, A. 1415. das Frey-Amt und darin auch das Keller-Amt, A. 1418. Hottingen und dortherum An. 1424 die Graffschaft Kyburg, auch Rümlang An. 1428. ein Theil von Schwamendingen, A. 1430. die hohen Gericht in einem Theil des Dorfs Steinhausen An. 1432. Altstetten, A. 1434. Andelfingen, A. 1439. Wipkingen 1442. das von der weggegebnen Graffschaft Kyburg abgesönderte sogenannte Neu-Amt, und An. 1452. wiederum die übrige ganze Graffschaft Kyburg, A 1455. Eglisau, so aber wieder verkauft worden, A. 1462. Aesch, A. 1466. Wettschweil, Stalliken und Seldenbüren, A. 1467. die Stadt Winterthur An. 1468. alt Regensberg oder Regenstorf, An. 1483. Stadel An. 1484. die Stadt Stein am Rhein, A. 1487. Rieden, Dietliken, und Dübendorf, auch einen Theil der Gerichten von Birmenstorf und Urdorf, A. 1491. Wiediken A. 1495. und 1511. der andere übrige Theil von Birmenstorf, A. 1495. und 1503. Hedingen A. 1496. wiederum Eglisau A. 1512. Knonau, A. 1523. die Hohen und Nidern Gericht von Fluntern, Rieden, Meilen und noch ein Theil der Nidern Gericht Rüeschliken, auch die samtliche und auch von einigen ein Theil der Niedern Gericht von Höngg, Rengg, Schwamendingen, Röschiken, Nieder-Glatt, Ober-Hasli und Stettbach A. 1525. die Nidern Gericht von Embrach, Hegi, Breite, Oberwyl und Berg, auch die von Dättliken, A. 1527. die samtliche Gericht von Bonstetten und A. 1540. Benken, und A. 1540. und 1611. Nestlenbach A. 1544. Lauffen, A. 1545. Nider und Mettmen-Hasli A. 1549. Wädenschweil, und alten Landenberg A. 1587. die übrige Gericht von Hegi A. 1615. Sax, A. 1651. die Hohen Gericht, Gleit, und Forst-Recht auf dem Rafzer-Feld, An. 1694.

1694. Flach, A. 1696. Altiken und A. 1705. Sünikon, A. 1759. Wülflingen und Buch.

In der Landvogtey Thurgäu bekam die Stadt Zürich die Vogtey und meiste Gericht von Stamheim An. 1464. und die Herrschaften Steinegg A. 1583. Pfyn und Weinfelden A. 1614. Nunforn An. 1693. und Wellenberg und Hüttlingen A. 1694.

Auch hat die Stadt Zürich mit mehreren und mindern Eydgenößischen Städt und Orten (wie bey denen absonderlichen Articuln zu finden:) einen Antheil erlanget A. 1415. an die Stadt und Graffschaft Baden und Städte Bremgarten und Mellingen A. 1425. an den Freyen-Aemtern A. 1460. an die Land-Graffschaft Thurgäu An. 1462. und 1483. an die Graffschaft Sargans, A. 1490. an dem Rheinthal An. 1499. an dem Land-Gericht in dem Thurgäu, A. 1512. an den Landvogteyen Lugano (Lauis) Locarno (Luggarus) und Val Maggia Meyenthal, und in selbigem oder gleich folgenden Jahr auch an Mendrisio, und A. 1712 auch Antheil an der Stadt Rapperschweil, um ein mehrerern Antheil an der Stadt und Graffschaft Baden und Untern Freyen-Aemtern.

Es haben sich auch verschiedene Zeit-Umständ, Gefahren, Mißverständnussen, Streitigkeiten und andere Beweg-Ursachen zugetragen, durch welche die Einwohner und Burger dieser Stadt und Landen, auch zu würklichen Kriegs-Thätlichkeiten veranlasset und öfters genöthiget worden, da von den ältesten unter den Articlen Helvetier: *Tigurini*; Römer; Allemanier Franken, ꝛc. das mehrere angebracht zu finden: Da die Stadt an das Deutsche Reich kommen, ward dieselbige An. 1138. wegen dortigen Kast-Vogts Herzog Conrad von Zähringen Aufstands wider Kayser Conrad III. von dieses letztern Bruders Sohn Herzog Friedrich von Schwaben belageret und eingenohmen: Bey denen in dem folgenden Seculo durch die verschiedene auch Gegen-Wahlen der Kayseren entstandnen vielen Gefahren begehrte die Stadt Zürich A. 1265. den benachbarten Freyherrn Ulrich von Regenspurg zu ihrem Haupt-

mann

mann bis auf Erwehlung eines unstreitigen Kaysers, weilen er
aber solches nicht anderst, als unter derselben Untergebung an
ihne, annehmen wollen, und sich trozlich vernehmen lassen,
daß er die Stadt sonsten mit seinen Schlössern gleich einem
Fisch mit Netzen umgeben habe; und die Stadt Zürich auch
aus hieraus nicht unbegründet Gefaßter Forcht hierauf Graf
Rudolfen von Habsburg solche Hauptmann-Stell angetragen,
und er selbige auch antwillig angenohmen; hat des folgenden
Jahrs ermeldter Freyherr wider dieseren mit ihme sonst in
Feindschaft gestandenen Grafen und die Stadt Zürich mit vi-
len benachbarten Grafen, und Freyherren ein Bündnus gemacht, und sind darauf die Feindthätlichkeiten gegen einandern
angegangen, und hat ersagter Graf Rudolf von Habsburg
mit den Zürichern das dem mit dem Freyherrn von Regensberg verbundeten Grafen von Toggenburg zugehörige Schloß
Uznaberg belagert, und A. 1267. erobert, auch A. 1268. die
diesem Freyherrn gehörige-um die Stadt Zürich herum gelegenen Schlösser Baldern, Wurp, Uetliberg und das Städtlein Glanzenberg eroberet und zerstöhret, und dardurch denselben so ausgekrieget, daß er sich an die Stadt Zürich ergeben,
und in derselben mit einer jährlichen Pfrund lebenslänglich
versorget worden, wie unter solchen absonderlichen Articlen
das mehrere zu sehen: A. 1291. verfiele Herzog Albertus von
Oesterreich als Vormund seines Bruders Sohns Johannes einige Zeit mit der Stadt Zürich, und geschahen darbey beydseit-
hige Beschädigungen, und als dieser Herzog Albertus zum
Kayser erwehlt worden, belagerte er A. 1298. auf Anreizung
deren von Winterthur die Stadt Zürich, hebte aber solche Belagerung wieder auf, da er ab dem Zürich-Berg die in der
Stadt auch bewatnete viele Weiber und Töchtern und junge
Leute über die Brugge auf den Hof ziehen sehen, und daraus
gemuthmasset, daß die Anzahl deren belagerten viel stärker als
sie ihme angegeben worden: seyn müsse: A. 1332. kamen die
Städte Zürich und Colmar mit einanderen in Krieg, darüber aber
bald wieder Fried gemacht worden; des folgenden Jahrs aber
zoge die Stadt Zürich mit denen Städten Strasburg, Bern,
Lucern, Basel und Freyburg in das Briesgäu wider den an ihren

K k reisen-

reisenden Kauffleuthen viel Räubereyen verübenden Walter von Geroldsegg, in das Elsas, und nahmen sein Städtlein Erstein und Schultern auch das veste Schloß Schwanau nach einer Belagerung ein und verbrannten selbige; und da um selbige Zeit der Stadt Zürich bey Anlaas des Päbstlichen Banns auch von einigen benachbarten Edelleuthen viel Schaden verursachet worden, hat selbige auch A. 1334. derselben Schlösser Freyenstein, Tüfen, Schönenwerd, Schlatt und andere nach deren Belagerung und Einnahm zerstöhret: von denen vor und nach der A. 1336. in der Stadt Zürich vorgegangnen Regiments-Abänderung sonderlich mit denen ausgetretten und verwiesnen Rähten und ihren Helfern bis auf die 1350. erfolgte sogenannte Mord-Nacht entstandnen Feindthätlichkeiten ist bey der Beschreibung der in der Stadt und Landschaft vorgegangene Unruhen das mehrere angebracht worden und zu finden, und hier weiters anzumerken, daß durch des Grafen Hansen von Habsburg ersagten Rähten heimlichen und zu ersagten Mord-Nacht offentlich geleisteten Beystand nach desselben Gefangennehmung die Burger wider selbigen so aufgebracht worden, daß sie gleich hernach in gleichem Jahr mit Hilf der Städten Costanz, Schafhausen, und St. Gallen sein Schloß Alt-Rapperschweil zerstöhret, und gleich hierauf sie die Burger auch sein Stadt und Schloß Neu-Rapperschweil eingenohmen und verbrannt, auch die Landschaft March verheeret; und da auch des Grafen Lehenleuth die Waldnern von Sulz in dem Elsas den Burger von Zürich im Durchreisen rc. viel Schaden mit Beyhülf der Städten Basel und Strasburg verursachet, hat die Stadt bey 100. Baselische und 70. Strasburgische nach Einsidlen wallfahrtete, Burger auch angehalten und dardurch ein Verglich und End der Thätlichkeiten zuwegen gebracht.

Da auch in dem folgenden 1351. Jahr die Stadt bey Kayser Carolo IV. über die an ihne gebrachte Klägten wegen solch erleidenden Gewaltthätigkeiten wenig Hilf verspührten, und sie deswegen zu ihrer mehrern Beschützung mit denen IV. Eydgenößischen Städt und Orten Lucern, Uri, Schweitz und Unterwalden in eine ewige Bündnus eingetretten; hat solches des

des Herzogs Alberti des weisen aber lahmen von Oesterreich Widerwillen wider die Stadt so vermehret, daß er von noch 4. Fürsten, 5. Bischöfen, 26. Grafen und 7. Städten Hilfsvölker erlangt, und den 13. Sept. 20000. Mann zu Fuß und 2000. Mann zu Pferd vor die Stadt gerucket, ist aber durch Vermittlung des Herzogs Schwester der Königin Agnetis von Ungarn, Graf Friedrichs von Toggenburg, Commenthuren von Wädenschweil und beyder Städten von Bern und Basel nach einigen Tagen zu dem Abzug und einen Friedens Anstand gegen Uebergab 16. Burgern zu Geißlen veranlasset worden: weilen aber die Stadt sich zu der von ihme verlangten Lediglassung obbemelten gefangenen Graf von Habsburg nicht verstehen wollen; griff er selbige von neuem an, und thate selbiger von Baden aus solchen Schaden, daß sie in 1500. stark dahin zogen, und die grossen Bäder und das Schloß Freudnau verbrannt, auch den 26. Dec. in der Schlacht bey Tättweil (wie unter solchem Articul das mehrere zu sehen:) über 600. Mann der seinigen erschlagen: es nahme auch die Stadt Zürich mit den übrigen Eydgenossen, An. 1352. diesem Herzog und dem Haus Oesterreich das Land Glarus, und hernach auch Zug weg, und erschlugen die Burger von Zürich 25. der Herzogischen, welche aus Bremgarten derselben Kühe vor der kleinen Stadt wegnehmen wollen; mehr ermelter Herzog ruckte den 15. Jul. dies Jahrs wiederum mit 10000. zu Fuß und 2000. zu Pferd vor die Stadt Zürich, die Burger aber nebst darinn auch gelegenen Eydgenößischen Besatzung von 2000. Mann thaten selbigem dapfern Widerstand auch in einige Scharmützlen bey Wiedikon ꝛc. zertrennete auch die bey dem Thurn im Hard ober die Limmat von den Belagerern geschlagene Brugg durch einen die Limmat hinab gelassnen starken Flos von Bäumen, bis Maggraf Ludovicus von Brandenburg einen Frieden zwischend ihnen vermittlet, Kraft dessen aber die von Zürich dem Herzog 1700. Gulden für die obbemerkte Geissel bezahlen, und auch den oftgedachten Graf Hansen von Habsburg ledig lassen müssen, dessen ungeachtet dieser Herzog doch seinen Widerwillen gegen die Stadt Zürich noch nicht fahren lassen, sondern sie An. 1353. (in welchem Jahr auch das Schloß Roßbach) ob Meilen von denen von Zürich zerstöhrt worden,) vor dem obbesagten Kayser Carolo IV. sonderlich wegen des dem Römischen Reich und dem Haus Oesterreich durch der Stadt mit den Eydgenossen geschlossenen Bündnus zuwachsenden Nachtheils und Schaden so ernstlich verklagt, daß dieser Kayser sie des folgenden Jahrs selbst in der Stadt von solcher Bündnus abzustehen vermahnet, auf dessen Abschlag aber sich durch diesen Herzog verleithen lassen mit ihme den 13. Sept. mit vielem aus dem ganzen Reich versammleten Volk vor die Stadt zu ziehen, und selbige zu belagern; da sich aber die Burger mit ihren Eydgenossen in den sogenannten Lezenen vor der Stadt vortheilhaftig verschanzet, zwischend der Reichs- und Herzoglichen Völkern wegen des Vorzugs in dem Angriff Mißhelligkeit entstanden, und dieser mehrere Hilf über den Albisberg anrucken sehen &c. ward die Belagerung wieder aufgehoben: doch haben auch noch in dem folgenden Jahr An. 1355. die Herzogischen die Häuser an der Sil vor der Stadt Zürich verbrennt, bey einem Ausfall aber aus der Stadt 60. Mann verlohren, und ist endlich von mehr ermelten Kayser auf St. Jacob Abends zu Regensburg an der Donau dieser Krieg beygelegt und beendiget worden, von welchem auch unter dem Articul *Albertus II.* Herzog von Oesterreich noch das mehrere zu finden; da aber An. 1386. zwischend dieses Herzogs Sohn Leopoldo (wovon auch unter dessen Articul das mehrere zu sehen:) und den Eydgenossen ein neuer Krieg entstanden, schickten erstlich die vier Waldstädte einen Zusatz von 1600. Mann in die Stadt Zürich, als man deren Ueberfall zum ersten besorgete, welcher auch nebst denen von Zürich das Schloß und Dorf Pfäffiken in der Graffschaft Kyburg verbrennt, und unten an dem Zürich-Berg 32. Oesterreichische erschlagen, der Zusatz aber folglich, da man gewahrete, daß der Feind sich gegen Lucern ziehe; auch dahin gerucket und auch noch der Schlacht bey Sempach beygewohnet: nach derselben haben die von Zürich nebst denen von Lucern, Uri, Schweitz, Unterwalden und Glarus das Städtlein Wesen eingenohmen, und nebst denen von Lucern auch das Schloß Mülli oder Müllinen verstöhret, auch sie von Zürich allein die Schlösser Meerspurg

und

und Sulz und das Städtlein Bülach verbrannt, und in dem folgenden 1387. Jahr ein Streifzug in das Wehn-Thal gethan, und da sie im Heimziehen von den Oesterreichischen an dem sogenannten Krayenstein angegriffen worden, derselben über 50. erschlagen, und ihr gemachte Bent fortbringen mögen, auch um diese Zeit Regensberg angegriffen, und Rümlang und Mosburg verbrannt, und von denen aus Winterthur gegen sie ausgeruckten Oesterreichischen 30. an dem Zürich-Berg erschlagen, A. 1388. aber bey einem Nacheylen deren auf ein Raub ausgegangnen Oesterreichischen bis gegen Regensberg auch 20. von ihrigen verlohren, hingegen aber mit Zuzug deren von Lucern, Uri, Schweitz, Unterwalden und Zug bey den grossen und kleinen Bädern zu Baden bey 30. Häusern, auch die Vorstadt zu Mellingen verbrannt, und die von Zürich, und sie allein in einem Streifzug in die Graffschaft Kyburg bey dem Kloster Gfenn 70. Oesterreicher auch hernach mit denen von Zug zwischend Jonen und Lunkhofen auch einige Burger von Bremgarten erschlagen, auch allein 1389. die Probstey und das Dorf Embrach abgebrannt, und in diesem Jahr mit den Oesterreichern Frieden gemacht: A. 1409. entstuhnde zwischend der Stadt Zürich und dem Bischof von Costanz wegen des von der ersten erkauften Schlosses Rheinsfelden unter Eglisau in solche Streitigkeit, daß der Bischof des folgenden Jahrs dieses Schloß eingenohmen und verbrannt, und hingegen die von Zürich ihme das Tannegger-Amt verheeret: da An. 1410. die Stadt Zürich dem Land Uri (wie auch bey dem Bericht von der Stadt andern geleisteten Hilf das mehrere zu finden:) 200. Schützen wider die selbiges beschädigende Meyländische Eschenthaler zugeschickt, und sie und auch übriger Eydgenossen (Bern ausgenohmen;) Hilfsvölker die Stadt Domo und das Eschenthal eingenohmen: ist selbige zu mehrern Zügen in solches Thal veranlasset worden, und gleich des folgenden Jahrs, da die Einwohner dieses Thals dessen ungeachtet mit Beschädigung gegen denen von Uri fortgefahren; ist ihr Panner mit 400. Schützen und auch obigen Eydgenossen dahin gezogen, und in die Vorhut geordnet worden, worauf selbige und übrige Eydgenossen in diesem Thal viel Schlösser und feste Oerter zerstöhrt,

ſtöhrt, wer ſich zur Wehr geſtellt, erſchlagen, und das Land verheeret, und mit vielen Beuten und zwahr die von Zürich ohne Verluſt eines Manns zuruckgezogen; in dem Anno 1415. aus Anmahnen, und auch Befehl Kayſer Sigismundi, und Gutheiſſen des zu Coſtanz gehaltnen Concilii wider Herzog Friedrich von Oeſterreich vorgenohmnen Feind-Thätlichkeiten haben die von Zürich im April erſtlich das Amt Dietiken, und gleich hierauf Mellingen, weiters auch mit Zuzug mehrern Eydgenoſſen Bremgarten und die Freyen-Aemter, und letſtlich nebſt allen übrigen Eydgenoſſen erſtlich die Stadt Baden nach dreywöchiger Belagerung, und auch hernach das Schloß daſelbſt nach einer ernſtlichen Beſtürmung eingenohmen, und das letſtere verbrennen helfen: einige melden auch daß A. 1417. ein Zug von den Eydgenoſſen (Schweitz ausgenohmen) in das abermahlen widerſpennige und aufrühriſche Eſchenthal vorgegangen, und ſelbiges mit Gewalt zur Gehorſamme gebracht worden ſey: A. 1422. aber ſind nach allem Bericht, in dem auf anmahnen der Ländern Uri und Unterwalden wegen ihnen von dem Herzog von Meyland weggenohmener Stadt Bellenz 400. Schützen von der Stadt Zürich nebſt den übrigen Eydgenoſſen, auſſert Bern, dahin gezogen, ſind aber erſt nach dem vor den vorgeeilten Lucerner-Urner, Unterwaldner, und Zuger-Völkern von den Herzoglichen bey Bellenz erlittnen Verluſt daſelbſt ankommen und da ſich von den Meyländiſchen niemand mit ihnen einlaſſen wollen, wieder zuruckgezogen; auch An. 1425. zogen die von Zürich nebſt allen andern Eydgenoſſen wiederum über das Gebirg, möchten aber der Stadt Bellenz ſich nicht bemächtigen, und nahmen auch nach dortigen Landſchaften Verheer und Ausplünderung ihre Heimreis vor, und A. 1426. nahmen ſelbige ein neuen Zug vor in das Eſchenthal zu Rettung einiger in ſelbiges eingefallner Eydgenoſſen, und thaten in ſelbigem mit Raub und Brand groſſen Schaden, und erfolgt hierauf der Frieden mit dem Herzogen von Meyland: was nach dem A. 1436. erfolgten Todesfall des mit der Stadt Zürich zwahr Verburgerten aber letſtlich derſelben widrigen Grafen Friedrichs von Toggenburg erſtlich zwiſchend der Stadt und den Landen Schweitz und Glarus, und folglich auch mit
den

den übrigen Eydgenossen für ein Krieg entstanden, und einige Jahr in mehrern und mindern Feindthätlikeiten fortgesetzt worden, und von vielen der alte Zürich-Krieg genannt wird, ist weitläufig in dem XVI. Tom. von pag. 598. bis 607. unter dem Articul Schweitz: als dem Haupt-Gegenstand der Stadt Zürich vorgestellt zu finden, welches hier zu wiederholen unnötig, jedoch zu mehrerer Erläuterung und sonst noch weiters hierüber auch noch anzufügen, daß durch den zu End A. 1440. ergangnen Schiedrichterlichen-Spruch, und zu Anfang An. 1441. erfolgte Rechts-Handlung die Länder Schweitz und Glarus die der Stadt Zürich abgenohmene Herrschaft Grünungen und das Frey-Amt der Stadt Bern übergeben, und selbige solche sogleich der Stadt Zürich wieder geschenket, auch der Freyherr von Raron und seine Mithelfer dieser Stadt die ihnen in den Landvogteyen Kyburg, Andelfingen rc. weggenohmene Ort wieder abgetretten und überlassen.

Bey wieder angegangnen krieglichen Unternehmungen legte A. 1443. der mit der Stadt Zürich inmittelst verbündete Kayser Fridericus den Marggraf Jacob von Baden, Graf Ludwig von Helfenstein nebst verschiedenen Freyherren Rittern rc. in 845. stark zu Pferd in die Stadt Zürich, und haben noch vor dem Treffen an dem Hirzel einige von Zug in dem Zürichischen Frey-Amt mit Raub Schaden verursachet, und hingegen die von Zürich das Dorf Blikenstorf verbrannt, auch vor dem Treffen bey St. Jacob vor der Stadt Zürich haben diesere mit Zuzug eines Theils ihrer Kayserlichen Besatzung einen Streifzug in das Wehnthal, Herrschaft Regensperg und Grafschaft Baden gethan, einige Dörfer verbrannt, und bey 1500. Haupt-Vieh erbeutet; des folgenden Jahrs aber hat auch währender einer Friedens-Handlung die Eydgenößische Besatzung zu Grüningen des in selbiger Herrschaft gelegene Schloß Greiffenberg eingenohmen, und da auch die von Appenzell der Stadt Zürich abgesagt, und etliche in ihren Gebiet gestreift: sind derselben bey dem Dörflein Hegnau 10. erschlagen, und 2. gefangen genohmen worden, auch haben die von Zürich nebst ihrer Besatzung einen Streifzug in der Eydgenossen

noſſen Land gethan, und ſelbige auch mit Raub und Brand beſchädiget; in der darauf von den ſamtlichen Eydgenoſſen den 24. Jun. vorgenohmnen Belagerung der Stadt Zürich batte obbemelter Marggraf die Stadt-Schlüſſel und Hans von Reichberg ward zum Stadt-Hauptman verordnet, und ihme 4. von Adel, 4. von den Burgern, und 4. von dem gemein Kriegs-Volk zu bevollmächtigten Kriegs-Rähten zugegeben, auf die Mauren, Thürn, Bollwerk und auſſere Gräben warden 600. Mann geordnet, und die Bäum gleich vor der Stadt umgehauen, und ein ſolche Gegenwehr veranſtaltet, daß die Stadt-Thor niemahlen beſchloſſen jedoch aber auch wol verwahret geweſen; die Belagerung währete 10. Wochen und 3. Tag, und geſchahen 750. Schütz aus grobem Geſchütz in die Stadt, darmit aber wenig Schaden als an den Tächern gethan, auch ſind nicht mehr als 2. Perſonen erſchoſſen worden, die Belagerer hatten auch ein Brugg zu Wipchingen über die Limmat angelegt, damit die vor der groſſen und die vor der kleinen Stadt gelegne Mannſchafft ein Gemeinſchaft mit einandern haben und einandere Hilf leiſten könne, es giengen auch viel Scharmützel zwiſchend den Belagerern und den Belagerten vor, und thaten ſich in ſolchen ſonderlich die Burger, welche Bök genant worden, und von welchen ein eigner Articul zu finden; hervor; es ward auch einmahl der Anſchlag gemacht die Stadt zu beſtürmen und warden darzu 1000. beſtellt, welche durch Anſteckung einer Mülle an der Sil die auf den Thürnen und Bollwerken verlegte Belagerte dahin verlocken und ſie ſich ſodan deſto eheren Zugang zu und in die Stadt verſchafen wolten, weilen man aber ſolches in der Stadt vermerkt, und die Thor und Bollwerk unabgeändert verwahrt geblieben, auch der Müller nebſt 27. bey ſich gehabten die daſelbſt an den Sturm getrettene Eydgenoſſen mit Streit-Axten, einigen Geſchütz, herabwerfen ſchwehrer Steinen, mit Kalch gefüllten Geſchirren und heiſſem Waſſer ꝛc. ſo tapfer empfangen, daß deren bey 70. Mann auf dem Platz todt gefunden worden, auch viel noch mehrere todt und verwundet weggebracht worden: da auch immittelſt aus der Stadt Zürich zwey Edle aus der Beſatzung und zwey Rahts-Glieder an Kayser Fridericum abgesandt worden um mehrere Hilf anzusuchen, und selbige bey König Carolo VII. von Frankreich ausgewürkt, daß er seinen Sohn mit einer starken Macht in das Sundgäu herausgeschickt, auch die Eydgenossen hernach von ihrem Volk aus der Belagerung für das Schloß Farnspera im Sißaäu geschickt, daßelbe und das darzu von Bern und Solothurn gestosne aber von ermelten Franzosen bey St. Jacob vor der Stadt Basel bis an 16. Mann im Aug. erschlagen worden; es hebten die noch vor der Stadt Zürich gelegne Eydgenossen auf dessen Vernehmen die Belagerung in Eyl und auch mit Hinterlassung vieler Zelten auf; jedoch wurden auch währender Belagerung von den Eydgenossen das Dorf Embrach samt allen Chorherrn-Häusern und auch das Städtlein Bülach abgebrant: über das auch, was, wie obbemerkt, in dem XVI. Tom schon unter dem Articul: Schweitz: angezeiget sich befindet, ist auch beyzufügen, daß A. 1445. gleich zu Anfang desselben abermahlen aus der Stadt Zürich ein Streifzug in das Wehnthal und Grafschaft Baden auch in das Frey-Amt vorgenohmen und darin mit Raub und Brand viel Schaden verursachet, in Majo die Müllenen zu Bremgarten unversehens überfallen, und bald auch die Stadt eingenohmen, weiters auch in Aug. für Brugg und auch über die Reus bis nach Brunegg gestreift, und die auf etlich hundert Gulden geschätzte Raub, unerachtet der von den zu Mellingen gedachte Eydgenossen gemachten Hinternussen, nach Haus gebracht, auch in gleichem Monat mit einigen Grafen und Herren aus ihrer Besatzung die Stadt Wyl auf die 4. Stund. aber vergebens bestürmt worden: im Majo Sept. und Nov. sind die von Zürich drey mahl für die Stadt Baden gezogen, und haben sich selbiger durch List, und auch Belagerung bemächtigen wollen, ihren Zweck aber nicht erreichen mögen; und in dem in Dec. an der Schindel-Lege und zu Wollrau vorgegangnen Streit zellen einige 300. andere aber nur 160. erschlagene; auch noch in Jan. A. 1446. zogen die von Zürich mit Kayserl. Hilfs-Völkern von Winterthur wiederum vor die Stadt Wyl, und wurden von denen dortigen Eydgenößischen Zusätzern bey einem Ausfall 75. erschlagen und viel erbeutet:

auch

auch haben um selbige Zeit die von Zürich von einigen aus der Besatzung von Baden gegen Zürich gestreifften Eydgenossen 30. erschlagen und etliche gefangen; unlang aber hernach ward der Fried angebahnet, und obgleich er erst A. 1450. völlig zum Stand kommen, haben doch die Feindthätlichkeiten aufgehört: A. 1455. nahmen die von Zürich das Schloß und Städtlein Eglisau wegen einigen daselbst von den Hegöuischen Edelleuthen gefangen gehaltnen Straßburgern ein, und A. 1458. zogen auch sie mit andern Eydgenossen auf der Stadt Lucern Mahnung für die Stadt Costanz wegen in derselben geschmäheten Eydgenößischen Münz, und plünderten das derselbigen dorherum gehörige: was A. 1460. wegen von Herzog Sigismundo von Oesterreich wider die Eydgenossen ausgeübten Päbstlichen Bann, und zweyen aus Steyermark vertrieben und in der Stadt Zürich zu Burgern angenommen, und in den andern Eydgenößischen Städt und Orten bekannt wordenen Freyherrn Gradlern, erstlich durch denenselben anzuwerben bewilligten Soldaten, und hernach von den von Zürich und den meisten Eydgenößischen Städt und Orten gegen ersagtem Herzog vor, und wie ihme bey solchem Anlaas auch die Land-Grafschaft Thurgau abnohmen worden, ist schon unter dem Articul *Sigismundus* Herzog von Oesterreich das mehrere angezeigt zu finden: was An. 1468. der Stadt nebst übrigen Eydgenossen der Stadt Müllhausen, und hernach auch der Stadt Schafhausen für Hülf geleistet worden, wird hernach unter den Anzeigen von der Stadt Zürich andern geleisteten Hilf das mehrere vorkommen.

Von dem zwischend den Eydgenossen und dem Herzog Carolo von Burgund von A. 1474. bis A. 1477. geführten blutigen Krieg, ist unter dem Articul *Carolus*, Herzog von Burgund: ein weitläufiger Bericht zu finden, welcher hier zu wiederholen unnöthig, und also nur noch anzubringen, was die Stadt Zürich auch für absonderliche Antheil an selbigem gehabt, als daß selbige A. 1474. bey der Belagerung und Schlacht bey Elicourt 1500. A. 1475. bey der Einnahm von Orbe und Joigny 400. und bey deren von Stäfis, Yverdon und andern Orten in der Watt auch 1500. Mann gehabt, A. 1476. kamen zwar die von Zürich mit denen von Lucern, Uri, Unterwalden, Zug, und Glarus, zwar erst nach dem Angriff vor Grandson, halfen aber den Sieg daselbst dapfer befördern, und wurden deswegen 6. von ihnen daselbst zu Rittern geschlagen; sie schickten auch folglich 200. Mann zur Besatzung der Stadt Freyburg, und 3000. Mann, und darunter 300. Bürger zum Entsatz der belagerten Stadt Murten, und war in der Schlacht daselbst Hans Waldmann von Zürich Hauptmann über den Gewalt Hauffe der Eydgenossen, und warden auch nach derselben ermeldter Waldmann, und noch einer von Zürich zu Rittern geschlagen, und dieser Waldmann auch nebst einigen andern Eydgenößischen der Schlacht beygewohnten Hauptleuthen nach dem Verlangen Königs Ludovici XI. von Frankreich an ihne abgesandt, und von ihme mit vielen Ehrenbezeugungen empfangen, unterhalten, und mit kostbaren Geschenken wieder nach Haus gelassen: es warden auch die von Zürich, da sie nach der Schlacht durch die Stadt Bern unter ihrem Panner nach Haus gezogen, daselbst von einer grossen Anzahl junger Knaben, deren ein jeder ein Fähndlein mit beyder Städten Wappen in der Hand hatte, freudig und mit vielen Dank empfangen, und wurden selbige auch zwey Tag daselbst gastfrey gehalten; und An. 1477. waren in der Schlacht vor Nancy auch 1500. Mann unter mehr gedachten Waldmann: An. 1481. half die Stadt Zürich mit den übrigen Eydgenossen die sogenannte Verkommnus von Stans wegen Vertheilung der gemeinschaftlich eroberten Landen und gewonnenen Beuthen ꝛc. errichten.

Da auch A. 1499. ein blutiger Krieg zwischend Kayser Maximiliano I. und dem sogenannten Stählinen Bund oder Schwäbischen Bundgenossen einer - und den Eydgenossen und Graubündnern anderseits entstanden und geführt worden, so ist über das, was darvon schon unter dem Articul Schwaben-Krieg des mehreren enthalten; noch anzufügen, daß bey dem, was in und um das Graubündner-Land vorgegangen: auch Völker von Zürich bey dem Treffen bey Tresfen, der Einnahm Vaduz und des Wallgäu, auch 600. Mann nach dem Abfall der Wallgäuer bey dem Treffen bey Frastenz, und 1000. bey

dem

dem Zug nach Meran gewesen: sodann daß in der Nachbarschaft von Costanz erstlich 400. hernach 1000., und weiters noch mehrere von Zürich in dem Schwaderloch gelegen, und dem daselbst vorgegangenen beygewohnet. Weiters daß die 400. Mann denen von Bern und Solothurn zugeschickte Hilfs-Völker mit denselbigen den Angriff zu der hernach erfolgten Schlacht bey Dornegg oder Dornach, auch ehe die übrige Eydgenossen angelangt, angerathen, und mit sebigen gethan, und dardurch zu dem Sieg nebst denen währenden Treffen angekommen mehrern Eydgenößischen Völkern vieles beygetragen, wie auch daß Zürich bey dem ersten Streiff-Zug in das Hegäu 400. Mann, und in den Streiffzügen in das Kleggäu und Schwarzwald, auch bey der Einnahm von Thüingen, Blumenfeld, Küssenberg 2c. auch der Belagerung von Stockach seine Völker gehabt: Von denen von A. 1510. bis A. 1521. zu Hilf und auf Ansuchen Kaysers Maximiliani I. der Pähsten Julii II. und Leonis X. und Herzogs Maximiliani von Meyland in Italien und vor Dijon in Burgund vorgenommenen Zügen, auch wird das mehrere unten bey der Vorstellung der von der Stadt Zürich anderwertig geleisteten Hilf vorkommen: wegen der A. 1529. und 1531. zwischend der Stadt Zürich und den V. ersten Catholischen Städt und Orten entstandnen und in dem ersten zum Auszug und in dem letztern zu würklichen Feindthätlichkeiten, auch dem Treffen bey Cappel und auf den Gubel der ausgebreiteten Streitigkeiten ist schon oben bey Behandlung der Religions Vorfallenheiten der Stadt das nöthige angebracht worden und zu finden.

Da A. 1655. durch Hinterhaltung einiger von Art aus dem Land Schweitz um der Religion willen nach Zürich geflüchteter Haushaltungen und von Schweitz auch beharreten Abschlag des unbedingten Rechtens, auch sonsten unter den Städt und Orten über verschiedene Religions-Geschäfte gewaltete Mißhelligkeiten es im Dec. erstlich zwischend der Stadt Zürich und dem Land Schweitz, und folglich auch zwischend den übrigen IV. ersten Eydgenößischen Städt und Orten zu einem Auszug kommen, hat die Stadt Zürich erstlich Rheinau, Kayserstuhl

stuhl und Klingnau, und hernach die Stadt und Schloß Fraunfeld in Besitz, und die Landvogtey Thurgäu in Huldigung nehmen, und letstlich die Belagerung der Stadt Rapperschweil vornehmen lassen, selbige aber nicht bekommen mögen, und haben auch von ihren Gegenpart ihre angehörige in der Landvogtey Wädenschweil viel Schaden erlitten, bis in Febr. An. 1656. ein Frieden und Abzug der Völkern erfolget.

Was bey Anlaas der zwischend dem Stift St. Gallen und den Landleuthen in dem Toggenburg lang gedaurten Streitigkeiten A. 1712. erstlich zwischend den Städten Zürich und Bern und gedachtem Stift, und hernach auch zwischend diesen beyden Städten und den V. ersten Catholischen Städt und Orten vor ein Krieg entstanden, und was darin vorgegangen, ist schon in dem III. Theil pag. 149. unter dem Articul Bern: und in dem VIII. Theil pag. 109. seq. unter dem Articul St. Gallen Stift: das mehrere angebracht worden, und allso hier nicht zu wiederholen: deme aber nur noch anzufügen, daß gleich von Anfang desselben von der Stadt Zürich allein jedoch zu Handen auch der Stadt Bern der Theil der Landvogtey Baden auf der rechten Seithen der Limmat, wie auch die Landvogtey Thurgäu in Besitz genohmen worden. Im Julio aus dem Land Schweitz ein Einfall in die Zürichische Landvogtey Wädenschweil unternommen, selbige aber nach einigen Beschädigung mit merklichen Verlurst abgetrieben, auch im Aug. die Belagerung und Einnahm der Stadt Rapperschweil und die Einnahm der Landvogteyen Uznacht und Gaster auch die Einrückung in das Zuger- und Schweitzer-Gebiet von den Zürichischen Völkern allein unternommen und ausgeführt worden: wobey auch noch anzumerken, daß die Stadt Zürich zu Sicherheit ihrer Landen A. 1633. 12. Compagnien an die Gränzen des Thurgäus etwas Zeit gehalten, auch A. 1628. 1636. 1647. 1659. 1702. 1703. und 1744. mehrere und wenigere Völker zu Bewahrung ihrer Stadt Stein am Rhein darein gelegt.

Die Stadt Zürich hat auch ihren ehemahligen Herren den Kaysern auch andern Königen und Fürsten, Herren und Städten

ten und in spähtern Zeiten sonderlich ihren verbündeten Eydgenößischen und zugewandten Städt und Orten von Zeit zu Zeiten Hilfs-Völker abfolgen lassen, und zwahr A. 1278. Kayser Rudolpho I. wider König Ottocar von Böhmen, da er 100. davon vor einer Schlacht zu Rittern geschlagen, und zuvorderst an den Streit gestellt, und die andern zu ihrer Nachfolg angemahnet, von selbigen aber der mehrere Theil geblieben: sodann A. 1292. Kayser Adolpho wider den ihme das Kayserthum streitigmachenden Herzog Albertum von Oesterreich, und zogen die von Zürich vor des letsteren Stadt Winterthur, erhielten auch davor erstlich einen Vortheil über des Herzogs Völker, warden aber an dem Tag darauf durch einen Kriegs-List überfallen, und mit Verlurst nicht weniger Mannschaft, und nach einigen auch des Panners ab und nach Haus getrieben, zogen aber A. 1296. wiederum aus gleichem Kaysers Befehl wider eben diesen Herzog in das Amt Grüningen und beschädigten sonderlich den Freyheren von Kempten: es schickten auch die von Zürich An. 1315. dem Herzog Leopold von Oesterreich 50. in der Stadt- Farb bekleidete Burger zur Hilf wider die Länder Uri, Schweitz und Unterwalden, welche aber alle erschlagen, und bey einandern todt gefunden worden: A. 1338. half die Stadt Zürich denen Städten Costanz, St. Gallen und Lindau wider Graf Albrecht von Werdenberg, und A. 1365. nebst den Städten Bern, Lucern und Solothurn der Stadt Basel wider den Einfall der Engelländer: sie errichtete mit andern Eydgenossen A. 1393. den sogenannten Sempacher Brief wegen Verhaltens in den Kriegen, A. 1410. schickte auch die Stadt Zürich 200. Schützen dem Land Uri zu Hilf wieder die sie beschädigende Meyländische Eschenthaler über den Gotthards-Berg in selbiges Thal und eroberten nebst den meisten übrigen Eydgenossen dasselbe, und die Stadt Domo darin, daraus dann noch einige Züg erfolget, welche unter den von der Stadt auch selbst geführten Kriegen vorkommen: An. 1417. bekam auch der mit der Stadt verburgerrechtete Graf Fridrich von Toggenburg, von derselben Hilsvölker zur Einnahm und Eroberung von Feldkirch, und A. 1421. zogen auch auf des Pabst Anmahnen, und verlangen

Zürich.

langen 90. Mann, und darunter 28. zu Pferd von Zürich wider die sogenannten Hußiten in Böhmen, kamen aber bald wieder zurück: A. 1428. leistete die Stadt Zürich dem Graf Fridrich von Toggenburg Hilf wider die Appenzeller, und gaben A. 1429. der Stadt Ulm 200. Mann mit Helparten wider die vorgemelte Böhmen: A. 1431. warde Kayser Sigismundo 550. Mann zu einem Zug in Italien, und dem Bischof Johann von Chur 100. Mann, gegen Herzog Fridrich von Oesterreich abgefolget, und nebst andern Eydgenossen der Stadt Nürenberg eine Anzahl Volks wider den Marggrafen von Brandenburg und Pfalzgraf Ottonem von Bayern: An. 1462. warden von der Stadt und den übrigen Eydgenößischen Städt und Orten, Bern ausgenommen: Pfalzgraf Fridrich von Rhein ein Anzahl freywilliger Knechten wider den Marggraf von Baden, Grafen von Würtemberg ꝛc. bewilliget, deren in 2000. bestandnen Hauptmann Hans Waldmann von Zürich gewesen: A. 1468. zoge die Stadt Zürich nebst andern Eydgenossen auf Mahnung der Stadt Bern zu Trost und Hilf der Stadt Müllhausen wider den dieselbe hart truckenden und beschwehrenden benachbarten Adel in das Sundgäu, und halfen mit denen mit ihnen gezogenen Eydgenossen 18. Städt, Schlösser und Dörfer einnehmen und verbrennen, und stellten sich hierauf nebst denen übrigen Eydgenossen, welche auch viele Städt, Schlösser und Dörfer verheeret: auf das sogenannte Ochsenfeld, und warteten daselbst etwas Zeit einen Angriff ihren Feinden, bey deren Ausbleiben aber sind sie wieder nach Haus gezogen: da aber in gleichem Jahr auch die Stadt Schafhausen von einem von Herzog Sigmund von Oesterreich unterstützten Edelmann von Hendorf viele Beschädigungen erlitten, ward nicht nur von der Stadt Zürich und den Eydgenossen eine Besatzung in die Stadt Schafhausen unter einem Hauptmann von Zürich gelegt, sondern die Stadt Zürich schickt auch 1500. Mann mit vielem Geschütz für die Oesterreichische Stadt Waldshut, welche nebst den übrigen auch dahin nachgezognen Eydgenossen (welche nebst denen noch nachgeschickten 2000. Zürichern 15000. Mann ausgemachet:) diesere Stadt Waldshut in die sechs Wochen unter vielen vorgefallenen Scharmützlen belageret

geret und beschossen, und geschahen auch von der Besatzung in Schafhausen in dem Schwarzwald, und von den Belageren vor Waldshut bey Bondorf ꝛc. viele Beschädigungen bis ein Fried vermittlet worden, und der gedachte Herzog Sigmund von Oesterreich denen Eydgenossen 10000. Gulden an ihre Kriegs-Kösten bezahlen müssen, wie auch das mehrere unter den Articlen Schafhausen und Müllhausen zusehen. An. 1478. zogen 1000. Züricher dem Land Uri zu Hilf wieder den Herzog von Meyland wegen des Livener-Thals vor Bellenz, und warden derselben auf dem dahin Zug 60. von einer sogenannten Schneelauwin überfallen und verdruckt, und haben auch von denen in ermeltem Thal hinterlassnen Züricher der Schlacht bey Giornico beygewohnt: A. 1480. waren unter denen 7000. Eydgenossen, welche die Eydgenossen König Ludovico XI. von Frankreich abfolgen lassen, auch 1000. von Zürich, selbige sind bis nach Chalons in Champagne kommen, von daselbst aber, weilen man ihren nicht weiter nöhtig, mit gutem Sold wieder zuruckgeschickt worden, und A. 1488. schickte die Stadt Zürich Herzog Sigmund von Oesterreich 200. Mann zur Hilf wider die von Venedig: was A. 1490. die Stadt Zürich nebst übrigen des Stift St. Gallen Schirm-Städt und Orten dieserem Stift in desselben mit dem Land Appenzell, Stadt St. Gallen und vielen eignen Angehörigen, und Gottshausleuthen wegen Nieder-Reissung eines neuen zu Rorschach angelegten Klosters gehabten Streits, für thätliche Hilf geleistet, ist in dem VIII. Tom. unter dem Articul St. Gallen Stift: des mehrern ausgeführt zufinden, also nicht zu wiederholen. A. 1494. erhielt König Carolus VIII. von Frankreich 8000. Eydgenossen zu seinem Zug in das Königreich Neapolis darunter auch von Zürich gewesen, da unter denen des folgenden Jahrs davon zurückgekommen ungefehr 148. Mann auch noch ein Hauptmann Schwend von Zürich gewesen: A. 1500. zogen 1500. Züricher zu Diensten Königs Ludovici XII. von Frankreich in das Meyländische, und A. 1503. die von Zürich und übrige Eydgenossen zu Hilf der Ländern Uri, Schweiz und Unterwalden wieder diesen König, der diesern Ländern Bellenz

nicht

nicht nachgeben wollen, daselbst hin, welche ein Landwehre bey Murata gewunnen, das Städtlein Major geplünderet, und sich vor das Schloß Locarno (Luggarus) geleget, und auf dortigem See viele Schiff erhaschet, darbey aber auch einige Verlurst erlitten, jedoch aber hernach ausgewürket, daß Bellenz ersagten drey Ländern völlig überlassen, und den Eydgenossen die Zolls-Befreyung in dem Meyländischen bestähtiget worden: gleicher König erhielte folglich A. 1507. von der Stadt Zürich, und übrigen Eydgenossen A. 1507. einen Aufbruch von 6000. Mann unter dem Vorwand einer Leib-Wacht in dem Meyländischen, welchen er aber vor Genua geführt, und durch selbigen die auf dortigem Berg angelegte Befestigungs-Werke, und folglich auch die Stadt eroberet, und zu Bescheinung seiner Zufriedenheit hierfür nebst andern Eydgenossen, auch zwey von Zürich auf dem Sand-Grund daselbst zu Ritter (welche danaben Sand-Ritter genannt worden:) geschlagen, die Officier wol beschenkt, und den Gemeinen doppelten Sold zustellen lassen. A. 1510. waren auch von Zürich unter denen dem verbündeten Pabst Julio II. abgefolgten 6000. Eydgenossen, welche aber, da sie anstatt des vorgegebnen Gebrauchs für des Römischen Stuhls Sicherheit wider Frankreich gebraucht werden wollen, von den Oberkeiten zuruckgemahnet worden, und von dem Pabst den unerachtet auch durch Gesandtschaft an ihn gesuchten Sold nicht erhalten mögen; da A. 1511. ein Läufer-Bott von Schweiz von denen in dem Meyländischen gelegnen Franzosen aufgefangen und ertränkt worden, und hierauf die von Schweiz die übrigen Eydgenossen solches zu rächen angemahnet, sind die meisten Ort mit ihren Pannern, die von Zürich in 1500. stark, aber nur unter ihrem Fahnen, in das Meyländische gezogen, und haben diesere die in der Stadt Galeran von den Franzosen belagerten Urner, Schweizer und Unterwaldner wieder entsetzen und befreyen mögen, und ist folglich bey der eingefallenen harten Winter-Zeit der Zuruckzug solcher Völkern vermittlet worden: weilen aber der Unwillen und die Mußhelligkeiten zwischend dem König von Frankreich und den Eydgenossen fortdauerten, möchte gedachter Pabst An. 1512. desto eher wieder ein Aufbruch von 20000. Eydge-

Eydgenossen, darunter auch von Zürich zu seiner Hilf erhalten, welcher hernach die Franzosen aus dem Herzogthum Meyland vertriben, und solches folglich von den Eydgenossen dem Herzog Maximiliano von Meyland wieder zugestellt worden: selbigen hat auch der Pabst zur Dankbarkeit den Titul der Beschirmern der Kirchen-Freyheit, und einem jeden Stadt und Ort und auch der Stadt Zürich neue damastine Panner ertheilt; und da in dem folgenden Jahr der König von Frankreich noch unfruchtbarlich abgelauffner Friedens-Handlung mit den Eydgenossen: wiederum Volk zu wieder Eroberung des Herzogthums Meyland dahin anrucken lassen, sind auch die Eydgenossen in 12000. stark dem ersagten Herzog auf seyn trungenliches Ansuchen dahin zu Hilf gezogen, und ist hierauf zwischend den Franzosen und Eydgenossen das in einem eignen Articul ausführlich beschriebne Treffen bey Novarra erfolget: in gleichem Jahr zogen auch der Eydgenossen bey 16000. (darunter 2000. von Zürich) Kayser Maximiliano I. zu Hilf wider gedachten König von Frankreich, und rückten nebst noch vielen andern freywilligen Eydgenossen, (deren auch bey 1500. von Zürich gewesen und die ganze Zahl auf 30000. angewachsen seyn solle:) bis nach Dijon in das Herzogthum Burgund, wurden aber durch viele versprochene vortheilhaftige aber hernach meistens nicht erfüllte Beding wieder zum Heimzug verleithet: nachdem auch der neue König von Frankreich Franciscus I. Anstalt gemacht das Herzogthum Meyland an sich zu bringen, und Völker durch Savoyen dahin anrucken lassen, haben A. 1515. die Eydgenossen und darunter auch die Stadt Zürich abermahlen dem dortigen Herzogen in einigen Zügen bey 30000. zu Hilfe geschickt, von denen aber sich ein grosse Anzahl von einigen Eydgenössischen Städten und dem Land-Wallis durch einen mit den Königlichen Gewalthabern getrofnen Verglich zum Abzug verleithen lassen, die übrigen Eydgenossen aber, und darunter auch der Zuzug von Zürich der blutigen Schlacht bey Marignano (davon auch ein eigner Articul zu sehen:) beygewohnet, und darin auch 800. Züricher geblieben seyn sollen: auch A. 1516. ward Kayser Maximiliano I. bewilliget freywillige in den Eydgenössischen Landen anzuwerben, und da er deren bey 10000. (darunter auch

Zürich.

auch von Zürich:) aufgebracht, hat er selbige vor Meyland geführt, sie aber aus durch ein Kriegs-List gegen sie beygebrachte Mißtrauen wieder mit Aufhebung der Belagerung entlassen: und A. 1518. wurden auf Ansuchen Pabst Leonis X. 10000. Eydgenossen zu vorgebender Hilf wider den Türken fertig gestellt, aber nicht abgefordert noch aus dem Land geführet: A. 1521. aber gab Zürich eben diesem Pabst in einem nicht lang gedaurten Zug zu den andern Eydgenossen 500. Mann, und zu einem andern Eydgenößischen Aufbruch 2700. Mann, welche aber sich nicht wider Frankreich und in das Herzogthum Meyland, wie die übrigen Eydgenossen, gebrauchen lassen wollen, jedoch aber nebst denen von Zug die Stadt Piacenza zu des Pabsts Handen zur Uebergab gebracht, und hernach ohne vielen Verlurst wieder nach Haus gezogen. An. 1531. schickte die Stadt Zürich mit einigen andern Eydgenossen Hilfs-Völker denen III. Bündten wider den Castellan Medici von Müs, wovon unter dem Articul *Medici* das mehrere zu finden: A. 1583. gabe die Stadt Zürich zu der dem Pfalzgraf Johanni Casimiro von den Evangelischen Städten bewilligten Leibwacht von 200. Mann 40. Mann, und A. 1586. der Stadt Genf 300. Mann zu ihrer Besatzung, auch An. 1587. der Stadt Müllhausen 500. Mann zu Stillung dortiger Bürgerlichen Unruhen: Im gleichem Jahr ward dem König Henrico von Navarra unter der Hand, ohne mit offenem Fahnen und Trommenschlag, ein Volks-Aufbruch wider die sogenannte Ligue in Frankreich erlaubt: da aus dem Zürich-Gebiet unter dem Obrist Caspar Krieg und 9. Hauptleuthen viel Volk bis nach Etampes in dem Gastinois in Frankreich geführt worden, von dannen aber durch Mangel an Gelt und Proviant, Krankheiten und Abgang der mehrern von gedachtem König vertrösteten Völkern sich wieder nach Haus verleithen lassen, doch daß in diesem Zug (welcher von obiger Stadt Etampes hernach der Tampis-Krieg genannt worden:) von den Zürichschen Völkern 1516. gestorben; A. 1589. hielte auch die Stadt Zürich in dem zwischend den Städten Bern und Genf, und dem Herzog von Savoy entstandenen Krieg sich mit einem zahlreichen Hilfs-Zuzug gefaßt: An. 1591. und A. 1593. schickte die Stadt Zürich König Henrico IV. von Frankreich ein Fahnen Volks zu, und An. 1592. der Stadt Strasburg 5. Fahnen zur Besatzung, auch An. 1599. zogen 2. Fahnen Graf Mauritio von Nassau wider die Spanier, und Anno 1603. 400. Mann zur Besatzung nach Genf, An. 1606. ward ein, und A. 1610. zwey Compagnien in Königliche Französische Dienste bewilliget, und A. 1619. warden 600. Mann dem Marggrafen von Baden Durlach zu Hilf geschickt, wie auch in gleichem Jahr einige Mannschaft der Stadt Mülhausen zu einer Besatzung, welches auch hernach öfters bey ihren zugestossenen Gefahren als A. 1632. 1635. 1638. 1652. 1674. 1676. 1689. und An. 1743. geschehen: An. 1620. schickte die Stadt Zürich 900. Mann denen III. Bündten zu Hilf, auch warden dem König von Frankreich zu Stillung der Bündnerischen Unruhen und auch in das Veltlein A. 1624. ein Regiment von 1000. Mann A. 1625. noch eines von 5. Fahnen, und A. 1626. ein gleiches und A. 1635. 4. Compagnien bewilliget: A. 1633. warden 1000. Mann in die Stadt Schafhausen wegen von den benachbarten Armeen besorgten Gefahren zur Besatzung gelegt, A. 1639. ward in Königl. Französischen Diensten ein Compagnie unter dem Eydgenößischen Garde-Regiment errichtet, auch in gleichen Diensten noch einige andere Mannschaft, und An. 1642. ein Regiment angeworben: und A. 1648. bewilligte die Stadt Zürich und Bern der Republic Venedig ein Regiment von 2100. Mann in Dalmatien: An. 1653. schickte die Stadt Zürich 4000. Mann zu Stillung des in dem Berner-Lucern-Basel-und Solothurnischen Gebiet entstandnen Unterthanen Aufstands, auch An. 1654. und 1657. kamen Züricher Compagnien unter obbemeldtes Königliche Französische Garde-Regiment: A. 1656. worden zu den von dem Churfürst von Sachsen, und dem Churfürsten von Pfalz von den Evangelischen Eydgenößischen Städten begehrten Leibwachten, zu jeder von der Stadt Zürich 50. Mann, auch A. 1658. der Republic Venedig 3. Compagnie abgefolget, für welche auch A. 1665. ein Regiment von den Städten Zürich und Bern zwahr bewilliget, aber nicht abgeführt worden: A. 1662. halfe die Stadt Zürich mit den meisten Eydgenößischen

schen Städt und Orten auch einigen Zugewandten Orten in Ansehung ihrer eignen und auch gemeinen Landen Beschirmung, Schutz und zuleistender Hilf ein Verordnung, das Defensional genannt, errichten, und gibt, Kraft deſſelben, die Stadt Zürich zu der einten Armee den Oberſten Feld Hauptmann: A. 1673. wurden 160. A. 1674. in zweymahlen 100. An. 1675. 300. und A. 1676. 75. Mann zu Hilf und Beſatzung der Stadt Müllhauſen; und An. 1674. 210. A. 1676. 400. A. 1678. wieder ſo viel, und hernach noch 175. A. 1688. 50. A. 1689. in zweymahlen 140. A. 1702. 350. A. 1709. 140. A. 1713. 100. und A. 1743. 300. Mann, Kraft obigen Defenſionalis zu Hilf und Schutz der Stadt und Landſchaft Baſel, nach Baſel, Lieſtall, und Augſt bey dort angenäherten fremden Armeen ꝛc. gegeben: A. 1691. ward ein Compagnie in Kayſerliche Dienſte in die Oeſterreichiſche Waldſtädt bewilliget, A. 1692. 200. Mann zur Beſatzung der Stadt Genf dahin geſchickt, A. 1693. den Vereinigten Niederlanden 800. Mann zu Beſchützung ihren eignen Landen, auch A. 1696. 25. Mann zu der von dem Churfürſten von Brandenburg, von den Evangeliſchen Städt und Orten begehrten Leibwacht zugeſtanden, An. 1703. in den Zuſatz der Reichs-Stadt Lindau 200. Mann, und A. 1707. in den Zuſatz der Stadt Genf 100. und An. 1743. 300. Mann geſchickt; An. 1729. iſt denen Vereinigten Niederlanden für 6. ſchon in ihren Dienſten ohne Oberkeitliche Erlaubnus geſtandene hieſige Compagnien die künftige Anwerbung gegen für hieſige Burger zugeſtandnen Etat-Major eines Regiments, und An. 1741. noch zwey und An. 1748. noch 4. Compagnien darzu anzuwerben bewilliget worden: A. 1734. warden 3. Compagnien in Kayſerliche Dienſte in die Oeſterreichiſche Waldſtädte, und A. 1752. ein Regiment in Königliche Franzöſiſche Dienſte bewilliget, und A. 1764. auf 12. Jahr die Anwerbung freywilliger für ſelbiges zugeſtanden worden: worbey noch anzumerken, daß die Stadt Zürich auch ohne würklichen Aus-und Zuzug dannoch zu allfälliger Hilf der Stadt Genf A. 1667. und der Stadt Bern bey denen wegen Neuchatel oder Neuburg A. 1699. und 1708. gewalteten Streitigkeiten ein ſtarke Anzahl Mannſchaft gerüſtet und fertig gehalten; auch An. 1544. 1552. 1580. und

Zürich.

1595. für die Frey-Grafschaft Burgund nebst andern Eydgenößischen Städt und Orten eine Neutralität auswürken helfen: es warden aber an die Stadt Zürich und übrige Eydgenößische Städt und Ort von den Kayseren Friderico A. 1471. Maximiliano I. A. 1502. Carolo V. A. 1532. Rudolpho II. An. 1595. und 1601. Leopoldo I. A. 1664. und Au. 1684. Hilf wider die Türken angesucht, welches sie aber jederzeit abgelehnet aussert daß sie A. 1595. 1664. und 1684. nebst sammtlichen Eydgenößischen Städt und Orten erstens 250. und die zwey letsternmahl 1000. Centner Pulfer jedoch allein aus gutem Willen ohne Schuldigkeit abfolgen lassen: welchem noch anzufügen, daß auch öfters wie von andern Eydgenößischen Städt und Orten, allso auch aus der Stadt und Landschaft Zürich mehrere oder mindere Mannschaft ohne der Oberkeit Erlaubnus und wider ihre Verbott in fremde Kriegsdienst gezogen und zugelauffen, als A. 1460. einigen von Kempten aus dem Schwabenland gegen dortigen Abt, A. 1487. König Carolo VIII. von Frankreich in Bretagne, A. 1502. dem Marggrafen von Brandenburg gegen der Stadt Nürenberg, A. 1503. König Ludovico XII. von Frankreich in Neapolis, A. 1519. und 1525. dem Herzog Ulrich von Würtemberg, A. 1524. in Französische Dienst in die Picardie und Meyland, A. 1546. den Reichs-Städten von dem sogenannten Schmalkaldischen Bund ꝛc. da bey den meisten solchen Anlässen viel von denen zuruckgekommen, ernsthaft bestraft worden.

In der Stadt und auch Landschaft Zürich haben sich auch zu verschiednen Zeiten allerhand Uneinigkeiten, Unruhen und gefährliche Bewegungen zugetragen, und zwahren A. 1335. zwischend dem mehrern Theil der damahligen Räthen, und der Burgerschaft wegen der erstern auch übertrieben ausgeübten Gewalts, mißbrauchten gemeinen Guts ꝛc. davon schon oben bey Beschreibung der Veränderung des Regiments das mehrere angebracht worden, welchem noch beyzufügen, daß die schuldig befundne Räthe auf minder oder mehrere Jahr aus der Stadt verwiesen worden, sich aber A. 1337. mit dem zu Rapperschweil sich aufgehaltnen Graf Hansen von

von Habsburg wider die Stadt Zürich verbunden, deswegen die Burgerschaft von Zürich vor Rapperschweil geruckt, und selbiges jedoch vergebens belageret, auch folglich vor das Schloß Grynau gefahren, und daselbst erstlich in die Schiff mit Verlurst 50. Mann gejagt worden, auf neues Ansetzen aber den besagten Grafen nebst 350. Mann erlegt und 5. Banner eroberet; worauf zwahr ein Verglich zwischend des ersagten Grafen Kindern und den verwiesnen Rähten einer, und der Stadt Zürich anderseits durch Kayser Ludovicum IV. und Herzog Albertum von Oesterreich vermittlet worden, daß diese Verwiesene der Stadt 600. Mark Silber bezahlen, und 5. Jahr lang 5. Meilwegs weit von der Stadt leisten, nach deren Verfliessung aber ihnen ihre Häuser und Güther wieder zugestellt werden sollen, welches aber, da selbige diesen Vertrag nicht gehalten; nicht nur nicht geschehen, sondern A. 1339. nicht nur derselben Häuser mit Kayserlicher Erlaubnuß verkauft worden, sondern auch A. 1340. die zwey Schlösser hohen Landenberg und Schauenberg, allwo sie ihre Zusammenkünften gehalten; zerstöhret worden; obgleich auch in diesem Jahr ein neuer Verglich zwischend denselben gemacht, und die ausgetrettne sich der Burgerschaft Straf zu ergeben vorgegeben, suchten sie jedoch auch weiters einen Anhang nicht nur bey einigen Burgern in der Stadt sondern auch bey benachbarten Grafen, Freyherrn und Edlen wieder dies neue Regiment in der Stadt, und sind den 23. Febr. A. 1350. viele derselben mit Graf Hansen von Habsburg obiges Sohn öffentlich in die Stadt kommen, und aus Muhtmassung, sie eine Bitt an die damahlige Oberkeit thun wollind: geduldet worden, darnebst aber auch einige hundert Mann damahls und unlang zuvor unbemerkt in die Stadt kommen, und bey verschiedenen Burgern aufenthalt gefunden, anbey sich auch an obigem Tag noch ein grosse Anzahl andere zu Wasser und Land der Stadt genähert, damit sie von den schon in der Stadt befindlichen bey Einnahm der Thoren sogleich ihnen zur Hilf in die Stadt eintringen mögend, in dem Vorhaben die Stadt an verschiednen Orten anzuzünden, den neuen Raht aus dem Weg zu räumen und die vorige Regiments-Form wieder herzu-

herzustellen; Bey anbrechender Nacht suchte ein auch unter obbesagten in die Stadt eingeschlichener befindener Graf von Toggenburg aus sorgfältiger Forcht sich auf einem Schiff aus der Stadt hinunter bringen zu lassen, ward aber von dem Schiffmann genannt Bachs, auf etwelches vermerken des bösen Anschlags aus dem Schiff gefället, und ertränket; es ward auch noch der Feinden Vorhaben nebst dem abgeredten Wortzeichen in einem Wirtshaus in dem Niederdorf von einem hinter einem Ofen unvermerkt gelegnen Knaben, Schenwiser genannt, verkundschaftet und dem Burgermeister entdeckt, der hierauf dem Rahthaus zugeeilet, und die Burgerschaft sowol durch Mordschreyen ab demselben, als auch durch schleunigst veranstaltetes Sturmläuten auf dem grossen Münster-Thurn ec. noch eher, als die Feind vor der sonst bestimmten Stund sich versammlet, oder denen vor der Stadt auf den Einbruch fertig gestandnen die Stadt-Thor geöfnet worden; in Bewegung so gebracht, daß, da sie und auch die Feind gegen das Rahthaus auch mit Entdeckung der Obern Brugg getrungen, es daselbst zu einem heftigen Gefecht kommen, in welchem aber die Burger und sonderlich die aus der Metz mit ihren Schlacht-Beilen den Feind getrennt, und in die Flucht getrieben, und ein grosse Anzahl, darunter auch Freyherr Ulrich von Mazingen, Beringer von hohen Landenberg ec. erschlagen; und 37. und darunter auch den bemeldten Grafen von Habsburg und Freyherrn Hans von Bonstetten gefangen genohmen: da inmittlest sich auch viel über die Stadt-Mauren flüchten wollen, darvon aber viele todt und andere lahm in dem Stadt-Graben gefunden worden, das Volk aber so auf dem See und vor den Stadt-Thoren auf die Oefnung derselben gewartet, auf Vermerkung des Sturms und Gefächts in der Stadt sich so eilig flüchtig wegbegeben, daß viele darvon auch einandern aus den Schiffen gedruckt und ertrunken, und auch auf der Straß viel todte von Pferden zertretne Leichnahm angetroffen worden. Von den Gesangnen wurden des folgenden Tags 19. vor ihren Häusern mit dem Rad und 18. vor dem Rahthaus mit dem Schwert hingerichtet, und ihrer und der sonst erschlagnen Feinden-Cörper 3. Tag
lang

lang an gleichen Orten und sonst auf der offentlichen Gaß liegen gelassen, den Graf von Habsburg und Freyherrn von Bonstetten aber gefangen behalten; es sind aber auch bey dieser seither sogenannten Mordnacht 10. Burger für das Vatterland dapfer fechtende um das Leben kommen, da von denen hierauf erfolgten vielen Feind-Thätlichkeiten das mehrere unter den Kriegs-Anläsen der Stadt Zürich nachgesehen werden kan.

An. 1393. enstuhnde in der Stadt Zürich wegen von dem Burger-Meister Schön und etlichen Rähten eignen Gewalts zu Nachtheil der Burgerschaft und der Eydgenossen mit Herzog Alberto von Oesterreich errichteten Bündnus ein ernsthafte Bewegung und Unruh, und wurden die, so zu diesem Bund Hand gebotten, der Ehren entsetzt und der Stadt verwisen: auch An. 1444. ist bey Anlaas eines zwischend der Stadt Zürich und den Eydgenossen vermittleten Fridens ein Auflauf der Burgerschaft wider die aus dem Raht, welche dieser Friedens-Handlung (die als der Stadt Ehr nachtheilig der faule Fried genannt worden:) beygewohnt: erfolget, da die Burgerschaft in grosser Hitz in das Rahthaus getrungen und selbige mit Gewalt aus der Raht-Stuben herausgenohmen, von welchem auch hernach 2. vor dem Rahthaus auf dem sogenannten Fisch-Markt mit dem Schwert hingerichtet, und die andern ihren Ehren entsetzt, und mit starken Gelt-Bussen belegt worden. A. 1468. widersetzten sich die Herrschaft-Leuth von Wädenschweil einer auf die Stadt und Landschaft Zürich auflegen nöhtig befundenen, und sonst allseithig willig bezahlten Steur, und möchten aus dem benachbarten Schweitzer-Gebiet einige Hilfs-Völker aufbringen, nachdeme man aber von Zürich mit dem Panner und 1500. Mann wider sie ausgerückt, sind sie durch zugleich eingetroffene, Eydgenößische Gesandte zu deren Abstattung und zu Erkennung der Stadt Zürich Obern Gewalts über sie angewisen und angehalten worden. Was A. 1489. für ein Unruh in der Stadt und Landschaft Zürich entstanden, und wie in selbiger der Burger-Meister Waldman hingerichtet worden, ist weitläufig unter dem Articul

cul Waldman: ausgeführt zufinden, deme annoch anzufügen, daß dieſere Unruh in dem April. entſtanden, und damahls der ſogenannte Hörnin-Raht von 60. Mann angeſtellt, der Waldman den 6ten mit dem Schwert und gleich hierauf auch noch 4. Zunft-Meiſter hingerichtet, und andere mit Verweiſung und an Gelt geſtraft, hernach aber die meiſten wieder zu Ehren kommen, auch daß anſtatt des erſagten Hörninen-Rahts ſchon den 25. Maji, als dieſer Raht immittleſt das gemein Gut ausgelähret, und noch 20000. Gulden auf die Stadt entlehnet, wieder abgeſtellt worden: und die vorige Regierungs-Form wieder eingeführet worden, immittleſt aber auch bey 8000. Unterthanen auf das falſche Vorgeben, als wann durch des Waldmans Practiken fremdes Volk in das Land kommen werde; und aus ſonſtigem Widerwillen ſich vor die Stadt gelaſſen, nach des Waldmans Hinrichtung und aus ſeinen Mitteln erhaltenen 12000. Gulden wieder ab- und nach Haus gezogen, und obgleich noch einige unruhige auf der Landſchaft und in der Stadt ſich zeigen wollen, iſt einer darvon in der Stadt hingerichtet, und ſind auch die Landleuth geſtillet worden, es iſt auch für die Eydgenöſſiſchen Geſandten zu Beſcheinung der Dankbarkeit für ihre in dieſem Handel vielfaltig angewendete Bemühung auf dem Linden-Hof ein offentliche Gaſterey, bey deren auch gegen 2000. Burger und Landleuthe anweſend geweſen: angeſtellt und gehalten worden.

An. 1515. verurſachete der groſſe und ungewöhnliche Verluſt in der Schlacht bey Marignano einen groſſen Unwillen und vielen Verdacht gegen einige wegen empfangnen Gelts ꝛc. ſo daß aus der Landſchaft Zürich ſonderlich aber ab dem Zürich See bey 6000. für die Stadt gefallen, und, da ſie durch den zu gleicher Zeit in der Stadt geweſenen Biſchof von Coſtanz und die beyde Burger-Meiſter nicht nach Haus verleithet werden mögen; in die Stadt gelaſſen, und verſchiedene in Verhaft genohmen werden müſſen, deren Verhör auch einige aus ihnen nebſt einigen Verordneten von dem Raht beygewohnt, nachdem aber die meiſten derſelben Unſchuld ſich gezeiget, ſind ſelbige des Verhafts wieder erlaſſen, und nur

nur drey entwichene für meineydig erklähret, die Landleuth aber nach Empfang 5000. Pfund an ihre Kösten wieder heimgefertiget worden; und da auch viele derselben sonderbar junge der verburgerten Krämern feil gehabte Lebkuchen, Bymenzelten genannt, ohne Bezahlung aufgeessen, ward dieser Anlaas hernach auch der Bymenzelten Krieg geheissen: An. 1523. machte die Stadt Zürich die wegen des von dem Johanniter-Ordens-Commanthüren abgesetzten Evangelischen Predigers Luty, gegen selbigen empörte Herrschafts-Angehörige von Wädenschweil nach Besatzung dortigen Schlosses demselben wieder gehorsam: A. 1525. erzeigten sich auf der Landschaft der Stadt Zürich bey denen Angehörigen und Unterthanen, allem Anschein nach aus denen damahls entstandenen wiedertäuferischen Irrthümmern, (darvon unter dem Articul: Wiedertäufer rc. nachzusehen) gleich in benachbarten und und andern Deutschen Landen viele Bewegungen und Unruhen in Verweigerung der Abstattung der Leibeigenschafts-Fällen, Zoll und Umgelten, Lehen, kleinen Zehenden und andern Gefällen rc. und zwahren nicht nur in der Herrschaft Eglisau wegen nicht gestatteten freyen Fischens zu Rheinfelden, da die Unruhige auch einen Oberkeitlich an sie geschickten Verordneten verwundet; sondern auch in der Herrschaft Grüningen, da sich in 1200. versammlet und in dem Kloster Rüty und dem Ritter-Haus Bubiken viele freffentliche Muthwillen ausgeübet; auch von selbigen und vielen aus der Ober- und Landvogteyen Kyburg, Andelfingen, Eglisau, Neu-Amt, Bülach, Rümlingen rc. der Oberkeit verschiedene Beschwerds-Articul vorgelegt, und unerachtet ein begründter Bericht hierüber in diesern Vogteyen verlesen worden, dennoch unlang darnach 4000. von solchen unruhigen sich zu Tös versammlet, durch einige Oberkeitlich dahin verordnete aber fürsichtig zur Ruh und Gehorsame verleithet, und nur einer der Süstrunk genannt; als der ärgste darunter hingerichtet, annebst damahls auch ein in dem Frey-Amt angebahnete dergleichen Unruhe gestillet und abgehalten worden. An. 1531. hat der Verlurst zu Cappel auf der Landschaft Zürich einige unruhige Köpf erwecket, welche durch ausgeschickte ein Zusammenkunft von vielen Landleuthen zu Meilen an dem Zürich-See zuwegen gebracht, ab welcher sie der Oberkeit verschiedene Beschwehrd ein vortragen lassen, auch einiger Abstellung erhalten, und dardurch sich wieder zur Ruh begeben: A. 1599. ward ein Kriegs-Steur zu Stadt und Land angelegt, darwider sich aber einige Unterthanen aus der Landvogtey Grüningen und an dem Zürich-See setzen wollen, als aber ein Rädleinsführer aus der ersagten Landvogtey mit dem Schweet hingerichtet worden, und man den andern die Nothwendigkeit derselben freundlich vorgestellt, haben sie sich ohne weiters darzu bequemet: A. 1645. da einige Unterthanen in dem sogenannten obern Amt der Landvogtey Kyburg aus unbegründet befundnen Beschwehrden sich gegen die Oberkeit aufgelassen, sind dieselbe durch Abstraffung zweyer der fehlbarsten an Ehr und Gut, und noch verschiedner andern an Gelt wieder gestillet worden, und da gleich in dem folgenden Jahr die meiste Angehörige aus den Landvogteyen Wädenschweil und Knonau, auch einige aus der obern Vogtey Knonau sich einer auf Stadt und Land angelegten ganz leidentlichen und benahen von den Burgern in der Stadt, und der meisten Landschaft abgeführten jährlichen Gut-Steur eines Guldens von 1000. so widersetzt, daß sie nicht nur Wachten ausgestellt, sich mit grossen Brüglen versehen, auch bey 200. für das Kloster Cappel gezogen, sondern auch durch angewendete gütliche Mittel nicht zur Gehorsamme gebracht werden mögen; ist solches durch einen Ueberzug von einer starken Mannschaft sonderlich gegen die erstere in der Landvogtey Wädenschweil, durch Hinrichtung 5. der fehlbarsten aus dieser, und 3. aus der Landvogtey Knonau, und durch andere Anstalten und Abstraffungen an Ehr und Gut, auch durch sonderliche Begnadigung der Getreuverbliebnen mit dem Burger-Recht, Gnaden-Pfenningen ꝛc. erzählet worden.

Ueber obbemerkte bey verschiednen Kriegs-Anlässen andern geleistete Beyhilf hat die Stadt Zürich auch bey vielen auswärtigen entstandnen Streitigkeiten das ihrige theils allein, theils mit andern zu güt- oder rechtlichen Austragen derselben öfters mit aber auch etwann ohne Würkung beygetragen, als von
An.

A. 1311. bis A. 1313. in dem zwischend dem Land Schweitz und der Stift Einsidlen lang gedaurten Streit, A. 1414. bis A. 1419. in der zwischend dem Bischof von Sitten und den Landleuthen von Wallis auch entstandnen schweren Mißhelligkeit, und A. 1456. in einem zwischend der Stadt Bern und dem Bischthum Basel gewalteten Streit: An. 1474. hat die Stadt Zürich die Städte Waldshut, Lauffenburg, Neuenburg und Villingen mit der Stadt Rapperschweil, wegen einigen gehabten Streitigkeiten verglichen, An. 1532. hat die Stadt Zürich nebst des Stifts St. Gallen übrigen Schirm-Orten, auch der Stadt Bern und dem Land Appenzell, zwischend dem wieder in das Land eingesetzten Abt und der Stadt St. Gallen, auch nebend den VII. alten Städt und Orten der Eydgenoßschaft zwischend demselben und seinen Gotts Hausleuthen Verträge errichten, auch zu Beruhigung der von An. 1560. bis 1564. unter den Landleuthen beyder Religionen in dem Land Glarus gewalteten Streitigkeiten alles mögliche beyzutragen geholfen: auch A. 1586. ward von der Stadt Zürich nebst andern Eydgenößischen Städt und Orten an der gütlichen Beruhigung der Burgerlichen Unruhen in der Stadt Müllhausen gearbeitet, aber ohne Frucht bis da Gewalt angewendet werden müssen: A. 1588. hat die Stadt Zürich auch ihre Gesandtschaft bey einem zwischend den Landleuthen beyder Religionen in dem Land Appenzell gemachten Verglich, und A. 1597. auch bey der unter ihnen errichtete Land-Theilung: und in diesem letztern Jahr schickte sie nebst der Stadt Bern Gesandte an Kayser Rudolphum nach Prag zu Trost der Stadt Müllhausen wegen an sie begehrte Türken-Steur, auch nebst einigen andern A. 1598. Gesandte zu Beylegung des zwischend dem Land Appenzell Ausser-Rooden und dem Stift St. Gallen wegen der Collaturen entstandnen Streits: auch wendete die Stadt Zürich von An. 1599. bis A. 1608. viele Mühe an zu Berichtigung der zwischend der Stadt Bern, dem Bischof von Basel, und der Stadt Biel wegen der zwischend den erstern der letztern halber vorgenohmenen Kauf-Handlung entstandnen Mißhelligkeiten: An. 1603. bis A. 1607. halfe sie die in Graubündten entstandnen Unruhen stillen: An. 1610. ward von Zürich und gemeine Eydgenoſſen an den Herzog von Savoy ein Geſandſchaft wegen denen mit den Städten Bern und Genf gehabten Streitigkeiten, und A. 1614. wiederum wegen einigen in Arreſt genohmenen St. Galliſcher Kaufleuthen geſchickt: A. 1617. ward von Zürich nebſt andern Städten und Orten der zwiſchend dem Stift St. Gallen und dem Land Toggenburg wegen eines Tauf-Steins zum Wildenhaus entſtandene Span verglichen: A. 1621. ſchickte die Stadt Zürich nebſt andern Eydgenöſſiſchen Städt und Orten zu Beruhigung der Graubündneriſchen innerlichen und äuſſerlichen Unruhen Geſandte an den Königlich-Spaniſchen Gubernatoren von Meyland, und A. 1622. an König Ludovicum XIII. von Frankreich, und an Erz-Herzog Leopold von Oeſterreich, auch im gleichen Jahr auf die deswegen mit den Kayſerlichen und Oeſterreichiſchen Geſandten zu Lindau angeſtellte Zuſammenkunft: An. 1633. halfe dieſelbe nebſt anderen Städt und Orten die Städte Bern und Solothurn, wegen in der letztern Gebiet mißhandleten Berneriſchen Mannſchaft wieder vergleichen, und A. 1638. den zwiſchend den Landleuten beyder Religionen des Lands Glarus wegen Bevogtigung der Vogteyen Werdenberg, Uznacht und Gaſter gewalteten Streit vertragen, auch A. 1641. ein unter einigen Berneriſchen Unterthanen zu Thun, im Emmenthal, Argäu ꝛc. wegen einer Gut-Steur erfolgten Aufſtand ſtillen, und A. 1643. die in dem X. Gerichten Bund entſtandne Mißhelligkeiten entſcheiden, und An. 1683. die in dem Land Glarus unter beyden Religions-Genoſſen entſtandne Streitigkeiten vergleichen: ſo halfen auch A. 1697. Züriſche Geſandte die zwiſchen dem Stift und der Stadt S. Gallen wegen den Proceſſionen entſtandene Streitigkeit beylegen, A. 1700. iſt durch Zürich und Berneriſche Geſandte, die zwiſchen der Stadt Chur und übrigen Gemeinden des Gotts-Hauſes-Bund gewaltete Mißhelligkeit, und A. 1702. durch Züriſche und anderer Städt und Orten Geſandte der zwiſchen der Stadt und Amt Zug gewaltete Span vertragen, und A. 1704. die Burgerliche Unruhen in der Stadt Genf geſtillet worden: es bemühete ſich auch die Stadt Zürich nebſt andern Eydgenöſſiſchen Städt und Orten A. 1717. die zwiſchend der Stadt Schafhauſen, und ihren Unterthanen von Wilchingen, A. 1719. die

zwiſchend

zwischend dem Land Glarus und ihren Unterthanen von Werdenberg, A. 1728. die zwischend dem Obern und X. Gerichten Bund gegen dem Gotts-Haus-Bund, A. 1732. die in dem Land Appenzell Ausser-Rooden, und A. 1738. die in der Stadt Genf von neuem unter dem Raht und Burgerschaft entstandnen Streitigkeit und Unruhen beyzulegen und zustillen: was für Bemühung die Stadt Zürich nebst anderen Städt und Orten und meistens nebst der Stadt Bern, von A. 1704. bis A. 1759. zu Beruhigung der zwischend dem Stift St. Gallen und der Landschaft Toggenburg gewalteten Mißhelligkeiten, vor und nach dem A. 1712. deswegen entstandnen Krieg angewendet: ist unter dem Articul St. Gallischen Stift: in dem VIII. Tom. pag. 101. seq. und dem Articul Toggenburg in dem XVIII. Tom. pag. 210. weitläufig zu finden.

Auch noch andere Mißhellig-und Streitigkeiten bekame die Stadt Zürich mit verschiednen Herrn, Städten auch anderen Eydgenossen, welche aber ohne Feindthätlichkeiten recht- oder gütlich oder sonst beygelegt worden, und zwahren A. 1291. und 1293. mit den Herzogen von Oesterreich, wegen beydseitigen Beschädigungen, A. 1295. mit Gerung von Kempten, An. 1297. mit Burkhard von Liebegg und A. 1298. mit Freyherr Conrad von Thengen, auch wegen Beschädigungen An. 1313. mit dem Land Schweiz, wegen einigen von einer zwischend diesem Land und dem Stift Einsiedlen vorgehabten Friedens-Handlung aufgelaufnen Kösten ꝛc. A. 1319. mit Freyherr Ulrich von Heüwen wegen etlicher Gesangner, A. 1332. mit der Stadt Colmar, A. 1337. mit des zu Grynau erschlagnen Graf Hans von Habsburg Kindern, und denen von Zürich verwiesnen Rähten, und A. 1340. von neuem mit diesern; An. 1342. mit der Stadt Schafhausen wegen verschiednen Mißhelligkeiten, A. 1409. mit denen von Regensperg A. 1412. mit Graf Wilhelm von Montfort und Bregenz auf Koburg wegen Gefangennehmung ihres Burgers Hermanns von Hinweil A. 1414. mit dem Marggrafen von Baden wegen etlichen ihren Verburgerten verspehrten Guts, auch mit der Herrschaft Oesterreich wegen Beschädigung einiger Burgern, An. 1425. mit der

Stadt

Stadt Costanz wegen einigen unguten Reden, auch nebst den meisten andern Eydgenossen mit der Stadt Lucern wegen den Freyen-Aemtern, A. 1429. mit der Stadt Bremgarten wegen des Keller-Amts, A. 1430. mit der Stadt Zug wegen den Gerichten von Steinhausen, A. 1435. mit der Stadt Strasburg wegen einigen beschädigten Burgern, A. 1456. nebst den übrigen Eydgenossen mit Graf Alwig von Sulz und seiner Mutter, welchen von selbigen und anderen Hegäuischen Edelleuthen gefangen genohmnen Strasburgern: An. 1458. mit der Stadt Costanz wegen einiger Schmäh-Reden über ein Eydgenößische Münz, A. 1462. nebend einigen Eydgenößischen Städt und Orten mit ein andern wegen Wallenstadt, Nydberg und Freudenberg in dem Sargansischen: A. 1473. wurden etliche Eydgenößische Kaufleuth, und darunter auch von Zürich in ihrer Reis nach Frankfurt, von einigen Elsasischen Edelleuthen angehalten, beraubet, und zu Schuttern gefangen gesetzt, allwo sie aber von der Stadt Strasburg ohne weitere Thätlichkeiten wieder erlediget worden: A. 1482. entstuhnden zwischend denen Städten Zürich und Strasburg, wegen des aus der letztern Stadt gebürtigen und von der erstern zu Burger angenohmnen Richards von Hohenburg, von der Stadt Strasburg verlangten, und von der Stadt Zürich unterstützten, aber von der Stadt Strasburg verweigerten Weibs- und derselben Erb-Gut ein so ernstliche Mißhelligkeit, daß die Stadt Zürich ihre Mannschaft aufmahnen, und auch die Eydgenößische Hilf ansuchen lassen, welche letztere aber sie von Thätlichkeit abhalten, und sie mit der Stadt Strasburg wieder befriedigen mögen: An. 1501. ward die zwischend der Stadt Zürich und denen übrigen Baden regierenden Orten wegen des Zolls zu Kloten gewaltete Streitigkeit durch Aufhebung desselben unter gewissen Bedingen verglichen: Die An. 1524. wegen eines von dem Landvogt des Thurgäus weggenohmnen Evangelischen Predigers auf der Burg bey Stein am Rhein, und daraus erfolgten Abbrennung der Carthaus Ittingen, auch Gefangensetzung und Hinrichtung einiger des Geschlechts Wirt rc. zwischend der Stadt Zürich und den übrigen an der Landvogtey Thurgäu Malefiz Theilhabenden Städt und Orten entstandnen Streitigkeiten leiten (darvon auch unter den Articuln: Ittingen und Wirt, nachzusehen:) sind so eyfrig gegen einandern getrieben worden: daß es bald zu Thätlichkeiten kommen wäre, wann nicht durch von beyden Theilen erwehlte Richter und Obmann mit Zuthun einiger unpartheyischer Mittlern ein gütlicher beydseitig angenohmener Verglich erfolget wäre: A. 1528. entstuhnde zwischend der Stadt Zürich und dem Land Schweitz wegen des Administratoris von Einsidlen, Freyherr von Geroldsegg angenohmen Aufenthalts in der erstern und von dem letstern Land desselben verlangten Zuruckkunft ein heftige Streitigkeit, welche aber gütlich beygelegt worden; und An. 1532. machten einige in einem von der Stadt Zürich wider die Maß ausgegebnen Mandat denen V. ersten Catholischen Städt und Orten anstößigen Ausdruck, zwischend denselben ein grosse Widrigkeit, welche aber gütlich aufgehebt worden: A. 1584. ward auch zwischend den Städten Zürich und Bern und den V. ersten Catholischen Städt und Orten wegen Einführung des neuen von Pabst Gregorio XIII. abgeänderten Calenders in den gemeinen Herrschaften ein Vertrag vermittlet: es warden auch gütlich vertragen A. 1610. die bey Anlaas einer zwischend einem von Beroldingen und etlichen Persohnen aus der Zürichischen Landvogtey Kyburg entstandner Zerwürfnus zu Gachnang in dem Thurgäu vorgegangene Beschädigungen und Thätlichkeiten, A. 1613. der zwischend der Stadt Zürich und dem Stift Rheinau wegen des Gebrauchs der obern Kirchen zu Rheinau erwachsene Streit, An. 1616. der der Stadt Zürich von den V. erstern des Thurgäu regierenden Städt und Ort streitig gemachte Kauf der Herrschaften Weinfelden und Pfyn in dem Thurgäu, An. 1632. und 1637. die zwischend der Stadt Zürich und dem Bischof von Costanz und Stift St. Gallen, wegen der Beurtheilung der Ehegerichtlichen Streit-Sachen in dem Thurgäu, und der Pfarr-Sätzen der meisten Evangelischen Pfrunden in dem Rheinthal ernstlich gewaltete Streitigkeit, A. 1643. die zwischend des Thurgäu regierenden Städt und Orten wegen Erbauung einer Evangelischen Kirch in der Stadt Frauenfeld, und A. 1651. wegen der von der Evangelischen Gemeind Utweilen zu Verweiterung dortiger Kirch weggeschlissnen alten Ca-

O o   vell

pell und wegen Setzung eines Altars in die Kirch von Lustorf entstandene weit ausgesehene Mißhelligkeiten: A. 1652. warden zwischend der Stadt Zürich, und den Ländern Schweitz und Glarus die streitig gewesene Marken zwischend der Landvogteyen Sax und der Gemeind Gambs gütlich gesetzt: A. 1656. und 1659. ward die von Seiten Oesterreich verlangte Wiederlösung des von der Stadt Stein am Rhein besessenen Dorfs Ramsen durch Gesandtschaft an Erz-Herzog Ferdinand Carolum von Oesterreich nach Jnspurg abgehalten: A. 1662. ward der zwischend der Stadt Zürich und Bern und den Catholischen Baden regierenden Städt- und Orten wegen des Kirchen-Bau von Tägerfelden, und An. 1663. zwischend der Stadt Zürich und denen das Thurgäu regierenden Catholischen Städt- und Orten wegen Wegführung eines von der Evangelischen Religion abgetrettenen Burgers von Frauenfeld Kindern gewaltete Span gütlich gehoben: auch ward A. 1664. die wegen durch einige an dem Pfingst-Fest durch das Thurgäu geführte Spanische Angeworbne beunruhigten Evangelischen Gottesdienst aufgebrachte Gemeind Wigoltingen gegen selbige ausgeübte Thätlichkeiten zwischend der Stadt Zürich, und denen des Thurgäu regierenden Catholischen Städt- und Orten bis zu beyderseitiger gegen einandern gemachten feindlichen Anstalten angewachsene Streitigkeit, und A. 1695. auch zwischend den Sargans regierenden Städt- und Orten wegen Einführung des Catholischen Gottesdienst in der Kirch Wartau entstandene auch gefährlich ausgesehene Span, wie auch A. 1728. der zwischend den Städten Zürich und Bern, und dem Bischofen von Costanz wegen verschiednen Angelegenheiten der Burgern von Arbon und Bischofszell gewaltete Mißverstand gütlich verglichen.

Es hatte auch die Stadt Zürich die Ehr einige Kayser, theils einige Zeit aufzuhalten, theils im Durchreisen zu sehen, und solle Kayser Carolus M. in dem IX. Seculo etwas Zeit darinnen sich aufgehalten haben, welches auch einige von seinem Sohn Ludovico I. Pio vorgeben: weiters findet sich, daß auch zu Zürich gewesen Arnolphus zu End des IX. Seculi, Otto M. A. 952. Henricus II. An. 1004. und 1018. Conradus II.

An.

A. 1025. und 1032. Henricus III. A. 1045. 1048. 1050. 1052. 1054. und 1055. da auch sein 5. jähriger Sohn Henricus mit Bertha, Margaraf Ottonis auch einem Kind vermählet worden: Henricus A. 1227. Rudolphus I. A. 1274. Albertus I. A. 1300. Henricus VII. A. 1310. Carolus IV. A. 1353. und 1354. Sigismundus A. 1417. 1418. und 1433. auch Fridericus A. 1442. so soll auch Pabst Benedictus VIII. A. 1018. durch Zürich gereiset seyn, und haben sich auch nebend andern vielen vornehmen Persohnen, sonderlich auch Churfürst Johann Georgius III. von Sachsen An 1690. der Chur-Pfälzische Erb-Prinz Carolus A. 1670. der Erb-Prinz von Hessen-Cassel An. 1695. in der Stadt Zürich eingefunden, und viele Ehren-Bezeugungen empfangen.

Es war auch die Stadt Zürich, nach des im XII. Seculo gelebten Ottonis Bischofs von Freysingen Bericht in seiner *Chronic lib. I. c.* 8. von den Kaysern geordnet, daß, wann die Meyländer vor denselben hieher des Gebirgs zum Rechten beruffen worden, solches in der Stadt Zürich geschehen und sie in derselben beurtheilet werden sollen.

Auch schickte die Stadt Zürich auf des Kaysers Sigismundi Abholung der Kayserl. Cron zu Rom, A. 1433. nach seinem Verlangen 4. Gesandte mit 12. Pferden ihme zu Ehren dahin, welche er auch gnädig empfangen, und zu Rittern geschlagen, auch solle, nach einiger Bericht, der Kayser, da er auf einem Gerüst in Kayserlichem Thron vielen Fürsten und Herrn die Lehen verliehen, den ersten Gesandten Burgermeister Stüßi auf dessen ersehen, bey der Hand auch darauf, und hernach auch zu dem auf einem gleichen Gerüst gesessenen Pabst geführt haben. Tschudi Chron. Helv. *ad dict. ann.*

Es solle auch nach dem alten Thurnier-Buch An. 1165. von dem damahligen Reichs- und Kasten-Vogt Herzog Welfen von Bayern und Spoleto in der Stadt Zürich in der Wochen nach Andreas-Tag ein Thurnier und Ritter-Spiel angestellet und gehalten worden seyn, und auf selbigem sich verschiedene andere Herzogen, Marggrafen bey 14. Fürsten 91. Grafen und ein grosse Anzahl Freyherrn, Ritter und Edelknechten eingefunden haben, und wollen einige aus dem Namen des in der kleinen Stadt befindlichen Rennwegs muthmassen, daß selbiger auf dortigen Platz vorgegangen seyn möchte.

In der Stadt Zürich wurden auch zu verschiednen Zeiten Faßnacht-Kurzweilen, sogenannte Gesellen- und Frey-Schiessend und dergleichen Lustbarkeiten angestellt, auf welchen sich auch viel von benachbarte und sonderlich Eyd- und Bundsgenossen eingefunden, und sollen auf einem solchen An. 1405. vom 11. Aug. bis den 21. Sept. gehaltnen Schiessend 450. Büchsen und 236. Bogen-Schützen zugegen gewesen seyn; An. 1447. ward nach geendigten Zürich-Krieg von den Eydgenossen ein Faßnacht-Kurzweil in der Stadt Zürich angestellt, und sollen sich bey 1500. darbey eingefunden haben, während derselben aber einige den Chorherr D. Felix Hämmerli gefangen genommen, und nach Costanz gebracht, und andere den Grosweibel Asper, der sich in dem Krieg dapfer bezeiget, bald ab dem Rahthaus in den See zu werfen unterstanden haben, aber davon abgehalten worden seyn. An. 1465. ward ein Gesellen-Schiessend mit den Armbrusten ausgeschrieben und besucht, Anno 1483. warden zu Bezeugung Eydgenößischer Freundschaft die Landleuth von Uri und Unterwalden, und A. 1488. die von Schweitz und Zug auf Faßnacht-Kurzweilen eingeladen, welche dann in beyden malen in 200. stark erschienen, und während ihrem Aufenthalt gastfrey gehalten worden, und sollen bey dem letztern Anlas bey 6000. Mann in der Stadt gezellt worden seyn: A. 1504. ward ein Frey-Schiessend für heimsche und fremde ausgeschrieben, und waren der Büchsen-Schützen bey 400. und der Bogenschützen bey 236. auch An. 1549. kamen von den meisten Eydgenößischen Städt und Orten ein starke Anzahl Schützen auf einen gleichen Anlas, auch in folgenden Zeiten sind auch etwann Frey-Schiessend angestellt worden, ohne jedoch daß solche so zahlreich besucht worden: es haben aber auch bey andern Ynlässen der Stadt Zürich freund Eydgenößische Besuch abgestattet sonderlich Verburgerte der Stadt Bern

Zürich.

Bern und zwahren sonderlich bey den Aufritten Bernerischer Landvögten nach Baden aus derselben Begleith, und zwahren A. 1583. in 120. A. 1615. in 80. A. 1631. in 100. und An. 1647. noch bald so viel Mann; welchen man alle Eydgenössische Ehr, Liebe und Freundschaft während ihrem Aufenthalt erwiesen. Dergleichen Besuch haben auch Verburgerte von Zürich in mindern oder mehrern Anzahl vorgenommen, und zwahren der Stadt Strasburg A. 1456. auf einem Bogen-Schiessend, da sie ein in einem ehrenen Hafen zu Zürich gekochten heissen Hirs in einem Schiff zu Abend noch warm dahin gebracht, auch A. 1576. auf ein Frey-Schiessend, da 265. Armbrust- und Büchsen-Schützen von Zürich und Winterthur dahin gefahren: An. 1487. zoge Burgermeister Roüst, der Probst und einige Chorherrn, auch andere Standes- und Ehren-Persohnen in 80. zu Pferd und 130. zu Fuß auf ein Kirchweyh nach Url, An. 1502. viele Burger auf ein Faßnacht nach Basel, A. 1584. ritten auf Einladen der Stadt Bern 249. Persohnen dahin, A. 1605. ein zimliche Anzahl auf ein Gesellen-Schiessen nach Basel, und A. 1615. auf ein Bogen-Schiessen nach Schafhausen, und genossen bey allen solchen Anlässen viele Freundschaft und Ehr-Bezeugungen.

Hingegen hat auch diese Stadt viele Unfäll und Unglück erlitten, gleich dann von denen von andern erlittnen Feindthätlichkeiten und Belagerungen das mehrere zuvor bey Vorstellung der Kriegs-Handlungen angebracht worden und zufinden; Brand-Schäden sind die beträchtigsten der Anno 1280. da von eines abgestraften Burgers genannt Wakerbolds angezündeten Haus an dem Ort, wo dermahlen der Marstal stehet, bis zu dem sogenannten Schweinbogen oben an der Schneider- oder Geiger-Gaß ein grosser Theil der Stadt abgebrunnen; der A. 1313 da in der kleinen Stadt der ganze Rennweg und bis an die untere Brugg hinein alles abgebrannt, und der A. 1469. da in Gassen auch in der kleinen Stadt ein Brand entstanden und 24. Häuser verbrunnen: auch durch Stral Streich ist sonderheitlich A. 1572. der Glocken-Thurn bey dem Grossen-Münster bis auf das Maurwerk abgebrannt, und den 10. Jun. A. 1652. der mit Pulver angefüllt gewesene sogenannte Geis-Thurn in die Luft gesprengt, und dardurch die nächsten Häuser stark beschädiget 8. Persohnen getödet und 32. verwundet worden, auch den 21. Augstm. A. 1763. vorbemelter Glocken-Thurn wieder aus gleicher Verhengnus sowelt abgebrannt.

Auch durch die Pest-Seuchen sind in der Stadt Zürich zu verschiednen Zeiten viel Persohnen weggeraffet worden, als A. 1125. ein grosse Anzahl, A. 1401. wiederum, A. 1434. über 3000. A. 1439. wiederum soviel, auch A. 1445. 1450. 1482. viele, A. 1519. bey 2500. A. 1541. so viele, daß man ein neue Begräbnuß bey den Predigern aufgerichtet; auch sind A. 1564. 3700. A. 1575. bey 1200. an der gleichen Seuchen geblieben, dergleichen auch A. 1582. 1594. 1596. gespühret worden, und in dem letsten Jahr von Kirchgenößigen in der Stadt 800. und A. 1611. in 7000. und A. 1628. in der Stadt und Landschaft Zürich über 7000. um das Leben kommen, auch A. 1635. hat ein solche Seuch sonderlich so viel Geistliche hingenohmen, daß man bald die Pfarren nicht mehr bestellen können, sondern durch Studenten versehen lassen müssen; da annebend auch von Zeit zu Zeiten durch an den Ruhren und Krankheiten viel Menschen zu dem Tod beförderet worden.

Es sind auch öftere Erd-Erschütterungen in der Stadt gespühret worden, jedoch ohne sondern Schaden, ausert daß A. 1534. alle Häuser erschütteret, und A. 1601. viel Camin und halbe Tach-Stübl eingeworfen, und auch an einigen Thürnen Spälte gemacht worden; der etwan von Hagel, Kälte, Frost, Wasser-Güssen, Miswachs zc. entstandne Schaden nun nicht zugedenken.

Es gehört auch noch aus den Geschichten der Stadt Zürich anzumerken, daß schon anfangs des XIV. Seculi Juden in der Stadt Zürich und zwahren meistens in der jetz sogenannten Brunn-Gassen sich aufgehalten, und auch ein Schul oder Synagog gehabt haben müssen, weilen A. 1349. da man in dem Wolfbach ein todtes Burger-Kind gefunden, und

und desselben Mord auf einige Juden herauskommen, und auf alle Juden auch anderer Orten ein Verdacht von Vergiftung der Brunnen gewaltet, die an dem Mord Antheil gehabt: verbrennt, und die andere aus der Stadt verwiesen worden; doch müssen sie unlang hernach wieder Aufenthalt in der Stadt bekommen haben, zumahlen Bischof Henricus von Costanz auch nach dem Verlangen des Rahts A. 1383. den Juden ein Schul und Synagog zu errichten, und auch ein Begräbnus-Ort anzulegen, auch Kayser Wenceslaus A. 1392. und 1400. der Stadt dieselbige in der Stadt zu behalten bewilliget; es warden aber A. 1401. wieder alle oder nach andern viele derselben wieder wegen wiedermahligen Verdacht von Vergiftung aus der Stadt getrieben, Kayser Sigismundus aber hat A. 1425. wiederum 10. bis 12. darein aufzunehmen erlaubt, seither aber ist selbigen kein Aufenthalt mehr gestattet worden.

Die Gelegenheit der Stadt Zürich und viele Kommlichkeit von der Zufuhr und Abfuhr der Waaren sonderlich über den See und hernach durch die Limat, Rhein rc. und andere Fuhrwerk; aus und in Italien, Frankreich, Deutschland Niederland rc. hatte schon von ältesten Zeiten den Anlaas zu einer namhaften Kaufmännischen Handlung darin gegeben, so daß auch A. 1240. unter die Beschwehrden des Päbstlichen Banns gezellet worden, daß dardurch der Seiden-Gewerb, Leinwatt und Tuch-Handel von dorten nach Como in das Meyländische verlegt worden: doch warden unlang darnach solche wieder in der Stadt hergestellt, so daß schon A. 1336. ein Ordnung wegen Verschickung der Seiden-Waaren in Pohlen, Schwaben und andere Lande gemacht worden, auch solche in allerhand Gattung Waaren gedufnet, und A. 1520. ein General-Handlungs-Compagnie errichtet worden, welche aber nicht lang gewähret, die Handlung in Seiden, Wullen, Baumwullen rc. aber seither so stark angewachsen, daß die Stadt für eine der namhaftesten Handel-Städten geachtet werden kan. Auch ist noch anzufügen, daß die Stadt Zürich Bedenken getragen den von Pabst Gregorio XIII. An. 1581. abgeänderten Calender anzunehmen, A. 1701. aber den

sonst

sonst verbesserten Calender angenohmen, und in ihren Landen eingeführet

Dieser Stadt Regiment bestehet aus den kleinen und grossen Rähten, deren der ersten 50. und der anderen 162. nach der Eintheilung der unten vorkommenden Constafel und 12. Zünften, also eigentlich in 212. Persohnen, danahen dieselbe auch in den offentlichen Gebotten und Verbotten, Mandaten ꝛc. den Titel gebrauchen: Wir Burger-Meister, klein und grosse Rähte, die man nennet die Zweyhundert der Stadt Zürich, wornebst sie aber auch gewöhnlich Räht und Burger genennt werden: es gehöret aber für klein und grosse Rähte zu entscheiden auf die Stadt, und die ihrigen Steuren zu legen, Land und Leuth zu kauffen, fremde Herren und Edelleut zu Burgern zu empfangen, auch Burger-Meister, Rähte, Zunft-Meister, und Zwölfer in den grossen Raht zu erwehlen und zu bestähtigen, der Stadt-Aemter und Vogteyen zu verleihen, zu den Tagleistungen zu fertigen, Münze zu machen oder zu ändern, ferners Bündnüssen aufzurichten, Krieg anzufangen und Frieden zu schliessen nach Anleitung der Fundamental-Satzungen; sonst all andere Gemein täglich zufallende Sachen die betrefen des Göttliche Wort, gemein oder sonderbare Persohnen, nichts ausgenohmen, wachsen vor den kleinen Raht, doch vorbehalten die gleich folgende sogenannte Züge von dem kleinen an den grossen Raht, und daß die kleinen Rähte je zu Zeiten die Sachen; so ihnen allein auszurichten beschwehrlich für Räht und Burger weisen thun; worbey zu beobachten, daß von dem kleinen Raht kein Appellation an den grossen Raht seye, wann man aber in dem kleinen Raht nicht einhelliger Meinung, ein jeder der Rahts-Gliedern solches Geschäft, wann er es bey seinem Eyd befindet nohtwendig zu seyn, für den grossen Raht ziehen möge, doch soll er unter den kleinen Rahts-Gliedern wenigstens zwey haben, die seiner Meinung und Urtheil gefolget, worbey jedoch die Urtheil über die Urtheil, welche von dem Stadt-Gericht vor Raht gezogen oder gewiesen werden; auch ausbedinget sind.

Der

Der kleine Raht bestehet, wie obbemeldet; aus 50. Gliedern, und zwahren aus zweyen Burger-Meistern, und 20. Rahtsherrn, und zwar 2. ab der Constafel, 12. ab jeder Zunft einen, und 6. von freyer Wahl ab allen Zünften, auch aus 4. Constafel-Herren, und 24. Zunft-Meistern ab jederer Zunft zweyen, und haben hierunter den Vorgang die beyde Burger-Meister umwechslungs-weise, nachdeme sie in dem Amt sind, sodann die Statthalter oder Oberst Zunft-Meister, auch umwechslungs-weise, wie sie die Stelle eines Oberst Zunft-Meister versehen; hernach die gewesene und würkliche Seckelmeister, und dann die gewesene und würkliche Obmänner gemeiner Aemtern, und nach selben die übrige Rahtsherrn, Constafel-Herren und Zunft-Meister ohne Unterscheid nach dem Alter ihrer Erwehlnng; und sind die gewohnte kleine Rahts-Täg und Versammlungen an dem Montag, Mittwochen und Samstag: worbey aber anzumerken, daß dieser kleine Raht des Jahrs zweymahl, namlich vor St. Johann im Sommer, und vor St. Johann im Winter vierzehen Tag mehr oder minder ohngefährlich besetzt werde, und zu jedem halben Jahr nebend einem Burger-Meister mehr nicht als 12. (darunter auch zwey Constafel-Herrn,) in den Raht, und von ein jeder der 12. Zünften auch ein Zunft-Meister erwehlet werden, und allso jährlich zweymahl 24. dem Raht schweeren, und solche eigentlich den Raht ausmachen, und die neuen Rähte genannt werden: und gehet eines neuerwehlten Burger-Meisters und der neuen Rähten und Zunft-Meisteren Amt und Gewalt an jederweilen an St. Johann Tag im Sommer und Winter um Mitternacht, wann die Glock 12. Uhr schlagt, welche aber gewöhnlich bey der ersten halbjährigen Zusammenkunft auch den in dem vorigen halben Jahr gewesenen Burger-Meister, auch gewesene Räht und Zunft-Meister (so die alten Rähte genannt werden:) jederweilen zu sich beruffen, welche sodann auch nach geleisteten Eyds Pflichten allen Rahts-Versammlungen beywohnen, und allso der kleine Raht jederweilen aus 50. Gliedern bestehet, und die alten Rähte die vorfallende Geschäfte gleich den neuen Rähten ohne einigen Unterscheid behandlen helfen, aussert daß der jeweilige neue Raht allein aus ihren Mittel

tel drey sogenannte Schlüßler, die die Schlüssel zu dem Stadt
grossen Insiegel und auch zu dem Panner verwahren: und 2.
zur Verhör der Gefangnen oder sogenannte Nachgänger verordnet, und in vorfallenden Malefiz-Fällen, wann der Proceß von
den neu und alt Rähten gemeinlich bis zu dem End-Urtheil geführt worden; solche auszusprechen von den alten Rähten den
neuen Rähten überlassen, und solche von den 24. neuen Rähten in Abstand des Burger-Meisters abgefasset wird.

Die Wahlen der kleinen Rähten geschehen, und zwahr
theils, wie gleich vorbemeldet, von 24. derselben auf St. Johann Tag im Sommer, und von 24. andern auf St. Johann Tag im Winter, theils aber nach eint-und des andern
Absterben oder Abänderung, und wird es auch darmit wieder
anderst mit den Wahlen der Burger-Meister und den sogenannten Rähten und anderst mit den Wahlen der Constafel-Herren
und Zunf-Meistern gehalten:

An denen auf vorbemeldten beyde St. Johann Tagen
vornehmenden sogenannten Regiments-Besatzungen wird des
Tags zuvor samtlichen kleinen und grossen Rähten durch die
Stadt-Bedienten bey dem Eyd auf das Rahthaus gebotten,
und an dem Wahl-Tag erstlich ein auf diesem Anlaas eigen
eingerichtetes Gebett, und hernach die diesfällige Wahl-Ordnung verlesen, und nach vorheriger Umfrag an jedes Rahts-
Glied, ob jemanden etwas, das wider diese Ordnung gehandlet worden, in wissen seye: der Wahl-Eyd einen, so einen
der wegste und beste bedunkt, zu erwehlen, von samtlich anwesenden, beschwohren; worauf der Burger-Meister oder Præses einen aus der kleinen und grossen Rahts-Versammlung,
welcher ihme beliebet, um Benamsung eines Burger-Meisters
aus den kleinen und grossen Rähten, und hernach auch um
Benamsung der zu erwehlenden Rahtsherren und zwahren deren 3. von freyer Wahl aus samtlichen grossen Rähten, und
den übrigen Rahtsherren aus den grossen Rähten von Constafel
oder der Zünften, aus welchem das vorige halbe Jahr einer
derselben

derselben gewesen anfraget und darauf des ernamseten Verwandtschaft bis in das dritte Grad der Bluts-Freundschaft und Schwä-
gerschaft und den andern Grad der Maagschaft abtretten, nach
welchem der Grosweibel von solch angefragten an der linken Seiten noch weiters einen jeden anwesenden fraget, der es auch
entweder mit dem genamseten hernach im Stimmen halten,
oder aber einen andern ernamsen und vorschlagen soll, da
auch etwann ehe der Grosweibel ein jeden der anwesenden absonderlich angefraget, insgemein die Anfrag an die samtlich
anwesende, ob jemand einen andern namsen wolle, geschiehet,
und bey jeder Namsung sogleich des genamseten Verwandte
ausstehen und abtretten; wann solche Umfrag oder Anfrag
vorbey, werden die Namen der genamseten auf so viel Löcher
in einer hohen Trucken ohne Fütterung gesetzt, und legt ein
jeder der Wehlenden unter einem Vorhang den von der Canzley ihme ausgetheilten silbernen Pfennig in eines derselben,
so ihme gefällig; allenfalls dann mehr als 4. der genamseten
sind; so nihmt der Burger-Meister oder Præses noch 2. ihme
gefällige Glieder des kleinen und einen des grossen Rahts nebst
einem von der Canzley mit sich, welche die Stimmen in geheime zehlen, und dann allein (ohne Meldung der von eint- und
andern gehabten Stimmen) durch die Canzley eröfnen lassen,
welche 4. die grösten Mehr gehabt, da dann die übrigen nebst ihrem Ausstand und Verwandtschaft auch wieder zu der Haupt-
Wahl zugelassen werden und dann über die ersagte 4. von neuem
auf gleich beschriebne Weise gemehret, die Stimmen aber dann
offentlich in der Rahts-Stuben von dem Burger-Meister oder
Præside gezellet, und dem meisthabenden zu den Stellen glück-
wünschet wird; wobey noch anzumerken, daß bey Legung der
Wahl-Pfenningen niemahlen ihrer zwey zugleich sich mit einandern unter den Umhang verfügen dörfen, dergleichen keiner dem
andern seinen Pfennig (es sey dann ihme selbigen selbst zulegen nicht möglich:) bey Verwürkung der Stimm abfordern und
geben möge, auch die Pfenning vor und nach der Wahl offentlich ob alle vorhanden, gezehlet, auch die etwann mit Papier
oder in ander Wege gezeichnete in der Wahl-Trucken gefund-
ne Pfenning nicht gezehlt werden; sodann auch daß bey hier-

bey

Zürich.

bey vorfallenden Stichen oder gleich eintreffenden Stimmen, wann kein neues Mehr vorzunehmen möglich: der erste von der Cantzley welcher nicht in dem Außstand solche zu entscheiden hat, und die Stell dem ihme beliebigen zukommen lassen kan; auch daß nicht nur die, welche nach denen, wie obbemeldet, beschwohrnen Wahl-Eyd erst in die Rahts-Versammlungen kommen; nicht zu der Wahl gelassen, auch die äussern Vögt und Amtleuth, auch die, so von der Stadt entfehrnten Land-Güthern und andern Orten sich befinden, zu solchen Wahlen weder beschickt noch kommen mögen, auch die sonst zufälliger Weise sich alsdann in der Stadt befindende ohne dessen genugsame Ursachen geben zu haben; nicht zur Wahl gelassen werden; die aber in der Stadt befindliche aber ohne Noth, Gefahr, oder vorsetzlich (darum einer die Ursachen dem Burger-Meister oder Præsidi zu eröfnen hat:) nicht ausbleiben, und die etwann wegen nahen Traur-Fällen ausbleibende auch denen denselbigen Tags oder des Tags darauf weiters vorfallenden Wahlen nicht beywohnen dörfen; es darf auch der Burger-Meister oder Præses bey seinem Eyd niemand eröfnen, wenn er um die Namsung anfragen, noch jemand ihm bey 60. Mark-Silber (150. Gulden:) Buß darum ansprechen, und ist auch der erstere solch letztern Falls bey 50. Mark-Silber (125. Gulden) Buß solches zu eröfnen pflichtig: es mag auch zu diesen Stellen bey Verlurst und Unfähigkeit der Wahl auch 60. Mark-Silber zur Buß keiner sich selbst weder mündlich noch schriftlich vor noch in dem Fall jemand um Beförderung, um die Namsung auf sich oder seiniger zum besten ansprechen, und ist auch den Eltern, Brüdern, Kindern und Verwandten ꝛc. hierinnen Empfehlungen zu thun, zumahlen alles An- und Unter-Reden, wie auch alle Verheissungen und Drohungen bey 60. Mark-Silber, alles Geschenk-Miet- und Gaben nehmen und geben, Geld oder Gelds-Werth, oder wie es sonst Namens haben mag, es seye vor oder nach der Wahl, es geschehe durch sich selbst oder mit seinem Wissen durch andere bey höchster Straf, je nach Beschaffenheit des Fehlers an Leib, Ehr und Gut verbotten.

Bey

Bey obbemerkten allen halbjährigen sogenannten Regiments-Besatzungen wird nach der Wahl des Burger-Meister und der Rähten, und darunter auch der Bestähtigung der zwey von Constafel erwehlte Constafel-Herren, auch die Bestähtigung deren auf den Zünften an dem Sontag zuvor vorgegangnen, und gleich hernach vorkommenden 12. Zunft-Meistern, und zwahren so vorgenohmen, daß bey nach vorgegangner solcher Wahl die auf jeder Zunft erwehlte Zunft-Meister den Zünften nach eröfnet, und über eine jede Wahl nach Abstand der erwehlten Verwandtschafts Ausstand von dem Burger-Meister oder Præside nach seinem Belieben einer der kleinen oder grossen Rähten angefraget, und auf sein eröfnete Bestähtigung der Wahl sodann eintweder nach des Grossweibels obbemerkte Umfrag von Persohn zu Persohn, oder aber nach der allgemeinen Einfrag, ob jemand etwas darwider vorzutragen? geschiehet, und bey keinen vorkommenden Ahndungen oder Bedenken die Bestähtigung erfolget.

Bey denen ausserordentlich durch Absterben oder Abänderung ledig werdenden 20. Rahtsherren-Stellen wird es mit der Wahl und zwahren von dem kleinen und grossen Raht völlig gleich, wie zuvor bey den Regiments-Besatzungen gehalten, ausfert daß selbige gleich des Tags nach eines abgestorbnen Ableibens (die Sonn-und Freytag ausgenohmen:) vorgenohmen, auch darzu bey dem Eyd allen klein und groß Rahts-Gliedern verkündet wird, zu den ledig worden Rahts-Stellen ab der Constafel aber niemand als einer aus den 18. des grossen Rahts derselben, und ab einer Zunft niemand als einer aus den 12. des grossen Rahts, zu den 6. sogenannten Freyen-Rahts-Stellen aber alle Glieder des grossen Rahts von Constafel und Zünften genamset, und durch das Mehr erwehlet werden mögen, und es auch hierbey an einem Burger-Meister stehet, aus der ganzen kleinen und grossen Rahts-Versammlung, welchen ihme beliebig; um die Namsung eines andern anzufragen: und leistet der erwehlte sogleich seinen Pflicht-Eyd in selbiger Versammlung.

Es wird bald ein gleiche Wahl-Ordnung beobachtet auf der Constafel und den Zünften bey denen Wahlen der Constafel-Herren und Zunft-Meistern, so wohl an den Sonntagen vor den obbemeldten Regiments-Besatzungen, als auch auf Absterben oder Abänderung eines Constafel-Herren und Zunft-Meisters, auffert daß bey beyden Anlässen jederweilen der in dem Amt sich befindende Constafel-Herr oder Zunft-Meister nach Belieben anfraget, und nach der ersten Ramsung nicht von einem Zunftgenossen zu dem andern umgefraget, sondern von dem Zunft-Meister oder Præside in den gemeinen Hauffen ob jemand einen andern namsen wolle oder nicht, gefraget, und dann von jedem nach gutbefinden ein anderer genamset, auch nach Abstand der genamseten Verwandten nicht zuerst Vierer sondern aus allen genamseten sogleich einer erwehlet wird, der vorfallende Stich in gleich eintreffenden Stimmen aber zum Entscheid wie auch alle Wahlen zur Bestähtigung an klein und grossen Rähten gebracht auch solche Wahlen auf allfälliges Ableiben eines Constafel-Herrn oder Zunft-Meisters an dem Tag darnach, und zwahren auch an Sonntagen und Freytagen vorgenohmen, zu solchen Wahlen alle Constafel- und Zunftgenossen, Geist- und Weltlichen-Standes (die allein so das Allmosen selbst geniessen, oder ihr Weib und Kinder so bey ihnen sind empfangen, ausgeschlossen) bey dem Eyd zusammen beruffen werden, und mögen die Constafel-Herren entweder aus der Adelichen Gesellschaft, oder aus der Constafel, aus welchen der Abgestorbne gewesen, und die Zunft-Meister aus allen weltlichen Zunftgenossen ohne Unterscheid, ob sie des grossen Rahts seyen oder nicht, auch auf den sogenannten gespaltnen Zünften zu Schmiden und Weggen aus beyden Theilen als der Schmiden und Schärern, und Pfistern und Müllern erwehlet werden, doch so daß wann der erwehlte Zunft-Meister bey den Schärern oder Müllern einverleibet gewesen wäre, er sich bey den Schmiden oder Pfistern einverleiben muß: es kommen auch alle auf der Constafel und Zünften vorgenohmnen Constafel-Herren- und Zunft-Meister-Wahlen zur Bestähtigung an den kleinen und grossen Rabt, und leistet der bestähtigte sogleich auch vor selbigem den Pflicht-Eyd.

Es

Zürich.

Es ist auch noch anzumerken, daß bis A. 1636. die Rahtsherren, Constafel-Herren und Zunft-Meister nicht gleich nach Absterben, sondern nur an den beyden obbemeldten St. Johannes Tagen im Sommer und Winter, und erst seit dieser Zeit nach dem Absterben erwehlet worden, und daß solches in Ansehung der Rahtsherrn-Stellen bis An. 1627. und in Ansehung der Zunft-Meister-Stellen bis A. 1713. offentlich mit Aufhebung der Hand, seither aber auch heimlich mit Legung der Wahl-Pfenningen in eine Truken, wie obbemeldt, geschehe.

Der grossen Rähten sind, wie obgemeldet; eigentlich 162. und zwahren ab der Constafel 18. und ab jeder der 12. Zünften 12. danahen auch die erstere gewohnlich Achtzechner und die letztere Zwölfer genennt werden: auch von dieseren warden bis A. 1655. nur zu denen beyden Zeiten der Johannis-Tagen im Sommer und Winter und dann so viel immittlest abgegangen waren, aber schon seith A. 1627. mit dem heimlichen Mehr und Legung der Pfenningen erwehlet und zwahren von den kleinen und grossen Rähten der Constafel oder Zünften aus denen der Constafel oder Zünften einverleibten Burgern und zwahren auf die Weise, wie oben bey den Rahtsherren-Wahlen bey dem Eyd auf Anfrag eines Amts-Zunft-Meisters an welchen es ihme beliebig, und hernach erfolgender Umfrag und Benamsungen, da nach dem Ausstand der Verwandten von den Anwesenden die Stimmen gegeben werden, und im Fall die Stimmen gleich eintreffend der Entscheid gleich auch die Bestähtigung aller solchen Wahlen, an dem klein und grossen Raht stehet: worbey noch zu bemerken, wann einer des grossen Rahts vormittag stirbet, die Wahl gleich Nachmittag, wann es aber Nachmittag geschiehet; am folgenden Morgen, es seye auch gleich Sonn- oder Freytag vorgenommen werde; und daß bey der Constafel von den Achtzechnen 12. aus der Adelichen Gesellschaft, und 6. aus den übrigen der Constafel einverleibten, jedoch von den samtlichen klein und grossen Rähten der adelichen Gesellschaft und Constafel; und auf den 2. sogenannten gespaltnen Zünften der Schmiden und

und Schärern, und der Pfistern und Müllern von den 12. der Zünftern auf der erstern 8. aus dem Theil der Schmiden, und 4. aus dem Theil der Schärern; und auf der letztern 8. aus dem Theil der Pfistern und 4. aus dem Theil der Müllern jedoch von den kleinen und grossen Rähten der ganzen Zunft erwehlet werden; welchem auch noch anzufügen, daß auch etwann von abgeänderten Constafel-Herren und Zunft-Meistern, Stadt- und Unter-Schreibern, auch Grosweibel, auch auf der Constafel oder Zünften über die gewohnte Anzahl der Achtzehnern und Zwölfern des grossen Rahts mit gleichen Rechten so lang bleiben, bis einer der andern abstirbt, da aber kein anderer erwehlt wird, sondern obige ohne Wahl in desselben Platz kommen.

Es ist aber auch noch in Ansehung samtlicher kleinen und grossen Rähten anzubringen, daß die Satzungen vermögen, daß keiner weder in dem kleinen noch grossen Raht aufgenohmen werden solle, der nicht ehelich gebohren, auch nicht Burger, oder neulich in die Stadt kommen und zum Burger angenohmen worden, auch nicht 10. Jahr lang eingesessner Burger gewesen: desgleichen keiner, so eigen, auch Kloster-Leuth oder andern Herren eigen und von ihnen leibfällig sind, und die man für Eigenschaft ererbt, oder sich in andern Enden und Städten mit Burger- oder Land-Recht verpflichtet, darzu keine so Professiones in den Collegiis haben, zumahlen keine Amtleuth der Ständen, Hoch- und andern Stiftern und Klöstern, so denselben als Amtleuth schweeren müssen, solang sie in würklicher Bedienung solcher Aemtern stehen, oder darvon einigen Genuß haben: auch nicht diejenigen, so weder Pfand noch Pfenning haben; sodann ist auch geordnet, daß keiner in den grossen Raht, der nicht das 30. und keiner in den kleinen Raht, der nicht das 36. Jahr seines Alters würklich angetretten; erwehlt werden möge, auch in den Neuen und Alten kleinen Raht mehr nicht als Vatter und Sohn, oder zwey Brüdern, jedoch in Ansehung eines Burger-Meisters mit der Erleutherung, daß selbiger wol in den Raht darin sein Bruder oder Sohn ist ohne Abwechslung erwehlt werden,

ben, doch mehr nicht als ein Burger-Meister und sein Bruder oder sein Sohn in beyden Rähten sitzen mögen: übrigens mögen die Vögt und Amtleuth während der Zeit ihrer Verwaltung nicht in kleinen Raht erwehlt werden, bis daß ihr Nachfahr würcklich erwehlet, oder in einem oder zweyen Tagen erwehlt werden wird; worbey auch noch in Ansehung der Constafel-Herren und Zunft-Meistern zu beobachten, daß, weilen auf der Constafel und Zünften alle halbe Jahr ein neue Wahl um selbige ergehet; wann einer bey einer solchen abgeändert wurde, er sodann wieder in den Stand, darin er zuvor gewesen; gesetzt wird, so daß, wann er zuvor des grossen Rahts gewesen, er es wiederum wird, wann er es aber nicht gewesen, auch dadurch hierzu nicht gelanget; auch daß, wann einer, der zu einem Constafel-Herren oder Zunft-Meister genamset und vorgeschlagen wird, solche Stell aber ausschlagt und nicht annehmen will; ein solcher so er des grossen Rahts ist, 6. Jahr lang nicht in den kleinen Raht, ein gemeiner Burger aber wol in den grossen Raht aber auch nicht in den kleinen Raht erwehlt werden könne, und so auch ein solch letzterer, immittlest des grossen Rahts wurde, er dennoch an oblige 6. Jahr wegen des kleinen Rahts gebunden ist.

Bey denen obbeschriebnen Regiments-Besatzungen, deren die elute gemeinlich an einem Samstag etwan 8. Tag vor St. Johannis-Tag im Sommer, und die andere an einem Samstag etwan 14. Tag vor St. Johannis-Tag im Winter vorgenommen wird; wird an gleichem Tag durch den sogenannten Raht-Schreiber (der allein den Einzug der Schulden, ohne andere Cantzley-Verrichtungen, zu besorgen hat:) in der Stadt-Farb zu Pferd an 9. verschiedenen Orten in der Stadt aus Befehl des Burger-Meisters, klein und grossen Rahts die gantze Burgerschaft, welche über 16. Jahren alt ist, auf den folgenden Tag in die Kirch zum grossen Münster berufen; da dann an dieseren beyden Sonntagen nach Vollendung der Morgen-Predigen die grossen Rahts-Glieder, und ein jeder Burger geist- und weltlichen Standes auf der Constafel und jeden Zünften, die kleinen Rahts-Glieder aber nebst der

Stadt-Canzley und den Oberkeitlichen Bedienten, Reuter, Läufer und Stadtknechten, auf der gleich an der Kirch zum grossen Münster gelegnen sogenannten Chorherren-Stuben sich versammlen, worauf mit der grösten Glocke ein dreymahliges Zeichen gegeben wird, und immittelst die auf der Constafel und Zünften versammlete grosse Rähte und Burgere paar und paar weise ab jeder derselben sich in die grosse Münster-Kirch in ihre angewiesne Pläz verfügen, und letstlich auch, wann die ganze Burgerschaft vorhanden, auch die kleinen Rahts-Glieder ab der Chorherren-Stuben in gleicher Ordnung sich in selbige begeben, und in dem erhöheten Chor die Pläz einnehmen, worauf erstlich nach beschlossnen Kirch-Thüren die neuerwehlte und angehende Räht und Zunft-Meister aus dem Chor in die Kirch hinunter sich verfügen und in Ordnung stellen, hernach durch obigen Rabt-Schreiber der Burgerschaft die Namen der neuerwehlten und angehenden Rähten und Zunft-Meister eröfnet, folglich diesen ihr Pflicht-Eyd vorgelesen, und von selbigen auf Vorsprechen des noch in dem Amt sich befindenden aber abgehenden Burger-Meisters geleistet wird, und darauf selbige sich wieder in das Chor zu den übrigen kleinen Rähten begeben, da dann die beyde Burger-Meister sich mitten in das Chor stellen, und daselbst der neuerwehlte und angehende auf Vorsprechen auch des Amts-Burger-Meisters seinen Pflicht-Eyd offentlich leistet: folglich begeben sich die beyde Burger-Meister und die 4. Statthalter als oberste Zunft-Meister hinauf auf die Altan und Gallerie, allwo die Canzel stehet: und eröfnet daselbst der noch Amts-Burger-Meister der Burgerschaft, welchen klein und grosse Rähte zu einem neuen angehenden Burger-Meister erwehlet habind; und sezen sich hierauf die Burger-Meister und Statthalter in eigen dahin gestellte Sessel, bis von der Canzley der sogenannte Geschworne Brief (welches aber nur im Sommer geschiehet:) der Pensionen-Brief oder derselben Annahm Verbott von fremden Mächten, auch übrige Fundamental-Sazungen, auch der Burger-Eyd verlesen worden; worauf von der ganzen Burgerschaft auf Vorsprechen des neuerwehlten Burger-Meisters der Burger-Eyd geleistet, und letstlich die-

sere

sere Zusammenkunft mit Vorlesung verschiedner Stadt-Satzungen geendiget, und hernach der neuerwehlte Burger-Meister von dem Grosweibel und allen Verburgerten sowohl obbemelten als auch vielen andern Stadt-Bedienten, welche die Stadt-Farb tragen; nach Haus begleitet wird: da obgleich solches bey beschlossenen Thüren vorgehet, doch auch Fremden demselben zuzuschauen gestattet wird.

Unter denen kleinen Rähten haben den Vorgang und werden gewöhnlich auch Häupter der Stadt genennet, die beyde Burger-Meister, 4. Statthalter und Oberst Zunft-Meister, zwey Seckel-Meister und der Obmann der gemeinen Aemtern, wie auch die alten oder ausgedienten Seckel-Meister und Obmänner, und zwahren sind

Die beyden Burger-Meister die oberste und vorderste Häupter des Regiments, und werden von klein und grossen Rähten, jedoch allein aus ihrem Mittel, (also daß der erwehlende nohtwendig ein Glied des kleinen oder grossen Rahts seyn muß:) erwehlet an den obbemelten zweyen Regiments-Besatzungen im Sommer und Winter: und zwahren auf die bey selbigen ausgesetzte Wahl-Ordnung, und geschiehet auch ein gleiches auf Absterben eines Burger-Meisters, ausser daß nach dem Absterben von dem kleinen Raht der jedoch gleich folgende Tag hierzu angesetzt wird, vor der Versammlung auf dem Rahthaus in den 4. Haupt-Kirchen auf diesen Anlass eingerichtete Predigen und Gebetter gehalten werden. Das Amt und Gewalt des neuen Burger-Meisters gehet, wie oben auch schon angemerkt worden; auf St. Johannis Tag im Sommer zu Mitternacht wann es zwöf Uhr schlägt, und des andern auf St. Johannis Tag im Winter zu gleicher Zeit an, und wechslen beyde auf solche Zeit im Amt und Vorgang ab; es præsidirt aber der im Amt sich befindende Burger-Meister in allen klein und grossen auch geheimen Rahts-Versammlungen und hat darin den Gewalt über alle vorkommende Geschäfte, wie auch über alle Wahlen, welche bey dem Eyd vorgenohmen werden, einen aus dem kleinen und grossen Raht, um die erste zu ertheilende Meynung, und um die erste Ramsung anzufragen, welcher ihme beliebig, hat auch ein erhöheten Sitz in beyden Rahts-Versammlungen, verwahret auch das Stadt-Sigel, und werden bey ihme alle Brief und Schriften welche unter demselbigen ausgefertiget werden, gesiglet; der Burger-Meister, der nicht in dem Amt, hat nach dem Amts Burger-Meister den Vorsitz, ist auch in seiner Abwesenheit sein Statthalter auch in beyden Rahts-Versammlungen mit gleichem Gewalt, und ist unter selbigen der ältere oder erst erwehlte er seye im Amt oder nicht jederzeit auch Oberster der Stadt Zürich Banner und oberster Schulherr, und der welcher nicht in dem Amt ist, auch jederzeit Præses in der sogenannten unten vorkommenden Rechen-Stuben zu Untersuchung und Abnahm der Vogtey und Aemter-Rechnungen, Besorgung der Lehen ꝛc. es hat aber diese Stell der Burger-Meistern, welche von Anfang in den lateinischen Canzley-Schriften Magistri Civium genennt worden; den Anfang bekommen bey der oben weitläufig ausgeführten Regiments-Veränderung A. 1336. und hatten die zwey ersten die Stell allein das ganze Jahr über bis auf ihr Aufgeben und Absterben versehen, A. 1384. aber ist die noch dermahlen übliche halbjährige Abänderung eingeführt worden; und geschahen auch bis zu End des XVI. Seculi die Wahlen eines abgestorbenen Amts-Burger-Meisters gleich nach dem Tod, die nach Absterben der ausser dem Amt gestandnen, aber auf der folgenden Regiments-Besatzung, hernach aber auch gleich nach dem Tod, und bis A. 1627. offentlich mit Aufhebung der Händen, seither aber durch das oben bemerkte heimliche Mehr mit Pfenningen: es ist auch die bisherige Gewohnheit gewesen, daß die beyde Burger-Meister auf die alljährliche Gemein-Eydgenößische Jahr-Rechnungs-Tagsatzung umwechslungs-weise als erste Gesandte, die auch auf selbigen folglich præsidiren; erwehlt worden, doch daß die Ramsung und Wahl unter selbigen jederzeit frey seyn solle: Es warden zu Burger-Meistern erwehlet.

Zürich.

Anno
- 1336. Rudolf Brun.
- 1361. Rüedger Manneß.
- 1384. Johannes Finck.
- 1384. Rudolf Schwend.
- 1390. Rudolf Schön.
- 1393. Johannes Manneß.
- 1394. Heinrich Meyß.
- 1394. Johannes Meyer von Knonau.
- 1409. Johannes Herter.
- 1410. Panthaleon ab Juckenberg.
- 1411. Jacob Glentner.
- 1427. Felix Maneß.
- 1430. Rudolf Stüßi.
- 1435. Rudolf Meiß.
- 1439. Jacob Schwarzmaurer.
- 1441. Johannes Schwend.
- 1442. Heinrich Schwend.
- 1445. Johannes Keller.
- 1454. Rudolf von Chaam.
- 1469. Heinrich Roust, I. mal.
- 1476. Heinrich Göldli.
- 1483. Johannes Waldmann.
- 1489. Conrad Schwend.
- 1489. Felix Bräuwald.
- 1492. Heinrich Roust, II. mal.
- 1499. Rudolf Escher.
- 1501. Matthias Weiß.
- 1505. Marx Roust.
- 1510. Felix Schmid.
- 1524. Heinrich Walder.
- 1524. Diethelm Roust.
- 1542. Johannes Haab.

Anno
- 1544. Rudolf Lavater.
- 1556. Georg Müller.
- 1560. Bernhard von Chaam.
- 1567. Johannes Bräm.
- 1571. Johannes Kambli.
- 1584. Caspar Thoman.
- 1591. Conrad Großmann.
- 1594. Johannes Keller.
- 1601. Heinrich Bräm.
- 1608. Johan Rudolf Rahn.
- 1609. Leonhard Holzbalb.
- 1617. Hs. Heinrich Holzbalb.
- 1628. Heinrich Bräm.
- 1637. Salomon Hirzel.
- 1644. Hans Rudolf Rahn.
- 1652. Hans Heinrich Waser.
- 1655. Hans Heinrich Rhan.
- 1669. Hans Caspar Hirzel.
- 1669. Hans Conrad Grebel.
- 1674. Sigmund Spöndli.
- 1678. Heinrich Escher.
- 1691. Hans Caspar Escher.
- 1696. Andreas Meyer.
- 1710. Hans Ludwig Hirzel.
- 1710. David Holzbalb.
- 1711. Hans Jacob Escher.
- 1719. Hans Jacob Ulrich.
- 1723. Hans Heinrich Hirzel.
- 1734. Johannes Hofmeister.
- 1740. Hans Caspar Escher.
- 1742. Johannes Fries.
- 1759. Hans Jacob Leu.
- 1762. Hans Caspar Landolt.

Die andere vorderste Stell nach den beyden Burger-Meistern ist die Stelle der Obersten-Zunftmeistern, deren von den kleinen und grossen Rähten jährlich bey der Regiments-Besatzung auf St. Johannis-Tag im Winter aus den 24. Zunft-Meistern von freyer Wahl drey Oberste-Zunftmeister erwehlet, oder wenigstens einer unter den dreyen und namlich der erste und Vorderste jährlich abgeänderet, und einer zu den übrigen zweyen erwehlet wird, damit derselben allezeit drey seynd, darbey anzumerken, daß dieses bis dahin jedoch so beobachtet worden, daß der also abgeänderte dann das Jahr durch keiner der würklichen Obersten-Zunftmeistern gewesen, jedoch aber derselben Vorgang genossen, aber gewohnlich dann bey der neuen Regiments-Besatzung wieder an des dann abgeänderten wiederum, jedoch von freyer Wahl zu einem erwehlet wird, und also gewohnlich 4. dieser Obersten-Meistern, aber nur 3. im Amt sind; und ist dieser absonderliches Amt die Zünfte gemeinlich und jede besonders bey ihren Rechten, guten Gewohnheiten und altem Herkommen zuschirmen, alle Sachen, so ihr Handwerk und Gewerb antreffen mit den Zunftmeistern, wie hernach folgen wird; auszurichten; daß die gemeine Stadt-Sachen vor Raht vorgenommen werden, geflissen zu verhelfen, denen etwann in dem Raht entstehen mögenden Zweytrachten, Gefügen und Gefahren abzuhelfen, jedermänniglich vor Gewalt und Beschwehrden zu verhüten und zu vergaumen, und was dieser Sachen wegen an sie gebracht wird, anzubringen oder zu verschaffen, daß es angebracht werde ꝛc. in Abwesenheit deren beyden Burger-Meistern sind selbige und zwahren jeder vorderste Statthalter des Burger-Meisterthums, und werden danahen dermahlen gemeinlich Statthalter genennt; der dritte derselben wohnet jederzeit ein Jahr durch der Rechen-Stuben bey, und der abgegangne oder vierte ist jederweilen Præses in dem Ehe-Gericht ein Jahr lang, alle 4. zusammen aber sind auch des geheimen Rahts und die welche über die vor klein oder grossen Rähten ergangne Urtheil über rechtliche Streit-Händel Revision, und neuen Zugang vor Raht geben können. Wegen obiger alljährlicher Abänderung des ersten oder vordersten aber wechslen

Zürich.

len alle 4. alle Jahr in dem Vorgang ab, so daß der, welcher nach dem abgeänderten der andere, dann der erstere, der dritte der andere, und der neuerwehlte der dritte, und der abgeangne der vierte ist, und in den folgenden Jahren jederweilen auch also fortrucken; worbey aber auch noch zu bemercken, daß zu gleicher Zeit nicht zwey aus einer Zunft, noch zwey Brüder darzu erwehlet werden mögen, übrigens aber an ihre statt keine andere Zunft-Meister auf den Zünften erwehlet werden, sondern sie solche Stell auf selbigen behalten, und gleich den andern Zunft Meistern alle halb Jahr abgewechslet werden: und findet sich daß darzu erwehlt worden.

Anno
- 1402. Johannes von Aegeri.
- 1412. Rudolf Stüßi.
- 1416. Jacob Schwend.
- 1424. Heinrich Oeri.
- 1425. Werner Kambli.
- 1426. Hermann Roust.
- 1432. Johannes Wirtz.
- 1442. Johannes Nüweiler.
- 1446. Heinrich Wädischweiler.
- 1465. Heinrich Roust.
- 1467. Heinrich Effinger.
- 147 . Hans Tachselhofer.
- 1477. Anthoni Bräunwald.
- 1480. Johannes Waldmann.
- 1482. Johannes Könchli.
- 1483. Leonhard Oeheim.
- 1484. Ulrich Widmer.
- 1491. Caspar Meyer.
- 1492. Rudolf Jäckli.
- 1492. Conrad Bachofen.
- 1494. Johannes Binzmeyer.
- 1494. Peter Wolf
- 1500. Heinrich Huber.
- 1503. Heinrich Haab.

Anno
- 1505. Heinrich Winkler.
- 1508. Felix Schmid.
- 1512. Heinrich Spenli.
- 1512. Hans Berger.
- 1515. Rudolf Binder.
- 1516. Jacob Holzhalb.
- 1519. Johannes Schwytzer.
- 1519. Felix Wyngarter.
- 1519. Hans Oechsner.
- 1522. Hans Heinrich Walder.
- 1522. Ambrosius Haller.
- 1528. Ulrich Kambli.
- 1530. Rudolf Thumysen.
- 1532. Hans Georg Müller.
- 1536. Itel Hans Thumysen.
- 1541. Johannes Haab.
- 1542. Hans Heinrich Sproß.
- 1547. Hans Wägmann.
- 1549. Rudolf Klotter.
- 1550. Hans Jacob Hafner.
- 1552. Rudolf Breitinger.
- 1555. Jacob Sprüngli.
- 1557. Felix Peyer.
- 1560. Johannes Bräm.

Anno

Zürich.

Anno

1563. Jacob Stampfer.
1565. Johannes Kambli.
1568. Heinrich Thomann.
1571. Hans Jacob Wirtz.
1572. Gabriel Kippenhan.
1573. Caspar Thoman.
1574. Johannes Walder.
1575. Caspar Högger.
1575. Conrad Bodmer.
1576. Johannes Waser.
1578. Ludwig Schörli.
1580. Hans Ulrich Stampfer.
1582. Conrad Großmann.
1582. Christof Breitinger.
1584. Felix Engelhart.
1585. Rudolf Stoltz.
1586. Caspar Hafner.
1589. Salomon Hirzel.
1590. Bernhard Wiberkehr.
1592. Heinrich Kramer.
1594. Leonhard Holzhalb.
1594. Niclaus Waser.
1595. Hans Rudolf Leemann.
1596. Heinrich Bräm.
1597. Melchior Breitinger.
1598. Hans Jacob zur Eich.
1599. Johannes Ziegler.
1601. Hans Heinrich Holzhalb.
1604. Hermann Brunwald.
1605. Johannes Ulinger.
1609. Hans Jacob Hirzel.
1609. Hans Heinrich Keller.
1610. Hans Rudolf Wägmann.
1611. Hans Heinrich Widerkehr.

Anno

1612. Hans Ulrich Wolf.
1613. Rudolf Kambli.
1618. Heinrich Bräm.
1618. Heinrich Balber.
1620. Melchior Maag.
1621. Salomon Hirzel.
1624. Hans Conrad Escher.
1624. Heinrich Kilchsperger.
1626. Hans Jacob Burkhardt.
1627. Hans Conrad Heidegger.
1628. Melchior Hofmeister.
1637. Hans Rudolf Rahn.
1643. Hans Jacob Leu.
1644. Salomon Hirzel.
1644. Hans Heinrich Heidegger.
1652. Hans Heinrich Rahn.
1654. Hans Heinrich Spöndli.
1655. Hans Heinrich Müller.
1656. Hans Balthasar Keller.
1662. Thomas Werdmüller.
1664. Hans Conrad Grebel.
1664. Hans Heinrich Holzhalb.
1665. Hans Caspar Hirzel.
1668. Sigmund Spöndli.
1669. Hans Conrad Heidegger.
1669. Hans Caspar Escher.
1674. Hans Jacob Bodmer.
1675. Andreas Meyer.
1676. Hans Jacob Waser.
1686. Hans Heinrich Dänzler.
1691. Hans Rudolf Steiner.
1692. David Heß.
1694. Hans Ludwig Werdmüller.

Anno

Zürich.

Anno
1696. Hans Ludwig Hirzel.
1704. Mathias Landolt.
1705. Hans Jacob Ulrich.
1708. David Holzhalb.
1710. Andreas Meyer. 1. mal.
1710. Hans Heinrich Hirzel.
1719. Hans Conrad Heidegger.
1721. Johannes Muralt.
1721. Salomon Hirzel.
1723. Johannes Hofmeister.
1726. Hans Caspar Escher.
1729. Andreas Meyer. 2. mal.
1731. Hans Conrad Muralt.
1734. Heinrich Escher.

Anno
1740. Johannes Füßli.
1744. Hans Rudolf Landolt.
1747. Hans Caspar Hirzel.
1747. Salomon Hirzel.
1747. Felix Nüscheler 1. mal.
1755. Hans Caspar Hirzel.
1751. Hans Jacob Scheuchzer.
1752. Hans Jacob Schwerzenbach.
1754. Salomon Hirzel.
1757. Felix Nüscheler. 2. mal.
1761. Heinrich Escher.
1761. Diethelm Hirzel.
1762. Hans Jacob Füßli.

Nach solchen Obersten Zunft-Meistern und Statthaltern folgen in dem Vorgang unter den kleinen Rähten die zwey Seckel-Meister welche von klein und grossen Rabt aus den kleinen Rähten mit dem obbeschrieben heimlichen Mehr erwehlet werden, und zwahr 12. Jahr an dem Amt bleiben, in der Verwaltung des gemeinen Stadt-Einkommen und Ausgebens aber alljährlich auf den 1. Aug. abwechslen und also jedweder nur 6. Jahr in würklicher Verwaltung stehet; beyde wechslen auch ab in dem Præsidio des Blut-Gerichts in der Stadt auf St. Johann im Sommer bis wieder dahin, und bekomt ein solches jederweilen der welcher nicht in dem Amt ist: sie sind auch alle 12. Jahr beständige Beysitzer des Geheimen Rahts und der Rechen-Stuben, auch umwechslende Obervögt von Altstetten; und warden darzu erwehlet.

Anno
1343. Heinrich Aeppli.
1343. Johannes Schwarzmaurer.
1343. Rudolf Schön.

Anno
1345. Johannes Wetzweiler.
1346. Johannes Schwarzmaurer.
1347. Heinrich Lodig.

Anno
1348. Ulrich Schwend.
1351. Johannes Hentscher.
1351. Conrad Holzach.
1352. Heinrich Teüber.
1352. Johannes Wetzweller.
1353. Heinrich Neppli.
1353. Johannes Wulli.
1357. Johannes Wetzweller.
1357. Hinrich Teüber.
1358. Berchtold Merz.
1359. Johannes Finck.
1359. Conrad Holzach.
1360. Johannes Umman.
1360. Heinrich Trüeb.
1361. Berchtold Schwend.
1361. Johannes Seyler.
1363. Conrad Holzach.
1364. Johannes Manneß.
1365. Jacob Gentscher.
1366. Rüedger Grüninger.
1367. Johannes Seyler.
1369. Johannes Kunz.
1369. Johannes Welti.
1369. Conrad Cappo.
1370. Rüedger Grüninger.
1370. Jacob Hentscher.
1371. Rudolf Wülflinger.
1372. Rüedger Grüninger.
1373. Heinrich Hagnauer.
1374. Rudolf Schwend.
1374. Rudolf Wülflinger.
1375. Rudolf Schön.
1376. Rudolf Breitschink.
1376. Rudolf ab Dorf.
1376. Rudolf Schön.
1377. Hartmann Nordorf.

Anno
1378. Hartmann Wetzwell.
1379. Hartmann Nordorf.
1380. Rudolf Breitschink.
1380. Panthaleon ab Inkenberg.
1381. Heinrich Hagnauer.
1381. Rudolf Wülflinger.
1382. Johannes Hösch.
1382. Rudolf Schön.
1883. Panthaleon ab Inkenberg.
1383. Rudolf Wülflinger.
1384. Johannes Holzach.
1384. Götz Schön.
1385. Panthaleon ab Inkenberg.
1385. Johannes Tog.
1386. Götz Schön.
1386. Heinrich Hagnauer.
1387. Johannes Holzach.
1387. Panthaleon ab Inkenberg.
1388. Johannes Teyg.
1388. Heinrich Woder.
1389. Rudolf Schön.
1389. Ulrich Stucki.
1390. Rudolf Wülflinger.
1390. Rudolf Stüßi.
1391. Johannes von Isnach.
1391. Johannes Holzach.
1392. Rudolf Wülflinger.
1392. Johannes Hagnauer.
1393. Götz Schön.
1393. Johannes Holzach.
1394. Rudolf Wülflinger.

Anno

Zürich.

Anno		Anno	
1394.	Rudolf Kilchmater.	1413.	Peter Oerl.
1395.	Burkhard Wildberg.	1414.	Itel Schwarzmaurer.
1395.	Jacob Glenter.	1414.	Johannes Wüst.
1396.	Rudolf Wülflinger.	1415.	Heinrich Biberli.
1396.	Johannes Herter.	1415.	Jacob Oberst.
1397.	Jacob Glentner.	1416.	Johannes Hagnauer.
1397.	Heinrich Suter.	1416.	Rudolf Boßhart.
1398.	Heinrich Löwli.	1417.	Erhard Ellend.
1398.	Johannes Stucki.	1417.	Johannes Wüst.
1399.	Conrad Täscher.	1418.	Johannes Hagnauer.
1399.	Heinrich Suter.	1419.	Rudolf Brunner.
1400.	Johannes Herter.	1420.	Heinrich Biberli.
1400.	Berchtold Stucki.	1420.	Fridrich Schön.
1401.	Heinrich Löwli.	1421.	Itel Schwarzmaurer.
1401.	Johannes Hagnauer.	1421.	Heinrich Yfikon.
1402.	Johannes Herter.	1422.	Felix Manneß.
1402.	Conrad Täscher.	1422.	Johannes Wüst.
1403.	Heinrich Suter.	1423.	Fridrich Schön.
1403.	Johannes Müller.	1423.	Rudolf Engelhard.
1404.	Rudolf Kilchmater.	1424.	Johannes Wüst.
1405.	Heinrich Suter.	1425.	Johannes Schwend.
1405.	Johnnes Hagnauer.	1429.	Johannes Keller.
1406.	Rudolf Kilchmater.	1430.	Jacob Maurer.
1407.	Conrad Täscher.	1431.	Johannes Schwend.
1407.	Johannes Müller.	1431.	Jacob Maurer.
1408.	Felix Manneß.	1454.	Johann Finck.
1408.	Johannes Herter.	1454.	Niclaus Bränwald.
1409.	Johannes Hagnauer.	1464.	Johannes Grebel.
1409.	Rudolf Boßhart.	1484.	Johannes Tachselhofer.
1410.	Conrad Täscher.	1485.	Heinrich Pfister.
1410.	Peter Nordorf.	1488.	Peter Effinger.
1411.	Johannes Hagnauer.	1489.	Gerold Edlibach.
1411.	Rudolf Boßhart.	1492.	Matthias Woß.
1412.	Felix Manneß.	1493.	Marx Roust.
1413.	Johannes Hagnauer.	1494.	Hans Keller.

Anno		Anno	
1495.	Jacob Escher.	1626.	Salomon Hirzel.
1497.	Marx Roust.	1627.	Hans Heinrich Wirtz.
1503.	Jacob Stapfer.	1637.	Hans Heinrich Müller.
1506.	Johannes Keller.	1644.	Hans Ludwig Schneeberger.
1508.	Dominicus Frauwenfeld.	1648.	Conrad Werdmüller.
1510.	Jacob Meiß.	1656.	Hs. Heinrich Holzhalb.
1513.	Matthias Wyß.	1656.	Hans Jacob Haab.
1514.	Jacob Meiß.	1674.	Hans Heinrich Rahn.
1516.	Heinrich Roüchli.	1676.	Heinrich Escher.
1522.	Diethelm Roust.	1676.	Hans Ulrich Escher.
1524.	Jacob Werdmüller.	1678.	Hans Caspar Landolt.
1527.	Johannes Edlibach.	1688.	Hans Heinrich Waser.
1530.	Georg Berger.	1690.	Hans Jacob Heidegger.
1533.	Bernhare von Chaam.	1696.	Hans Heinrich Rahn.
1541.	Johannes Escher.	1698.	Hans Heinrich Werdmüller.
1542.	Hans Rudolf Lavater.		
1545.	Heinrich Rahn.	1710.	Hans Jacob Escher.
1549.	Johannes Edlibach.	1712.	Hans Conrad Escher.
1559.	Bernhard Sprüngli.	1722.	Caspar Meyer.
1560.	Hans Heinrich Sproß.	1724.	Johannes Fries.
1565.	Hans Lux Escher.	1725.	Hans Jacob Ulrich.
1568.	Heinrich Thomann.	1736.	Hans Rudolf Lavater.
1572.	Conrad Escher.	1737.	Hans Jacob Hirzel
1574.	Matthias Schwerzenbach.	1745.	Leonhard Werdmüller.
1587.	Hans Escher.	1749.	Hans Jacob Leu.
1591.	Johannes Rambli.	1749.	Hans Conrad Goßweiler.
1618.	Hans Ulrich Wolf.	1759.	Hans Conrad Heldegger.
1621.	Hans Heinrich Bräm.		
1624.	Conrad Grebel.	1760.	Hans Heinrich Orell.

Letstlich hat den Vorgang unter denen kleinen Räthen der sogenannte Obmann, der auch von dem kleinen und grossen Raht bey dem heimlichen Mehr erwehlt wird, und 6. Jahr

am

Zürich.

am Amt ist, und die Auffsicht hat über alle, sowohl vor der Glaubens-Verbesserung denen Geistlichen gewiedmet gewesnen, als auch seither derselben zu Unterhaltung Kirchen und Schulen, und deren Dienern und andere milte Sachen annoch allein anwendende Güther, und auch dieselbige theils in der Stadt theils auf der Landschaft, wo ehemahls Stift und Klöster gewesen; verwaltende sogenannte Amtleuthe, und werden auch die Vorschüß aller solcher Aemtern unter seine Verwaltung als gleichsam einem Vorraht-Hause gebracht: er ist auch während seines Amts Beysitzer des geheimen Rahts, und auch der Rechen-Stuben: und bekamen solche Stelle

Anno	Anno
1532. Georg Müller.	1686. Hans Rudolf Simler.
1554. Niclaus Köchli.	1689. Caspar Muralt.
1571. Rudolf Escher.	1696. Wilhelm Blaarer.
1575. Johannes Keller.	1702. Salomon Hirzel.
1594. Hans Rudolf Rahn.	1709. Hans Heinrich Bodmer.
1608. Hans Heinrich Holzhalb.	1715. Hans Heinrich Locher.
1617. Conrad Grebel.	1721. Andreas Meyer.
1624. Heinrich Balber.	1727. Hans Ulrich Rahholz.
1629. Hans Heinrich Rhan.	1733. Hans Blaarer.
1652. Hans Berger.	1739. Salomon Hirzel.
1656. Hans Heinrich Müller.	1745. Hans Caspar Landolt.
1664. Thomas Werdmüller.	1751. Felix Rüscheler.
1673. Hans Jacob Holzhalb.	1757. Hans Jacob Schwerzenbach.
1674. Christof Keller.	
1680. Hans Jacob Heidegger.	1763. Hans Jacob Escher.

In Ansehung der kleinen Rähten zeiget sich aus dem, was oben von Abänderung der Regierungs-Form und Anrichtungen der Zünften weitläufig angebracht worden, daß vor An. 1489. die jetz genannte Rahtsherren nicht nach den Zünften, sondern der mehrere Theil ab der Constafel, aber auch einige aussert derselben genommen, wol aber daß von An. 1336. die übrigen kleinen Rähte oder sogenannte Zunftmeister erstlich ab

13. und hernach ab 12. Zünften erwehlet worden, und da-
nahmen auch nicht deutlich ab welchen Zünften nebst der Constafel
etwann auch vor A. 1489. Rahtsherren gewesen, und deswegen auch die damahligen Rahtsherren nach den Zünften nicht
wol ausgesetzt werden könnend, wol aber die Zunftmeister der
Zünften seit A. 1336. es befinden sich aber seit A. 1489. auf
der Constafel 2. Rahtsherren und 4. Constafel-Herren, und auf
jeder der 12. Zünften 1. Rahtsherr und 2. Zunft-Meister,
und über selbige in dem kleinen Raht noch 6. Rahtsherren von
freyer Wahl aus der Constafel und Zünften, unter welchen
auch die vorbemeldte Statthalter, Seckelmeister und Obmann
begriffen: und kommen hier vor erstlich die von 1336. bis An.
1489. ab der Constafel und aussert derselben erwehlte Rähte,
und folglich die seither ab der Constafel und den Zünften erwehlte Rahtsherren wie auch die Rahtsherren von freyer
Wahl ab jeder Zunft: und auch die Zunft-Meister ab den
Zünften von A. 1336. bis jetzunder: und warden zu vorbemerkten Rahtsherren erwehlt.

Auf St. Johann Baptista im Sommer.

Anno
1336. Johannes Müllner.
Ulrich Manneß.
Heinrich Biber.
Jacob Brun.
Johanes von Hottingen.
Rudolf von Lunkhofen.
Johannes Krieg zur
    Sonnen.
Johannes Stagel.
Philipp Schwerter.
Jacob Fryo.
Heinrich Ludeg.
Rudolf Glarner.
Rudolf Meyger.
1337. Rudolf von Glaris.

Anno
1337. Niclaus Schwerter.
Johannes Hendscher.
1341. Ulrich von Bekenhofen.
1342. Ulrich Schwend.
1343. Rudolf Herdiner.
1347. Heinrich Biber.
Gottfrid Müller.
Ulrich Mannes.
1348. Jacob Marschalk.
Ulrich Krieg.
1350. Rudolf Müller.
Berchtold Hentscher.
1352. Jacob von Luzenburg.
Heinrich Truber.
1355. Eberhard Brun.

Anno

Zürich.

Anno
- 1355. Ulrich Brun.
- 1358. Rügger Manneß.
  Eberhard Müller.
  Jacob v. Weiningen.
  Hermann Manneß.
  Gaudenz v. Hofstetten.
- 1360. Rudolf Brun.
- 1361. Ulrich Kraft Biber.
  M. Niclaus Arzet.
  Rudolf Hermann.
  Heinrich Gruber.
- 1362. Burkhard von Seon.
  Heinrich Meyß.
- 1363. Rudolf Schwarzmurer.
- 1365. Hartmann Nordorf.
- 1366. Jacob von Grüningen.
  Rüedger Brun.
- 1367. Johann Wetzweiler.
  Johann Finck.
  Johann von Seon.
  Jacob Heutscher.
  Ulrich Bulacher.
- 1368. Wolfgang Brächter.
  Rudolf Schwend.
  Johannes Hösch.
  Johannes Meyer von Knonau.
  Rudolf Breitschink.
  Pantaleon ab Inkenberg.
  Conrad Koppo.
  Heinrich Engelhart.
  Rudolf Kilchmatter.
- 1371. Jacob Arzet.
  Hartmann Wetzweiler.

Anno
- 1373. Werner Biberli.
- 1374. Johann Seiler.
- 1378. Heinrich Engelhart.
- 1383. Götz Schön.
  Johannes von Jsnach.
  Johannes Holzach.
- 1384. Peter von Hünenberg.
  Rudolf Restaler.
  Johannes Jminer.
- 1385. Heinrich Meyß.
- 1388. Johannes v. Trostberg.
- 1389. Ulrich Stuki.
  Heinrich Brügli.
  Johannes Schwend.
- 1390. Johannes Finck.
- 1391. Rud. Meyer v. Knonau.
  Jacob Bletscher.
  Johannes Hagnauer.
  Rudolf Kilchmatter der jung.
- 1393. Jacob Glentner, der jung.
  Johannes Herter.
  Burkhard Wildberger.
  Eberhard Stagel.
- 1794. Johannes Sonegger, der jung.
  Arnold Schmid von Jonen.
- 1396. Johanes Keller.
  Ulrich Tumbrunn.
  Heinrich Obrist.
- 1404. Heinrich Hagnauer.
- 1405. Ulrich Graum.
  Johannes Hächelbart.

Anno
1406. Peter Nordorf.
1406. Lüthold Studler.
1408. Berchtold Schwend.
       Rudolf Boßhart.
1410. Jacob Resel.
1412. Rudolf Dachselhofer.
       Johannes Müller.
1413. Heinrich Biberli.
       Johannes Manneß.
1414. Johannes Herter.
       Johannes Wüest.
       Rudolf Stüßl.
       Johannes Bamser, der jung.
1419. Heinrich von Ulßiken.
1420. Friedrich Schön.
       Johannes Wildberger.
       Johannes Kostlich.
1423. Johannes Schwend, der jung.
       Johannes Keller.
       Johannes Grüttler.
       Heinrich Walther.
1425. Rudolf Engelhard.
1426. Conrad Meyer, von Knonau.
       Johannes Brunner.
1427. Johannes Ampts.
       Johannes Herter, der jünger.
1428. Conrad Tanner.
       Rudolf Zäy.
       Johannes Grebel.
1430. Jacob Schwarzmurer.
1431. Rudolf Oehem.

Anno
       Ludwig Hösch.
1432. Heinrich Hagnower.
       Heinrich Esinger.
       Johannes Schwend.
1433. Johannes Schwend, der jung.
       Heinrich Schwend.
1436. Rudolf Engelhard.
1438. Rudolf Zay.
1440. Johannes Meis.
       Heinrich Wagner.
1441. Hans Jacob Schwarzmurer.
1443. Rüdger Studler.
       Heinrich Meyer.
       Johannes Bluntschli.
1445. Otto Werdmüller.
       Paulus Göldli.
       Matthias Trinkler.
       Johannes Gerhard.
       Heinrich Escher.
       Conrad Spönli.
       Johannes Schärer.
       Jacob Brunner.
1446. Heinrich Schwend.
       Heinrich Euter.
       Ehrhard Tug.
       Johannes Bluntschli.
1447. Oswald Schmid.
       Johannes Wirz.
1451. Ulrich Seiler.
1452. Johannes Meyer von Knonau.
       Johannes Oeri.
1455. Johannes Keller.

Anno

Anno
1455. Oswald Schmid.
    Johannes Bluntschli.
1456. Heinrich Wys.
1459. Johannes Schwelger.
1461. Ehrhard Tog.
    Heinrich Göldli.
1463. Felix Keller.
1466. Heinrich Stapfer.
1467. Ulrich Reyg..
    Jacob Wys.
1469. Conrad Schwend.

Anno
1474. Heinrich Werdmüller.
1475. Felix Schwarzmurer.
1476. Hartman Nordorf.
    Peter Effinger.
    Felix Schwend.
1477. Lazarus Göldli.
1480. Rudolf Lochmann.
    Ulrich Holzhalb.
1482. Friedrich Bluntschli.
1483. Heinrich Röust.
1487. Leonhard Stemmeli.

Auf St. Johann Evangel. zu Weyhnächten.

Anno
1337. Heinrich Biber.
    Rüegger Mannes.
    Johannes Schäffli.
    Johannes Krieg.
    Jacob Müller.
    Heinrich Brühund.
    Jacob Marschall.
    Rüedger Brun.
    Peter Stagel
    Heinrich Schwerter.
    Heinrich Aeppli.
    Hermann von Kaltbrunnen.
    Philipp Sigbott.
1438. Johannes Schäffli.
    Johannes Schäfflis Sohn.
    Johannes Krieg.
1439. Friedrich Stagel.
    Rudolf Glarner.

Anno
1340. Eberhard Müller.
1443. Rüedger Fink.
1444. Johannes Hentscher, der jung.
1451. Gaudenz von Hoffstetten.
    Johannes Weyweiler.
    Rudolf Glarner.
1456. Gottfried von Hünenberg.
    M. Rudolf Arzet.
    Rudolf Schwend.
    Berchtold Schwend.
1459. Eberhard Brun.
    Johann von Seon.
    Jacob Hendscher.
1464. Ulrich Mannes.
    Mannes Mannes.
    Rüdger Brun.
    Arnold Seiler.
1478. Itel Mannes.

Zürich.

Anno
- 1368. Peter von Hünenberg.
  Johannes Hösch.
  Johannes Welti.
- 1370. Conrad Holzach.
- 1371. Rüedger Grüninger.
  Johannes Seiler.
- 1375. Rudolf Abdorf.
  Rudolf Schön.
- 1378. Johannes Fruy.
  Rudolf Wülflinger.
- 1380. Heinrich Usermann.
  Conrad Neysidler.
- 1381. Heinrich Landolt.
- 1382. Hugo Schwend.
- 1384. Johannes Hendscher.
  Johannes Thyg.
  Conrad Zeller.
- 1387. Rudolf Schwend.
- 1388. Johannes Meyer von Knonau.
- 1390. Johannes von Seon.
- 1391. Heinrich Engelhard.
- 1392. Jacob Studler.
- 1393. Conrad Study.
- 1394. Heinrich Meis.
  Conrad Furter.
  Heinrich Suter.
  Heinrich Muglich.
  Niclaus Hemerli.
  Rudolf Sigrist, der alt.
- 1395. Johannes Wetzel, genannt Kumbertanz.
  Otto Remi.
- 1397. Johannes Trachsler, der alt.

Anno
- 1397. Harmann Wetzweiler.
- 1398. Albrecht Gloggner.
- 1400. Heinrich Heinz.
- 1404. Felix Mannes.
- 1405. Itel Schwarzmurer.
- 1406. Jacob Obrist.
- 1409. Jacob Hagnower der jung.
- 1411. Johannes Zeller.
  Heinrich Biberli.
  Johannes Brunner.
- 1412. Rudolf Brun.
  Peter Oeri.
- 1414. Johannes Schwend.
  Ehrhard Thyg.
- 1415. Johannes Stuck, der jung.
- 1417. Ehrhard Ellend.
- 1418. Johannes Minner.
- 1420. Lütold Grebler.
- 1423. Rudolf Nesteler.
- 1424. Matthias Trinkler.
  Johannes von Isnach.
- 1427. Johannes Dietschi.
  Heinrich Obrist.
- 1429. Rudolf Meis.
- 1430. Heinrich Bluntschli.
  Ulrich von Lommis.
- 1431. Johannes von Isnach.
- 1432. Johannes Meyer.
- 1435. Rudolf von Ulsiken.
- 1436. Heinrich Lyrer.
- 1437. Niclaus Brentwald.
- 1440. Johannes Bamser.
- 1441. Ulman Trinkler.

Anno

Zürich.

Anno
- 1442. Rudolf Stüßi.
- 1443. Heinrich Schwend.
- 1444. Johannes Schwend.
  - Gottfried Escher.
  - Johannes Wüest.
  - Johannes Keller.
  - Johannes Grebel.
  - Rüdger Studler.
  - Conrad von Cham.
  - Jacob Bachs.
  - Johannes Fink.
  - Johannes Ampts.
  - Pantaleon Hegnauer.
- 1445. Johannes Dietschi.
  - Johannes Stüßi.
- 1452. Jacob Brun.
  - Heinrich Gumpost.
  - Niclaus von Burg.
  - Peter Tachselhofer.
- 1450. Eberhard Ottiken.
- 1455. Johannes Grebel.
- 1458. Johannes Reyg.
- 1460. Johannes Escher.
  - Rudolf Ampts.
- 1461. Heinrich Suter.
  - Felix Oeri.
- 1463. Heinrich Hagnower.

Anno
- 1463. Johannes Meis.
- 1464. Conrad Trinkler.
  - Eberhard Ottiken.
- 1466. Jacob Brun.
- 1468. Jacob Bachs.
- 1469. Johannes Werder.
- 1471. Rudolf Heyß.
- 1472. Wygand Zoller.
- 1472. Johannes Oeri.
- 1473. Eberhard Ottiken.
  - Heinrich Effinger.
- 1476. Jacob Schwarzmurer.
- 1478. Rudolf Schwyzer.
  - Johannes Engelhard.
  - Jacob Hagnower.
  - Rudolf Heyß.
- 1480. Felix Brenwald.
  - Felix Keller, der jung.
- 1482. Gerold Meyer von Knonau.
- 1483. Heinrich Göldli.
- 1484. Johannes Waldmann.
  - Dominicus Frauwenfeld.
- 1485. Heinrich Roust.
- 1486. Heinrich Göldli.
- 1488. Gerold Edlibach.

Constafel.

Constafel.

Rahtsherren von der Constafel.

Anno
- 1486. Heinrich Göldli.
- 1489. Heinrich Escher.
- 1492. Jacob Tog.
- 1506. Caspar Göldli.
- 1512. Jacob Grebel.
- 1525. Georg Göldli.
- 1527. Marx Schultheiß von Schopf.
- 1530. Urs Haab.
- 1532. Andreas Schmid.
- 1532. Hans Escher.
- 1543. Marx Escher.
- 1554. Jacob Meis.
- 1560. Andreas Schmid.
- 1561. Johann Wilpert Zoller.
- 1564. Hans Ulrich Grebel.
- 1566. Johann Bernhard von Chaam.
- 1571. Johann Wilpert Zoller.
- 1578. Joost von Bonstetten.
- 1583. Hans Heinrich Schmid.
- 1591. Hans Jacob von Schönau.
- 1594. Wilhelm Escher.
- 1602. Hans Heinrich Meyer von Knonau.
- 1607. Heinrich Ziegler.
- 1616. Conrad Grebel.
- 1624. Johann Heinrich Wirtz.
- 1630. Gerold Escher.

Constafel-Herren.

Anno
- 1489. Johannes Meyer von Knonau.
- 1490. Rudolf Escher.
- 1496. Jacob Escher.
- 1500. Felix Schwend.
- 1508. Jacob Meis.
- 1512. Jacob Escher.
- 1514. Cornel Schultheiß von Schopf.
- 1516. Caspar Göldli.
- 1516. Felix Schwend.
- 1524. Conrad Escher.
- 1526. Johannes Effinger.
- 1527. Hartmann Nordorf.
- 1529. Hans Conrad Escher.
- 1532. Conrad Escher.
- 1532. Ludwig Dietschi.
- 1539. Marx Schultheiß von Schopf.
- 1546. Jacob Meiß.
- 1549. Bernhard von Chaam.
- 1550. Heinrich Göldli.
- 1551. Jacob Nordorf.
- 1554. Melchior Wirtz.
- 1556. Marx Schultheiß von Schopf.
- 1558. Bernhard von Chaam.
- 1561. Jacob Roust.
- 1562. Hans Lux Escher.
- 1571. Hans Meis.
- 1572. Hans Escher.

Zürich.

Rahtsherren von der Constafel.

Anno
- 1637. Hans Wilhelm von Schönau.
- 1649. Johann Heinrich Lochmann.
- 1652. Hans Jacob Grebel.
- 1655. Hans Rudolf Werdmüller.
- 1661. Hans Heinrich Escher.
- 1663. Hans Caspar Stelner.
- 1680. Andreas Schmid.
- 1690. Mauritz von Schönau.
- 1694. Marx Escher.
- 1696. Hans Heinrich Escher.
- 1705. Hans Hartmann Meis.
- 1711. Hans Heinrich Escher.
- 1716. Hartmann Fridrich Edlibach.
- 1724. Hans Jacob Escher.
- 1726. Hans Ludwig Escher.
- 1736. Hans Wilpert Zoller.
- 1742. Bernhard Werdmüller.
- 1749. Ludwig Meyer von Knonau.
- 1757. Hans Heinrich Orell.

Constafel-Herren.

Anno
- 1573. Heinrich Ziegler.
- 1573. Caspar Holzhalb.
- 1578. Hans Lux Escher.
- 1584. Hans Jacob Nordorf.
- 1585. Georg Grebel.
- 1586. Caspar Schmid.
- 1592. Hs. Jacob von Schonas.
- 1598. Hans Heinrich Schneeberger.
- 1608. Georg Rübli.
- 1616. Hans Georg Escher.
- 1619. Johannes Escher.
- 1622. Caspar Schmid.
- 1625. Hans Ludwig Schneeberger.
- 1629. Hans Heinrich Escher.
- 1634. Hans Jacob Schmid.
- 1639. Gerold Escher.
- 1651. Hans Jacob Haab.
- 1658. Marx Escher.
- 1663. Heinrich Werdmüller.
- 1672. Hans Caspar Haab.
- 1674. Hans Ulrich Escher.
- 1679. Diethelm Schmid.
- 1682. Hans Jacob Rahn.
- 1683. Fridrich Edlibach.
- 1686. Christof Werdmüller.
- 1688. Wilhem Blarer.
- 1695. Hans Jacob Escher.
- 1698. Hans Heinrich Escher.
- 1703. Hans Conrad Escher.
- 1707. Hans Ulrich Blarer.

Zürich.

Rahtsherren von der freyen Wahl.

Anno
1499. Georg Grebel.
1513. Felix Schwend.
1514. Jacob Escher.
1516. Johannes Krieg.
1517. Cornel Schultheß von Schopf.
1525. Hans Edlibach.
1526. Johannes Effinger.
1532. Bernhard von Chaam.
1542. Leonhard Holzhalb.
1545. Jacob Roust.
1554. Melchior Wirz.
1558. Bernhard von Chaam.
1561. Jacob Roust.
1571. Hans Wilpert Zoller.
1574. Hs. Heinrich Lochmann.
1593. Gerold Escher.
1600. Hans Heinrich von Schonau.
1613. Hans Hartmann Escher.
1615. Hans Georg Grebel.
1620. Hans Jacob Steiner.
1634. Heinrich Grebel.
1659. Johannes Escher.
1659. Hans Heinrich Grebel.
1711. Johannes Escher.
1746. Hans Heinrich Grebel.

Constafel-Herren.

Anno
1712. Hans Rudolf Lavater.
1719. David Werdmüller.
1722. Hans Heinrich Wirth.
1722. Hans Heinrich Hirzel.
1724. Hans Blarer.
1724. Hans Heinrich Orell.
1725. Hans Caspar v. Muralt.
1729. Hans Caspar Escher.
1742. Diethelm Escher.
1744. Hans Heinrich Hirzel.
1752. Bernhard Werdmüller.
1755. Heinrich Escher.
1757. Hans Heinrich Schneeberger.
1758. Hans Rudolf Lavater.
1760. Johannes Escher.
1761. Caspar Orell.

Saffran.

Saffran.

Rahtsherren der Zunft.

Anno
- 1490. Heinrich Zweifel.
- 1499. Dominicus Frauenfeld.
- 1516. Felix Brennwald.
- 1531. Jacob Werdmüller.
- 1560. Conrad Escher.
- 1589. Jacob Haab.
- 1601. David Werdmüller.
- 1612. Hans Heinrich Ott.
- 1621. Caspar Gosweiler.
- 1654. Heinrich Heß.
- 1612. Caspar Heß.
- 1685. Caspar von Muralt.
- 1718. Heinrich Werdmüller.
- 1735. Salomon Ott.
- 1752. Heinrich Wirth.
- 1762. Salomon Hirzel.

Zunft-Meister.

Anno
- 1336. Heinrich Steiner.
- 1337. Ulrich Steiner.
- 1337. Heinrich Winkler.
- 1338. Philipp Sigbott.
- 1341. Rudolf Frygo.
- 1342. Heinrich Winkler.
- 1344. Rudolf Frygo.
- 1347. Heinrich Schilt.
- 1348. Rudolf Frygo.
- 1350. Rüedger Steiner.
- 1350. Ulrich Frygo.
- 1351. Conrad Trüber.
- 1352. Rudolf Freyg.
- 1353. Rüedger Steiner.
- 1355. Berchtold Hughelm.
- 1356. Niclaus Frygo.
- 1360. Johannes Cunz.
- 1361. Johannes Manneß.
- 1361. Johannes Seiler.
- 1366. Johannes Cunz.
- 1367. Johannes Seiler.
- 1368. Johannes Cunz.
- 1370. Johannes Seiler.
- 1372. Johannes Manneß.
- 1375. Heinrich Hagnauer.
- 1380. Ulrich Stuckl.
- 1389. Johannes von Aegery.
- 1389. Johannes Hagnauer.
- 1393. Johannes Aeppli.
- 1394. Conrad Täschler.

Zürich.

Rahtsherren der freyen Wahl.

Anno
1489. Johannes Boßhardt.
1510. Alexander Metzger.
1537. Niclaus Brennwald.
1537. Conrad Rollenbuz.
1564. Hans Wegmann.
1591. Marx Rollenbutz.
1617. Hans Leonhard Holzhalb.
1648. Hs. Georg Werdmüller.
1707. Hans Caspar Landolt.
1716. Hans Caspar Werdmüller.

Zunft-Meister.

Anno
1426. Heinrich Boßhardt.
1428. Heinrich Gumpost.
1442. Rüdger Studler.
1443. Jacob Hagnauer.
1446. Ulrich Bertschinger.
1452. Niclaus Brennwald.
1461. Rudolf Studler.
1468. Ludwig Huber.
1471. Herrmann Bischof.
1476. Ludwig Huber.
1481. Thoman Schwarzmurrer.
1484. Thoman Schoubli.
1489. Johannes Heldenrych.
1490. Johannes Tünger.
1495. Michel Setzstab.
1499. Ulrich Felix.
1501. Johannes Wigl.
1504. Niclaus Setzstab.
1511. Antoni Klauser.
1516. Herrmann Ott.
1521. Jacob Werdmüller.
1530. Johannes Steiner.
1531. Johannes Haab.
1532. Andreas Geßner.
1540. Johannes Wägmann.
1541. Johannes Haab.
1542. Andreas Geßner.
1561. Johannes Murer.
1565. Johannes Wägmann.
1569. Johannes Ziegler.
1572. Jacob Haab.
1572. Conrad Heidegger.

Zunft-

Zunft-Meister.

Anno
- 1576. Johannes Ziegler.
- 1584. Salomon Hirzel.
- 1588. Thoman Klauser.
- 1589. Hans Heinrich Klauser.
- 1594. Johannes Ziegler.
- 1595. Hans Ulrich Wolf.
- 1601. Hans Jacob Hirzel.
- 1609. Hans Ulrich Wolf.
- 1610. Hans Jacob Geßner.
- 1613. Salomon Hirzel.
- 1624. Hans Jacob Geßner.
- 1637. Hans Rudolf Wolf.
- 1637. Salomon Hirzel.
- 1640. Hans Heinrich Schultheß.
- 1653. Hans Jacob Hirzel.
- 1664. Heinrich Werdmüller.
- 1665. Heinrich Hirzel.
- 1671. Caspar Schultheß.
- 1684. Caspar Goßweiler.
- 1685. Hans Jacob Goßweiler.
- 1689. David Heß.
- 1699. Gottfrid Nüscheler.
- 1705. Salomon Ott.
- 1707. Hs. Caspar Goßweiler.
- 1711. Hans Jacob Heß.
- 1711. Johannes von Muralt.
- 1726. Hs. Conrad von Muralt.
- 1733. Salomon Hirzel.
- 1747. Diethelm Hirzel.
- 1761. Matthias Lavater.
- 1762. Hans Conrad Ott.

Meisen.

Rahtsherren der Zunft.
Anno
1489. Johannes Keller.
1526. Ulrich Trinckler.
1536. Hans Obrist.
1541. Jacob Wäber.
1642. Heinrich Rahn.
1549. Leonhard Sprüngli.
1569. Rudolf Escher.
1575. Hans Conrad Escher.
1591. Hans Heinrich Escher.
1592. Hans Heinrich Keller.
1596. Heinrich Walder.
1607. Conrad Grebel.
1626. Hans Peter Rahn.
1627. Hans Rudolf Seeholzer.
1631. Heinrich von Schänni s.
1637. Hans Caspar Escher.
1663. Heinrich Escher.
1669. Hans Jacob Holzhab.
1674. Hans Caspar Landolt.
1706. Hans Conrad Escher.
1753. Hans Jacob Holzhalb.
1754. Hans Jacob Escher.

Zunft-Meister.
Anno
1336. Heinrich Eppo.
1337. Johannes Danger oder Tanger.
1339. Johannes Manneß.
1340. Heinrich Tanger.
1342. Ulrich von Lindow.
1344. Jacob Manneß.
1347. Ulrich von Costanz.
1349. Jacob Manneß.
1350. Johannes Manneß.
1351. Walter Fütschi.
1352. Berchtold Merz.
1352. Conrad Trüeber.
1353. Johannes Zapfer.
1353. Johannes Seiler.
1357. Johannes Zapfer.
1358. Johannes Manneß.
1359. Johannes Seiler.
1360. Berchtold Merz.
1361. Heinrich Bruggli.
1361. Hans Kuntz.
1369. Johannes Strasser.
1376. Heinrich Sigbot.
1377. Rudolf Moser.
1388. Rudolf Stüßi.
1394. Johannes Stucki.
1406. Rudolf Brunner.
1411. Conrad Tanner.
1427. Rudolf Stüßi.
1427. Johannes Brunner.

Zürich.

Rahtsherren der Freyen Wahl

Anno
1509. Jacob Stapfer.
1510. Jacob Bluntschli.
1511. Matthias Woß.
1514. Conrad Engelhart.
1515. Heinrich Rubli.
1517. Fridrich Bürckli.
1521. Thomas Sprüngli.
1530. Ulrich Funck.
1530. Caspar Nasal.
1532. Heinrich Rahn.
1534. Johannes Schneeberger.
1597. Hans Jacob Holzhalb.
1613. Hans Conrad Wirtz.
1615. Hans Jacob Holzhalb.
1628. Hans Heinrich Müller.
1630. Hans Heinrich Grebel.
1635. Matthias Landolt.
1655. Hans Conrad Escher.
1676. Hans Heinrich Escher.
1678. Hans Jacob Escher.
1682. Hans Rudolf Simler.
1696. Leophard Fries.
1713. Hans Jacob Holzhalb.
1714. Hans Rudolf Escher.
1735. Hans Jacob Holzhalb.

Zunft-Meister.

Anno
1430. Heinrich Ufsickon.
1444. Johannes Stüßi.
1445. Oswald Schmid.
1445. Johannes Grebel.
1447. Jacob Brunner.
1447. Felix Oeri.
1451. Johannes Gerhardt.
1452. Johannes Bluntschli.
1455. Heinrich Suter.
1461. Eberhard Oticken.
1464. Felix Oeri.
1464. Heinrich Stampfer.
1466. Oswald Schmid.
1469. Eberhard Otticken.
1473. Johannes Grebel.
1480. Heinrich Stapfer.
1485. Ulrich Grebel.
1489. Felix Schmid.
1489. Felix Keller.
1493. Ulrich Grebel.
1496. Niclaus Bluntschli.
1504. Jacob Stapfer.
1505. Conrad Engelhardt.
1508. Heinrich Klenaß.
1508. Felix Schmid.
1511. Ulrich Trinkler.
1514. Jost von Rusen.
1519. Hans Ochsner.
1532. Georg Müller.
1436. Hans Kolb.
1541. Felix Beyer.
1557. Felix Engelhardt.
1563. Jacob Wirtz.

Zunft-Meister.

Anno.
- 1570. Hans Müller.
- 1574. Hans von Schäunis.
- 1574. Conrad Denzler.
- 1576. Rudolf Keller.
- 1581. Felix Engelhardt.
- 1584. Felix Lavater.
- 1586. Andreas Brem.
- 1592. Melchior Breitinger.
- 1594. Alexander Rubli.
- 1597. Conrad Grebel.
- 1600. Hans Conrad Wirz.
- 1602. Hans Heinrich Keller.
- 1606. Hans Jacob von Schännis.
- 1612. Hans Conrad Escher.
- 1618. Hans Heinrich Müller.
- 1522. Heinrich von Schännis.
- 1622. Bläsi Jubler.
- 1630. Salomon Keller.
- 1642. Hans Jacob Nüscheler.
- 1645. Heinrich Burkhardt.
- 1645. Fridrich Waser.
- 1646. Hans Heinrich Müller.
- 1656. Hans Conrad Grebel.
- 1664. Hans Grütert.
- 1668. Heinrich Simler.
- 1669. Heinrich Denzler.
- 1670. Hans Conrad Fries.
- 1693. Leonhard Grütert.
- 1695. Matthias Landolt.
- 1704. Leonhard Grütert.
- 1729. Heinrich Escher.
- 1733. Hans Conrad Escher.

Zürich.

Zunft-Meister.

Anno
1743. Hans Jacob Escher.
1747. Peter Ott.
1750. Hans Caspar Landolt.
1751. Hans Rudolf Grebel.
1753. Johannes Wüber.
1760. Heinrich Escher.

Schmiden.

Rahtsherren der Zunft.

Anno
1490. Rudolf Lütschg.
1505. Heinrich Walder.
1513. Heinrich Rouchli.
1522. Hans Lütschg.
1532. Heinrich Kramer.
1553. Michel Schmid.
1565. Hans Pfenninger.
1567. Hans Rouchli.
1571. Hans Füesli.
1587. Paulus Blemler.
1589. Matthias Schmid.
1592. Hans Barthlime Thumeisen.
1597. Heinrich Eßlinger.
1602. Peter Füesli.
1618. Hans Rouchli.
1618. Heinrich Ruf.
1626. Hans Conrad Heidegger.
1627. Christof Werdmüller.

Zunft-Meister.

Anno
1336. Johannes Hafner.
1337. Conrad Glogger.
1337. Johannes Jung.
1338. Johannes Tünger.
1338. Johannes Fryo.
1339. Rudolf Bremgarter.
1340. Peter Wackerbold.
1340. Johannes Zapfner.
1341. Conrad Sax al. Syr.
1342. Johannes Jung.
1343. Heinrich Läbertös.
1343. Berchtold Ehrishaupt.
1344. Johann von Augspurg.
1345. Ulrich Külwanger.
1345. Conrad Gloggner.
1347. Johannes Jung.
1348. Johannes Zapfner.
1350. Heinrich Wider.

Rahtsherren der Zunft.

Anno
1639. Leonhard Keller.
1640. Hans Peter Lochmann.
1656. Hans Rudolf Waser.
1669. Hans Jacob Heidegger.
1698. Hans Jacob Geßner.
1703. Heinrich Geßner.
1712. Hans Rudolf Koller.
1717. Hans Conrad Geßner.
1722. Hans Heinrich Thoman.
1738. Hans Jacob Geßner.
1760. Mauritz Füeßli.

Rahtsherren der Freyen-Wahl.

1484. Leonhard Stäinell.
1527. Johannes Schweitzer.
1552. Esaias Roüchli.
1554. Itelhans Thumeisen.

Zunft-Meister.

Anno
1353. Berchtold Ehrishaupt.
1354. Johannes Zapfner.
1354. Johannes Wäll.
1355. Conrad Gloggner.
1556. Conrad Wetzel.
1356. Heinrich Wider.
1357. Johannes Diethelm.
1358. Heinrich Wider.
1358. Johannes Zapfner.
1362. Conrad von Rümlang.
1363. Johannes Zapfner.
1364. Heinrich Wider.
1364. Conrad von Rümlang.
1367. Johannes Ehrishaupt.
1368. Heinrich Wetzel.
1269. Conrad von Rümlang.
1370. Hans Wetzel.
1384. Rudolf Wetzel.
1389. Ulrich Schmid von Rümlang.
1389. Heinrich Wider.
1390. Rudolf Wetzel.
1393. Ulrich Schmid von Rümlang.
1394. Albert Gloggner.
1398. Jacob Hellinger.
1401. Rudolf Ernst.
1403. Heinrich Schmid von Rümlang.
1406. Johannes Wetzel, der Jünger.
1411. Jacob Hellinger.
1414. Rudolf Engelhard.

Rahts-

Zürich.

Rahtsherren der freyen Wahl.

Anno
1575. Gabriel Kippenhan.
1594. Caspar Hafner.
1595. Johannes Kippenhan.
1656. Hans Conrad Werdmüller.
1669. Hans Heinrich Maser.
1752. Hans Conrad Heidegger.

Zunft-Meister.

Anno
1417. Wernherr Hammerschmid.
1418. Heinrich Schmid von Rümlang.
1419. Johannes Ackli.
1420. Rudolf Engelhard.
1425. Johannes Elber.
1427. Rudolf Engelhard.
1428. Johannes Ackli.
1329. Iberger Schmid.
1436. Johannes Neuweiler.
1444. Beringer Halbeysen.
1445. Niclaus Zeender.
1445. Rudolf Engelhard.
1447. Beringer Halbeysen.
1449. Johannes Yburger.
1454. Johannes Röuchli.
1470. Leonhard Stämeli.
1484. Ulrich Zimmermann.
1489. Heinrich Zeiner.
1489. Heinrich Winkler.
1495. Ulrich Zimmermann.
1497. Heinrich Röuchli.
1501. Hans Schweitzer.
1519. Rudolf Thumeisen.
1520. Heinrich Walder.
1524. Ludwig Zeiner.
1526. Herrmann Merzhausen.
1530. Jacob Rapolt.
1532. Itelhans Thumeisen.
1548. Johannes Bräm.
1549. Jacob Hafner.
1568. Matthias Schmid.

Zunft-

Zunft-Meister.

Anno
- 1570. Gabriel Kippenhan.
- 1571. Caspar Hafner.
- 1576. Hs. Barthl. Thumeisen.
- 1586. Heinrich Kramer.
- 1588. Hans Kippenhan.
- 1589. Felix Meyer.
- 1594. Johannes Heidegger.
- 1595. Herrmann Bremwald.
- 1610. Hs Balthasar Bodmer.
- 1612. Franz Zubler.
- 1615. Hans Peter Sirzel.
- 1618. Jacob Hafner.
- 1619. Peter Füeßli.
- 1629. Hs. Balthasar Bodmer.
- 1631. Georg Klingler.
- 1632. Heinrich Heidegger.
- 1635. Hans Conrad Heidegger.
- 1637. Peter Füeßli.
- 1641. Hans Heinrich Häfelin.
- 1658. Hs. Conrad Heidegger.
- 1668. David Geßner.
- 1686. Hans Conrad Hafner.
- 1690. Hs. Conrad Heidegger.
- 1693. Manriz Füeßli.
- 1697. Hs. Caspar Heidegger.
- 1700. Hs. Conrad Heidegger.
- 1717. Johannes Gutmann.
- 1721. Johannes Füeßli.
- 1727. Johannes Füeßli.
- 1738. Hans Jacob Holzhalb.
- 1751. Hans Jacob Füeßli.
- 1754. Hs. einrich Heidegger.
- 1762. H. Ulrich Fries.

Weggen.

Weggen.

Rahtsherren der Zunft.	Zunft-Meister.
Anno	Anno
1489. Jacob Aberli.	1336. Rudolf Grauw der alte.
1501. Rudolf Wäber.	1337. Berchtold Ehrishaupt.
1508. Felix Pur.	1337. Johannes Ringlicken.
1515. Heinrich Burkhardt.	1340. Luthold Moter.
1516. Hans Widmer.	1340. Heinrich ab Ezelen.
1524. Hans Berger.	1342. Herrmann ab Ezelen.
1530. Ursus Haab.	1342. Ulrich Keller.
1532. Heinrich Werdmüller.	1343. Johanes Jung.
1549. Rudolf Vögeli.	1343. Conrad Gloganer.
1566. Heinrich Sproß.	1344. Johannes Spräng.
1570. Felix Peter.	1345. Berchtold Ehrishaupt.
1571. Felix Sprüngli.	1346. Heinrich Graßer.
1576. Heinrich Meyer.	1348. Johannes Diethelm.
1587. Hans Peter.	1349. Lupold Mok.
1595. Ludwig Vögeli.	1349. Heinrich Graßer.
1636. Conrad Werdmüller.	1350. Rudger Oelhafer.
1574. Fridrich Keller.	1350. Johannes Diethelm.
1683. Heinrich Werdmüller.	1351. Ulrich Hämmerli.
1714. Hans Heinrich Meyer.	1352. Hans Wäli.
1717. Hans Jacob Keller.	1353. Rudolf Keller.
1718. Conrad Werdmüller.	1354. Johann Diethelm.
1730. Hans Jacob Hirzel.	1355. Johannes Ehrishaupt.
1754. Heinrich Hirzel.	1356. Hans Diethelm.
	1357. Rudger Oelhafen.
	1364. Hans Ehrishaupt.
	1366. Ruedger Oelhafen.
	1366. Johann Ebrishaupt.
	1367. Johannes Diethelm.
	1369. Berchtold Ehrishaupt.
	1370. Rudolf Trottbaum.
	1370. Hans Ehrishaupt.

Zürich.

Rahtsherren der Freyen Wahl.

Anno
1495. Heinrich Werdmüller.
1524. Georg Berger.
1588. Hans Heinrich Sproß.
1565. Caspar Gimper.
1591. Leonhard Vogell.
1595. Andreas Kipenhan.
1595. Junghans Thumeisen.
1605. Hans Conrad Keller.
1625. Hans Caspar Thumeisen.
1630. Hans Rudolf Wirtz.
1696. Hans Jacob Hofmeister.
1759. Hans Caspar Hirzel.

Zunft-Meister.

Anno
1375. Johannes Dälliker.
1393. Rudolf Sigrist.
1394. Conrad Münch.
1403. Johannes zur Linden.
1405. Johannes Meyer.
1408. Hermann Roust.
1416. Heinrich Pfenninger.
1417. Hermann Roust.
1423. Heinrich Wettischweiler.
1430. Johannes Studer.
1438. Conrad von Chaam.
1441. Rudolf von Chaam.
1445. Heinrich im Werd.
1454. Heinrich von Wyl.
1460. Heinrich Roust.
1469. Johannes Müller.
1472. Heinrich Haab.
1489. Rudolf Wäber.
1491. Johannes Wettlich.
1501. Heinrich Spaan.
1505. Hans Berger.
1524. Heinrich Huber.
1530. Johannes Meyer.
1530. Heinrich Keerer.
1540. Hans Heinrich Sproß.
1545. Conrad Schwerzenbach.
1551. Jacob Sprüngli.
1553. Caspar Gimpert.
1562. Leonhard Meyer.
1570. Hans Reutlinger.
1573. Caspar Thoman.
1575. Hans Wirth.

Zunft-

Zunft-Meister.

Anno
- 1575. Junghans Thumeisen.
- 1576. Sixt Vogel.
- 1583. Hans Heinrich Sproß.
- 1583. Johannes Thumeisen.
- 1584. Jacob Wüest.
- 1589. Hans Fridrich v. Birch.
- 1599. Jacob Peter.
- 1600. Hans Heinrich Grob.
- 1606. Sixt Vogel.
- 1613. Caspar Hofmeister.
- 1614. Hans Caspar Heidegger.
- 1619. Hans Rudolf Wirtz.
- 1622. Michael Mantz.
- 1624. Melchior Hofmeister.
- 1638. Hans Ulrich Körner.
- 1641. Rudolf Schaufelberger.
- 1651. Thomas Werdmüller.
- 1660. Heinrich Schweitzer.
- 1672. Melchior Hofmeister.
- 1675. Caspar Körner.
- 1690. Christof Werdmüller.
- 1691. Hans Ludwig Werdmüller.
- 1692. Thomas Werdmüller.
- 1700. Melchior Hofmeister.
- 1707. Hans Heinrich Hirzel.
- 1708. Hs. Conrad Werdmüller.
- 1711. Johannes Hofmeister.
- 1723. Hans Jacob Geßner.
- 1734. Hans Bernhard Hug.
- 1738. Wilhelm Hofmeister.
- 1753. Hans Heinrich Hug.
- 1760. Heinrich Hirzel.

Gerwi.

Rahtsherren der Zunft.

Anno
1490. Rudolf Lochmann.
1492. Heinrich Leemann.
1497. Hans Leemann.
1507. Rudolf Kienast.
1529. Johannes Wägmann.
1532. Beringer Leemann.
1552. Heinrich Lochmann.
1577. Conrad Kambli.
1586. Johannes Kambli.
1622. Hans Schlatter.
1631. Caspar Lochmann.
1657. Hans Ulrich Ulrich.
1670. Hans Rudolf Lavater.
1698. Hans Caspar Spöndli.
1737. Hans Rudolf Spöndli.
1748. Johannes Spöndli.
1759. Sigmund Spöndli.

Zunft-Meister.

Anno
1336. Berchtolb Binder.
1337. Johann von Augspurg.
1337. Hans Wackerbold.
1339. Hermann ab Ezelen.
1340. Heinrich Lebertoß.
1340. Johann Lugnez.
1341. Ulrich Keller.
1342. Peter Wackerbold.
1343. Heinrich Ehrishaupt.
1343. Ulrich Muglich.
1344. Johannes Trottbaum.
1345. Johannes v. Augspurg.
1346. Heinrich Wächsler.
1347. Heinrich Graßer.
1347. Ulrich Mugali.
1349. Rüedger Oelhafen.
1349. Conrad Burenwald.
1350. Ulrich Küelwanger.
1350. Heinrich Riems.
1351. Berchtold Ehrishaupt.
1352. Ulrich Hämerli.
1352. Johann Frieslich.
1353. Berchtold Schürmeyer.
1354. Peter Trümpi.
1359. Ulrich Küelwanger.
1359. Conrad Köstli.
1369. Ulrich Obrist.
1361. Berchtold Schürmeyer.
1369. Johannes Frog.
1370. Conrad Gerlicker.
1371. Conrad Köstli.

Rahts-

Zürich.

Rahtsherren der Freyen Wahl.
Anno
- 1532. Jacob Breitinger.
- 1536. Hans Rudolf Lavater.
- 1566. Rudolf Breitinger.
- 1567. Conrad Kambli.
- 1492. Hs. Rudolf Wägmann.
- 1610. Hans Rudolf Leemann.
- 1618. Rudolf Ulrich.
- 1619. Leonhard Werdmüller.
- 1704. Hans Conrad Lavater.

Zunft-Meister.
Anno
- 1374. Lütbold Kloter.
- 1383. Conrad Schmid von Jonen.
- 1385. Conrad Gerlinken.
- 1388. Johann von Rüthi.
- 1396. Peter Meyer.
- 1414. Heinrich Pfeninger.
- 1416. Peter Utinger.
- 1417. Jacob Meyer.
- 1418. Wernher Kambli.
- 1429. Heinrich Abbüel.
- 1432. Wernher Schürmeyer.
- 1434. Heinrich Abbüel.
- 1438. Jacob Wys.
- 1457. Johannes Kambli.
- 1457. Rudolf Heinz.
- 1471. Johannes Tachselhofer.
- 1474. Rudolf Heinz.
- 1476. Heinrich Kambli.
- 1485. Heinrich Albrecht.
- 1487. Rudolf Sigrist.
- 1489. Heinrich Werder.
- 1490. Heinrich Kambli.
- 1492. Rudolf Sigrist.
- 1505. Hans Wägmann.
- 1507. Hans Kambli.
- 1512. Ulrich Kambli.
- 1519. Ulrich Leemann.
- 1520. Rudolf Leemann.
- 1542. Rudolf Breitinger.
- 1544. Jacob Kumber.
- 1547. Rudolf Kambli.

Zürich.

Zunft-Meister.

Anno
- 1548. Bilgeri Leemann.
- 1549. Marx Schweitzer.
- 1549. Rudolf Breitinger.
- 1551. Jacob Wägmann.
- 1553. Hans Kambli.
- 1553. Hans Grundler.
- 1557. Stoffel Breitinger.
- 1558. Conrad Kambli.
- 1561. Hans Kambli.
- 1577. Hans Leemann.
- 1584. Hans Lavater.
- 1585. Rudolf Wägmann.
- 1586. Hans Rudolf Leemann.
- 1589. Peter Ulrich.
- 1594. Rudolf Kambli.
- 1596. Jacob Bodmer.
- 1598. Bernhard Lavater.
- 1600. Conrad Kambli.
- 1607. Johann Rudolf Wägmann.
- 1610. Hans Rudolf Kambli.
- 1613. Johann Caspar Huber.
- 1615. Conrad Kambli.
- 1621. Hans Jacob Burkhard.
- 1622. Jacob Bodmer.
- 1632. Heinrich Burkhard.
- 1624. Hans Heinrich Spöndli.
- 1646. Johann Ulrich Ulrich.
- 1657. Hans Heinrich Spöndli.
- 1661. Hans Fridrich Ulrich.
- 1662. Hans Heinrich Trüeb.
- 1663. Sigmund Spöndli.
- 1671. Caspar Spöndli.

Zürich.

Zunft-Meister.

Anno
1675. Hans Schallenberg.
1684. Hans Rudolf Ulrich.
1689. Heinrich Spöndli.
1700. Hans Jacob Ulrich.
1712. Hans Rudolf Ulrich.
1719. Hans Heinrich Lavater.
1734. Hans Caspar Meyer.
1750. Hans Caspar Ulrich.
1755. Hans Heinrich Lavater.

Widder.

Rahtsherren der Zunft.	Zunft-Meister.
Anno	Anno
1490. Leonhard Holzhalb.	1336. Eberhard Christhaupt.
1502. Jacob Holzhalb.	1337. Berchtold Binder.
1511. Rudolf Jeglli.	1337. Conrad Say.
1525. Lorenz zur Eich.	1339. Heinrich Graser.
1528. Hans Jeglli.	1339. Conrad Zay.
1529. Hans Holzhalb.	1340. Ulrich Muglich.
1531. Lorenz zur Eich.	1340. Ulrich vom Bach.
1554. Hans Jeglli.	1341. Conrad Gloggner.
1563. Jacob Bürcki.	1342. Ulrich Eiser.
1574. Hans Klunz.	1342. Berchtold Binder.
1581. Hans Heinrich Holzhalb.	1343. Ulrich Hämerli.
1586. Jacob Klunz.	1343. Lüthold Moter.
1588. Hans Rudolf Rahn.	1344. Rudolf Graf.
1600. Hans Ludwig Holzhalb.	1344. Conrad Bureuwald.
1631. Diethelm Holzhalb.	1345. Rudolf Grau.
1642. Hans Rudolf Schwelter.	1344. Hartmann Sängli.
	1346. Johannes Diethelm.

Rahts

Zürich.

Rahtsherren der Zunft.

Anno
1663. Hans Heß.
1679. Rudolf Bräm.
1712. Hans Jacob Ulrich.
1741. Hans Conrad Heß.
1747. Hans Heinrich Rahn.

Rahtsherren der Freyen Wahl.

1574. Rudolf Rahn.
1596. Hans Heinrich Scheuchzer.
1611. Hans Heinrich Thumelsen.
1613. Hans Jacob Bürckli.
1639. Johannes Bräm.
1668. Hans Heß.
1669. Hans Heinrich Rahn.
1689. Hans Heinrich Rahn.
1704. Hans Heinrich Heß.
1756. Hans Caspar Heß.
1763. Hans Heinrich Kilchsperger.

Zunft-Meister.

Anno
1347. Rudolf Fullado.
1347. Johannes Welli.
1348. Luthold von Eßlingen.
1348. Conrad Burenwald.
1349. Ulrich Rüeli oder Blümli.
1350. Johannes Graßer.
1350. Ulrich Mnglich.
1351. Berchtold Schürmeyer.
1252. Berchtold Chrishaupt.
1352. Johannes Diethelm.
1353. Peter Trümpi.
1354. Simon Binder.
1355. Johannes Frieslich.
1358. Hans Graßer.
1358. Peter Trümpi.
1360. Simon Bluder.
1367. Rudolf Tschudi.
1368. Johannes Holzach.
1369. Berchtold Schürmeyer.
1370. Berchtold Stucki.
1371. Ulrich Oehem.
1376. Johannes Holzach.
1378. Berchtold Stucki.
1392. Ulrich Oehem.
1396. Conrad Bamser.
1405. Rudolf Läbertöß.
1410. Rudolf Oehem.
1412. Johannes zur Linden.
1414. Heinrich Seiler.
1418. Berchtold Riem.
1420. Berchtold Riem.
1420. Rudolf Oehem.

Zunft

Zunft-Meister.

Anno

1424. Heinrich Seller.
1425. Johannes Berger.
1428. Hermann Cuntz.
1431. Johannes Riem.
1431. Hermann Cuntz.
1432. Rudolf Oehem.
1435. Johann Holzach.
1436. Johannes Bamser.
1437. Johannes Holzach.
1438. Heinrich Reyg.
1441. Rudolf Joß.
1445. Ulrich Reyg.
1445. Conrad Münch.
1447. Johannes Ambts.
1449. Conrad Münch.
1464. Ulrich Holzhab.
1466. Johannes Meyer.
1466. Leonhard Oehem.
1470. Johannes Holzhalb.
1474. Ulrich Reyg.
1476. Leonhard Oehem.
1484. Johannes Steinbrüchel.
1489. Johannes Riem.
1489. Rudolf Jegkli.
1491. Johannes Steinbrüchel.
1494. Ulrich zur Linden.
1496. Conrad Häginger.
1498. Johannes Steinbrüchel.
1499. Rudolf Steinbrüchel.
1504. Conrad Häginger.
1506. Rudolf Steinbrüchel.
1511. Jacob Holzhalb.
1516. Ludwig Bürkli.

Zunft-Meister.

Anno
- 1525. Johannes Jeckli.
- 1528. Laurenz zur Eich.
- 1529. Vitalis Bitler.
- 1530. Hans Plaß.
- 1531. Hans Holzhalb.
- 1535. Urban Ertzli.
- 1538. Hans Steinbrüchel.
- 1542. Heinrich Kramer.
- 1547. Ludwig Meyer.
- 1550. Hans Steinbrüchel.
- 1554. Heinrich Kramer.
- 1558. Ludwig Meyer.
- 1559. Jacob Kilchsperger.
- 1561. Rudolf Rahn.
- 1566. Hans Klunz.
- 1569. Heinrich Schweitzer.
- 1570. Georg Häginger.
- 1575. Hans Holzhalb.
- 1583. Heinrich Schweitzer.
- 1584. Peter Kilchsperger.
- 1589. Heinrich Bräm.
- 1591. Jacob Meister.
- 1600. Heinrich Thumeisen.
- 1609. Melchior Schweitzer.
- 1610. Heinrich Kilchsperger.
- 1612. Heinrich Bräm.
- 1627. Hans Heinrich Rahn.
- 1628. Wilhelm Heß.
- 1630. Hans Klunz.
- 1635. Hans Rudolf Rahn.
- 1645. Hans Heinrich Holzhalb.
- 1648. Felix Plaß.

Zunft-Meister.

Anno
- 1655. Hans Conrad Rahn.
- 1659. Hans Conrad Rahn.
- 1660. Hans Heinrich Holtzhalb.
- 1666. Heinrich Brunner.
- 1670. Hans Balthasar Eberhardt.
- 1676. Heinrich Kilchsperger.
- 1681. Johannes Rahn.
- 1689. Heinrich Kilchsperger.
- 1704. Hans Jacob Brunner.
- 1713. Hans Heinrich Meyer.
- 1716. Hans Jacob Bürckli.
- 1725. Hans Caspar Heß.
- 1729. Hans Conrad Heß.
- 1732. Hans Georg Bürckli.
- 1741. Hans Jacob Brunner.
- 1743. Caspar Ulrich.
- 1764. Hans Heinrich Steinfels.

Schuhmachern.

Rahteherren der Zunft.

Anno
- 1489. Heinrich Mautz.
- 1504. Johannes Linder.
- 1542. Heinrich Trüeb.
- 1576. Heinrich Trüeb.
- 1588. Niclaus Most.
- 1593. Antoni Klauser.
- 1604. Franz Groß.

Zunft-Meister.

Anno
- 1336. Heinrich Graßer.
- 1337. Heinrich Läbertös.
- 1337. Ulrich Keller.
- 1339. Rudolf Graw, der jung.
- 1340. Conrad Burenwald.
- 1340. Conrad Zay.
- 1341. Hartmann Säugli.

Zürich.

Rahtsherren der Zunft.

Anno
- 1615. Hans Felix Trüeb.
- 1618. Hans Scheuchzer.
- 1637. Hans Felix Trüeb.
- 1642. Hans Jacob Werdmüller.
- 1644. Hans Heinrich Fries.
- 1646. Melchior Trüeb.
- 1653. Hans Jacob Scheuchzer.
- 1669. Hans Scheuchzer.
- 1687. Hans Conrad Escher.
- 1702. Hans Caspar Escher.
- 1715. Johannes Fries.
- 1742. Hans Conrad Escher.
- 1756. Hans Caspar Escher.

Rahtsherren der Freyen Wahl.
- 1508. Conrad Bachofer.
- 1520. Hans Felix Manz.
- 1607. Melchior Maag.
- 1612. Matthias Stolz.
- 1723. Hans Ulrich Rabholz.
- 1750. Hans Rudolf Wyß.

Zunft-Meister.

Anno
- 1342. Johannes Frieslich.
- 1342. Heinrich Graßer.
- 1343. Johannes von Augspurg.
- 1344. Ulrich Füßbach.
- 1344. Hartmann Kasto.
- 1345. Conrad Burenwald.
- 1346. Berchtold Weker.
- 1347. Hans von Nefftenbach.
- 1347. Ulrich Hämmerli.
- 1348. Berchtold Schürmeyer.
- 1348. Johannes Wäli.
- 1349. Johann Täscher.
- 1349. Johann Diethelm.
- 1350. Herman vor Dielstorf.
- 1350. Conrad Burenwald.
- 1351. Heinrich Reisidler.
- 1352. Jacob Gläntner.
- 1353. Johannes Früyo.
- 1354. Jacob Burenwald.
- 1355. Peter Trämpi.
- 1356. Ulrich Obrist.
- 1357. Hans Frey.
- 1358. Conrad Burenwald.
- 1359. Hermann von Dielstorf.
- 1359. Ulrich Obrist.
- 1360. Jacob Gläntner.
- 1361. Hans Frey.
- 1363. Rudolf Graw.
- 1363. Ulrich Obrist.
- 1363. Ulrich Obrist.
- 1364. Hans Früyo.
- 1366. Jacob Fischer.
- 1369. Herman von Dielstorf.

Zürich.

Zunft-Meister.

Anno
- 1370. Ulrich Obrist.
- 1370. Hans Frovo.
- 1375. Rudolf Brunner.
- 1376. Herman von Dielstorf.
- 1380. Heinrich Stubenwäg.
- 1369. Herman von Dielstorf.
- 1380. Heinrich Stubenwäg.
- 1380. Rudolf Brunner.
- 1381. Rudolf Leimbacher.
- 1382. Heinrich Stubenwag.
- 1382. Rudolf Brunner.
- 1385. Conrad Brogli.
- 1389. Johannes Ungericht.
- 1394. Rudolf Bizlner, der alte.
- 1394. Johannes Müller.
- 1396. Conrad Ambts.
- 1412. Johannes Bizlner.
- 1415. Johannes Gürtler.
- 1416. Johannes Sydler.
- 1430. Johannes Bizlner.
- 1423. Rudolf Tachs.
- 1430. Johannes Bizlner.
- 1431. Rudolf Tachs.
- 1432. Rudolf Zay.
- 1438. Johannes Meyer.
- 1442. Georg Thummer.
- 1444. Johannes Dietschi.
- 1445. Georg von Cappel.
- 1445. Johannes Ingern.
- 1451. Conrad Strewli.
- 1452. Johannes Ingern.
- 1455. Johannes Roht.
- 1457. Johannes Lewenberg.

Zürich.

Zunft-Meister.

Anno

1475. Johann von Dielstorf.
1449. Heinrich Wyß.
1488. Jacob Kopf.
1489. Conrad Bachofen.
1489. Johannes von Egerl.
1493. Jacob Kopf.
1494. Johannes Binder.
1498. Felix Weingartner.
1506. Christen Meyer.
1510. Johannes von Egeri.
1511. Conrad Trüeb.
1513. Conrad Pflegbaar.
1515. Felix Weingartner.
1516. Christen Meyer.
1518. Conrad Trüeb.
1520. Rudolf Moser.
1521. Thomas Meyer.
1525. Ulrich Stolz.
1526. Heinrich Trüeb.
1522. Hans Kilchraht.
1533. Andreas Wirt.
1536. Hans Kilchraht.
1537. Rudolf Kloter.
1542. Hans Walder.
1548. Felix Walder.
1551. Hans Walder.
1556. Rudolf Stolz.
1559. Ludwig Schörll.
1575. Heinrich Trüeb.
1576. Beat Bachofen.
1579. Felix Morf.
1582. Rudolf Stolz.
1589. Georg Müller.

Raths-

Zürich.

Zunft-Meister.

Anno

1595. Melchior Maag.
1595. Felix Beyer.
1600. Matthias Stolz.
1601. Hans Heinrich Moß.
1602. Thomas Fischer.
1612. Felix Beyer.
1616. Conrad Morf.
1619. Melchior Maag.
1643. Melchior Maag.
1644. Ludwig Meyer.
1647. Matthias Maag.
1653. Ludwig Meyer.
1666. Conrad Schmid.
1668. Hans Caspar Escher.
1683. Hans Jacob Brunner.
1686. Heinrich Scheuchzer.
1691. Heinrich Scheuchzer.
1699. Johannes Fries.
1710. Johannes Scheuchzer.
1727. Hans Jacob Scheuchzer.
1728. Hans Ludwig Meyer.
1732. Hans Conrad Scheuchzer.
1735. Hans Heinrich Hirzel.
1745. Hans Jacob Scheuchzer.
1749. Hans Conrad Scheuchzer.
1758. Johannes Scheuchzer.
1761. Hans Conrad Escher.

Zimmerleuth.

Rahtsherren der Zunft.

Anno
- 1489. Johannes Boßhart.
- 1491. Rudolf Binder.
- 1495. Felix Walder,
- 1517. Mathe Stoll.
- 1520. Rudolf Stoll.
- 1554. Heinrich Binder.
- 1565. Caspar Meyer.
- 1527. Heinrich Binder.
- 1574. Fridrich Meyer.
- 1592. Hans Schmid.
- 1599. Paulus Thoman.
- 1600. Ludwig Bodmer.
- 1608. Paulus Tempelmann.
- 1612. Jacob Weerli.
- 1618. Hans Jacob Schweitzer.
- 1642. Dietherich Meyer.
- 1658. Hans Trüeb.
- 1675. Heinrich Bodmer.
- 1689. Marx Oeri.
- 1691. Antoni Ulrich.
- 1694. Hans Jacob Wolf.
- 1703. Hans Rudolf Werdmüller.
- 1732. Hans Jacob Escher.
- 1755. Hans Rudolf Werdmüller.
- 1761. Hans Rudolf Werdmüller.

Zunft-Meister.

Anno
- 1336. Johannes von Grüningen.
- 1337. Conrad von Strelgassen.
- 1337. Johannes Stucki.
- 1340. Rüdger Oelhafen.
- 1340. Heinrich Grunauer.
- 1341. Heinrich Schudi der jung.
- 1342. Ulrich von Bäch.
- 1342. Ulrich Küelwanger.
- 1343. Ulrich Müglich.
- 1343. Jacob Reffel.
- 1344. Heinrich Schönherr.
- 1344. Berchtold Wecker.
- 1345. Ulrich Füßbach.
- 1346. Conrad Burenwald.
- 1347. Hartmann Sangll.
- 1347. Peter Trümpi.
- 1348. Heinrich Riem.
- 1348. Ulrich Füßbach.
- 1349. Heinrich Wächsler.
- 1350. Conrad Wagner.
- 1350. Heinrich Schudi.
- 1351. Peter Trümpi.
- 1352. Simon Binder.
- 1353. Ulrich von Grüningen.
- 1354. Conrad Wagner.
- 1354. Ulrich von Berken.
- 1355. Johannes Bamser.
- 1356. Johannes Frygo.

Zürich.

Rahtsherren von der Freyen Wahl.

Anno
1564. Rudolf Schweitzer.
1583. Caspar Meyer.
1671. Hans Rudolf Bleüler.
1678. Hans Spöndli.
1697. Hans Jacob Escher.

Zunft-Meister.

Anno
1358. Heinrich Kalcher.
1358. Simon Binder.
1361. Rudolf Bonno.
1370. Rudolf Trachsler.
1370. Ulrich Huber.
1372. Rudolf Bonno.
1374. Conrad Hafner.
1376. Conrad Blumer.
1376. Rudolf Trachsler.
1378. Ulrich Huber.
1380. Werner von Husen.
1380. Conrad Hafner.
1381. Rudolf Trächsel.
1382. Rudolf Wagner.
1383. Johannes Koch.
1384. Conrad Oppenheim.
1385. Rudolf Trächsel.
1386. Johannes Koch.
1387. Rudolf Trächsel.
1387. Heinrich Pfaff.
1388. Johannes Koch.
1389. Heinrich Pfaff.
1389. Johannes Koch.
1390. Rudolf Trächsel.
1390. Heinrich Pfaff.
1391. Johannes Koch.
1391. Rudolf Trächsel.
1392. Heinrich Pfaff.
1392. Johannes Koch.
1393. Rudolf Trachsel.
1393. Heinrich Pfaff.
1394. Johannes Koch.

Zürich.

Zunft-Meister.

Anno
- 1394. Rudolf Trächsel.
- 1395. Conrad Füger.
- 1395. Heinrich Pfaff.
- 1397. Johannes Koch.
- 1397. Conrad Füger.
- 1400. Johannes Koch.
- 1400. Conrad Füger.
- 1401. Heinrich Pfaff.
- 1401. Johannes Koch.
- 1408. Werner Binder.
- 1410. Werner Binder.
- 1414. Heinrich Kindenmann.
- 1415. Heinrich Kindenmann.
- 1419. Johannes Keller.
- 1420. Jacob Güntard.
- 1420. Johannes Walder.
- 1423. Heinrich Wymer.
- 1423. Jacob Güntard.
- 1424. Johannes Blum.
- 1424. Heinrich Wagner.
- 1425. Heinrich Fulder.
- 1426. Heinrich Fulder.
- 1427. Heinrich Wagner.
- 1438. Johannes Boßhardt.
- 1440. Johannes Bluntschli.
- 1442. Johannes Binder.
- 1444. Johannes Binder.
- 1445. Johannes Troger.
- 1460. Johannes Seebach.
- 1460. Johannes Wirz.
- 1467. Johannes Binder.
- 1470. Johannes Werder.
- 1482. Rudolf Schweitzer.

Zürich.

Zunft-Meister.

Anno
1489. Rudolf Kuntz.
1489. Hans Frey.
1490. Rudolf Schweitzer.
1495. Rudolf Binder.
1500. Rudolf Bernold.
1402. Jacob Schweitzer.
1506. Hans Sprüngli.
1512. Rudolf Bernold.
1519. Hans Ziegler.
1520. Jacob Schweitzer.
1521. Hans Walder.
1524. Ulrich Stoll.
1538. Hans Fletz.
1542. Rudolf Schweitzer.
1544. Hans Wäber.
1559. Conrad Freudweiler.
1561. Hans Ziegler.
1563. Ulrich Sprüngli.
1566. Conrad Bodmer.
1567. Conrad Bodmer.
1578. Antoni Oeri.
1588. Hans Rudolf Kaufeler.
1592. Hans Ulinger.
1608. Hans Jacob Weerli.
1613. Niclaus Trachsler.
1620. Leonhard Vogel.
1621. Hans Weerli.
1626. Ulrich Schweitzer.
1629. Hans Felix Horner.
1632. Hans Heinrich Bodmer.
1636. Hans Heinrich Stoll.
1637. David Füeßli.
1639. Matthias Leimbacher.
1640. Georg Horner.

Zürich.

Zunft-Meister.

Anno
1647. Caspar Zimmerman.
1649. Hans Heinrich Ulinger.
1656. David Werdmüller.
1663. Hans Jacob Bodmer.
1665. Hans Heinrich Ulinger.
1676. David Horner.
1676. Matthias Gesner.
1688. Hans Jacob Steinfels.
1701. Hans Jacob Geßner.
1704. Heinrich Bodmer.
1709. David Horner.
1711. Leonhard Goßweiler.
1716. Conrad Geßner.
1717. Hans Heinrich Frieß.
1723. Hans Rudolf Nötzli.
1724. Hans Caspar Escher.
1733. David Oeri.
1740. Conrad Goßweiler.
1743. Hans Rudolf Nötzli.
1752. Hans Caspar Werdmüller.
1755. Hans Conrad Geßner.

Schneidern.

Rahtsherren der Zunft.

Anno
1490. Jost Schanold.
1503. Conrad Müller.
1512. Niclaus Keller.
1516. Hans Berger.
1518. Jacob Lübegger.

Zunft-Meister.

Anno
1336. Ulrich von Ysinken.
1337. Rudolf Grauw der jung.
1337. Gotschalk.
1338. Philipp Sigbot.
1339. Conrad an Strelgassen.

Rahts-

Zürich.

Rahtsherren der Zunft.	Zunft-Meister.
Anno	Anno
1520. Peter Meyer.	1340. Hans Sprüng.
1525. Hans Utinger.	1340. B. Graßer.
1529. Hans Balthasar Keller.	1341. Conrad Biziner.
1491. Hans Küng.	1342. Ulrich Füsibach.
1544. Hans Rümbeli.	1343. Johannes Frieslich.
1574. Johannes Keller.	1343. Heinrich Wächsler.
1595. Felix Keller.	1344. Heinrich Läbertös.
1600. Hans Jacob Hottinger.	1344. Heinrich Riem.
1606. Heinrich Schweitzer.	1345. Ulrich Muglich.
1627. Hans Heinrich Berger.	1346. Johannes v. Nefftenbach.
1631. Hans Peter Steiner.	1345. Rudolf Wyßo.
1653. Hans Jacob Heß.	1347. Berchtold Schürmeyer.
1656. Hans Wolf.	1347. Conrad Burenwald.
1673. Hans Heinrich Landolt.	1348. Johannes von Neffenbach.
1663. Matthias Landolt.	
1694. Hans Heinrich Landolt.	1348. Hartmann Sängli.
1716. Christof Bodmer.	1349. Heinrich Sängli.
1722. David Balber.	1349. Rudolf Wyßo.
1729. Hans Caspar Bodmer.	1350. Johannes Frogo.
1748. Balthasar Bullinger.	1350. Simon Binder.
1753. Salomon Hirzel.	1351. Heinrich Wächsler.
	1352. Conrad Burenwald.
	1353. Conrad Wagner.
	1354. Heinrich Falcher.
	1354. Rudolf Graw.
	1355. Berchtold Schürmeyer.
	1355. Simon Binder.
	1356. Berchtold Wecker.
	1357. Niclaus von Spyr.
	1358. Rudolf Graw.
	1358. Berchtold Wecker.
	1359. Johannes Frog.
	1359. Claus von Spyr.

Rahtsherren von der
freyen Wahl.

Anno
1565. Ulrich Bleüwler.
1589. Conrad Großmann.
1601. Hans Ulrich Keller.
1622. Hans Ulrich Keller.
1639. Hans Berger.
1681. Salomon Hirzel.
1711. Ludwig Hirzel.
1743. Hans Caspar Landolt.
1750. David Landolt.
1762. Hans Heinrich Landolt.

Zunft-Meister.

Anno
1360. Johannes Ambts.
1361. Claus von Spyr.
1361. Simon Binder.
1362. Hermann von Dielstorf.
1362. Heinrich Löwli.
1363. Claus von Spyr.
1366. Johannes Fryg.
1367. Johannes Rümbeli.
1368. Simon Binder.
1369. Rudolf Wülflinger.
1369. Niclaus von Spyr.
1370. Heinrich Löwli.
1370. Ulrich Meyenberg.
1371. Hermann von Ueber-
    lingen.
1371. Rudolf Wülflinger.
1372. Heinrich Löwli.
1374. Ulrich Meyenberg.
1375. Heinrich Löwli.
1375. Johannes Imminer.
1377. Heinrich Löwli.
1378. Johannes Imminer.
1378. Ulrich Meyenberg.
1380. Heinrich Löwli.
1380. Johannes Imminer.
1381. Ulrich Meyenberg.
1281. Johann Asper.
1382. Jacob Roust.
1381. Johann Asper.
1383. Conrad Eberli.
1385. Jacob Roust.
1385. Johannes Asper.
1386. Conrad Uberli.

Zunft-

Zürich.

Zunft-Meister.

Anno
- 1386. Conrad Wirtz.
- 1387. Jacob Roust.
- 1388. Conrad Wirtz.
- 1388. Conrad Eberli.
- 1390. Jacob Roust.
- 1390. Conrad Wirtz.
- 1390. Conrad Eberli.
- 1392. Jacob Roust.
- 1393. Conrad Wirtz.
- 1393. Conrad Eberli.
- 1394. Johannes Huber.
- 1395. Heinrich Löwli.
- 1396. Conrad Eberli.
- 1397. Burkhard Woßo.
- 1397. Heinrich Löwli.
- 1398. Rudolf Biziner.
- 1399. Conrad Eberli.
- 1400. Heinrich Löwli.
- 1400. Rudolf Biziner.
- 1401. Johann Dingelstorf.
- 1401. Rudolf Keller.
- 1403. Ulrich Frey.
- 1403. Johann Dingelstorf.
- 1404. Rudolf Keller.
- 1405. Ulrich Frey.
- 1405. Caspar Theilinger.
- 1407. Rudolf Keller.
- 1407. Caspar Theilinger.
- 1409. Ulrich Frey.
- 1409. Caspar Theilinger.
- 1410. Johann Koch.

Zunft-Meister.

Anno
1411. Ulrich Frey.
1412. Burkhard Wyß.
1413. Ulrich Frey.
1414. Hermann Schelterberg
1415. Caspar Thullinger.
1415. Ulrich Frey.
1417. Burkhard Wyß.
1417. Rudolf Keller.
1418. Ulrich Frogo.
1419. Hermann Schelterberg.
1420. Ulrich Frey.
1422. Heinrich Breitenstein.
1422. Caspar Theilinger.
1424. Ulman Trinkler.
1425. Ulrich Freyz.
1427. Caspar Theilinger.
1427. Ulman Trinkler.
1429. Heinrich Schelterberg.
1430. Ulrich Frey.
1431. Heinrich Tünger.
1432. Heinrich Scheiterberg.
1432. Balthasar Theilinger.
1434. Heinrich Scheiterberg.
1435. Balthasar Theilinger.
1435. Ulrich Frey.
1437. Rudolf Theilinger.
1439. Niclaus Wyß.
1439. Rudolf Boßhardt.
1440. Johann Erisholz.
1441. Heinrich Schmid.
1442. Johann Erisholz.
1445. Lütold Kilchmeyer.

Zunft-

Zürich.

Zunft-Meister.

Anno

1445. Jacob Blybnit.
1449. Johann Hofmann.
1459. Gaudenz Hagnauer.
1464. Johannes Silust.
1468. Felix Frey.
1471. Johann Hofmann.
1473. Felix Frey.
1479. Heinrich Tünger.
1480. Heinrich Pfister.
1483. Johann Binzmeyer.
1488. Ulrich Studer.
1489. Hans Ziegler.
1489. Heinrich Utlinger.
1494. Johann Binzmeyer.
1505. Hans Höwelmann.
1513. Hans Ulrich Stuckl.
1519. Hans Hann.
1520. Jacob Lulegger.
1523. Peter Meyer.
1524. Conrad Luchsinger.
1526. Johannes Breitenstein.
1554. Felix Koffel.
1555. Ulrich Bleuwler.
1558. Bilger Liechtenstein.
1560. Erhard Stoll.
1562. Hans Oggenfuß.
1570. Jacob Ehrismann.
1573. Felix Schnorf.
1574. Conrad Großmann.
1575. Peter Tubenmann.
1582. Felix Schnorf.
1582. Jacob Ochsner.
1587. Hans Jacob Toucher.

Zunft-Meister.

Anno
- 1588. Hans Kerez.
- 1592. Jacob Hotinger.
- 1600. Jacob Spreng.
- 1608. Christof Keller.
- 1615. Hans Thoman Vitzthum.
- 1619. Hans Heinrich Aberli.
- 1620. Hans Rütschi.
- 1628. Hs. Heinrich Sprüngli.
- 1620. Hans Ulrich Hotinger.
- 1646. Hans Ulrich Eßlinger.
- 1651. Hans Balthasar Keller.
- 1659. Hans Heinrich Derliberger.
- 1665. Hans Caspar Hirzel.
- 1669. David Bertschinger.
- 1670. Christof Keller.
- 1675. David Keller.
- 1683. Hans Rudolf Steiner.
- 1685. Hans Jacob Meyer.
- 1694. Hans Jacob Bodmer.
- 1696. Baptista Diebold.
- 1704. Hans Rudolf von Lähr.
- 1711. Hans Heinrich Landolt.
- 1719. Hans Jacob Nägeli.
- 1750. Hans Heinrich Landolt.
- 1752. Salomon Hirzel.
- 1760. Hans Jacob Nägeli.

Schiffleuth.

Rahtsherren der Zunft.

Anno
1489. Hans Frey.
1508. Heinrich Schmidli.
1525. Jacob Frey.
1532. Felix Großmann.
1545. Felix Bertschinger.
1559. Hans Ostertag.
1563. Ulrich Waser.
1564. Rudolf Baur.
1582. Andreas Waser.
1608. Hans Conrad Wolf.
1612. Hans Peter Wolf.
1642. Caspar Hirzel.
1654. Hans Hartmann Hofmeister.
1670. Hans Bernhard Thumeisen.
1686. Hans Ulrich Wolf.
1700. Hans Rudolf Waser.
1741. Leonhard Ziegler.
1756. Leonhard Ziegler.

Zunft-Meister.

Anno
1336. Rudolf Heldkessel.
1337. Heinrich Schudi, älter.
1339. Conrad Huser.
1339. Rudolf Heldkessel.
1340. Johannes Frieslich.
1340. Heinrich Reim.
1341. Johannes Ueberlinger.
1342. Berchtold Weber.
1342. Conrad Gyr.
1343. Conrad Burenwald.
1343. Ulrich von Bách.
1344. Johann von Neffenbach.
1344. Hartmann Säugli.
1345. Rudolf Wysso.
1347. Simon Binder.
1347. Ulrich Füsibach.
1348. Johann Täschler.
1348. Rudolf Graw.
1349. Johann Schorl.
1349. Conrad Köstlich.
1350. Jacob Fischer.
1350. Ulrich von Bách.
1351. Johannes Fryo.
1352. Rudolf Graf.
1353. Heinrich Riem.
1354. Burkhard Mollis.
1354. Johannes Schrynläder.
1355. Hans Kalcher.
1355. Ulrich von Bách.

Rahtsherren der Freyen Wahl.	Zunft-Meister.
Anno	Anno
1597. Adrian Ziegler.	1358. Conrad Wagner.
1658. Hans Wolf.	1359. Jacob Fischer.
1659. David Holtzhalb.	1360. Johannes Schrynbláder.
1721. Heinrich Waser.	1361. Hans Rûmeli.
1722. Hans Rudolf Lavater.	1364. Heinrich Kalcher.
1740. Hans Heinrich Hottinger.	1366. Ulrich Obrist.
	1368. Heinrich Kalcher.
	1369. Johannes Wyss.
	1370. Heinrich Kalcher.
	1370. Heinrich Schwirmann.
	1371. Johannes Rûmbeli.
	1373. Heinrich Schwirmann.
	1378. Johannes Wyss.
	1384. Joos Fischer.
	1386. Heinrich Stubenwåg.
	1386. Berchtold Sumerovgel.
	1387. Ulrich Suter.
	1391. Joos Fischer.
	1392. Heinrich Schäfli.
	1394. Ulrich Suter.
	1399. Conrad Seller.
	1401. Johannes Sumervogel.
	1405. Rudolf Altenwåger.
	1406. Ulrich Furrer.
	1409. Heinrich von Richtenschwyl.
	1410. Conrad Seller.
	1417. Rudolf Leinbacher.
	1420. Johann Langenöhrli.
	1420. Jacob Schütz.
	1421. Heinrich von Richtenschwyl.
	1422. Johann Langenöhrli.

Zunft-

Zunft-Meister.

Anno
- 1423. Rudolf Leimbacher.
- 1433. Rudolf Schmidli.
- 1438. Johannes Seiler.
- 1438. Jacob Bachs.
- 1440. Walter Landi.
- 1444. Johannes Wirtz.
- 1445. Rudolf Schmidli.
- 1447. Johann Sumervogel.
- 1454. Johannes Frey.
- 1466. Jacob Bachs.
- 1468. Johannes Wirtz.
- 1472. Ulrich Rigler.
- 1477. Johannes Schorer.
- 1484. Peter Wolf.
- 1488. Heinrich Götz.
- 1489. Peter Wolf.
- 1489. Hans Waser.
- 1498. Johannes Waser.
- 1499. Hans Schmidli.
- 1502. Rudolf Lochmann.
- 1504. Johannes Waser.
- 1507. Ulrich Widerkehr.
- 1509. Heinrich Wolf.
- 1512. Hans Schlininger.
- 1525. Ulrich Wädischweiler.
- 1528. Heinrich Wunderli.
- 1538. Heinrich Lochmann.
- 1545. Wilhelm Mug.
- 1554. Rudolf Lochmann.
- 1554. Ulrich Lochmann.
- 1558. Ulrich am Stad.
- 1559. Hans Waser.
- 1566. Conrad Wädischweiler.

Zunft-Meister.

Anno

1567. Hans Bertschinger.
1574. Ulrich Lochmann.
1575. Heinrich Wunderli.
1578. Niclaus Waſer.
1479. Wilhelm Frey.
1581. Hans Bertschinger.
1589. Wilhelm Frey.
1595. Heinrich Uſteri.
1601. Heinrich Wunderli.
1602. Hans Bertschinger.
1604. Hans Uſteri.
1606. Hermann von Schännis.
1607. Felix Wunderli.
1608. Johannes Wolf.
1610. Wilhelm Waſer.
1612. Hans Bertschinger.
1613. Hans Schmidli.
1616. Rudolf Waſer.
1630. Hans Waſer.
1635. Jacob Ziegler.
1640. Hans Caspar Wolf.
1647. Hans Waſer.
1654. Hans Caspar Waſer.
1656. Gerold Nözli.
1660. Hans Jacob Waſer.
1671. Heinrich Wüeſt.
1491. Hans Jacob Wolf.
1693. Hans Georg Bürckli.
1693. Hans Caspar Wolf.
1696. Hans Jacob Wolf.
1706. David Holzhalb.
1710. Hans Heinrich Waſer.
1713. Hans Conrad Seeholzer.

Zunft-

Zürich.

Zunft-Meister.

Anno

1715. Hans Jacob Wolf.
1719. Salomon Hirzel.
1726. Conrad Wüest.
1728. Hans Caspar Waser.
1739. Hans Caspar Hirzel.
1744. Hans Caspar Hirzel.
1752. Hans Caspar Waser.
1752. Jacob Christof Ziegler.
1763. Heinrich Ott.

Kämbel.

Rahtsherren der Zunft.

Anno

1490. Heinrich Hedinger.
1492. Jacob Hegnauer.
1500. Heinrich Büeler.
1515. Ulrich von Leimbach.
1516. Hans Krammer.
1518. Rudolf von Aegeri.
1521. Hermann Schwerzenbach.
1526. Rudolf Hofmann.
1534. Niclaus Brunner.
1543. Hans Lindiner.
1565. Hans Heinrich Peyer.
1566. Niclaus Köchli.
1583. Hartmann Schwerzenbach.
1604. Hans Thoman Schwerzenbach.

Zunft-Meister.

Anno

1336. Ulrich von Bach.
1337. Heinrich Wächsler.
1339. Ulrich Füsibach.
1340. Hartman Sängli.
1340. Johannes Schori.
1341. Ulrich von Bach.
1342. Ulrich Hämerli.
1342. Johannes Schmidlädder.
1343. Hartmann Sängli.
1344. Rüdger Oelhafen.
1345. Peter Trämpi.
1346. Ulrich von Pfinken.
1346. Ulrich Füsibach.
1347. Ulrich von Bach.
1348. Heinrich Wächsler.
1348. Heinrich Schudi.
1349. Heinrich Fischer.

Zürich.

Rahtsherren der Zunft.

Anno
1626. Hans Ulrich Stampfer.
1641. Heinrich Holzhalb.
1662. Leonhard Holzhalb.
1684. Hans Heinrich Holzhalb.
1697. Hans Heinrich Locher.
1724. Hans Conrad Locher.
1734. Hans Balthasar Keller.
1757. Hans Caspar Hirzel.

Rahtsherren der freyen Wahl.

1553. Heinrich Holzhalb.
1561. Felix Brunner.
1569. Hans Heinrich Beyer.
1573. Matthias Schwerzenbach.
1604. Leonhard Holzhalb.
1663. Georg Heß.
1746. Hans Ulrich Lochmann.

Zunft-Meister.

Anno
1349. Heinrich Riemer.
1350. Rudolf Graf.
1350. Heinrich Säugli.
1351. Berchtold Weber.
1352. Ulrich von Bächi.
1353. Heinrich Kalcher.
1354. Heinrich Riemer.
1354. Rudolf Wunnenberg.
1355. Johannes Frygo.
1356. Ulrich Suter.
1357. Rudolf Graf.
1358. Johannes Frygo.
1359. Johannes Juzo.
1360. Johannes Graf.
1360. Ulrich Bulacher.
1361. Rudolf Graf.
1361. Ulrich Suter.
1362. Niclaus von Spyr.
1362. Rudolf Graf.
1363. Jacob Fischer.
1364. Ulrich Suter.
1364. Johannes Juzo.
1367. Heinrich Kalcher.
1368. Ulrich Graf.
1369. Johannes Juzo.
1370. Hermann Stäheli.
1371. Rudolf Graf.
1372. Heinrich Kalcher.
1372. Johannes Juzo.
1373. Hans ab Burghalden.
1375. Ulrich Sprüngli.
1370. Heinrich Kalcher.
1376. Hans ab Burghalden.

Zunft-

Zunft-Meister.

Anno
1377. Hermann Stäbell.
1378. Ulrich Sprüngli.
1387. Johannes Trinckler.
1388. Rudolf Trinckler.
1394. Rudolf Boschinder, der alt.
1409. Conrad Hirt.
1409. Ulrich Furter.
1410. Johannes Furter.
1611. Johannes Trinckler.
1411. Rudolf Trinckler.
1412. Johannes Suter.
1413. Conrad Hirt.
1414. Heinrich Walter.
1423. Rudolf Meyer.
1424. Johannes Nießli.
1427. Heinrich Walther.
1438. Rudolf Ritfurter.
1440. Hans Kilchmann.
1451. Johannes Asper.
1444. Johannes Ellend.
1445. Heinrich Effinger.
1445. Johannes Ellend.
1447. Ulrich Widmer.
1478. Johannes Waldmann.
1483. Jacob Hagnauer.
1489. Heinrich Bueler.
1490. Conrad Aebli.
1498. Jacob Hagnauer.
1499. Johannes Nießli.
1505. Hans Kramer.
1509. Heinrich Weiß.

Zürich.

Zunft-Meister.

Anno
- 1513. Jacob Sproß.
- 1515. Erhard Nußberger.
- 1516. Ulrich von Leimbach.
- 1521. Balthasar Sproß.
- 1522. Niclaus Brunner.
- 1530. Heinrich Peyer.
- 1532. Berchtold Nägeli.
- 1532. Beat Bachofen.
- 1537. Jacob Funck.
- 1541. Bartholome Köchli.
- 1545. Heinrich Zubler.
- 1546. Matthias Schwerzenbach.
- 1550. Beat Bachofen.
- 1555. Jacob Stampfer.
- 1558. Matthias Schwerzenbach.
- 1566. Jacob Schweizer.
- 1570. Hans Ulrich. Stampfer.
- 1580. Heinrich Widerkehr.
- 1582. Felix Brunner.
- 1583. Heinrich Widerkehr.
- 1585. Hans Stampfer.
- 1587. Heinrich Holzhalb.
- 1588. Bernhard Widerkehr.
- 1590. Hans Walder.
- 1592. Leonhard Holzhalb.
- 1593. Hans Jacob Köchli.
- 1595. Hans Heinrich Holzhalb.
- 1595. Hans Heinrich Widerkehr.
- 1618. Heinrich Widerkehr.
- 1625. Hans Conrad Heidegger.

Zunft-Meister.

Anno
1631. Christof Hirzel.
1649. Heinrich Holzhab.
1652. Hans Bernhard Holzhalb.
1668. Hans Rudolf Straser.
1675. Conrad Locher.
1690. Beat Holzhalb.
1694. Hans Ludwig Hirzel.
1702. Hans Jacob Füeßli.
1719. Hans Conrad Ziegler.
1729. Hans Jacob Füeßli.
1732. Adrian Ziegler.
1751. Hans Jacob Schwerzenbach.
1753. Hans Caspar Weyß.

Waag.

Rahtsherren der Zunft.

Anno
1489. Matthyas Woß.
1499. Hans Keller.
1513. Hans zur Eich.
1515. Jacob Baur.
1517. Jacob Zeller.
1519. Hans Bleuwler.
1521. Caspar Schlatter.
1525. Steffan Zeller.
1528. Fridrich Trüeb.
1536. Niclaus Schlatter.
1549. Heinrich Kambli.
1565. Hans Philips.

Zunft-Meister.

Anno
1336. Johannes Fribläder.
1337. Rudolf Schwyter.
1337. Johannes Fasnacht.
1338. Ulrich von Psinken.
1339. Heinrich Riem.
1340. Heinrich Schlächte.
1340. Heinrich Bußlinger.
1341. Ulrich von Seengen.
1342. Heinrich Schwab.
1342. Ulrich von Psinken.
1343. Ulrich von Seengen.
1343. Ulrich Kulwanger.

Rahtsherren der Zunft.	Zunft-Meister.
Anno	Anno
1566. Hans Ulrich Wäber.	1344. Ulrich Binder.
1585. Jacob zur Eich.	1344.. Conrad Wagner.
1586. Rudolf Maag.	1345. Simon Binder.
1587. Hans Leu.	1346. Conrad Wagner.
1592. Felix Oberkan.	1347. Andreas Graf.
1593. Philipp Laubi.	1348. Johannes von Schafhausen.
1594. Heinrich Thoman.	
1615. Heinrich Leu.	1349. Rudolf Wunneberg.
1615. Hans Jacob Füeßli.	1350. Johannes Steinmur.
1649. Hans Jacob Locher.	1350. Rudolf Wunneberg.
1672. Hans Jacob Schaufelberger.	1351. Johannes von Schafhausen.
1692. Hans Martin Wägmann.	1353. Johannes Torner.
	1354. Ulrich von Goldinen.
1704. Johannes Heidegger.	1355. Heinrich Riemo.
1713. Beat zur Eich.	1355. Conrad Färber.
1732. Hans Conrad Escher.	1256. Ulrich von Goldinen.
1747. Hans Conrad Goßweiler.	1356. Johannes Steinmur.
1760. Johannes Leu.	1357. Ulrich Oeri.
	1358. Hans Kambli.
	1359. Johannes Steinmur.
	1361. Rudolf Sänno.
	1363. Johannes Steinmur.
	1364. Ulrich Oeri.
	1365. Rudolf Sänno.
	1366. Ulrich Bulacher.
	1367. Heinrich Trueber.
	1368. Johannes Steinmur.
	1371. Rudolf Oeri.
	1375. Johannes Steinmur.
	1375. Rudolf Oeri.
	1376. Ulrich Bülacher.
	1378. Rudolf Oeri.

Zürich.

Rahtsherren der Freyen Wahl.	Zunft-Meister.
Anno	Anno
1542. Hans Bleuwler.	1380. Conrad Lyrer.
1578. Heinrich Thoman.	1393. Conrad Huber.
1594. Rudolf Maag.	1394. Johannes Lyrer.
1660. Hans Jacob Locher.	1395. Lütold Schyterberg.
1701. Hans Jacob Leu.	1400. Rudolf Torner.
1708. Caspar Meyer.	1403. Ulrich Rychwyn.
1724. Hs. Conrad Goßweiler.	1412. Conrad Ackli.
1744. Hans Jacob Leu.	1418. Johannes Keller.
	1420. Rudolf Troter.
	1421. Conrad Ackli.
	1432. Johannes Feer.
	1439. Peter Keller.
	1441. Conrad Ackli.
	1441. Peter Keller.
	1442. Johannes Rüthiner.
	1445. Niclaus Woß.
	1445. Johannes Reuthiner.
	1447. Peter Keller.
	1449. Johannes Keller.
	1451. Rudolf Eigenheim.
	1458. Johannes Keller.
	1471. Rudolf Roß.
	1474. Johannes Keller.
	1476. Johannes Biegger.
	1481. Rudolf Roß.
	1489. Ulrich Meyer.
	1489. Conrad von Rusen.
	1500. Johannes Biegger.
	1502. Heinrich Nägeli.
	1504. Heinrich Brogli.
	1505. Heinrich Balber.

Zürich.

Zunft-Meister.

Anno
- 1510. Rudolf Grim.
- 1513. Hans Keller.
- 1515. Hans zur Eich.
- 1519. Jacob Zeller.
- 1521. Hans Bleuwler.
- 1521. Ulrich Eßlinger.
- 1529. Jacob Baur.
- 1532. Stäffan Zeller.
- 1533. Lux Eßlinger.
- 1544. Steffan Zeller.
- 1548. Ulrich Aaberli.
- 1555. Hans Oberkan.
- 1558. Heinrich Thoman.
- 1560. Georg Steiner.
- 1563. Fridli Balber.
- 1566. Caspar Högger.
- 1566. Heinrich Thoman.
- 1574. Georg Steiner.
- 1576. Fridli Balber.
- 1590. Hans Locher.
- 1593. Conrad Schlater.
- 1597. Caspar Heerer.
- 1601. Hans Locher.
- 1603. Hans Balber.
- 1605. Heinrich Balber.
- 1609. Jacob zur Eich.
- 1611. Hans Jacob Locher.
- 1612. Hans Högger.
- 1612. Hans Jacob Meyer.
- 1618. Heinrich Balber.
- 1627. Caspar Heerer.

Zürich.

Zunft-Meister.

Anno

1629. Hans Caspar Schau-
felberger.
1630. Hans Jacob Leu.
1654. Franz Wirtz.
1656. Hans Rudolf Leu.
1656. Heinrich Thoman.
1663. Leonhard Thoman.
1669. Andreas Meyer.
1670. Beat Högger.
1680. Johannes Schaufel-
berger.
1696. Jacob Wägmann.
1703. Andreas Meyer.
1716. Hans Caspar Nüsche-
ler.
1723. Johannes Schaufel-
berger.
1731. Hans Rudolf Landolt.
1732. Hartman Heidegger.
1739. Hans Caspar Schaufelberger.
1747. Felix Nüscheler.
1763. Felix Nüscheler.

Zürich.

Es werden aber auch aus den kleinen Rähten, und zwahren von klein und grossen-Rähten erwehlet ein Bauherr, welcher zu den Stadt-Gebäuen die Obsorg hat, selbige in guten Stand stellen und erhalten, und die nöthige Gebäue erbauen lassen solle: der Korn-Meister, der die Aufsicht auf den Oberkeitlichen Korn-und Frucht-Vorraht hat: der Silherr der über den an dem Fluß Sil ob der Stadt bey zwey und drey Stunden gelegenen Walde, danahen genannten Silwald, die Obsorg traget, und daraus denen klein und grossen Rähten jährliche Holz-Gefälle abführen, auch verburgerten Witfrauen Holz in leidenlichen Preis zukommen lasset: ein Ober-Zeugherr, der nebst einem des grossen Rahts die Zeughäuser, Oberkeitliche Kriegs-Gewehr und Rüstungen besorget: der Bergherr der über einen auf dem Zürich-Berg gelegenen Forst und Wald, und der Hardherr der über einen unter der Stadt gelegnen in dem Hard genannt, gemeinen Waidgang die Aufsicht haben; der Ober-Stallherr der nebst einem des grossen Rahts (welche beyde von klein und grossen Raht, der erste aus dem klein und der andere aus dem grossen Raht erwehlt werden,) den Oberkeitlichen Marstall besorgen: sodann werden aus den kleinen Rähten von dem kleinen Raht erwehlet der Jäger-Meister, der nebst andern ihme zugeordneten, die Auffsicht über die Jagd in dem Land, und die Obsorg über die in dem Stadt-Graben der grossen Stadt befindliche Hirschen hat; der Schirm-Vogt der nebst einem des grossen Rahts zu Waisen-Kindern-Gut Sorg traget, und auch aus den kleinen Rähten zwey See-und zwey Glatt-Vögt, da die erste vor klein und grossen Raht, und die letztere vor dem kleinen Raht erwehlt werden, welche über den der Stadt zugehörigen Zürich-See, und über das aus dem Greiffen-See aus, und etliche Stund darnach in den Rhein fliessendes Flüßlein Glatt geordnet sind ꝛc. von welchen die drey erstere Bau-Herr, Korn-Meister und Sil-Herr 6. Jahr an dem Amt sind, die andern aber ihre Stelle lebenslänglich, oder bis auf Abänderung versehen mögen, es haben auch die kleinen Räht den Vorgang zu den Armen-und Siechen-Pflegen von St. Jacob und an der Spanweid, auch zu denen mit andern

Zürich.

Eydgenößischen Städt und Orten gemeinhabenden Vogteyen Baden, Thurgäu, Freyen-Aemter, Sargans, Rheinthal, Lugano (Lauis) Locarno (Luggarus) Mendrisio, und Val Maggia (Meyenthal) und sind auch derselben 36. Obervögt der unten vorkommenden sogenannten Ober-Vogteyen um die Stadt herum, und zwahren in jeder derselbe 2. welche alle Jahr im Amt umwechslen; die kleinen Rähte mögen sich auch nebst den grossen Rähten um die andern Vogteyen und Aemter anmelden, bleiben aber auf deren Erhalt nicht mehr des kleinen Rahts.

Aus den grossen Rähten werden auch von klein und grossen Rähten erwehlt der Schultheiß an dem Stadt-Gericht, der Unter-Zeugherr, Stallherr, Schirmvogt, auch die Stadt-Lieutenant und Stadt-Fähndrich, der Gros-Weibel oder Oberste Rahts-Diener: wie auch die Land- und Ober-Vögt und Amtleuth in der Stadt und auf der Landschaft, auch die Obervögt in dem Thurgäu, um welche Stellen aber auch die kleinen Räht, welches aber nicht oft geschiehet: sich anmelden mögen.

Aus den Gliedern des kleinen und grossen Rahts sind zu Vorberahtschlagungen Obsorg über die Oberkeitliche Haushaltung und Gefällen, Untersuchung und Beurtheilung verschiednes Streitigkeiten, Unterhaltung guter Policey-Ordnung, Handel und Wandel, auch Behandlung anderer Vorfallenheiten ꝛc. mehrere und mindere zusammen in Amts-Gesellschaften oder sogenannte Commissionen, Collegia &c. theils von kleinen theils von kleinen und grossen Rähten verordnet, und kommt hierunter zum ersten zum Vorschein der geheime Raht, welcher zu Vorberahtung wichtiger Stands-Geschäften, auch zu behenderer würklicher Verfertigung vorfallender ausserordentlichen Geschäften und besserer Verschwiegenheit aus 12. Gliedern bestehet, darunter beyde Burger-Meister, die 4. Oberste Zunft-Meister oder Statthalter, 2. Seckelmeister, und der Obmann gemeiner Aemtern (so lang dieser letztere 3. in solchen Aemtern stehen:) und noch 3. andere, welche die klein und grosse Rähte aus den kleinen Rähten, und öfters auch alten Seckel-Meistern und Obmannen erwehlen: welche auch die ihnen zu schwehre schwehr vorfallende Sachen an den kleinen, oder gar an den klein und grossen Raht bringen: so ist zur Obsorg der Oberkeitlichen Haushaltungen fürnehmlich vom klein und grossen Raht verordnet die sogenannte Rechen-Stuben, welcher die Untersuchung und Abnahm auch aller Aemter-Vogteyen- und andern Stadt-Rechnung (aussert deren gleichfolgenden) wie auch die Aufsicht und Verlehnung der Oberkeitlichen Lehen zu Stadt und Land, die Besorgung der Schlössern Amt- und Pfarr-Häuser ꝛc. Gebäuen und Güthern aufgetragen ist, und aus beyden Burger-Meistern (darvon der, welcher nicht in dem Stand-Amts ist, selbiges halbe Jahr durch den Vorsitz hat:) dem dritten der Obersten Zunft-Meistern oder Statthaltern, nach derselben alljährlichen Umwechslung, den beyden Seckel-Meistern, dem Obmann gemeiner Aemtern auch 3. Gliedern des kleinen und drey des grossen Rahts, welche 6. letztern alle zwey Jahr abgewechslet werden: bestehet und einen eignen von dem kleinen Raht auf 12. Jahr erwehlten Schreiber und Cantzley Substituten hat: zu vorläufiger Untersuchung und Abnahm aber des Seckel-Amts und der Seckel-Meistern Rechnung sind alle Glieder des obbeschriebnen Geheimen Rahts, und nebst ihnen noch 3. Glieder des kleinen und 3. grossen Rahts verordnet, welche aber ihr Befinden hernach an den klein und grossen Raht zu derselben völligen Abnahm bringen; auch sind zur Untersuchung und Abnahm der Rechnungen des obbemelten Bau- und Sil-Herren, beyde Burger-Meister, ein Oberster Zunft-Meister oder Statthalter, die beyden Seckel-Meister, 4. des kleinen und 3. des grossen Rahts eigens verordnet: zur Aufsicht und Besorgung des Oberkeitlichen Salz-Handels zu Stadt und Land ist ein eignes Directorium von einem Burger-Meister, und zweyen klein Rähten meistens aus den Häuptern bestellt, und versehen unter demselben ein von den klein oder grossen Rähten aus denselben auf 12. Jahr bestellter Salzhaus-Schreiber, und ein aus den grossen Rähten, oder der Burgerschaft bestellter Buchhalter, auch ein oberster und 3. andere Salz-Knecht: die in diesen Handel einlaufende Geschäft.

Die

Die Zöll von allen ein- und ausgehenden Waaren, auch Handlungs-Arbeiten werden von den Seckel-Meistern bezogen, zur Einnahm aber des Ungelts oder Zolls von den Müllinen und von denen in der Stadt ausschenkenden Weinen sind zu jedern zwey kleine Rahts-Glieder, sodann zum Einzug des Abzugs von denen aus der Stadt anderwertig hinfallenden Erb- und andern Mittel auch zwey kleine Räht (die Pfund-Schillinger von ihren Belohnung eines Schillings von einem Pfund genennt:) und 2. Gannt-Meister aus dem grossen Raht, weiter auch zum Bezug des von dem bey dem Kornhaus verkaufenden Korns 2c. gehörigen Zolls und Immi 3. des kleinen Rahts, und zur Einnahm der übrigen Zöllen noch an verschiednen Orten der Stadt Zoller verordnet, welche alle das eingehende dem Seckel-Meister einliefern; von der Münz wird unten das mehrere folgen.

Zu Untersuchung und Beurtheilung vorfallender Streitigkeiten in der Stadt, sind vorderist die drey Oberste Zunft-Meister und Statthalter nebst den übrigen 21. Zunft-Meistern also die 24. Zunft-Meister so sie all gemeinlich oder der mehrere Theil von ihnen versamlet sind: begwältiget was vor Streitigkeiten, Spähn, Irrungen und Zweytracht denen Zünften begegnen, es seye einer Zunft gegen der andern oder von besondern Personen heimischen oder fremden, wer die immer seyen, um solche Sachen, die ihre Gewerb und Handwerk antreffen: vor sich zu nehmen, die Partheyen vor ihnen gegen einandern zu verhören, und selbige dann allein nach ihren Eyden fürderlich zu entscheiden, ohne daß ihre fallende Urtheil appellirt werden, und ein Burger-Meister und die Rähte sie daran hindern noch bey ihnen sitzen, sondern sie darbey vom Burger-Meister klein und grossen Raht und der ganzen Gemeind geschirmt werden sollen: doch mit der Erläutherung, daß wann einiche Zünft, eine oder mehrere, einiche Beschwerden oder Sachen, die der Stadt und ihre Burger gemeinlich berühren und beschweren möchten; vornehmen und behandlen wollen, dann die obgemeldte Zunft-Meister ein solches allein vor sich nicht nehmen oder ausrichten, oder einichen Gewalt darinn haben, sondern solche

Sachen vor den Burger-Meister, klein und grossen Raht gemeinlich gebracht und von denselben beurtheilet und entscheiden werden sollen.

Das andere angesehene Gericht in der Stadt ist das sogenannte Stadt-Gericht, von welchem über das, was oben von desselben Ursprung und Besatzung schon angemerkt worden; noch beyzufügen daß den Vorsitz darinn habe der sogenannte Schultheis, der von dem kleinen und grossen Raht aus dem letztern erwehlet, und bey beyden Regiments-Besatzungen bestähtiget wird, auch die Kleidung der kleinen Rähten tragt, und den Vorgang gleich auf selbige nebst dem Stadt-Schreiber nach ihrem Alter vor den übrigen grossen Rähten hat: er hat zwahr in dem Gericht keine Stimme, wol aber nebst Führung des Præsidii den Entscheid der gleich einstehenden Stimmen der Richtern zu geben: die 12. Beysitzer des Gerichts werden abgetheilt in 6. sogenannte stäte, 3. Mittel und 3. neue oder jung Richter, da die erstere von beyden Rähten und die 6. letztern bey jeder halbjährigen Regiments-Besatzung allein von den neuen Rähten (welche dammal auch die stäte Richter wieder erwehlen, oder gewöhnlich bestähtigen:) aus den grossen Rähten oder gemeiner Burgerschaft nach gutbefinden erwehlt werden, doch daß die stäte und mittel-Richter auch schon des Gerichts gewesen seyn müssen, die stäte Richter aber bis auf anderwertige Beförderung stäts an dem Gericht bleiben, die Mittel, und neu oder jung Richter aber alle halb Jahr abgeändert werden, doch es hernach wieder werden mögen, aussert daß die neue und junge Richter zuerst ein Jahr lang warten müssen: alle solche Richter müssen ein Zunft und das 25. Alters-Jahr erreicht haben, und mögen in dem Gericht nicht sitzen Vater und Sohn, Schwäher und Tochtermann, 2. Brüder, auch 2. Schwäger, da einer des anderen leibliche Schwester zur Ehe hat. Dieses Gericht hat über alle Schuld-Sachen, Zug-Recht auch Auffähl oder Verrechtfertigung der zu zahlen unvermögende Schuldnern und Falliten ꝛc. in der Stadt, und einigen nächstgelegnen Obervogteyen und zwahren so zu urtheilen, daß von selbigem in Ansehung der streitenden Partheyen keine weitere

tere Appellation, es seye dann daß 2. Richter selbst ein Geschäft an den kleinen Raht ziehen, oder gleichsam appelliren, welchen Falls dann den Partheyen frey stehet solches Geschäft daselbst fortzusetzen, von dannen aber selbiges nicht weiter gebracht werden mag, doch werden auch etwann von dem Gericht selbst wichtige Sachen an den Raht gewiesen: dieses Gericht sitzt alle Tag in der Wochen, ausgenommen an einem Freytag, und wann klein und grosse Räthe versammlet sind, und hat einen eignen Gericht-Schreiber, der von dem kleinen Raht auf 12. Jahr erwehlet wird; welchem noch anzufügen, daß die Geschäft aus den nächstgelegnen Obervogteyen allein an dem Montag behandlet werden, und darbey nicht der Schultheis, sondern dortige Obervogt oder etwann ihre Untervögte umwechslungsweise meistens aber der älteste stäte Richter das Præsidium führen; zu Beurtheilung aber der streitige Zinsen sind eigends zwey kleine Rahts-Glieder nebst dem Stadt-Unterschreiber, den Grosweibel und Stadt-Gerichtschreiber verordnet, ohne daß solche an das vorige Stadt-Gericht gelangen, und die Untersuchung und Beurtheilung der wegen der Pferden zu Stadt und Land entstehenden Spänen kommt denen von klein und grossen Raht erwehlten beyden Stallherren, und denen ihnen untergebnen eignen Schreiber, Stallmeister und Hufschmid zu: bey denen in der Stadt entstehenden Bau-Streitigkeiten nimmet erstlich der Bauherr nebst zweyen ihme zugeordneten kleinen Rähten, und das andere mahl nebst selbigen der erste Oberste Zunft-Meister oder Stattbalter und die zwey jüngste kleine Räthe den Augenschein darvon ein, welche auch dieselbige gütlich zu vereinigen trachten, dessen unerhältlichen Falls aber das Befinden an den kleinen Raht zum Entscheid bringen: es ward den 15. May An. 1525. in der Stadt Zürich das erste Ehe-Gericht gehalten, und An. 1539. desselben Satzungen in Druck gegeben, und waren der Ehe-Richtern erstlich 2. Geistliche, 2. des kleinen und 2. des grossen Rahts, welchen letztern A. 1538. noch von jedem Raht noch einer zugeordnet, und A. 1627. der abgehende Oberste Zunft-Meister und Statthalter zum Præside gesetzt; dermahlen wird selbiges von klein und grossen Raht besetzt aus 8. Persohnen, welche alle ihre Stimmen zu geben haben, benanntlich dem gleich benannten abgehenden Obersten Zunft-Meister und Statthalter 2. Geistlichen, einen aus den 3. Pfarrern zu St. Peter, Frau-Münster und Predigern oder den beyden Archi-Diaconis zum grossen Münster, und einem aus den 2. Diaconis zum grossen Münster, und den 3. Diaconis von obigen Pfarr-Pfründen, und zwahren umwechslungs-weise: wie auch 2. Gliedern des kleinen und 3. Gliedern des grossen Rahts, da dann der Statthalter und die 2. Geistlichen 1. Jahr die 5. leistere aber 2. Jahr an dem Gericht verbleiben, und auch einen eignen von dem kleinen Raht bestellten 12. Jahr lang verbleibenden Schreiber, und auch Weibel haben: vor selbigem werden alle die Ehe angehende Sachen und Streitigkeiten, und zwahren nicht nur aus dem Gebiet der Stadt Zürich, sondern auch aus allen dem Landsfrieden unterworfnen mit einigen übrigen Eydgenößischen Städt und Orten gemeinhabenden Vogteyen Baden, Thurgäu, Sargans und Rheinthal, so viel es die Evangelische Angehörige in selbigen ansiehet beurtheilet, und gehet von selbigen auch die Appellation an den kleinen Raht, an welchen auch die Dispensationen der Ehen in verbottnen Graden von allen solchen Orten gewiesen werden: es werden auch die in dem Gebiet der Stadt Zürich vorgehende Unzuchten, Hureyen, Ergensprechereyen ꝛc. von dem Ehe-Gericht gestraft, die Ehebrüch aber zur Abstrafung an den kleinen Raht verwiesen: es sind auch weiter verordnet einer der Obersten Zunft-Meister oder Statthalter, und noch einer des kleinen Rahts auch 2. grosse Rähte (darunter auch der von klein und grossen Rähten auf 6. Jahr dahin gesetzte Verwalter oder sogenannte Obmann des Almosen-Amts:) auch zweyen Geistlichen zu Versorgung der nohtdürftigen Armen zu Stadt und Land, auch den durchreisenden Fremden, wie auch zur Aufsicht des zur Auferziehung einer grossen Anzahl bedürftigen Waisen-Kindern in dem Waisen-Haus am Oetenbach unter einem eignen Verwalter: weiters auch einer der Obersten Zunft-Meister oder Statthaltern nebst noch einem des kleinen und einem des grossen Rahts, und dem von klein und grossen Raht aus ihrem Mittel auf 9. Jahr erwehlten Spitthal-Meister zur Aufsicht des zum Unterhalt

einer

einer grossen Anzahl krankner und armen Persohnen; 8. Glieder des kleinen und 4. des grossen Rahts zu der Aufsicht und Handhabung des grossen Buß- und Kleider-Mandats oder der sogenannten Reformation darvon alle Jahr abgeändert und von klein und grossen Raht erwehlt werden: 7. kleine und 4. grosse Räht nebst den zweyen Stadt-Aerzten die nöthige Vorsorgen und Anstalten gegen ansteckende Krankheiten von aussen, und etwann sich zeigende gefährliche Seuchen in dem Land vorzukehren; auch haben einer des klein und einer des grossen Rahts von dem kleinen Raht erwehlte Schirm-Vögt, nebst einen eignen Schreiber die Obsorg über einige Waisen-Güther; ein auch von dem kleinen Raht erwehlter Jäger-Meister nebst 2. des kleinen und 4. des grossen Rahts, dem Grosweibel und 2. aus der Burgerschaft haben Acht und Obsorg ob dem Jagd-Mandat und die darwiderhandlende zu straffen, ferners 9. des kleinen und 4. des grossen Rahts haben die Aufsicht auf die Straßen und Wäg in der Stadt und einer nenen von derselben gegen Bülach angelegten Straß: 5. des kleinen und 3. des grossen Rahts haben die Aufsicht und Annahm der Hintersäsen die nicht Burger in der Stadt und machen andere nicht verburgerte die Stadt raumen, 5. des kleinen Rahts schicken Patrouilles-Wächter durch die Stadt und die Landschaft alles Bättel-Gesind abzuhalten und wegzuschaffen; auch sind der Spittal-Meister, der Pfleger von St. Jacob und an der Spannweid, noch einer des kleinen Rahts, auch der Amtmann am Oetenbach, der Obmann am Allmosen-Amt und der Grosweibel nebst 4. Doctoren der Arzney dem Stadt- und noch einem anderen Wund-Arzt geordnet armer krankner Leuten Zustand zu untersuchen, und ihnen die nöthige Hilfs-Mittel in dem Spithal, Siechen-Haus oder in ihrem Heymat bis auf ihr befindende Genesung anzuweisen und anzuwenden.

Weiters sind auch noch bestellet, die schon oben bemerkte zum Korn-Zoll verordnete, auch zu Aufsicht des Korn-Markts, zwey des kleinen und grossen Rahts absonderlich zu der Korn-Schau zu bestimmen, ob selbiges währschaft und annehmlich seye: auch zwey des kleinen und einer des grossen Rahts die
Mühl-

Mähl-Prob zu machen, und zwey des kleinen und einer des grossen Rahts das Brod in den Pfister- und Becken-Läden zu wägen, ob selbiges das bestimmte Gewicht habe, weiters zwey des kleinen und einer des grossen Rahts das Fleisch in der Metzg zu schätzen, zwey des kleinen Rahts zu der Aufsicht des Anken- oder Butter-Markts und Waag, sechs des kleinen und drey des grossen Rahts zu der Obsorg der wegen des Fischens in dem Zürich-See und in der Limmat gemachten Ordnung, und einer des kleinen und einer des grossen Rahts zur Besichtigung der ab der fremde zum Verkauf allhier gebrachten eingesalznen Fischen: Vier des kleinen, drey des grossen Rahts, und der Grosweibel zu Abhaltung der Einfuhr fremder Weinen in die Stadt und Land: Sieben des kleinen und zwey des grossen Rahts zur Aufsicht über das Holz, und fünf des kleinen und vier des grossen Rahts zu gleichem über den Turben-Verkauf, auch zwey des kleinen und einer des grossen Rahts absonderlich über den Verkauf der Scheyen und Schindlen: weiters einer des kleinen und einer des grossen Rahts zur Obsorg über den Leinen-Tuch- und Zwilchen-Verkauf, drey des kleinen und einer des grossen Rahts nebst dem Grosweibel, zu Abhaltung des Vorkaufs der Lebens-Mitteln, fünf des kleinen Rahts zur Aufsicht auf die Schiffarth über den Zürich See und weiter hinauf, und drey des kleinen Rahts zu Besichtigung der die Limmat hinunter nach Basel, Zurzach rc. abfahrenden Schiffen; drey des kleinen Rahts zur Obsorg der wegen Einzug der Schulden auf dem Land gemachten Rahtschreiber-Ordnung, und zwey des kleinen Rahts zu Untersuchung der fremden Bättel- und Steur-Briefen. Auch ist sieben Herrn des kleinen und zwey des grossen Rahts aufgetragen, zu Auffnung, Beybehaltung und Beschützung der Kaufmannschaft, Manufacturen und Fabriquen Sorg zu tragen, und sind auch zwey des kleinen Rahts und einer aus dem gleichfolgenden Directorio angestellt, auf die untreue Arbeiter Acht zu geben und selbige zu bestrafen, auch erwehlen die samtliche verburgerte Kauf- und Handelsleuthe, kraft der An. 1662. und 1677. unter gewissen Bedingen und vorbehaltnen Oberkeitlichen Bewilligungen, aus ihrem

ihrem Mittel ungefehr 12. sogenannte Directores der Kaufmannschaft, welche auch das, was zum Aufnehmen der Kaufmannschaft gereichen mag, berahtʒ auch die Aufsicht über die
Posten haben: worben auch nach Anregung zuthun, der sogenannten Zins=Commission darum sechs des kleinen und vier
des grossen Rahts, seit A. 1755. von den Burgern und Angehörigen Gelter übernehmen und verzinsen, und selbige zu solchem
End in fremde sogenannte Banco, Actionen von Handlungs=Com-
pagnien, Fonds &c. an Zins anlegen.

Die Canzley besteheht aus einem Stadtschreiber, Unter-
schreiber samt 2. sogenannten Rahts = Substituten, da der
ältere diser letsteren dem Stadtschreiber und der jüngere dem Unterschreiber zugeordnet ist; alle vier warten dem kleinen=gros-
sen und Geheimen Raht ab, und sind unter selbigen die Geschäfte so eingetheilet, daß, was für ein Geschäft vorgetragen
wird, ein jeder schon weißt, wer die Feder darben führen solle;
es werden auch zwey aber gleichgültige sogenannte Rahts Manual
geführt, da in das einte der Stadtschreiber und sein Rahts-
Substitut, und in das andere der Unterschreiber und sein Rahts-
Substitut die in ihre Eintheilung fallende Geschäft einschreibet
und protocollirt; und ist zu der erstern oder Stadt=Canzley
ein eignes Haus gewidmet, die andere Canzley aber besorget der Unterschreiber in seinem eignen oder gemieteten Haus,
und werden in einer jeden die Schriften, so in selbiger
ausgefertiget werden so lang aufbehalten, bis sie in die
Oberkeitliche Registratur gebracht werden: der Stadt= und
Unterschreiber werden von dem kleinen und grossen, die
beyde Rahts = Substituten (darvon der ältere zugleich beständiger Gesandschafts Secretarius ist:) aber von dem kleinen
Raht mit dem heimlichen Mehr auf anmelden erwehlet; die
2. letstere mögen zwahr des grossen Rahts zugleich seyn, die
2. ersten aber nicht und zwahren, wann ein Rahts=Substitut
des grossen Rahts gewesen, an sein statt, wann er Unter-
schreiber wird, ein anderer auf seiner Zunft in den grossen
Raht erwehlt wird: wann aber ein Stadt= oder Unter=Schrei-
ber eine Vogtey oder Amt (als um welche, nebend den übri-

gen kleinen und grossen Räbten sie gleich, jedoch der Stadt-
schreiber erst nach 6. Jahr geleisteten Cantzley-Diensten, anhalten können:) bekommt, wird er zugleich ohne weitere Wahl
auch ohne er es zuvor gewesen, des grossen Rahts auf seiner
Zunft, jedoch so daß, weil dardurch die Anzahl der 12. vermehret wird, er jedoch in völligen Stand eines grossen Rahts
eingesetzt ist, aber nur, wann folglich einer der grossen Rähten
mit Tod abgehet, er an desselben statt kommt, und kein neuer
erwehlt wird: anbey haben alle diese 4. und zwahr erstlich der
Stadtschreiber, und so er abwesend oder wegen Verwandtschaft aussteben muß; der Unterschreiber, und so weiters, den
Entscheid in allen Geschäften und Wahlen, in welchen die
Stimmen vor klein auch vor klein und grossen Raht bey der
letsten Wahl gleich einstehen; zugeben: es wird auch denen
Burgern, so sich hierum bey dem kleinen Raht anmelden, die
Bewilligung ertheilt, die eint oder andere obiger Cantzleyen zu
besuchen, und sich daselbst in Ausfertigung der Oberkeittli-
chen Schreiben auch in Abwart eint und der andern ob ange-
merkten würcklichen angeordneten oder auch ausserordentlich an-
gestellten Commissionen auf des Stadt- oder Unterschreibers
Anweisung, und sonst in vorfallenden Geschäften zu üben, und
bekommen selbige auch dardurch die Befugsame zu anderen
Schrebereyen zu gelangen, als deren noch viel sind, als in der
Stadt die auch oben schon angebrachte Rechen-Stuben-Ehe-
Gerichts, Stadt-Gerichts, Allmosen-Spitthal-Schirm-Vog-
ten-Reformation-und andern Schrebereyen, und aussert der
Stadt die Land-Schrebereyen in den Ober- und Land-
Vogteyen: worbey auch in Betrachtung kommt die oben angemerkte Registratur, wo die in den Cantzleyen nicht mehr Platz
habende Oberkeitlichen Schriften hingebracht und daselbst sam-
methaft aufbehalten und verwahret werden, es waren hierzu
auch schon Gemächer unten an der Kirch zum Frau-Münster,
A. 1713. aber warden noch mehrere oben in dem Amt-Haus
zum Frau-Münster, auch darbey eine Bewohnung angelegt
vor einen von dem kleinen Raht erwehlten Registratoren, welcher unter Auffsicht 7. des kleinen Rahts auch Stadt und Unter-
schreiber dieser Schriften ordentlich vertheilt, und sorgfaltig verwahret,

wahret: es finden sich, und zwahren von den mehreren der
jüngern erwehlte Stadt-Schreiber.

Anno

1320. Jacob Burrer.
1435. Rudolf.
1362. Johannes Diever.
1368. Hans von Duw.
1371. Conrad Kienast
1400. Rüdger von Maudach.
1413. Conrad Widmer.
1417. Johannes Rell.
1430. Michael Graf genannt Stäbler.
1443. Jacob von Cham.
1446. Rudolf von Cham.
1473. Jacob Haab.
1477. Conrad von Cham.
1483. Ludwig Amman.
1505. Hans Groß.
1526. Wolfgang Mangold.
1528. Caspar Frng.
1529. Werner Bogel.
1545. Hans Escher.
1564. Hans Heinrich Rehnhart.
1575. Gerold Escher.
1593. Hans Georg Grebel.
1614. Hans Heinrich Wirz.
1624. Hans Rudolf Rahn.
1627. Hans Georg Grebel.
1633. Hans Heinrich Waser.

Anno

1645. Hans Wilhelm Wolf.
1651. Hans Caspar Hirzel. I. mahl.
1658. Andreas Schmid.
1661. Hans Caspar Hirzel. II.
1665. Hans Georg Escher.
1666. Hans Heinrich Waser.
1669. Hans Rudolf Ulrich.
1675. David Wys.
1676. Hans Rudolf Bräm.
1679. Hans Heinrich Hirzel.
1687. Hans Heinrch Rahn.
1689. Hans Caspar Gosweiler.
1692. David Holzhalb.
1699. Christof Friedrich Werdmüller.
1706. Hans Jacob Holzhalb.
1713. Beat Holzhalb.
1720. Hans Wilpert Zoller.
1729. Hans Jacob Leu.
1705. Heinrich Escher.
1741. Salomon Hirzel.
1747. Johannes Escher.
1753. Hans Jacob Hirzel.
1759. Hans Heinrich Landolt.
1762. Salomon Hirzel.

Es wird auch zur Abwart der klein und grossen Rahts-Versamlung von dem klein und grossen Raht erwehlet, aus den grossen Rähten der oberste Rahts-Diener oder sogenannte Grosweibel, doch so daß auf seine Erwehlung ein anderer ab seiner Zunft an sein

statt

statt in den grossen Raht erwehlt wird, er aber nebend andern grossen Rähten die Befugsamme hat sich auf Vogteyen und Aemter anzumelden, und im Fall er durch das Mehr der Stimmen darzu gelangt; so gleich wieder einer der grossen Rähten auf seiner Zunft wird, und wann ein anderer des grossen Rahts ab solcher Zunft abstirbt oder abgeändert wird, dann an selbiger statt keiner erwehlt wird: er wartet bey beyden Rahts-Versammlungen denselbigen ab, und haltet die Umfrag; ziehet auch die von denselben gemachte Bußen ein, sitzet auf dem Raht-Haus, begleitet die Amts-Burger-Meister in die Kirch, und tragt ein gefallteten Rock von der Stadt-Farb, und einen silbernen Stab: und bleibt bey solcher Stell bis an ein Abänderung: auch ist noch hier Anzeig zu thun des sogenannten Rahtschreibers, der über das was oben von Verkindigung der Burgerlichen Huldigung angemerkt worden: bey den Stadt-Canzleyen nichts zu thun, sondern allein den Einzug der Schulden in dem ganzen Land zu besorgen hat: er wird von dem klein und grossen Raht aus der Burgerschaft erwehlt, und bleibt 8. Jahr bey der Stell.

Ueber alle in der Stadt und Landschaft (ausser den Städten Winterthur und Stein am Rhein, auch den Landvogteyen Kyburg, Grüningen und Saz; die eigne Malefitz-Gericht haben:) sie vorfallende Malefitz-Fälle wird der ganze Proceß durch die alt und neue Rähte bis zu der End-Urtheil zugleich geführet, und dann von beyden Rähten in die Frag gesetzt, ob die Beurtheilung dem neuen Raht übergeben werden sollen, oder nicht? nach dessen Erkanntnis dann die beyde Burgermeister und alle alte Rähte abtrettend, und die übrige neue Rähte nebst dem Seckelmeister (welche, unerachtet sie dann etwann nicht des neuen Rahts: von Johanni im Sommer bis wieder dahin umwechslen) allein sitzen bleiben; worauf dann von dem vordersten der anwesenden neuen Rähten dem Seckelmeister durch Ueberlieferung eines eignen Stabs im Namen der Stadt der Gewalt über das Blut zu richten ertheilt, und folglich, jedoch bey beschlossener Thüren das Blut-Gericht (darinn der Stadtschreiber des Klägers Stell vertrittet, und die gleich vorkommende Nachgänger Zeugnus ablegen;)

gen:) gehalten wird, und letstlich nachdeme dem Verurtheilten das Tod-Urtheil ab dem Rahthaus vorgelesen, und er auf den Richt-Platz geführt wird: auch der Seckelmeister in Begleith eines Stadt-Reuters in der Stadt-Farb der Vollstreckung der Blut-Urtheil beywohnet: wann es in den Stimmen ein Gleichheit geben könnte, werden 3. der vorderpsten der alten Rähten mit zugezogen, welche aber aussert einem solchen Fall, daß der Entscheid zuthun wäre, nichts zu reden haben; worbey noch anzufügen, daß bey beyden Regiments-Abänderungen von den neuen Rähten 2. aus ihren Mittel erwehlt werden, welche Nachgänger genannt werden, und alle um was für Verbrechen kleine oder grosse gefangen gesetzte Persohnen in den Gefangenschaften ꝛc. verhören und ihre Aussagen an den kleinen bringen.

Unter den Verwaltungen der Oberkeitlichen Gefällen und Gerichten wird über die schon oben angemerkte, ein Unterscheid gemacht zwischend denen, worbey allein der Einzug und Ausgab ein und anderer sonderlich wie vor der Religions-Verbesserung, also annoch zu Geistlichen milden und Allmosen Gebrauch gewiedmeten Gefällen ohne einige Gerichts- oder Regierungs-Geschäft sich befindet, und denen, da eintweder die Hohe- und Nidere Gerichte, oder nur die Nidere-Gerichte nebst dem Einzug der Herrschaftlichen Gefällen, oder auch ohne solchen zu verwalten; von denen die Verwalter der erstern gewohnlich Amtmänner, der letstern aber Land- und auch Ober-Vogt genennt werden.

Amtleuth über die vorschriebene Geistliche milte Allmosen- und dergleichen Gefälle sind nebend dem oben bemerkten Obmann aller solchen Aemtern noch in dem Frau-Münster, dem Hinteren oder Rühri-Amt, und in dem Oetenbach in der Stadt Zürich, sodann zu Winterthur und Stein am Rhein, auch zu Cappel, Küßnacht, Rüthi, Tös und Embrach, welche alle auf ihren Amthäusern zu Stadt und Land wohnen, von denne das mehrere unter jedem absonderlichen solchen Articul anzutreffen.

Ccc 3

Die

Die Ober- und Landvogteyen werden wieder eingetheilet in die innere und aussere, und sind von denen Innern Obervogteyen die von 1. Ebmattingen, 2. Altstetten, 3. Regenstorf, 4. Bülach, 5. Neu-Amt, 6. Rümlang, 7. Schwamendingen und Dübendorf, 8. Höng, 9. Horgen, 10. Wollishofen, 11. Wiediken, 12. Stäfen, 13. Männedorf, 14. Meilen, 15. Ehrlibach, 16. Küsnacht, 17. Vierwachten, 18. Birmenstorf, 19. Wettschweil und Bonstetten, zu welchen einige ein, zu andern aber mehrere Dörfer um die Stadt und an dem Zürich See, oder auch nicht weit von der Stadt gelegnen Orten gehören, von welchem jederer auch ein besonderer Articul zu finden.

Aussere Land- und Obervogteyen sind auch theils in dem Gebiet der Stadt Zürich selbst, und theils in der benachbarten mit andern Eydgenößischen Städt und Orten gemeinhabenden Landvogtey Thurgäu, und sind von den erstern die sogenannte Landvogteyen Koburg, Grüningen, Eglisau, Regensberg, Andelfingen, Greiffensee, Knonau, Wädenschweil und Sax, sodan die Obervogteyen Lauffen, Hegi und Altiken, auch die sogenannte Gerichts-Herrlichkeit Flaach und gehören zu den Landvogteyen Koburg, Grüningen und Sax die Verwaltung der hohen und niedern Gerichten.

In der Landvogtey Thurgäu aber liegen die Obervogteyen Weinfelden, Steinegg, Pfyn, Neunforn und Wellenberg, und haben die Land- und Ober-Vögt in dem eignen Landen und in dem Thurgäu ihren Sitz auf dortigen Schlössern ꝛc.

Auch befinden sich in dem Gebiet der Stadt Zürich die zwey Städte Winterthur und Stein am Rhein mit den Rechten, wie in selbigen Articlen angemerkt. Es hat auch die Stadt Zürich Antheil an den mit mehrern und mindern Eydgenößischen Städt und Orten gemeinhabenden Landvogteyen, Baden, Thurgäu, Ober- und Untern freyen Aemtern Sargans und Rheinthal in deutschen Landen, und an den ennert dem Gebirg in Italien gelegnen Landvogteyen Lauis

(Lugano)

(Lugano) Luggarus (Locarno) Mendrisio und Valmagia (Mein-thal) deren auch eigne Articul nachzusehen.

Von denen vorbemelten 19. sogenannten innern Obervogteyen gehört die erste oder Ebmattingen einem jeweiligen der Wahl nach ältern Burger-Meister, die andere oder Altstetten denen beyden Seckel-Meistern, jährlich Umwechslungsweise, und zu jeder der übrigen 17. sind zwey kleine Räthe geordnet, welche gleich nach eines Tod oder Abänderung von klein und grossen Raht mit heimlichen Mehr erwehlet werden, und alljährlich auf St. Johannis-Tag im Sommer in dem Amt umwechslen, beständig aber in der Stadt wohnen, und die Geschäfte aus selbigen auch in derselben meistens an einem Freytag behandlen, auch bis auf ihr Absterben oder Abänderung bey solchen Obervogteyen verbleiben.

Die übrige obangemerkte Aemter (das Obmann-Amt ausbedungen;) in der Stadt und auf der Landschaft, wie auch die aussere Land-und Ober-Vogteyen sowohl in den eignen als gemeinen Landen, werden von klein und grossen Räthen und gewöhnlich grossen Rahts-Gliedern (wiewol auch kleine Rahts-Glieder auch Stadt- und Unter-Schreiber und der Grosweibel jedoch bey deren Erhalt mit Verlassung ihrer kleinen Rahts- und andern Stellen sich darum bewerben mögen:) übergeben; zu denen mit andern Eydgenössischen Städt und Orten gemein-habenden Landvogteyen aber mag, wann ein klein Rahts-Glied selbige verlanget, kein grosses Rahts-Glied, wol aber Stadt- und Unter-Schreiber, nebend ihne sich darum anmelden, doch bleibet auf dessen Erhalt, wann er ein Rahtsherr oder Constafelherr ist, solcher des kleinen Rahts, ein Zunft-Meister aber nicht. aussert bey der Landvogten der Ober- und Unter Freyen-Aemteren, weilen selbiger beständig in der Stadt bleiben kan und keinen Sitz in selbigen hat.

Es geschehen aber die Wahlen deren gleich vorbemelten Aemtern, auch aussern Land- und Ober-Vogteyen, und zwahren der Land-und Obervögten auf St. Johannis-Zeit im Sommer und

und die andern auf St. Johannis Zeit im Winter; vor dem kleinen und grossen Raht, und melden sich alle die, welche ein solche Vogtey verlangen, an dem Samstag vor dem Palm-Sonntag, und die welche ein Amt begehren, bey Ablegung der Seckel-Amts-Rechnung, so gewohnlich im Oct. geschiehet; vor dem kleinen und grossen Raht mit kurzen Worten hierum an, und ist folglich ihnen erlaubt für ihre Persohnen, denen wehlenden und nicht mit denen sich anmeldenden Verwandschaft wegen in Ausstand begriffnen kleinen und grossen Rähten in ihren Häusern einmahl ihr Vorhaben und Beweg-Gründe vorzustellen, und sie um ihre Stimm anzusprechen, wobey aber alles Miet und Gaben nehmen, und geben vor, in und nach der Wahl unter allerley Vorwand, durch die sich anmeldende oder die ihrige oder andere, auch alle andere Verheissungen und Drohungen so verbotten sind, daß in befindendem Fall der fehlbare anmeldende der Wahl unfähig erklährt, der wehler aber seiner Stimm verlurstig und jeder um 40. Mark Silber gebüßt, und wann solches erst nach der Wahl kund würde: ein neue Wahl vorgenohmen würde; an dem Wahltag selbst an dem Mittwochen vor der Regiments-Besatzung in dem Sommer in Ansehung der äussern Land- und Ober-Vogteyen, und an dem Mittwochen vor der Regiments-Besatzung in dem Winter in Ansehung der Aemtern wird bey der klein und grossen Rabts-Versammlung erstlich die Wahl-Ordnung abgelesen, und ein jeder anwesender, ob ihme bekannt, daß etwas darwider gehandelt worden; angefraget, folglich tretten die sich um ein Vogtey oder Amt bewerben: einer nach dem andern der Constafel und den Zünften nach in die Mitte der grossen Rabts-Stuben, und ersucht mit einer anständigen Anrede um Verleihung der Vogtey oder des Amts, und, nachdeme alle die so ein solches verlangen mit ihren Verwandschafts-Ausstand abgetretten, wird die Wahl gleich oben von den endlichen Wahlen gemeldet worden: vorgenohmen, und giebt dann der auf die meisten Vogteyen und Aemter erwehlte gleichen Abends seinen Constafel- oder Zunft-Genossen auf der Constafel oder Zunft eine Mahlzeit, muß auch hernach vor seinem Aufzug auf die Vogtey oder

Amt

Amt vor dem kleinen Raht hierfür 2. habhafte Bürgen stellen, und werden dann die neuerwehlte Land- und die meisten Ober-Vögt von einem Seckel-Meister gewohnlich auf Aschen-Mittwochen, und wann mehrere, die andern in der Wochen darnach, und die Amtleuth von dem Obmann der Gemeinen Aemtern in dem Majo auf selbige aufgeführet; worbey noch anzumerken, daß die Land-Vogteyen und auch die Aemter in dem Land, A. 1536. auf 6. Jahr gesetzt worden, und daß auch das Amt zu Winterthur und auch der Ober Vogtey Laufen gleiche Jahr das Amt, zu Stein an dem Rhein aber 9. die Ober-Vogtey Steinegg, 12. die von Pfyn, 15. und die Land- und Ober-Vogteyen, auch Gerichts-Herrlichkeit zu Sat, Hegi, Neunforn, Flaach, Altiken und Wellenberg, aber 9. Jahr wahren, auch daß die Verlängerung der Verwaltungs-Jahren auf solchen Aemtern, Land- und Ober-Vogteyen gänzlich abgekennt, und einem Burger-Meister auch ein Bittschrift hierum abzunehmen nicht gestattet ist, zugleich auch alle Bestellungen, so zur Nachfolg eines, der den Dienst noch wurklich auf sich hat, gemeint sind, verbotten seyend; welchem noch anzufügen daß auch einer, welcher ein Land- oder Obervogtey oder ein Amt versehen hat, alsbann 6. Jahr und zwahren von der Zeit des Abzugs, der vorgebenden Verwaltung bis auf den Tag der Wahl eines andern Amts, oder Land- und Obervogten still stehen, und kein anderes zu begehren befügt seye, und wann einer in währender Zeit, ehe sein Amt Land- oder Obervogtey aus ist, mit Tod abgehet, wann es gleich nach seinem Aufzug oder während ersten halben Zeit seiner Verwaltung geschiehet; seinen Erben solch Amt, Land- oder Obervogtey bis auf die halbe Zeit der sonst angesetzten Verwaltungs-Zeit durch ein andere der Oberkeit angenehme Persohn aus gleichen klein oder grossen Raht zuversehen, und zu nutzen überlasen werde, wann es aber nach dem Verfluß der halben Zeit einer solchen Verwaltung geschiehet, dann die Erben nur noch das Jahr in welchem der Todes-Fall erfolget, selbige zu versehen und zu geniessen habind.

Da die bishin beschriebne Regiments-Verfassung der Constafel und Zünften nach eingerichtet, und die ganze Burgerschaft auch in selbige eingetheilet ist, als ist derselben halben auch anzumerken, daß in der annoch genannten Constafel (welcher Nahme von dem alten in den mittlern Zeiten geübten Wort Constabularia und Conestablie, welche ein Sammlung Militum, dardurch ein adelicher Kriegsmann verstanden worden; bedeutet; hergeleitet werden will:) Ritter, Edelleuth und Burger, so in der Stadt wohn- und seßhaft sind, und sonst kein Zunft haben, auch kein Gewerb oder Handwerk, so in eine der Zünften dienet oder gehörte, treiben und brauchen: einverleibet sind, und 6. Glieder in den kleinen, und 18. in den grossen Raht (so danahen Achtzehner genannt werden:) zugeben haben, welche bis An. 1679. ohne Unterscheid aus allen der Constafel einverleibten Gliedern erwehlet, damahls aber unter selbigen eine Abtheilung gemacht worden, daß von den 6. Gliedern des Kleinen Rahts, 2. aus den Adelichen Geschlechtern (welche dermahlen sind 1. von Breiten Landenberg, 2. Meis 3. Escher vom Luchs, 4. Meyer von Knonau, 5. Grebel, 6. Zoller, 7. Schmid, 8. Edlibach, 9. Blarer von Wartensee, 10. von Ulm, 11. Schneeberger, 12. Reinhart und 13. von Salis und auch wegen ihren absonderlichen Zusammenkünften in der kleinen Stuben, etwann Stübler genannt werden:) und 2. aus den übrigen der Constafel einverleibten Burgern, solche alle 4. welche Constafelherrn genannt worden, aber von samtlichen Constafel-Genossen erwehlt; und auch von denen 18. Gliedern des grossen Rahts, 12. von den Adelichen, und 6. von den übrigen Burgers Geschlechtern seyn, alle 18. jedoch auch von samtlichen kleinen und grossen Rähten der Constafel erwehlt, die übrigen 2. Glieder in den kleinen Raht aber von dem kleinen und grossen Raht der Stadt ohne Unterscheid aus allen 18. besetzt werden: es wird auch die Constafel öfters der Rüden von ihres Constafel-Hauses Zeichen genannt: es ward auch die Constafel und derselben einverleibte bey Abänderung des Regiments A. 1336. angewiesen, daß sie sollen einem Burger-Meister wartend seyn mit dem Stadt-Panner, und in

den

Zürich.

den folgenden geschwornen Briefen bis A. 1713. daß die Constafel soll warten der Stadt-Panner.

Die Namen der übrigen 12. Zünften, deren auch verschiedene von ihren Zunft-Häusern Zeichen oder der einer jeden einverleibten Handwerken genennt werden: aber sind folgende, 1. Saffran, dahin gehören Apotheker, Krämer, Seckler, Gürtler, Nestler, Strehlmacher, Nadler, Pasamenter, Hutstaffierer, Federnschmucker, Bürstenbinder, Hosenstricker, Knöpfmacher und Zuckerbecker. 2. Meisen oder Weinleuthen, allwo einverleibet Wirth, Sattler und Mahler. 3. Schmiden oder zum guldenen Horn, dahin dienen Schmid, Kupfer-Schmid, Degen- und Messer-Schmid, Büchsen-Schmid, Nagel-Schmid, Zeug-Schmid, Schlosser, Uhrenmacher, rot- und Kannen-Giesser, Sporrer, Spengler, Feilenhauer, Schleiffer, Schärer und Bader. 4. Weggen, dahin geordnet die Pfister und Müller. 5. Gerber oder zum roten Leuen begrieffen Weis- und Roth-Gerber, Pergamenter. 6. Widder schleißt ein Metzger und die Rinder und andere Vieh auf dem Land kauffen, und zu der Metzg treiben. 7. Schumacher haben allein ein Zunft. 8. Zimmerleuth oder zum rothen Adler, dahin gehören Zimmerleuth, Faßbinder, Schreiner, Trechsler, Maurer, Steinmetz, Hafner, Wagner, Holzläufer und Rädleuth. 9. Schneidern oder zum Schaaf, wohin dienen Tuchschärer, Schneider und Kürsner. 10. Schiffleuthen oder zum guldenen Anker, aber sind einverleibet Fischer, Schiffleut und Seiler. 11. Kämbel oder zum Kameel, dahin geordnet Oeler, Grämpler, Habermähler, Weinfuhrmann, Weinzicher, Salzknecht und Gärtner, und 12. Waag enthaltet Wollen- und Lein-Wäber, Hutmacher und Bleiker: wornebst Kaufleuth, auch die so mit Tuch handlen, Gold-Schmid, Glaser, Färber, Buchdrucker, Buchbinder, die so Eisen feil haben, Pastetenbeck, und die so ihres Thuns, Gewerbs- und Hand-Werks- halben an keine obbenannter Zünften gebunden sind, auf der Constafel oder auf welcher Zunft sie wollen; seyn mögen, jedoch insgemein in der Meinung, daß, wann ein Burger, der nicht durch sein erlehrntes Handwerk in eine gewisse Zunft gebunden ist, seines

Vatters Zunft verlassen, und eine andere annehmen wollte, ein solcher die 20. Jahr seines Alters erreichet, und auf seiner neu angenohmenen Zunft 15. Jahr als Zünfter gedienet haben muß, ehe er des Regiments fähig seyn kan: da von denen jeder Zunft zukommenden klein und grossen Räthen, und derselben Erwehlung schon oben das mehrere angebracht worden, und nur noch anzufügen, daß obgleich bald auf allen Zünften mehr als ein Handwerk, und auch noch etwann andere Burger einverleibet: diesere die Handwerk, aussert ihren absonderlichen Handwerk-Ordnung und Gebräuchen, aber und die andere in Ansehung des Regiments nichts sonderliches haben, oder daß auf selbige in Erwehlung des Regiments einige absonderlichen Ycht gehalten werde, sondern solche ohne Ansehung der Handwerkern 2c. vorgenohmen werde, mit dem alleinigen Unterscheid, daß auf denen beyden sogenannten gespaltnen Zünften Schmiden und Weggen da auf der erstern die Schärer, von den andern Handwerken, und auf dem Weggen die Müller von den Pfistern etwelcher massen abgesöndert sind, die Räht und Zunft-Meister doch aus den samtlichen der ganzen Zunft einverleibten, von den 12. grossen Räthen aber 8. aus den Schmiden und andern Handwerkern, und 8. aus den Pfistern, 4. aber auf der erstern aus den Schärern, und 4. aus den Müllern, wie schon oben das mehrere zu finden; genohmen werden: welchem noch anzufügen, daß bey Anstellung der diesmahligen Regiments-Form A. 1336. angemerkt worden, daß ein jede Zunft ihr Banner habe, welches auch den folgenden geschwobrnen Briefen einverleibet gewesen, bis A. 1713. da wegen Abänderung der Kriegs-Verfassung und der Mannschaft anderer Eintheilung solcher Ausdruck ausgelassen worden, und mag wahrscheinlich ehemahls, da man noch mit den Bannern gezogen: die Zünft in ihren Bannern die Zeichen, darvon ihre Zunft-Häuser noch genannt werden: mögend geführet haben: worbey auch noch am kömlichsten ist anzuzeigen, daß unter der Burgerschaft sich annoch folgende Geschlechter befinden: Aberli. Abegg. Aeschmann. Alberth. Albrecht. Amman. Arter. Bachofen. Balber. Baltenschweiler. Baur. Berger. Bernhauser. Billeter. Von Birch. Blarer von Wartensee.

tenſee. Blaß. Blöuwler. Bluntſchli. Bodmer. Boller. Boßhart. Bräm. Breitinger. Bremi. Brenwald. Breyſacher. Brunner. Büeler. Bürckli. Bütſchli. Bullinger. Burkhard. Bygel oder Beyel. Collin oder am Büel. Clauſer. Dälliker. Däniker. Denzler. Diebold. Dietſchi. Düggeli. Dürſteler. Eberhard. Edlebach. Zur Eich. Eichholzer. Elſinger. Engelhard. Eſcher von Luchs. Eſcher vom Glas. Eßlinger. Falkenſtein. Fäſi. Fehr. Finſler. Fiſcher. Freudwyler. Frey. Freytag. Froſchauer. Fries. Furer. Füsli. Geiger. Geſner. Gimmel. Götſchi. Gosweiler. Grebel. Grimm. Grob. Gugolz. Gutmann. Gwalter. Gysling. Haab. Häſelin. Häginger. Hämmer. Hafner. Hagenbuch. Hamberger. Hartmann. Hauſer. Hegi. Heidegger. Heinz. Harder. Herliberger. Heuberger. Heß. Hirt. Hirsgartner. Hirzel. Höngger oder Höger. Hofmeiſter. Holzbalb. Horner. Hoſpitaler. Hottinger. Huber. Hug. Irminger. Kambli. Kaufmann. Keller. Von Kellern. Keſſelring. Kilchſperger. Kitt. Klingler. Koch. Köchli. Koller. Kölliker. Körner. Korrodi. Kramer. Knoſer. Von Lähr. Von Breiten Landenberg. Landolt. Lavater. Laub. Leemann. Leimbacher. Len. Liechti. Lindinger. Linſi. Locher. Lochmann. Maag. Von Maas. Maler. Manz. Maurer. Meili. Meis. Meiſter. Meyer. Meyer von Knonau. Michel. Morf. Müller. Von Muralt. Nabholz. Näf. Nägeli. Röpli. Nüſcheler. Obriſt. Obermann. Ochſner. Oeri. Orell. Oswald. Ott. Peble. Peſtaluz. Peter. Pfänninger. Pfiſter. Rban. Reinhart. Rellſtab. Rieder. Ringer. Ringgli. Römer. Rollenbutz. Rordorf. Roſenſtock. Rouchli. Rubli. Rueziſtorfer. Rütlinger. Rynacher. Von Salis. Schad. Von Schännis. Schärer. Scheller. Schinz. Schmid Adel. Schmid. Schmidli. Schmuz. Schneeberger. Schuder. Schaufelberger Scheuchzer. Schultheß. Schweighauſer. Schwerzenbach. Schwerter. Schweizer. Seebach. Seeholzer. Simler. Spiller. Spöndli. Spörri. Sproß. Sprüngli. Stabel. Stadler. Staub. Steffan. Steinbrüchel. Steiner. Steiner von Stein. Steinfels. Stocker. Stolz. Straßer. Studer Stumpf. Sturm. Stutz.

Summerrauer. Suter. Sysrid. Tanner. Tauenstein. Teck. Thomann. Tobler. Toggwiler. Trächsler. Trichtinger. Thummeisen. Ullinger. Von Ulm. Ulmer. Ulrich. Vogel. Vögeli. Vogler. Vollenweider. Usteri. Wäber. Wägmann. Walder. Wafer. Weis. Werdmüller. Weerit. Weriter. Werndli. Widerkehr. Wirth. Wirz. Wiser. Wolf. Wonlich. Wüest. Wunderli. Von Wyl. Wyß. Zeller. Ziegler. Zimmermann. Zoller. Zollinger. Zuber. Zundel. Zwingli.

Aus oben weitläufig angeführtem zeiget sich genugsam, daß dermahlen diesere Stadt und Landschaft der Evangelischen Religion zugethan, und kommet nun auch in Betrachtung die Verfassung der Geistlichen Kirchen- und Schul-Sachen in selbiger, da zuvorderst zum Vorschein kommt

Das Haupt des ganzen Geistlichen Standes, oder der sogenannte Antistes, von welchem unter solchem Articul: *Antistes* das mehrere schon angemerkt zu finden, und sind nur noch anzufügen die Namen deren Antistitum und zugleich Obersten Pfarrern, welche erwehlt worden.

Anno
1519. M. Ulrich Zwingli.
1531. M. Heinrich Bullinger.
1575. Rudolf Gwalter.
1585. Ludwig Lavater.
1586. Rudolf Stumpf.
1592. M. Burkhard Leeman.
1613. Hans Jacob Breitinger.
1645. Hans Jacob Irminger.

Anno
1649. Hans Jacob Ulrich.
1668. Hans Caspar Wafer.
1677. Hans Jacob Müller.
1680. Hans Heinrich Erni.
1688. D. Antoni Klingler.
1713. Peter Zeller.
1718. Hans Ludwig Nüscheler.
1737. Hans Conrad Wirz.

Sodann sind alle Einwohner in der Stadt und Land in gewisse sogenannte Pfarren eingetheilt, und jeder derselben nach deren Grösse und Anzahl ein Pfarrer, und auch etlichen Helfers vorgesetzt, welche den öffentlichen Gottesdienst verrichten, und

und auch auf der anvertrauten Seelen Sorg tragen sollen: und sind derselben in der Stadt vier Pfarr-Kirchen zum Grossen Münster, zum Frau-Münster, zu St. Peter und zum Heil. Geist, oder gewohnlich genannten Predigern, und bey der ersten zum Groß-Münster der gleich vorbenannte Oberste-Pfarrer nebst zwey Archi-Diaconis oder Predicanten, und zweyen Diaconis deren einer Helfer, und der andere Leut-Priester genannt wird: Bey den 3. andern aber ist bey jeder ein Pfarrer und ein Helfer oder Diaconus, und sind die bemerkte beyde Archi Diaconi oder Predicanten zum grossen Münster und der Pfarrer zum H. Geist oder Predigern zugleich Chorherrn des Stifts zum Grossen Münster, auch diese drey und die beyde Pfarrer zum Frau-Münster und St. Peter, auch von denen gleich hernach vorkommenden Examinatoribus der Kirchen- und Schul-Dienern, auch Oberste Schul-Herrn: es warden aber erwehlet

Archi-Diaconi und Predicanten.

Anno	I.	Anno	II.
1525.	Johannes Hegnauer.	1520.	M. Erasmus Schmid.
1534.	Beat Geering.	1547.	Otto Werdmüller.
1538.	Caspar Grosmann.	1552.	Wolfgang Haller.
1545.	Heinrich Buchter.	1557.	Hans Jacob Wick.
1547.	Johannes Haller.	1588.	Rudolf Wirth. (Hospinianus,)
1550.	Ludwig Lavater.		
1586.	Felix Trüeb.	1594.	Marx Boümler.
1594.	Rudolf Wonlich.	1601.	Jacob Haller.
1598.	Raphael Eali.	1624.	Oswald Keller.
1605.	Hans Caspar Maurer.	1651.	Heinrich Fäsi.
1633.	Hans Heinrich Wonlich.	1665.	Hans Conrad Ulrich.
1638.	Hans Caspar Sauter.	1668.	Johannes Müller.
1655.	Hans Caspar Waser.	1672.	Ulrich Bulot.
1668.	Hans Jacob Müller.	1687.	Hans Heinrich Trüeb.
1677.	Hans Heinrich Ernst.	1692.	Hans Rudolf Simler.
1680.	Hans Conrad Wirz.	1706.	Wilhelm Hofmeister.

Anno

Zürich.

Anno	I.	Anno	II.
1682.	Hans Jacob Gesner.	1715.	Johann Baptista Ott.
1704.	Hans Caspar Brunner.	1744.	Beat Werdmüller.
1705.	Johannes Werdmüller.	1749.	Hans Rudolf Rahn.
1709.	Melchior Wolf.		
1709.	Hans Conrad Wirz.		
1729.	Hans Conrad Wirz.		
1737.	Diethelm Simler.		
1742.	Georg Hirzel.		

Pfarrer zum Frau-Münster.

Anno		Anno	
1524.	D. Heinrich Engelhard.	1626.	Rudolf Schwarzenbach.
1525.	Sebastian Wagner, genannt Hofmeister.	1646.	Felix Weis.
		1666.	Hans Heinrich Ulrich.
1550.	Ulrich Engelhard.	1669.	Johannes Ulrich.
1552.	Johannes Wolf.	1682.	Hans Jacob Schädler.
1571.	Rudolf Funk.	1693.	Hans Heinrich Zeller.
1584.	M. Burkhard Leeman.	1699.	Peter Zeller.
1592.	Heinrich Wolf.	1713.	Hans Heinrich Ulrich.
1594.	Rudolf Wirth, oder Hospinianus.	1730.	Hans Caspar Müller.
		1745.	Hans Caspar Ulrich.

Pfarrer zu St. Peter.

Anno		Anno	
1519.	Rudolf Röschli.	1660.	Hans Jacob Thoman.
1522.	M. Leo Judä.	1671.	Peter Füsli.
1542.	Rudolf Gwalter.	1684.	D. Antoni Klingler.
1575.	Heinrich Bullinger.	1688.	Bernhard Werdmüller.
1583.	Rudolf Körner.	1707.	Hans Ludwig Nüscheler.
1618.	Ulrich Reuter.	1718.	Hans Heinrich Fries.
1620.	Hans Jacob Irminger.	1750.	Johannes Breitinger.
1645.	Hans Caspar Ulrich.	1756.	Matthyas Stumpf.

Pfarrer

Pfarrer zum H. Geist oder Predigern.

Anno		Anno	
1544.	Johannes Wolf.	1668.	Hans Conrad Burkard.
1552.	Jacob Wik.	1681.	Hans Jacob Ulrich.
1557.	Ulrich Zwingli.	1709.	Melchior Wolf.
1571.	Burkhard Leeman.	1715.	Hans Jacob Heidegger.
1584.	M. Hs. Rudolf Stumpf.	1727.	Beat Simler.
1586.	Johannes Steiner.	1732.	Andreas Heidegger.
1620.	Johannes Holzhalb.	1746.	Hans Conrad Wirz.
1637.	Ulrich Engeler.	1748.	Hans Heinrich Meyer.
1638.	Hans Jacob Ulrich.	1754.	Georg Christof Tobler.
1649.	Hans Conrad Wirz.		

Annebst ist auch noch in der Stadt ein Französischer Prediger, wie auch ein Pfarrer und Helfer in dem sogenannten Oetenbach, und ein absonderlicher Pfarrer in dem Spitthal, welchem lettern allein die Obsorg über die in dem Oetenbach befindlichen Waisen, und an dem Spitthal liegende Kranknen, unter der Aufsicht deren Pfarrern von St. Peter und zum Predigern, der erstere aber über die in der Stadt annoch Oberkeitlich unterhaltene vertriebnen Glaubens-Genoffen selbiger Sprach haben, die Pfarrer auf der Landschaft aber sind in 9. Capitul, am Zürich-See, im Frey-Amt, Stein, Winterthur, Ellg, Wezikon, Koburg, Regensberg und Eglisau eingetheilet, und ist einem jeden derselben ein Decanus und Camerarius vorgesetzt.

Ehe aber einer zu allen Kirchen-Diensten zu Stadt und Land, und auch den meisten Schul-Diensten in der Stadt gelangen mag, muß er zuvor sich in den Hebräischen, Griechischen und Lateinischen Sprachen, in der Philosophia, Physica, Vernunft- und Sitten-Lehr, Historie rc. und sonderlich in der Theologia &c. so geübet haben, daß er sowohl Examina in Sprachen, Philosophia und Theologia ausbalten, als auch unter einem Professore Philosophiæ oder Physices, und einem Professore Theologiæ bey absonderlich haltenden öffentlichen Disputationen vorwerfen, und vertheidigen können, als worauf er nach befundener Richtigkeit von denen gleich vorkommenden Examinatoribus geist- und weltlichen Standes mit Auflegung der rechten Hand des Antistitis auf sein Haupt, unter die Kirchen- und Schul-Diener so aufgenohmen wird, daß er folglich alle einem Kirchen-Diener zukommende Verrichtungen zu Stadt und Land auch ausüben mag, bis er zu einem würklichen Kirchen-Dienst befürdert wird, und immittelst gewöhnlich ein Exspectant genennt wird: doch daß er in erst hieraufhaltenden Synodo sich endlich verpflichten muß, das H. Evangelium und Wort GOttes nach rechtem Christlichem Verstand vermög alten und neuen Testaments, laut der Oberkeit Mandaten zu lehren und zu predigen, auch dem klein und grossen Raht treue zu seyn, und ihren Gebotten und Verbotten in zimlichen billichen Sachen gehorsam zu seyn ec.

Wann ein solcher auf hernach vorkommenden Weis und Maas zu einem würklichen Kirchen-Dienst erwehlet und beförderet wird, so macht er in der Stadt den Anfang mit einer Einweyhungs-Predig, auf der Landschaft aber wird desselben Wahl der anvertrauten Gemeind in der Kirch von einem Oberkeitlichen Ober- oder Landvogt eröfnet, und er von dem Decano des Capitels nebst zweyen anderen aus dem Capitel durch Auflegung der Händen auf sein Haupt, Vermahnung und Gebett öffentlich vorgestellet.

Auch oben ist des mehreren angezeiget worden, wann und wie zu Unterweisung der Jugend in der Stadt ein Gymnasium von zweyen Collegiis und lateinischen Schulen angelegt worden, und ist jetz noch nachzubringen, daß dermahlen in dem Obern genannten Collegio (welches sein Lehr- und Gehör-Gemächer bey der Kirch zum grossen Münster hat, und von deren Stifter Carolo M. auch Carolinum genannt wird:) Professores II. Theologiæ, und annebst auch in der Philosophia, Physica & Mathesi, der Griechischen und Hebräischen Sprachen, der Geist und Weltlichen Historie, der Wohl-Redenheit und Sitten-Lehr, in kurzer Darlegung und Erleuterung der H. Bibels Einhalts, des Rechts der Natur und auch absonderlich

derlich in den Vatterländischen Geschichten; und in dem Untern (welches sein Lehr- und Gehör-Gemach bey der Kirch zum Frau-Münster hat, und danahen auch etwann Abbatissanum auch etwann Collegium Humanitatis, und die sibende Lezgen genannt wird:) 4. Professores in der Griechischen und Lateinischen Sprachen, der Vernunft Lehr und Red-Kunst, in der Catechetischen Gotts-Gelehrtheit und der Hebräischen Sprach angestellt sind und lehren; und daß auch an beyden solchen Orten jedem ein Ludimoderator und 4. andere Schulmeister sich befinden, welche die Anfänger in Schreiben, Rechnen, Singen und der Lateinischen, auch in den ersten Schulen derselben auch in den Anfängen der Griechischen und Hebräischen Sprach unterweisen, und zu denen Studien erstlich in dem Untern, und folglich auch in dem Obern Collegio vorbereiten, und daß sowohl in Collegiis als solchen Schulen alle Jahr zwey offentliche Examina zu Bescheinung der lehrenden und lernenden Pflicht und Zunehmen gehalten werden: wornebst auch noch drey sogenannte deutsche Schulen sich befinden, in denen die noch minderjährige in dem Lesen, Schreiben und Rechnen, auch den Anfängen der Religion bis sie in die lateinischen Schulen gelangen: unterwiesen, und auch noch vor die noch jüngern Kinder beyder Geschlechter, von Lehrmeistern und Lehrmeisterinnen Schulen gehalten werden.

Von obigen Professoribus in beyden Collegiis, auch den Ludimoderatoribus und Schul-Meistern in beyden lateinischen Schulen sind alle würkliche Kirchen- und Schul-Diener, aussert in dem Obern Collegio Professor in der Physic und Mathesi, und der in den Vatterländischen Geschichten, deren der erste meistens Medicinæ Doctor, und der letztere ein hierzu geschickter Weltlichen Standes ist; auch sind die Professores in Theologia, Philosophia, Physica und Mathesi, auch in der Griechischen Sprach zugleich Chorherren des Stifts zum grossen Münster, auch Mitglieder der gleich vorkommenden Examinatoren, aus welchen, und auch denen Archi-Diaconis, und 3. Pfarrern in der Stadt (aussert dem Antistite) alle 2. oder 3. Jahr ein Schulherr über Collegia und Schulen und noch nebend ihme zwey

zwey sogenannte Intendenten über ein jedes der Collegiorum und lateinischen Schulen absonderlich bestellt werden.

Mit den Wahlen obbemerkter Kirchen- und Schul-Vorstehern wird es verschieden gehalten, und zwahren vorderist in Ansehung der erstern geschehen die Wahlen eines Antistitis und Obersten-Pfarers, auch der beyden Archi Diaconorum zum Grossen Münster, auch der Pfarrern zum Frau-Münster und zu dem H. Geist oder Predigern in der Stadt, aus dem hernach angemerkten Vorschlag der Examinatoren, von dem kleinen und grossen Raht: der Pfarrer und Helfer zu St. Peter auch in der Stadt aber wird von samtlichen Pfarr-Genossen in der Stadt und einigen nächstgelegnen Gemeinden auf der Landschaft mit mehrerer Stimm ohne Vorschlag erwehlet: die Wahlen aber der Diaconorum und Helfern zum Frau-Münster und zum H. Geist oder Predigern werden aus einem obbemerkten Vorschlag, auch der Französische Prediger ohne selbigen von dem kleinen Rabt, und deren beyder Diaconorum zum Grossen Münster von dem Verwalter und Chorherren des Stifts zum Grossen Münster, nebst ihren Oberkeitlichen Pflegern und Beamten vorgenohmen: mit den Wahlen aber der Pfarrern auf der Landschaft hat es ein verschiedne Bewandtnus, da die meisten davon von dem kleinen Raht aus den obbemerkten Vorschlägen vorgenohmen werden, wann aber ein fremdes Catholisches Hoch- oder anderes Stift als der Bischof und das Dom-Capitul von Costanz, auch die Stifter Einsidlen, St. Bläsi, Rheinau, Wettingen auch ein Stadt Rapperscheil &c. ein Pfarr zu vergeben hat, werden selbigen 3. aus dem gewohnlichen Vorschlag von dem kleinen Rabt erwehlte einen daraus zu ernamsen vorgeschlagen, der Stadt Schafhausen wird auf zwey allein, und eine umwechslungsweis zu bestellende Pfarren in dem Land, aus ihren Burgern: auch einigen verburgerten Edelleuten &c. auf einige wenige Pfründe einen Burger aus der Stadt auf Oberkeitliche Bestähtigung zu ernamsen, bewilliget.

Die Professores in beyden Collegiis, (ausert der Professor der Vatterländischen Geschichten, der von dem kleinen Raht bestellt

bestellt wird:) auch die Ludimoderatores, und die übrige Schulmeister in beyden lateinischen Schulen werden von den gleich vorkommenden Obersten Schulherren, und die Schulmeister der deutschen Schulen von dem älteren Burger-Meister, dem ältern weltlichen Examinatore und dem Obmann der Gemeinen Aemtern, auch dem Antistite und dem Pfarrer zum H. Geist oder Predigern, und die Schulmeister auf der Landschaft von denen Examinatoribus erwehlet: es finden sich aber daß zu Professoribus in dem Obern und in dem sogenannten Humanitatis Collegio erwehlt worden.

In dem Obern Collegio.

Professores Theologiæ.

Anno
- 1525. M. Ulrich Zwingli.
- 1526. Conrad Pellicanus.
- 1532. Theodorus Bibliander.
- 1556. Petrus Martyr Vermilio.
- 1563. Josias Simler.
- 1571. Joh Wilhelm Stuckl.
- 1576. Hans Jacob Fries.
- 1607. Marx Brümler.
- 1611. Heinrich Erni.
- 1611. Hans Caspar Waser.
- 1626. Hans Jacob Ulrich.
- 1639. Hans Rudolf Stuckl.
- 1636. Peter Thoman.
- 1653. Johannes Wirz.
- 1658. Hans Heinrich Hottinger.

Anno
- 1660. Hans Heinrich Zeller.
- 1667. Hans Heinrich Heidegger.
- 1672. Johannes Müller.
- 1685. Hans Caspar Wolf.
- 1698. Hans Jacob Hottinger.
- 1710. Hans Jacob Lavater.
- 1725. Hans Rudolf Kramer.
- 1735. Hans Jacob Lavater.
- 1736. Hans Jacob Zimmermann.
- 1758. Hans Caspar Hagenbuch.
- 1759. Hans Heinrich Hirzel.
- 1763. Hans Jacob Kramer.

Zürich.

Auch warden etwas Zeit Vicarii von einigen obigen alten Professoren, welche auch etwann Professores Theologiæ genennt worden, als

Anno
1563. Johannes Wolf.
1568. M. Ulrich Zwingli.

und zu End des XVI. Seculi
Raphael Egli
Marx Beümler.

Und ward annebst auch etwas Zeit, nebst den obigen Professoren, auch das Lesen und Erklähren absonderlich des Neuen Testaments aufgetragen.

Anno
1572. Hs. Heinrich Bullinger.
1575. Hans Rudolf Körner.

Anno
1583. Hans Heinrich Wolf.
1585. M. Ulrich Zwingli.

Worvon auch der letztere den Namen Professoris Novi Testamenti gebraucht hat.

Professores der Welt-Weisheit und *Philosophiæ*.

Anno
1574. M. Rudolf Collinus oder am Büel.
1525. Jacob Amman.
1573. Jacob Fries.
1576. Jacob Ulrich.
1605. Rudolf Simler.
1611. Heinrich Erni.
1612. Hans Rudolf Lavater.
1625. Joost von Rusen.

Anno
1630. Rudolf Studi.
1639. Johannes Wirtz.
1651. Johann Heinrich Hottinger.
1658. Caspar Waser.
1667. Johannes Lavater.
1695. Rudolf Ott.
1716. David Holzhalb.
1731. David Lavater.

Professores der Griechischen Sprach.

Anno
1524. Jacob Amman.
1525. M. Rudolf Collinus.
1577. Caspar Wolf.

Anno
1601. Marx Beümler.
1607. Caspar Waser.
1611. Jacob Ulrich.

Anno

Anno
1621. Heinrich Ulrich.
1630. Hans Ulrich Engeler.
1636. Johann Peter Thoman.
1638. Jacob Wolf.
1641. Felix Spörri.
1643. Caspar Woß.
1659. Johann Heinrich Zeller.

Anno
1660. Caspar Schweitzer.
1684. Hans Heinrich Schwei-
ter.
1705. Hans Caspar Hofmei-
ster.
1731. Hans Heinrich Hirzel.
1745. Hans Jacob Breitinger.

Professores in der Natur-Wissenschaft und Mathematic.

Anno
1525. M. Otto Werdmüller.
1542. Melchior Wirz.
1558. D. Conrad Geßner.
1565. D. Georg Keller.
1566. D. Caspar Wolf.
1588. D. Heinrich Lavater.
1623. D. Caspar Lavater.
1624. D. Christof Geiger.
1637. D. Jacob Fries.

Anno
1548. D. Rudolf Geiger.
1662. D. Heinrich Lavater.
1691. D. Johannes Muralt.
1691. D. Salomon Hottinger.
1733. D. Hans Jacob Scheuchzer.
1733. D. Johannes Scheuchzer.
1738. D. Johannes Geßner.

Professores in der Hebräischen Sprach.

1525. M. Jacob Ceporinus.
1526. Conrad Pellican.
1556. M. Ulrich Zwingli.
1560. Burkhard Leemann.
1571. Felix Trüeb
1578. Heinrich Wolf.
1592. Raphael Egli.
1596. Caspar Waser.
1607. Johannes Steiner.

1627. Hans Jacob Wolf.
1630. Peter Thoman.
1640. Felix Spörri.
1643. Hans Heinrich Hottinger.
1651. Hans Caspar Wolf.
1660. Hans Caspar Schwei-
ter.

Anno

Anno
1681. Hans Heinrich Hottinger.
1692. Hs. Heinrich Schweitzer.
1697. Hans Jacob Kramer.
1702. Johann Baptista Ott.

Anno
1706. Johann Rudolf Kramer.
1725. David Lavater.
1738. Hans Jacob Breitinger.
1740. Hans Jacob Geßner.

Professores der Historien insgemein.

Anno
1612. Johannes Steiner.
1627. Peter Thoman.
1630. Hans Jacob Ulrich.
1631. Peter Thoman.
1643. Johann Heinrich Hottinger.
1655. Johannes Müller.

Anno
1668. Heinrich Ott.
1682. Hans Rudolf Ott.
1695. Hans Caspar Hofmeister.
1705. Hans Rudolf Kramer.
1725. David Lavater.

Professores der Kirchen-Historie.

Anno
1731. Hans Jacob Zimmermann.
1737. Hans Heinrich Hirzel.

Anno
1745. Leonhard Holzhalb.
1756. Hans Jacob Ulrich.

Professores der Weltlichen Historie.

Anno
1731. Hs. Caspar Hagenbuch.
1735. Leonhard Holzhalb, obiger.

Anno
1756. Hans Jacob Ulrich, voriger.

Professores in der Wohlredenheit.

Anno
- 1650. Hans Heinrich Ott.
- 1682. Hans Heinrich Fries.
- 1684. Hans Caspar Hofmeister.
- 1705. David Holzhalb.
- 1716. Diethelm Geiger.
- 1725. Hans Georg Nüscheler.

Anno
- 1730. Hans Caspar Hagenbuch.
- 1736. Hans Heinrich Hirzel.
- 1745. Felix Orell.
- 1751. Hans Jacob Kramer.
- 1756. Hans Rudolf Ulrich.

Professores in der Sitten-Lehr.

Anno
- 1650. Hans Heinrich Ott.
- 1656. Hans Heinrich Heidegger.
- 1668. Wilhelm Frey.
- 1676. Hans Heinrich Heidegger.
- 1681. Johann Rudolf Ott.
- 1695. Hans Jacob Lavater.

Anno
- 1697. Hans Rudolf Lavater.
- 1710. Hans Jacob Ulrich.
- 1731. Hans Jacob Lavater.
- 1731. Hans Jacob Hospithaler.
- 1759. Hans Jacob Ulrich.

Professores in kurzer Darlegung der Heil. Schrift Einhalts.

Anno
- 1663. Hans Rudolf Hofmeister.
- 1685. Hans Rudolf Balber.
- 1687. beyde Theologi.

Anno
- 1702. David Holzhalb.
- 1716. Hans Heinrich Nüscheler.
- 1742. Hans Jacob Wus.
- 1754. Hans Jacob Geßner.

Professores in den Vatterländischen Geschichten.

Anno
- 1713. David Hotinger.
- 1720. Balthasar Bullinger.

Anno
- 1730. Hans Jacob Bodmer.

Professores in dem Recht der Natur.

Anno	Anno
1724. Hans Jacob Ulrich.	1754. Hans Jacob Ulrich.
1731. Hans Jacob Zimmermann.	1756. Hans Caspar Heß.
	1759. Hans Jacob Escher.
1737. Hans Jacob Wys.	1763. Hans Rudolf Ulrich.

Professores in den Mathematischen Wissenschafften absonderlich.

Anno	Anno
1710. D. Hs. Jacob Scheuchzer.	1733. D. Johannes Geßner.

Und in dem Collegio Humanitatis.
Professores der Lateinischen und Griechischen Sprachen.

Anno	Anno
1602. Heinrich Ernt.	1678. Hans Caspar Wolf.
1611. Ulrich Engeler.	1684. Hans Heinrich Fries.
1630. Hans Jacob Wolf.	1718. Hans Heinrich Hirzel.
1638. Felix Spörri.	1731. Hans Jacob Lavater.
1641. Caspar Weis.	1736. Hans Caspar Hagenbuch.
1643. Hans Rudolf Hofmeister.	
	1756. Hans Jacob Kramer.
1656. Hans Caspar Schweitzer.	1763. Felix Orell.
1660. Hans Caspar Wolf.	

Professores der Rhetoric und Logic.

Anno	Anno
1602. Hans Rudolf Simmler.	1611. Hans Rudolf Lavater.
1605. Hans Jacob Breitinger.	1612. Joost von Kuosen.

Zürich.

Anno
- 1625. Johannes Waſer.
- 1629. Hans Rudolf Brunner.
- 1639. Hans Jacob Thomann.
- 1649. Caſpar Waſer.
- 1658. Johannes Lavater.
- 1667. Caſpar Weis.
- 1668. Hans Rudolf Hofmeiſter.

Anno
- 1697. Hans Jacob Lavater.
- 1710. Hans Rudolf Lavater.
- 1740. Hans Jacob Breitinger.
- 1745. Hans Heinrich Hirzel.
- 1759. Hans Caſpar Heß.

Profeſſores der Catechetiſchen Gottsgelehrtheit.

Anno
- 1602. Marx Beümler.
- 1607. Hans Jacob Ulrich.
- 1616. Heinrich Bullinger.
- 1611. Hans Conrad Körner.
- 1614. Felix Weis.
- 1616. Hans Holzhalb.
- 1618. Rudolf Leemann.
- 1621. Peter Thomann.
- 1630. Hans Jacob Ulrich.
- 1638. Felix Weis.
- 1646. Hs. Heinrich Hottinger.

Anno
- 1649. Hans Caſpar Schweitzer.
- 1656. Johannes Müller.
- 1660. Peter Fueßli.
- 1668. Hans Caſpar Wolf.
- 1676. Hans Heinrich Fries.
- 1684. Hans Jacob Lavater.
- 1701. Hans Heinrich Nüscheler.
- 1742. Hans Jacob Kramer.
- 1756. Hans Jacob Eſcher.
- 1763. Hans Caſpar Meyer.

Profeſſores der Hebräiſchen Sprach.

Anno
- 1602. Caſpar Waſer.
- 1607. Johannes Steiner.
- 1627. Hans Jacob Wolf.
- 1629. Caſpar von Schänuls.
- 1630. Peter Thomann.
- 1637. Hans Rudolf Wirth.

Anno
- 1640. Hans Rudolf Hofmeiſter.
- 1643. Hans Heinrich Hottinger.
- 1646. Hans Caſvar Schweitzer.
- 1649. Hans Caſpar Wolf.

Zürich.

Anno
1652. Johannes Ulrich.
1655. Hans Heinrich Ott.
1668. Hans Jacob Blarer.
1670. Hans Heinrich Hottinger.
1692. Heinrich Bulot.
1696. Hans Rudolf Lavater.
1697. Hans Jacob Kramer.
1702. Hans Rudolf Kramer.
1705. Hans Heinrich Hirzel.

Anno
1718. David Lavater.
1728. Hans Jacob Lavater.
1731. Hans Jacob Breitinger.
1740. Hans Jacob Ulrich.
1754. Hans Caspar Heß.
1759. Hans Caspar Meyer.
1763. Hans Jacob Steinbrüchel.

Die samtliche Kirchen- und Schul-Diener der Stadt und Land werden alle Jahr zweymahl auf den nächsten Dienstag nach dem ersten Meyen und auf den ersten Dienstag nach Simonis Judä Tag in dem Synodo auf dem Rahthaus unter dem Præsidio des Antistitis versammlet; und wohnen solcher Versammlung auch der Burger-Meister der nicht in dem Amt ist, ein Ober-Zunft-Meister oder Statthalter, der Obmann gemeiner Aemtern, die 4. weltliche Examinatores und noch 2. sogenannte Assessores aus dem grossen Raht nebst der Stadt-Canzley bey, und werden auf solchen Synodis nach verrichtetem Gebett die Verzeichnus aller Pfarrern verlesen, die neu angenohmene Kirchen-Diener in oben angezeigte Eyds-Pflicht genohmen, einige Oberkeitliche gewohnliche auch etwann auserordentliche gutbefundne Ordnungen verlesen, und hernach von einem jeden Pfarrer zu Stadt und Land nach derselben Abstand von zweyen benachbarten ein Bericht von seiner Lehr-Pflicht-Erstattung, auch Leben und Wandel abgefordert und abgelegt, auf alle Fälle Decani erwehlt, und von einem Decano der Zustand der Kirchen was für etwann gedeylich Verbesserung vorzukehren wären, vorgestellt, und darüber gerahtschlaget und folglich an den kleinen Raht gebracht, und letztlich von dem Antistite und dem anwesenden Burger-Meister zu diesem Anlaas sich schickende Anreden gethan.

Zur

Zur Haupt-Aufsicht aber über samtliche Kirchen und Schulen zu Stadt und Land sind verordnet die sogenannte Examinatores beyder Ständen und der Kirchen- und Schul-Dienern, deren von dem Weltlichen Stand 2. Glieder des kleinen und 2. des grossen Rahts von dem kleinen Raht bestellt werden, und von dem Geistlichen der Antistes, der auch darinn præsidirt, nebst den übrigen Chorherren des Stifts zum grossen Münster, auch den Pfarren zum Frau-Münster und St. Peter in allem gewohnlich 12. sind; diese berahten die meisten Kirchen- und Schul-Geschäfte, bringen aber alle Wichtigkeiten an den kleinen Raht zu gut befindender Verordnung; sie examiniren auch die zu dem Kirchen-Stand sich angebende Studenten, und nehmen auch selbige auf derer tüchtig befinden zu würklichen Kirchen- und Schul-Dienern auf und an; sie machen auf jeweilen erhaltenden Befehl des Amts-Burger-Meisters auf alle ledig gewordene, und vor klein und grossen Raht, auch dem kleinen Raht allein zu verleyben stehende Kirchen-Pfründ, Pfarren und Stellen einen Vorschlag von 8. je nach Beschaffenheit der Pfründen aus von würklichen in Kirchen und Schulen bestellten, oder aus denen übrigen Kirchen- und Schul-Dienern oder sogenannte Exspectanten: aus welchen dann der kleine Raht erstlich drey, und bey deren demselben zukommenden Pfründen dann einen erwehlet, bey denen aber, welche andere zu bestellen haben, selbigen 3. zur Auswahl zuschicket: diesere Examinatores alle (die 2. des grossen Rahts ausgenohmen:) sind auch Beysitzer der sogenannten Obersten Schulherren, welchen auch noch der jeweilige ältere Burger-Meister, der Obmann gemeiner Aemtern und die zwey Stifts-Pflegere des kleinen Rahts beywohnen, und selbigen samtlichen die Wahlen der Professorum und Schul-Meistern in beyden Collegiis und Lateinischen Schulen, und die Aufsicht über selbige, gleich denen aus selbigen obbemelten die Wahlen und Aufsicht der deutschen Schulen zu kommen; wornebst auch noch etwann die Professores, Pfarrer und Helfer der Stadt nebst den ersten Lateinischen Schul-Meisteren unter einen jeweiligen Schul-Herren über die Studenten und Schulern Lehr-Bücher, Beförderungen, Aufführungen ꝛc. alleinige Zusammensammenkünften halten: es sind auch verordnet einige kleine Rähte, nebst einigen Geistlichen zu der um der Evangelischen Religion willen vertriebnen, und geflüchteten fremden Religions-Genossen Unterhalt und Trost; und auch andere zur Unterweisung und allfälliger Annahm der von andern Religion sich angebender zu der Evangelischen Lehr-Begird habenden Persohnen; und noch andere zu Hinterhaltung und Ausstellung der denen auf die daherbringenden sich zeigenden Irrlehren und Irrlehrern, zur Untersuchung, Bewilligung oder Verbott von hiesigen Buchdruckereyen übergebenden Büchern und Schriften, auch zu Abhaltung des Verkaufs, schädlicher und gefährlicher Büchern in den Buchläuten: weiters zur Aufsicht der Französischen Gemeind in der Statt befindlichen; auch zur Aufsicht des obbeschriebnen sogenannten Zucht-Hofs oder Collegii alumnorum wie auch zur sogenannten Abchurung der Geistlichen Pfrunden bey zwischend den abgeänderten oder eines abgestorbnen Erben, und dem neuerwehlten wegen der Pfrund-Einkommens entstehenden Streitigkeiten.

Bey welchem allem auch sonderheitlich in Betrachtung kommt, daß durch den A. 1712. von denen VII. ersten Eydgenößischen Städt und Orten errichteten Landsfrieden in den mit einandern gemeinhabenden Landvogteyen Thurgäu, Sargans und Rheinthal die Evangelischen Pfarrer und Seelsorger samt allem, was derselben Gottesdienst und Kirchen-Zucht betrift, darunter auch die Bestellung und Haltung der Schulen begriffen, gleich der Judicatur über die Ehe-Sachen dem Richter ihrer Religion, namlich der Statt Zürich allein unterworfen worden: danahen zu dessen alles, und auch der Evangelischen Pfarrern und die Ehe-Gerichts in der Gemein Landvogtey Baden Aufsicht und Besorgung, theils auch ein eigne danahen genannte Landsfriedliche Commission von 7. kleinen Rähten, theils auch die vorbemelte Examinatores verordnet sind, welche die vorfallende wichtige Geschäfte an den kleiren Rath bringen: es sind aber in der Landvogtey Thurgäu drey Evangelische, als das Frauenfelder-Stekborer- und Ober Thurgäuer Capitul, und in denselben bey 50. Evangelische Haupt-

Pfarren

Pfarren mit vielen Filialen, und in dem Rheinthal auch ein Capitul von 9. Evangelischen Pfarren, welche alle auch dem obbemeldten Synodo in der Stadt Zürich einverleibet und zu beyden malen in dem Jahr ein Theil aus jedem Capitul darinn sich einfinden solle, und es darinn gleich mit den andern Pfarrern in der Landschaft Zürich gehalten wird, auch die Decani dortiger Capituln erwehlet werden: auch hat es mit der Bestellung solcher Pfarrern gleiche Beschaffenheit, wie mit denen in der Landschaft Zürich, daß auf alle von den obbemeldeten Examinatoren einen Vorschlag vor 8. gemacht, und zu einigen der Stadt Zürich zukommenden von dem kleinen Raht daraus einer erwehlt wird, sonsten aber aus selbigen 3. erwehlt, und denen den meisten übrigen die Benamsung habenden gar verschiednen Hoch-Domm-und andern Stifftern, Städten, Edelleuthen, auch Gemeinden, und selbige zur Auswahl einessen auf Bestähtigung dieses Rahts zugeschickt werden, unter welchen dreyern auch bis von den Evangelischen Kirchen-Dienern aus dem Land Glarus 4. und sans dem Land Appenzell ausser-Rooden eine aus allen solchen Pfründen haben, auch einer dem dreyer Vorschlag einverleibet wird.

Es wird auch hier am bequemsten und angenehmsten seyn eine nähere Nachricht von denen beyden in der Stadt Zürich gewesnen, und noch zum Theil stehenden Stifftern zum Grossen Münster und Frau Münster mitzutheilen.

Des Stifts zum Grossen Münster ist gleich der dortigen Kirchen Ursprung noch nicht genugsam entdeckt und erleutheret, und da einige einen Rupertum darstellen wollen, der eines Königs Ludovici Kriegs-Obrister gewesen, und demselben seine Güter übergeben habe, zu Zürich eine Kirch zu bauen, und einen beständigen Gottesdienst anzuordnen: so ist doch, (wie unter dem Articul *Rupertus* angebracht worden:) auch dieser Rupertus, wer er gewesen, und wann er gelebt: auch noch nicht genugsam bekannt; doch zeiget sich, daß schon vor Kayser Caroli M. Zeiten bey einer, und zwahren der Mutter-Kirch zu Zürich (welche gemeinlich für diesere Kirch gehalten wird:)

wird:) Geistliche und Canonici gewesen, welche unter einer regelmäßigen Ordnung gelebt, und Tag und Nacht unaufhörlichen siebenmahl das Göttliche Lob aus- und angeruffen, als dieser Kayser zu derselben Aufnehmen auch noch das Dörflein Rieden, einige Weinberg, Fischereyen, Müllenen zu Zürich, auch einige Hof und Zehenden auf der benachbarten Landschaft vergabet, und auch einige andere darnahls an selbige Vergabungen gethan, doch wird in solchem Vergabungs-Brief die Anzahl derselben nicht ausgesetzt, in einer Beylag aber werden 17. Priester, der erstere darunter Decan genamset, und scheinet es, daß dieselbe Anfangs in einem Gebäu, welches Claustrum genannt worden; bey einandern gewohnet habind, es müssen auch folglich in dem X. und XI. Seculo von einem der Kaysern Otto, Conrado und Henrico III. diesem Stift Freyheiten ertheilt worden seyn, weilen der Kayser Henricus V. derselben in seinem A. 1114. ertheilten Freyheits-Brief gedenkt, und auch selbige und andere ihre Recht und Freyheiten bestähtet, den dortigen Geistlichen erlaubt in ihrem Claustro einen Præpositum zu erwehlen, und ihnen zugestanden, daß ihre Leut und Güter, ohne einige andere Herrschaft ihnen allein dienen, niemand ihre Stifts angehörige als Knecht oder anderst ansprechen mögen, und daß sie nur einen Kast-Vogt haben, und der auch ihre Curtes und Stifts-Höfe nicht ohne ihren Willen besuchen solle ꝛc. er soll auch A. 1125. das Stift in seinen Schirm genohmen, und von Bürgerlichen Wachten und anderer Beschwehrden befreyet, und Kayser Lotharius III. A. 1130. des Stifts-Freyheiten bestähtet haben, da auch in dieser Kirch ein Pfarrer oder Leut-Priester um selbige Zeit verordnet worden, und diese Wahl der Herzog Berchtold von Zähringen sich als des Stifts Kast-Vogt erstlich angemasset, ist er doch A. 1177. davon abgestanden, und hat solche dem Stift überlassen, und A. 1187. bestähtiget.

Es erhielt die Stift auch von den Päbsten Clemente III. A. 1118. und Honorio III. A. 1217. Freyheiten, und auch von dem letztern die Bestimmung der Anzahl der Chor-Herrn auf 24. bis mehrere Einkommen vorhanden, auch Kayser Fridericus

ricus II. nahm A. 1218. alle ihre Leuth, Güther, Recht und Gewohnheiten in seinen und des Reichs Schutz und Schirm, und auch die Kast-Vogtey zu des Reichs Handen, verordnet, auch A. 1219. daß sie keinen, der nicht ihres Stiffts angehöriger oder Burger der Stadt Zürich zu Chor-Herren annehmen müssend, und sein Sohn der Römische König Henricus befreyete, Anno 1229. die Stifft von den Burgerlichen Wachten, Steuren rc. was bey den langen zwischend der Geistlichkeit und der Burgerschaft, und sonderlich A. 1247. bis 1249. gewalteten Bann- und andern Streitigkeiten vorgegangen, kan in dem Articul von den Geistlichen Geschäften in der Stadt oben des mehrern gefunden werden: es hat folglich ein Päbstlicher Legat A. 1255. zu Fortsetzung des Bau der Münster-Kirch den steurenden Ablas ertheilt, und A. 1256. haben die Grafen Hartmann der älter und jünger von Kyburg dem Stift die Wasserkirch nebst dem Capellan-Satz darinn vergabet: Kayser Wilhelmus hat A. 1255. und Kayser Richardus A. 1262. der Stift Freyheiten bestähtet, und dieser auch desselben Kast-Vogtey zu der Reichs Handen genohmen.

Kayser Rudolphus I. that ein gleiches A. 1273. mit dem Beyfügen A. 1277. daß die Stift allein dem König zu ihrem Kast-Vogt erkennen, und wann sie einen Unter-Kast-Vogt setzen wolle, sie selbigen auch entsetzen möge, selbiges auch von den Wachten, Steuern und andern Burgerlichen Beschwehrden befreyet seyn, und wann von des Reichs-Lehen- oder Dienstmannen in oder aussert der Stadt Häuser oder Güther ihren vermacht, vergabet, oder verkauft werden, sie selbige geruhig zu geniessen haben sollen: weiters warden die Stifts-Freyheiten bestähtet von Kayser Alberto I. A. 1301. dem zum Gegen Kayser erwehlten Friderico A. 1315. und Carolo IV. A. 1362. und 1363. mit der dem Probst und seinen Nachkommen ertheilten Gnad, daß sie ewiglich in ihren Dörfern zu Fluntern, Rieden, Rüschlicken und Rüffers, Stock und Galgen haben, und daselbst von des Kaysers und des Reichs wegen über Hals und Haupt richten mögen: welches Kayser Wenceslaus An. 1384. und Rupertus An. 1404. bey

Bestähtigung des Stift-Freyheiten der erstere auch auf Meilen, und der letstere, nach einigen, auch auf Schwamendingen erstreckt, und haben auch folglich die Kayser Sigismundus An. 1415. Albertus II. A. 1439. Fridericus III. A. 1442. Maximilianus I. A. 1487. und Carolus V. A. 1521. des Stifts-Freyheiten bestähtet.

Es waren, wie schon oben bemerkt worden, zu Kayser Caroli M. Zeiten bey diesem Stift 17. Priester unter einem Decano, und, allem Anschein nach, in einem Gebäu Claustrum genannt, und hat Kayser Henricus A. 1114. ihnen bewilliget, in ihrem damahls genannten Claustro einen Præpositum (daraus folglich das deutsche Wort Probst entstanden:) zu erwehlen, es warden auch folglich diese Geistliche gleich in andern Stiftern, weilen sie ihr Gesang meistens in Choren verrichtet, in deutscher Sprach Chor-Herren genannt, und ward auch in folgenden Zeiten dieser Stift etwann der Titel Præpositurae Imperialis und eines Kayserliche Stift oder Probstey gegeben: und hatte auch selbiges in dem Stift zu Costanz den Rang gleich nach dem Hoch-Stift zu Costanz: nach der Zeit aber ist die Anzahl dortiger Chor-Herren auf 24. und noch darüber gestiegen, Pabst Honorius III. aber hat An. 1217. verordnet, daß derselben nicht mehr als 24. seyn sollen, bis genugsames Einkommen zu mehrerer Unterhalt vorhanden.

A. 1240. ward zwischend dem Probst und Capitul wegen des erstern Vorrechts und Amts-Geschäften errichtet, und A. 1243. unter ihnen aufgenohmen, daß keiner ohne Zuthun des mehrern Theils, wenigstens 14. von dem Capitel, wann er auch gleich ein Rescript von dem Päbstlichen Stuhl bringen thäte: aufgenohmen werden, und wann auch einer durch ordentliche Wahl Chor-Herr wurde, er sein Einkommen, bis eines der 24. ledig wurde nicht geniessen, und wann auch einer zu einem Chor-Herren aufgenohmen wurde, das Einkommen aber noch nicht bezoge, er zu den Wahlen, Chor-Herrlichen Gottesdienst und Rahtschlägen kein Zugang haben solle; es war, allem Anschein nach, ein Folg der zwischend

der

der Burgerschhft und Geistlichkeit unlang vorigen Jahren entstandnen, und lang gedaurten Streitigkeiten (darvon zuvor bey Anlas der Geistlichen Geschäften in der Stadt das mehrere zu finden:) daß da zuvor der Probst und das Capitul an Jahrs-Tagen auf dem Rüden bey den Rittern und Edlen den Mahlzeiten an einem eignen Ort beygewohnet: A. 1251. sie an einem Tag ihre Tafel nicht gedeckt gewahret, und darauf sich entschlossen sich von ihnen zu sondern, und ein eigne Chor-Herren-Stuben zu Haltung ihrer Mahlzeiten zu bauen: es hat auch das Stift A. 1259. aufgenohmen, daß ein Chor-Herr, ehe er eingesetzt, und solches erst nach dem 20. Alters Jahr geschehen solle: weder bey den Wahlen noch Stifts-Geschäften keine Stimm haben sollen, und A. 1306. daß der Probst 2. Chor-Herren, und das Capitul auch 2. einen vor sich und den andern auf Recommendation des Bischofs von Costanz, und auch ein jeder Chor-Herr einen Chor-Herr ernennen mögen, und daß ein jeder ernamseter, wann schon sein Namser sterben sollte, doch in seiner Ordnung bleiben solle; und A. 1307. ist die Burgerschaft und das Stift übereinkommen, daß das Stift weder Zins noch Gülten auf Häuser, Hofstädt, Gärten noch Weingärten, die zu Zürich inwendig der Ring-Mauren sind, kauffen, anders wann sie eines an einen Burger verkauffen, so ein anders kauffen mögen.

A. 1368. und 1381. warde und zwahren das letztemahl auf Andringen des Rahts von dem Bischof von Costanz ein von der Stift errichtete Ordnung bestähtiget, daß alle auch durch Päbstliche, Kayserliche rc. Ansuchen eingesetzte Chor-Herren in Zürich persöhnlich sich aufhalten sollen, es wäre dann, daß sie Studierens halben oder zu Beschirmung der Rechten der Kirch abwesend wären, wo sie nicht ihres Einkommens verlurstig seyn wollen, und daß dann dasselbe unter die Anwesende ausgetheilt werden solle; welches Pabst Martinus V. An. 1417. auf die Anwesenheit von 10. Monaten bestimmet, und des folgenden Jahrs auch die Stift nebst Bestähtigung ihrer Freyheiten in den Päbstlichen und Kirchen-Schutz von neuem aufgenohmen, da zuvor auch Pabst Innocentius XXII. oder XXIII.

XXIII. A. 1410. verordnet, daß hinkünftig kein Bastart den Zutritt zu einer Chor-Herren-Pfrund haben, den Chor-Herren aber erlaubt seyn solle, gleiche gefarbte Mützen (Armutias) als die Chor-Herren der auch von Carolo M. zu Aachen gestifteten Stifts zu tragen; An. 1479. hat Pabst Sixtus IV. dem Raht der Stadt Zürich übergeben die bey dieser Stift in die sogenannte Päbstliche Monat ledig werdende Probstey, Chor-Herren-Pfrund, Caployeyen, und andere Geistliche Aemter tauglichen Burgerlichen Persohnen zu leyhen, und sie dem Capitul vorzustellen; und was wegen dem Vermächtnuß und Testamenter der Geistlichen Persohnen der Raht A. 1475. für Einschränkungen gemacht, A. 1491. aber in Ansehung dieser Stifts-Persohnen weiter ausgedähnet worden, ist schon oben angebracht worden: es waren aber bey dieser Stift, wie schon oben gemeldet, 24. Chorherren, die in 8. Priester, 8. Diaconos oder sogenannte Evangelier und 8. Sub Diaconos abgetheilt gewesen, und waren auch darneben noch bey 30. Caplane, die darzu in und ausser der Stadt gehört; die Chorherren haben auch von Anfang und bis A. 1177. die Pfarr-Pflichten in der grossen Stadt und herum versehen, in selbigem Jahr aber ward ein eigner sogenannter Leut-Priester hierzu aus und von ihnen bestellet, sie haben auch A. 1259. einen eignen Sänger, A. 1271. einen Schulmeister, weiters einen Schatzmeister oder Custodem zu Verwahrung des Kirchen-Schatzes und Zierahten, einen Bau-Meister, einen Schenk-hofer zu Besorgung der Herbst-Zehenden, Früchten, &c. erwehlet und bestellet; es ward auch von dem Stift A. 1260. ein eignes Breviarium nach dem Gebrauch selbiger Zeiten eingerichtet, und A. 1346. und A. 1380. ihr Statuta erneueret: der Vorderste unter den Chorherren und derselben Vorsteher, der die Aufsicht über selbige und des Stifts-Recht, Güther und Gefälle gehabt, ward erstlich wie obbemelt Decanus genennt, und finden sich deren in dem X. Seculo mit den Namen Leidrach, Liutim, Thidiland und Eberhard; hernach aber ward selbiger Probst genannt, und finden sich, daß Probst gewesen oder erwehlet worden

Anno

Anno
1167. Heinrich.
1177. Wernher.
1185. Walther.
1223. Rudolf von Hottingen.
1240. Werner Flos oder vielleicht Blum.
1258. Otto von Mannheim, oder Mammern, auch nach einigen Maneß.
1259. Heinrich v. Klingenberg.
1276. Johann von Wildegg aus den Truckseßen von Habsburg.
1306. Rudolf.
1310. Crafft Graf von Toggenburg.
1339. Rudolf von Wartensee.

Anno
1354. Bruno Brun.
1374. Werner von Steinach.
1383. Johannes Wyß.
1390. Johannes von Machwang zugenannt Sachsbach.
1399. Conrad Eliæ oder Elye von Lauffen.
1418. Leonhard Mosthard.
1427. Heinrich Amenstetter.
1439. Matthias Nydhart.
1466. Sueder von Götliken.
1470. Heinrich Nydhart.
1473. Jacob von Cham.
1495. Johannes Manz.
1516. Felix Frey.

Es hat auch dieses Stift an Zinsen, Zehenden, Häusern, Höfen, Güthern, Recht und Gerechtigkeiten nach und nach merklich zugenohmen, so daß sie auch die Hohen und Nieder-Gericht zu Fluntern, Rieden, Meilen, Rüeschliken und Rufers, (welche aber nur A. 1372. 1422. und A. 1501. offentlich jedoch ohne jemand am Leben gestraft zu haben, gehalten worden;) und auch die Nieder Gerichte zu Rengg, Höngg, Schwamendingen, Röschiken, Nieder-Glatt, Ober-Hasle und Stettbach gehabt, auch den Kirchen-Satz von Dälliken, An. 1421. von Ulrich und Walter, von Landenberg erkauft.

Daß das Stift aber auch den Raht von Zürich besetzt habe, finden sich gar keine begründete Anzeigen, und nur allein, daß die An. 1336. von der Burgerschaft vorgenohmene Regiments-Abänderung mit des Probsts und Capituls-Raht, allem Anschein nach, als des fürnehmsten Geistlichen Standes in der Stadt, geschehen seye: Sowol die neu entstandne

und

und sich stäts vermehrte Anmuthuung zu der Evangelischen Lehr, als auch der aus dem unordentlichen Leben vieler Geistlichen, und allerhand sonstigen Kirchen-Mißbräuchen und Beschwehrden wider selbige sich bezeigte Unwillen veranlaßete den Probst und das Capitul schon im Sept. A. 1523. den Raht zu ersuchen einige zu verordnen, die mit ihnen einen Rahtschlag zu Abstellung dieser abfassen möchten, welches auch geschehen, und sind darbey viele kostbare Anforderungen bey Verrichtung der Sacramenten, Begräbnussen ꝛc. abgestellt, wegen Anwendung der Zehenden und anderer Gefällen zu nöthigem Kirchen-Gebrauch, Unterweisung junger Kirchen- und Schul-Dienern, auch Besorgung der Filialen, und zu Hilf armer und dürftigen eine Ordnung beabredet, auch die Abstellung der allzuvielen Geistlichen Caplänen ꝛc. (doch erst nach der damahls gelebten Absterben) und Bestellung Lesern (jetz Professoren genant:) in der H. Schrift, in Hebräischen, Griechischen und Lateinischen Sprachen gutbefunden, und aus dem kleinen und Grossen Raht 4. Pfleger, welche mit dem Probst und Capitul solches in Stand stellen sollen und beybehalten thügind, verordnet worden, den 20. Dec. aber des folgenden Jahrs hat der Probst und Capitul dem Raht der Stadt alle seine obbemelte hohe und niedere Gericht übergeben und überantwortet, anbey aber sich der Stift übrige Zins, Zehenden, Renten, Gülten, Widumb, Lehen, Huben, Höf, Feld, Holz, Ehrschätz, Fertigungen, Güther, Nutzungen ꝛc. vorbehalten, auch folglich im Oct. A. 1525. ihren Kirchen-Schatz an Gold, Silber, Kleinod, Kirchen-Zierden und Gewand ꝛc. dem Raht zugestellt, und in dem folgenden Jahr ein Rahtschlag von der Vertheilung der Chorherren-Pfründe, und selbige von 24. auf 18. eingeschrankt, welcher auch von dem grossen Raht bestähtiget worden; es sind auch weiter A. 1527. etliche Chorherren-Höf und Caplaney-Hauser verkauft, und das daraus erhebte, und auch einige andere Gefälle, theils an einige zum Geistlichen Stand gewiedmete tüchtige junge Leuthe, theils zum Almosen verordnet, und darüber das hernach sogenannte Studenten-Amt angestellet worden: A. 1532. warden von der Oberkeit von neuem der Stift-Gefälle ꝛc. bey derselben Handen gelassen,

sen, selbige in 18. Theil eingetheilt, und die Besorgung derselben der Stift mit Zuzug der Oberkeitlichen Pflegern auf alljährlich der Oberkeit ablegende Rechnung überlassen, die Nutzung aber der Probstey, Custodie und Cantorey und andere nebenden Gefälle aufgehebt, und auch unter obige Theil eingetheilt, und das, was über solche Theil gebet, an die Lehrer, Leser, Schulmeister und junge Geistliche zu verwenden gutbefunden, und A. 1546. weiter verordnet, daß ein Pfarrer zum Grossen Münster mit 2. Helfern oder Predicanten 2. Professoren der Theologiæ, auch die Professores der Griechischen und Lateinischen Sprachen, und ein Medicus und Professor in der Physic Chorherren-Pfrund zu geniessen haben sollen; und da A. 1559. der schon vor der Religions-Abänderung erwehlt gewesne, und bisher gebliebne Probst Felix Frey mit Tod abgegangen, ward von der Oberkeit angeordnet, daß die Probstey weiter bey dem Stift verbleiben, und einer aus den Chorherren über die Lehr, Kirchen, Schulen, Filialen, Freyheiten, Recht, Zins, Zehenden und anderer Gefälle Verwalter seyn, und hinführo Verwälter an dem Stift genannt, auch das Stift für ein Stand gehalten und geachtet werden, die Chorherren samt den Oberkeitlichen Pflegern 2. 3. oder mehr aus dem Stift dem klein und grossen Raht zu dieser Stell vorschlagen, und einer aus denselben von selbigen erwehlt werden, auch der darzu erwelte nebst der Verwaltung auch sein bisherigen Prediger- oder Leser-Dienst versehen, und nach Absterben des dermahligen Verwalters der Studenten-Amts auch selbige besorgen und verwalten sollen. Und sind seither zu Verwalter an dem Stift, und das annoch genannten Studenten-Amts erwehlet worden:

Anno

1555. Wolfgang Haller.
1601. Heinrich Lavater.
1623. Hans Jacob Ulrich.
1638. Hans Jacob Fries.

Anno

1656. Hans Rudolf Geiger.
1662. Hans Caspar Waser.
1668. Hans Rudolf Wirt.

Anno

Anno	Anno
1689. Hans Caspar Wolf.	1728. David Holzhalb.
1610. Hans Caspar Hofmeister.	1731. Hans Rudolf Kramer.
1617. Hans Conrad Wirz.	1737. David Lavater.

Auch noch dermahlen wird dieses annoch genannte Studenten-Amt, und die darein fallende Gefälle dieses Stifts durch den so gleich auch benannten Verwalter besorget, welcher von dem kleinen und grossen Raht aus den würklichen Chorherren erwehlt wird, zugleich aber seine sonstige Prediger oder Professor-Stell versihet, und auch allein das von derselben abhangende Chorherren Einkommen nebst einigen Nebend-Nutzbarkeiten geniesset: es sind auch zu dem Einzug der Gefällen ihme noch ein sogenannter Gros-Keller und Cammerer zugeordnet, welche auch von dem kleinen und grossen Raht aus dem grossen Raht erwehlet, und zu 8. Jahren um abgewechslet werden: es bekommen aus solchem Amt, und auf 18. Pfründe eingetheilten Gefällen: die würkliche Chorherren, jeder ein ganze, und der besagte Gros-Keller und Cammerer jeder ein halbe Pfrund zu Einkommen, und aus den übrig bleibenden 7. Theilen werden die Diaconi, die Schulmeister bey dem Grossen Münster, und andere besoldet, auch viel Stipendia der auf schlechten Pfrunden sitzenden und auf Pfrund wartenden Kirchen-Dienern rc. ausgetheilet: zu Behandlung und Berahtung aber dieser Stifts und Amts Haupt-Geschäften, und etwann aufstossenden Angelegenheiten sind auch 2. Glieder des kleinen und 2. des grossen Rahts verordnet, welche selbige nebst dem jeweiligen Verwalter und Chorherren besorgen, und alle Jahr der Oberkeit darum Rechnung ablegen, und nebst dem ermelten Gros-Keller und Cammerer, die beyde Diaconat bey dem Grossen Münster, auch die Pfarren Dälliken, Dietliken, Rorbas und Zolliken, auch die Filialen, Creutz, Rieden, Seebach, Schwamendingen, Wallisellen und Wotikon zu bestellen haben: auch sind die jeweilige Verwalter und Chorherren auch Mitglieder deren Obersten-Schulherren, und der Examinatoren der Kirchen und Schul-Dienern.

Von der Zeit der Religions-Abänderung bis auf diese Zeit, sind unter die Chorherren gesetzt worden, und haben solches Einkommen genossen die jeweilige Pfarrer und Predicanten zum Grossen Münster, 2. Professores Theologiæ und die Professores Logicæ & Metaphysicæ oder Philosophiæ die der Griechischen Sprach, Physices und Matheseos, und seit An. 1571. auch der Pfarrer zu dem H. Geist oder Predigern deren Namen hier nicht ausgesetzt werden, weilen sie schon bey Vorstellung der Pfarr-Diensten und Professionen angebracht worden, und nur noch anzufügen, daß auch etwann von dem Ludimoderatoribus der Obern Lateinischen Schulen

Anno

1547. Johannes Fries.
1575. Johannes Fries.
1616. Heinrich Ulrich.
1627. Heinrich Zeller.
1646. Hans Heinrich Zeller.

Anno

1661. Rudolf Wirz.
1689. Hans Jacob Ulrich.
1725. Hans Jacob Reütlinger.
1756. Hans Rudolf Ziegler.

darunter aufgenommen:

Auch A. 1717. Hans Rudolf Kramer Profess. Hebr. & Histor. und A. 1749. Hans Caspar Hagenbuch, Prof. Ling. in Coll. Humanitatis, der Titul und der Beysitz unter den obersten Schulherren und Examinatoren jedoch ohne das Einkommen ertheilt worden.

Zu des Stifts Frau-Münster, Stifter wird aus der Stiftungs- und Vergabungs-Brief hergehollet ein König Ludovicus, welcher, weilen er den Carolum seinen Grosvater, und Ludovicum seinen Vater nennet, geachtet wird daß er gewesen der, welcher König von Ost-Francken gewesen, und danaben auch Germanicus genannt wird; das Jahr aber, in welchem solches geschehen, wird verschieden gesetzt, An. 833. 838. 853. 860. und 862. und kommt es hierin darauf an, wann selbiger die Regierung angetretten, als er im obigen Brief meldet, daß es in dem 20. Jahr seines Reichs geschehen, welches aber auch wieder nicht genugsam erleutbert ist, als seines Vatters Kaysers Ludovici I. Söhn so bey seinen Lebzeiten seine Landschaften unter sich vertheilt, dem Vatter aber wieder zugestellt, und er erst An. 840. gestorben, und seine Söhne erst zwey oder drey Jahr darnach die Theilung ihrer Landen berichtiget haben sollen: es geschahe aber solche Stiftung für Frauen, welche Regelmäßig, wie in den Klöstern üblich, darin leben und den Gottesdienst verrichten sollen, und ward von dem König darzu so gleich sein eigner Curtis Thuregum (Meyer-Hof zu Zürich, auf der linken Seithen der dardurch fliessenden Aa) mit seinen Zugehörden, der pagellus Uraniæ mit Kirchen, Häusern, Gebäuen, Leibeignen, Zinsen ꝛc. und auch seine Forstwald Albis vergabet, und 6. Jahr hernach auch seinen Curtim Choma oder Cham mit dem Kirchen-Satz und allen Zugehörden darzugethan: auch ist weiters die Capell und folglich der Kirchen-Satz bey St. Peter darzugekommen, und auch in dem ersten geordnet, daß weder ein Landrichter noch Graf diesen Persohnen noch Güthern beschwehrlich seyn, sondern alles nebst den bestellenden Kast-Vögten unter des Königs Schirm und Befreyung von Beschwehrden seyn solle: es sind einige, die dieser Stift Anfang 150. Jahr älter machen, und wann die Vergabung des Priesters Wigbardi an das Stift zu Lucern (wie unter solchem Articul zu sehen;) nach einigen zu obiger Zeit geschehen wäre, so schiene dann auch, daß die Vergabung seines Bruders Ruperti an dieses Frau-Münster Stift geschehen seyn möchte: obige Freyheiten warden von Kayser Carolo Crasso A. 883. Burkhard Herzog von Allemanien Namens Henrici I. An. 924. Kayser Ottone I. A. 952. und vermuthlich auch folgenden Kaysern auf des Stiftes Ansuchen, auch von Herzog Berchtold von Zähringen, Namens Kayser Ottonis IV. An. 1210. und von den Kaysern Friderico II. A. 1218. Rudolpho I. A. 1274. Alberto I. A. 1308. Henrico VII. A. 1309. dem von einigen Churfürsten zum. Kayser erwehleten Friderico von Oesterreich A. 1315. weiters von den Kaysern Ludovico IV. A. 1331.

Carolo

Carolo IV. A. 1350. Ruperto A. 1406. und Sigismundo An. 1415. beſtähtiget, und zwahren ſo, daß obbemelter Kayſer Fridericus II. nach der Herzogen von Zähringen Abgang die ſonſt zuvor bey ihnen und ehemahls bey andern geſtandne Kaſt-Vogtey des Stifts zu ſeinen Handen genohmen, und demſelben überlaſſen, der Stifts-Gefälle und Güther, auch die Lehen deſſelben ohne eines abſonderlich geordneten Vogts Zuthun zu verwalten: und Kayſer Rudolphus I. in ſeinem ertheilten Beſtähtigungs-Brief ausdrucket, daß er der damahligen Aebtißin die Lehen oder Regalien und die Verwaltung auch des weltlichen des Fürſtenthums (Principatus) ihres Kloſters bewilliget, und ſie ſelbige an dem Königlichen Scepter empfangen laſſen, da die Aebtißin ſchon in einem Brief des Römiſchen Königs Conradi A. 1242. und auch in des gedachten Kayſers Rudolphi und Kayſers Alberti I. unſer geliebte Princeps genannt wird, und allem Anſchein nach damahls ein Perſohn welche ihre Lehen unmittelbar von dem Kayſer empfangen, und alſo die Vorderſte am Lehen war, ſolchen Namen bekommen und getragen: es hat auch dieſes Stift von denen Päbſten Innocentio III. A. 1212. Innocentio IV. A. 1242. Innocentio VI. A. 1359. Gregorio XI. A. 1370. Urbano VI. A. 1379. und Innocentio VII. An. 1406. die Beſtähtigung ihren Rechten, Freyheiten, Vergabungen ꝛc. und über das von gedachtem Innocentio IV. A. 1247. auch die Freyheit erhalten, daß währenden Banns in ihren Kirchen jedoch bey beſchloſſener Thüren, minderer Stimmen, und ohne Gloggen-Klang, auch ohne Zulaſſung jemands verbanneten der Gottesdienſt möge gehalten werden; und gedachter Pabſt Innocentius VII. hat bemerkt, daß die Frauen dieſes Kloſters Fürſtlichen oder wenigſtens Gräflichen Standes geweſen, und man keine von geringem Adel darein aufgenohmen, ſie auch zwahren die Chor-Stunden nach Benedicti-Regul halten, im übrigen aber weder Benedicti noch einige andere Ordens-Regul auf ſich haben, auch gleich weltlichen weiſſe, ſchwarze, graue oder braune Kleider tragen, auch heyrahten mögend ꝛc. mit der Verordnung, daß man ſie bey ſolchen alten Herkommen ungekränkt verbleiben laſſen ſolle: und Pabſt Sixtus IV. hat An. 1479. dem

Rabt

Zürich.

Raht der Stadt Zürich überlassen, die bey dieserem Stift in die sogenannten Päbstlichen Monaten vorfallende ledige Stellen und Pfründe mit taugenlichen Persohnen zu bestellen, und dem Capitul vorzustellen: es zeiget sich auch, daß die Anzahl der Kloster-Frauen niemahlen stark, bey selbigem Stift aber auch 7. Chorherren, namlich 5. Priester 1. Diacon und sogenannter Evangelier und ein Sub-Diaconus oder Epistler gewesen.

Es hatte zwahr dieses Stift auch nebst schon oben angemerkten annoch verschiedene Gerechtigkeiten, Kirchen-Säß, Leib-eigenschaften, Lehen, Fischenzen, und darunter auch den Kirchen-Saß von Horgen, Maur und von Rümlang, das Lehen über die Vogtey über dem Land und Gut zwischend dem Müllibach und Mellibach oder jetz die Herrschaft Wädenschweil, doch daß letste mit dem Stift Einsidlen gemein gehabt ꝛc. doch ist auch nach und nach verschiedenes wieder darvon entäussert worden, und ward A. 1244. der Kirchen-Satz und Zugehörden von Cham mit dem Bischtum Costanz gegen den Zehenden zu Altorf und Bürglen in dem Land Uri ausgetauschet, und An. 1248. dieser letztere und der Kirchen-Saß allda dem Stift Frau-Münster einverleibet, A. 1345. aber der Kirchen-Saß bey St. Peter in der Stadt und der zu Horgen verkauft dieser letztere aber hernach wieder eingelößt: auch A. 1426. der Zehenden zu Bürglen, und A. 1428. auch den Zehenden und das Meyer-Amt von Altörf dortigen Gemeindsgenossen überlassen, und auch diesen letztern bewilliget worden einen Pfarrer auf Bestähtigung des Stifts zu erwehlen, welches letztere A. 1525. von der Oberkeit zu Zürich nachgesehen worden; auch ward A. 1454. der Meyer-Hof zu Cham, und A. 1477. auch der Kirchen-Saß allda weggegeben.

Von dieseres Stift noch andern mehrern gehabten Vor-Rechten sind auch noch anzumerken das Zoll-Recht von den in der Stadt verkaufften, und durch die Stadt geführten Waaren und Vieh, welches dem Stift schon von dem Stifter oder unlang hernach ertheilt worden, auch A. 1413. dem Rahl auf etwas Zeit verlehen worden: sodann das Münz-Recht, dessen
(jedoch

Zürich.

(jedoch nur in Ansehung des Pfenning-Stempfels:) Ertheilung einige obbemelten Kayser Carolo Crasso in dem IX. Seculo zuschreiben wollen, aber ohne genugsamme Begründung: in dem folgenden Seculo finden sich aber auch nicht deutliche Anzeige davon, wohl aber in dem XIII. und XIV. Seculo da daß Stift bey dem Römischen König Conrad, Kayser Friderici II. Sohn A. 1242. wider die Stadt sich beklagt, daß ihren in ihren Münzen, welche sie von dem König und der Kayserlichen Hoheit als ein Lehen habe; Abgang geschehen: auch daß von dem Stift die Münz An. 1213. 6. Burgern An. 1272. 5. Burgern auf 3. Jahr, und A. 1290. 3. Burgern auf 6. Jahr, und An. 1350. der Stadt auf 3. An. 1354. auf 4. Jahr, und in verschiednen folgenden Jahren auch zu Anfang des XV. Seculi auf verschiedne Jahre verleyhen worden: auch hat Kayser Sigismundus A. 1425. die Münz, als die Stadt und auch die Abtey vor langer Zeit hergebracht habe: bestätet in allen den Krayßen, die von altem her dahin gehören; welche Krays in einem alten Urkund also außgesetzt sind: es ist zu wissen daß unsers Gottshauß Münz Zürich gehen soll in allem Zürchgäu auf durch Chlarus für Wahlenstatt unz an den Grünenhag: auch soll so gohn durch alle Waldstätt unz an den Gotthart; aber durch Argaw und an die wagenden Studen; aber nidsich ab unz an den Hawenstein, und durch alles Thurgäu unz an die Murggen; darzwischend soll kein eigen Münz syn, dann allein zu Zofingen in der Ringmur nun und nit fürbas: da nur noch anzufügen, daß die Münz allein bestanden in hohlen und blech-Pfenningen, die auch zu Zeiten umgeschmelzt worden, und dann von dem Reichs-Vogt, und wenigstens dem halben Theil des Rahts ein Prob darvon vorgenohmen worden seye.

Was dieses Stift in Besetzung des Stadt-Gerichts zu Zürich, sonderheitlich, aber desselben Vorstehers oder sogenannten Schultheissen gehabt, ist schon oben des mehrern angebracht zu finden; daß aber auch selbiges bis auf die Zeiten Friderici II. wie einige wollen; auch den Raht zu Zürich besetzt habe: kan, wie auch schon oben angemerkt worden, mit seiner Begründnus gezeiget werden, und obschon die Burgerschaft bey Abänderung ihrer Regiments-Form An. 1336. dem hierum aufgerichteten Brief beygesetzt, daß solches mit der Gunst und Willen der Aebtißin geschehen seye, auch die damahlige Aebtißin Elisabetha beygefügt, daß sie solches von dem Recht ihres Fürsten-Amts bewilliget und bestähtet, so wird solches letstere wohl zu verstehen seyn, daß es in Ansehung der von ihren Fürsten-Amts herrührenden Lehenschaften, Besetzung des Stadt-Gerichts, Schultheißen, an die Stadt oder Burger ausgeliehenen Münz, Zöllen ꝛc. auch Gerichtbarkeit über ihre Dörfer, Güther und andere Gerechtigkeiten ꝛc. geschehen seye:

Die Vorsteherin dieser Stift war die Aebtißin, welche sich von Gottes Gnaden Aebtißin des Gotts-Hauses, auch etwann des Gotts-Hauses S. Felix und Regulæ zu der Abtey Zürich, niemahlen aber mit dem Beysatz einer Fürstin geschrieben, wol aber auch in andern öffentlichen Schriften Unser gnädige Frau, und Unser Frauen Gnaden, auch etwann in Lehen- und dergleichen Briefen Fürstin und Frau genennt worden: und finden sich daß derselben gewesen oder er-wehlet worden, und zwahren in alten Urkunden.

In Mitten des { Hildegardis } beyde Töchtern des Stifters.
IX. Seculi   { Bertha }

Anno
892. Chunigunda.
921. Regulinda oder Regilinda.
1037. Irmenkarda.
1145. Mathildis.
1212. Mechtildis.
1221. Adelheit von Murchart.
     Gisila de Platea (von Gassen.)

Anno
1228. Judentha von Hagenbuch.
1255. Mechtildis.
1270. Elisabetha.
1301. oder 1308. Elisabetha von Mazingen.
1341. Fides von Klingen.
1358. Beatrix von Wollhausen.
1398. Anna von Bußnang.

Anno

Anno

1404. Benedicta von Bech-
burg.
1412. Anastasia von Hohen-
klingen.
1429. Anna von Heüwen oder
Hewen.

Anno

1484. Sybilla Gräfin von Helfenstein.
1487. Elisabetha von Mosen-
burg.
1496. Catharina von Zimbern
oder Zimmeren.

Jedoch finden sich auch noch andere Verzeichnussen, der vor der Mitte des XIV. Seculi gewesenen Aebtißinen; deren Begründens aber darbey nicht angezeiget, und zwahren eine, daß Aebtißin gewesen seyn sollen.

Anno

Nach den beyden erstern
Hildegarda und Bertha
Gisela
Uta.
886. Kunigundis.
952. Releginda.
Hedwig von Wollhausen,
so A 1099. gestorben.
1253. Judith von Hagenbuch.
1256. Mechtild von Wunnenberg.
1274. Elisabeth von Tengen.

Anno

1293. Elisabeth von Spiegel-
berg.
1299. Cunigunda von Wasser-
stelz.
1306. Elisabetha von Kram-
burg.
1315. Anna von Attinghausen.
1339. Elisabetha von Wezilen.
1342. Elisabetha von Mazingen.
1352. Anna von Bonstetten.

Und ein andere, darinn die Aebtißinen gesetzt werden.

Anno

833. Hildegard.
860. Bertha.
881. Gisela.
895. Uta.

Anno

945. Regilinda oder Regu-
linda.
1000. Mechtild, Gräfin von
Tyrol.

Anno

Anno	Anno
1031. Irmenkarda.	1292. Elisabeth von Spiegelberg.
1070. Hedwig, Freyin von Wollhausen.	1299. Cunigund von Wasserstelz.
1145. Mathild, Gräfin von Tyrol.	1306. Elisabetha von Kramburg.
1221. Gisela de Platea.	1315. Anna von Attinghausen.
Bertha von Kärnten.	1336. Elisabetha von Bonstetten.
Gerlint.	1339. Elisabetha von Wezikon.
1230. Judentha von Hagenbuch.	1342. Elisabetha von Mazingen.
1258. Elisabeth.	1351. Anna von Bonstetten.
1260. Mechtild von Wunnenberg.	
1271. Elisabeth von Teugen.	

Bey der zu Anfang des XVI. Seculi vorgegangenen Religions‑Veränderung hat die damahlige Aebtißin Catharina den 7. Dec. A. 1524. dem Burger‑Meister und Raht der Stadt Zürich als Vogt und Schirm‑Herren die Würde der Abtey, samt der Stifts‑Freyhelten, Zinsen, Zehenden, Renten, Nutzen, Gülten, Leuth und Gut, Amtleuth und Aemter zu Handen gestellt, dieselbe an andere Gottgefällige Dienste zu verwenden, und hat hierauf die Oberkeit einen Amtmann aus ihrem Mittel zu Verwaltung dieser Stifts‑Gefällen verordnet, auch A. 1538. in dortiges Amt‑Haus auch 15. zu dem Geistlichen Stand gewidmete junge Burger, welche unter einem Aufseher, und damahls genannten Zucht‑Meister darin mit Herberg, Kleidern, Speis und Trank besorget werden sollen, aufgenohmen, auch das Schultheissen‑Amt bey dem Stadt‑Gericht seither, und auch die Münz allein bestellet ꝛc. was auch in Ansehung der Kirchen‑Gebäuen bey dem Frau‑Münster, und auch der obbemelten jungen studirenden seither vorgegangen, ist schon oben angemerkt worden, welchem noch anzufügen, daß aus diesem Amt annoch die Einkommen deren Pfarrern bey dem Frau‑Münster, St. Peter, und

Zürich.

und St. Jacob, Horgen, Maur, Rümlang, Helfer zum Frau-Münster, und auch die Professores in dem Collegio Humanitatis, und eines andern Professoris, ein Theil des Inspectoris der Alumnorum, auch verschiedener Schul-Dienern in den Obern und Untern Lateinischen Schulen fliessen: und folget also noch die Verzeichnus deren von der Oberkeit erwehlten diesörtigen Amtleuthen, welche schon seith langer Zeit und bis dermahlen zu 6. Jahren um abgewechslet werden

Anno
1525. Niclaus Frey.
1532. Bartolome Köchlin.
1541. Johannes Kolb.
1543. Rudolf Schweitzer.
1549. Hans Balthasar Keller.
1554. Mauritz von Schönau.
1560. Conrad Wädeschweiler.
1566. Ulrich Lochmann.
1572. Jacob Ehrismann.
1580. Wilhelm Frey.
1586. Jacob zur Eich.
1592. Herrmann v. Schännis.
1598. Heinrich Roûchli.
1604. Matthias Teücher.
1605. Heinrich Leu.
1612. Adrian Ziegler.
1620. Felix Peyer.
1624. Caspar Hofmeister.
1627. Marx Holzhalb.
1634. Caspar Hirzel.
1641. Peter Füßli.
1646. Friederich Ulrich.
1652. Johannes Gwaltert.

Anno
1654. Caspar Hirzel, zum andern mal.
1662. Hans Conrad Holzhalb.
1669. Caspar Spöndli
1671. Hans Caspar Waser.
1677. Hans Heinrich Lavater.
1683. Johannes Fries.
1689. Hans Conrad Lavater.
1691. Hans Heinrich Teücher.
1698. Hans Rudolf Kilchsperger.
1704. Hans Jacob Hirzel.
1706. Christof Friedrich Werdmüller.
1713. Hans Heinrich Waser.
1719. Salomon Hirzel.
1725. Hans Caspar Escher.
1731. Hans Heinrich Hirzel.
1737. Hans Felix Grebel.
1743. David Landolt.
1749. Hans Jacob Escher.
1755. Salomon Heidegger.
1761. Hans Reinhart.

In den ältern Zeiten geschahen die Kriegs-Auszüg unter den Pannern, und ward, wie obbemelt, die Constafel angewiegewiesen erstlich dem Burger-Meister wartend zu seyn mit der Stadt-Panner, und hernach insgemein der Stadt-Panner zu warten, und hatte annebst ein jede Zunft ihr eigen Panner, unter welchem die Zunftgenossen Kriegs-Dienst leisten müssen, wie schon oben angezeigt worden: bey dermahligen Abänderung der Kriegs-Verfassung aber stehet die Vorderste und Haupt-Obsorg und Aufsicht über das Kriegswesen bey dem Kriegs-Raht, in welchem der ältere Burger-Meister, als Obrister des Stadt-Panners, die 4. hernach vorkommende Ober-Inspectoren, ein Seckel-Meister, die Pannerherren und Panner-Vortrager, der Ober-Zeug-Herr, der Stadt-Hauptmann, der Major der Cavallerie und dem Ober-Wagen-Hauptmann meist alle des kleinen Rahts, nebst einigen andern in fremden Diensten lang gestandnen Ober-Officiern den Beysitz haben; und welcher alles, was die Kriegs-Verfassung zu Stadt und Land in sichern Stand stellen, unterhalten und vermehren kan, berahtet und besorget, auch zu allen ledig werdenden Quartier- und Hauptmann-Stellen einen Vorschlag von 3. an den kleinen Raht zur Auswahl einesmen bringt: es ist aber zu Stadt und Land ein jeder Burger und Angehöriger verpflichtet nebst einer daurhaften gleich gefarbten Kleidung, ein auch gleich löthiges Fusil und Bajonet, auch gute Patron-Taschen und Seiten-Gewehr anzuschaffen, sauber zu unterhalten, auch ein gewissen Theil an Pulver und Kuglen stets darzu in Bereitschaft zu halten; und alle solche ohne Unterscheid werden von dem 16. bis in das 50. Alters-Jahr in gewisse Compagnien, theils als Officier theils als gemeine Soldaten eingetheilet, und alljährlich verschiedenemal von den geordneten eignen Officiern und sogenannten Trüll-Hauptleuthen und Meistern in allen Kriegs-Uebungen unterrichtet und geübet, werden auch angehalten ihre gewisse sogenannte Schieß-Tage zu erfüllen, an welchen sie um desto sicherer und gewisser schiessen zu lehrnen, nach einem gewissen Ziel zu schiessen verbunden sind, denen aber, welche dasselbe am nächsten treffen, von der Oberkeit gewisse Gaaben und Geschenk ausgetheilet werden; zu dessen allese desto mehrerer Beförderung die Stadt und die Landschaft in 20. Quartier

genannte

genannte Theil eingetheilet, und in jedem 10. Compagnien von denen obbemelten Alters, und auch noch Compagnien von der ältern Mannschaften angeordnet sind, über welche alle in jedem Quartier ein Quartier-Hauptmann von dem kleinen Raht aus den Rähten oder der Burgerschaft bestellet ist, welcher die Aufsicht auf selbige und deren Hauptleuth (welche wie zuvor bemerkt, von dem kleinen Raht aus einem Vorschlag des Kriegs-Rahts erwehlet werden:) hat, auch alle Jahr eine Uebersehung seines anvertrauten Quartiers vornimmt, die Compagnien aus der jungen angewachsenen Mannschaft ergänzet, die Waafen besichtiget, und daß alles in beständiger Bereitschaft sich befinde, die Anordnung thut: da in jedem Quartier seith A. 1677. die junge unverheyrathete Mannschaft in 2. sogenannte Frey-Compagnien abgesönderet ist, welche zum ersten Auszug gewiednet, und darvon aus allen Quartieren jederzeit 10. Compagnien umwechslungs-weise darzu würklich bestellt sind: es sind auch seith A. 1713. noch von dem klein und grossen Raht 4. sogenannte Ober-Inspectores und Aufseher verordnet, deren jeder über 5. solcher Quartieren die Ober-Aufsicht hat, und selbige auch von Zeiten zu Zeiten besucht, besichtiget und in selbigen das erforderlich befindende veranstaltet und anordnet: und warden darzu erwehlt

Anno
1713. Andreas Meyer.
Hans Heinrich Hirzel.
Hans Heinrich Bodmer.
Hans Caspar Meyer.
1717. Hans Conrad Escher.
1723. Salomon Hirzel.
1724. Johannes Hofmeister.
1731. Hans Caspar Escher.
1734. Hans Conrad von Muralt.
1740. Hans Blaarer.

Anno
1744. Salomon Hirzel.
1747. Hans Bernhard Werdmüller.
1749. Felix Nüscheler.
1750. Hans Caspar Schaufelberger.
1757. Hans Rudolf Wys.
1761. Heinrich Escher.
1763. Hans Heinrich Lavater.
Jacob Christof Ziegler.

Welchem noch anzufügen einerseits, daß in der Stadt ein zahlreiche Gesellschaft der Schützen auf dem Platz, welche

che wie obbemeldet ein schönes Schützen-Haus auf dem sogenannten Platz unter der kleinen Stadt hat, und aus selbiger minder oder mehrere alle Wochen durch den Sommer daselbst sich in allerhand Büchsen üben, und die Oberkeitlichen und andere Gaaben verschiessen, auch ein Oberkeitlich verordnete, und einen von ihnen erwehlten Obmann und ein Schützen-Meister, auch einige Freyheit in Abstrafung der fehlbahren haben: und anderseiths ein andere Gesellschaft auf der Cronen-Porten seith einigen Jahren angestellt worden, welche auch den Sommer durch wochentlich allerhand Kriegs-Uebungen mit einandern verrichten: und daß über das in der Stadt alle Jahr in den sogenannten Hunds-Tagen nicht nur die Studenten, sondern auch noch jüngere Knaben von 10. bis 15. Jahren alt, alle Wochen durch in den Waafen unterwiesen, und ihnen von der Oberkeit gleich obigen bey dem Ziel-Schiessen, Gaaben ausgetheilt werden, sie auch etwann unter aus ihnen erwehlten Officiern in der Stadt einen offentlichen Umzug halten.

Es ward auch A. 1644. ein Reuterey aus den wohl habhaften Angehörigen angestellt, und hernach zu Dragonern abgeänderet, und sind selbige dermalen in 14. Compagnien unter ihren Rittmeistern eingetheilt, deren jede gleich gekleidet, und ein jeder sein Gewehr, Vorraht und Pferd in Bereitschaft haben solle, auch alle Jahr darinn Musterungen angestellt, und auch Oberkeitliche Gaaben verschossen werden: und ist zur Ober-Aufsicht der gesamten Reuterey von dem klein und grossen Raht ein Major derselben bestellt, der auch von Zeit zu Zeit die Compagnien besichtiget, und das nöthig befindende verordnet, auch zu denen ledigwerdenden Rittmeister-Stellen 3. dem kleinen Raht zur Auswahl vorschlagt, und einer der Kriegs-Räthen ist.

Auch sind zu der Artillerie und groben Geschütz 7. Compagnien von Constablern und Feuerwerkern angestellet, welche auch unter ihren Hauptleuten alle Jahr unweit der Stadt sich mit Schlessen aus den Stucken und Mörsern um auch die denen
Zielen

Zürich.

Zielen am nächsten schlieffenden geordnete Oberkeitliche Gaaben üben müssen, auch gleich gekleidet sind, und die beyd Zeugherren zu Auffsehern haben, welche auch bey ledig werdenden Hauptmann-Stellen, 3. dem kleinen Raht zur Auswahl vorschlagen: annebst aber ist auch noch in der Stadt ein eigne seit A. 1685. Oberkeitlich bestähtigte Gesellschaft der Feur-Werkern, welche bis auf hundert Burger angewachsen, und alle Fronfasten Zusammenkunst, und unter zweyen von dem kleinen Raht aus seinen Mittel verordneten Directoren sich über die Aufrechthaltung und Aufnung der hierein einlauffenden Sachen und Geschäften unterredet, auch ein Inspector Oberkeitlich bestellt ist, der die jüngere sich hierzu angebende Burger in dem Ernst-und Kunst-Feurwerk unterweiset, darvon sie auch alle Jahr ein Prob offentlich ablegen.

Unerachtet nun vorbeschriebener massen ein jeder Angehöriger selbst genugsam bewafnet zu seyn verbunden ist, so befinden sich doch nicht nur in der Stadt einige grosse Zeug-Häuser, welche mit einem grossen Vorraht von groben Stucken, Mörsern, Flinten, und allerhand Kriegs-Vorraht angefüllet sind, sondern es werden auch auf den Landschaften in den Schlössern, wo Landvögt wohnen, und auch in etlichen Amt-Häusern einiges kleines grobes Geschütz, auch Flinten und andere Kriegs-Nohtwendigkeiten auf den Fall aufbehalten: und werden über solche Zeug-Häuser zwey Zeugherren, einer des kleinen und einer des grossen Rahts, von klein und grossen Raht bestellet, und zugleich auch denselben noch 6. andere kleine Räbte von dem kleinen Raht zugeordnet, welche nebst selbigen die hierein lauffende Geschäft besorgen.

In Friedens-Zeiten sind keine mehrere hohe und Oberste Kriegs-Officiers, Generalen ꝛc. ernannt, sondern allein, wann es zu krieglichen Unternehmen etwann mit oder unter Benachbarten kommt, und gewohnlich an verschiednen Orten, in minder oder mehrerer Anzahl, Volk verlegt wird, so werden bann zu einem solchen versammleten Kriegs-Volk und sogenannten Corps ein Ober-Commandant nebst einigen Kriegs-Rähten,

Rähten, Majoren ꝛc. verordnet, welche das in dortiger Nachbarschaft zur Beschützung der eignen oder Angriff der benachbarten feindlichen Landen dienlich befindende auszuführen den Gewalt und darzu auch Ingenieurs, Schreiber, Frucht-Commissarien, Zahlmeister und andere nöthige Personen zugeordnet bekommen: es werden auch in dergleichen kriegslichen Gefahren oder auch würklichen Vorfallenheiten 22. der unter dem Artikul: Hochwachten beschriebne Voranstalten vorgekehret: in friedlichen Zeiten aber wird keine Mannschaft beständig auf den Beinen gehalten, aussert einige Mannschaft, welche nebst den Burgern unter dem Befehl des Stadt-Hauptmanns die Stadt-Wachten versehen, und allen Falls hierüber auch etwas nöthiges zu verfügen verfället, nebst demselben auch zwey des kleinen Rahts, auch zwey Stadt-Lieutenant und ein Stadt-Fähndrich von dem kleinen Raht verordnet sind, welche letztere auch dem Stadt-Hauptmann in Besorgung des Stadt-Quartiers zugegeben sind: auf den Vorfall aber, da die Eydgenoßschaft von aussen und fremden Mächten würklich angegriffen, oder annebend fremde benachbarte Armeen derselben Gefahr und Schaden androheten, so giebt die Stadt Zürich auch den in der A. 1668. ausgesetzten, und unter dem Articul *Defensional:* des weitern ausgeführten Eydgenößischen Verkommnus ihren angewiesnen Antheil, und in dem ersten Fall auch zu dem ersten Corpo einen Obrist-Feld-Hauptmann.

Von denen um die Stadt herum angelegten Schanzen und Befestigungs-Werkern ist oben schon die mehrere Anzeig geschehen, und ist darüber ein eigner Schanzen-Herr von dem kleinen Raht bestellet, und sind annebst auch noch 8. des kleinen Rahts zu deren Ober-Aufsicht und Obsorg verordnet.

Da auch die Stadt dermahlen zweyen, einem in Königlich-Französischen, und dem andern in der Vereinigten Niederlanden Diensten stehenden Regimentern die Anwerbung freywilliger Angehörigen erlaubet, als sind auch 5. des kleinen und 3. des grossen Rahts verordnet, welchen alle Ang=worbene vorgestellet werden müssen, selbige auch von ihrem Schreiber ordentlich verzeich-

Zürich.

verzeichnet werden, und allenfalls wegen derselben versprochnen Haltung oder Ausreissen einige Klägden vorkommen, sie darüber entweder Verordnung thun, oder selbige an den kleinen Raht bringen.

Bey gleich vorbeschriebnen Stift zum Frau-Münster ist schon von desselben gehabten Münz-Recht die mehrere Anzeige geschehen, nun wollen einige, daß auch ein eignes Münz-Recht der Stadt Zürich von Kayser Carolo M. der sich oft daselbst aufgehalten, und das Münzwesen sonderbahr verbesseret, oder von Kayser Carolo Crasso wegen dort herum befindenden alten mit dem Namen Carolus-Imperator, und der Stadt bezeichneten Pfenningen und Münzen ertheilt worden seye, schliessen: andere aber wollen daß die Stadt schon vor alten Zeiten gemünzet habe, das Recht darzu aber von dem gedachten Stift Pachtsweise erhalten habe, wie auch von diesem Stift ein Münz-Recht der Stadt A. 1350. auf 3. Jahr und A. 1364. auf 4. Jahr verpachtet worden: ob die Stadt nun sowol ein eignes, als auch das Pachtweise erhaltnes Münz-Recht mit einandern ausgeübt habe, ist noch nicht genugsam erleutheret, doch hat Kayser Sigismundus in dem hierüber An. 1425. ertheillten Brief beyde zusammengesetzt und ausgedruckt, daß er die Münz, die die Stadt und die Abtey zu Zürich von langen Zeiten hergebracht haben, gnädiglich bevestnet und bestähtiget habe, und Kayser Carolus V. setzt auch in einem An. 1521. der Stadt ertheillten Brief aus, daß sie mögen mänzen Gold und Silber, klein und gros ohne mänigliches Hindernus mit Zahl, Cron und Zusatz, als daß von altem Herkommen ist: und hat wie schon oben bemeldet, das gedachte Stift zum Frau-Münster auch ihr gehabtes Münz-Recht An. 1524. der Stadt übergeben, und hat sie folglich A. 1526. ihr geschlagene Münz auch auf etwas abgeänderte Weise bezeichnet: es warden aber A. 1400. die erste runde Pfenning anstatt der zuvor vierecktigten, weiters A. 1425. Plappert, An. 1500. die erste ganze Batzen, An. 1504. die ersten Haller, Sechser und Schilling gepräget,
und

und dermahlen sind von der Stadt geprägten Münz annoch im Gang und Lauf, Pfenning (welche annoch Angster von deme ehemahls darauf gewesenen Angesichter der Aebtißinen der obbemerkten Stift genannt worden:) drey Hällerlin, deren zwey 3. Pfenning machen, Sechser, welche von gleichem Werth sind auch 3. gleich die auch geprägte Schilling 6. Pfenning ausmachen, weiter Batzen, da einer 15. Pfenning ist, auch zwey und Vierbätzler, halbe Gulden oder 8. Batzen, sodann halbe und ganze Thaler deren letzter 72. Schilling haltet, auch Viertelhalbe und ganze Ducaten: und wird zu deren Prägung vor dem kleinen Raht ein Münzmeister bestellt, der unter der Aufsicht deren Seckel-Meistern stehet: worbey noch zu bemerken, einerseits daß alle Oberkeitliche Rechnungen zu Pfunden geführt werden, welches so viel als ein halben Gulden andeutet; da sonst auch zu Zürich in andern Rechnungen und sonsten der Namen Gulden gebraucht wird, deren eigentlich aber keiner gepräget werden, dardurch aber 2. Pfund oder 16. Zürich-Batzen, gleichwie durch das auch etwann benamsete Mark-Silber 5. Pfund oder dritthalben Gulden verstanden wird: und anderseits, daß nebst denen beyden Seckel-Meistern noch 7. des kleinen und 4. des grossen Rahts zur Aufsicht der wegen Werths oder Verruffung fremden Gelts errichteten Oberkeitlichen Ordnungen und Verbotten geordnet seyen.

Das Stadt-Panner ist wie das Stadt-Wapen schrägrechts durchschnitten und getheilt, und dessen Oberer Theil weis und der Untere blau, und hat das Panner auch oben ein voraus gehends Band oder sogenannte Schwenkel von roter oder Purpur-Farb, mit welchem letztern Kayser Rudolphus I. für die viele ihme geleistete Dienst die Stadt An. 1274. begabet haben soll, und danaben auch als Herzog Reinhard von Lottringen An. 1476. nach der Schlacht bey Murten etliche einigen Eydgenößischen Pannern und Fähnen zu Unehren gediente Merkzeichen weggethan, und auch solches Band oder Schwenkel aus Muhtmassung daß solches demselben bey einmahligen Verlurst des Panners beygesetzt worden seyn möchte: weggeschnitten, der Raht von Zürich denen mit dem Panner zurückgekommen

kommen, den Ruckzug in die Stadt nicht gestatten wollen, bis sie solches Band oder Schwenkel wieder an das Panner angemacht, und ist auch solches an dem von dem Pabst Julio II. der Stadt A. 1512. geschenkten, und mit der Crönung Mariæ gezierten damastenen Panner befindlich: es tragen auch die Stadt- und andere Oberkeitliche Bediente, Mäntel und Röck von weisser und blauer Farb auf gleiche Weise schräg durchschnitten.

Das grosse Stadt-Insiegel, und auch das Siegel womit die Oberkeitliche Schreiben und Handlungen besieglet werden: enthaltet drey enthauptete Bildnussen, mit auf der Brust in Händen habenden Häuptern, welche die für die ersten Lehrer der Christlichen Religion in diesen Landen geachtete S. Felix, Regula, und Exuperantius vorstellen sollen: mit der Umschrift Secretum Civium Thuricensium.

Es ist auch schon zuvor Anregung geschehen von verschiednen unter der Burgerschaft befindlichen Gesellschaften auf der Bibliothec, zu Ausübung der Music, auch in verschiednen zum Kriegs-Dienst nöthigen Wissenschaften und Uebungen; und ist annoch anzufügen, daß auch A. 1747. ein Natur-forschende Gesellschaft errichtet worden.

An. 1390. wurden in der Stadt zwey Jahr-Markt, der erste 14. Tag nach Pfingsten, und der andere auf Felix und Regula Tag den 11. Sept. aufgerichtet, und von Kayser Wenceslao mit Markts-Freyheiten bestähtet, und wähert ein jeder derselben 11. Tag lang; es werden auch auf den ersten Tag Mayen und Martini-Tag nahmhafte Markt von allerhand Vieh in der Stadt gehalten.

Es warden und werden auch von Zeit zu Zeit gar viele Weltliche-Kirchen-Predicanten-Ehe-Policey-und andere der Satz-und Ordnungen, je nach Beschaffenheit der Umständen und Erforderlichkeit, absonderlich in Druck gegeben, von welchen aber hier nur sonderheitlich anzumerken, die letztern von den meisten obligen Geschäften gesammlete Ordnungen

gen, von welchen die Ordnung-des Stadt-Gerichts A. 1715.
das Erb-Recht An. 1716. und die Predicanten-Stillstands-
Censur- und Drucker-Ordnungs A. 1758. in 4to in Druck
kommen; welchen auch noch anzufügen, daß nach einigen
Hans Hager und Hans am Wasen zu Anfang des XVI. Seculi die
erste Buchdrucker in der Stadt Zürich gewesen, Christof Froschauer von Neuburg in Bayren aber, der An. 1519. das
Burger-Recht daselbst erhalten, solche Kunst in grosses Aufnehmen gebracht, welche auch seither und bis dahin in gar
guten Stand von verschiednen Burgern fortgesetzt worden,
und noch wird Bullinger *VIII.* Bücher von den *Tigurinern*
und der Stadt Zürich Sachen: Stumpf *Chron. Helv. libr. VI.
c. 11.* Tschudi *Chron. Helv. ad di𝑐𝑡. ann.* Simmler von dem
Regiment der Eydgenoßisch. mit meinen Anmerk. *p. 85.* und
441. *seq* Hottinger *Speculum Tigurinum.* Hottinger Helv.
Kirchgeschicht *ad di𝑐𝑡. ann.* Historisches Handbüchlein Zürich
Helvetische Jahrs-Zeit Geschichten. Bluntschli *Memorabilia
Tigurina* oder Merkwürdigkeiten der Stadt und Landschaft
Zürich. *Miscellanea Tigurina.*

Zürich-Berg.

Ein Berg gegen Aufgang ob der Stadt Zürich, in der
Gemeind Fluntern und der Ober-Vogtey der IV. Wachten,
auf welchem erstlich ein zu Ehre S. Martino erbaute Cell oder
Capell erbauet gewesen, An. 1148. aber durch Rudolf von
Flontrein, sein Ehe-Frau, Tochter und ihre Söhne ihre dort
herum gehabte Güther dahin vergabet worden, daß anstatt derselben ein Kloster für Chorherren St. Augustini Regul und
Ordnung angelegt, und selbige auch ihren Probst erwehlen
mögend, welches auch Pabst *Anastasius* A 1154. in den Päbstlichen und Kayser *Fridericus I.* A. 1158. in der Reichs-Schutz
aufgenohmen, und dem Probst und Capitul des Grossen Münsters in der Stadt Zürich sich einiges Gewalts über selbige
anzumassen, noch in andere Weg demselben beschwerlich zu
seyn verbotten: selbiges kame auch durch Vergabungen, Käuf,
und andere Güther, Müllinen, Reben, Fischenzen ꝛc. in einen
guten

guten Stand, und finden sich von desselben Pröbsten der erste Cherisus, sodann auch Gerüng An. 1260. Heinrich von Tuwingen Anno 1342. Johannes Anno 1362. Heinrich Anno 1403. Johannes Ann 1414. einer gleiches Namens A. 1441. und letzlich Jodocus Selman und schrieben sich selbige, und dortige Chorherren; Probst und Capitul des Gottshauses S. Martini auf dem Zürich-Berg Augustiner-Ordens: es hat aber nach und nach dieses Kloster, sowohl wegen unregulmäßigen Leben und schlechter Haushaltung so abgenommen, daß der Bischof von Costanz die Aufsicht darüber, umb das Jahr 1472. jedoch mit Vorbehalt der Bischöflichen Ober-Gerichtbarkeit; dem General-Capitul der sogenannten regulierten Chorherren zu Windesens in dem Uetrechter Bisthum so überlassen, daß selbiges anstatt des Probsts dahin einen Prioren setzen, und auch wieder entsetzen mögen, und den regulmäßigen Lebens-Wandel und die Kirchen-Pflichten wieder einführen möge, welches selbiges auch gethan und einige dieses Ordens dahin gesetzt, und selbigen Johann Dalem zum Prioren vorgesetzt: der Raht der Stadt Zürich als Kast-Vogt des Klosters hat auch in dieser Abänderung doch so eingewilliget, daß selbiger wie bisdahin also auch in das künftige aus ihren Rahts-Gliedern Pfleger über selbiges setzen, selbiges auch selbigen auf Verlangen Rechnung von ihrer Verwaltung geben, und ohne derselben Vorwissen ihren Gefällen halben nichts vornehmen, und ersagt Capitul sie hierin nichts hintern mögen solle: es kam dieses Kloster auch wiederum in bessern Stand, so daß An. 1485. 6. Altar ausert dem Chor darinn eingeweyhet worden; bey der Religions-Abänderung zu Anfang des XVI. Seculi ward selbiges auch abgeändert, und die Gefälle in das sogenannte Obmann-Amt zun Barfüssern in der Stadt verlegt, auch in dortige Gebäu ein Lehenmann gesetzt, welcher in die Kirch zum Predigern pfarrgenößig ist, und in dessen Wohnung noch einige wenige Mierk Zeichen von dem Creutz-Gang übrig geblieben. Hottinger *Spec. Tig. p.* 325.-348.-Hottinger Helv. Kirchgeschicht *P. I. p.* 645. *Part. II. p.* 453.

Kk 2 Zürich-

Zürichgow und Zürichgäu.

Ueber das, was unter dem Articul Gow, *Pagus*, Thurgäu, *Tigurinus Pagus* hievon angemerkt worden, ist noch beyzufügen, daß bey und nach der Alemanischen und Fränkischen Regierung dieser Landen, und damahl entstandnen Eintheilung in Gow zu dem Anschein nach, dem Herzogthum Al-Alemanien das Zürichgow und Thurgäu gehört, aber mit einandern so vermischt gewesen, daß bald nach den alten Schriften eines das andere mitbegriffen, bald keines von dem andern abgesöndert vorkommet, gleich dann in dem VIII. Seculo eines *Pagi Durgaugensis qui dicitur Zurichgovia* gedacht wird, und in dem IX. Seculo ein *Comes Zurichgoviensis*, und ein *Comes Turgoviensis* in einem gleichen Instrument vorkommen, auch die hierum befindlichen Gegend bald *Pagus Turgaugensis* und *Durgauensis*, bald *Pagus Zurichgaugensis* genannt wird: in spätern Zeiten aber hat der Nam des Zürichgow eher aufgehört, der Nam des aber damahls eingeschränkten Thurgäu geblieben: und will man zu Marchen der ehemahls abgesönderten Zürich- und Thurgäu setzen den Fluß Tös, so daß was auf desselben linker Seithen von desselben Ursprung her gelegen, in das Thurgäu, und was auf desselben rechter Seithen gelegen, in das Zürichgäu gehört haben sollen: und solle auch das abgesönderte Zürichgäu gegen Aufgang an der Rhætier Landschaften gegen Niedergang bis an den Fluß Reus, und das Aergäu (als in alten Schriften die Gegend zwischen dem Berg Albis und der Rus auch diesem Zürichgäu zugezellet sich findet;) gegen Mittag an den Lucerner-See und gegen Mitternacht an das absonderliche Thurgäu gegränzet haben. Stumpf *Chron. Helv. lib. VI. c. I.* und *lib. VII. c. I.* Hottinger *Spec. Tig. p. 10. seq.*

Zürich-Landschaft.

Die der Stadt Zürich zugehörige eigentliche Landschaft oder das sogenannte Zürich-Gebiet gränzet gegen Aufgang an die Landvogtey Thurgäu und die Grafschaft Toggenburg, gegen
Nieder-

Zürich.

Niedergang an den Fluß Reüs gegen dem Lucerner-Amt Merischwaden und den Freyen-Aemtern über, auch an die Landvogtey Baden, und das Fürstl. Schwarzenbergische Kleggau gegen Mittag an die Länder Schweitz und Zug auch die Schweitz-Glarnerische Landvogtey Utznach und den Hof Rapperschweil, und gegen Mitternacht an das Thurgäu, den Rhein, die Oesterreichische Landschaft Nellenburg, das Gebiet der Stadt Schafhausen, das Fürstl. Schwarzenbergische Kleggau und die Landvogtey Baden, und erstreckt sich von den Toggenburg- und Thurgäuischen Gränzen bis an den Fluß Reus in die 12. und von Feurthalen bey Schafhausen bis auf den Hohen Raan an den Schweitz- und Zugischen Gränzen in die 15. Stund, und begreift gegen 150. Pfarren und Filialen, und in jeder verschiedene Dörfer, Dörflein, Höfe ꝛc. es ist auch selbige in dem flachen Land, in Thälern und Bergen gar fruchtbar an allerhand Gattung Getraid, gutem Obswachs, nahrhaften Vieh-Weiden, und auch an vielen Orten guten Wein-Gewächs, auch einige Mineral-Wasser, welche aber zum Gebrauch gewärmt werden müssen: auch liegt darin der meiste Theil des gleich vorkommenden grossen Zürich-Sees auch die kleinere Pfäfiler- und Greiffen-See: aus dem erstern fliesset der Limmat- und aus dem letztern der Glatt-Fluß auch durchlauft ein grossen Theil desselben der Fluß Tös, und ein wenigern Theil der Fluß Thur und Rhein, der aber wie auch der Fluß Reüs auch an einigen Orten an den Gränzen vorbey fliesset, und an selbigen auch der angränzende halbe Theil zu selbiger gehöret: auch ist diesere Landschaft gar wol bewohnt und bevölkert, und hat auch ein grosse Anzahl der Landleuthen beyderley Geschlecht, auch ein grossen Verdienst von denen in der Stadt Zürich befindlichen vielen Kauffmannschafftlichen Handlungen.

Diesere Landschaft stuhnde ehemahls nach und nach unter den Helvetiern, Römern, Alemaniern, Franken und hernach unter dem deutschen Reich, und ein grosser Theil darvon unter den Grafen von Kyburg, auch ein und andere Landschaften unter denen Grafen von Rapperschweil und Toggenburg auch den Freyherren von Regensberg und Eschenbach, auch den Edlen von Landenberg ꝛc. kamen aber alle nach und nach an die Stadt Zürich, so daß diese Landschaft dermahlen eingetheilt ist in die oben schon bemerkte 19. sogenannte innern Obervogteyen, und auch die Landvogteyen Kyburg, Grüningen, Eglisau, Regensberg, Andelfingen, Greiffensee, Knonau und Wädenschweil, auch die Obervogteyen Lauffen, Hegi und Flaach: auch gehören darein die Frey Städte Winterthur und Stein am Rhein, auch die aus einigen ehemahligen Stiftern auch anderen Gefällen entstandene Aemter zu Wintertbur, Stein am Rhein, Cappel, Küßnacht, Rüty, Tös und Embrach: auch gehört zu dieser Landschaft die ehemahlige Frey-Herrschaft und dermahligen Landvogtey Sax, welche aber weit davon abgesondert entlegen, und zwahren an dem Rheinfluß, ehe selbiger in den Boden See einfliesset, und gegen Aufgang an den gedachten Rheinfluß, und darüber an die Oesterreichische Grafschaft Feldkirch und Liechtensteinische Grafschaft Vaduz gegen Niedergang an die Schweitz-Glarnerische Gemeind Gambs, gen Mittag an die Glarnerische Landvogtey Werdenberg, und gegen Mitternacht an das Land Appenzell und das Rheinthal gränzet, von welchen allen in den davon handlenden absonderlichen Articuln das mehrere zu finden: die Ober-Vögt der 19. sogenannten innern Ober-Vogteyen wohnen, wie auch oben schon gemeldet worden in der Stadt, und behandlen die von denselben vorfallende Civil-Geschäft allein, und geben die Appellationen von selbigen an den kleinen Raht der Stadt, sie haben auch ihre Landschreiber, auch Untervögt und Weibel, auch sind an verschiednen Orten noch Gericht aus den angehörigen zu Fertigung der Käufen ꝛc. ein gleiche Bewandnus hat es auch mit denen auf der Landschaft wohnenden Land- und Ober-Vögten, welche auch ihre Land- und Amts-Schreiber, Unter Vögt, Vögt und Weibel, auch zu Behandlung und Beurtheilung der Civil-Geschäfte und Streitigkeit, aus den angehörigen Grafschaften und Herrschaften Gericht haben, und in denselben prælidiren, von selbigen aber auch die Appellation an den kleinen Raht der Stadt gehen: die innere Ober- auch die andere Land- und Ober-Vögt bestraffen auch die

mindere

mindere Frefel und Verbrechen, die schwehren aber werden an den kleinen Raht gewiesen, auſſert, daß in den Landvogteyen Koburg, Grüningen und Sax die aus den Angehörigen abſonderlich beſtellte ſogenannte Land- und Herrſchaft-Gericht, auch über Maleſiz-Fäll ſprechen, und auf Beſtähtigung der Landvögten auch die Todes-Urtheil ſogleich vollſtreckt werden: die Amtleuth in den vorausgeſetzten Aemtern aber beſorgen allein die dortige Gefälle: es haben aber auch die vorangezeigte zwey Städte Winterthur und Stein am Rhein die Hohe und Niedere Gericht, jedoch gehören auch in einigen Fällen die Appellation an den kleinen Raht der Stadt Zürich, wie bey ihren abſonderlichen Articuln zu ſehen: es ſind auch noch in den Landvogteyen Koburg und Grüningen einige ſogenannte Gerichtsherren, welche die mindere Frefel abzuſtraffen, und mit ihren aus ihren angehörigen beſtellten Niedern Gerichten über die Civil-Geſchäft urtheilen, von den aber die Appellation unmittelbar auch an den kleinen Raht gehet, welche auch in dieſen Articuln ausgeſetzt zu finden.

In dem Geiſtlichen ſtuhnde dieſe Landſchaft ehemahls unter dem Biſchthum Coſtanz ſeith der zu Anfang des XVI. Seculi aber vorgegangnen Religions-Verbeſſerung ſind die darin befindliche Pfarrern in 9. Capital eingetheilet, deren jederes einen von dem Synodo erwehlten Decanum und einen von den Pfarrern eines jeden Capitul ſelbſt beſtellte Canerarium hat, wie hiervon, wie auch von der Kriegs-Verfaſſung und Eintheilung derſelben in 20. Quartier ſchon oben das mehrere angemerkt worden.

Land-Carten von dieſer Landſchaft ſind heraus kommen in dem XVI. Seculo in Stumpfen Chron. Helv. und ſeither von Burgern der Stadt, von Hans Conrad Geiger, und Johann Heinrich Freytag, und auch von Fremden von Matthæo Seüter zu Augſpurg.

Zürich-

Zürich-See.

Ein auch ehemahls Lacus Turicinus und Turicensis von der an den Ausfluß desselben gelegnen Stadt Zürich genannter See, der sich auf 10. Stund in die Länge erstreckt, von verschiedner Breite, und am breitesten 1. Stund, auch in der Tieffe ungleich ist, zwischend der Au und Meilen wohl 80. Klafter tief seyn mag, hingegen bey der Brugg von Rapperschweil so dünn ist, daß man einen Graben und Schiff-Weg machen müssen, damit man Winters-Zeit wegen Kleine des Wassers mit geladenen Schiffen durchfahren könne: er wird in den Obern und Untern durch die von der Stadt Rapperschweil über den See bis gen Hurden, An. 1358. und in folgenden Jahren von Herzog Albrecht und seinen Söhnen Rudolf und Leopold von Oesterreich erbaute, und noch befindliche 1850. Schritt lange Brugg unterscheiden, und fangt der Obere an einerseits bey dem in der Schweitz-Glarnerischen Landvogtey Uznach gelegnen Dorf Schmeriken, und anderseits bey dem in der Schweitzerischen Landschaft March unweit Grynau in selbigen einfliessenden Fluß Lint, und gehet etwas über 3. Stund bis an ersagte Brugg bey Rapperschweil, da auf der rechten Seiten der Hof und die Stadt Rapperschweil, auch das Kloster Wurmspach, und auf der linken Seiten die obbemelte Landschaft March herunter ligen, und sind über diesen Bezirk drey See-Vögt einer von Rapperschweil, einer von Lachen, und einer von Schmeriken verordnet, welche jährlich in dem Amt umwechslen, und das was auf dem See wider Verbott gehandlet wird; straffen; der untere Zürich-See erstreckt sich über 6. Stund bis in die Stadt Zürich, und ligen an der rechten Seithen noch ein Bezirk des Hofs von Rapperschweil, und folglich die Zürichische Ober-Vogteyen Stäfen, Männedorf, Meilen, Ehrlibach und Küßnacht, und auf der linken Seithen die Schweitzerische sogenannte Höfe, und die Zürichische Land- und Ober-Vogteyen Wädenschweil, Horgen und Wollishofen, und in denselben das Schloß Wädenschweil, auch auf beyden Seiten viele Kirchen, grosse und kleine Dörfer, wohlgebaute Land-Güther ꝛc. und haben die Auffsicht über diesern fern ganzen Bezirk der See und die Abstraffung des darauf vorgehenden verbottenen Fischens und sonstigen Freflen und Verbrechen zwey aus dem kleinen Raht der Stadt Zurich gesetzte sogenannte See-Vögt und zwahren Kraft des Kaysers Ottonis I. an die Stadt Zürich A. 936. gethane und von Kayser Carolo IV. A. 1362. bestähtigten Schenkung dieseres Sees, allein ausgenohmen einen kleinen Bezirk zwischend der Insul Aufnau und dem Schloß Pfäffiken, so der Frauenwinkel genennt wird, und schon zuvor an das Stift Einsidlen vergabet gewesen; es flieflen auch über obbesagten Fluß Lint, in den See zu oberst der Uznacker-Bach, und den zur rechten Seiten die Flüßlein und Bach Jonen, Wurmspach, Feldbach, Meiler-Bach, Roßbach, Ehrlibach, Küßnachter-Bach, Goldbach, Hornbach 2c. und zu der linken Seiten der Lachener oder Spreiten der Müli- und Meili- und Forst-Bach, und fliesset daraus durch die Stadt Zürich der Fluß Limmat, und ligen darinn auch die kleine Insuln Aufnau und Lützelau, von welchen allen absonderliche Articul nachzuschlagen: welchem noch anzufügen, daß die Seithen des Obern Sees zimlich bergicht, jedoch auch fruchtbar und sonderlich an Wies- und Obswachs, und auf den beyden Seithen des Untern See sind auch viel fruchtbare Aecker, Wiesen, Baumgarten und sonderlich viel und gutes Wein-Gewächs, auch schöne wohlgebaute Land-Güther 2c. und ist der See auch Fischreich an allerhand Gattung Fischen: über selbigen werden viele Waaren, die in Italien gehen, und aus demselben kommen, gefertiget, auch viel Holz, und allerhand Lebens-Mittel in die Stadt Zürich gebracht, und ab dort alle Freytag haltenden Korn-Markt in die benachbarte Landschaften eine grosse Menge abgeführt, auch brauchen dieses Sees Komlichkeit, ein grosse Menge nach Einsidlen aus verschiednen Ländern reisende, und von dannen zurückkommende Pilgram 2c. Hottinger *Spec. Tig. p.* 96. Escher Beschreibung des Zürich-Sees. Scheuchzer Natur-Historie des Schweitzerland *P. II. p.* 92.

Zürich-See-Capitul.

Eines der 9. Capituln, in welche die Pfarrer in der Landschaft Zürich eingetheilt sind, und in welches ehemahls auch die Pfarr bey St. Peter in der Stadt Zürich, auch die Pfarrer von Dietiken, Zurzach und Tägerfelden in der Graffschaft Baden einverleibt gewesen, solche letztere aber A. 1711. in andere Capitul verlegt, und hingegen die aus der Landvogtey Sax darein geordnet worden: und befinden sich dermahlen darinn sonderheitlich die an beyden Seithen des Zürich-Sees, und unweit davon gelegene Pfarren Altstetten, Ehrlibach, Herliberg, Hirzel, Horgen, Humbrächtiken, Kilchberg, Küßnacht, Langnau, Männedorf, Meilen, Oberrieden, Richtenschweil, Rüschliken, Schlieren, Schönenberg, Stäfen, Thalweil, Uetiken, Wädenschweil, Wollishofen, Zumiken, und aus der Landvogtey Sax die von Salez, Sax und Sennwald: und finden sich zu Decanis dieses Capituls erwehlet

Anno

1540. Ulrich Schörrli, Pfarrer von Stäfen.
1547. Hans Rudolf Gwalter, Pfarrer bey Peter in der Stadt.
1575. Heinrich Bullinger, auch Pfarrer bey St. Peter.
1583. Hans Rudolf Stumpf, Pfarrer von Kilchberg.
1586. Josua Wäterling, Pfarrer von Horgen.
1625. Georg Ulrich, Pfarrer von Thalweil.
1626. Tobias Hamberger, Pfarrer von Kilchberg.
1632. Hans Jacob Irminger, Pfarrer bey St. Peter in der Stadt.
1645. Hans Jacob Ulrich, Pfarrer von Küßnacht.
1659. Hans Georg Müller, Pfarrer von Thalweil.
1672. Joost Grob, Pfarrer von Wädenschweil.
1692. Hans Jacob Grob, Pfarrer von Stäfen.
1698. Hans Heinrich Bernhard, Pfarrer von Männedorf.
1699. Johannes Hegi, Pfarrer von Thalweil.
1710. Hans Heinrich Rollenbutz, Pfarrer von Horgen.

Anno
1724. Melchior Usteri, Pfarrer von Uetiken.
1753. Johannes Scheuchzer, Pfarrer von Kilchberg.
1755. Hans Caspar Hofmeister, Pfarrer von Wädenschweil.
1757. Johannes Schmutz, Pfarrer von Wollishofen.

Züricher.

Ein ausgestorbenes Geschlecht in der Stadt Basel, aus welchem Ludwig A. 1523. Meister, A. 1525. Landvogt von Münchenstein, und A. 1530. Rahtsherr, auch Peter A. 1529. Meister worden. siehe auch Zürcher.

Züsi.

Ein ausgestorbenes Geschlecht in der Stadt Zug, aus welchem Ulrich A. 1388. in dem Treffen an der toben Halden geblieben.

Züst.

Ein Geschlecht in dem Land Appenzell-Ausser-Rooden, aus welchem in dem laufenden Seculo, Jacob und Sebastian, Hauptleuth der Gemeind Luzenberg gewesen.

Zufikon, oder Zufiken.

Zwey Dörfer Ober- und Unter: welche aber nur ein Gemeind ausmachen, in dem Rordorfer-Amt der Landvogtey Baden, da der Kirchen-Thurn oder sogenannte Wendel-Stein die Gränzen des Gebiets der Stadt Zürich, und ermelter Landvogtey ausmachet, und noch 2. Häuser in das Zürichische sogenannte Keller-Amt gehören: es ist daselbst ein Kirch und Catholische Pfarr, welche von dem kleinen Raht von Bremgarten besetzt wird, und in das Bremgarter-Capitel gehöret; es hat auch die Stadt Bremgarten daselbst die Niedern Gericht, aussert dem daselbst befindlichen Schloß, welches A. 1668. von den Baden regierenden Stätt und Orten zu Gunsten des damahligen Besitzers Heinrich Ludwigs zur Lauben, zu einem Adelichen Frey-Sitz erklähret worden, und unmittelbar unter der Landvogtey Baden stehet: selbiges hat A. 1681. Sebastian Balthasar Crivelli, und A. 1718. N. N. Heymann, An. 1741. Johann Franz Joseph Stulz, A. 1750. N. N. Builliard seßhaft zu Schweiz, und An. 1764. Jacob Bernhard Wikart erkauft. Es liget auch ein Viertel Stund von Bremgarten ein Capell, darbey sich ein Wald-Bruder aufhaltet, vielu die Pfarr Zufilen gehört.

Zuferey.

Ein Geschlecht in dem Land Wallis, aus welchem Theodolus A. 1722. Dom-Herr von Sitten worden.

Zug.

In Latein *Tugium*, in Französisch *Zug*, in Italiänisch *Zugh*, in Spanisch *Zoco*, ein Landschaft, welche das VII. Ort der Eydgnoßschaft ausmacht, und gegen Aufgang an das Land Schweitz, gegen Niedergang an das Gebiet der Stadt Lucern, gegen Mittag auch an das Land Schweitz, und gegen Mitternacht an das Gebiet der Stadt Zürich angränzet, und von Zürich bis an das Schweitzer-Gebiet von Notiken bis gegen Art bey 5. Stunden lang, und von den Hohenraan bis nach Zug über 3. Stund breit, die der Stadt Zug zugehörigen Vogteyen aber etwann 1. Stund lang und 1. Stund breit sind: es hat dieser Landschaft hinter der Stadt Zug gegen Aufgang, und sodann auch ennert einem Thal wieder ein anderes an Matt-Land- und Obs-Wachs grasreiches Gebürg in den Gemeinden Aegeri und Menzingen, darauf viel Vieh erzogen wird; auf der Seltben der Stadt Zug gegen Mitternacht aber ist ein an Matt-Land und Ackern, und wiederum schönen Obs-Wachs fruchtbare Ebne, und werden auch an einigen Orten etwas Wein-Gewächs gepflanzet, und an beyden Theilen befindet sich auch vieles Holz und bey Walchwil an der Seithen gegen Aufgang des Zuger-Sees auch ein Wald von Castanien, es hat nebst eben diesem hernach vorkommenden See, auch noch ein See bey Aegeri, aus welchem das Flüßlein Lo-

rel

rez aus- und ein Theil des Lands durchflieffet, auch fließt an den einten Gräntzen der Fluß Reüs, und an den anderen der Fluß Sil vorbey; und wird die Anzahl der bewohnten Einwohnern etwann eilf tausend Seelen und darunter etwann viertausend fünfhundert Männer ausmachen.

Diesere Landschaft wird getheilt in die Stadt Zug und in das sogenannte Auffere Amt von den Gemeinden am Berg oder Mentzingen, Aegeri und Bar von welchem eigne Articul zu finden: und hat die Stadt auch einige Ober-Vogteyen absonderlich, welche hernach bey der hernachfolgenden Beschreibung dieser Stadt auch vorkommen werden.

Für die ersten Einwohner dieser Landschaft werden die bey einigen alten Schriftstellern vorkommende Tugini, Tugeni, auch Toygeni geachtet, welche sich ehemahls auch zu den Cimbris mit dem Tigurinis gesellet, und wider die Römer gestritten, dannahen einige sie für Tigurinos halten, welche durch ihre Dapferkeit einen besondern Namen erhalten habind, und sie dannahen in den Pagum Tigurinum, setzen; und andere nennen von denselben her einen von den 4. Theilen des alten Helvetiæ Pagum Tugenum, und zehlen darunter alles, was zwischend der Limmat und der Reüs, bis an die Gebirg liget, wie darvon auch der Articul *Tugini* nachgeschlagen werden kan: und wollen einige, daß die Tugini auch mit den andern Helvetiern zu J. Cæsaris Zeiten aus dem Land in Gallien gezogen, und aber wieder zurückgetrieben worden, und unter der Römern Bottmäßigkeit kommen, welcher sie auch hernach von den Alemanniern und Franken abgezogen worden, und letstlich an das Deutsche Reich kommen, unter welchem auch verschiedene Edellenth, als die von Wellenberg, Hünnenberg, Schnabelberg, Barburg, Wildenburg rc. darinn gesessen, die meisten Gericht und Rechte aber die Grafen von Lentzburg besessen, nach deren Abgang selbige An. 1177. an die Grafen von Kyburg, und nach deren Außsterben an das Haus Habsburg, und folglich Oesterreich gelanget: unter deren Regierung doch auch einige Ammänner sich befinden: da aber das letztere

Hause den neuen Eydgenossen aus dieser Stadt und Landschaft von Zeit zu Zeit viele Schaden verursachet, auch durch selbige A. 1315. selbige auf dem Morgarten angegriffen, und durch die von denselben gehabten Besatzung viele schädliche Streifereyen in das Zürich- Lucerner- und Schweizer-Gebiet vorgenohmen, und in selbigem, weilen es unter den Eydgenossen gleichsam in Mitten gelegen, die freye Gemeinsame unter den Eydgenossen öfters behinderet und abgehalten worden, so sind A. 1352. die Eydgenossen in selbige Landschaft eingerückt, und haben sich erstlich die drey ausere Gemeinden Aegeri, Menzingen und Bar an selbige jedoch mit Vorbehalt der dem Haus Oesterreich schuldiger Rechten und Pflichten, und daß auch die Burger in der Stadt, wann sie auch in ihren Gewalt kommen, allso gehalten werden sollen: ergeben, und ward hierauf von den Eydgenossen den 8. Jun. die Belagerung der Stadt Zug vorgenohmen, in welcher sich die Burger allein, weilen die Oesterreichische Besatzung noch vor der Eydgenossen Ankunft sich daraus wegbegeben, bey 15. Tag lang gewehret, bey der Eydgenossen heftigem Stürmen aber sich mit dem Vorbehalt an selbige ergeben, und den Eyd der Treue abgelegt, wann sie von ihrer Herrschaft innert kurzer Zeit nicht entsetzt werden, als sie dann des Eydes, den sie geschworen, ledig seyn sollen: die Burger schickten sodann ohne Anstand einige der ihren an den Herzog Albrecht von Oesterreich in das Kloster Königsfelden denselben um Hilf anzuruffen; welchen sie in dem Creutz-Gang spazierend angetroffen, und ihme ihr Anligen erzellet, und da er darzwischend einen seiner Weidleuthen gefraget, ob das Federspiel geessen hatte: solle ihme der vorderste von solchen Burgern Hermann angeredet haben: Ach gnädigster Herr! laßt euch mehr euere Unterthanen als die Vögel angelegen seyn, dieweil wir von dem Feind allso gedrängt werden, daß wir uns an denselben, wo euer Gnaden nicht zu Hilf kommt, gänzlich ergeben müssen; und da der Herzog ihnen geantwortet: wolan so ziehet dann hin und ergeben euch, wir wollen in kurzer Zeit alles wieder einnehmen, was uns weggenohmen worden: haben sich die Burger nach derselben Zurückkunft den 27. Jun. auch an die Eydgenossen

ergeben,

ergeben, und sind nebst den obbesagten Gemeinden in den Eydgnößischen Bund aufgenohmen worden, nach welchem sie oder viel aus ihnen auch, nach einiger Bericht, schon zuvor in Geheim beworben haben solle: als aber nach der von dieserem Herzog in gleichem Jahr vergebens vorgenohmnen Belagerung der Stadt Zürich durch den Marggraf Ludwig von Brandenburg zwischend den Eydgenossen und dieserm Herzog den 1. Sept. dieses Jahrs ein Fried vermittlet, und unter anderm bedingt worden, daß Zug dem Herzog wieder dienen, und gehorsamen solle, so fern es von Rechtswegen schuldig seyn, und daß es dessen, daß es gethan, sich nichts zu entgelten haben, auch ihnen darum von dem Herzog ein schriftliche Versicherung gegeben, auch die Eydgenossen sich fürbashin nicht mehr zu des Herzogs Städten, Landen und Leuten verbinden sollen; da nun der Herzog daraus schliessen wollen, daß Zug aus dem Bund erlassen werden sollte, und die Eydgenossen deswegen auch A. 1353. vor dem Kayser Carolo IV. belanget, so haben die Eydgenossen dargegen vorgeschützt, daß sie sich die Bündnus mit Zug vorbehalten, und sich in solchem Frieden zu nichts anderem verpflichtet, als daß sie fürbashin zu des Herzogs Städten, Landen und Leuten nicht verbinden wollend; auf welchen Fuß es auch die von Zug, da der Herzog sie mit Abschweerung des Eydgnößischen Bundes wieder in Huldigung nehmen wollen: verstanden, und ihme zwahr alle pflichtige Gehorsam zu leisten und zu huldigen anerbotten, von der Bündnus aber, bis sie von den Eydgenossen einmüthig der ihnen beschwohrnen Eyden entlassen seyen; abzustehen sich nicht erklähren wollen; es möchte auch Kayser Carolus IV. weder damahlen noch in dem folgenden Jahr auf seinen Antrag von den Eydgenossen nicht erhalten, daß sie ihme über die diesfällige Streitigkeiten eine Richtung zu machen anvertrauen wollten, ohne mit Vorbehalt ihrer Bündnus auch mit Zug: er machte aber einen Anstand-Frieden, und that A. 1355. einen Spruch, wie der Herzog sich gegen die Eydgenossen und sie gegen ihne sich verhalten sollend, und da Er solchen Spruch dahin anslegen wollen, daß der Bund mit Zug aufgehebt seyn solle: haben die Eydgenossen dargegen

dargegen Vorstellungen gemacht, daß sie vor solchem Spruch ihren Bund vorbehalten; da auch gedachter Kayser im Jul. An. 1356. nochmahlen die Eydgenossen von solchem Bund abzustehen, auch des Herzogs Landvogt die von Zug ihme zu huldigen nöthigen wollen, so haben auch die von Schweitz im Namen ihrer Eydgenossen von den Zugern laut des ersten Friedens, der sie in dem Eydgenößischen Bund bleiben lassen: auch den Eyd aufnehmen wollen, und da sie von denen noch daselbst sich befundnen Oesterreichern übel empfangen worden, ihre Macht versammlet, und Zug abermahlen eingenohmen und die Burger und Gemeinden den Eyd schweeren machen: es wur auch hierauf von Gesandten von Zürich bey Herzog Rudolf obigen Albrechts Sohn zu Wien, und A. 1357. von selbigen und andern ein Anstand-Frieden vermittlet, und hat ersagte Herzog auch A. 1359. bewilliget, daß solcher bis auf des einten Theils abkünden bestehen soll, doch daß die von Zug an Oesterreich ihre Rent, Zins und Gülten anrichten, und Oestreich ihnen ein Amman aus dem Land Schweitz geben mögen solle, welche auch der Bischof von Chur als Oesterreichischer bevollmächtigte A. 1362. verlängeret, und in diesem Jahr Kayser Carolus IV. in einem mit der Stadt Zürich geschloßnen Bund alle ihre Bünd, darunter auch der mit Zug verstanden seyn soll; bekräftiget hat: auch ist der Friedens-Anstand An. 1367. und A. 1369. verlängert, und in dem letztern dem Herzog Leopold und Albrecht zu bedenken gegeben worden, ob sie Zug nicht an Schweitz um 3000. Gulden versetzen, und innert den nächsten 5. Jahren nicht lösen wollind; es kam zwahr A. 1371. in abermahliger Befehl von Kayser Carolo IV. an die Eydgenossen sich deren von Zug nichts mehr zu beladen, und sie des Bunds loos und ledig zu lassen, aber ohne einige Würkung; und ist in denen zwischend den Herzogen von Oesterreich und den Eydgenossen A. 1370. und 1376. auch A. 1386. und 1387. und 1390. und 1412. auf minder und mehrere Jahr gemachten Frieden-Anständen, Zug unter den andern Eydgenößischen Städt- und Orten vorkommen.

Es

Es waren von A. 1353. die Ammänner dieser Stadt und Gemeinden zwahr aus den Eydgenößischen Städt und Orten bestellt, die Regierungs- und andere Geschäft aber jedoch von Rähten aus der Stadt und dem Amt behandlet, und ist das Banner und das Sigel in der Stadt aufbehalten worden, welches auch A. 1404. bey einer zwischend der Stadt und dem Amt hierüber entstandnen hernach des mehrern vorkommenden ernstlichen Mißhelligkeit von den Eydgenossen von Lucern, Uri und Unterwalden der Stadt gelassen und zugesprochen worden, so daß auch das Banner einem Burger der Stadt anvertraut werden solle: worbey auch zu bemerken, daß in dem A. 1370. von den Eydgenossen errichteten sogenannten Pfaffen-Brief der Amman, der Raht, und alle Burger der Stadt Zug und alle die, die in das Amt Zug gehören, gleich nach dem Burgermeister und Schultheis und Raht der Städten Zürich und Lucern, und vor dem Amman und Landleuthen der Ländern Uri, Schweitz und Unterwalden; und A. 1393. in dem sogenannten Sempacher-Brief der Amman und Raht, und die in das Amt Zug gehören, gleich nach den Städten Zürich, Bern, Lucern, Freyburg und Solothurn, und auch vor dem Amman und Landleuthen der Ländern Uri, Schweitz, Unterwalden und Glarus, A. 1411. aber in dem mit dem Land Appenzell gemachten Land-Recht zwischend Unterwalden und Glarus gesetzt vorkommen, und bis jetzt bey solchem Rang geblieben: diesere Stadt und Amt Zug ward hernach von Kayser Sigismundo auf Montag nach dem Sonntag Misericordiæ, A. 1415. der Oesterreichischen Pflichten völlig erlediget, und hat seith solcher Zeit ihre Ammäner, auch aus und von sich selbst gesetzet, und A. 1443. von Kayser Friderico die Bestähtigung seiner Freyheiten nicht erhalten, doch ward A. 1454. auf einer zu Lucern gesetzten gemein Eydgenößischen Tag-Satzung der Stadt und Amt Zug, von den übrigen Eydgenossen bewilliget worden die Articul des Vorbehalts des Hauses Oesterreich als ihren ehemahligen Herrschaft aus dem Bund zu thun, und anstatt desselben des Römischen Reichs Vorbehalt anstatt derselben zu stellen: es ward in einigen zwischen der Stadt der Stadt und dem auſſern Amt entſtandnen Streitigkeiten von erkießten Schiedleuthen geſprochen und vermittelt An. 1441. daß fürohin die Lands-Gemeind nicht mehr, wie vor altem auf der Egg, ſondern in der Stadt gehalten, und der Amman und andere ledigfehlende Aemter dorten beſetzt werden ſollen: und A. 1463. daß unerachtet die Stadt bis dahin ein Schreiber allein erwehlet, ſolches hinfürs an einer offentlichen Lands-Gemeind jährlich geſchehen ſolle: und A. 1477. daß fürohin wie von alters her ein Burger der Stadt Zug zum Tragen der Land-Panners und Fähndlein von der Lands-Gemeind erwehlt werden ſolle, welches auch geblieben, unerachtet das auſſere Amt nach den Burgundiſchen Kriegen das Tragen der Landes-Fähndlein an ſich bringen wollen, und angeſprochen. A. 1523. hat die Stadt und das Amt von Kayſer Carolo V. die Beſtähtigung ihrer Freyheiten erhalten, A. 1566. ward zwiſchend der Stadt und Amt Zug eine Richtung und Vertrag, wie ſie ſich unter und mit einandern halten ſollind und wollind erneueret, erleuteret und geſtellet, und An. 1604. geſchahe in einem abermahligen Streit durch der Catholiſchen Eydgenoßiſchen Städt und Orten Geſandten ein rechtlicher Ausſpruch, wie das Regiment von Stadt und Amt verwaltet werden ſolle, welcher gewohnlich das Libell genannt wird; und A. 1610. daß die Burger der Stadt einen Amman aus dem Amt in ihren Stadt-Raht, auch Zehenden, Rechnungen, Gebott und Verbott ſo wohl in der Stadt als ihren Vogteyen ſitzen laſſen mögend oder nicht nach ihren Gefallen: A. 1690. ward das erſtemahl bey Abſterben eines Ammans während ſeiner Amts-Zeit ein anderer erwehlt, da bis dahin in ſolchen Fällen jederzeit ein Statthalter (der jederzeit ein Burger der Stadt Zug iſt:) ausgedienet: auch haben die drey Gemeinden des Auſſern Amts, A. 1718. (jedoch mit Einſtimmung der Stadt:) den Land-Schreiber beſtellt die Gefälle für die Land-Rähte aus denen Gemeinden einzunehmen und auszutheilen, da zuvor ſolches auch der Seckelmeiſter der Stadt verrichtet.

Von dem Ursprung und Anfang der Christenlichen Religion in diesen Landen zeiget sich nichts gründliches, doch wird auch dem S. Beato zugeschrieben, daß er gleich in verschiedenen andern benachbarten Landschaften, auch daselbst solche Religion zum ersten geprediget habe, und findet sich auch von Fortgang solcher Lehr nichts, aussert daß schon vor dem IX. Seculo ein Kirch zu Cham gestanden, und hat An 1231. in dieser Landschaft das Frauen-Kloster von Frauen-Thal seinen Anfang bekommen: es warden auch schon damahl feyerliche Creutzgäng auf S. Oswald-Tag zu Zug gehalten, und auch von Benachbarten besucht, als Abt Peter von Einsidlen bey einem solchen Anlas in der Heil. Jungfern-Cappel nebst andern, An. 1280. von dem Stral erschlagen worden; es hat dieses Land auch A. 1370. nebst andern Eydgenößischen Städt und Orten einige Satz- und Ordnungen wegen deren in Oesterreichischen Diensten stehenden Geistlichen und Pfaffen schuldiger Aufführung gegen die weltliche Oberkeit, und wider aller Pfaffen Unterfangen die Weltliche für fremde Geist- und Weltliche Gericht zu ziehen ꝛc. errichten helfen, wie in dem Articul von dem Pfaffen-Brief zu sehen: An. 1387. befreyet und entlediget Pabst Urbanus VI. Stadt und Amt von allen denen Todschlägen, welche sie an des gegen Pabsts Clementis VII. Anhängeren möchten ausgeübet haben: A 1509. ward da der Helfer Blum zu Zug von Thomas Stocker erstochen worden, 3. Tag in der Stadt kein Meß gehalten, und da auch desselselben Bruder Jacob Stocker den Schwöstern bey St. Michael zu Zug so viel Leyds gethan, daß man auch in seiner Gegenwart nicht Meß lesen wollen, er dennoch bey dem Meß-Lesen in die Kirch gegangen, und der Pfarrer sich ihme widersetzt, hat er es bey dem Volk so weit gebracht, daß sie sich vereinbahret keinen Pfarrer mehr aus der Stadt Zug zu nehmen, welches aber folglich wieder abgeändert worden: da An. 1512. Pabst Julius II. jedem der Eydgenößischen Städt und Orten, ein Zusatz in ihre Panner ertheilt, so bekam das Ort Zug die Vorstellung der Abnahm Christi ab dem Creutz, und ward weilen Zug das VI. Ort der Eydgenoßschaft und die Vesper um die VI. Zeit angebe; solchem Bildnuß der Namen das Vesper-Bild gegeben. Bey der zu Anfang des XVI. Seculi sich sonderlich in dem benachbarten Zürich-Gebiet zugetragnen Religions-Aenderung und Verbesserung hatten auch verschiedene aus der Stadt Zug, auch Cham, Bar ꝛc. Anmuthung darzu, fanden aber starken Widerstand, danahen einige von dorten weggezogen, andere Anno 1523. die Evangelische Predig zu Cappel besucht, die aber solches gethan, des folgenden Jahrs mit 5. Pfund gestraft worden: auch ist A. 1529. ein Wiedertäufer, weilen er von seinem Irrthum nicht abstehen wollen, daselbst ertränkt worden, und hat A. 1550. das in der Stadt Zug befindliche Frauen-Kloster seinen Anfang bekommen:

Da A. 1556. ein Pfarrer zu Zug wider das Suchen der Sünden Verzeyhung durch die äusserliche Werke ohne Glauben öffentlich geprediget, und er solche seine Meynung aus Heil. Schrift zu beweisen anerbotten, warden anstatt dessen Untersuchung weilen solches ihrer Altforderen Befinden zuwider: alle in der Stadt und Land Zug befindliche Biblen (welche nicht von der Uebersetzung Hieronymi Emsers gewesen:) auf das Rahthaus gebracht, und den 28. Jun. öffentlich verbrannt: und hierüber ein Bericht in Druck gegeben: A. 1562. hat Stadt und Amt Zug nebst den übrigen Eydgenößischen Catholischen Städt und Orten eine Gesandtschaft auf das Concilium zu Trient abgesandt, von welcher unter dem Articul Trient das mehrere zu finden: A. 1595. ist auch ein Capuciner-Kloster in der Stadt Zug erbauet, und hernach zu der Annahm der Capucinern oder derselben Novitiat gewidmet worden: es war auch bey Einrichtung und Eintheilung der Capituln in dem Bischthum Costanz eines für Geistliche in dieser Stadt und Amt bestellet, und demselben auch die Pfarrer und Geistliche in den Freyen-Aemtern einverleibet, welche letztere aber An. 1723. davon abgesöndert, und ein eigenes Capitul angeordnet worden, welches jetz das Bremgarter-Capitul genennt wird.

Diese Stadt und Amt hat auch zu ihrer Sicherheit sich in verschiedene Bündnussen, Vereinigung und Verträge eingelassen,

gelassen, und findet sich schon Zug unter vielen andern Oesterreichischen Beamteten und Städten benamset, welche A. 1333. mit der Stadt Zürich, Bern, Basel, Solothurn und St. Gallen, auch den Grafen von Nydau, Fürstenberg und Koburg ein fünfjährige Schutz-Bündnus errichtet: wie hernach A. 1352. die Stadt und das Amt Zug in den Eydgenößischen Bund kommen, und mit was Gedingen erstens darin geblieben, und letstlich solche Geding ausgelassen, und der Bund-Brief jedoch mit obiger Jahrzahl eingerichtet worden, ist gleich hiervor weitläufig angezeiget zu finden, und lautet derselbe dermahlen von Wort zu Wort wie folget.

In GOttes Namen Amen;

Wir der Burger-Meister, die Räte, und die Burgere gemeinlich der Stadt Zürich, der Schultheiß, der Rath und die Burgere gemeinlich der Stadt Lucern, der Rath und die Burgere gemeinlich der Stadt Zug, und alle die, so zu demselbigen Ampt Zug gehörend; der Amman und die Landlüt gemeinlich der Länderen ze Uri, ze Schwytz, und ze Unterwalden, thun kundt allen die disen Brief sehend oder hörend lesen, daß wir mit gutem Rath und sinnlicher Vorbetrachtung durch guten Fride und Schirmung unser Lib und Güter, unser Stätt, unser Länder und Lüten durch nutz und Frömung willen gemeinlich des Landts einer ewigen Bündtnuß und Fründschaft übereinkommen sind, zusamen gelopt und geschworen haben, lyblich und offentlich gelehrt Eyde ze den Heiligen für uns und alle unsre Nachkommen, die harzu mit namen ewigklich verbunden und begriffen seyn sollend, mit einanderen ein ewige Bündtnus zu halten und ze haben; die auch nun und hienach unwandelbar, unzerbrochen, und allerding unverseeret mit guten trüwen stät und vest ewigklich belyben soll; und wann aller zergenglichen Ding vergessen wird, und der Lauff diser Welt zergath, und in der Zyth der Jahren vil ding geenderet werden; davon so geben wir die vorgenenten

ren Stätt und Länder einander diser getrüwen Gesellschaft und ewigen Bündtnuß ein erkantlich gezügnuß mit
Brieff und mit geschriften, also daß wir einanderen getrülich beholffen und berathen syn sollend, als vere unser Lyb und Gut gelangen mag, on alle Geverd, gen
allen den, und uf alle die, so uns an Lyb oder an Gut,
an Ehren, an Freyheiten mit Gewalt, oder on Recht,
Unfug, unlust angriffen, bekränken, dehein widertrieß
oder schaden theten, uns oder jemand so in diser Pündtnuß ist, nun oder hienach, innwendig den Zillen und
den Kreisen, als hienach geschriben stath; das ist des
ersten, da die Aar entspringt, das man nempt an Grimslen, und die Aaren ab für Haßle für Bern hin, und jemer mehr ab der Aaren nach untz an die statt, da
die Aar in den Rin gath, und den Rin widerumb uf untz
an die statt, da die Thur in den Rin gath, und dieselben Thur jemermehr uf untz an die statt da sy entspringt, und von dem Ursprung und derselben statt die
Richte durch Chur-Walchen uf untz an die vesty zu Ringgenberg, und von derselben vesti Ringgenberg über enhalb
dem Gothard hin untz uf den Blativer und von dan-
nenhin untz uf der Teysel, und vom Teysel wider über
untz an den Grimslen, da die Aar entspringt. Were
aber daß in disen vorbenanten Zillen und Kreisen jemand,
so in diser Bündtnuß ist, dehein wyse semer one Recht
von jemand angriffen oder geschädiget wurde, an Lüth
oder an Gute, darumb so soll und mag der Rath, und
die Gemeind der Statt oder des Landes, sodann geschädiget ist, umb den Schaden sich erkennen uf ir Eyde, und wesse sich denne derselb Rath oder die Gemeind,
oder der mehrteil der Statt oder des Landes, sodann
geschädiget ist, uf den Eyd erkennet, umb Hilf oder an-
zegriffen umb keiner Hand sach, sodann notdürftig ist,
darumb soll und mag der Rath und die Gemeind derselben Statt oder des Landts, sodann geschädiget ist, die
anderen Stätt und Länder, so in diser Bündnuß sind,
manen und uf wenn dann die Manung beschicht mit des

Rathes

Rathes oder der Gemeind, der Statt oder des Landes
gewüssen Botten oder Briefen in die Räth und Gemeinden
der Statt, den Amman der Gemeind oder zu den Kilchen
der vorbenempten dreyer Länderen one alle geverd, über
den und über die sollend ihnen die andren Stätt und Länder, sodann gemannt sind, bey den Eyden unverzogenlich beholffen und berathen syn mit ganzem ernst,
und mit allen sachen, als die notürftig sind, die sich
dan umb Hilf erkent und gemant hand, on alle geverd.
Und soll unter uns den vorgenanten Stätten und Länderen niemand gen dem anderen diser Pündtnuß, diser
Manung und der Hilf deheins wegs ab, noch usgan, mit
Worten noch mit Werken kein Ding suchen noch werben,
darumb die Hilf, umb die danzemahl gemant ist, zertrennt
oder abgeleit werden möchte, on alle geverd. Und soll
auch jetlich Statt, und jetlich Land dieselben Hilf mit
ir selbs Costen thun, on alle geverd. Were auch, daß
an uns, oder an jemand, so in diser Pündtnuß ist, dekein gecher schad oder Angrif beschehe, da man gácher hilf
zu notdürftig were, da sollend wir zu allen Sythen un-
gemannet, unverzogenlich zufahren und schicken, wie das
gerochen und abgeleit werde, on allen verzug; were aber
daß die Sach als groß were, daß man eines Gezoges
oder eines Gesässes notdürftig were, wann denne harumbe
da kein Statt oder Land unter uns von jemand, so in diser Bündtnuß ist, mit Botten oder mit Brieffen ermannet
wird, darnach sollen wir unverzogenlich zu tagen kommen zu dem Gotthus der Abptye zu den Einsidlen,
und da ze Rath werden, was uns dann aller nutzlichistes
dunkt, also daß dem oder den sodann umb Hilf gemannet
hand, unverzogenlich geholffen werd, on alle geverd:
Were auch daß man jemand besetzen wurde, so soll die
Statt oder das Land, so die Sach angath, und die so
dannzemahl gemannet hand, den Costen einig haben, so
von Werken oder werklüthen von des Gesässes wegen
daruf gath, on alle geverde. Were auch, das jemand
wer der were, dskeinen so in diser Pündtnuß sind, angriffe

griffe oder schädigte one Recht, und derselb ussterthalb der vorbenenten Kreisen und Zillen gesessen were, wann es dann zu Schulden komt daß der oder die, so den Angriff und den Schaden gethan hand, kommend in die Gewalt unser der vorgenanten Eidtgnossen denselben, oder die alle ihrer Helffer und Diener Lyb und ir Guth soll man hefften und angriffen, und Sy des wysen, daß Sy denselben Schaden und Angriff ablegen und widerthügen, unverzogenlich on alle geverd. Were auch, daß wir die vorgenanten von Zürich Stöß oder Mißhellung gewünnend gemeinlich mit den vorgenanten unsren Eidgnossen von Lucern, von Zug, von Uri, von Schwytz und von Unterwalden, oder mit ir keinem besunder, das GOtt lang wende, darumb sollend wir zu tagen kommen auch zu dem vorgenanten Gotteshuß ze den Einsidlen, und soll die Statt zu Lucern oder Zug, oder die Länder sy allgemeinlich oder ir eins besonders, sodann Stöß mit uns den von Zürich hand, zween erbar Mann darzu setzen, und auch wir zween, dieselben vier sollend dann schweeren zu den Heiligen, die Sach und die Stöß unverzogenlich uszerichten, ze Minne oder ze den rechten, und wie es die vier oder der mehrtheil unter ihnen danne usrichtend, das sollend wir zu beyden Seiten stät han on alle geverd; Were aber, daß die vier so darzu benennt worden, sich glich teilten und stößig wurden, so sollend sy by den Eiden so sy geschworen hand, innwendig unser Eidgnoschaft einen gemeinen Mann zu ihnen kiesen und nemmen, der sy in der Sach schidlich und gemein dunke, und welchen sy darzu kiesend, den sollend die in der Statt oder Land er gesessen ist, bitten und des wysen, daß er sich der Sach mit den vieren annehme und sich mit synem Eid verbinde uszerichten, on alle geverde. Es soll auch kein Ley den anderen so in diser Pündtnuß sind, umb kein Geltschuld uf geistlich Gericht laden, wann jederman soll von dem anderen ein Recht nemmen an den Stätten und in dem Gericht, da der Ansprächige dann seßhaft ist und hingehört, und soll man auch dem da unverzogenlich richten uf den Eid on alle geverde. Were aber, daß er da rechtloß gelassen wurde, und das kuntlich wär, so mag er syn Recht wohl fürbas suchen, als er dann notdürftig ist, on alle geverde. Es soll auch niemandts so in diser Pündtnuß ist, den anderen verheften noch verbieten, dann den rechten Gälten oder Bürgen, so Ihme darumb gelobt hat, on alle
geverd.

geverd. Wir sind auch einhellig übereinkommen, daß dekein Eidgnoß, so in diser Pündtnuß sind umb dekein Sach für einanderen Pfand syn sollend, on alle geverde; Were auch, daß jemandts, so in diser Pündtnuß ist, den Lib verschulte, als wer daß er von seinem Grichte darumb verschruwen wurde, wo das dem anderen Gericht verkünt wird, mit der Statt oder Lands besigleten Brieffen, so soll man inn auch da verschreyen in demselben Gerichte, als auch er dort verschruwen ist on alle geverde; Und wer inn darnach wüßentlich hußet oder hofet, essen oder trinken gibt, der soll in denselben Schulden syn, also daß es ihm doch nit an den Lib gahn soll, on alle geverde. Auch haben wir gemeinlich uns selber usbehept und beredt were, daß wir sammet, oder unser Stätt und Länder keines besunder uns jederthin gen Herren oder gen Stetten fürbas besorgen und verbinden wolten, das mögend wir wol thun, also daß wir doch dise Pündtnuß vor allen Pündten, die wir hienach nemmen wurden, gegen einanderen ewigklich stät und vest halten sollend, mit allen Sachen, als sy an diesem Brieff beredt und verschriben ist, on alle geverde. Es ist auch eigentlich beredt, were daß jemand Herr Rudolf Brun Ritter, der jetz Zürich Burgermeister ist, oder welcher jemer Burgermeister da wird, die Räth, die Zünfte und die Burger gemeinlich derselben Statt bekrenken oder bekümberen wolte, an iren Gerichten, an iren Zünften und an ir Gesetzten die sy gemacht hand, und in diser Pündtnuß begriffen sind, wenne wir die vorgenanten von Lucern, von Zug, von Ury, von Schwyz und von Unterwalden darumb ermannt werden, von einem Burger-Meister allein, oder von einem Rath Zürich mit eines Burger-Meisters oder des Raths Zürich versigleten Brieffen, so sollend wir inen unverzogenlich uf den Eid beholffen und berathen syn, daß der Burger-Meister, die Räth und die Zünft by ir Gwalt, by ir Grichten und by iren Gesetzten belyben, als sy es untzharo in diese Pündtnuß bracht hand, on alle geverde. Wir die vorgenanten von Zürich, von Lucern, von Zug, von Ury, von Schwyz, und von Unterwalden habend uns selber in diser Pündtnuß vorbehept und usgelassen unserm Herren dem König und dem heiligen Römischen Rich die Rechtung, die wir inen thun sollend, als wir von alter und guter Gewohnheit harkommen sind, on alle geverde: darzu habend wir die vorgenanten von Zürich usgelassen unseren

Eidtgnoffen die Pundt und die Gelübd, so wir vor difer Pundt-
nuß gethan habend, on alle geverde. Aber wir die vorgenanten
von Zürich, von Lucern, von Ury, von Schwyz und von Unterwalden haben auch uns selber usgelaffen, die Gelübt und Bündtnuß, so wir vor mit einanderen habend, daß die difer Bündtnuß
auch vorgahn soll, on alle geverde. Daby soll man sunderlich
wüssen, daß wir eigentlich beredt und verdingt habend, gegen allen
denen, so in difer Bündtnuß sind, daß ein jetlich Statt, jetlich Land,
jetlich Dorf, jetlich Hof, so jemand zugehört, der in difer Bündtnuß ist, by iro Gerichten, by iro Freybeiten, by ihren Handvestinen
by iren Rechten, und by iren guten gewonheiten genzlich blyben
sollend, als sy es unzhar gefüßrt und bracht hand, also daß niemand den anderen daran krenken, noch sumen soll, on alle geverde.
Es ist auch sunderlich beredt durch daß difer Bundt jungen
und alten, und allen den so darzu gehörend, jemermehr dester wüs-
sentlicher seige, daß man je zu zehen Jahren zu ingendem Meyen,
darvor oder darnach one geverde, als es unter uns den vorgenanten
Stätten oder Länderen jemandts an den anderen vorderet bey unseren Eiden diß gelübdt und Bündtnuß, erleuchten und ernüwren
sollen, mit worten, mit geschriften und mit Eiden, und mit allen
dingen sodann notürftig ist. Was auch dann Mannen oder Knaben ze den Zythen ob 16. Jahren alt sind, die sollend dann schweren, dise Bündtnuß auch stät ze haben ewigklich mit allen Stucken,
als an difem Brief geschriben ståth, on alle geverde. Were aber,
daß die Nüwerung also nit beschehe ze denselben Zillen, und es sich
von dcheiner Handsach wegen sumen oder verziehen wurde, das
soll doch unschädlich syn difer Bündtnuß, wann sy mit nammen
ewigklich stät und vest belyben soll, mit allen Stucken, so vorgeschriben stand, on alle geverde. Wir habend auch einmütigklich
mit guter Vorbetrachtung uns selber vorbehept und behalten, ob
wir durch unserm gemeinen nutz und nothurft keiner Ding einhelliglich mit einanderen nun oder hienach jemer ze Rath wurdent anders dann in difer Bündtnuß jez vorschriben und beredt ist, es
stige zu minderen oder ze mehren, daß wir das alle mit einanderen
wol mögend und Gewalt haben sollend, wie wir das alle, die in
difer Bündtnuß dane sind, einhelliglich zu Rath werdent und über-
einkommend, das uns nuz und füglich bedunke, on alle geverde.

Und

Zug.

Und harüber ze einem offnen Urkund, daß diß vorgeschriben alles nun und hienach ewigklich stät und vest belybe von uns und allen unseren Nachkommen, darumb so habend wir die vorgenanten Stätt und Länder von Zürich, von Lucern, von Zug, von Ury, von Schwyz und von Unterwalden, unsere Insigel offentlich gehenkt an disen Brieff, der geben ist ze Lucern in dem Jar da man zalt von Gottes Geburt drüzehenhundert und fünfzig Jar, darnach in dem anderen Jahre, an der nechsten Mittwuchen nach St Johanns-Tag zu Sungichte.

Hiernach hat An. 1365. die Stadt und Amt Zug nebst den Städten Zürich, Bern und Solothurn mit bey 50. Frey- und Reichs-Städten an dem Rhein, in Franken und Schwaben ein neun-jährige Schutz-Bündnus errichtet, und ist A. 1411. nebst den Städt und Orten Zürich, Lucern, Uri, Schweitz, Unterwalden und Glarus mit dem Land Appenzell in ein Burger- und Land-Recht, und A. 1452. in ein ewige Bündnus getretten, welches letztere auch nebst denen Städt und Orten Zürich, Bern, Lucern, Schweitz, und Glarus, An. 1454. mit der Stadt St. Gallen auf ewig, und mit der Stadt Schafhausen auf 25. Jahr, und A. 1458. mit Bischof Henrico von Costanz auf sein Lebtag geschehen: da immittelst König Carolus VII. von Frankreich A. 1452. und 1453. auch mit den damahligen Eydgenossen ein Vereinigung errichtet, und König Ludovicus XI. A. 1463. und A. 1474. und 1475. bestähtiget: auch hat Stadt und Amt Zug nebst denen damahligen noch 7. Eydgenößischen Städt und Orten Bündnussen An. 1463. mit der Stadt Rottweil auf 15. Jahr A. 1467. mit der verwittibten Herzogin Blanca Maria und ihrem Sohn Galeatio Maria Sforzia von Meyland für beständig, und A. 1469. mit Bischof Hermann von Costanz auf sein Lebtag, und mit den Grafen Ulrich und Eberhard von Würtemberg auf 10. Jahr, A. 1474. mit Herzog Sigmund von Oesterreich ein Erb-Verein, auch mit Herzog Renato von Lottringen, und etlichen benachbarten Bischöffen und Städten wider den Herzog von Burgund: A. 1478. mit Pabst Sixto IV. auf sein Lebzeit, und A. 1479. mit König Matthia von Ungarn auf 11. Jahr beschlossen.

A. 1481. hat die Stadt und ausseren Amt Zug nebst übrigen Eydgenößischen Städt und Orten auch die Städte Freyburg und Solothurn zu ewigen Eydgenossen angenobmen, und obige Schutz-Bündnus mit den Grafen von Würtemberg um etwas verlängeret, und auch A. 1484. mit König Carolo VIII. ein Verständnus, A. 1485. mit Pabst Inocentio VIII. und A. 1490. mit einigen Herzogen von Bayern, und zwahr mit diesern auf 5. Jahr eine Vereinigung gemacht, und die mit der Stadt Rottweil auf einige Jahr verlängeret, auch A. 1493. ein 15. jährigen Bündnus mit den Bischöffen von Straßburg und Basel, auch denen Städten Strasburg, Basel, Colmar ꝛc. und A. 1495. eine mit Bischof Thoma von Costanz errichtet, und An. 1497. mit Bischof Hugone erneueret: es warden auch von den alten Eydgenößischen Städt und Orten, und also auch von der Stadt und Aussern Amt Zug (Bern ausgenohmen) An. 1497. mit dem sogenannten Obern- und A. 1498. auch mit dem Gotts-Haus-Bund in Grau-Bündten ewige Bündnussen, und Anno 1499. noch mit Einschluß Bern mit König Ludovico XII. eine Vereinigung und von samtlichen Eydgenößischen Städt und Orten An. 1500. mit Pfalz-Graf Philipp bey Rhein, Herzog Georg von Bayern, und Herzog Ulrich von Würtemberg Vereinigungen und dieser letztere auf 12. Jahr lang geschlossen: An. 1501. kamen auch die Städte Basel und Schafhausen in den ewigen Eydgenößischen Bund, und warden von einigen Eydgenößischen Städt und Orten, und auch Zug A. 1509. mit dem Herzogen Ulrich von Würtemberg, von den Gemeinen Eydgenossen und also auch Zug An. 1510. mit Pabst Julio II. ein Bündnus gemacht, An. 1511. mit Kayser Maximiliano I. die obbemelte Oesterreichische Erb Verein erneuert, A. 1512. mit Herzog Carolo von Savoy ein Bündnus auf 25. Jahr errichtet, und A. 1513. das Land Appenzell zu ewigen Eydgenossen aufgenohmen: A. 1515. ward mit dem Kayser Maximiliano I. König Ferdinando I. und der Herzog von Meyland eine Vereinigung errich-

errichtet, welche aber von nicht langer Daur gewesen, und in gleichem Jahr ein ewige Bündnus mit der Statt Müllhausen getroffen, welche aber auch Zug gleich andere Catholischen Eydgenößischen Städt und Orten hernach wieder aufgegeben, U. 1516. aber der ewige Frieden zwischend der Cron Frankreich und den samtlichen Eydgenößischen Städt und Orten, auch den Zugewandten geschlossen, und A. 1521. zwischend selbigen (ausgenohmen die Stadt Zürich) mit König Francisco I. von Frankreich ein Bündnus aufgerichtet, und immittelst auch An. 1519. von samtlichen Städten und Orten mit der Stadt Rottweil ein ewige Bündnus geschlossen.

Es hat auch folglich Zug nebst den meisten Catholischen Eydgenößischen Städt und Orten A. 1529. mit König Ferdinando von Ungarn, und A. 1533. mit Pabst Clemente VIII. Vereinigungen errichtet, und in diesem Jahr auch mit dem Land und Republic Wallis ein ewigen Bund geschlossen, welcher hernach öftermahl feyerlich erneuert worden; weiters ist Zug auch einverleibet gewesen, und annoch denen mit den Königen von Frankreich Henrico II. A. 1549. Carolo IX. A. 1564. Henrico III. A. 1582. Henrico IV. A. 1602. und Ludovico XIV. An. 1663. und 1715. geschlossenen Bündnus, wie auch denen mit den Königen von Spanien meistens als Besitzern des Herzogthums Meyland Carolo V. A. 1552. Philippo II. A. 1587. Philippo III. A. 1604. Philippo IV. A. 1634. und Philippo V. A. 1706. errichteten Bündnussen und Verträgen; hatte auch Antheil an den mit dem Erz-Haus Oesterreich, A. 1557. bestättigten obbemelter Erb-Verein, und denen mit selbigen An. 1561. 1587. und A. 1654. der Zöllen halben in den Oesterreichischen Landen gemachten Erläuterungen; und schlosse nebst den meisten andern Eydgenößischen Catholischen Städt und Orten mit den Bischofen von Basel, A. 1580. 1610. 1655. 1671. 1695. und 1712. und mit den Herzogen von Savoy Anno 1577. 1581. 1634. 1651. und 1633. Bündnussen, welchem auch noch anzufügen, daß Zug mit andern Eydgenößischen Catholischen Städt und Orten An. 1586. den sogenannten guldenen Religions-Bund, auch Am. 1393. wegen

Verhaltens in Kriegen, und A. 1481. wegen Vertheilung der eroberten Land und Leuthen mit den damahligen Eydgenößischen Städt und Orten Verträg errichtet, deren völliger Einhalt unter den Articlen guldenen Bund: Sempacher Brief und Verkomnuß von Stans anzutreffen; es hat auch Zug A. 1647. 1664. 1668. und 1672. gemeine Hilfs- und Schirm-Ordnungen mit den übrigen Eydgenößischen Städten beabreden helfen, Kraft deren selbiger Ort ein Obrist-Wachtmeister zu der einten Armée zu bestellen gehabt hätte, es hat aber selbiges A. 1679. seine Einwilligung wieder zurückgenohmen, und der Hilf jederzeit nach den Bünden zu leisten sich vorbehalten, wie unter dem Articul *Defensional* das mehrere zu sehen.

Es hat zwar die Stadt Zug ein und andere eigne Vogteyen in der benachbarten Landschaft die hernach unter solchen absonderlichen Articul vorkommen werden: die Stadt und das Amt zusammen aber haben keine eigene Vogteyen und Landschaften zu ihren Unterthanen, wohl aber verschiedene mit ein und andern Eydgenößischen Städt und Orten gemeine, gleich dann die Stadt Zürich A. 1415. selbige in die von Kayser Sigismundo allein erlangte Pfandschaft der Stadt und Grafschaft Baden und der Städten Bremgarten und Mellingen einstehen lassen, und ist An. 1425. ihnen auch nebst übrigen Eydgenößischen Städt und Orten ein Theil an den sogenannten Freyen-Aemtern zuerkennt worden: A. 1460. zogen ihre Völker auch mit den übrigen Eydgenößischen (Bern ausgenohmen) in die Land-Grafschaft Thurgäu, und halfen selbige erobern: A. 1462. ward dieser Stadt und Amt nebst den Städten Zürich und Lucern, auch ein Antheil an den nur von den Ländern Uri, Schweiz und Glarus eroberten Städtlein Wallenstadt und den Herrschaften Freudenberg und Nidberg nach der zu Anfang damahligen krieglichen Unternehmungen getroffenen Abrede zuerkannt, und A. 1483. erkauften selbige nebst den übrigen alten Eydgenößischen Städt und Orten, (Bern ausgenohmen:) auch den übrigen Theil der Grafschaft Sargans: A. 1499. ward auch dies Land von denen des Stifts St. Gallen Eydgenößischen Schirm-Städten und Orten,

Zug. 471

ten, nebst andern Eydgenößischen Städt und Orten in die Mit-Regierung des Rheinthals aufgenohmen, und A. 1499. bekam selbiges nebst den übrigen des Thurgäus regierenden Orten auch das Land-Gericht in dem Thurgäu, und A. 1512. Antheil an denen von Herzog Maximiliano von Meyland den XII. ersten damahligen Eydgenößischen Städt und Orten geschenkten Landvoteyen Lugano (Lauis) Locarno (Luggarus) Mendris und Val Maggia (Meynthal.) A. 1514. nahmen der Stadt Bern, Lucern, Freyburg und Solothurn, auch die Stadt und Amt Zug samt übriger Eydgenoßschaft, in die Mit-Regierung der Grafschaft Neuchatel (Neuburg) sie blieben auch darin bis auf derselben Abtrettung A. 1529. und hat auch A. 1522. einen Landvogt dahin gesetzt: bey dem Besitz der übrigen obbemelten gemeinen Landvogteyen ist Zug geblieben bis A. 1712. da es bey dem nach dem damahligen einländischen Krieg zu Arau geschlossenen Frieden auch seinen Antheil an der Stadt und Landvogtey Baden, Städten Bremgarten und Mellingen und den ausgemarkten Untern-Freyen-Aemtern an die Städte Zürich und Bern abgetretten, auch die Stadt Bern in die Mit-Regierung der Landvogteyen Sargans, Rheinthal und der Obern-Freyen-Aemtern einstehen lassen.

Es sind auch der Stadt und dem Amt Zug, sonderlich nachdeme sie in den Eydgenößischen Bund aufgenohmen worden, vieler Anlas, Anstos und Streitigkeit aufgestossen, daß sie theils allein, theils mit und für verbündete Eydgenossen, zu Feindthätlichkeiten erwachsen; auch vor dem Eydgenößischen Bund haben sich deren verschiedenen mit dem benachbarten Adel und sonderlich dem von Wildenburg zugetragen, welche meistens die Stadt angetroffen, zu einigen aber auch die aus dem Amt eingeflochten worden, wie unter dem Articul Wildenburg: und Zug: Stadt zu finden: nach dem Eydgenößischen Bund haben bey dem A. 1386. mit dem Herzogen von Oesterreich entstandnen Krieg, die von Zug nebst Lucern bey 200. Mann in das Städtlein Meyenberg gelegt, welche auf Anrucken einer Oesterreichischer starken Mannschaft auf selbige herausgezogen, aber mit Verlurst, zwahr auch Oesterreicher selbs seiths, wieder hinein getriben worden: es haben auch die von Zug nebst Schweitz unlang hernach die einem Eydgenößischen Feind zugehörige Feste St. Andreas bey Cham eroberet, und da die von Schweitz selbige denen von Zug gelassen, sie selbige nach Nohtdurft besetzt und versorget: sie thaten auch mit übrigen Eydgenossen eine Streif-Reise in die Oesterreichische Land in dem Kyburger-Amt, Thurgäu ꝛc. mit vieler Beschädigung durch Raub und Brand, und waren auch einige vor Zug zugeloffen in der Schlacht bey Sempach: da nun der damahl vermittelte Friedens-Anstand schon A. 1388. wieder aufgehört, zogen die von Zug auch mit den übrigen Eydgenossen für die Oesterreichische Stadt Rapperschweil, belagerten auch dieselbige bey Wochen und bestürmten selbige jedoch ohne Würkung, so daß sie davon wieder ab, folglich aber mit einigen Eydgenossen nach Baden gezogen, und die obere Vorstadt, und die obere Mühle verbrennen helfen, auch nebst denen von Zürich beschädiget, auch von denen aus Bremgarten gegen sie ausgeruckten 37. erschlagen, und da sie allein noch einmahl von den Oesterreichern zu Pferd und Fuß aus Bremgarten bey dem Dorf Hengst angegriffen worden, sind zwar nicht viel umkommen, aber beydseithig viel verwundt und gefangen worden, und bekamen bey deren beydseithigen Auswechslung die von Zug noch 200. Gulden zum Voraus, sonderheitlich aber sind am Abend vor Wyenacht gleichen Jahrs viele aus dem Oesterreichischen Zusatz in Bremgarten ausgefallen, und haben mit Brand und Raub bis an den Binzenrein grossen Schaden verursachet, deswegen die von verschiednen Eydgenößschen Städt und Orten in der Stadt Zug gelegne Zusätzer wider dieselbige sich über den See setzen lassen, die von Zug aber solcher unerwartete mit ihrem Panner vorangeruckt, als die Feinde bey Hünenberg angreiffen wollen, daselbst aber von zwey verdeckten Hinterhalten an einer Halden, (welche danahen annoch die Todten-Halden genannt wird:) derselben bey 42. (andere setzen 80.) erschlagen worden, ehe die Eydgenossen anlangen können, auf deren Nachkunft aber der Ueberrest mit dem Panner wieder zuruckziehen mögen: in dem des folgenden Jahrs gemachten Frieden-Anstand blib denen von Zug die Feste St. An-

dreas

dreas und Cham, und ward auch mit Oesterreich selbiger An. 1394. auf 20. Jahr, und A. 1412. auf 50. Jahr verlängeret, und immittelst mit übrigen Eydgenossen auch A. 1393. ein ewige Verkommnuß, wie man sich in Kriegen und Reisen, da Eydgenossen mit einandern zu Feld ziehen werden, mit selbigen errichtet, welche unter dem Articul Sempacher-Briefe zu finden; auch A. 1410. ist Zug mit den meisten übrigen Eydgenossen, denen von Uri und Unterwalden ob dem Wald zu Hilf in das Thal Livenen gezogen, und haben in gleichem und folgenden Jahr auch das Eschenthal erobern helfen, welches aber An. 1414. wieder in der Herzogen von Meyland und Savoy Gewalt kommen: in dem A. 1415. aus Befehl Kaysers Sigismundi und das Concilii zu Costanz aufgehobnen, obbemelten mit dem Haus Oesterreich errichteten Friedens-Pflichten wider den Herzog Friedrich von Oesterreich lang zuerst auszuweichen gesuchten, aber abgenöhtigten Zug hatten die von Zug auch ihre Völker bey der Einnahm der Städten Mellingen, Bremgarten und Baden. Es zoge auch Zug mit den meisten übrigen Eydgenössischen Städt und Orten, A. 1419. abermahl wider Herzog Philipp von Meyland über den Gotthards-Berg, und halfen das Eschenthal wieder einnehmen, auch An. 1417. auf das Vernehmen des Herzogs Vorhabens sich desselben wieder zu bemächtigen bis nach Locarno oder Luggarus, bey aber von seithen des Herzogs nicht erfolgeten Versuch, wieder mit vieler Beut zurücke, da aber der Herzog A. 1422. dieseres Thal und auch das Thal Livenen abermahl mit Macht an sich gebracht, geschahe ein neuer Zug auf Mahnung deren von Uri und Unterwalden ob dem Wald, und auch eignem Trieb von den meisten Eydgenossen und auch Zug, und ruckten die Völker von Lucern, Uri, Unterwalden und Zug unerwartet der andern vor die Stadt Bellenz, wurden aber daselbst von den Meyländern abgetrieben, und warden deren von Zug 71. oder nach andern 82. Mann erschlagen: A. 1425. gab Zug zu zwey abermahltigen Zügen der meisten Eydgenossen auch 300. Mann, und ward an dem letztern Zug zu End des Jahrs das Eschenthal wiederum herum erobert; es haben aber die von Zug nebst denen von Zürich Schweitz und Glarus den 12. Jul. A. 1426. mit dem gedachten Herzog von Meyland ein Friedens Vertrag errichtet, und von allen ihren Ansprüchen an Bellenz, Lvenen und Eschenthal 17145. Rheinische Gulden erhalten: in dem nach des letzten Grafen von Toggenburg zwischend der Stadt Zürich und den den Ländern Schweitz und Glarus An. 1436. entstandnen Streit, waren auch Gesandte von Zug bey einem darüber des folgenden Jahrs zu Lucern ergangnen Rechts-Spruch, als aber selbiger nicht zum Stand, sondern es zwischen gedachten Städt und Orten zu Feindthätlichkeiten kommen; hat auch Zug im Nov. A. 1440. der Stadt Zürich abgesagt, und nahmen ihre und deren von Schweitz und Glarus Völker die Freyen-Aemter ein, legten auch 400. Mann nach Tallweil, und halfen auch Anfangs des folgenden Monats noch ein Richtung des Kriegs zwischend Zürich, Schweitz und Glarus in dem Feld abfassen: bey aber A. 1443. wieder angegangen Feindthätlichkeiten besetze Zug vorderist ihr Lezinnen an den Zürichischen Gränzen, und da einige aus Zug in dem Zürichischen Frey-Amt mit Raub Schaden gethan, ward hingegen von Zürich aus das Dorf Blikenstorf verbrannt, auch warden in einem Scharmütz bey Bar von beyden Seithen einige erschlagen, und denen von Zürich ein Munition-Waagen abgenommen, auch folglich von einigen Eydgenossen und darunter auch von Zug, die Züricher aus ihrer Land-Weeren auf dem Hirzel jedoch auch nicht ohne Verlurst abgetrieben; es waren weiters auch von Zug bey der von den Eydgenossen geschehnen Einnahm der Städten Bremgarten, Baden, den Schlosse alte und neu Regensperg, Grüningen, auch bey Plünderung und Beschädigung des Klosters Rüti, und in dem Treffen bey St. Jacob an der Sil gleich vor der Stadt Zürich, bey der Abbrennung des Dorfs Höngg, Plünderung der an der rechten Seiten des Zürich-Sees gelegnen Dörfern, und bey der vergebnen Belagerung der Stadt Rapperschweil, und dem daselbst gemachten Friedens-Anstand: weilen aber solche und andere An. 1444. gesuchte Vermittlung unfruchtbar gewesen, haben sie auch der von den Eydgenossen

Zug.

genossen vorgenohmnen Belagerung und Einnahm des Schlosses Greiffensee und Hinrichtung doriger Besatzung, Belagerung der Stadt Zürich, und so. starck der Belagerung von Farnsperg und der Schlacht bey St. Jacob vor Basel beygewohnet, thaten auch in dem Herbstmonat in dem Wümmet an der rechten Seiten des Zürich-Sees vielen Schaden; danaben auch die von Zürich gleich Anfangs des 1445. Jahrs das Dorf Steinhausen bey Zug verbrannt, und die von Lucern, Uri und Unterwalden nach Zug ein merckliche Anzahl Völcker zur Hilf geschickt: die von Zug schickten auch An. 1446. zu den andern Eydgenossen 100. Mann in das Sarganser-Land, und wohnten selbige auch mit den andern dem Treffen bey Ragaz wider die Oesterreicher bey; trate auch in die zwischend der Stadt Zürich, und den übrigen Eydgenößischen Städt und Orten vermittelte Friedens-Handlungen ein, und kame selbige ohne weitere Thätlichkeiten A. 1450. zum Stand: A, 1458. zogen die von Zug mit den mehrern Eydgenößischen Städt und Orten gegen die Stadt Costanz wegen eines dortigen Burgers spöttlichen Reden über ein Eydgenößische Münz, wurden aber nach Einnahm des einem Burger von Costanz zugehörigen Schlosses Weinfelden wieder nach Bezahlung der Reise-Kösten durch Vermittlung des Bischofs von Costanz und eines Freyherr von Sax von fehrnern Thätlichkeiten abgehalten: A. 1460. sagten die von Zug gleichfalls mit den mehrern Eydgenößischen Städt und Orten dem Herzog Sigmund von Oesterreich wegen über sie von dem Pabst ausgewürkten beschwehrlichen Bännen, und dem zu Zürich verburgerten Freyherr Gradner abgeschlagnen Rechten ab, belagerten erstlich die Stadt Winterthur, und nahmen im Sept. die Stadt Frauenfeld und die Land-Grafschaft Thurgau, und im Oct. auch die Stadt Diessenhofen, und behielten diesere in dem des folgenden Jahrs gemachten Frieden: auch A. 1468. hatten sie ihre Völker bey den übrigen Eydgenößischen Hilfs-Völkern, welche wegen denen Städten Müllhausen und Schafhausen von Oesterreichischen Beamteten, und von selbigen unterstützten benachbarten Edelleuthen zugefügten Beschädigungen in das Sundgau gezogen, verschiedene Städt, Schlösser, Dörfer ꝛc. mit Raub und Brand beschä-

beschädiget, auch die Stadt Waldshut belageret, und die in dem Schwarzwald gebrandschatzet, auch in dem Burgundischen Krieg A. 1476. bey den Schlachten bey Grandson und Murten, Einnahm der Wadt, und An. 1477. bey der Schlacht bey Nancy: und ward hierauf an einer Faßnacht zu Zug von einer grossen Anzahl frutiger Leuthen aus verschiednen Orten ein Anschlag gemacht auf Genf zu ziehen, und das während ermelten Kriegs versprochne einzuziehen, solches auch bis nach Freyburg vollzogen, da sie aber wieder nach Haus gethädiget worden, wie unter dem Articul der Kolbengenossen das mehrere zu finden: A. 1478. zogen auch die von Zug mit andern Eydgenossen auf das Mahnen deren von Uri über den Gotthard-Berg, und halfen die Stadt Bellenz belagern, und waren auch darvon in der mit den Meyländern zu Giornico oder Irnis vorgegangnen Schlacht.

Es sind auch A. 1490. die von Zug gleich Anfangs mit den Stift St. Gallischen Schirm-Städten und Orten Völkern zu Hilf des Stifts wider die von Appenzell, die Stadt St. Gallen und des Stifts Gots-Hausleuth wegen verföhrten neuen Kloster-Baus zu Rorschach gezogen, die Appenzeller und Gotts-Hausleuth, und auch die Stadt St. Gallen nach einer Belagerung stillen helfen, und sind deswegen auch von den ersten Schirm-Städt und Orten in die Mit-Reglierung des Rheinthals aufgenohmen worden: es zogen auch bey 500. Mann von Zug, jedoch ohne der Oberkeit Willen mit vielen andern von Uri und Unterwalden A. 1495. durch das Thurgäu hinauf gegen der Stadt Costanz wegen einigen mit dem Landvogt von Thurgäu gehabten Streitigkeiten, und bekamen von dieser Stadt eine Brand-Schatzung von einer starken Summ: in dem A. 1499. zwischend Kayser Maximiliano I. und denen Schwäbischen Bundsgenossen eines- und den Eydgenossen und Graubündnern andern theils entstandnen sogenannten Schwaben-Krieg schickten die von Zug auch Völker zur Besatzung der Städten Schafhausen, Diessenhofen ꝛc. sonderlich aber zu der von den meisten Eydgenößischen Städt und Orten in das sogenannte Schwaderloch vor der Stadt Costanz wider den feindlichen Einfall

Zug.

fall gelegten starken Mannschaft, welche auch dem daselbst vorgegangnen Treffen beygewohnt; schickten auch Volk in das Rheinthal bey dem Ueberfall von Rheinegg 11. geblieben: und auch zu den Graubündnern über den Rhein daselbst und waren mit in den daselbstigen Treffen bey Treisen, Hard und Frastenz und denen Unternehmungen in dem Wallgäu, wie auch bey den Streiff-Reisen in das Hegäu Nellenburg ꝛc. und Belagerung von Thüingen, Stockach, und Verbrennung vieler dortherum befindlichen Schlössern, Dörfern ꝛc. und haben auch 400. derselben, da sie währender der bey Dornegg oder Dornach vorgegangen und mißlich ausgesehener Schlacht angelanget; vieles zu derselbigen glücklichen Ausgang beygetragen: A. 1503. zogen sie auch mit dem übrigen Eydgenossen auf Mahnung der drey Orten Uri, Schweitz und Unterwalden NId dem Wald wider den König von Frankreich nach Bellenz, nahmen die um Bellenz gelegnen Landschaft, auch den Flecken Locarno ein, möchten aber das Schloß Locarno nicht bekommen: und auch An. 1511. mit den übrigen Orten weger von den Franzosen zu Lauis vorgegangnen Hinrichtung zweyer Eydgenößischer Läufers-Botten, und mit derselben Röcken und Büchsen viel vorgenohmnen Gespötts bis nach Galeran in dem Meyländischen, warden aber ohne weiters Vornehmen wieder nach Haus zu ziehen verleitet: und A. 1512. bey Einnahm des Herzogthum Meylands, auch bey den Zügen in das Meyländische, An. 1513. und 1515. auch in dem Dijon, A. 1513. bey denen zwischend der Stadt Zürich einer, und denen 4. ersten Catholischen Eydgenößischen Städt und Orten auch der Stadt und Amt Zug, anderseits wegen der Religions-Abänderung entstandnen Mißhelligkeiten, und letstlich An. 1529. und 1531. erfolgten krieglichen Auszügen, gegen einandern waren auch die Völker von Zug, und erfolgten zwar das erstere mahl keine Thätlichkeiten, wohl aber A. 1531. und zwahren daß die erannte 4. Städt und Ort, bey Zug sich versamlet, und von dannen in das benachbarte Zürich-Gebiet eingeruckt, und zwischend ihren und den Zürichischen Völkern bey Cappel ein vor sie vortheilhaftiges Treffen vorgegangen, und hernach auch die in ihr Land bis auf den Gubel' in der Gemeind Menzingen gezogene

Zürichi-

Zürichische und ihre Hilfsvölker von dannen weg und ausert ihr Landschaft getrieben worden, wie unter den Articlen Cappel und Gubel das mehrere angebracht zu finden

A. 1633. schickte Zug auch nebst übrigen das Thurgäu regierenden Catholischen Eydgenößischen Städt und Orten, wegen von der Schwedischen Armee auf dem Thurgäuschen Boden vorgenohmenen Belagerung der Stadt Costanz einige Mannschaft in das Thurgäu, und An. 1647. in das Rheinthal, welche aber nach dem Abzug der erstern sich auch wieder zuruck und nach Haus gezogen: In denen zwischend den VII. ersten Evdgenößischen Städt und Orten An. 1655. und 1712. gegen einandern erfolgten Auszügen, hatte Zug auch ihre Völker bey denen übrigen 4. Catholischen Städt und Orten Völkern, und in dem erstern auch in den Besatzungen der Städten Baden, Bremgarten und Mellingen, und dem vor dieselbe im Jan. An. 1656. bey Villmergen vortheilhaftig vorgegangenen Treffen: und in dem letztern waren auch von ihren Völkern bey dem in Jul. A. 1712. erfolgten Ueberfall der Bernerischen Völkern bey der aus den Freyen-Aemtern in das Zuger-Gebiet gehenden Sinser-Brugg, auch bey der unglücklich vor die Catholischen Städt und Ort und sie ausgefallenen Schlacht bey Villmergen, und ein Anzahl aus der Gemeind Menzingen bey dem Einfahl in das Zürich-Gebiet bey Richtenschweil, darauf den 26. Jul. die Zürichsche Völker auf den Zuger-Boden eingeruckt, das Kloster Frauenthal besetzt, und einige Dörfer ausgeplündert, und folglich den 28. die von Zug versprochen alle die ihrige unter den Waafen stehende zuruckzuberuffen, den Paß über die Sinser-Brugg denen Städten Zürich und Bern zu überlassen, die bey obigen Sinser-Anlaas Gefangne heimzulassen, den Feinden ersagter Städten kein Durch-Paß zugestatten, und aus der Stadt Zug 3. und aus jedem der 3. aussern Aemtern jedere 2. Burg-und Pfand-Männer in die Stadt Zürich zu lieferen bis auf den bald hierauf erfolgten Frieden.

Zug.

Es hat auch Zug seinen ehemahligen Herren, auch hernach verbündeten und anderen bey krieglichen Unternehmungen Hilfs-Völker zukommen laſſen, als A. 1278. Kayſer Rudolpho I. wider den König Ottocar von Böhmen, A. 1315. dem Herzog Leopold von Oeſterreich wider das Land Schweitz in dem Angriff durch den in ihrem Land gelegnen Morgarten, A. 1321. auch ihme und ſeinem zum Kayſer ſtreitig erwehlten Bruder Friedrich wider den ihme entgegen erwehlten Kayſer Ludovicum: A. 1330. Herzog Ottoni von Oeſterreich zu der Belagerung der Stadt Colmar, An. 1332. mit der in die Stadt Zug gelegte Oeſterreichiſche Beſatzung wider Lucern, und A. 1352. wider die von Schweitz; da ihren 12. bey Art von denen von Schweitz erſchlagen worden und 6. ertrunken: nachdem folglich Zug in den Eydgenöſſiſchen Bund aufgenommen worden, ſchicken ſie auch einige A. 1354. in die Beſatzung der belagerten Stadt Zürich A. 1365. der Stadt Baſel zu Hilf wider die eingefallenen Engelländer, A. 1383. der Stadt Bern wider den Grafen von Kyburg zu der Belagerung der Stadt Burgdorf: A. 1450. der Stadt Neuenburg wider den Marggraf von Brandenburg, A. 1462. einem Pfalz-Graf Friedrich A. 1540 der Stadt Rottweil, A. 1571. und A. 1653. der Stadt Lucern wider ihre aufrühriſche Unterthanen, und An. 1755. dem Land Uri, wider ihre Unterthanen in dem Livener-Thal, auch A. 1620. den Catholiſchen Grau-Bündnern in dem Obern-Bund wider einige ihrer Bundsgenoſſen aus andern Bündten.

Auch ſind von Zug von Zeiten zu Zeiten in verſchiednen fremden Mächten und Herren Dienſt-Völker Kraft Bündnuſſen und Verträgen, und auch ſonſten bewilliget worden, auch etwann ohne der Oberkeit Willen gelauffen, als den Kayſern Sigismundo A. 1411. Maximiliano I. A. 1513. vor Dijon in Burgund, und A. 1516. in das Meyländiſche, und Leopoldo I. A. 1702. in die Waldſtädte: den Päbſten Julio II. A. 1510. und 1512. bey Einnahm des Herzogtums Meyland Leoni X. A. 1521. Clementi VII. A. 1526. Paulo IV. An. 1557 Clementi VIII. A. 1592. und Urbano VIII. A. 1643.

denen

denen Königen von Frankreich Ludovico XI. A. 1477. und 1480. Carolo VIII. An. 1489. und 1494. Ludovico XII. An. 1499. 1500. 1507. und 1509. Francisco I. An. 1521. 1522. 1524. 1527. 1528. 1542. und 1544. Carolo IX. A. 1560. 1567. und 1574. Henrico III. A. 1576. 1580. 1582. 1585. und 1587. Henrico IV. A. 1606. und 1610. Ludovico XIII. A. 1614. 1615. 1635. 1639. und 1641. Ludovico XIV. An. 1659. und 1671. und seither zu gar verschiedenen mahlen, und und warden auch A. 1619. und A. 1690. ganze und halbe Compagnien unter der Königlichen Leib-Wacht und Garde errichtet: denen Königen von Spanien, und zwahren den erstern und meisten als Besitzern des Herzogthums Meyland, Philippo II. A. 1574. und 1594. und Philippo III. A. 1600. 1606. 1610. 1613. 1616. und 1620. Philippo IV. A. 1625. 1635. 1638. 1642. 1657. 1664. Carolo II. A. 1684. und 1690. Philippo V. A. 1703. 1722. und 1743. und Ferdinando VI. A. 1757. dem König Carolo von beyden Sicilien A. 1734. dem Herrn von Meyland Visconti A. 1373. und Herzog Maximiliano von Meyland A. 1500. 1503. A. 1513. da in dem Jahr 1513. in der Schlacht bey Novarra 41. und in dem letzten Jahr An. 1515 117. Mann von Zug in der Schlacht bey Marignano geblieben: denen Herzogen von Savoyen A. 1582. 1590. 1593. 1597. 1699. und ihnen als Königen von Sardinien A. 1733. Herzog Ulrich von Würtemberg, A. 1519. 1534. der Republic Venedig, A. 1573. und A. 1688. der sogenannten Französischen Ligue A. 1589. und 1593. dem Gros-Herzog von Toscana A. 1646. dem Herzog von Mantua A. 1618. dem Herzog von Modena A. 1647. von welchen allen das mehrere und den Gebrauch dieser Völkern unter den particular Articlen dieser Machten, Königen, Fürsten ꝛc. und auch unter vielen absonderlichen Tauf-Namen derselben das mehrere zu finden: welchem auch noch anzufügen, daß auch das Ort Zug nebst übrigen Eydgenößischen Städt und Orten A. 1544. 1596. 1636. 1642. und 1647. bey den Königen von Frankreich die Neutralität vor die damahls in Königlich Spanischen Handen gestandnen Frey-Grafschaft Burgund auszuwürken geholfen.

Auch

Zug.

Auch hat dieser Ort Zug bey unter den Eydgenossen, Bunds-Verwandten, und sonst entstandnen Streitigkeiten durch Gesandschaften oder in andere Weg Einigkeit, Fried und Verträg errichten helfen, als sie A. 1414. an einem Vergleich zwischend dem Bischof von Sitten und den Landleuthen von Wallis aber vergeblich viel gearbeitet, An. 1419. und 1420. aber endlich einen Vergleich zwischen der Stadt Bern und dem Land Wallis zuwegen zu bringen geholfen: es waren auch Gesandte von Zug bey dem Schied-Richterlichen Spruch in der Strettigkeit des Lands Appenzell mit dem Stift St. Gallen, A. 1421. bey dem Recht-Spruch zwischend der Stadt Zürich und dem Land Glarus einer, und dem Graf Friedrich von Toggenburg andern Theils, A. 1428. auch bey dem zwischend dem Bischof von Costanz, Abt von St. Gallen, Grafen von Toggenburg und dem Schwäbischen Adel einer- und dem Land Appenzell ander-Theils errichteten Frieden, A. 1429. es halfen auch ihre Gesandte A. 1437. zu Lucern einen Spruch zwischend der Stadt Zürich und den Ländern Schweitz und Glarus thun, und A. 1454. das Land Appenzell mit dem Dom-Capitel von Costanz, und A. 1458. das gleiche Land mit dem Stift St. Gallen vergleichen, und An. 1489. die in der Stadt Zürich entstandne Burgerliche Unruh, und A. 1513. den auf einigen Orten der Landschaft Bern und Lucern, sich ereigte Aufstand stillen: es waren auch Gesandte von Zug A. 1530. bey dem Frieden zwischend den Städten Bern, Freyburg und Genf einer- und dem Herzogen von Savoy und dem sogenannten Löffel-Bund, und A. 1564. bey dem Vertrag zwischen der Stadt Bern und dem Herzog von Savoy wegen der Wadt ꝛc. weiter auch An. 1588. bey dem zwischend dem Land Appenzell der Innern und Aussern Rooden errichteten Vertrag, da die zwischend Catholischen Städt und Orten und den Städten Zürich und Bern wegen Annahm des sogenannten Gregorianischen Calenders A. 1584. und wegen den Ehe-Gerichtlichen Streit-Sachen in dem Thurgäu A. 1632. und auch die zwischend den Städten Bern und Solothurn entstandnen Streitigkeiten Anno 1633 gütlich verglichen worden: welchen anzufügen daß die zwischend den V. ersten Catholischen Städt und Orten und also auch Zug und den Evangelischen Landleuthen von Glarus A. 1564. gütlich vertragen worden.

Sonderheitlich sind an dieserm Ort zwischend der Stadt und dem Aussern Amt, und auch sonsten verschiedene Uneinigkeiten und Streitigkeiten entstanden, aus welchen auch einige mahl würkliche Thätlichkeiten erfolget, und zwahren A. 1404. da die drey Gemeinden des Aussern Amts auch das Land-Sigel und Panner bey ihnen, weilen sie die mehrere Anzahl der Landleuthen ausmachen, verlangten, die Stadt aber bey dem alten Herkommen, Recht und Freyheiten auch in Verwahrung derselben verbleiben wollen; und die Gemeinden bey sonderlich den gemeinen Landleuthen von Schweitz so viel Gehör und Hilf ausgewürket, daß sie miteinandern die Stadt zu Nacht überfallen und eingenohmen, und die Burger genöthiget, ihnen solche Panner und Sigel herauszugeben, und der Stadt des angebottnen Rechtens nicht geständig seyn wollen; als aber erstlich die von Lucern auf dessen Vernehmen auch angeruckt, und durch ein ihnen angezeigten heimlichen Eingang in die Stadt kommen, und die von Schweitz und Aussern Amt daraus wieder getrieben, auch die Völker von Zürich, Uri und Unterwalden auch gleich nachkommen, haben sich selbige auch ergeben, und sind hierauf auf einer gehaltenen Zusammenkunft die Panner und Sigel der Stadt wieder zugestellt, und die von Schweitz in 1000. Gulden an die Kösten verfället worden, A. 1476. ist ein Streit zwischen gleichen Partheyen wegen des Landes-Fähndli entstanden, worüber auch von selbigen Städt und Orten gesprochen worden: An. 1513. sind auch zu Zug gleich in dem Berner- Lucerner- Solothurner etc. Gebiet, nach dem Zug in das Meyländische, und der zu Novarra vorgegangnen Schlacht viel Unruhen wegen allerhand Verdacht über einige entstanden, worüber einige derselben vor etwas Zeit sich ausser Lands wegbegeben: A. 1523. ist die zwischend den Hauptleuthen von Menzingen welche in Kayserlichen und Päbstlichen Diensten, und zwischend aus der Stadt die in Königlichen Französischen Diensten gestanden, langgedaurte Feindschaft

schaft bald zu Thähtlichkeiten ausgebrochen, so daß beyde Theil mit ziemlichen starken Anhang in der Stadt Zug mit gewafneter Hand gegen einander gestanden, die Thätlichkeiten aber durch ein mit dem darzwischend gekommnen Priester noch abgehalten werden mögen, A. 1604. wollten die aussern Gemeinden der Stadt nicht mehr die bey über 200. Jahren genossene Uebung dem Land-Schreiber aus den Burgern zugestehen, und hingegen die Burger der Stadt dem aus den Gemeinden erwehlten Ammau nicht mehr gestatten, ihrem Stadt-Raht beyzusitzen, und den Stab darin zu führen, darüber die übrige Catholischen Eydgenößischen Städt und Orte A. 1610. durch einen Spruch der Stadt freygestellt einen Ammau bey ihnen sitzen zu lassen oder nicht: und ist auch A. 1605. ein Land-Schreiber aus den Gemeinden erwehlt worden, A. 1677. kam es in dem Ort Zug wegen der von den meisten Eydgenößischen Städt und Orten beabredeten gemeinen Schirm- und Hilf-Ordnung oder sogenannte Defensional zu grossen Unruhen, sonderlich da die Oberkeit der Stadt einige aus den aussern Gemeinden, so darüber ungeschickte Reden ausgestossen, mit Gefangenschaften und Geldt-Busen belegt, und deswegen bey 60. Mann von Menzingen vor das Rahthaus gezogen, und dargegen sich die Burgerschaft auch zur Wehr gewafnet, auf Erklährung aber deren von Bar für die Stadt keine weitere Thätlickheiten erfolget; von solcher auch im Namen des Orts Zug würklich gesigleten Ordnung aber ist A. 1680. von selbigem das Sigel wieder zurück begehrt, und gegeben worden.

An. 1702. entstuhnd wegen eines von dem Obervogt der Stadt Zug zu Hünnenberg von einem von Hünnenberg in die Stadt Zug gezognen angehörigen bezognen Abzugs zwischend der Stadt Zug und zwischend denen dreyen aussern Gemeinden die sich des letzteren angenohmen, ein so ernsthafter Streit, daß, da die an obbemelten A. 1404. vorgegangener Handlung theilgehabte Eydgenößische Städt und Orte gütlich oder letztlich rechtlich darin handlen wollen, die aussern Gemeinden aber solches nicht gestatten, sondern selbs Richter seyn wollen,

wollen, auch sich von der Stadt gesönderet, und auf einer eignen Lands-Gemeind die Aemter allein besetzt, die übrigen Eydgenößischen Städt und Orte aber auch ihrem Gesandten auf dem Ennertbirgischen Sindicat den Beysitz nicht gestatten, und den nach Locarno oder Luggarus erwehlten Land-Vogt nicht annehmen wollen, worauf letstlich durch einen Eydgenößischen Spruch dieser Mißhelligkeit (welche auch der Schurtümurli-Handel genannt worden;) ein Endschaft gemachet worden; bey denen zwischend den VII. ersten Eydgenößischen-Städt und Orten A. 1712. entstandnen und letstlich zu Kriegs-Thätlichkeiten ausgeschlagnen Mißhelligkeiten entstuhnden auch an diesem Ort wegen des Verhaltens in dieser Vorfallenheit solche ungleiche und widrige Gedanken und Unruhen, daß auch auf einer den 3. Jul. gehaltnen Lands-Gemeind der zur Ruh geneigter sich bezeigte Ammann von den hitzigern abgesetzt, und ein neuer Kriegs-Raht verordnet, bey erfolgten Frieden aber alles wieder in vorigen Sand gesetzt worden.

Eint und andere Vorfallenheiten, und sonderlich der Nutzen des von dem König von Frankreich abgefolgten, und unter des Stadt-und Amts-Rahts Gutheissen und Erlaubnus einige Zeit einigen Burgern aus der Stadt bewilligten Burgundischen Salzes wie auch die ungleiche Austheilung der von den Königen von Frankreich und Spanien abgefolgten Pensionen und Gnaden-Geldtern. erweckten bey verschiednen Burgern und Landleuthen aus den aussern Gemeinden so viel Widerwillen und Unruhen, daß An. 1729. ein Ersatz von obigen Salz-Nutzen abgefordert, und die noch gelebten Bezieher desselben mit harten Bussen und Verweisung aus dem Land belegt, auch einige andere, die nicht gleicher Meynung gewesen, mit Bussen, Gefangensetzung und auch einige mit Verweisung angesehen worden; und da auch der Königliche Französische Gesandte nicht zugeben wollen, daß die Königlichen Gnaden-Geldter auf gleichen Fuß, wie die Bunds-Pensionen ausgetheilt werden sollten auch An. 1731. in dem Land die A. 1715. zwischend der Cron Frankreich und den Catholischen Eydgenößischen Städt und Orten errichtete Bündnus

Bündnus, als wann sie der Freyheit, sonderlich in dem Vten Articul nachtheilig wäre, in Verdacht gebracht worden; sind nicht nur die bey derselben Errichtung gewesene Ammanen in ewige Gefangenschaft (daraus sie sich aber nach geraumer Zeit entledigen, und aus dem Land erretten können:) von dem Stadt- und Amt-Raht den 3ten Dec. verurtheilet, und dessen Ursachen A. 1732. in denen zu Zug in Druck gegebnen sogenannten *Vindiciis Reipublicæ Tugiensis* oder Rettung der Freyheit und Rechten des freyen Stands Zug: vorgelegt, sondern auch den 14ten Sept. in gleich letstern Jahr an einer Lands-Gemeind der vorbemeldte Französische Bund aufgegeben, auch von dem Stadt- und Amt-Raht hernach verschiedene angesehene Persohnen, welche sich hierwider setzen wollen, mit harten Bussen belegt, verwiesen, und zweyer Rahts-Gliedern Bildnussen an den Galgen angeschlagen zu werden erkennt worden; A. 1735. aber hat sich dieses Geschäft völlig abgeänderet, so daß der Stadt- und Land-Raht den 13. Febr. den an den vorigen Bewegungen vielen Antheil gehabten Amman Schumacher nebst einigen Rahts-Gliedern seinen Anhängern ab- und den Schumacher gefangen setzen, und den 9. Mart. zu dem Galgen hinaus führen lassen, da der Scharf-Richter die obbemeldte Bildnussen abgelößt, und ihme zu Füssen geworfen, und er selbige aufheben, und auf das Rahthaus tragen müssen; es wurden auch die Verwiesene wieder zurück beruffen, und in ihre Stellen eingesetzt, hingegen andere verwiesen, und den 16. May der gedachte Amman auf 3. Jahr auf die Sardinischen Galeern verurtheilet, und auf ewig aus den Eydgenößischen Landen verwiesen; und da dadurch die Ruhe in dem Land wieder hergestellt worden: hat der Stadt- und Amt-Raht an den König von Frankreich geschrieben, und ihne um Wiederaufnahm in die Bündnus angesucht, welches Er auch zugestanden; worvon das mehrere auch in zur Lauben *Histoire Milit. des Suisses au Serv. de la France Tom. VIII.* p. 6-19. nachgesehen werden kan.

Es ist auch noch anzumerken, daß die Stadt und Amt Zug an Kayser Sigismundum nebst übrigen Eydgenößischen Städt

Städt und Orten einen Gesandten zu seiner Crönung An. 1430. nach Rom geschickt: daß auch zwischend einen Theil derselben und andern etwann Streitigkeiten entstanden, welche rechtlich oder gütlich beygelegt worden, gleich A. 1409. wegen des Stifts Einsidlen an dem Hof zu Rühine habenden Rechten, welche deswegen die Stadt nebst den Gemeinden Aegeri und Menzingen A. 1464. dem Abt Gerold abgekaufft, welcher Kauf aber auf Begehren des Landes Schweitz als Kast-Vögten von Einsidlen An. 1463. rechtlich wieder aufgehebt worden, A. 1480. aber hierüber ein neuer Streit entstanden, und A. 1566. ein neuer Spruch darüber ergangen: auch geschahe A. 1503. ein Spruch zwischend der Stadt Zug und der Gemeind Bar einer- und der Gemeind Aegeri andern Theils: ob ein in der Gemeind Aegeri seßhafter Einsidlischer Gottshaus-Mann auch in der Stadt Zug nebst den ersten zu Gericht seyn möge?

Weiters ist auch noch anzufügen, daß A. 1564. und 1565. an der Pest 2596. Persohnen in diesem Ort um das Leben kommen, und daß auch zu verschiednen mahlen von dortigen Burgern und Gemeinds-Leuthen bey in andern Eydgenössischen Städten und Orten gehaltnen Frey- und Gesellen-Schiessen, auch Faßnacht-Kurzweilen gewesen, als A. 1447. 1488. und 1504. in der Stadt Zürich A. 1504. und A. 1605. in der Stadt Basel: es ward auch auf einer A. 1477. zu Zug erhaltnen Faßnachts-Freud der Anschlag eines Zugs nach Genf von vielen frutigen Eydgenossen aus verschiednen Orten gemacht, wie schon oben angemerkt worden.

Der oberste Gewalt in dieserem Eydgenössischen Ort von Stadt und Amt bestehet bey den samtlichen Burgern der Stadt und den Gemeidsgenossen der drey aussern Gemeinden, welche aber auf zweyerley Art versammlet werden: und zwahren alljährlichen samtliche Burger und Gemeindsgenossen, die 16. Jahr alt sind und darüber, und zwahren mit ihrem Seithen-Gewehr auf die anstatt ehemahls auf St. Johannis Baptistä-Tag seit langer Zeit aber und dermahlen an dem

ersten

erſten Sonntag im Majo haltender ſogenannten Lands-Gemeind, welche auf einem in der Stadt Zug unter dem freyen Himmel, unweit dem See darzu beſtimmten Platz gehalten wird; und begeben ſich auf ſelbigen nach 12. Uhr die Lands-Häupter und Rähte ab dem Rahthaus mit Vorhergang von Trommenſchlagern und Pfeiffern in der Lands-Farb, auch der Stadt und Gemeind-Weiblen in gleicher Farb mit Stäben in den Händen: ſo lang dieſe Lands-Gemeind währet præſidirt der regierende Amman ſtehend mit dem Land-Schwerdt in der Hand in Mitten der Verſammlung, und ſchweeret er den Eyd zum Land, und die ſamtliche umſtehende ihme, und ſitzen um denſelben herum der Stadt- und Amt-Raht, welcher auch nebſt den Stadt- und Amts-Bedienten den Amman nach Haus begleitet: auf ſelbiger wird ein Amman und Land-Schreiber erwehlt oder beſtähtiget, auch werden erwehlet der Lands-Hauptmann, Pannerherr, Lands-Fähndrich, wann ſolche Stellen ledig werden, und zwahren der Pannerherr und Lands-Fähndrich allein aus den Burgern der Stadt, der Lands-Hauptmann und Land-Schreiber aber nach Belieben aus den Burgern der Stadt oder denen Gemeinds-Genoſſen aus dem auſſern Amt; weiters auch die Land-Vögt auf die mit andern Eydgenößiſchen Städt und Orten gemeinhabenden Deutſchen und Italiäniſchen Vogteyen jedoch dem Umgang nach einmahl aus der Stadt, und zweymahl auch aus denen auch unter ſich umwechſelnden dreyen Gemeinden des auſſern Amts: bey dem Meeren und Geben der Stimmen, oder ſogenannten Scheiden, ſtehet bey allen ſolchen Vorfallenheiten niemand, auch nicht Vätter, Söhn ꝛc. mit den andern Verwandtſchaft halben aus, ſondern es mögen alle Burger und Gemeinds-Genoſſen ihre Stimmen geben, und geſchiehet es auf jeweiliges Ausruffen des Ammans mit Aufhebung einer Hand, und ſind der Stadt Gros- und die drey Gemeind-Weibel auf einen erhabnen Ort geſtellet, daß ſie die ganze Gemeind überſehen können, und haben ſie, wann ſie an dem Meer nicht zweiflen, den Entſcheid für welche Perſon die Wahl der Stimmen überſtigen; im Fall aber ſie in dreymahligen Ueberſehen zweiflen, tretten die Burger und Landleuth

leuth durch 2. 3. oder mehrere Ort ab, und werden an jedem Ort von einigen Verordneten abgezellet: alle andere dem höchsten Gewalt zustehende Geschäft aber, als Krieg, Frieden, Bündnussen, Steur-Anlagen, Lands-Verordnungen ꝛc. zu machen; werden nicht auf dieser Lands-Gemeind behandlet, sondern die Burgerschaft und die Gemeinds-Genossen jeder der 3. Gemeinden versamlen sich auf ihren besondern Rahthäusern, auf gleichen Tag, und wo es seyn kan, zu gleicher Stund, und schliessen über die Geschäfte, und werden dann Nachmittag die Stimmen auf dem Stadt-Rahthaus zusammen getragen, und daraus das Meer beschlossen.

Die Behandlung der übrigen vorfallenden Geschäften, die Beurtheilung der in dem Land entstehenden und etwann von den Gemeinen Vogteyen appellirten Streitigkeiten ꝛc. stehet bey dem sogenannten Stadt- und Amt-Raht, welcher auf dem Rahthaus in der Stadt Zug gehalten wird, darzu aber kein Tag in der Wochen oder sonsten bestimmt ist, sondern je nach vorkommenden Geschäften der Amman die Räht entweder in den Kirchen oder durch ausschickende Botten, und zwahren vielmahl nach Beschaffenheit der Geschäften bey dem Eyd oder einer Buß zusammenberuft, auch von solchem Stadt und Amt-Raht 8. Tag nach der gewohnlichen Lands-Gemeind ein Statthalter und zwahren aus den Rähten der Stadt erwehlet wird: es bestehet aber dieser Stadt- und Amt-Raht aus 13. Gliedern von der Stadt und aus 9. Gliedern, von jeder der aussern Gemeinden Aegeri, Menzingen und Bar also insgesamt von 40. Rahtsherren, und werden solche gleich nach der Vorfahren Tod und Begräbnis von jedem solcher 4. Theilen, darin das Ort eingetheilt ist, von der Burgerschaft oder den Gemeind-Genossen durch die meere Stimmen erwehlt, doch so daß aus jedem Land-Theil nur einer aus einem Geschlecht erwehlt werden mag: welchem auch noch anzufügen, daß die Ammäner, wann sie zuvor des Rahts nicht gewesen sind, es auch darnach nicht seyend, währenden Amts aber dem Raht beywohnen, darin den Vorsitz und Vortrag, auch bey gleich einstehenden Stimmen den Entscheid zu geben haben:
auch

auch daß in diesem Ort niemahls, gleich in andern Orten, in Uebung, zwey oder dreyfacher Stadt-und Amt-Raht gehalten werde, wol aber sowol die Stadt-Rähte, als auch die Rähte jeder der drey Gemeinden auch in ihren Burgerlichen-und Gemeinds-Waysen-und andern sonderlich geringern Sachen, absonderlich zun Zeiten zusammen kommend.

Das vorderste Stadt-und Amt-Haupt wird allhier nicht, wie in andern Democratischen Landes-Regierungen Land-Amman, sondern nur Amman genannt, und wie gleich hievor bemerkt worden: von einer ganzen Lands-Gemeind mit mehrerer Stimm, doch auch unter der Burgerschaft der Stadt, und den drey aussern Gemeinden Menzingen, Aegeri und Bar umwechslungs-weise erwehlet, jedoch, daß der aus der Burgerschaft erwehlte 3. Jahr, und die aus einer der drey auch umwechslenden Gemeinden erwehlte nur 2. Jahr an dem Amt bleibet, und ein solcher aus den Gemeinden erwehlte während seines Amts in der Stadt Zug wohnen müsse: worbey noch zu bemerken, daß ehemahls wann ein Amman während seinem Amts Jahr mit Tod abgegangen, der Statthalter das Jahr ausgedienet, seit geraumer Zeit aber sogleich ein anderer aus der Stadt oder der Gemeind, aus welcher er gewesen, jedoch von einer ganzen Lands-Gemeind erwehlet werde 2c. auch daß ein jeweiliger Amman das Stadt-und Amt-Siegel nicht, sondern der Statthalter habe: und finden sich, daß Ammanen gewesen und erwehlt worden

Anno   Anno
1240. Arnold.   1327. Berchtold am Haus.
1250. Werner Bogo oder Bot.   1348. Johann ab dem Haus.
1260. Diethelm.   1350. Berchtold.
1314. Heinrich Schmid.

Nachdem selbige in den Eydgenößischen Bund kommen: von

1353. Heinrich von Greiffensee.   Zürich
1378. Johannes von Ospenthal.   Schweitz
1387. Hartmann von Ospenthal.   Schweitz
1365. Joost im Scholchen oder Schachen.   Unterwalden
1403. Rudolf von Ospenthal.   Schweitz

Anno		von
1405.	Hans Suter.	Unterwalden
1407.	Arnold von Silenen.	Uri
1408.	Peter Kilchmatter.	Zürich
1410.	Werner Schreiber.	Schweitz
1411.	Heinrich Frölin.	Lucern
1413.	Johann Ulrich Zenagel.	Lucern

Aus der Stadt und dem Amt selbst.

Anno		
1415.	Peter Kolin.	Zug
1422.	Hans Kolin.	Zug
1424.	Heinrich Müllischwand.	Zug
1426.	Hans Kolin I. mal.	Zug
1432.	Johannes Hüsler. I. mal.	Aegeri
1433.	Hans Kolin II.	Zug
1435.	Hans Hüsler II. mal.	Aegeri
1439.	Niclaus Fläckli.	Zug
1446.	Joost Spihler.	Zug
1455.	Bartolome Kolin.	Zug
1461.	Werner Malzach.	Zug
1468.	Hans Schell. I. mal.	Zug
1472.	Hans Spiller.	Zug
1475.	Johannes Iten.	Aegeri
1479.	Niclaus Latter.	Zug
1483.	Heinrich Schmid.	Zug
1488.	Hans Schell. II.	Zug
1490.	Johannes Iten.	Aegeri
1492.	Hans Weibel.	Menzingen
1499.	Joseph Schärer.	Zug
1501.	Johannes Schwarzmurer.	Zug
1502.	Werner Steiner. I. mal.	Zug
1505.	Caspar Iten.	Aegeri
1511.	Werner Steiner. II.	Zug
1516.	Hans Schwarzmurer.	Zug

Anno

Zug.

Anno		von
1517.	Werner Steiner. III.	Zug
1518.	Hieronymus Stocker von Hirzfelden.	Zug
1522.	Leonhard Steiner.	Zug
1529.	Oswald Thoos.	Zug
1541.	Caspar Stocker, von Hirzfelden I. mal.	Zug
1543.	Ulrich Staub.	Menzingen
1545.	Melchior Heinrich.	Aegeri
1547.	Hartmann Utiger.	Bar
1549.	Johannes Lätter. I. mal.	Zug
1554.	Caspar Stocker, von Hirzfelden II.	Zug
1556.	Johannes Bollsinger, I. mal.	Menzingen
1558.	Appolinari Zigerlin, I. mal.	Aegeri
1560.	Johannes Schicker, I. mal.	Bar
1562.	Caspar Stocker, von Hirzfelden III.	Zug
1564.	Johannes Bolsinger. II.	Menzingen
1566.	Appolinari Zigerlin. II.	Aegeri
1568.	Johannes Schicker II.	Bar
1570.	Caspar Stocker, von Hirzfelden IV.	Zug
1571.	Johannes Lätter II.	Zug
1572.	Johannes Bollsinger III.	Menzingen
1574.	Appolinari Zigerlin III.	Aegeri
1576.	Johannes Schicker III.	Bar
1578.	Wolfgang Brandenberg.	Zug
1581.	Johannes Bollsinger.	Menzingen
1583.	Jacob Nußbaumer I. mal.	Aegeri
1585.	Gotthard Schmid.	Bar
1587.	Beat zur Lauben, v. Gestelenburg I. mal.	Zug.
1590.	Heinrich Elsener.	Menzingen
1592.	Beat Jacob Nußbaumer II.	Aegeri
1594.	Beat Utiger I. mal.	Bar
1596.	Beat zur Lauben, v. Gestelenburg II.	Zug
1597.	Johann Jacob Stocker, von Hirzfelden.	Zug
1599.	Peter Staub.	Menzingen
1601.	Johannes Nußbaumer.	Aegeri
1603.	Beat Utiger II.	Bar

Anno		von
1605.	Paul Müller.	Zug
1608.	Ulrich Trinkler.	Menzingen
1610.	Caspar Heinrich.	Aegeri
1612.	Martin Schmid I. mal.	Bar
1614.	Conrad zur Lauben, von Gestelenburg.	Zug
1617.	Ulrich Hegglin.	Menzingen
1619.	Andreas Jten.	Aegeri
1621.	Martin Schmid II.	Bar
1623.	Caspar Brandenberg.	Zug
1626.	Hans Trinkler I. mal.	Menzingen
1628.	Hans Heinrich Hasler.	Aegeri
1630.	Beat Jacob Utiger, I. mal.	Bar
1632.	Beat zur Lauben, v. Gestelenburg I. mal.	Zug
1635.	Hans Trinkler II.	Menzingen
1637.	Wilhelm Heinrich I. mal.	Aegeri
1639.	Matthyas Zumbach.	Bar
1641.	Beat zur Lauben, v. Gestelenburg II.	Zug
1644.	Peter Trinkler. I. mal.	Menzingen
1646.	Wilhelm Heinrich. II.	Aegeri
1648.	Beat Jacob Utiger. II.	Bar
1650.	Georg Sodler I. mal.	Zug
1653.	Peter Trinkler II.	Menzingen
1655.	Niclaus Jten.	Aegeri
1657.	Jacob an der Matt.	Bar
1659.	Georg Sodler II.	Zug
1662.	Hans Peter Trinkler. I. mal.	Menzingen
1664.	Wilhelm Heinrich III.	Aegeri
1666.	Jacob Zumbach.	Bar
1668.	Carl Brandenberg.	Zug
1671.	Hans Peter Trinkler. II.	Menzingen
1673.	Hans Heinrich Jten.	Aegeri
1675.	Franz Kreuel. I. mal.	Bar
1677.	Beat Jacob zur Lauben, von Gestelenburg. I. mal.	Zug
1680.	Carl Heglin I. mal.	Menzingen
1682.	Johann Caspar Süster. I. mal.	Aegeri

Anno

Zug.

Anno		von
1684.	Franz Kreüel. II.	Bar
1686.	Beat Jacob zur Lauben, v. Gestelenburg, II.	Zug
1689.	Carl Hegglin II.	Menzingen
1690.	Severin Trinkler.	Menzingen
1691.	Niclaus Iten.	Aegeri
1692.	Johann Caspar Güster. II.	Aegeri
1693.	Christof an der Matt. I. mal.	Bar
1695.	Beat Caspar zur Lauben, v. Gestelenburg.	Zug
1698.	Johannes Wäber.	Menzingen
1700.	Johann Heinrich Iten.	Aegeri
1702.	Christof an der Matt. II.	Bar
1704.	Beat Jacob zur Lauben, v. Gestelenburg I. mal.	Zug
1707.	Oswald Hegglin.	Menzingen
1709.	Johann Caspar Güster. III.	Aegeri
1711.	Christof an der Matt. III.	Bar
1712.	Joseph Utiger.	Bar
1713.	Beat Jacob zur Lauben, von Gestelenburg. II.	Zug
1716.	Clemens Damian Wäber. I. mal.	Menzingen
1718.	Gall Lätter. I.	Aegeri
1720.	Christof an der Matt.	Bar
1722.	Fidel zur Lauben von Gestelenburg.	Zug
1725.	Clemens Daniel Wäber II.	Menzingen
1727.	Gall Lätter. II.	Aegeri
1729.	Josua Schicker.	Bar
1731.	Joseph Antoni Schumacher.	Zug.
1734.	Johann Peter Staub. I. mal.	Menzingen
1736.	Johann Christian Blattmann. I. mal.	Aegeri
1738.	Franz Bartholome an der Matt.	Bar
1740.	Johann Franz Landwing.	Zug
1743.	Johann Peter Staub II.	Menzingen
1745.	Johann Christian Blattmann. II.	Aegeri
1747.	Leonti an der Matt. I.	Bar
1749.	Johann Caspar Lutiger. I. mal.	Zug

Anno

Zug.

Anno		von
1752.	Ambrosius Uhr, I. mal.	Menzingen
1754.	Joseph Antoni Heinrich, I. mal.	Aegeri
1756.	Leonti an der Matt, II.	Bar
1758.	Johann Caspar Lutiger, II.	Zug
1761.	Clemens Damian Meyenberg.	Menzingen
1762.	Ambrosius Uhr, II.	Menzingen
1763.	Joseph Antoni Heinrich, II.	Aegeri

Die andere Stell in dem Stadt- und Amt-Raht ist die eines Statthalters welcher in Abwesenheit eines Ammans desselben Stell auch in selbigem vertrittet, und von dem Stadt- und Amt-Raht, jedoch aus den Rähten der Stadt Zug erwehlet wird, und 6. Jahr am Amt bleibt, und öfters dann wiederum von neuem erwehlet worden, es hat auch ein jeweiliger Statthalter das Stadt- und Amt-Siegel bey seinen Handen: und finden sich erwehlet zu

Statthalter.

Anno
1494. Bartlime Stoker, von Hirzfelden.
1516. Hans am Stad.
1517. Caspar Schell.
1519. Bartlime Kolin.
1528. Arnold Brandenberg.
1540. Hans Graf.
1541. Jacob Schell, I. mal.
1545. Oswald zur Lauben von Gestelenburg, I. mal.
1546. Jacob Schell, II.
1548. Oswald zur Lauben von Gestelenburg, II.
1549. Jacob Schell, III. mal.
1561. Wolfgang Herster.
1562. Jacob Schell, IV.
1572. Wolfgang Keyser, I. mal.
1575. Jacob Schell, der Jünger I. mal.
1579. Antoni zur Lauben von Gestelenburg, I. mal.
1580. Jacob Schell, II.
1581. Antoni zur Lauben von Gestelenburg, II.

Anno

Anno
1583. Jacob Schell, III.
1585. Antoni zur Lauben, von Gestelenburg III.
1586. Caspar Letter, I.
1587. Wolfgang Keyser, II.
1590. Caspar Letter, II.
1592. Jacob Schell, IV.
1593. Wolfgang Keyser, III.
1594. Jacob Schell, V.
1604. Beat Jacob Frey, I. mal.
1613. Conrad zur Lauben, von Gestelenburg.
1614. Melchior Brandenberg.
1618. Beat Jacob Frey, II. mal.
1624. Paulus Bengg, I. mal.
1628. Beat Jacob Frey, III.
1529. Paulus Bengg, II. mal.
1635. Conrad Brandenberg.
1643. Wolfgang Weickhart.
1645. Adam Bachmann.
1650. Johannes Bengg.
1653. Carl Brandenberg.
1668. Beat Jacob zur Lauben, von Gestelenburg.
1677. Caspar Knopflin.
1687. Johannes Jacob Brandenberg, I. mal.
1691. Beat Caspar zur Lauben, von Gestelenburg.
1695. Johannes Jacob Brandenberg, II.
1703. Lazarus Heinrich.
1708. Johannes Jacob Brandenberg, III.
1714. Johannes Landwing.
1716. Oswald Kolin, I. mal.
1719. Fidel zur Lauben, von Gestelenburg.
1723. Oswald Kolin, II.
1731. Carl Antoni Letter.
1733. Carl Franz Weis.
1735. Johann Franz Landwing.
1740. Jacob Bernhard Brandenberg.
1758. Franz Michael Bossart.

Stadt

Stadt und Amt hat keinen gemeinen Seckelmeister noch Land-Weibel, sondern die Stadt und jede der 3. Gemeinden haben ihren eignen Seckelmeister und Weibel. Auch hat es darinn kein anders Gericht, als eines in der Stadt, welches um Schuld-Sachen und Ratification der Testamenten richtet, und aus 2. Richtern aus der Stadt, 1. von Aegeri und 1. von Bar (welche alle 2. Jahr umgewechslet werden:) nebst dem Land-Schreiber und Grosweibel von der Stadt, welcher darinn Vorsteher und Stabführer ist: bestehet; wornebst die Gemeind Menzingen, wie unter solchem Artickul zu sehen: ein eignes Gericht hat.

Das Blut-Gericht, da man über so genannte Malefizischen und den Tod oder bald verdiente Händel aus der Stadt, den drey aussern Gemeinden, und auch denen der Stadt zugehörigen Vogteyen urtheilet, wird besetzt aus dem Amman und 18. Richtern benanntlich aus 6. Räthen, aus der Stadt, und 4. aus jeder der aussern Gemeinden.

Betreffend die Wahl der Gesandten, so wird auf die Jahr-Rechnung der deutschen gemeinen Vogteyen das einte Jahr ein Gesandter aus der Stadt, und einer aus der Gemeind Aegeri, das andere Jahr aber einer aus der Gemeind Menzingen und einer aus deren von Bar, und auf die sogenannte Ennertbirgische Sindicat das einte Jahr einer aus der Stadt Zug, und sodann einer zwey Jahr aus zweyen aussern Gemeinden, das dritte Jahr wieder einer aus der Stadt, und das vierte einer aus der dritten Gemeind, und so weiter umwechslungs-weise gesendet: auf den übrigen ausserordentlichen Gesandschaften aber ist allwegen ein Gesandter aus der Stadt, und einer aus den dreyen aussern Gemeinden, welche solche Stell unter sich umgehen lassen; doch werden die Gesandten allein von der Stadt oder der Gemeind, welche es betrift, ohne der anderen Stadt oder Gemeinden zuthun erwehlet, und bey allen vorfallenden Anlässen dem Gesandten der Stadt, wannn auch schon der Gesandte aus den Gemeinden regierender Amman wäre: der Rang gestattet; was aber ansiehet die von der Stadt und Amt oder

oder dem gesamten Ort Zug mit den übrigen Eydgenößischen Städt und Orten gemeinhabende Deutsche und Ennertbirgische Vogteyen werden die Land-Vögt dem Umgang nach einmahl aus der Stadt, und zweymahl auch aus denen unter sich umwechslenden dreyen Gemeinden jedoch vor gesamter Lands-Gemeind erwehlet.

Die Cantzley belangend, so ist von Stadt und Amt nur ein Land-Schreiber, so aus der Stadt oder einer der drey aussern Gemeinden auf der Lands-Gemeind genohmen werden kan; nebend ihme aber hat die Stadt ihren eignen Stadt-Schreiber, und jede Gemeind ihren eignen Gemeind-Schreiber, die der Stadt und der Gemeinden eigne Geschäft und Behandlungen in Schrift verfassen.

Stadt und Amt Zug ist der Catholischen Religion beygethan, und stehet unter dem Bischthum Costanz, und macht in selbigem seith A. 1723. ein eignes Capitul aus, von welchem hernach das mehrere folgen wird; es befinden sich anbey in selbigem das Cistercienser-Ordens Frauen-Kloster Frauenthal, auch ein Capuciner und ein sogenanntes reformirten Schwestern Kloster in der Stadt Zug: es befindet sich jetzt in selbigen kein Bischöflicher Commissarius, sondern die Geschäft gehen unmittelbar an den Bischöflichen Commissarium zu Lucern: auch sind nebst 2. Geistlichen noch 2. des kleinen Rahts zu Schul-Visitatoren und Pfleger der Kirchen bey St. Oswald, und ein Kirch-Meyer bey der Kirch St. Michael verordnet.

Was die Kriegs-Verfassung anbelanget, so hat die Stadt und Amt gemeinsamlich einen Lands-Hauptmann, einen Pannerherr und ein Stadt- und Lands-Fähndrich, welche wie obbemeldet: von der gesamten Lands-Gemeind, und zwahren der erstere aus der Stadt und Amt, die letztere aber allein aus der Stadt erwehlet werden, doch daß nicht alleizeit ein Lands-Hauptmann bestellet ist, sondern nur etwann in Kriegs-Vorfallenheiten erwehlt wird; von denen Pannerherren und Lands-Fähndrich aber finden sich erwehlt:

Rrr   Panner-

Pannerherren.

Anno
1387. Johann Kolin.
1414. Peter Kolin.
1423. Johannes Kolin.
1435. Bartolome Kolin.
1472. Bartolome Kolin.
1495. Johannes Kolin.
1508. Bartolome Kolin.
1526. Wolfgang Kolin.
1558. Paul Kolin.
1569. Johannes Kolin.
1585. Lazarus Kolin.
1606. Lazarus Kolin.

Anno
1613. Paul Kolin.
1627. Johann Jacob Kolin.
1652. Bartolome Kolin.
1670. Johann Melchior Kolin.
1700. Oswald Kolin.
1732. Johann Jacob Kolin.
1733. Georg Leonti Landt-wing.
1746. Leodegari Antoni Kolin.
1750. Franz Antoni Leodegari Kolin.

Lands-Fähndrich.

Anno
1580. Paul Heinrich.
1601. Beat Jacob Frey.
1632. Johannes Speck.
1662. Caspar Brandenberg.
1671. Johann Franz Wykart.

Anno
1674. Carl Wolfgang Wykart.
1682. Carl Joseph Brandenberg.
1712. Oswald Wäber.
1760. Franz Michael Müller.

Was die Stadt absonderlich hierüber für Vorsorg trage, wird unter derselben Articul vorkommen: die Gemeindsgenossen in den aussern Aemtern aber sind von einem jeden Amt in Compagnien eingetheilet.

Weder Stadt und Amt gemeine auch der Stadt absonderliche Satz- und Ordnungen, noch keine Land-Carten von selbigen befinden sich in dem Druck.

Das Münzwesen belangend, so zeiget sich schon An. 1425. ein Vereinbarung des Münzens und Münzschlags die auch das Ort Zug mit übrigen damahligen Eydgenößischen Städt und Orten (Bern ausgenohmen) errichtet, und damahls das Münzen den Städten Zürich und Lucern mit Vorbehalt ihrer Freyheiten überlassen; doch finden sich auch das hernach Zug selbst

selbst gemünzet, und zwahren A. 1622. halbe Batzen, von A. 1630. aber bis A. 1691. nicht mehr, in welchem Jahr die erste Schilling, Rappen und Angster daselbst, und hernach auch von Zeiten zu Zeiten auch ganze und halbe Thaler, zwey und Vier-Bätzner, Batzen, 3. Kreutzer, auch halbe Kreutzerlin geschlagen worden, und auf den grössern mit dem Wapen, und der Umschrift: Cum his, qui oderunt pacem, eram pacificus. Das Land-Banner ist wie das Land-Wapen von weisser Farb mit einem blauen Quer-Balken in mitten, und was Pabst Julius II. A. 1512. demselben beygesetzt, ist schon oben angemerket worden; auch hat das Stadt und Amt-Sigel einen Schilt mit einer Quer-Balken durch die Mitte, worbey zu bemerken, daß bis A. 1740. um den Schilt die Wort Secretum Civium Oppidi Zug zu lesen gewesen, damals aber ein neuer verfertiget worden, darin der Schilt von zweyen Leuen gehalten, und darob ein Lorbere-Kranz befindlich, mit der Umschrift: Sigillum Reipublicæ Tugiensis; und tragen die Lands-Bediente der Gros- und Unter-Weibel der Stadt, und die drey Weibel von den dreyen aussern Gemeinden, auch 2. Läufer weisse Mäntel und Röck, mit einem blauen Strich in Mitten derselben hinten auf dem Rucken; es warten aber allein der Gros- und Unter-Weibel der Stadt dem Stadt- und Unt-Raht in der Stuben, die 3. andern Weibel aber in dem Vorgemach ab: Oberkeitliche Reuter aber sind keine bestellt, und nimmt ein jeder Gesandter einen ihme gefällig, der dann auch einen Mantel, wie oben bemerkt, traget: bey welchem allem sonderheitlich zu bemerken, daß von diesem Eydgenößischen Ort die Stadt Zug den einten, und die drey aussern Gemeinden den andern Theil ausmachen, so daß wann eine Gemeind mit der Stadt einer, und die zwey andern Gemeinden der andern Meynung wären, die erste gelten thäte, wann aber zwey Gemeinden eine, die Stadt aber und die dritte Gemeind auch jede ein besondere Meynung hätten, so wurden die zwey ersten Gemeinden das Mehr ausmachen; und hat auch in Einkünften und Ausgaben des ganzen Landes die Stadt ein, und die drey aussern Gemeinden zwey Theil. *Strabo Geogr. l. VII.* Etterlin *Chron. Helv.* p. 40. Stumpf. *Chron Helv. lib. VI. c.* 3. Bullinger,

ger, *Hist. Tig. lib.* VIII. *c.* 10. *Glareani Helv. Descr. p.* 67. *Tschudi Chron. Helv. ad dict. ann.* Guler *Rhæt. p.* 214. *Guilliman. de reb. Helv. lib.* III. *c.* 7. *Cluverius Germ. antiq. lib.* II. *c.* 4.

Zug, Stadt.

Ju Latein Tugium, ein Stadt und das Haupt-Ort des gleich vorbeschriebnen Stadt und Amt Zug an der Seiten gegen Aufgang des von derselben den Namen habenden, und hernach auch vorkommenden Zuger-Sees, deren Ursprung wegen derselben angenehmen und fruchtbaren Lage für gar alt geachtet wird, und setzen daneben einige auch selbige für das Haupt-Ort der obbemelten Tuginorum, und unter die 12. Stadt, welche zu C. Jul. Cæsaris Zeiten von den Helvetiern bey ihrem anderwärtig gesuchten Aufenthalt selbst abgebrannt worden: von derselben Herstellung aber finden sich keine sichere Nachrichten, die Muthmassung und alte Sag aber bringt mit, daß daselbst wegen der in dem See befindlichen Fischerey, und Fisch-Fang oder Zug von einem Fischer daselbst möchte ein Haus gebauet, und von den Edlen von Cham, Hünenberg ꝛc. auch andern benachbarten Leuthen dem dortigen Fisch-Zug öfters zugeschauet, und dardurch auch andere benachbarten veranlasset worden seyn, auch Häuser daselbst zu bauen, und den Fisch-Fang und Zug zutreiben, und vielleicht von solchen Zügen auch der Name Zug entstanden seyn möchte: worzu auch vieles beygetragen, daß wegen mehreren Gelegen- und Komlichkeit, wann die zuvor durch Cham und Hünenberg gebrauchte Straß von Zürich aus hierdurch auch mit Wahren vorgenohmen worden, und dardurch dieser Ort mit Abgang Cham ꝛc. nach und nach in besseres Aufnehmen kommen, und die Edlen von Wildenburg auch auf ihren Güthern ob der alten Stadt Zug ein Burg erbauet: da aber Goldast *rer. Aleman. Tom.* I. *p.* 105. und II. *p.* 249. und *Mabillon Benedic.* II. *Sec.* II. den *Strabonis Vita S. Galli* bemerktem Ort Tucconia vor diesen Ort halten wollen, wäre selbiger viel älter, wovon aber unter dem Articul *Tucconia* nachzusehen.

Es scheinet aber, daß die Stadt nicht allzugroß gewesen seyn möchte, und daß, da A. 1435. noch, wie hernach vorkommen

kommen wird, zwey Zeilen Häuser in den See hinunter geſunken; man erſt hernach die Stadt von dem See weiter hinaus erweitert, und auch mit Mauren umzogen, welche folglich die neue Stadt genannt worden; und findet ſich daß A. 1480. der Zeit-Thurn auf dem Thor der alten Stadt ſamt den Gefängnus darauf erbauet, und daß zu dem Zeit die zu Mevenberg eroberte Gloggen darauf gethan worden, ſodann ward An. 1522. der groſſe Pulfer-Thurn gegen St. Michaelis Kirch, und A. 1524. von demſelben ſamt den Thürnen bis gegen der Leberen die Ring-Mauren, A. 1526. der hohe Zeit-Thurn auf der Lebern jetz Capuciner-Thurn genannt, erbauet, A. 1530. der Stadt-Graben von dem See bis auf die Lebern gemacht, A. 1550. ein guter Theil an der neuen Stadt, und A. 1557. das Schützen-Haus erbauet, und in dieſem letztern Jahr auch der Zeit-Thurn erneuert worden.

Es ſind von denen in und gleich vor der Stadt befindlichen Geiſtlichen Gebäuen zu bemerken.

1. Die Pfarr-Kirch S. Michaelis eine Viertel-Stund auſſert der Stadt am ſogenannten Berg an der Straß von Zug nach Aegeri, deren erſtere Erbauung von einigen denen Grafen von Lenzburg zugeſchrieben wird, die mehrere Gewißheit aber unbekannt, als ſie nebſt allen Schriften den 20. May A. 1457. völlig abgebrannt, aber bald darauf von der Burgerſchaft wieder gros und ſchön auferbauet worden: es werden aber die Burgers-Kinder nicht in ſelbiger, ſondern in der gleich vorkommenden Capell Unſer Lieben Frauen getauft, aber die abgeſtorbnen von den meiſten Geſchlechtern der Stadt Zug auf dortigem Kirchhof begraben; es hat auch die Burgerſchaft der Stadt Zug von Kayſer Sigismundo A. 1433. die Beſatzung derſelben Pfarr erlangt und bisher ausgeübet.

2. Die Kirch St. Oßwalden iſt in der neuen Stadt von gehauenen Steinen erbauet, hat ein ſchönen Thurn, und iſt inwendig mit ſchönen Altaren und Mahlereyen gezieret:

Der Stifter derselben kan gemeldet werden, Magister Johannes Eberhard aus der Stadt Zug, und Pfarrer daselbst, und zu Weggis, welcher alle seine Mittel an derselben Erbauung angewendet, und ist A. 1478. der erste Stein darzu gelegt, und selbige in gleichem Jahr, und A. 1480. auch die Capell und Kirch-Hof daselbst geweyhet worden; es haben auch König Carolus VIII. von Frankreich, Herzog Sigmund von Oesterreich, Herzog Reinhard von Lottringen, auch die Stadt und viel Burger damahls darzu, und auch hernach aus dem Geschlecht deren zur Lauben von Gestelenburg und andern Geschlechtern vieles an dieselbe beygetragen, auch haben darin die fürnehmste aus den erstern, und auch anderen Geschlechtern ihre Begräbnus und Grabmahl.

III. Unser Lieben Frauen Capell oder Kirch in der alten Stadt an dem See, allwo alle Burger Kinder (aussert denen in dem sogenannte Grüt:) getauft werden, uneracht auch in der Pfarrkirch S. Michaelis ein Tauf-Stein vorhanden; und mag solches daher rühren, weilen diese Pfarr-Kirch um etwas von der Stadt entfehrnet, oder daß bey denen ehemahligen vielen feindlichen Anstössen (von denen hernach das mehrere folgen wird) man sich nicht sicher geglaubt die Kinder da hinaus zu tragen; sie ist inwendig schön gebauet, und schon A. 1280. Abt Peter von Einsidlen darin durch den Stral um das Leben kommen.

IV. Das Capuciner-Kloster ligt auf einer Anhöhe gegen dem Leberer-Thor in der Stadt, und ward darzu den 26. Nov. 1595. der erste Stein gelegt, und ist selbiges A. 1624. vergrössert, auch die neue Kirch A. 1675. und 1676. erbauet worden: in demselben ist ein zimlich zahlreiche Bibliothec, und einer der zwey in der Eydgenössischen Provinz befindlichen sogenannten Novitiaten, da die in den Orden aufgenohmen zu werden verlangende Junge etwas Zeit die Prob aushalten müssen.

V. Das Kloster bey S. Mariæ Præsentation vor der Stadt Zug, unweit der Kirch S. Michaelis, in welcher Gegend erstlich

lich einige Weibs-Persohnen gewohnt, die aus dem Almosen gelebt, aus welchen einige so viel Almosen gesammlet, daß sie A. 1608. ein Kloster zu bauen angefangen, und diese Kirch A. 1635. eingeweyhet worden: sie sind dermahlen zimlich zahlreich, und sogenannte reformirte Schwestern der dritten Regul S. Francisci, und stehen unter der Visitation des Abt von Muri, und die Kast-Vogtey ist einem des Rahts nach Belieben des Klosters anvertrauet.

Es sind auch verschiedene Capellen und bald Kirchen aussert der Stadt, welche aber zu derselben, und in dortige Pfarr gehören, und zwahren die von S. Niclaus bey dem Schützen-Haus, die A. 1496. erbauet: die unser L. Frau Lauretanische, und die darbey von St Catharina gegen Menzingen A. 1704. sodann gegen Oberwyl die A. 1623. in dem zur Laubischen Hof erbaute und A. 1742. erneuerte S. Conrads Capell, die A. 1560. errichtete St. Beat Capell; die A. 1616. an dem See angelegte S. Carls Kirch, und ein halbe Stund von der Stadt gegen Aegeri die A. 1704. erbaute, und A. 1731. erneuerte S. Verena Capell: auch befindet sich eine Viertel Stund von der Stadt gegen Cham bey dem gewohnlichen Richt-Platz der Uebelthätern die An. 1643. erbaute Schutz-Engel Capell.

Von den Weltlichen Gebäuen in der Stadt kommt vor.

1. Das Raht-Haus, welches in der alten Stadt gebauet, und auswendig mit Mahlereyen gezieret, welches nicht nur zu den Verhandlungen des Stadt-Rahts, sondern auch zu denen des Stadt und Amts-Rahts gebraucht wird.

2. Das Zeug-Haus, darin das der Stadt und Amt zugehörige Kriegs-Geräht verwahret wird.

3. Das grosse Korn-Magazin.

4. Das An. 1714. erbaute ansehnliche Gymnasium oder Schul, darin sich auch die öffentliche Bibliothec befindet.

5. Der

5. Der Spittal, welcher schöne Einkünften hat.

6. Die sogenannte Burg, welche nächst an der Kirch St. Oswalden in der Stadt, mit einer doppelten Ring-Maur umgeben, und von den Edlen von Wildenburg erbauet worden seyn soll, auch etwann der Stadt wider den benachbarten widrig gesinnten Adel zur Sicherheit gedienet haben solle: sie ward von fremden und verschiednen Verburgerten nach und nach besessen, und gehört dermahlen Pannerherr Franz Antoni Leodegari Kolin.

7. Das schöne Schützen-Haus aussert der Stadt.

Von den absonderlichen Zutragenheiten der Stadt Zug, über die, welche sie mit dessen aussern Amt gemein gehabt, und zuvor angebracht worden: sind auch noch nachzubringen, daß selbige annoch vor der Zeit, ehe sie in den Eydgenößischen Bund kommen, mit dem benachbarten Adel nicht in gar gutem Vernehmen gestanden seyn müsse, zumahlen nach einigen A. 1275. die Edlen von Cham, Reußegg, Hünenberg, Wildenburg, auch die von Brengarten in Maschwanden ꝛc. einen heimlichen Anschlag gemacht, die Stadt zu Nacht den 9. Sept. zu überfallen und einzunehmen, auch hierzu bey Steinhausen 900. Mann zu Fuß, und bey 100. zu Pferd versammlet, auch Anstalten gemacht, daß auch von Cham aus Mannschaft über den See nach Zug gebracht werde, welches aber ein Fischer von Cham den Burgern wissend machen können, darnahen selbige und auch viele andere, welche sich auch zu ihrer Sicherheit von dem Adel in der Stadt sich befunden; ehe die andere anrücken mögen, in 300. Mann zu Fuß, und 50. mit Lanzen aus der Stadt gerückt, und die andern hinterzogen, und derselben auf Leewatt 250. erschlagen, auch die andern bis nach Steinhausen gejagt, da auch noch mehrere, und darunter auch 25. Adel-Ritterknecht geblieben, die aus der Stadt aber nur 2. reisige und 5. zu Fuß verlohren, unlang darnach zogen auch die aus der Stadt Zug in Schiffen: und auch zu Fuß wider die von Cham und Hünenberg um Mitternacht

nacht aus, und nahmen viel derselben Vieh und was sie angetroffen weg, welches aber ihnen die von Cham, die sich auf dessen Vernehmen in 500. starck ausgezogen, wieder ab, und ihnen auch ihre Schiff zu Immensee genohmen, und nach Cham geführt, und da sie sich über Art nach Haus begeben, solches aber die von Art ihnen nicht gestatten wollen, haben sie doch ihre Noht durch ein Schiflein von Immensee aus nach Zug berichten können, und sind hierauf die von Zug auch mit Beyhilf einiger von Aegeri in 500. Mann gegen Steinhausen und Nieder-Cham ausgezogen, und haben auch mit Brand und Raub Schaden gethan, und von denen auf sie von Cham aus gezognen in einen hefftigen Streit, 94. erschlagen, und darbey auch 25. Mann verlohren: da auch folglich A. 1276. der von Wildenburg und der Freyherr von Schnabelberg abermahl einen Anschlag, die Stadt Zug zu überfallen, gemacht, und sie dessen verwahrnet worden, sind nicht nur die von Zug in 400. zu Fuß und 50. zu Pferd, aus, sondern auch die von Aegeri, am Berg von Menzingen und die von Bar ihnen bey 500. zu Hilf gezogen, und haben die Feind bey Innweil in der Gemeind Aegeri angegriffen, und mit Verlurst 2. reisiger und 7. Fußknecht ab und weggetrieben: A. 1326. und A. 1354. haben Herzog Albrecht und Rudolf von Oesterreich den Burgern bewilliget einen Zoll aufzunehmen, und an der Stadt Besserung anwenden, und A. 1399. erkaufft die Stadt die Sust und Niederlag daselbst: Von dem An. 1404. zwischend der Stadt und dem aussern Amt wegen des Sigels, Panners rc. entstandnen ernstlichen Streit ist schon zuvor unter dem Haupt-Articul von Zug das mehrere angebracht worden: A. 1435. den 4. Martii sind zwey Reyhen oder Zihleten Häuser in der Stadt Abends um 5. Uhr mit einem starken Knall, und aufgehenden dicken Rauch in den See gesunken, und dabey 60. Persohnen nebst vielem Gut zu Grund gegangen: An. 1526. schlug die Stral in den sogenannten Geisweid-Thurn, darin das Stadt-Pulfer gelegen, und ist er darburch versprengt, auch viel Häuser beschädiget worden, An. 1597. sind 5. Häuser in der Stadt verbrunnen; A. 1672. ist auf der Gassen vor dem Korn-Haus

ein

ein Comödi, und A. 1678. vor dem Zoll-Haus ein Tragödi öffentlich vorgestellt, auch An. 1714. ein neues Schul-Haus erbauet worden.

Ueber den Antheil, welchen die Stadt Zug nebst dem Amt deren drey aussern Gemeinden an denen mit verschiednen andern Eydgenößischen Städt und Orten in deutschen und Ennertbirgischen Landen gemeinhabenden Landvogteyen hat; hat die Stadt auch allein noch einen zimlichen Bezirk einer Landschaft, welche an das Gebiet der Stadt Zürich, an die Gemeind Bar, an die Obern Freyen-Aemter, und an die Gebiet der Stadt Lucern und des Landes Schweitz gränzet; und hat in selbigem Bezirk A. 1379. die Gericht, Steuern und Dienst zwischend Rußbach und Lotterbach zu Walchweil von Johann und Wilhelm von Stans, Burgern der Stadt Lucern erkauft: A. 1407. ward in einer zwischend der Stadt Zug, und Peter von Moos wegen des Schlosses und der Feste St. Andreas gewalteten Streittigkeit erkennt, daß wann die Stadt ihme 700. Gulden Rheinisch werde bezahlt haben, er sich desselben entziehen solle, welche Bezahlung auch A. 1470. geschehen: An. 1410. erkauft die Stadt Zug alle Rechtsamen, welche Conrad Meyer von Hartmann von Hünenberg erkauft hat, am Gericht und Hof von Gangoldschweil an sich um 36. Gulden, und Anno 1412. von dem Edlen von Rüthi ihre Recht an dem Schloß und Vestung zu Cham, A. 1416. haben sich die Gemeindsgenossen von Hünenberg freywillig erkannt die Stadt Zug mit Beybehaltung ihrer Freyheiten für ihre Herren zu halten, und ist wegen denen diesortigen beydseitigen Rechten An. 1644. ein Verglich getroffen worden; es warden auch erkauft An. 1427. von Hans Ror der See von Lematen mit allen Rechtsammen, A. 1438. von Conrad Meyer von Zürich der vierte Theil der Gerichten zu Steinhausen, auch A. 1451. von denen Segeseren alle ihre an selbigem Dorf gehabte Gerechtigkeit, und A. 1470. von dem Stift St. Blasi seine allda gehabte Güter, und A. 1485. auch von dem Stift Cappel seine Zehenden alle: auch zuvor hat das Stift zum Grossen Münster zu Zürich der Stadt Zug A. 1477. ihren Hof zu Cham nebst dem

Kirchen-

Kirchen-Satz der Leutkirch allda, die Caplaney St. Andresen, die Caplaney St. Wolfgangs auf Todtenhalden, auch den Zehenden zu Hünenberg, Rumeldiken und dort herum zu kauffen gegeben: An. 1480. hat die Stadt Zug von dem Bischof von Costanz die Bestähtigung der Pfrund zu Meyer-Cappel erhalten, und A. 1486. von dem Stift von Muri den Hof von Gangoldschweil samt den Dörfern, Höfen ꝛc. so darzu gehören, und A. 1494. von dem Stift Cappel die Pfarr-Satz und den Zehenden von Rüthi in den Freyen-Aemtern erkauft, und An. 1510. von gleichem Stift die Vogtey, Zwing und Bänn auch der Kirchen-Satz, und Zehenden zu Witprechtschweil jetz genannt Niderwyl, und auch A. 1513. die Gericht zu Blikenstorf, und den dritten Theil des Gerichts von Deyniken, auch A. 1537. von dem Stift St. Bläsi den Hof zu Nüheim an dem Zuger-Berg: auch hat die Stadt Zug Kraft Spruch-Briefs von A. 1424. das Hoch-Gericht und zu richten über das Blut in der Herrschaft Buonas, und auch Kraft eines Spruchs von A. 1430. die Hohen Gericht zu Steinhausen niderhalb der zu underst in dem Dorf gelegnen Capellen gegen dem Zuger-See gegen Bar bekommen, die darob aber sind der Stadt Zürich zugesprochen worden:

In dem vorigen Articul ist das mehrere zu finden, was die Stadt für Antheil an der mit den aussern drey Gemeinden gemeinhabenden Regierung dieses Orts habe, wie der aus derselben erwehlte Amman 3. Jahr da die aus den andern erwehlte nur 2. Jahr an dem Amt bleiben, und auch diesere so lang sie in dem Amt in der Stadt wohnen müssen, der Statthalter allein aus ihrem Raht erwehlet, und wie es auch mit Bestellung der Gemeinen Gesandtschaften, und Gemeinen Land-Vögten in deutschen und Ennertbirgische Landvogteyen gehalten werde ꝛc. danahen hier nur noch anzubringen, was das Stadt-Regiment absonderlich ansiehet, und da hat es vorderist in derselben ein sogenannten Kleinen Raht, welcher und zwahren ohne Appellation urtheilet über alle Civil-Geschäfte aus den der Stadt gehörigen, und hernach vorkommenden Ober-Vogteyen, und hatte ehemahls auch die Bestellung der

meisten

meisten Geist- und Weltlichen Aemtern in der Stadt, worvon aber A. 1585. die meiste und A. 1675. alle Geistliche Pfründ den Burgern zugesprochen und zugestanden worden.

Dieser kleine oder innere Raht bestehet aus 13. Gliedern, deren Haupt Stabführer genannt wird, welcher in diesem Raht præsidirt, auch das Stadt-Sigel in Handen hat, auch die Kägden der Burgern betreffend, die etwann bey ihren Amts-Verwaltungen aufstehende Beschwehrden annihmt, und kan kein Sach an den kleinen Raht ohne sein Bewilligung gelangen: er wird auch von diesem kleinen Raht erwehlet entweder aus demselben oder aus der Burgerschaft, der nicht des Rahts ist, und bleibt an solcher Stell 2. Jahr und wird öfters sodann bestähtet: worbey zu bemerken, daß bis A. 1608. da die Land Schreiberey in der Stadt und Amt gemein gemacht worden; die jeweillige Amman solche Stell versehen, solche hernach aber denenselben nicht mehr gestattet worden, sondern von selbiger Zeit bis An. 1690. jederweilen die alte Ammäner aus der Stadt das Præsidium geführt, seith selbiger Zeit erstlich einer und seith An. 1729. zwey, welche wechselweise jeder ein Jahr das Amt versehen solle: erwehlt werden, und zwahren.

Anno

1690. Johann Jacob Brandenberg.
1691. Beat Caspar zur Lauben, von Gestelenburg.
1704. Beat Jacob zur Lauben, von Gestelenburg.
1717. Fidel zur Lauben, von Gestelenburg.
1729. Joseph Antoni Schumacher.
1730. Jacob Bernhard Brandenberg.

Anno

1731. Joseph Antoni Schumacher.
1732. Carl Antoni Letter.
1733. Joseph Antoni Schumacher.
1734. Carl Franz Weis.
1735. Jacob Bernhard Brandenberg.
1736. Johann Franz Landwing.
1748. Franz Michael Boßhart.

Und

Zug.

Und finden sich in solch kleinen oder Innern Raht der Stadt Zug (welcher auch im Namen der Stadt den Antheil des Stadt- und Amts-Rahts ausmachet) erwehlet

Anno
1387. Hartmann von Ospenthal.
Heinrich Unterbach.
Johannes Kolin.
Ulrich Lenzo.
Conrad Seiler.
Johannes Ago.
Johannes Schreiber.
Heinrich Engelhard.
Johannes Zenagel.
1393. Joost im Schachen.
Hans Unterbach.
Hans Engelhardt.
Walthert Gruzi.
1403. Hans Graf.
Ulrich Milo.
1414. Johann Ulrich Zenagel.
1416. Peter Kolin.
Hans Seiler.
Walthert Zenagel.
Hermann Hünni.
Johannes Frey.
Johannes Hagen.
Hans Kibli.
Bartlin Kolin.
1420. Werner Schönbronner.
Hartmann Koch.
Ull Milo, der jung.
1429. Heinrich Mühlischwand
Hans Hüsler.
Joost Spihler.

Anno
1429. Hans Kolin.
Rudolf Schell.
Ulrich Kiblin.
Hans Uhr.
Hans Georg oder Jörg.
Wernl Stocker, von Hirzfelden.
1439. Waltert Hundschüpfer.
Hans Weikart.
1435. Bartlime Kolin.
1447. Heinrich Morget.
Hans Schell.
Werner Zenagel.
Joost Georg.
Conrad Landwing.
1472. Heinrich Engelhard.
Heinrich Frey.
Heinrich Albrecht.
Hans Kündig.
Niclaus Letter.
Hans Schmid.
1488. Hans Stadlin, der alt.
Hans Keiser.
Bartlin Kolin.
1489. Hans Stocker, v. Hirzfeld.
Helni Letter.
Helni Brandenberg.
1494. German Thos.
Conrad Landwing.

Anno		Anno	
1494.	Bartli Stocker von Hirzfelden.	1533.	Oswald Bengg. Caspar Stocker, von Hirzfelden.
1496.	Hans Schwärzmurer. Hans Weibel. Hans Seiler. Hans Kolin.	1534.	Gros Michel Kayser.
		1537.	Jacob Schell. Uli Eberhard.
1501.	Werner Steiner. Caspar Schell. Hans Georg. Christen Landwing. Jacob von Mugeren.	1538.	Oswald zur Lauben, von Gestelenburg.
		1540.	Hans Brandenberg.
		1541.	Peter Töder.
		1542.	Hans Letter.
1511.	Bartli Kolin. Martin Pfluger. Laurenz Brandenberg. Hans am Stad.	1546.	Caspar Zobrist.
		1549.	Georg Schönbrunner.
		1550.	Wolfgang Herster.
		1559.	Paulus Kolin.
1516.	Erni Brandenberg.	1562.	Niclaus Weikhard. Wolfgang Brandenberg.
1517.	Andreas von Helbling. Uli Bachmann.	1563.	Uli Bengg.
		1565.	Hans Müller.
1522.	Hieronymus Stocker, von Hirzfelden. Heini Schönbrunner. Leonhard Steiner. Wolfgang Kayser. Oswald Thos.	1568.	Peter Stoklin.
		1569.	Hans Kolin.
		1570.	Wolfgang Kayser.
		1571.	Antoni zur Lauben, von Gestelenburg. Thomas Stadlin. Jacob Bachmann.
1529.	Heinrich Steinmann. Hans Graf.	1573.	Jacob Schell. Peter Töder.
1530.	Jacob Stocker, von Hirzfelden.	1575.	Oswald Herster. Oswald Stadlin.
1531.	Leonhard Kayser. Wolfgang Kolin. Michel Schell. Hans Wulstin. Hermann Bluntschli. Christen Landwing.	1580.	Paul Heinrich.
		1581.	Jacob Brandenberg.
		1583.	Caspar Letter.
		1585.	Lazarus Kolin.

Zug.

Anno
- 1585. Hans Stokli.
  Hans Wulfli.
  Oswald Bengg.
- 1586. Hans Landwing.
  Paul Wulfli.
  Wolfgang Schumacher.
  Martin Brandenberg.
- 1591. Hans Caspar Letter.
- 1592. Paul Stadlin.
  Beat zur Lauben, von Gestelenburg.
- 1593. Martin Brandenberg.
- 1594. Bartli Kayser.
- 1596. Beat Jacob Frey.
- 1597. Christof Landwing.
- 1601. Hans Jacob Stoker. von Hirzfelden.
- 1603. Melchior Brandenberg.
- 1604. Conrad zur Lauben, von Gestelenberg.
- 1605. Caspar Schell.
- 1606. Lazarus Kolin.
- 1607. Jacob Stoklin.
- 1608. Melchior Müller.
- 1612. Paul Stoker, von Hirzfelden.
- 1613. Paul Kolin.
- 1614. Adam Bachmann.
  Hans Landwing.
- 1618. Hans Müller.
  Hans Stokli.
- 1621. Caspar Brandenberg.
- 1624. Oswald Spek.
- 1628. Hans Jacob Kolin.

Anno
- 1628. Conrad Brandenberg.
- 1629. Jacob Weikart.
  Beat zur Lauben, von Gestelenburg.
- 1630. Paul Stadlin.
- 1631. Wolfgang Weikart.
- 1632. Jacob Heinrich.
- 1635. Georg Seidler.
- 1636. Hans Jacob Muos.
- 1638. Hans Stokli.
- 1641. Hans Spek.
  Bartlime Müller.
  Hans Jacob Letter.
- 1643. Hans Bengg.
- 1645. Paul Weikart.
- 1649. Oswald Roos.
- 1651. Carl Brandenberg.
- 1652. Oswald Kolin.
- 1653. Caspar Letter.
  Caspar Landwing.
- 1656. Beat Jacob Moos.
- 1657. Paul Müller.
  Michael Stadlin.
- 1661. Hans Franz Weikart.
- 1662. Adam Spek.
- 1663. Beat Jacob zur Lauben, von Gestelenburg.
- 1666. Carl Moos.
- 1669. Caspar Knopfli.
- 1671. Michael Spek.
- 1672. Georg Seidler.
- 1674. Carl Caspar Kayser.
  Jacob Weikart.
- 1675. Beat Jacob Frey.

Anno

Anno
1675. Lazarus Heinrich.
1678. Johann Jacob Brandenberg.
1684. Wolfgang Carl Weikart.
1686. Sebastian Stadlin.
1690. Beat Caspar zur Lauben, von Gestelenburg.
1692. Johann Jacob Kayser.
1693. Carl Franz Muos.
Joh. Melchior Seidler.
1695. Joseph Leonti Weikart.
1697. Johann Conrad Spek.
1699. Oswald Heß.
Hans Joost Müller.
Oswald Kolin.
1703. Hans Landwing.
Joachim Merz.
1704. Beat Jacob zur Lauben, von Gestelenburg.
1707. Johann Jordan Schell.
1708. Carl Antoni Letter.
1709. Heinrich Ludwig Muos.
1713. Jacob Bernhard Brandenberg.
1715. Oswald Stadlin.
1716. Martin Utiger.
Carl Merz.
1717. Fidel zur Lauben, von Gestelenburg.
1718. Joseph Antoni Schumacher.
Johann Franz Landwing.
1718. Peter Carl Frey.

Anno
1722. Johann Franz Bossart.
1723. Franz Martin Kayser.
1726. Beat Caspar Utiger.
1729. Carl Amade Muos.
1731. Caspar Leonti Wäber.
Carl Franz Frey.
Carl Franz Weis.
Bernhard Damian Seidler.
1732. Carl Martin Leonti Hediger.
Peter Landwing.
Antoni Roos.
1733. Franz Michael Boßhart.
1734. Johann Sebastian Schell.
1735. Johann Franz Landwing.
Leodegari Antoni Kolin.
Hans Caspar Lutiger.
Johann Rudolf Heß.
1738. Jacob Carl Müller.
1742. Johann Jacob Utiger.
1748. Franz Fidel Landwing.
1749. Beat Jacob Kayser.
1752. Johann Jacob Kolin.
1754. Hans Melchior Stadlin.
Hans Caspar Stadlin.
1756. Placidus Antoni Letter.
Marc Antoni Fidel Kayser.
1759. Carl Peter Landwing.
1762. Franz Michael Müller.
1764. Philipp Brandenberg.

Diese

Dieser Raht hat einen eignen Schreiber, der Stadt-Schreiber genannt, der alle die bemelte Ober-Vogteyen angehende Urtheil, Befehl, Kauf- und Schuld-Brief, Erbs- und Schulden-Verzeichnussen ausfertiget, auch die Burgerliche Protocoll bey Handen hat, er mag auch aus den Räthen erwehlet werden, doch ist solches schon gar lang Zeit aus den Burgern geschehen, auch hat dieser Raht ein Gros- und Unter-Weibel, welche weisse Mäntel mit einem blauen Strich in mitten derselben auf dem Rucken tragen, welche den Stabführer bey allen offentlichen Anlässen begleithen, und hat der Grosweibel auch den Vorsitz in dem gleich vorkommenden Gericht.

Nebend diesem kleinen hat es in der Stadt Zug noch einen grossen Rath, welchen einige gar alt machen und ihme die Beurtheilung aller Civil und Criminal-Geschäften zueignen wollen bis auf die Zeit, da die Stadt in den Eydgenössischen Bund kommen; dermahlen hat er und zwahren ohne Appellation zu urtheilen und zu strafen, die in der Stadt und den Obervogteyen begangne Ehebrüch, Hureyen, die Sontag- und Fest-Tag-Brüch, auch Uebertrettung der Fasten und verbottnen Speisen ꝛc. er bestehet aus einem Schultheis, Statthalter, dieses Rahts-Seckel-Meister, Reichs-Canzler oder Rahts-Schreiber und sogenannten Wielands-Pannerherrn und in 20. andern Burgern, hat auch seinen eignen Pannerherrn, Grosweibel und Unterweibel: er sitzt alle Jahr an dem sogenannten schmutzigen Donstag, und wird an selbigem Tag auch das in Handen des Geschlechts Wikhard aufbehaltene Wielands- oder Kolben-Panner (von dem unter solchem Articul nachzusehen:) aus einem Fenster des Besitzers desselben aus gedachten Geschlecht dem Volk offentlich gezeiget.

Es befindet sich in der Stadt auch ein sogenanntes XVI. Gericht über die Bau-Streitigkeiten der Burgerschaft, deme alle Klein Räth, und 6. Burger beywohnen, auch ist das Burger- und Wochen-Gericht, von 2. Rahtsherrn und 2. Burgern bestellet. Auch ein Gericht, so aus zwey Richtern aus der Stadt, einem von Aegeri und einem von Bar (welche alle zwey Jahr umgewechslet werden)

werden) nebſt dem Land-Schreiber und Grosweibel, welcher darin Stabführer iſt, beſtehet und über Schulden urtheilet, oder in ſeiner Abweſenheit der Unterweibel:

Es hat auch ein Seckel-Meiſter des kleinen Rahts aus deſſelben Mittel, auch ein Seckel-Meiſter der Burgerſchaft, der vor A. 1720. auch Stadt- und Land-Seckel-Meiſter geweſen, ſeith ſolcher Zeit aber (wie obbemeldet) abgeändert worden: ſo ſind auch der Stabführer, 4. Rahtsherrn und der Stadt-Schreiber Wayſen-Herrn, 2. Brodſchätzer, 2. Kornherrn, 1. Straßenherr, 4. Baumwalter oder Forſtmeiſter, 1. Spittalvogt, 1. Kirchmeyer, 1. Pfleger bey St. Oswald, der Kirchen, Pfrunden-Pfleger und armen Leuten, 2. Spendmeiſter, und einer der Aufſeher aufs Gewicht und Maas, auch 2. der Vorkäufler, 1. Baumeiſter, 1. Werkmeiſter, 1. Korn-Hausmeiſter, 1. Sinner, 1. Waagmeiſter, 1. Stadt-Zoller, 1. Ungelter, 1. Suſtmeiſter, theils aus dem Raht theils von den Burgern ꝛc. ſonderheitlich aber ſind noch anzumerken, der Landvogt von Hünenberg, welchen dortigen Einwohner aus dem Raht oder der Burgerſchaft nach belieben erwehlen und beſtähtigen, der in ihrem abſonderlichen Gericht den Vorſitz hat; ſo ſind auch obbemelte von der Stadt Zug allein an ſich gebrachte Gerichte in Obervogteyen von Cham, Steinhauſen, Ryſch oder Gangoldſchwyl und Walchwyl eingetheilt, und werden dahin von der Burgerſchaft meiſtens auch aus derſelben auf 2. Jahr Obervögt erwehlt; die mit dortigen Gerichten in Civil-Händlen ſprechen, und von ihnen die Appellationen an den kleinen Raht der Stadt Zug gehen, die in ſelbigen vorfallende Maliſiz-Verbrechen aber an das Blut-Gericht von Stadt und Amt kommen: es wird auch von der Burgerſchaft ein Twingherr geordnet von Rüthi in die Obern Frey- und Aemter, der zugleich Pfleger von St. Wolfgang iſt.

In dem Geiſtlichen ſtehet die Stadt und ihre Obervogteyen unter dem Biſchthum Coſtanz und deſſelben Commiſſario und dem von ihr genannten hernachfolgende Zuger-Capitul, und hatte ehemahls der kleine Raht das Recht die von der Stadt abhangenden Pfarr- und andere Pfründe zu beſtellen. A. 1675. aber hat derſelbe ſelbiges der Burgerſchaft abtretten müſſen, ſo daß ſeither und dermahlen von der-

ſelbigen

selbigen die Pfarren von Zug, Cham, Steinhausen und die Capellaney von St. Wolfgang in der Stadt, auch die Pfarr von Rüthi in den Obern Freyen Aemtern und die von Meyers-Cappel in dem Lucerner-Gebiet durch das Mehr der Stimmen, auch absonderlich Cappellaneyen durch das Geschlecht deren zur Lauben, von der Kayserin ꝛc. bestellet werden.

In der Schul oder Gymnasio, zu deren An. 1714. ein neues Haus erbauet worden, ist ein Scholarum Præfectus, Professores Syntaxeos, Gramatices & Rudimentorum Rhætorices ein Provisor und Ludimoderator, welche alle von dem kleinen Raht, aussert dem Provisore, der von der Burgerschaft bestellt wird, erwehlet werden; und sind der Stadt-Pfarrer, einer der Stadt-Capellanen, zwey Rahtsherren und der Præfectus Scholarum zu Visitatores der Schulen verordnet.

Von denen zweyen in der Stadt befindlichen Klösteren der Capucineren, und der dritten Regul S. Francisci ist schon oben Anregung geschehen.

Zu Besorgung der Kriegs-Geschäften und Uebung der Burgerschaft und Obervogtey Angehörigen in den Wafen ist A. 1755. ein Kriegs-Raht verordnet worden von einem Præsidenten desselben, einem Obrist-Quartiermeister, einem Ober-Kriegs-Commissario, Commissario der Artillerie und Commandant der Infanterie nebst einem Kriegs-Rahts-Schreiber und Weibel, unter welchen auch das Land-Volk in Compagnien unter Hauptleuthen eingetheilt ist.

Es wird auch in dieser Stadt auf Galli-Tag ein Jahr- und alle Wochen an dem Dienstag ein Wochen-Markt gehalten.

Das Wappen der Stadt Zug ist gleich wie das Stadt und Amt-Wappen, ein Schilt weisser Farb mit einem Quer-Balken blauer Farb. Wie das Stadt und Amt-Sigel abgeändert worden, ist oben angebracht worden, deme noch anzufügen, daß hierauf A. 1740. auch die Stadt ein neues eignes Sigel stechen lassen, welches neues dem Stadt und Amt-Sigel

Sigel in allem gleich aussert der Umschrift, welche bey diesem allein ist: Sigillum Civitatis Tugiensis.

Zug: Berg.

Ein auf der Aufgang-Seithen der Stadt Zug gelegner sonderlich an Mattland und Obs-Gewächs fruchtbarer Berg auf welchem viel Höfe, und auch St. Verenæ-Capell, welche An. 1660. klein erbauen, und An. 1684. zum ersten, und die Kirch, so An. 1704. erbauet, An. 1710. eingeweyhet, und An. 1731. von neuem und schön auferbauet worden: bey welcher ein sogenannten Wald-Bruder sich aufhaltet.

Zug-Capitul.

Vor der Religions-Abänderung zu Anfang des XVI. Seculi war eines der in dem Bischthum Costanz eingetheilten Capituln, so Zuger-Bremgarter geheissen, und darin die Pfarren von Aegeri, Asholtern, Bar, Bennweil, Birmenstorf, Bremgarten, Cham, Hedingen, Knonau, Lunkhofen, Maschwanden, Mettmenstetten, Rüheim, Oberweil, Ottenbach, Risserschweil, Stalliken, Witperschweil, Zufiken und Zug gehöret, nach derselben aber sind die Pfarren von Asholtern, Birmenstorf, Hedingen, Knonau, Maschwanden, Mettmenstetten, Ottenbach, Risserschweil und Stalliken darvon weggekommen; und die andern unter obigem Capitul-Namen geblieben, bis A. 1723. da das Capitul wieder getheilt worden, und dermahlen unter dem ietz allein genannten Zuger-Copitul geblieben die Pfarren von Zug Ober-und Unter Aegeri, Bar, Cham, Menzlingen, Rüheim, Steinhausen und Waldweil, und wird der Decan von den Pfarrern und bepfründeten Geistlichen in der Kirch bey St. Oswald zu Zug erwehlet, und finden sich von den Decanis des vereinigten und dermahligen alleinigen Zuger-Capituls:

Decani

Decani des Bremgarter = Zuger = Capituls

Anno

1276. Jacobus, Pfarrherr zu Cham.
1300. Rudolf von Baar, Pfarrherr zu Bar.
1374. Petrus Storch von Hünenberg, Pfarrherr von Zug.
1412. Rudolf Egerder, Pfarrherr zu Bar.
1413. Nicolaus zer A von Lenzburg, Pfarrherr zu Cham.
1462. Johannes Matzinger, Pfarrherr zu Cham.
1470. Stephan Meyer, Pfarrherr zu Oberwyl bey Bremgarten.
1480. Johannes Keller, Pfarrherr zu Metmenstetten.
1483. Johannes Waltherus Baßler, Pfarrherr zu Bremgarten.
1497. Johannes Schönbrunner, Pfarrherr von Zug.
1518. Heinrich Bullinger, Pfarrherr von Bremgarten.
1531. Rudolf Weingartner, von Zürich, Pfarrherr zu Zug.
1546. Johannes Offner, Pfarrherr zu Cham.
1553. Ulrich Honegger, Pfarrherr zu Bremgarten.
1558. Johannes Hurlimann, Pfarrherr von Zug.
1564. Joannes Christen, Pfarrherr zu Oberwyl bey Bremgarten.
1572. Gregorius Vogt, Pfarrherr zu Zug.
1587. Sebastian Honegger, Pfarrherr von Zufiken.
1588. Joachimus Stebinger, Pfarrherr von Zug.
1588. Jacob Hauser von Menzingen, Pfarrherr von Zug.
1632. Oswald Schön von Menzingen, Pfarrherr von Zug.
1654. Jacob Haffner von Menzingen, Pfarrherr von Zug.
1663. Georgius Signer von Menzingen, Pfarrherr von Zug.
1675. Johannes Jacobus Schmid von Bar, Pfarrherr von Zug.
1695. Johannes Petrus Vogt von Zug, Pfarrherr von Zug.
1696. Wolfgang Foster von Zug, Pfarrherr von Zug.
1719. Carl Joseph Moos von Zug, Pfarrherr von Zug.

Decani des Zuger-Capitels

Anno
1723. obiger Carl Joseph Moos.
1728. Beat Carl Wolfgang Antoni Weikart, Pfarrherr von Zug.
1758. Carl Martin Landtwing, Pfarrherr von Zug.

Zug, See.

In Latein Lacus Tugiensis, Tugenus auch Tuginus ein See, welcher den Namen von der an der Aufgang Seiten desselben gelegnen Stadt Zug hat, und erstreckt sich etwann 5. Stund in der Länge und etwann ein Stund in der Breite, von Mittag gegen Mitternacht: auf einer Seithen an dem End desselben gegen Mittag ligt das Dörflein von Immensee von welchem ein gar kurzer Land-Strich sich befindet bis zu dem Flecken Küßnacht, da der IV. Waldstädter-See anstosset: auf der andern Seithen aber ligt der Flecken Art alle solche in dem Land Schweitz: von dannen befindet sich auf der Seithe gegen Aufgang die Ober-Vogtey Walchwyl und die Stadt Zug selbst, und unweit darob ergiest sich das Flüßlein Lorez in den See: an der Seiten gegen Mitternacht ist die Zugische Ober-Vogtey Cham, in welcher gedachtes Flüßlein Lorez wieder aus dem See fliesset, und von dannen an der Mittag-Seithen ligt die Zugische Ober-Vogtey Rysch und das Schloß Buonas, und gehet solche bis nach Immensee: es ist dieser See gar Fischreich, und giebt es deren Karpfen und Hecht von 50. und mehr Pfund, auch von dem schmackhaften Fisch Rötele genannt: weilen dieser See zwischend dem Zürich- und den IV. Waldstädter-See gelegen, und der zwischend Land-Bezirk nicht zu weit, als werden auch viel Kaufmanns-Güther und Waaren darüber auf selbige See in und aus Italien geführet.

Zugewandte Ort

Werden genannt die, welche mit ein und andern mehreren und minderen der XIII. die Eydgenoßschaft und Eydgenößische Republic ausmachenden Städt und Orten verbündet sind, als das Stifft und Stadt St. Gallen, die Graubündnerische Republic, die Republic Wallis, die Städte Müllhausen, Biel und Genf, die Souverainität und Stadt Neuchatel oder Neuenburg, und etwann auch das Bisthum Basel, von welchem jederem weitläufige Articul zu finden.

Zekäs oder Zukäs siehe Käs.

Zukenried.

Ein Dorf und Schloß in der Pfarr Nieder-Helffenschweil in dem Stift St. Gallischen Hof Wyl, welches nebst den Dörfern Gabris, Oberhelmen und Dietenweil, nebst mehrern Höfen, auch ein Gericht von diesem Hof Wyl ausmachet: selbiges haben ehemahls besessen die Löwen, welche sich Löwen von Zukenried geschrieben, von welchen es an die von Helmsdorf Erbsweis, und von selbigen unter Abt Diethelm an das Stift St. Gallen kommen, mit welchen selbiges hernach die von Muntprat, und seith A. 1618. die Gielen belehnet, und A. 1735. es wieder an die Stift gebracht.

Zukler.

Ein ausgestorbenes Geschlecht in der Stadt Lucern aus welchem Laurenz A. 1552. des kleinen Rahts worden.

Zulauf.

Ein ausgestorbenes Geschlecht in der Stadt Bern, aus welchem Martin A. 1540. und Hans A. 1543. des grossen Rahts, und dieser auch A. 1544. Ober-Spitthal-Meister, auch Heinrich A. 1558. und einer gleiches Nahmens A. 1576.

des

des grossen Rahts, und dieser auch A. 1579. Schultheis von Unterseken worden.

Zulius Lacus.

Ward ehemahls auch der Türler-See in dem Gebiet der Stadt Zürich genennt.

Zull.

Ein stark anlaufendes Waldwasser, welches offt grossen Schaden thut, in den Alpen entspringt Steffisburg vorbey-fliesset, und unter der Stadt Thun in dem Gebiet der Stadt Bern sich in die Aren ergeisset.

Zuller.

Ein ausgestorbenes Geschlecht in der Stadt Basel, aus welchem Peter A. 1529. Meister worden.

Zullweil.

Ein Dorf in der Pfarr Oberkirch in der Solothurnischen Landvogtey Gilgenberg, bey dem ein Brunn, der wann er weislecht hervorläuft, für ein Anzeig guten beständigen Wetters gehalten wird.

Zumbach.

Ein Geschlecht in der Stadt Zug, welches mit dem Geschlecht gleiches Namens in der Gemeind Bar, und vermuthlich auch Bachmann in der Gemeind Menzingen, und zwahren von den Edlen von Rotenbach gleichen Ursprung gehabt, und ehemahls zu Ausweichung der ehemahligen Eifersucht gegen den Edelleuthen den Namen Zumbach und Bachmann angenohmen haben solle, welche letstere beyde die aus diesem Geschlecht bis dermahlen vermischt, und die einten aus selbigen den Zumbach, und andere den von Bachmann gebrauchen; es sind

ſind von ſelbigen oben unter dem Articul zum Bach, Bachmann und Rotenbach ſchon zu finden, und ſind von denen in der Stadt Zug verburgeret geweſen noch hier nachzubringen, daß Hans A. 1444. in der Schlacht bey St. Jacob vor Baſel umkommen, Uli Bachmann An. 1515. 1517. und 1519. Ober-Vogt von Steinhauſen, Jacob Bachmann An. 1531. Schultheiß des groſſen Rahts, und A. 1543. und A. 1552. Ober Vogt von Steinhauſen Adam Bachmann A. 1564. auch Ober-Vogt alda, hernach A. 1571 des innern und kleinen Rahts, A. 1582. Land-Vogt von Locarno (Luggarus) und nachdem er das Wahl-Recht der meiſten Geiſt- und Weltlichen Aemtern A. 1585. von dem Raht wiederum an den Raht und Burgerſchaft bringen mögen; in gleichem Jahr auch Stadt und Land-Schreiber worden: ſein Sohn Adam Bachmann ward Hauptmann in Königl. Spaniſchen Dienſten in dem Mayländiſchen, und A. 1645. Statthalter der Stadt und Amt Zug, und ſind von ſeinen Söhnen Adam und Gebhard zwey Linien entſtanden.

1. Adam ward A. 1646. Hauptmann in des Gros-Herzogs von Toſcana (Florenz) und hernach auch in Königlichen Spaniſchen Dienſten in dem Meyländiſchen, und A. 1650. Hauptmann der der Stadt Lucern in dortigen Bauren-Aufſtand zugeſchickten Hilfs-Völkern, welche ihne und ſein Nachkommen dafür mit ihrem Burger-Recht begabet. Sein einter Sohn Beat Franz ward Medicinæ Doctor, und deſſen Sohn trat in den Capuciner-Orden unter dem Namen P. Eugenii, ward auch Theologiæ Licentiatus und an verſchiednen Orten Prediger: der andere Sohn Adam aber ward Pfleger von St. Wolfgang und Twingherr von Rühti, und ſein Sohn Franz Georg des groſſen Rahts.

II. Gebhard Zunbach ward Schultheis des groſſen Rahts und Stadt-Schreiber zu Zug, und auch Canzler des Stifts-Wettingen, und ſein Sohn Johann Georg war ein Vatter Carl Oswalds, und Georgs deren der erſte als Capitain-Lieutenant, und der letztere als Lieutenant in Königl. Franzöſiſchen

zösischen Diensten, An. 1714. in der Belagerung von Barcelona geblieben, der älteste Sohn obigen Johann Georgen, Ludwig erstlich als Organist in des Churfürsten von Maynz Diensten kommen, und hat hernach ein Amtmannschaft zu Bingen bekommen, und sein Sohn Georg jetz Chur-Pfältzischer Amtmann zu Oppenheim ist, und der jüngste Sohn obigen Johann Georgen Antoni ward Hauptmann unter Regiment Brendle in Königlichen Französischen Diensten, und sein Sohn Franz Jacob ist einer der sogenannten Sechserherren und Caplanen auch Auffseher über die Bibliothec in der Stadt Zug, auch Secretarius des Zuger-Capituls.

Es sind auch aus diesem Geschlecht Uli An. 1519. und Johann Jacob V. 1614. Twingherrn von Rüti und Pfleger von St. Wolfgang, Walther und Beat A. 1574. Land-Vogt des Meynthals (Valmagia) Jung Jacob A. 1589. und Hans A. 1600. Ober-Vogt von Rosch, and Adam A. 1614. Ober-Vogt von Hünenberg worden.

Zumbrunnen, siehe Brunnen.
Zum Felach, siehe Felach.
Zumiken.

Ein Dorf ob Kußnacht in dem Berg an der Land-Stras von Zürich nach Gruningen, in der Zürichischen Ober-Vogtey Kußnacht, allwo ehemahls ein Capell gestanden, die Einwohner desselben und benachbarten Orten aber die Kirch zu Kußnacht oder Zollken besucht, A. 1579. aber wurde in dortige zu einer Kirch eingerichtete Capell ein eigner Pfarrer verordnet, und A. 1728. die Kirch neu erbauet, und wird annoch von einem Pfarrer, der in der Stadt Zürich wohnet, und doch in das Capitul an dem Zürich-See gehöret, versehen.

Zum Oberhaus.

Ein Geschlecht in dem Zehnden Raron in dem Land Wallis, aus

aus welchem Johannes An. 1566. Christian An. 1592. 1602. und einer gleiches Namens A. 1617. Johannes A. 1626. und 1630. und einer gleiches Namens A. 1640. und 1646. Meyer des Zehndes worden.

Zundel, auch Zindel.

Ein Geschlecht in der Stadt Zürich, aus welchem Niclaus A. 1562. Pfarrer von Weyach, A. 1563. von Zurzach, An. 1572. von Cappel, und An. 1593. von Hedingen, auch A. 1604. Decan des Frey-Amts Capitul worden, und haben auch noch verschiedene aus solchem Geschlecht Pfarr-Dienst in und aussert dem Land versehen: auch ist Hans Jacob A. 1677. des grossen Rahts, und sein Sohns Sohn Nicolaus A. 1745. Medicinæ Doctor zu Basel worden, und hat daselbst ein *Dissertation de morbis ex nimia castitate oriundis* 4to in Druck gegeben, ist auch 1761. Unter-Stadt-Arzet worden.

im Zung.

Ein Haus in der Gemeind Speicher, und in der Gemeind Gais in dem Land Appenzell Ausser-Rooden.

Hohen Zungel.

Ein Berg in der Gemeind Isenthal, in dem Land Uri, der an das Land Unterwalden anstosset.

Zungenhaus.

Ein Haus in der Gemeind Teufen in dem Land Appenzell-Ausser-Rooden.

Zunzgen.

Ein zur Seite des Fleckens Sissach, und in selbiger Pfarr auch der Stadt-Baselischen Land-Vogtey Farnspurg gelegenes Dorf, welches die Edlen von Frick, und nach deren An. 1406. an die Edlen von Eptingen geschehenen Verkauf: von dem Grafen von Habsburg, und hernach von dem Herzogen von

Oesterreich zu Lehen gehabt; und da Ludwig von Eptingen selbiges 1464. der Stadt Basel verkauffet, diesere auch von dem damahligen Herzog Sigmund von Oesterreich die völlige Uebergab auch seiner dortigen Rechten erlangt, und sie folglich der gedachten Land-Vogtey Farnspurg einverleibet; es war auch ehemahls daselbst ein besondere Capell, die aber abgegangen.

Zupingen.

Ein Hof in der Pfarr St. Gallen, Capell in der Schweitz-Glarnerischen Land-Vogtey Uznach.

Zurbriggen.

Ein Geschlecht in dem Zehnden Visp in dem Land Wallis, aus welchem Johannes A. 1750. und Peter Joseph A. 1756. Castellan des Zehndens worden.

Zur Burg, siehe Burg.

Zur Eich, siehe Eich.

Zurenseller, auch Zursellen.

Ehemahls auch Zurnselen, und Zurselden genannt, ein Geschlecht in den Pfarren Schaddorf und Seedorf in dem Land Uri, aus welchem Heinrich An. 1257. dem Geschlecht Gruoba in ihrem ernstlichen Streit wider die von Jzelingen beygestanden, und die Versöhnung unter ihnen vermitteln helfen; einer gleiches Namens hat auch An. 1373. einen Vergleich zwischend den beyden Stifteren zu Seedorf in ihren Streitigkeiten errichten helfen: es warden auch aus diesem Geschlecht Hans A. 1529. Matthias A. 1547. und Heinrich A. 1595. Land-Vögt von Livenen, und dieses letzteren Sohn gleiches Namens A. 1627. 1634. und 1640. Gesandter auf den Gemein Eydgenößischen Jahr-Rechnungs-Tagsatzungen, und A. 1635. Land-Vogt von Sargans; sein Sohn Johannes ward A. 1688. Land-Vogt von Livenen, und hat mit Adrian,

der

der auch des Land-Rahts gewesen; das Geschlecht fortgepflanzet, und ist des Johannes Sohns Sohn Hans Heinrich An. 1758. Kirchen-Vogt von Schaddorf worden.

Zurfluo.

Auch Gardi genannt, ein Geschlecht in den Gemeinden Sllenen, Erstfeld ꝛc. aus welchem aus verschiednen Linien einige des Land-Rahts worden, und aus einer Hans Melchior noch ist, und von einer andern ward Johann Franz, und sein Sohn Heinrich Leonhard Gros-Weibel des Lands, und dieses letstern Sohn Carl Joseph ist Fähndrich unter der Päbstlichen Garde zu Bologna.

Zur Gilgen, siehe Gilgen.

Zur Linden, siehe Linden.

Zur Kirchen.

Ein Geschlecht in dem Zehnden Visp, in dem Land Wallis, aus welchem Joseph A. 1733. Johann Peter A. 1745. und Johann Michael A. 1757. Castellan des Zehndens, und Johann Joseph A. 1742. Land-Vogt von S. Maurice worden.

Zur Lauben, siehe Lauben.

Zur Matten, siehe Matten.

Zu Roz, siehe Roz.

Zurthannen.

Ein ausgestorbenes Geschlecht in der Stadt Freyburg, aus welchem Hans A. 1542. Stephan A. 1659. und Franz A. 1670. Heimlicher, Leonhard A. 1566. und Franz Jacob A. 1652. Land-Vogt von Thalbach oder Vuaruz, Stephan A. 1652. und Beat Jacob A. 1717. Land-Vogt von Montwnach, und Jacob A. 1675. Land-Vogt von Griers worden

ben, und P. Facundus des Franciscaner-Ordens nebend vielen Messen und Lytanien, auch in Music einen *Ingressum ad Symphoniam* in Druck gegeben, und ist A. 1730. gestorben.

Zur Wasseren: Zur Wittwe:

siehe Wassern: Wittwe.

Zurzach. Flecken.

Ein weitläufiger wohlgebauter Flecken, unweit von der linken Seiten des Rheins unter Kayserstuhl, in der Land-Vogtey Baden, auf welchen Platz ehemahls nach einigen Gaunodurum, nach andern Forum Tiberii, und nach anderen Certiacum gestanden seyn soll, von denen Gründen hiervor, und darwider unter diesern absonderlichen Articuln das mehrere zu finden: die gute Gelegenheit dieses Orts aber macht wahrscheinlich, daß schon bey alten Zeiten selbiges bewohnet worden seye, ob aber die St Verena schon in dem IV. Seculo daselbst Christen angetroffen und daselbst begraben worden seye, ist unerläuteret, doch hat das gleichfolgende Stift daselbst den Namen von selbiger behalten, und solle das Stift Reichenau, unter welchem dieses Stift gestanden: den Wyler und Hof von Zurzach nebst dem Pfarr-Lehen daselbst, A. 1265. dem Bischof Eberhard von Costanz verkauft haben, dessen Nachfolger daselbst die Niedere, und auch einige absonderliche Gerichte, und zwahren nach denen mit denen die Grafschaft Baden regierenden Städt und Orten, A. 1450. und A. 1520. errichteten sogenannten Bubenberg- und Laudenbergischen-Verkommnissen besessen und annoch besitzen, und selbige durch ihren zu Klingnau sich aufhaltenden Ober-Vogt verwalten lassen, daselbst aber auch ein Hoheits Unter-Vogt auf die Recht ersagter Städt und Orten bestellet gewesen und noch ist: es war darinn bis A. 1715. nur ein Pfarr-Kirch, in welcher die, welche A. 1529. und 1530. die Evangelische Lehr angenohmen, und ihre Nachkommen, wie auch die der Catholischen Religion beygethane Einwohner den Gottesdienst Umwechslungs-weise verrichtet, und zwahren die erstere unter dem von der Stadt Zürich

rich gesetzten Evangelischen Pfarrer, und die letztere unter dem von einem Land-Vogt von Baden ernannten Catholischen Priester und sogenannten Decan: in gedachtem A. 1715. Jahr aber haben die Evangelische Einwohner einen Platz zu einer eignen Kirch erkauft, und eine neue darauf erbauet, in welcher auch ihr Gottesdienst ausgeübet wird, worinbst sie aber ihr Recht an der vorigen Kirch noch weiters beybehalten haben: nach einigen solle auch ehemahls daselbst ein Schloß gestanden seyn, und sich auch ein Adeliches Geschlecht von Zurzach geschrieben haben, von den beyden aber diesmahl nichts übriges mehr: sonderheitlich aber ist solcher Flecken bekannt wegen denen daselbst alljährlich am Sonntag nach H. Pfingsten, und an dem zweyten Sonntag nach Bartholome Tag haltenden grossen Marckten oder sogenannten Messen, welche nicht nur aus den Eydgenössischen Städten und Orten, sondern aus vielen Orten aus Deutschland, Elsas rc. besucht werden, und auf selbigen ein grosse Menge allerhand Gattung Waaren gekauft und verkauft werden; es finden sich auch viele Kauf- und Handels-Leuth und Krämer schon einige Tag zuvor daselbst, und treiben ihr Kauffen und Verkauffen, die Haupt-Markt aber sind an obbemelten Tagen, und begiebet sich sodann der jeweilige Land-Vogt der die Grafschaft Baden regierenden Städt und Orten dahin, welcher auch an selbigen Tagen von Vesper Zeit bis an den Dienstag, da man die sogenannte Prima läutet, alle Gerichtbarkeit auf solchen Markt und Messen hat, und über alle entstehende Streitigkeiten urtheilet.

Zurzach: Stift.

In diesem Flecken muß schon in uralten Zeiten zu Ehren der zuvor bemerkten S. Verenæ ein Nannen-Kloster Benedictiner-Ordens befindlich gewesen seyn, als schon An. 881. Kayser Carolus Crassus selbiges auf Anhalten seiner Gemahlin Richardis dem Stift in der Reichenau als dem Ort seiner künftigen Begräbnis einverleibet hat; unter welchem es auch über 3. Secula gestanden, und inmittlest auch viel Kriegs-Schaden, Brunsten, Plünderung und andere Unfälle erlitten,

und

und in solchen Stand gerahten, daß die München zerstreuet, das Kloster-Leben aufgehoben, und der Gottesdienst verrichtet worden, bis Bischof Eberhard von Constanz A. 1251. selbiges mit allen darzu gehörigen Rechtsamen, Geist- und Weltlichen Gerichtbarkeiten um 310. Markt-Silber an das Bischthum erkauft, und in ein Weltliches oder Collegiat-Stift abgeänderet, welches letztere aber andere erst seinem Nachfolger Bischof Rudolpho II. An. 1279. zuschreiben wollen, welches aber, da wegen Abgangs eines Geistlichen Vorstehers oder Probst der Gottesdienst wieder Mangel leiden wollen: in gedachtem Jahr nur neue Statuta für dieses Stift errichtet, und die noch übergebliebene Gefälle (worzu er auch die in Zurzach gehabte Bischöfliche Quart noch vergabet:) in 10. Chor-Herren Præbenden getheilet, so daß zwey darvon einem Probst, und die übrigen 8. unter dem Decano, deme er die andere Würde bey dem Stift ertheilt; 3. Priester 2. Diacon und 2. Unter-Diacon Chor-Herren zukommen sollen; es warden auch folglich die Würde eines sogenannten Custodis A. 1333. von dem Decano Johann von Winterthur und die eines Sängers und Cantoris von dem Chor-Herr Conrad von Eichheim gestiftet und begabet, und A. 1368. von Bischof Henrico III. bestähtiget, welcher auch noch die Pfarr und das Rectorat von Klingnau dieserem Stift auf ewig einverleibet, und daraus selbiges noch mit 2. andern Præbenden vermehret hat, da zuvor A. 1294. das Münster samt den Chor-Herren- und noch übergebliebenen Kloster-Gebäuen auch bald allen Stiftungs- und andern Briefen in die Aschen gelegt, auch selbige noch durch reiche Beysteur der Königin Agnetis von Ungarn und andern erst A. 1343. wiederum in völligen Stand gebracht worden: auch haben sich immittlest An. 1300. die beyde Stifte zum grossen Münster in der Stadt Zürich, und dieseres zu Zurzach vereiniget, daß ein Chor-Herr von Zürich in dem Münster zu Zurzach, und ein Chor-Herr von Zurzach, in dem Münster zu Zürich dem Chor- und Gottesdienst gleichgültig, als wann es ein eigne Kirch wäre, verrichten, und die Gefälle gewinnen möge: An. 1415. hat das Stift Zurzach von Albrecht Merler von Schafhausen in dem Flecken Cadelburg und denen darzu gehörigen Höfen

Höfen jenseiths Rheins in der Grafschaft Sulz die Niedere Gerichtbarkeit mit sondern Gerechtsamen erkauft: die Wahl der Pröbsten und Chor-Herren haben die Bischöffe von Costanz ausgeübet bis A. 1447. da durch die zwischend dem Kayser und Pabst errichtete sogenannte Concordaten die 3. ersten obbemelten Würden jederweilen, und von den übrigen Præbenden aber die in den ungraden Monat ledigfallende von den Päbsten besetzt worden, bis A. 1512. Pabst Julius II. die dem Päbstlichen Stuhl zugestanden gewesene Geistliche Aemter-Bestellung denen Eydgenößischen Städt und Orten geschenkt, und folglich auch diese an die die Grafschaft Baden regierende Städt und Ort gelanget, welche auch schon zuvor An. 1468. der Stift alle gehabte Freyheiten bestähtiget, und ihnen allen Schutz und Schirm zugesagt.

Bey der nach Anfang des XVI. Seculi vorgegangnen Religions-Abänderung begabe sich A. 1530. der Probst über den Rhein, und einige Chor-Herren verlangten eine Aussteurung, kamen aber des folgenden Jahrs wieder zu ihren Pfrunten, A. 1605. und 1702. ward das Stifts Statuta von dem Bischoffen von Costanz erneuert, auch in dem letztern Jahr von den Baden regierenden Städt und Orten bestähtiget; und A. 1712. ist in dem zwischend diesen Städt und Orten errichteten Fried und bey Abtrettung der Grafschaft Baden an die Städt und Ort Zürich, Bern und Glarus ausgesetzt, daß je ein ledige werdende Chor-Herren-Stell in denen den regierenden Städten und Ort zuständigen Monaten aus der V. ersten Catholischen Städt und Orten Burgern und Landleuthen, und die andere aus allen Eydgenößischen Orten oder dero Angehörigen Abwechslungs-Weise bestellt werden solle.

Es bestehet also dieses Stift dermahlen aus einem Probst, Decano, der zugleich Catholischer Pfarrer von Zurzach ist, einem Custode, einem Cantore, drey Chor-Herren Priestern, 2. Diaconis und 2. Sub-Diaconis, und beziehet der Probst ein doppelte Præbend. Die drey ersten Würden werden von einem jeweiligen Land-Vogt der die Grafschaft Baden regierender Städt

Städt- und Orten bey allen Vorfallenheiten bestellet, jedoch die erst und dritte aus dem Mittel der übrigen Chorherren, der Decanus aber auch aussert denselben, wo es ihm gefällig; die übrigen 8. Stellen aber werden bestellet Wechslungsweise in den Monaten, Jan. Mart. Maj. Jul. Sept. und Nov. von ersagten Landvogt nach obiger Umwechslung; in den andern Monaten aber von dem Bischofen von Costanz; Das Stifts-Capitul aber hat die Würde einen Cantoris einem Chorherrn zugeben, auch die Pfarren Klingnau, Baldingen und Endingen, auch drey Caplaneyen bey der Stifft, und drey zu Klingnau zu bestellen.

Bey dieser Stifft warden erwehlt oder ernennt
Pröbste
von denen Bischöffen zu Costanz.

Anno
1279. Heinrich (nach andern Rudolf) Grof von Montfort.
1307. Conrad Weys.
1322. Albertus Freyherr von Castell.
1344. Otto von Rheinegg.

Anno
1365. Johannes (Heinrich) von Spichwart Spikwart.)
1393. Franciscus.
1402. Johannes de Lacte.
1424. Johannes von Rast.
1429. Johannes Keller.
1445. Johannes Libringer (Lindringer.)

Von den Päbsten.

1465. Theodoricus Vogt von Sumerau.
1471. Johannes de Croaria.
1496. Petrus Attenhofer.

Von den Baden regierenden Städt und Orten und ihren Land-Vögten.

Anno
1533. Jacob Edlibach.
1547. Georg Manz.
1553. Heinrich Ranner.

Anno
1563. Ludwig Bilgeri Edlibach.
1589. Niclaus Holdermeyer.

Anno

Anno
1601. Paul Schaufelbüel.
1611. Jacob Müller.
1625. Johann Dietrich Hermann.
1643. Gotthard Schmid.

Anno
1657. Johannes Honegger.
1662. Christoph Schieß.
1667. Heinrich Franz Reding.
1702. Carl Joseph Ludwig Beßler.

Von den bey dieser Stifft über gleich bemerkte Pröbst gewesenen

Chorherren

finden sich mit Anzeig der darunter gewesenen Decanorum, und zwar meistens gestorben zu seyn.

Anno
1283. Udalricus von Ullingen.
1283. Burkhard von Ullingen.
1313. Berchtold, Decanus.
1314. Ulrich von Sempach.
1315. Heinrich zum Thor.
1315. Heinrich von Köselon.
1315. Conrad von Stein, Decan.
1316. M. Caspar von Laufenburg.
1319. Herman von Liebenfels
Udalricus von Maubach.
1321. Burkhard von Salenstein.
1322. Mr. Johann von Emerach.
1323. Heinrich de Porta.
1324. Heinrich von Markdorf.
1325. Berchtold von Jestetten.
1339. Heinrich am Wasen.
Niclaus Schmalzer.
1331. Johannes von Klingnau, Decan.

Anno
1332. Johann von Winterthur, Decan.
Heinrich von Altorf.
M. Conrad von Eichheim.
Johannes am Wasen.
1333. Ortlieb von Töttingen.
Heinrich Müller.
Conrad Epekheim.
Heinrich von Überlingen.
Johannes.
1337. Johannes von Rinsfelden.
1339. Ehrhard von Rünkilch, Decan.
Bernhard, Decan.
1341. Johannes von Basel.
1345. Heinrich von Sekingen.
1346. Ulrich von Tötingen.
1347. Theobaldus.
1348. Conrad Hofmeister.
1349. Johannes von Eichheim.
1355. Walther Fiseler.

Zurz.

Anno
- 1355. Walther von Güttingen.
  Johannes von Machenwang.
  Johannes Manner.
- 1359. Heinrich von Waldsee.
  Conrad Scholl.
- 1363. Ulrich von Beggenhofen, Decan.
- 1369. Johannes von Kämpten.
  Peter von Tunningen.
  Bernhard, Decan.
- 1372. Heinrich von Bollinger, Decan.
  Hyppolithus von Lengnang. Decan.
- 1373. Johann Lampert.
  Violandus von Egbodingen.
- 1374. Udalrich von Baden.
- 1376. Lüthold Vogt.
- 1382. Walter Schörer.
  Heinrich Escher.
- 1383. Conrad von Vehringen.
  Albert von Pforzheim, Decan.
  Schweder.
- 1387. Thomas Landwin.
- 1390. Johannes Schürer.
- 1394. Niclaus von Ysna.
- 1398. Heinrich Scherpfl.
- 1399. Udalricus Wagner, Decan.
- 1408. Udalricus von Thorberg.
  Conrad Spekhammer.
  Wilhelm Tenger.

Anno
- 141. Mr. Niclaus Naso.
- 1418. Johannes Blecher.
- 1433. Johannes Villicus (Meyer.)
  Johannes Winkler.
- 1439. Niclaus Keiblin, Decan.
  Heinrich Brun.
  Bartolome Burgauer.
- 1442. Johannes Leuthe.
- 1445. Johann Keller.
  Stefan Lampert.
- 141. Ulrich Milcher.
- 1453. Johann Langnau.
- 1454. Johann Renwart.
- 1456. Burkhard Meyer.
- 1463. Johann Wezel.
- 1466. Heinrich Winkler.
  Schweder von Göttliken.
  Johannes von Ravenspurg.
  Johann Uebeli.
  Johann Jacob von Helmsdorf.
- 1474. Leonhard Lös.
- 1483. M. Niclaus Rechburger.
- 1487. Heinrich Schwarzmurer, Decan.
- 1490. Sebold Seng.
  Rudolf Marmolver.
- 1494. D. Johannes Rechburger.
  Itelhans Rechberger.
  Rudolf Engelhard.

Weiter

Zurz. 533

Weiter finden sich zu Chorherren meistens ernennt worden seyn.

Anno
1501. Conrad Zung.
1503. Rudolf von Tobel, Decan.
Johannes von Hewen, genennt Scherzing.
Johann Ulrich von Baldegg.
Otman Libringer.
M. Stephan Bitterkrut.
Johannes Feiß.
Matthyas von Gundelfingen.
M. Sebastian Stifenbrot, Decan.
Martin von Landenberg.
Johannes Lunsi.
1504. Hemman Rechburger.
1505. Johannes Brugger.
1512. Heinrich Offtinger.
1518. Conrad von Tobel, Decan.
Niclaus Wagner.
Gering.
1519. Wendelin Bumann.
1524. Johann Caspar von Landenberg.
Gabriel Frey.
1525. Otmar Tel.
Heinrich Möhringer, auch genannt Schuoler.
1528. Johannes Frey.

Anno
1536. Jacob Bodmer.
Otmar Frowis.
1539. Johannes Fürer auch Röslin.
1540. Peter Paulus von Tobel, Decan.
1542. Wolfgang Prys, Decan.
1547. Leonhard Wagner.
1551. Heinrich Scheret.
1546. Caspar Münzer.
Leonhard Muntprat.
Udalrich Hagenweiler.
1550. Christof Sebastian von Ulm.
1553. Johann Nußbaum.
Christof Leichlin, Decan.
Joh. Heinrich Fischer.
1555. Heinrich Offtinger.
1557. Gregorius Huser.
1560. Adrian Summerower.
1564. Heinrich Fischinger.
1565. Michael Wiisinger.
Melchior Grebel.
1568. Jacob Ihmenhaber, Decan.
1569. Caspar Schwerter, Decan.
1572. Jacob Forster.
1573. Johannes Attenhofer.
1574. Michael Schindler.
Johann Caspar Frey.
1576. Caspar Harder, Decan.

Anno

Anno		Anno	
1581.	Johann Jacob v. Waldkirch.	1634.	Johann Melchior Imhof.
1591.	Christoph Falk.	1635.	Augustin Ditlikofer, Decan.
	Johannes Fürer genannt Röslin.	1636.	Mattheus Spiegler.
	Johannes Schmid, Decan.		Philipp Heinrich von Stuben.
1592.	Heinrich Heil.	1642.	Niclaus Wanner.
1598.	Christof Holdermeyer.	1643.	Johann Franz v. Schönau.
1601.	Johann Rudolph Reich.		
1605.	Christoph Sebastian von Ulm.		Jacob Stadlin.
			Johann Honegger.
	Johann Jacob Spörlin.	1645.	Franz Carl Brandenberg, Decan.
1607.	Jacob Müller.		
1609.	Niclaus Eusters.	1651.	Ulrich Herenberger.
1610.	M. Mauritz Adler, Decan.	1653.	Franz Rabheller.
			M. Wilhelm Tannenmann.
1611.	Johann Jacob v. Waldkirch.		
		1657.	Franz Carl Schuffelbüel.
1612.	Michael Kreuzlin.		Melchior Attenhofer.
1616.	Jacob Stadlin.		Peter Z'Roz.
	Philipp Widerkehr.	1659.	Caspar Schmid.
1617.	Jacob Waller, Decan.		Georg Eberlin.
1620.	Johann Heinrich Frey.	1662.	Joh. Rudolph Schmid, Decan.
1624.	Johannes Lang.		
1625.	Bernhard von Wellenberg.	1663.	Johann Franz Reinold (Rignold) von Broswald.
	Michael Krenzlin.		
	Johannes Müheim.	1664.	Johann Jacob Schmid, Decan.
	Caspar Huweiler, Decan.		
			Hypolitus Bridler.
1631.	Joost König.	1666.	Franz Sebastian Weissenbach.
1633.	Joost von Pflumeren.		
	Johannes Schwerzmann.		Carl Ludwig von Flies.

Anno

Zurz.

Anno
- 1667. Johann Henseler.
  Johann Franz von Brol.
  Jacob Antoni Redling.
- 1675. Joachim Merz, Decan.
- 1676. Carl Emanuel von Roll.
- 1678. Sebastian Borner, Decan.
- 1681. Caspar Roman Beßler.
- 1683. Joseph Ignoti (Francisc. Carol.) von Mohr.
  Johann Balthasar Janser.
- 1690. Johann Ulrich Keller.
- 1695. Johann Rudolph (Fridolin) Pfiffer.
- 1697. Franz Jacob Wech, von Schrosen.
- 1697. Joseph Fridolin Bodmer, Decan.
- 1698. Johann Baptista Vorster.
- 1702. Carl Joseph Schmid.
- 1703. Franz Conrad von Roll.
- 1704. Jacob Niclaus Balthasar Mettler.
- 1706. Raymund Carl Pappus, von Tratzberg.

Anno
- 1712. Johann Friderich von Dierheim.
- 1724. Johann Franz an der Halden, Decan.
  Balthasar Walker.
- 1725. Georg Joseph Antoni Kiene von Neuhaus.
- 1733. Sebastian Heinrich von Schnorf.
  Beat Joseph Utiger.
- 1736. Carl Adam Freyherr Zweyer.
- 1737. Johann Joseph von Remscheid.
- 1741. Franz Heinrich Frey.
- 1744. Joseph Antoni Maria Mettler.
  Ferdinand Antoni Freyherr von Deüring.
- 1745. Joseph Friderich Casimir, Freyherr von Hornstein.
- 1755. Johann Carl Schneblin.
- 1757. Joseph Fridolin Düggelin.
- 1764. Urs Victor Nicolaus Schwendbiel.
  Johann Theodorus Gubler.

Zusingen.

Einige Häuser in der Pfarr Schwanden in dem Land Glarus, zwischend welchen und dem Dörflein Hasler annoch die Gemäur der ehemahligen reichen St. Wendels-Capell sich zeigen.

Zustoll.

Zustoll.

Ein Berg in der Gemeind Wilden-Haus gegen Sargans in der Stift St. Gallischen Grofschaft Toggenburg.

Zuswell.

Ein Dörflein in der Pfarr Ettiswell und der Lucernischen Landvogtey Rußweil.

Zuwald.

Ein kleine Stund ob Meyeringen in der Bernerischen Landschaft Hasli, ist ein Steingrub von schwarzen Tach-Schiefern, in welche Amons-Hörner von verschiedener Art und Grösse, doch kein einiger Schneck eingewachsen: es findet sich in selbiger auch ein schwarze sehr feine bolarische Erden für die Mahler.

Zuz.

Ein grosses gleichsam Städtisch gebautes Dorf zur rechten Seiten des Flusses Jnn an einem hohen angenehmen Berg, und die fürnehmste Gemeind in dem Obern Engadin, in den Gerichten unter Fontana Merla, in dem Gottshaus-Bund, darzu noch die zwey jenseiths des Inns gelegne Nachbarschaften Dorta und Suroen gehören. Es wohnet auch darin der Land-Amman des Ober-Engadins, und werden auch daselbst die Criminal-Geschäft des Gerichts unter Fontana Merla behandlet; es stuhnde ehemahls in Mitten desselben ein Thurn Planta genennt, und haben sich in demselbigen das Geschlecht dieses Namens nebst noch andern Adelichen Geschlechtern aufgehalten, und geschiehet es auch von einigen noch: es will auch Guler Rhæt. p. 7. daß sich Grafen darvon geschrieben haben; in dortiger Evangelischer Kirch wird das Kirchen-Gesang auf ein absonderliche weise ausgeübet, indem des Psalters Lobwasserische Verse nur in 24. Melodien eingetheilt sind, und sie mit selbigen so

um

umwechslen, daß die Singer-Gesellschaft in 7. Chor abgetheilt, und jedes Chor nur wenig Wort absinget, und wann das erste aufhört, dann das zweyte und also alle 7. solang umwechslend singen, bis das Gesang vollendet ist.

Zuzweil.

Ein Dorf in der Pfarr Hegenstorf in dem Bernerischen Land-Gericht Zollikofen, welches unter das sogenannte Frey- oder Schultheissen-Gericht gehöret; es war ehemahls daselbst auch ein Stamm-Haus der Edlen dieses Namens, aus welchem Johannes und Ulrich A. 1325. gelebt.

Ein Dorf, Kirch und Pfarr nebst einem Gericht in dem Stift St. Gallischen Hof Wyl, allwo die Kirch A. 1662. eingeweyhet worden.

Zwallen.

Ein Geschlecht in der Stadt Genf, aus welchem Laurentius A. 1737. Pfarrer daselbst worden.

Zweiblen.

Einige Häuser in der Pfarr Glattfelden, und der Zürichschen Landvogtey Eglisau.

Zweifel auch Zwyfel.

Ein ausgestorbenes Geschlecht in der Stadt Zürich, aus welchem Heinrich A. 1489. des grossen und A. 1490. des Kleinen Rahts worden.

Ein Geschlecht in dem Land Glarus, aus welchem Johann A. 1650. Landvogt von Mendrisio und Joost A. 1656. das Thurgäu, und Heinrich A. 1658 das Stift St. Gallen Schirm-Orten-Hauptmann, auch Fridolin A. 1681. Lands-Seckel-Meister,

ster, und A. 1691. Land-Amman worden; auch warden Fridolin, und An. 1721. sein Sohn Ludwig und dessen Sohn Fridolin A. 1752. und auch Tobias A. Johannes A. 1700. einer gleiches Namens An. 1725. Hans Rudolph An. 1726. Jacob A. 1729. und Johannes A. 1747. des Land-Rahts, und Johann A. 1695. Hans Jacob A. 1716. einer gleiches Namens A. 1719. einer gleiches Namens A. 1739. und obgedachter letzter Land-Rath Johannes A. 1763. Landvogt von Werdenberg, und David A. 1757. Fünfer-Richter, und Jacob A. 1763. Land-Schreiber.

Zwerg-Ulmen.

Ein hoher Berg in der Pfarr Flums, der die Flumser- und Quarter-Alpen unterscheidet, in der Landvogtey Sargans.

Zwey-Aker.

Ein Dorf in der Pfarr Walkringen und dem Bernerischen Amt Burgdorf.

in Zwey-Brücken.

Ein Haus in der Pfarr und Gemeind Gais in dem Land Appenzell Ausser-Rooden.

Zweyer von Evebach.

Auch ehemahls allein Zwyer, Zweyer, und auch von Zweyern: Ein Adelisches Geschlecht in und aus dem Land Uri; aus selbigem hat Udalricus zu Anfang des XII. Seculi den Herzog Godofredum von Lothringen bey Einnahm des sogenannten Heiligen Lands begleithet, und sein Sohn Burchard ward unter die Ritter St. Lazari-Ordens aufgenohmen, und finden sich aus derselben Nachkommen.
Johannes

Johañes in Mitte des XIII. Seculi des deutschen Ortens-Ritter, und Heinrich hat A. 1317. die Caplaney unser L. Frauen zu Altorff stiften helfen; von seinen Söhnen blieb Hans A. 1386. in der Schlacht bey Sempach, Jenni ward A. 1388. in der Belagerung von Wesen ermordet, und Joost war ein Vater Peters, der A. 1422. in der Schlacht bey Bellenz, und Rudolf, der A. 1416. in dem Zug in das Eschenthal umkommen, und Andreas, der seinen Sitz zu Ebebach abgeändert, und A. 1400. in den Flecken Altorf sich gesetzt, und auch des Land-Raths worden, und vermuthlich den Zunammen von Ebebach angenommen, und solchen hernach auch alle seine Nachkommen behalten: Von dieses Andreas Söhnen bliebe Rudolf in dem sogenannten Zürich-Krieg A. 1443. und Peter und Heinrich in der A. 1434. bey St. Jacob vor der Stadt Basel vorgegangenen Schlacht; und Heinrich hinterlies Hans, der in dem Zug in das Eschenthal A. 1487. und von seinen Söhnen Bartholome A. 1513. in der Schlacht bey Novarra, und Gilg A. 1515. in der Schlacht bey Marignano geblieben, der Bartholome aber ein Vatter gewesen Balthasars, der Haubtmann unter dem A. 1557. zu Diensten Pabsts Pauli IV. angeworbenem Regiment und auch Ritter worden, und gezeuget Andreas, der in der Jugend des Herzogs von Alba Königl. Spannischen Statthalters in den Nieder-Landen Page gewesen, und schon in dem 17. Alters Jahr eine Compagnie in diesem Königl. Dienst erhalten, und hernach des Bischoffs von Costanz Rath und Ober-Vogt von Klingnau und Kayserstuhl worden, und solche Stelle in etlich und 30. Jahr versehen, und inmittelst auch von A. 1596. bis A. 1600. im Namen der Baden regierenden Städt und Orten die Gefäll des Stifts Sionen verwaltet, und hinterlassen Sebastian Bilgeri (Peregrinum) und Johann Franz.

Sebastian Bilgeri hat Kayser Ferdinando II. in dem Deutschen und A. 1630. in dem Mantuanischen Krieg so gute Dienst geleistet, daß er von Ihm zum Obrist über ein Regiment und General-Feld-Wachtmeister, auch Cammerer- und Kriegs-Rath ernennt worden; er hat auch A. 1638. in Königl. Spannischen Diensten als Obrist ein Regiment von 16. Compagnien von

6000. Mann angeworben; ist folglich auch von Kayser Ferdinando III. in verschiedenen Abschickungen an den Cardinal Infanten in die Nieder-Land an verschiedene Deutsch- und Italiänische Fürsten, und A. 1644. auch an die Eydgnoßschaft wegen des Gebrauchs der Eydgnößischen in Französischen Dienst stehenden Völckern gebraucht worden, und hat nebst seinem Bruder Johann Franz die Herrschaft Hilffikon in den freyen Amtern erkauft; er begab sich hernach in das Land Uri, und ward A. 1647. Land-Amman, und A. 1648. Lands-Hauptmann, auch A. 1650. einer der Eidgnößischen Gesandten an Kayser Leopoldum zu Abschaffung des Kayserl. und Reichs-Cammer-Gerichts der Stadt Basel angetroffnen Arrests; und A. 1653. ward er von dem zum Römischen König erwehlten Ferdinando IV. bey seiner Crönung zu des H. Röm. Reichs Ritter erhoben, und hat er in gleichem Jahr die von verschiedenen Städt und Orten der Stadt Lucern zu Hilff geschickte Völcker wider ihre aufrührige Unterthanen angeführt, die Entlibucher übergewältiget und entwaffnet, und vieles zu Gehorsam-Stellung dieser Unterthanen beygetragen: Bey dem A. 1655. zwischen den Städten Zürich und Bern, und den V. ersten Catholischen Städt und Orten entstandenem Krieg, da er als Lands-Hauptmann seines Lands Völcker auch angeführt, ward er erstlich in dem Land Schweitz als mit den ersten Städten gehabter verrätherischen Verständnuß verschreyt, von seiner Obrigkeit aber dargegen beschirmet; daraus einige Jahre durch nicht nur zwischen diesen beyden Ländern, sondern auch da auch die Städt und Länder Lucern, Unterwalden und Zug sich zu dem Land Schweitz geschlagen, zwischen denselben und dem Land Uri, sonderlich wegen streitiger Rechts-Übung hierüber trifftige Streitigkeit entstanden, welche auch durch die unpartheyischen Städt und Orte nicht mögen beruhiget werden, selbiger letztlich aber sich, sonderlich da auch derselbe nicht mehr als Gesandter sich bey den Eidgnößischen Zusammenkünfften eingefunden, gestillet; er aber immitlest jedoch auch A. 1657. wiederum zum Land-Ammann von Uri erwehlt, und von Kayser Leopoldo I. bey seiner Crönung den 6. Aug. A. 1658. zum Freyherrn, und hernach Er und gedachter sein Bruder den 6. Maji A. 1668. mit allen ihren ehelichen Leibs-Erben und derselben

selben Erben Männ- und Weiblichen Geschlechts zu des Reichs, auch der Oesterreichischen Königreichen, Erb-Fürstenthumen und Länder, Freyherren mit dem Titel und Namen des heiligen Römischen Reichs Freyherren und Freyinnen, auch dem Ehren-Wort Wohlgebohren aus allen dortigen Canzleyen, auch Vermehrung des Waapens gesezt und erhoben worden ist: Er ist nebst seinem Geschlecht von dem Hoch- und Dom-Stifft Costanz zum Erb-Truchseß dieses Bischthums ernennt worden, und hat auch etwas Zeit das Schloß Wartegg in den Stift St. Gallischen Landen besessen, und ist von seinen Söhnen Franciscus Ernestus A. 1644. Herr zu Hilsifou hernach auch Bischöfl. Costanzischer Rath und Obervogt von Kayserstuhl, Sebastian Bilgeri (Peregrinus) Domherr von Costanz und Augspurg, auch Ritter des Königl. Spanischen Ordens von Alcantara, und Ferdinandus Kayser Ferdinandi III. Edelknab, und hernach auch Domherr von Augspurg worden, und Franz Sebastian ward Besitzer der Herrschaft Hilsikou, verliesse aber nur 4. Töchter, darvon die Aelteste Helena Maria Anna A. 1727. Stifts-Fräulein von Schännis worden, und nebst den andern A. 1750. ersagte Herrschaft verkauft.

 Johann Franz auch obigen Hauptmanns und Obervogts Andreas Sohn hat den Erzherzogen von Oesterreich der Inspruggischen Linien so getreue Dienste geleistet, daß sie ihme die Lehen der Herrschaften Alpfen und Wieladingen auf dem Untern Schwarzwald ertheilt, er auch wie zuvor bemeldt mit seinem Bruder Sebastian Bilgeri und ihren Erben in des H. Römischen Reichs Freyherren Stand, und auch zum Erb-Truchses des Bischofthums Costanz erhoben worden, auch bis A. 1681. Gerichtsherr der Gerichten von Dägerfelden, Endingen, Schneisingen und Hofstätten gewesen, und A. von dem Bischof von Costanz zu seinem Rath und Obervogt von Klingnau und Zurzach ernennt worden, auch hinterlassen Joseph Heinrich der auch Bischöfl. Costanzischer Rath und Obervogt von Klingnau gewesen, Franz Andreas Antoni, der Domherr zu Augspurg worden, und Mariam Annam ein Stifts-Fräulein zu Seckingen: Joseph Heinrich war ein Vater Marquard Magni Rudolfs, Herr von Alphen und Wieladingen, der A. 1722.

auch Bischöfl. Constanzischer Rath und Obervogt von gedachtem Klingnau und Zurzach worden, und Franz der Kayserl. Königlicher Obrist-Lieutenant unter dem Regiment Loblowitz gestorben; auch ist des Marquard Magni Rudolfs ältester Sohn Josephus Sebastian auch Herr von Alphen und Wieladingen Anno 1745. Bischöfl. Costanzischer Rath und Obervogt von Klignau, und A. 1760. Kayserl. Königl. würklicher Cammerer und Regiments-Rath der Oesterreichischen Vorlanden und A. 1763. Landvogt zu Rottenburg am Neckar worden, und sind von seinen Kindern Ignatius Edelknab des Bischofs von Aichstädt, Leopold, Edelknab des Churfürsten von Maynz, Nepomuc Edelknab des Abts von Kempten, Norburga Stifts-Fräulein von Andlau, und Xaveria, Stifts-Fräulein von Seckingen.

Zweyer-Bach.

Ein Bach in der Pfarr Goldinger-Thal, in der Schweitz-Glarnerischen Landvogtey Uznach.

Zweyer-Hof.

Ein Hof in der Pfarr Schönenberg, in der Zürichischen Landvogtey Wädenschweil.

Zweyeren.

Ein Dörflein in der Pfarr und der Stadt Zugischen Vogtey Rosch.

Zwey-Haus.

Ein Hof in der Pfarr Schüpfen, in der Lucernerischen Landvogtey Entlibuch.

Zweylütschenen.

Ein verstreut Dorf an der Lütschenen, da sich die zwey Lütschenen vereinigen und der Weg gegen Grindelwald und Lauterterbrunnen scheidet, in der Pfarr Osteig und dem Bernerischen Amt Interlaken.

Zwenstig auch Zwitzig und Zweysing.

Ein Geschlecht in dem Land Ury, aus welchem sich zu Seelisberg und Flüelern aufhalten, und Hans A. 1518. zu Jerusalem Ritter worden; Beat und Caspar warden des Land-Rahts, und dessen Sohn Johannes war einer der sogenannten vier Winden, die sich A. 1668. und 1673. ernstlich wider die Annahm des gemein Eydgenößischen Defensionals gesetzt; dessen einter Sohn Balthasar erstlich Pfarrer von Seedorf, und hernach ein Jesuit worden, und der andere Carl Hieronymus auch des Land-Rahts, hinterlassen Franz Antoni, der auch des Lands Rahts, und A. 1737. Landvogt von Sargans, und An. 1765. Lands-Sta'thalter, und sein Sohn Franz Joseph ein Jesuit worden; auch ist Johannes auch des Land-Rahts aus der Genoßame Seelisberg.

Zweysimmen.

Ein grosses Dorf, Kirch und Pfarr in dem Obern Simmenthal, da selbiges am bereithesten und am genehmsten ist, und da auf der rechten Seiten ein Ausgang aus dem Thal nach Saanen, und über das Gebirg in die Waat nach Vevay führet: daselbst vereiniget sich mit dem Flüßlein Simmen, ein kleiner Bach, die kleine Simmen genannt, danahen der Namen Zweysimmen entstanden. Die Pfarr daselbst ist alt, und ware die Mutter-Kirch, der Pfarren St. Stephan und Lenk, und ist der Pfarr-Satz A. 1335. von Heinrich von Strähtlingen, von Laubegg, und seiner Ehefrau Mamertha von Griers dem Stift Interlachen geschenkt worden, mit welchem er auch an die Stadt Bern kommen, welche annoch den Pfarrer bestellet, der in die Claß von Thun gehöret: es stehet auch ein halb Stund obenher dem Dorf ein altes Schloß genannt Blanckenburg, in welchem der gleich vorkommende Oberkeitliche Castellan seinen Sitz hat.

Von diesem Dorf wird auch benamset das Amt, darin es gelegen, andere aber nennen selbiges das Ober Siben- oder Simmenthal, welches von dem Buntischy-Bach, durch viele Krümmungen in die 5. bis 6. Stunden bis zu dem Räzliberg gehet, und auf beyden Seiten mit einer langen Reihe hoher an einander stossend theils fruchtbaren theils unfruchtbaren und felsichten Bergen eingeschlossen, und gegen Aufgang an die Bernerische Castlaney Frutigen, gegen Abend an das Bernerische Amt Sanen und Freyburgische Amt Bellegarde oder Jonn, gegen Mittag an den Walliser Zehnden Leuck, und gegen Mitternacht an das untere oder niedere Siben- oder Simmenthal gränzet, viel gar fruchtbare und erträgliche Matten und Alpen zu Erhaltung vielen Viehs, auch Verfertigung guter und anderer Käsen (welche in Frankreich und anderwärtig mit vielen Nutzen der Einwohnern verkauft werden:) begreifet, auch wildes Geflügel und die besten Fisch darin anzutreffen. Hinter obbemelten Räzliberg steigen noch in die 13500. Schuh hohe mit stähtem Eys bedeckten Gletscher auf, welche gegen Wallis gelegen, und die Straß hinüber in das Dorf Ayent führet.

Es begreift dieses Amt oder Thal die 4. Pfarren Boltingen, St. Stephan, Lenck und Zweysimmen, und sollen die 3. letstere A. 1386. Wilhelm von Tüdingen aus der Stadt Freyburg zuständig gewesen, und sich in dem damahligen zwischend den Städten Bern und Freyburg gewalteten Krieg an die Stadt Bern ergeben haben, die erstere und das darin gelegne Schloß Simmenegg aber An. 1390. oder 1391. von Rudolf von Arburg an die Stadt Bern verkauft worden seyn, welche hernach A. 1395. aus beyden ein Amt gemacht, und einen sogenannten Castellan aus ihrem grossen Rath darüber gesetzt. Und werden allda den 1. Mittwoch im Febr. den 4ten Mittwoch im Aug. auf St. Mattheus-Tag, Donstag vor Simon-Judä, und den 2. Donstag im Dec. Jahr-Marckt gehalten. Es finden sich aber zu Castellanen erwehlet

Zweysi.

Anno
- 1395. Peter von Greyerz.
- 1405. Hans Keiser.
- 1407. Peter Wendschaz.
- 1412. Hans Halter.
- 1420. Peter v. Opl.
- 1424. Hans von Vivis.
- 1440. Rudolph v. Schwanden.
- 1446. Joost Käsly.
- 1450. Hans Rosen.
- 1452. Jenno Frisching.
- 1460. Hans v. Werdt.
- 1466. Gilian v. Rümlingen.
- 1471. Peterman Roß.
- 1472. Niclaus Zurkinden.
- 1480. Peter Straub.
- 1489. Hans Linder.
- 1490. Gilian Spilmann.
- 1491. Hans Linder.
- 1494. Caspar Weis.
- 1498. Hans Kayser I. mal.
- 1501. Rudolph Subinger.
- 1503. Peter Dettlinger.
- 1508. Hans Kayser II.
- 1509. Hans Krauchthaler.
- 1513. Urban Baumgartner.
- 1514. Conrad Willading.
- 1517. Peter v. Werdt.
- 1522. Antoni Bütschelbach.
- 1525. Hans Stürler.
- 1526. Hans Archer.
- 1531. Hans Rochly.
- 1537. Vincenz Gatschy.
- 1542. Jacob Berchtold.
- 1545. Albrecht Sigwart.
- 1547. Hans Meyer.

Anno
- 1553. Jacob Güder.
- 1560. Niclaus Lienhart.
- 1564. Peter v. Werdt.
- 1572. Hans Wagner.
- 1577. Hans Holzer.
- 1583. Bläsi Obersold.
- 1588. Sebastian Jung.
- 1592. Bartolome May.
- 1598. Niclaus Geering.
- 1604. Peter v. Werdt.
- 1610. Mauritz Kuhn.
- 1617. Felix Schöni.
- 1623. Abraham Gut.
- 1629. Ulrich Wottenbach.
- 1635. Rudolph Müller.
- 1641. Jacob Kuhn.
- 1647. Abraham Lienhart.
- 1653. Rudolph Leerber.
- 1659. Alexander v. Werdt.
- 1665. Niclaus Bachmann.
- 1671. Rudolph Sugspurger.
- 1677. Abraham Walter.
- 1683. Johannes Henzi.
- 1689. Johannes Bundelin.
- 1695. Simon Wurstenberger.
- 1701. Johannes Matthey.
- 1706. Albrecht Herport.
- 1711. Beat Herport.
- 1716. Hans Rudolph Weis.
- 1716. Samuel Fischer.
- 1716. Samuel Tillier.
- 1722. Niclaus Wagner.
- 1728. Albrecht Knecht.
- 1730. Albrecht Künzi.
- 1736. Niclaus Fischer.

Anno	Anno
1741. Rerenz Spätting.	1753. Abraham Lerber.
1747. Sigmund Berſet.	1759. Sigmund Zehender.

Zweyſing.

Einige Häuſer auf einem Berg dieſes Namens ob Bauwen in der Pfarr Seelisberg und dem Land Uri.

Zwiblen- oder Zwibelen-Krieg.

ſiehe Lucern in den XII. Theil p. 269.

Zwigart.

Ein ausgeſtorbenes Geſchlecht in der Stadt Bern aus welchen Benedict A. 1536. des groſſen Rahts worden.

Zwiggen-Waſſern.

Ein Bach in der Urneriſchen Landſchaft Urſeren, welcher mit andern vereiniget bey Hoſpital in die Reus einflieſſet.

Zwik, auch Zwiko, und Zwiker.

Ein ausgeſtorbenes Geſchlecht in der Stadt Zürich, aus welchem Heinrich A. 1337. Zunftmeiſter worden.

Ein ausgeſtorbenes Geſchlecht in dem Land Uri, aus welchem Heinrich einen groſſen Antheil zu Stiftung U. L. Frauen Pfrund zu Altorf A. 1317. beygetragen und Hans A. 1509. Land-Seckelmeiſter worden.

Ein Geſchlecht in der Stadt St. Gallen, aus welchem unter dem Namen Zwik Heinrich An. 1436. 1444. und 1451. Rahtsherr und 1438. 1441. 1444. und 1453. Burgermeiſter, Michael An. 1465. Rahtsherr, Hans An. 1512. und 1515.
Zunft-

Zunftmeister worden; unter dem Zunamen Zwiker, ward Thomas A. 1614. Zunftmeister, A. 1616. Rahtsherr, und A. 1620. Kornherr, und sein Sohn Georg A. 1640. Zunftmeister, A. 1641. Rahtsherr, A. 1648. Sekelmeister, und A. 1663. Gesandter zu Beschwerrung des Französischen Bundes nach Paris, und dessen Sohn Hans A. 1674. Zunftmeister, A. 1677. Stadt-Caßier, und A. 1679. Rahtsherr, auch dessen Sohn Thomas A. 1696. und sein Sohn Georg A. 1750. Zunftmeister: auch ward aus diesem Zwiker Geschlecht Sebastian A. 1636. Zunftmeister und 1637. Rahtsherr, und Conrad A. 1637. Zunftmeister: und aus dem Geschlecht Zwik finden sich auch Anna A. 1446. und Verena A. 1453. Aebtißin von Magdenau, und Otmar An. 1453. des Stifts St. Gallen Lands-Hofmeister.

Ein ausgestorbenes Geschlecht in der Stadt Baden, aus welchem Johannes A. 1350. Schultheis worden.

Zwiker.

Drey Häuser in der Gemein Schwellbrunn in dem Land Appenzell Ausser-Rooden.

Zwikj.

Ein Geschlecht in dem Land Glarus, und sonderlich in der Gemeind Mollis, dessen Herkommen in das Land noch ungewiß, indem es einige herleiten wollen aus dem vorbemerkten Geschlecht der Zwiken aus dem Land Uri, andere aus dem gleichen Geschlecht in der Stadt St. Gallen, und noch andere aus dem Geschlecht gleiches Namens in der Stadt Costanz, aus welch letzterem einer Namens Conrad, der daselbst des kleinen Rahts und Ober-Baumeister gewesen A. 1548 in die Eydgnoßschaft gezogen seyn soll: und ist auch aus etwelcher Gleichheit der Waapen bey einigen die Muthmassung entstanden, ob es nicht gleiches Geschlecht mit den Venneren von Mullis, deren Guler *in Rhætia p.* 210. gedencket, gewesen, welche den Namen folglich abgeänderet: Das aber ist gewiß, daß dieses

Geschlecht schon bey dritthalb hundert Jahren in dem Land Glarus gewohnet, und die Aeltesten darvon bekannt Caspar, Melchier, Balthasar und Gabriel, darvon Balthasar schon des Land Raths gewesen, alle aber das Geschlecht in 4. Linien fortgepflanzet, und aus welchem der erstere Caspar sich zu Mollis gesetzt, und hinterlassen Johann, Fridolin, Rudolf und Caspar, von welchen allen eine zahlreiche Nachkommenschaft entsprossen, aus welcher Fridolin A. 1613. Lands Fähndrich und A. 1628. Lands Sekelmeister worden, und ein Vatter eines Sohns gleiches Namens gewesen, der auch Land-Raht und und Chorherr oder Ehe-Richter, und A. 1662. Landvogt des Rheinthals worden; Von dessen Söhnen der jüngste Dietrich A. 1686. Doctor der Artzney zu Basel worden und auf selbige sich allein mit Ausweichung Ehren-Aemtern gelegt, auch eine *Dissertation de Somni naturalis & praeternaturalis natura & causa* A. 1686. in 4. zu Basel in Druck gegeben, und eine Historiam medicam in Schrift hinterlassen und ohne Leibs-Erben gestorben, die andere Söhne Johann Heinrich, Fridolin, Johann Melchior und Caspar aber das Geschlecht in 4. Linien fortgesezt haben.

I. **Johann Heinrich** ward den 9. Martii A. 1651 gebohren, legte sich von Jugend an auf die Studien, that auch eine Reise durch Frankreich, und ward A. 1679. Zeugherr auch einer der 4. Freyhauptmannen des Lands, ward Kriegs-Raht, folglich Fünfer-Richter-Chorherr oder Beysitzer des Evangelischen Ehegerichts. Er ward auch A. 1689. Repräsentant oder Kriegs-Raht bey dem Eidgnößschen Zusatz in Basel, da sein Bruder Caspar als Hauptmann die 200. Glarner commandirte, und sein jüngster Bruder in der Medicin graduirte: er ward A. 1696. ohne vorgehende Statthalter-Stell von freyer Hand (welches etwas seltenes) zum Land-Amman, und folglich durch das Loos fünfmahl A. 1699. 1704. 1709. 1714. und 1719. nach einander, (welches auch etwas aufserordentliches:) zum Lands-Statthalter, und folglich A. 1701. 1706. 1711. 1716. und 1721. zum Land-Ammann erwehlet, so daß er 28 Jahr in ununterbrochener Reihe Lands-Statthalter und Land-Amman gewesen,

gewesen, auch aller innert solcher Zeit vorgegangenen Gemein- und Evangelischen, auch anderen absonderlichen Eydgnößischen Tag-Satzungen, und insbesonders auch An. 1702. der Land-Rechts Erneuerung mit den Land-Leuthen im Toggenburg, A. 1712. dem Friedens-Schluß zwischen den VII. ersten alten Eydgnößischen Städt und Orten zu Arau, auch A. 1720. der Stillung der Werdenbergischen Unruhen beygewohnet, und nachdem er etwas Zeit das Gesicht verlohren A. 1733. mit Tod abgegangen und ein Vatter gewesen Johann Heinrich, und Fridolin, welche beyde Hauptleute über die von dem Vatter An. 1702. in Kayserlichen Diensten in dem in den Oesterreichischen Waldstätten gelegten Regiment von Erlach angeworbnen Compagnien gewesen, und der erstere gezeüget Fridolin, der An. 1744. Evangelischer Lands-Fähndrich, auch Hauptmann im Land gewesen, und sein älterer Sohn Johann Heinrich An. 1754. Doctor der Arzney zu Basel, und A. 1756. Fünf-Richter in dem Land worden, auch A. 1754. eine *Dissertation de Anæmia* zu Basel in 4. in Druck gegeben.

II. Fridolin ward A. 1691. Kirchen-Vogt von Mollis und A. 1708. des Land-Raths, und von dessen Söhnen Fridolin ein geschickter Wund-Arzt, A. 1735. Evangelischer Lands-Seckelmeister, Johann Heinrich, Johann Melchior, Caspar und Johann Peter aber haben das Geschlecht in 4. Linien fortgepflanzet.

1. Johann Heinrich hat zu Zürich gestudiret, und A. 1699. unter dem Præsidio Johann Jacob Hottingers Theol. Prof. eine *Dissertation de Resipiscentia Evangelica, ejusque natura & indole*. in 4to in Druck gegeben und verfochten, ward auch daselbst im gleichen Jahr unter die Kirch- und Schuldiener aufgenommen, ward folglich nach seiner Heimkonst A. 1702. Pfarrer zu Betschwanden, und An. 1719. von Mollis, auch An. 1729. Chorherr und Beysitzer des Evangelischen Ehegerichts, A. 1730. Cammerer, und A. 1734. Decanus der Kirchen und des Synodi in dem Evangelischen Land Glarus, und ist in dem Aprill A. 1760. in dem 82. Alters Jahr gestorben, hinter-

laſſend 1. Fridolin, der auch zu Zürich A. 1725. unter die Kirchen- und Schuldiener aufgenommen worden, hernach ſeine Studia zu Leiden und Utrecht in Holland fortgeſetzt, und über Frankreich und Baſel nach Haus kommen, auch A. 1735. Pfarrer von Netſtall worden, welche Stell er aber aufgegeben, und ſeinem Vatter in ſeinem Alter bey ſeinem Pfarrdienſt behilflich geweſen, auch A. 1753. Chorherr bey dem Evangeliſchen Ehe-Gericht, und A. 1760. auch an des Vatters ſtatt zu einem Pfarrer von Mollis einmüthig erwehlt worden. Dieſer hat eine Predig oder Tractat über Eccleſ. l. 2. Von dem überal eitelen Weltweſen A. 1733. in Chur in 4to herausgegeben, auch die vierte Ausgab von Tſchudis gemeinen Vorurtheilen veranſtaltet, und mit des Verfaſſers Leben, auch einigen Anmerkungen und Gebättern vermehrt. Zürich 8. A. 1749. 2. Othmar der ſich auf die Arzney-Kunſt gelegt, und A. 1728. die Doctor-Würde darin zu Baſel erhalten, auch deswegen ein *Diſſertation de Febribus intermittentibus* daſelbſt in Druck gegeben, er thate auch eine Reis nach Leiden in Holland, und ward bey ſeiner Heimkunſt An. 1733. zum Neun-Richter und Evangel. Land-Raht, A. 1744. da er wider ſeinen Willen in das Loos gethan worden, zum Lands-Statthalter und A. 1746. zum Land-Amman, und A. 1749. auch zum Landvogt von Werdenberg erwehlt, iſt aber im Aug. 1755. in dem 49. Alters Jahr an der rothen Ruhr ohne Leibs-Erben geſtorben. 3. Johann Heinrich, der A. 1741. Vice-Lands-Seckelmeiſter, und von ſeinen Söhnen einer gleiches Namens A. 1756. Pfarrer gen Netſtall worden.

b. Johann Melchior ward erſtlich Lieutenant in Kayſerlichen Dienſten, darauf auch Hauptmann im Land, und hernach A. 1729. des Land-Rahts, und von ſeinen Söhnen Fridolin ein Wund-Arzt, A. 1741. des Land-Rahts. Samuel An. 1745. Augenſchein-Richter und Ev. Land-Raht. Johann Heinrich A. 1744. Pfarrer von Bilten, und Dieterich A. 1729. Neuner-Richter und A. 1754. des Gemeinen Land-Rahts, und des Pfarrers Johann Heinrichs Sohn Caſpar A. 1763. Fünfer-Richter und des Land-Rahts.

c. Caſpar

c. Caſpar ward A. 1706. Doctor der Arzney zu Baſel, und hat daſelbſt eine *Diſſertation de Phrenitide* in Druck gegeben, und ward hernach 1708. Pfarrer von Netſtal, und ein Vatter Fridolins, der auch A. 1738. Pfarrer von Netſtal worden, und in einer Leichpredig die Glückſeligkeit der Gerechten nach dem Tod, über Apoc. XIV. 13. A. 1756. zu Zürich in Druck gegeben, und Jacobs der A. 1738. zu Halle Doctor der Arzney worden und daſelbſt eine *Diſſertation de loco, quo corpora ſana morborum initia concipiunt* in 4. drucken laſſen.

d. Johann Peter ward A. 1692. gebohren, A. 1719. Fünfer-Richter: A. 1724. Lands-Statthalter und A. 1726. Land-Amman, A. 1731. Landvogt von Werdenberg und A. 1745. nochmahlen Lands-Statthalter und A. 1756. Land-Amman, hat auch vielen Eydgenößiſchen Tag-Satzungen beygewohnet, und A. 1757. den Vertrag mit den Catholiſchen Landsleuthen vermitteln helffen, auch A. 1734. eine Compagnie in Königl. Franzöſiſche Dienſt angeworben, und ſein Sohn, Fridolin iſt A. 1735. Fünfer-Richter worden.

III. Johann Melchior ward des Land-Rahts und A. 1709. Landvogt von Baden, und hat hinterlaſſen 1. Fridolin, A. 1741. des Land-Rahts worden und deſſen Sohn Jacob Capitaine-Lieutenant in der vereinigten Niederlanden Dienſten iſt. 2. Johann Peter der A. 1713. beyder Rechten Doctor zu Valence worden, und eine *Diſſertation de Fideicommiſſis* alba in Druck gegeben, auch A. 1722. Landvogt von Mendris, und ſein Sohn Johann Heinrich A. 1759. Fünfer-Richter und Land-Rath worden. 3. Johann Heinrich, der A. 1736. Evangeliſcher Seckelmeiſter, und hernach auch Chorherr, und ſein Sohn Fridolin A. 1761. des Land-Rahts, auch 1762. Chorherr worden und Kirchenvogt von Bilten iſt. 4. Jacob der Hauptmann in Königl. Franzöſiſchen Dienſten geweſen, und 5. Caſpar der Hauptmann von der Compagnie Buol unter dem in Kayſerlichen Dienſten geſtandenen Regiment Sprecher, und A. 1743. über die nach Baſel abgeſchickte Evangeliſche Glarner geweſen.

IV. Caſpar

IV. Caspar ward Hauptmann über die A. 1689. nach Basel abgesendete 200. Mann, und seine beyde Söhn Fridolin und Johann Peter Hauptleuth in dem Land, und der letstere auch des Kriegs-Rahts, und ein Vatter Caspars, der A. 1760. Neun-Richter worden.

Rudolf auch obigen ersten Caspars Sohn, ward Tagwen-Vogt und ein Vatter Fridolins, der A. 1662. Landvogt von Locarno oder Luggarus worden, und Caspars der des Land-Rahts gewesen.

Von obigem Balthasar, der auch einer der ersten, so in das Land kommen, stammet ab Johann, der A. 1750. Landvogt von Valmaggia oder Meynthal worden.

Zwilchbart.

Ein ausgestorbenes Geschlecht in der Stadt Basel, aus welchem Ludwig An. 1500. und Johannes A. 1554. Meister und Simon A. 1523. Rahtsherr worden.

Zwillifen.

Ein Dorf in der Pfarr Asholtern und der Zürichischen Landvogtey Knonau.

Zwing Uri unter die Stägen.

Von diesem in dem Land Uri angelegten Schloß ist das mehrere in dem XVIII. Theil pag. 711. zufinden.

Zwingel-Hubel.

Ein erhöheter Ort unweit Rudenz in der Pfarr Gyswell in dem Land Unterwalden ob dem Wald, auf welchem ehemahls das Schloß der Edlen von Hunwyl gestanden, und An. 1630. die neue Pfarr-Kirch erbauet worden.

Zwingen.

Zwingen.

Ein Schloß und Dorf zur rechten Seiten der Birs (welche man um selbiges völlig herumlaufen lassen kan:) etwan 3. Stund ob der Stadt Basel in dem Bischthum Basel, auf welchem ein Bischöflicher Landvogt seinen Sitz hat, unter welchem das von diesem Schloß des Namen habende Amt Zwingen stehet, in welches auch die Stadt Lauffen, das Schloß Burg, und die Pfarren Liesperg und Blauwen und die darzu liegende Dörfer gehören; welches ehemahls den Freyherrn von Ramstein von dem Bischthum zu Lehn gegeben, nach deren Abgang aber wieder an das Bischthum gezogen worden.

Zwingenstein.

War ehemahls ein Schloß ob Bernang in dem Rheinthal, ein Stamhaus Edler gleiches Namens, aus welchen Johannes Ritter An. 1370. den Edlen von Rorschach einen Zehenden verkauft; selbiges soll erstlich Grimmenstein geheissen haben, ward von den Appenzellern A. 1405. verstöhrt, und hernach von denen vor Ende wieder erbauet und Zwingenstein genennt worden seyn, A 1407. von denen von Appenzell dem Grafen von Werdenberg überlassen, und A. 1418. wieder zerstöhret worden seyn.

Zwinger.

Ein Geschlecht in der Stadt Basel, welches Leonhard seines Berufs ein Kürschner von Bischofzell dahin gebracht und A. 1526. das Bürger-Recht alda erhalten, auch Christina HerOsterin, des Oporini Schwester geheyrathet, und mit selbiger erzeuget, Theodor, der in seiner Jugend ein sondere Liebe zu den Studien gezeiget, und A. 1548. in dem 15. Alters Jahr unwissend seiner Eltern sich nach Lyon begeben und 3. Jahr lang bey einem Buchdrucker aufgehalten, und die übrige Zeit auf die Studien angewendet; er legte sich folgends etwas Zeit zu Paris unter der Anführung Petri Rami auf die Weltweisheit, und hernach zu Padua und Venedig auf die Arzney-Kunst, und wurde nach seiner Zurückkunft zu Basel A. 1559. Doctor in der letzteren, hernach auch A. 1561. Professor der Griechischen Sprach, A. 1571. der Sitten-Lehr und des Natürlichen Rechtens und A. 1580. Medicinæ Theoreticæ, auch A. 1565. 1572. und 1581. Rector der hohen Schul zu Basel, und sind von ihme zu Basel in Druck kommen:

Nautileum Somnium A. 1560. 4to.

Tabulæ & Commentarii in Artem Medicinalem Galeni, ejusdemque Librum de Constitutione Artis Medicæ A. 1561. fol.

Theatrum Vitæ humanæ A. 1565. 1571. 1586. und 1604. IV. fol. in fol.

Tabulæ in Aristotelis lib. X. Ethicorum ad Nicomachum An. 1566. fol. & 4.

Morum Philosophia poetica A. 1575. Vol. II. in 8vo.

Methodus Similitudinum eod. in 8vo.

Methodus rustica Catonis & Varronis præceptis aphoristicis per locos communes digestis A. 1576. 8vo.

Methodus Apodemica A. 1577. in 4to.

Tabulæ in XXII. Commentarios Hippocratis, nec non Sententiæ insignes Hippocrateæ per locos communes digestæ A. 1579. fol.

De Historia eod. 8vo.

Argumenta, Scholia & Tabulæ in Lib. X. Ethic. Aristot. ad Nicom. A. 1582. fol.

Argumenta, Scholia & Tabul. in libr. VIII. Polit. Aristot. eod. fol.

Cygnea Cantio A. 1588. 4to.

Analysis Psalmorum Davidis, Symboli Apostolici, & Orationis Dominicæ A. 1599. fol.

Physiologia Medica A. 1610. 8vo.

Esebii

Eusebii Episcopi Opera tabulis illustrata, Consilia & Epistolæ Medicæ.

Er hinterließ Jacob, welcher den Anfang seiner Studien unter seinem Vatter und zu Basel gemacht, und hernach A. 1585. zu Padua sonderlich in der Weltweisheit und Arzney-Kunst fortgesezt, und daselbst von Pinello, der auch einer seiner Anführer war, zum Zeichen seiner, ab seiner guten Affuhrung und Fleiß tragenden Achtung, einen güldenen Ring geschenkt bekommen, welchen er Lebenslänglich getragen: Nach seiner Zuruckkunft erhielte er A. 1594. die Würde eines Doctoris Medicinæ, und wurde das folgende Jahr zum Professor der Griechischen Sprach erwehlt, woselbst er auch der Jugend in der Arzney-Wissenschaft und Chymia Unterweisung gegeben, und die erstere mit vielen Nutzen getrieben, und A. 1606. auch Rector der dortigen hohen Schul worden: Er ward auch von Guilimo Arragosio, welcher des Kaysers Maximiliani II. und dreyer Königen von Frankreich Leib-Arzt gewesen, so hoch geachtet, daß er ihm zum Erben seiner Kunst, seiner Büchern und einig anderer Güthern erklährte; Er hat auch aus Liebe zu den Armen den Spittal in Basel viel Jahr lang, ohne Entgelt, so fleißig besucht, gleich als ob er darzu wäre geordnet worden, und auch zur Zeit der 1610. daselbst eingerissenen Pest der ganzen Stadt grosse Dienste geleistet, bis er daselbst samt seiner Ehefrauen von dieser ansteckenden Krankheit angegriffen, und mit derselbigen an einem Tag den 11. Sept. aus der Zeitlichkeit abgefordert worden: es wurde ihme A. 1612. zu Görlitz in der Lausnitz von Caspar Dornario, Philos. & Med. Doct. eine Trauer-Rede in Lateinischer Sprach gehalten und unter dem Titel *Vir bonus & Doctus* in Druck gegeben. Nebst der vermehrten Ausgab seines Vatters Theatri Vitæ humanæ A. 1606. sind auch von ihme in Basel in Druck gegeben worden:

Diatribe Philosophica A, 1597. 4to.

Theses de Methodis A. 1598. 4to.

De Oratione & Psalmis Methodica Logographia A. 1599. fol.

Auctarium Dialecticorum omnium ad Scapulam A. 1600. 1605 und ist hernach wiederum aufgelegt worden A. 1620. 1628. 1655.
Vita Luciani A. 1602. 8vo.
Oceanus Philosophicus de Anima eod. 4to.
Theses Logicæ de Syllogismo communi eod.
Themata Philosophica eod.
Examen principiorum Chymicorum ad Hippocratis, Galeni & aliorum Græcorum & Arabum consensum A. 1606. 8vo.
Commentarius in librum Galeni de Definitionibus Medicis.
Catechismus Religionis Christianæ.
Analysis in Epistolas Pauli.
Etymologon Græcum magnum.

Sein Sohn Theodor wurde von dem Vatter zu dem Theologischen Studio gewiedmet, bekam aber nach desselben Ableiben und im Nov. 1613. erhaltenem Magister-Würde durch den grossen Vorraht Medicinischer Büchern und Schriften seines Vaters und Grosvaters, auch vielen Chymischen Instrumenten und Materialien seines Vaters Lust sich auf die Arzney-Kunst zulegen, worvon er aber durch eine tödliche Krankheit ab- und wieder zu den Theologischen Studien geleitet worden, da er sich in selbiger und denen hierzu erforderlichen Sprachen so geübet, daß er A. 1617. in das Predig-Amt aufgenommen worden: Er thate folglich eine Reise nach Heydelberg, Leyden, auch in Engelland und kam über Paris und Genf im Nov. A. 1619. wieder nach Haus, und wurd zum gemeinen Helfer, A. 1620. zum Obersten Helfer, A. 1627. zum Pfarrer bey S. Theodoren, und im Jun. A. 1630. in dem 30sten Alters Jahr zum Obersten Pfarrer und Antistite auch Professore Theologiæ Veteris Testamenti erwehlet, ihme auch die Theologische Doctor-Würde ertheilt; Er ward auch A. 1636. und 1642. Rector der hohen Schul, und A. 1654. auch Professor Novi Testamenti, und ist ehe er selbige angetreten am 27. Dec. dieses Jahrs Todes verblichen. Er hat auch A. 1642. ungeachtet vieler Schwierigkeiten zu Basel den Gebrauch des gewöhnlichen Brods und deffelben Brechung einführen mögen; Von ihme ift zu Basel in Druck kommen:

Diatribe Theologica de illustri Sententia Apostolica Hebr. XIII. 8. Præf. Sebastiano Beck, Th. D. & Pr. A. 1630. 4to.

Dodekas Quæstionum controversarum de incarnatione Filii Dei A. 1631. 4to.

Antitheses Concilio Tridentino oppositæ An. 1632. 4to.

Themata Theologica de Mysterio reconciliationis nostræ cum Deo per Jesum Christum ex II. Petr. V. 21. A. 1634. 4to.

Disputatio Theologica de Scriptura S. A. 1635. 4to.

Diss. Theol. gemina de Paschate V. & N. Testamenti A. 1640. in 4to.

Declaratio Sententiæ orthodoxæ de S. Domini Cæna. A. 1641.

Disp. Theol. de Natura & Gratia A. 1642. 4to.

Diatribe in Psalmum Psalterii primum de unica & vera hominis felicitate. A. 1649. 4to.

Theses Theol. de S. Scriptura. eod. 4to.

Disp. de Justificatione hominis coram Deo. eod. 4to.

Warnungs- und Bus-Predigt von dem Erdbeben; A. 1650. 4to.

Theses Theol. de Prædestinatione A. 1651. 4to.

Dissert. de Vocatione eod. 4to.

Theatrum Sapientiæ cælestis. A. 1652. 4to.

Dissert. de notis veræ & salutaris Religionis & veræ religiosorum seu vivorum Ecclesiæ Christi membrorum. A. 1653. 8vo.

Bericht von dem rechten und heilsamen Gebrauch des H. Abendmahls A. 1654. 12mo 1660. 16mo.

Erleuterung der Lehr von dem H. Abendmahl A. 1655. 4to.

Commentarius Analyticus in Epistolam ad Romanos. eod. 4to.

Syntagma selectarum Exercitationum Theologicarum. A. 1657. in 4to.

Commentarius in Psalmos.
Disputatio de libero arbitrio.

Auch sind von ihme in Druck kommen Leich-Predigen:

Von der frommen alten Wittwen Hanna über Luc. II. 36-38. A. 1624.

Von dem Zustand gläubiger Leuthen allhier auf Erden samt einem lebendigen Trost, daran sie sich halten sollen über II. Cor. IV. 9-12. A. 1628.

Von den letsten Worten, welche unser Heyland JEsus Christus am Creutz gesprochen über Luc. XXIII. 46. A. 1629.

Von dem Kampf Jacobs des H. Altvaters, mit dem Engel GOttes über *Gen.* XXXII. 22-32. eod.

Von Todes-Gedanken, mit welchen ein jeder Mensch die Zeit seines Lebens umgehen solle, über *Psalm.* XXXIX. 5-7. eod.

Von dem Amt und seligen Tod getreuer Seelsorgern, samt angefügten Bericht von der schuldigen Pflicht frommer Zuhörern über *II. Thim.* I. 12-15. eod.

Von dem beständigen Lauff und Kampf Christgläubiger Leuten, über *Hebr.* XII. 1-13. eod.

Von dem Amt und Himmlischer Herrlichkeit getreuer Lehrern über *Dan.* XII. 3. A. 1630.

Von dem Geistlichen beständigen Lauff der Kindern GOttes samt dessen erwünschter Belohnung über *Phil.* III. 14. eod.

Von der Geistlichen Seelen-Arzney über *Esai.* XXX. 15. A. 1631.

Von dem Amt und gnadenreichen Belohnung getreuer Diener GOttes über *Apoc.* II. 10. 11. eod.

Von der Verwechslung des irdischen Hauses mit dem himlischen über *II. Cor.* V. 1-3. eod.

Von gebührender Betraurung frommer abgestorbener Leuten über *I. Theff. IV.* 13-18. eod.

Von der Beständigkeit im Glauben und gutem Gewissen über *Apoc. III.* 11-13. A. 1632.

Von beständigem Trost wieder die Schrecken des zeitlichen Todes über *Job. XI.* 25. 26. eod.

Von dem schönen Spruch des H. Evangelisten und Apostels Johannis *I. Joh. I.* 7. eod.

Von der Kürze und Mühseligkeit des menschlichen Lebens über *Pfalm. XC.* 16. eod.

Von der Eitelkeit und Mühseligkeit des menschlichen Lebens über *Pfalm. XC.* eod.

Von unverhoften kläglichen Zufählen frommer und dapferer Leuten über *II. Sam. III.* 27-fin. A. 1633.

Von dem Zustand des Leibs und der Seelen nach dem Tod über *Eccl. XII.* 7. eod.

Von der Vorbereitung zum Tod, und Trost wieder deffelben Schrecken über *II. Thim. IV.* 6-8. eod.

Von unserm Trost und Amt in traurigen, unverhoften und tödlichen Zufällen über Matth. X. 29-31. eod.

Von der Kunst selig zu Sterben über Apoc. XIV. 13 eod.

Von der seligmachenden Erkanntnus JEsu Christi über Joh. I. 45-51. eod.

Von der Eitelkeit des menschlichen Lebens über Job. XIV. 1-5. eod.

Von dem Amt der Kindern GOttes in den Trübsalen und deren Nutzbarkeiten über Rom. V. 3-6. eod.

Von dem Amt, Kampf und Trost der Kindern GOttes im Leben und Sterben über Pfalm. CXVI. 3-9. A. 1634.

Von williger und gedultiger Ertragung aller von GOtt zugesandter Trübsalen über Job. V. 17-21. eod.

Von

Von den Versuchungen der Kindern GOttes samt dero Trost über I. Cor. X. 13. A. 1634.

Von der Eitelkeit und ungewissen Zufällen des menschlichen Lebens über Eccl. VII. 1. 2. eod.

Von unserem Amt in allerley Trübsalen dieses Lebens, wie auch in dem Tod über I. Petr. IV. 19. eod.

Von unversehenen Todesfällen frommer Leuten über Job. LVII. 1. 2. eod.

Von denen Gnaderkzeichen getreuer Kirchendienern samt dero Trost in ihrem Beruf und Tod über I. Cor. II. 1-5. eod.

Von dem Amt und Trost der Kindern GOttes in leiblichen und geistlichen Trübsahlen über Psalm. VI. eod.

Von dem Kriegs-Stand, samt der Kriegs-Leuten Amt und Trost in wiederwärtigen Zufällen über Matth. VIII. 5-13. eod.

Von dem seligen Zustand der auserwehlten Seelen nach dem Tod über Apoc. VII. 9-17. eod.

Von der Bilgramschaft der Kindern GOttes in gegenwärtigen, und dero seligen Endschaft in dem zukünftigen und ewigen Leben über Hebr. XIII. 13. 14. eod.

Von dem bescheidnen Gebrauch beydes des Wolstands und des Uebelstands über I. Cor. VII. 29-31. eod.

Von dem Ursprung schwährer Krankheiten und anderer Trübsalen samt dem besten Mittel und Trost darinnen über I. Cor. XI. 30-32. eod.

Wie denen, die GOtt lieben, alle Ding zum besten dienen über Rom. VIII. 28. eod.

Von dem geistlichen Trauer- und Höllen-Kampf unsers HErren JEsu Christi über Luc. XXII. 41-43. eod.

Von dem Leben, Tod und Auferweckung Tabithä über Actor. IX. 36-42. eod.

Von der Ungewißheit der Zeit und Stunde des Todes über Apoc. XVI. 15. eod.

Von

Von der himmlischen Herrlichkeit aller auserwehlten besonders frommer und getreuer Regenten über Dan. XII. 3. A. 1634.

Von schädlichen Aenderungen weltlicher Polkeyen und Regimentern besonders durch Entzuckung frommer und dapferer Regenten über Prov. XXVIII. 2. eod.

Von der Flüchtigkeit und Trübseligkeit des gegenwärtigen Lebens samt unserm Amt und Trost darinnen über Job. IX. 25. 26. eod.

Noch eine über gleichen Text. eod.

Von dem Amt und Kennzeichen, wie auch Wohlfahrt und Glückseligkeit der Kindern GOttes über Psalm. XVI. 8-11. A. 1635.

Von dem Weg zur himmlischen Seligkeit und dero Beschaffenheit über Apoc. VII. 13-17. eod.

Wie wir uns mit christlicher Gedult, ernsthafter Busfertigkeit, und beständiger Hofnung der himmlischen Seligkeit in die Trübsalen gegenwärtiger Zeiten schicken sollen über Apoc. III. 19-22. eod.

Von stäthiger Errinnerung und Betrachtung des Todes über Psalm. XXXIX. 5. eod.

Von der vätterlichen Fürsorg und Liebe GOttes gegen seinen Kindern von Mutter-Leib an bis in das graue Alter über Esaj. XLVI. 3. 4. eod.

Von der rechten Sterbens-Kunst über Psalm. LXXIII. 25. 26. eod.

Von der Mäßigung zeitlicher und ernsthaftem Fleiß geistlicher Dingen über Luc. X. 30-42. eod.

Von dem Glauben und Trost sterbender Leuthen über Job. XIX. 25-27. A. 1636.

Von der Eitelkeit des menschlichen Lebens über Job. IX. 21-26. eod.

Von Christlicher Vorbereitung zu dem Tode über Luc. XVIII. 9-14. eod.

Von der Bescheidenheit in Betrauung der Abgestorbenen, samt dem Trost wider unmäßige Traurigkeit über I. Theff. IV. 13-18. eod

Von dem Leben und Tod frommer und Gottseliger Leuten über Gen. V. 21-24. und Hebr. XI. 5. eod.

Von dem Amt und gnadenreichen Belohnung aller deren, welche in allerley Ständen unserem HErrn GOtt dienen, über Matt XXIII. 45-47. eod.

Von unserem Amt und Trost in den vätterlichen Züchtigungen und Heimsuchungen GOttes über II. Sam. XXIV.

Von dem Fleiß eines guten Gerüchts und Nahmens, wie auch von dem Trost wider die Schrecken des Todes in Eccl. VII. 2. eod.

Von Hindansetzung und Verachtung irdischer wie auch Nachtrachtung und Forschung himmlischer Dingen über Col. III. 1.4. eod.

Von dem Amt, Kennzeichen und Glückseligkeit der Kindern GOttes über Psalm XVI. 8-11. eod.

Von dem Wunsch des zeitlichen Todes, und Trost wider die Forcht desselbigen über Phil. I. 23. A. 1637.

Von dem neigenden Alter des Menschen, und wessen sich fromme Leuthe darinnen zu verhalten und zu trösten haben über Psalm LXXI. 9. eod.

Von dem Mara, das ist von dem bittern Creutz der Kindern GOttes über Exod. XV. 22-25. eod.

Von Arons des Hohenpriesters in Israel Absterben über Num. XX. 22-29. eod.

Von dem Tod und Begräbnus Mosi des theuren Manns GOttes und getreuen Regenten des Volks Israels über Deut. XXXIV. 1.8. eod.

Von der Burgerschaft der Kindern GOttes im Himmel über Phil. III. 20. 21. eod.

Von der allmächtigen und allweisen Fürsehung GOttes in dem Leben und Sterben des Menschen über Jer. X. 23. 24. eod.

Von dem, das der Mensch zu seiner Seligkeit haben und behalten solle über Apoc. III. 11-13. eod.

Von den Tiefenen, darin die Kinder GOttes allhier geführet werden über Psalm CXXX. eod.

Von unſerem Troſt und Amt im Leben und im Sterben über II. Cor. V. 4 - 9. eod.

Von dem rechten Anliegen des neigenden hohen Alters über Pſalm LXXI. 5. 6. 9. 17. 18. A. 1618.

Von Chriſtlicher Bereitſchaft zu einem ſeligen End über Matth. XXV. 1 - 13. eod.

Von der Beſcheidenheit, deren wir uns beydes in den Wol- und Ubelſtand gebrauchen ſollen über I. Cor. VII. 29 - 31. eod.

Von dem Schwanen Geſang des H. Apoſtels Pauli über II. Thim. IV. 6 - 8. eod.

Von dem Wunſch nnd Begierde eines ſeligen Todes über Num. XXIII. 10. eod.

Von dem Haus-Creutz frommer und Chriſtlicher Eheleuthen ſonderlich wann ſie durch den zeitlichen Tod von einandern getrennt werden, über Ezech. XXIV. 15 - 18. A. 1639.

Von dem Elend und Eitelkeit des menſchlichen Lebens, ſo inſonderheit ſich erzeiget bey unverhoft leidigen Todesfällen derjenigen gottſeligen Weibs-Perſonen, welche an der Geburt ihrer Kindern oder nach derſelben dieſe Welt geſegnen, über Gen. XXXV. 16 - 20. eod.

Von dem Amt und Troſt der Kindern GOttes in allerley Trübſalen gegenwärtigen Lebens über Pſalm VI. eod.

Von gottſeligen Gedanken, ſo wir faſſen ſollen von denen Abgeſtorbenen, betreffend den Zuſtand ihres Leibs und Seelen nach dem Tod über Eccl. XII. 7. eod.

Von der Seligkeit frommer leidtragender Perſonen über Math. V. 4. eod.

Von den Verſuchungen der Kindern GOttes über I. Cor. X. 13. eod.

Von einem gottſeligen Leben und ſeligen Abſterben über Luc. II. 25 - 32. eod.

Von dem holdſeligen heylwertigen Beruf des H. Evangelii über Math. XI. 28 - 30. A. 1640.

Von dem Amt und Segen frommer inſonderheit alt wolbetagten Leuthen über II. Sam. XIX. 31 - 40. eod.

Von dem höchsten Wunsch und Begierd der Kindern GOttes, nemlich eines seligen Ends und Abscheids aus dieser Welt über Luc. II. 28 - 30. A. 1641.

Von dem schwehren Haus-Creutz frommer Eltern, welche ihrer lieben Kindern durch frühzeitigen Tod beraubet werden über Gen. XXII. 1 - 12. eod.

Von der Heiligkeit und Seligkeit derjenigen, welche in unserem HErrn JEsu Christo durch den zeitlichen Tod entschlafen über Apoc. XX. 6. eod.

Von dem höchsten Verlangen der Kindern GOttes im Leben und im Sterben über Psalm XLII. 2. 3. eod.

Von unserer Wanderschaft in gegenwärtigen Leben samt derselbigen erwünschten Endschaft und Verwandlung in die Ruhe des himmlischen Vatterlandes über Hebr. XI. 8 - 10. eod.

Von der Creuz-Schul Christlicher und Gottseliger Eheleuthen, wie auch von derselben Amt und Trost darin über Ezeh. XXIV. 15 - 18. A. 1642.

Von dem Amt der Kindern GOttes insonderheit allerhand fürgesetzter Stands-Personen in gegenwärtigen Leben, samt deren Gnadenreichen Belohnung in diesem und künftigen Leben über Psalm CXVIII. 17 - 19. eod.

Von aller Christgläubigen Leuthen Amt in Leben und Sterben über Psalm XXVII. eod.

Von menschlichen unverhoften leidigen Zufällen über Jer. X. 23. 24. A. 1643.

Von der geistlichen Seelen-Sorg über 1. Petr. IV. 19. eod.

Von dem geistlichen Seelen-Anker, namlich der Fürsehung GOttes über Psalm CXXXIX. 1 - 6. eod.

Von dem Kampf und Unruhe, so die Kinder GOttes in diesem Leben bis an dasselbige Ende auszustehen haben über Job. VII. 1. 2. A. 1644.

Von dem Tod, Betraurung und Begräbnus Christgläubiger Leuthen über Gen. XXIII. 1. 2. 19. 20. eod.

Von den Trübsalen der letzten Zeiten, samt dem Trost, mit welchem man sich darin aufrichten solle über Dan. XII. 1 - 3. eod.

Die rechtschaffene Sterbens-Kunst, über die siben Wort Christi an dem Creutz.

Von der Zuflucht der Kindern GOttes, welche sie in allem ihrem Anliegen zu GOtt nehmen sollen über Psalm LV. 23. eod.

Von der Gedult in dem Creuz und Trübsalen über Hebr. X. 36. eod.

Von den geistlichen Anfechtungen der Kindern GOttes samt ihrem Amt und Trost in denselbigen über Joh. XX. 11-18. A. 1645.

Von der Versuchung des alten, wie auch Erneuerung und Verklärung des neuen Menschen über II. Cor. IV. 16-18. eod.

Von den Versuchungen der Kindern GOttes über I. Cor. X. 13. eod.

Von der Angst und Noth der Kindern GOttes in diesem Leben über Esaj. XXVI 16-26. eod.

Von dem Amt sterbender Leuthen, und dero hierauf folgenden Seligkeit über Apoc. XIV. 13. A. 1646.

Von dem Amt der Kindern GOttes, wie sie sich in desselben Willen im Wohlstand und Uebelstand schicken sollen über Math. VI. 10. A. 1647.

Von der tödlichen Kinds-Geburt Rachel über Gen. XXXV. 16-20. eod.

Von dem rechten Weg zur ewigen himmlischen Seligkeit samt dero Beschaffenheit über Apoc. VII. 13-17. eod.

Von dem trübseligen Zustand frommer Kindern GOttes in dieser Welt, samt ihrem Amt und Trost in demselbigen über Psalm VI. 1-10. eod.

Von fleißiger Wahrnehmung und Betrachtung des Todes frommer Leuthen über Esaj. LVII. 1-2. eod.

Von dem Bezirk und bestimten Lauf des menschlichen Lebens, wie auch fleißiger Wahrnehmung der Zeiten und Tagen desselbigen über Psalm XC. 12. eod.

Von dem Kampf der Kindern GOttes im Leben und im Sterben, samt desselben frölichen und erwünschten Ausgang über II. Tim. IV. 6-8 A. 1648.

Von

Von dem Amt deſſen ſich die Kinder GOttes im Leben und in dem Sterben befleiſſen ſollen über I. Petr. IV. 19. eod.

Troſt wider die Forcht und Schrecken des zeitlichen Todes über II. Cor. V. 1-3. eod.

Von dem heiligen Anligen der Kindern GOttes in gegenwärtigem Jammerthal über Pſalm. XLII. 2. 3. eod.

Von dem Amt Chriſtgläubiger Leuthen in Trübſalen, deſſen ſie ſich in dieſem zeitlichen Leben befleiſſen ſollen, ſamt angehängten Urſachen deſſelben über Jer. Thr. III. 24-35. eod.

Von den Weg und Pforten, auf welchem und durch welche die Kinder GOttes zum ewigen Leben, die Kinder aber dieſer Welt zur Verdamnus kommen über Math. VII. 13. 14. A. 1649.

Von der Wanderſchaft dieſes gegenwärtigen Lebens ſamt derſelben ſeligen Endſchaft in dem himmliſchen Vatterland über Hebr. XI. 8-10. eod.

Von der Seligkeit der Auserwehlten nach dieſem Leben über Apoc. VII. 9. 17. eod.

Von dem Leben, Tod und Auferſtehung rechtgläubiger Leuthen über Act. IX. 36-42. eod.

Von dem ſchwehren Creutz-Laſt des Kindern GOttes alhier auf Erden, wie auch dem Troſt deſſen ſie ſich darunter zu gebrauchen haben über Pſalm LXVIII. 20. 21. A. 1650.

Von Chriſtgläubiger Leuthen Amt und Troſt über Rom. XIV. 7. 8. eod.

Von der ſorgfältigen Bewahrung deſſen, das zu unſerer Seligkeit dienet, wie auch von der Gerechtigkeit deren hierauf erwartenden himmliſchen Herrlichkeit über Apoc. III. 11-13. eod.

Von der heiligen und geiſtlichen Jungfrauſchaft aller Chriſtgläubigen Leuthen über Apoc. XIV. 1-5. eod.

Von der rechten Lebens- und Sterbens-Kunſt über Math. XXVII. 57-60. eod.

Von der wahren geiſtlichen Freude der Kindern GOttes in gegenwärtigem Leben über Luc. X. 20. und I. Thim. IV. 4. eod.

Von dem Haus-Creuz der Kindern GOttes ſamt ihrem Amt, deſſen ſie ſich darin zu befleiſſen haben über Pſalm XXXIX. 10. A. 1651.

Von der Kindschaft der Kindern GOttes und der darauf folgenden Erbschaft des ewigen Lebens über Rom. VIII. 12-18. 1651.

Von gebührlicher und beschendenlicher Begird und Wunsch des zeitlichen Todes, samt angehängten beweglichen Ursachen derselben über Phil. I. 23. eod.

Von der Gewißheit des Todes und der Ungewißheit der Stunde desselben über Apoc. XVI. 15. eod.

Von dem seligen End und Absterben des H. Manns GOttes Moses über Deut. XXXIV. 1-8. A. 1652.

Von den Beschwährden und langwierigen Trübsalen der Kindern GOttes samt ihrem Amt und Trost in denselben über Psalm VI. 4. eod.

Von dem von GOtt bestimmten Zihl des menschlichen Lebens über Job XIV. 5. eod.

Von der Wallfahrt der Kindern GOttes in gegenwärtigen Leben, samt ihrem Amt darin sie sich zu befleissen haben über II. Cor. V. 6-10. A. 1653.

Von dem Alter und Währung, wie auch der Müh und Trübseligkeit des gegenwärtigen Lebens über Psalm XC. 10. eod.

Von dem Amt und Gnadenreichen Belohnung frommer und getreuer Dienern an den Heil. Wort GOttes über Apoc. II. 10. 11. eod.

Von dem fürnehmsten Wunsch und Anligen gottseliger und gläubiger Leuthen über Psalm CXVIII. 35. eod.

Von dem Amt und Trost Christgläubiger Leuthen in allerhand Trübsalen, fürnemlich in Todes-Nöhten über Psalm XXVII. 1. A. 1654.

Von dem langen Leben und hohem Alter frommer Leuthen, wie auch von ihrem Amt und Trost in demselbigen über Psalm LXXI. 1-9. und 17. 18. eod.

Von der Eitelkeit und Hinfälligkeit des menschlichen Lebens über Esaj. XL. 6. 8. eod.

Weiters sind von ihme gedruckt worden

Buß-und Bätt-Tags Predig über Jon. III. 1. A. 1620.

Von

Von dem Untergang fürnehmer und gewaltiger Städten aus Anlas der Zerstörung Jerusalems über Luc. XIII. 1 - 9 A. 1631.

Predig bey einer offentlichen Vorstellung über Esaj. III. 10. 11. A. 1632.

Verantwortung über der Predig, so D. Johann Schmid gehalten A. 1634.

Von dem H. Abendmahl über Math. XXVI. 26 - 29. A. 1641.

Dauk= und Buß=Predig an einem Bätt=Tag über Psalm XCV. eod.

Von dem Erdbeben A. 1650.

Einige Fragen von dem H. Abendmahl A. 1654. 12mo.

Sein Sohn Johannes erwehlte, nachdem er die gewohnlichen Philosophischen Gradus erhalten, das Theologische Studium, und übte sich darin so fleißig, daß er A. 1654. in dem 20. Alters Jahr unter die Kirchen=Diener aufgenommen worden; Er begab sich folglich nach Genf, und war etwas Zeit alda Pfarrer der Deutschen Gemeind, hernach aber wiederum Unpäßlichkeit halber nach Haus, thate aber hierauf eine Reise über Heidelberg nach Leiden, Leewarden, Gröningen, Bremen und Marburg: als er den 3. Oct. A. 1656. wieder nach Basel kommen, wurde er in der Stund seiner Ankunft einhellig zu einem Professor der Griechischen Sprach erwehlet. An. 1664. erhielte er die Theologische Profession der Glaubens Lehre und der Religions Streitigkeiten, und nahm sodann die Doctor=Würde in der Theologia an, und ward folglich A. 1675. Professor des Alten und A. 1685. des Neuen Testaments; war auch A. 1666. 1681. und 1693. Rector der hohen Schul zu Basel, und Bibliothecarius derselben, und da von der Oberkeit der offentlichen Bibliothec ein andere grosse und wohlgelegene Behausung angewiesen worden, hat er bey dieser Veränderung nicht nur die samtliche Bücher und Merkwürdigkeiten dieser Bibliothec in eine richtige Ordnung gebracht, sondern auch ausführliche und in 6. grossen Folianten bestehende Catalogos eigenhändig darüber verfertiget, und ist den 26. Febr. A. 1696. gestorben. Von ihme ist in Druck kommen

Disp.

Disp. de Justificatione Hominis coram Deo. Basel An. 1652. in 4to.

Disp. de peccato originali. Præs. Theodor. Tronchin. Theol. Prof. Genf A. 1654. 4to.

Disp. de Satisfactione Christi. Præs. Joh. Rod. Wetstein. Th. D. & Prof. Basel A. 1556. 4to.

Disp. de Viribus liberi arbitrii in Hominis Conversione. Præs. Sebast. Curtio Th. D. & Pr. Marburg A. 1656. 4to.

und hernach zu Basel in 4to.

Disp. de Tempore Creationis Mundi. A. 1657.

Disp. de Aristotelis Orthodoxia in Doctrina de Mundi Ortu. eod.

Disp. Aristotelis Orthodoxia in Doctrina de Providentia Dei. An. 1658.

Disp. de Quæstionibus quibusdam Ethico-Politicis A. 1659.

Disp. IV. de Substantia A. 1659. & 1660.

Disp. de Bello Christianis licite gerendo. A. 1660.

Disp. de Monstris, eorumque Causis & differentiis eod.

Quæstiones de Creatione Mundi. eod.

Disp. de Duellis. eod.

Oratio de Barbarie superiorum aliquot Seculorum orta ex Lingua Græca ignorantia. A. 1661.

Quæstiones Politicæ miscellaneæ A. 1664.

Disp. de Integritate Canonis. eod.

Disp. de Unitate Animæ in homine. eod.

Disp. de Sede Animæ rationalis. eod.

Disp. de Communicatione Idiomatum. A. 1665.

Disp. de Vocatione æterna ad Salutem. eod.

XLII. *Disputationes de Peccato* A. 1668. seq.

Disp. ad locum Apoc. V. 5 - 7. A. 1673.

Defensio Thesium de Providentia Dei. A. 1674.

Disp. de Communione sub utraque specie. A. 1675.

VI. *Disp. de Festo Corporis Christi.* A. 1682. — 1685.

Positiones miscellaneæ ex variis Philosophiæ partibus. A. 1684.
Tractatus de Rege Salomone peccante. A. 1696.

Er hinterließe Theodor, Johann Rudolf, Jacob, und Johannes die das Geschlecht in 4. Linien fortgepflanzet.

I. Theodor ward A. 1658. gebohren und legte sich nach A. 1675. erhaltenem Magisterio Philosophiæ auf die Arzney-Kunst erstlich in der Vatter-Stadt und hernach A. 1678. und 1679. in den Städten Schaffhausen und Zürich, und ward ihme in der ersten auch eine Zeitlang die Besorgung des dasigen Spittahls anvertraut, in der letztern aber übte er sich sonderlich in der Botanic: A. 1680. kam er wieder nach Basel und erhielt die Doctor-Würde in der Arzney-Kunst, that hierauf eine Reise über Genf und Lyon nach Paris, und kam nach Verlangen seiner Eltern A. 1682. wieder zurück, und ward A. 1684. Professor Eloquentiæ und A. 1687. Professor Physices. A. 1694. reisete er wegen wichtigen Geschäften nach Wien, und hatte bey dem Kayser verschiedene mahl gnädige Verhör, und da er von König Friderico I. in Preußen A. 1703. zu einem Leib-Arzt beruffen worden, that er auch eine Reise nach Berlin und ward von dem König gnädig empfangen, nahme aber dortigen Beruf nicht an, sondern widmete lieber seine Dienst dem Vaterland, in welchem er gleichen Jahrs Professor Anatomiæ & Botanices A. 1711. Professor Medicinæ practicæ auch Stadt-Physicus auch Anno 1704. und Anno 1711. Rector der hohen Schul worden. Schon A. 1685. ward er in die Academie der Naturæ Curiosorum unter dem Zunamen Aristotelis I. und A. auch in die Königl. Preußische Societät aufgenommen, er schlug aber A. 1700. die ihme angetragenen Professio Medicinæ practicæ auf der hohen Schul zu Leiden in Holland aus: Er ward A. 1696. von dem Herzogen von Würtemberg und A. 1717. von dem Marggrafen von Baden-Durlach zu einem Geheimen Rath und Leib-Medico erklähret, auch A. 1710. von dem Landgrafen von Hessen-Cassel zu einem Leib-Medico beruffen, auch A. 1709. von dem Stift Münster in. Granfelden zu Delsperg Anno 1711. von dem Stift Marien-

Marienstein und Beinwiel zu einem Arzt angenommen: er starb den 16. Mart. A. 1724. und hinterliesse 4. Söhne und 5. Töchtern: Auch ist von ihme in Druck kommen

Disputatio de Synocho putrida. Præs. Jacobo Roth. Med. D. & Prof. Basel A. 1677. 4to.

Disp. Inaug. de Pædatrophia. ibid. A. 1680.

Positiones miscellaneæ è variis Philosophiæ partibus A. 1684. in 4to.

Disp. de Virtute Heroica A. 1686. 4to.

Theses Philosophicæ miscellaneæ eod.

Oratio Panegyrica in obitum Joh. Caspari Bauhini Med. D. & Prof. A. 1687. 4to.

Sicherer und geschwinder Arzt, erstlich unter dem Namen Nathanael Sforcia A. 1687. und hernach unter seinem Namen 1703. und vermehrt A. 1748. 8vo.

Theatrum Botanicum und Kräuterbuch A. 1696. und 1744. in fol.

Scrutinium Magnetis Physico Medicum A. 1697. 8vo.

Lucubrationes de Plantarum Doctrina in genere A. 1698. 4to.

Dissertatio de Vita hominu¹ sani A. 1699.

Programmata invitatoria partim ad operationes partim ad Collegium experimentale Physico - Mechanico - Chymicum A. 1699. 1700. 1701.

Typus Consultationum Medicarum A. 1699. 4to.

Weckeri libr. 17. de Secretis cum additionibus A. 1701. 8vo.

Disp. de acquirenda Vita longa vitate. A. 1703. 4to. verteutscht: Unterricht ein hohes Alter zu erlangen. Nordhausen A. 1727. 8vo.

Dissertatio de Vromantias Usu & abusu. Basel Anno 1705. in 4to.

Epitome totius Medicinæ A. 1706. 8vo.

Fasciculus Differtationum Medicarum felectarum, quæ privata ejus cura, inftitutione & auxilio publice ventilatæ funt. A. 1710. in 8vo.

Theatrum Praxeos Medicæ. A. 1710. 4to.

Examen & Ufage de l'Eau minerale dans le petit Champois de la Vacherie du Fortbourg, appartenente à la Ville de Dellemont proche du Près de Voete A. 1711. 4to.

Dubitatio Medica de Methodo docendi Medicinam Mathematica. A. 1714. 4to.

Pædojatreja practica cum fpecimine Naturæ Medicæ, & remediorum Formulis A. 1722. 8vo.

Von ihme find in den *Mifcellaneis Academiæ Naturæ Curieforum* folgende Obfervationes einverleibet:

In Decuria II. anni 2.
De Excrefcentia carnea uterina.
In Decuria II. anni 6.

Mercurii crudi effectus in Colica fpafmodica, a fecum duritie alvum contumaciter obftruente, oriunda. Obf. 231. Palpitatio Cordis diuturna, a polypis in utroque cordis ventriculo enatis, producta lethalis. Obf. 232. Caries maxillæ fuperioris extrufum dentem fubfecuta. Obf. 233. Anatome Maniaci. Obf. 334.

In Decuria II. anni 9.

Admirandi partus gemellarum vivarum umbilicotenus fibi invicem connatarum. Obf. 134. Ciliorum color nigerrimus fubito in album mutatus. Obf. 135. Hydrops ovarii muliebris ftupendus, in exenteratione mulieris cujufdam repertus. Obf. 136. Calculi & arenulæ copiofæ in fecundina humana repertæ. Obf. 137. Grando palpebræ oculi feliciter difcuffus. Obf. 217. Anatome pueri variolis malignis extincti. Obf. 218.

In Decuria II. anni 10.

Tertiana febris fpafmodica Obf. 199. Grando palpebræ oculi feliciter & prompté difcuffus. Obf. 200. Puellus fine Cerebro natus ad momentum vivens. Obf. 201.

In Decuria III. anni 1.

De Hiftoria & Anatome ruftici, hydrophobia fecundo menfe poft acceptum a cane rabido vulnus, correpti & extincti. Obf. 104. De mira rabiei canis caufa. Obf. 105. De Arthritide verminofa in manu podagrici. Obf. 106. De Mercurii vivi effectu fecunda vice in eodem homine obfervato. Obf. 107. De fero Lactis perpetuo lacteo in Viro. Obf. 108.

In Decuria III. anni 5. & 6.

De Scabie cum tremore, ad tabem inclinante. Obf. 6. de pudendorum muliebrium excoriatione & intumefcentia, poft partum difficilem. Obf. 7. De Anatome Viri Afthmate & hydrope Thoracis defuncti. Obf. 8. De Afthmate lymphatico cum febri catarrhali feliciter curato. Obf. 9. De Fiftula offis fquamofi, abfceffum auris fecuta, feliciterque fanata. Obf. 10. De Febri maligna continua feliciter curata. Obf. 11. De Ifchuria per plures dies durante. Obf. 12. De exenteratione cadaveris puelli, phthifi & hydrope extincti. Obf. 276. De Fractura coftarum, cum fubfequente vulnere, fyderatione, Hydrope pulmonis atque morte. Obf. 277.

Anni 5. & 6. Appendice.

De Chryfopœia, variæ litteratorum epiftolæ communicatæ per Dn. D. Theodor. Zuingerum P. P. Bafil. Acad. Cur.

In Decuria III. anni 7. & 6.

De syrupo prophylactico ad prolongandam vitam & Podagræ aliorumque morborum insultus arcendos, mitigandosque experto. Obs. 10. De Fractura ossium cruralium multiplici, cum juncturæ Tali dislocatione, feliciter curata. Obs. 11. De historia Fistulæ lumbaris, e rene dextro calculoso scaturientis, & subtercutim, musculosque clunis dextræ reptantis, lethiferæ, cum cadaveris anatome. Obs. 12. De ulcere antiquo, in meatu urinario, feliciter curato. Obs. 13.

Ferner in den *Observationibus Physico - Medicis* gleicher *Academiæ Naturæ curiosorum.*

Centuria VII. & VIII.

De cardialgia hirudinosa. Obs. 25. De variis infectis per vomitum excretis a virgine quadam fascinata. Obs. 26. De spasmo periodico musculorum cervicis. Obs. 27. De hemicrania chronica euporisto remedio tandem curata. Obs. 28. De partu octimestri monstroso. Obs. 29. De vesicæ ruptura lethali. Obs. 30. De duplici pollice infantis recens nati & altero eorum feliciter extirpato. Obs. 31. De Mensibus e dorsi cute fluentibus. Obs. 86. De hectica a scirrhositate Pylori ac Pancreatis proveniente iethali. Obs. 87.

Weiters in den *Actis Physico - Medicis*, gleicher *Academiæ Natur. Cur.*

Volumine I.

Gemellæ, quarum altera nigra, altera alba. Obs. 77. Exenteratio Cadaveris viri hydrope Thoracis extincti. Obs. 78. Maculæ scorbuticæ nigræ per universum corpus dispersæ. Obs. 79. Uteri prolapsi exsectio non lethalis. Obs. 80.

Auch in den Breßlauischen Samlungen Natur- und Medicin-Geschichten XIII. Versuch p. 274. de Febribus erraticis Basileæ grassantibus A. 1720.

Von seinen Söhnen sind gestorben 1. Johann Jacob der An. 1707. Medicinæ Candidatus zu Basel worden, aber ehe er den Doctor-Grad erlanget, gestorben, und zu Basel

Specimen Physices eclectica experimentalis A. 1707 in 12.

Disp. Inaug. de Valetudine plantarum secunda & adversa. A. 1708. 4to in Druck gegeben.

2. Theodor A. 1713. der Prediger in dem Waisenhaus in der Stadt Basel und A. 1716. Pfarrer von Aristorf, und 3. Johannes der A. 1714. Prediger der Deutschen Reformirten Gemeind zu Mariakirch und A. 1721. Pfarrer zu Kilchberg in dem Basler Gebiet worden, und eine *Dissertation de Siclis Hebræorum* A. heraus gegeben: und leben noch

4. Johann Rudolf der A. 1707. Magister Philosophiæ und A. 1710. Medicinæ Doctor worden, in dem folgenden Jahr eine Reise nach Lausanne und Genf gethan und bey seiner Zuruckkunft A. 1712. in dem 20. Alters-Jahr Professor Logices, und hernach A. 1721. Professor Anatomiæ & Botanices und A. 1724. Medicinæ practicæ, auch A. 1729. 1740. A. 1752. Rector der hohen Schul worden, da immittlest auch ihme A. 1720. von dem Marggrafen von Baden-Durlach die Mitbesorgung des Land-Physicats der Herrschaft Röteln aufgetragen und er A. 1724. unter die Mitglieder der Acad. Naturæ Curios. unter dem Namen Avicenna II. aufgenommen worden. Es ist von ihme zu Basel in Druck kommen

Dissertat. de cerebri humani structura naturali A. 1709. Præs. Joh. Jac. Harder Med. D. & Prof. A. 1710.

Dissert. Inaug. de Usu & Functionibus Cerebri, indeque dependente inclinationum & ingeniorum diversitate A. 1710. 4to.

Diatribe de præjudiciis mentis humanæ A. 1712. 4.

Disp. de Methodo Medicinam docendi Mathematica A. 1714.

Ars cogitandi erotematica cum præludio Philosophiæ A. 1715. 8vo.

Parodoxon Logicum, quod omnis homo bene in omnibus raciocinetur A. 1718.

Differtatio de Divinitate Medicinæ A. 1724.

Problemata Medica de Prole cranii experte eod. 1728.

Auch hat er An. 1748. eine Herausgab von Hippocratis Opusculis Aphoristicis zu Basel veranstaltet, und diesen ein *Speculum Hippocraticum de Notis & præsagiis morborum* beygefüget, welches letztere auch Anno 1760. zu Florenz in 8vo gedruckt worden.

Auch befinden sich von Ihme in den Observationibus Physico Medicis gemelter *Acad. Natur. curiof.* folgende Observationes.

Centuria VII. & VIII.

De dislocatione vertebrarum cum abscessu abdominis succedente lethali, Obs. 81. Historia quædam empyematis funesti. Obs. 82. Exenteratio puellæ phthisi extinctæ. Obs. 83.

Ferner in den *Actis Physico-Medicis, Academiæ naturæ curioforum.*

Vol. I.

Proles pustulosa. Obs. 81. Appendix præternaturalis cœca Intestini Ilei. Obs. 82. Vesica bovis gemina. Obs. 83. Fœtus circiter quadrimestris, abortu editus, cum sterno concavo & regione umbilicali valde prominente, &c. Obs. 84.

In *Actis Helveticis - Mathem. Botan. & Medicis* folgende Observationes.

Vol. I.

Hydrocephalus cum defectu Calvariæ. Obs. I. Mictus cruentus cum Vesica tota callosa in Tabem desinens. Obs. 2. Lacertus aquaticus vivus à puella per alvum redditus post gravia pathemata convulsiva. Obs. 3.

Vol. II.

Vol. II.

Hernia umbillicalis incarnata Ileo superveniente Sphacelata & exulcerata. Obf. Curationes electricæ Herniplecticorum. Obf.

Vol. III.

Diarium Phyfico Medicum A. 1755. Obf.

Vol. IV.

Dyfuria ex ulcere inteftinali in veficam pervio in Marasmum definens. Obf. 17. Vomitus puellæ diurnus Hauftu mercurii vivi fublatus. Obf. 18. Diariolum Nofologicum Bafilienfe. A. 1759. Obf. 29.

5. Friederich der auch An. 1722. die Würde eines Magiftri Philofophiæ erhalten, und begabe sich A. 1723. nach überstandenem Examine zu der Doctor-Würde in der Medicin, erftlich auf die hohe Schul zu Tübingen und nachwehrts auf die zu Leiden in Holland, allwo er einige Jahr zugebracht, und nach feiner Zurückkunft Anno 1732. die würkliche Doctor-Würde erhalten, auch folglich A.   von dem Marggrafen von Baden-Durlach zu feinem Hof-Raht und Leib-Arzt angenohmen worden: A. 1751. gelangte er zu der Profeffione Anatomiæ & Botanices, und A. 1752. zu deren Medicinæ Theoreticæ, und A. 1760. zu dem Rectorat der hohen Schul, und ift von ihme zu Bafel in Druck kommen:

Differtatio Inaug. de Paraphrenitide. A. 1731. 4to.

Pofitiones de Hiftoria A. 1737.

Lucubratio Rhetorica A. 1745.

Das obbemelte *Theatrum Botanicum* oder Kräuter-Buch; feines fel. Vatters mit Zufätzen vermehret A. 1744. Fol. und find von ihme in den

Actis

Actis Helveticis Physico-Mathemat. Botan. Medicis folgende
Observationes :

Vol. I. de Suffocato puero à Semine Phaseoli inasperam Arteriam illapso p. 43.

De Risu involuntario vehementi & convulsivo, quem febris purpura rubra & alba sequebantur p. 47.

De Fungo peculiari autumni tempore reperto p. 50.

Vol. II. de Febri miliari sive purpura rubra & alba p. 20.

Vol. III. Observata Lithologica cum iconibus. p. 226.

Auch kommen von ihme die Verzeichnussen der Baselschen Pflanzen, welche denen besondern Theilen der Merkwürdigkeiten der Landschaft Basel beygefüget sind.

II. Johann Rudolf ward A. 1676 Magister Philosophiæ und A. 1684. unter die Kirchen-Diener aufgenommen; Er that eine Reise nach Zürich und Genf, und predigte an dem letzten Ort öfters in der deutschen Gemeind, und hatte auf ein Zeit den Fürst Carl Fridrich von Anhalt-Bernburg zu einem Zuhörer, welcher ihme auf Verlangen ein Pfarr-Stell in seinen Landen ertheilt hätte; er nahm aber A. 1686. die Feld-Prediger-Stelle bey dem in Königl. Französis. Diensten gestandenen Regiment Stuppa an, und versahe selbige zwey Jahr lang, und verreißte nach selbiger Aufgab aus dem Hennegau durch Braband in Holland, und kommt über Brüssel, Lüttich, Deutschland ꝛc. A. 1688. nach Haus, da er zuerst den Vicariat bey der Pfarr St. Alban in der Stadt versehen, hernach A. 1690. Leut-Priester und Pfarrer von Liestall in der Landschaft Basel, A. 1700. Pfarrer bey St. Elisabetha in der Stadt, und A. 1703. Antistes und Archi Decanus, Oberster Pfarrer in dem Münster, auch Professor Locorum Theologicor. & Controversiarum Theologicarum worden, und A. 1704. die Doctor-Würde in der Theologia angenommen; er war auch ein Mitglied der Königlichen Engelländischen Gesellschaft von Fortpflanzung des Glaubens und der Religion,

und

Zwing.

und ist im Nov. A. 1708. in dem 48. Alters Jahr gestorben, und von ihme zu Basel in Druck kommen

Disput. de Causa reprobationis impulsiva, Præs. Patre A. 1680. 4to.

Trost Israels in Ansehung der zu erwartenden Bekehrung der Juden. A. 1685. 12mo.

Die grosse Veränderung in Engelland, aus dem Französischen übersetzt A. 1690. 8vo.

Teufels Werk zerstöhret, oder Warnungs-Predig von Abergläubischen Künsten und deren Greuel. A. 1692. 4to.

Extremum Pietatis officium manibus D. Petri Werenfels, Th. D. & Pr. præstitum A. 1704. 4to.

Dissertatio Inaug. de Potestate Clavium eod. 4to.

Dissert. de morientium apparitione eod. 4to.

Dissert. de Satisfactionis Christi veritate A. 1706. 4to.

Dissertationis de Potestate Clavium continuatio eod. 4to.

Auch sind von ihme nachfolgende Leich-Predigen zu Basel in Druck kommen.

Von den schmerzlichen Züchtigungen GOttes und dem Amt, dessen wir uns darinnen zu befleissen haben über Psalm. XXXIX. 12-14. A. 1689.

Schmerzlicher Herzens-Schnitt frommer und christlicher Eheleuthen, wann sie durch den zeitlichen Tod von einandern getrennt werden über Ezech. XXIV. 15. 16. An. 1696.

Von unserer GOttes Kindschaft, und daraus erfolgenden Gemeinschaft des H. Geistes über Gal. IV. 6. A. 1701.

Pauli Triumph wider den Tod und dessen Anhang über I. Cor. XV 55-57. A. 1702.

Von dem Sieg der Gläubigen wider alle Geistlichen Seelen-Feind über I. Cor. XV. 57. eod.

Von plötzlichen Todes-Fällen, deren Betrachtung uns den Schlaf der Sicherheit aus den Augen treiben soll über Prov. XXVII. eod.

Tödliche Kinds-Niederkunft der H. Erz-Mutter Rachel über Gen XXXV. 17. 18. eod.

Von schmerzhaften Heimsuchungen GOttes, und was man in denselben abbitten solle über Psalm. XXXVIII. 2. 3. A. 1704.

Von dem betrübten Zustand verlaßner Wittwen, und wie sie sich darin verhalten sollen über I. Thim. V. 5. eod.

Der in Ewigkeit lebende und über Tod und Hölle herrschende JEsus über Apoc. I. 18. eod.

Von langwierigem Creutz der Kindern GOttes, da durch dieses zeitliche Leben ihnen erleydet, und ein sehnliche Begird nach dem Tod und darauf erfolgende Ruhe in ihnen erweckt wird über Job. VII. 2-5. eod.

Stephani des ersten christlichen Märterers Sterb-Gebätt über Act. VII. 59. eod.

Von den letzten Dingen des Menschen über Hebr. IX. 27. 28. eod.

Von schädlichen Regiments-Aenderungen, und wie solche zu verhüten über Prov. XXVIII. 2. A. 1705.

Von der ernstlichen Bitt JEsu Christi um seine Verklährung über Joh. XVII. 5. A. 1706.

Von dem Lob- und Dank-Opfer, welches die gläubige Seele GOtt für seine Guttthaten zu leisten schuldig ist über Ps. CIII. 1. 2. eod.

Von der edlen Nutzbarkeit der göttlichen Züchtigung über I. Cor. XI. 32. eod.

Die herrliche Belohnung der Gottseligkeit über I. Thim. IV. 8. eod.

Dari-

Davidische Trost-Quell wider alles Creutz und Ellend dieses Lebens über Pf. CXIX. 92. eod.

Des himmlischen Vatters getreue Fürsorg gegen Vatter- und Mutterlose Waisen über Pf. XXVII. 10. eod.

Gläubiger Kindern GOttes Trost im Leben und Sterben über II. Cor. V. 6-8. eod.

Die Stimme des zu GOtt für uns ruffenden Bluts JEsu Christi über Hebr. XII. 24. A. 1707.

Von der Rechtfertigung der auserwehlten GOttes, durch welche ihren Anklägern der Mund gestopft wird über Rom. VIII. 33. A. 1708.

Von der Geringfügigkeit und schwären Anfechtungen getreuer Dienern am Wort GOttes, wie auch dem reichen Trost, damit sie von GOtt in ihrem Creutz gestärket und aufgerichtet werden über 2. Cor. I. 6-10. eod.

Von Pauli glücklich vollendeter geistlichen Ritterschaft und darauf erlangten himmlischen Siges-Kron über II. Thim. IV. 6-8. eod.

Von dem höchsten Gut und einigem Erb-Theil gläubiger Seelen über Pf. XVI. 5-7. eod.

Sein einiger Sohn Andreas erlangte A. 1712. den Grad eines Magistri Philosophiæ und A. 1716. eines Canditaten zu dem Predig-Amt, und ward A. 1725. Prediger des Waisenhauses, A. 1726. begab er sich nach überstandener Glieder-Krankheit nach Schwalbach und in das Schlangenbad, und that hierauf eine Reise durch Holland und Deutschland, und kam A. 1727. wieder nach Basel, da er seine Prediger-Stell in dem Waisenhaus fortgesetzt, bis 1730. da er zu der Helfer-Stell bey St. Leonhard beruffen worden, und A. 1755. auch dortige Pfarr erhalten, und hat zu Basel in Druck gegeben

Christlicher Eltern Pflicht gegen ihren Kindern, und Trost über deren sowol natürlichen als gewalttthätigen Tod. A. 1742. 4to.

Die Glückseligkeit der Christen vor den Heiden, A. 1759. 4to.

III. Jacob, auch D. & Prof. Johannes Sohn legte sich auf die Wund-Arzney und Schnittkunst, und reisete von An. 1683. bis 1687. auf selbigen in verschiedenen Städte, und trat in diesem letsten Jahr in Chur-Bayrische Dienst als Feld-Chirurgus, und zog mit der Churfürstl. Artillerie in Ungarn, und hat der Schlacht zwischen Siclos und Mohaz, auch A. 1688. der Belagerung Griechisch-Weissenburg, und A. 1690. deren von Maynz beygewohnet, trat auch A. 1691. in Königl. Französische Dienst als Lieutenant, und empfieng A. 1692. in der Belagerung Namur ein gefährliche Wunde, und kehrt A. 1693. wieder nach Basel, da er auch A. 1708. in den grossen Raht und A. 1712. zu einem Hauptmann einer Compagnie Land-Volks beförderet worden, und hinterlassen Johannes, der sich auch auf die Wund-Arzney gelegt, und 5. Jahr sich darin auf Reisen geübet, auch A. 1740. des grossen Rahts, und sein Sohn Jacob A. 1762. Leut-Priester oder Pfarrer von Liestall worden. Und sein Antritts-Predig über Phil. I. 8. zu Basel in Druck gegeben.

IV. Johannes auch D. & Prof. Johannes Sohn wiedmete sich der Chymie und Apotheker-Kunst, und hat den mitleydigen und gewissenhaften Apotheker zu Nürenberg A. 1699. in Druck gegeben.

Zwinglj.

Ein Geschlecht in der Stadt Zürich, welches An. 1519. dahin gebracht Ulrich ein Sohn Ammans Uly im Wildenhaus in dem Toggenburg gleiches Namens, der den 1. Jan.

A. 1484. oder nach andern An. 1487. alda gebohren, und auf Einrahten seines Vatters Bruder Bartholome, der Pfarrer und Decan zu Wesen gewesen; bald zehenjährig nach Basel und hernach nach Bern geschickt worden, da er sonderlich in der Lateinischen Sprach und Vers-Kunst so zugenommen, daß er auf die hohe Schul nach Wien, die Philosophie und Weltweisheit zu ergreifen kommen, und nachdem er auch in selbigen merklich zu genommen, nach etlichen Jahren nach Basel berufen worden der Martinianischen-Schul vorzustehen, da er annebst in der Music und sonderlich dem Lautenschlagen sich geübet, und in den Philosophischen Studien es so weit gebracht, daß er auf dortiger hohen Schul An. 1506. die Würde eines Magistri darin erhalten, folglich sich erstlich auf die Schul- und hernach auf die gesundere Theologie durch Lesung der Kirchen-Vättern und sonderlich der H. Schrift gelegt, und in gleichem Jahr von den Einwohnern des Flecken Glarus zu ihrem Pfarrer berufen worden, deßwegen er von dem Bischof von Costanz zum Priester geweyhet worden, und zu Rapperschweil die erste Predig gethan, und auf Michaelis Tag in seinem Vatter-Ort in Wildenhaus die erste Meß gehalten; zu Glarus hat er die Pfarr-Stell bey zehen Jahren versehen, und die Evangelische Wahrheit aus weiterer eyfriger Lesung der Heil. Schrift A. 1516. vorzulegen angefangen, auch sich auf die Red-Kunst, Historie, und sonderlich auch auf Hebräisch und Griechische Sprachen gelegt, und in den freyen Künsten geübet, auch A. 1513. in dem Zug nach Novarra und A. 1515. in dem Treffen zu Marignano die Feld-Prediger Stell bey den Glarnerischen Völkern vertretten. A. 1517. ward er von dem Freyherrn Theobald von Geroldseck damaligen Verwalter des Stifts Einsidlen zu einem Prediger daselbsthin berufen, dahin ihne die von Glarus nicht gern abfolgen lassen, und zwahr so, daß sie in Hofnung er werde etwan wieder zu ihnen kommen, ihme das Pfarr-Einkommen noch 2. Jahr zukommen lassen; er lehrete das viel dahin gekommene Volk sonderheitlich die Vergebung ihrer Sünden allein in dem Verdienst Christi zu suchen setzte auch annebst seine Studien daselbst fort, lehrnete insbesonder die Episteln Pauli auswendig, schrieb selbige auch in Mangel

gel eines eigenen Exemplars in Griechischer Sprach selbst ab: hat sich auch schon daselbst und auch hernach zu Zürich dem aus Italien angelangten Ablas-Krämer Samson widersetzt, er ward hierdurch so bekannt, daß der Probst und Capitul des Stifts zum grossen Münster in der Stadt Zürich ihne den 11. Sept. An. 1518. zum Leut-Priester oder Pfarrer derselben Kirchen erwehlet, und er mit Anfang des folgenden Jahrs auch sein Amt mit Predigen über das Evangelium Matthei angefangen, und folglich in allen auch nach überstandenen Pest-Angrif fleißig gehaltenen Predigen sonderheitlich den einigen Verdienst Christi getrieben und nach und nach die meisten Bücher des Alten und Neuen Testament mit Vorstellung und Widerlegung der so vielen in der Kirch eingeschlichenen Aberglauben und Mißbräuchen erklähret. Zu deren Abschaffung er auch die um selbige Zeit zu Zürich gewesene Päbstliche Abgesandte und auch den Bischof von Costanz mit allem Ernst ersucht: er auch Anno 1520. bey dem Raht zu Zürich er dahin gebracht, daß allen Pfarrern und Geistlichen anbefohlen worden die heiligen Evangelien und Apostolische Send-Briefe allein nach GOttes Geist und heiliger Schrift Alten und Neuen Testaments zu predigen. Zeigte auch einen sondern Eyfer wider das durch die fremde Pensionen, und Reislaufen in fremde Kriegs-Dienste und sonsten entstandene lasterhafte Leben, Unzucht, Pracht, Müßigang ꝛc. und brachte es A. 1521. so weit, daß man zu Zürich sich endlich verbunden keine Geschenk noch Pensionen mehr wegen Kriegs-Diensten von irgend einem fremden Fürsten anzunehmen; gleich er auch schon ein Jahr zuvor ein von dem Pabst gehabtes Gnaden-Geld aufgekündet und nicht mehr aufgenohmen. Da man auch das Verbott Fleisch an gewissen Tagen zu essen zu Zürich, durch seine Lehr, daß selbiges in der H. Schrift nicht begründet; gering zu achten angefangen, und A. 1522. von seithen des Bischoffen von Costanz hierwider bey der Oberkeit und auch dem Probst und Capitul zu Zürich ernsthafte Vorstellungen gemacht worden, solches ihne veranlaset sein erste Schrift von dem Erkiesen und Freyheit der Speisen, und hernach auch ein in 69. Articuln bestehende Schutz-Schrift seiner unter dem Namen Ap.logeticus Archeteles in Druck zu geben; Er hat auch

auch einen gelehrten Barfüſſer-Mönchen Franciſcum Lambertum, der aus Frankreich in die Eydgenoßiſche Land kommen, und ſonderlich die Fürbitt der Heiligen verthädiget, in einem mit ihme gehaltnen öffentlich Geſprächen davon abzuſtehen verleythen mögen: Er ward auch verwahrnet in Anſchaffung der Speiſen und deren Gebrauch in Gaſtereyen vor Vergiftung ſich zu verſorgen, und zeigten ſich damahlen und auch hernach nächtliche Anſchläge ihne aufzufangen oder um das Leben zu bringen. In dem folgenden Jahr hat er ſeine Meynung wider die Anrufung der Heiligen den 3. Jul. in einer öffentlichen Diſputation verthädiget, und An. 1523. unerachtet Pabſt Adrianus VII. ihn Jan. ihne mit einem freundlichen Schreiben und nicht geringen Verheiſſungen bey der Achtung und Gehorſam des Römiſchen Stuhls beyzubehalten getrachtet; dennoch in gleichem Monat ſeine Lehre in 67. Puncten öffentlich vorgeſtellet, und jedem Anweſenden, deren bey 600. und auch Fremde geweſen überlaſſen ſeine Bedenken darwider zu eröfnen, welches auch auf Oberkeitliche Verordnung in folgenden Oct. drey Tage nach einander geſchehen, und zwahren in Beyweſen 900. Perſohnen, und darunter 10. Doctoren und vieler Prieſtern wie davon in dem Articul von Zürich das mehrere zu ſehen, und daß hier auch die Oberkeit beſchloſſen, daß in ihrer Stadt und Landſchaft nichts anders mehr, als was aus der H. Schrift zu beweiſen, mehr gelehrt werden ſolle, und er auch denen Pfarreren, wie ſie ſolches thun ſollen, ein Anleitung in Druck verfertiget.

An. 1524. 2. Apr. hat er ſich mit Anna Reinhartin, Johann Meyers von Knonau Wittwe ehelich einſegnen laſſen, und ſind in Jun. auch auf ſein Einrahten die Bilder ohne einige Bewegung bey beſchloſſenen Thüren aus der Kirchen gethan worden; Er bekam auch noch in dieſem Jahr mit den ſogenannten Wiedertäufern vieles zuthun, und ward den 17. Jan. A. 1525. von ihme und andern Kirchen-Dienern mit Hubmeyer einem ihrer Vornehmſten ein Geſpräch auf dem Rahthaus gehalten, von deſſen Würkung und folgenden Handlungen mit denſelben unter dem Articul: Wiedertäufer: das mehrere zu finden. Er hat nebend 4. andern Kirchen-Dienern der Stadt auch den

12. Apr.

12. Apr. dieses Jahrs vor dem kleinen und grossen Raht um Abschaffung der Meß mundliche Vorstellungen und Ansuchen gethan, sonderlich des Stadt-Unterschreiber im Grüt Gegenvorstellungen widerlegen müssen, und ist zwey Tage darauf von ihme und den andern das erste mahl das H. Abendmahl nach der Einsatzung Christi gehalten worden.

Er hat immittelst seine Studien sonderlich auch in der Griechischen und Hebräischen Sprach fortgesetzet, auch viel Sorgfalt zu besserer Einrichtung der Schulen angewendet, auch öfters bey den Lehr-Stunden zweyer in der Hebräischen Sprach erfahrnen beygewohnet, und ist An. 1525. auch zum Professor der Gottsgelehrtheit und zugleich auch zum Schulherrn bestellt worden.

Er hat zwahr An. 1526. der zu Baden angestellten Religions-Disputation aus besorgter Unsicherheit, und Oberkeitlichen Verbutt nicht beygewohnet, aber mit schriftlichem Rahten und Mahnen eben so viel, als wenn er persöhnlich gewesen, zu Bestärkung der Evangelischen Lehr beygetragen; Hingegen hat er sich unter starkem Oberkeitlichen Begleit in Jan. An. 1728. nach Bern begeben, und hat auf der daselbst angestellten Religions-Disputation seine Lehr mit vielem Nutzen und Uberzeugung noch wanklender Gemühtern nachdrucksam verthädiget.

Er hat nebst Joh. Oecolampadio von Basel auch in Sept. An. 1529. dem von Landgraf Philipp von Hessen zu Marpurg angestellten und auch von D. Martin Luther und andern Gelehrten aus Sachsen, Schwaben, ꝛc. besuchten Gespräch sonderlich wegen denen noch ungleichen Meynungen von dem Heil. Abendmahl beygewohnet, von welchem unter dem Articul Marpurg das mehrere zu finden: er wohnete auch denen A. 1529. und 1531. aus den Religions-Uneinigkeiten in der Eydgenoßschaft enstandenen krieglichen Auszügen, dem erstern freywillig um mit Rahten zu helfen, dem andern aber als erwehlter Feld-Prediger bey, und hat auch bey dem erstern Anlaas zu einem Verglich ohne Thätlichkeit das seinige beygetragen, in der bey

dem

dem anderen Anlaaß auch selbigen zu hinterhalten getrachtet, bey deſſen Fortgang aber in der den 11. Oct. zu Cappel zwiſchend der Stadt Zürich und den V. erſten Catholiſchen Eydgenoſſiſchen Städt und Orten vorgegangen Schlacht ward er mit einem Spieß unter das Kinn geſtochen, und da ein feindlicher Soldat ihne mit zuſammen gefaltenen und im Gebett bewegenden Lefzen ligend geſehen, und gefraget, ob er beichten wolle, und er mit dem Haupt nein genicket; ihme von dieſem das Haupt abgeſchlagen, und da man ihm nach der Schlacht aufgeſucht und er entdeckt worden, er durch ein Urtheil-Spruch verbrant worden: und ſollen einige ſeiner Freunden nach dreyen Tagen in mitten der Aſchen ſein Herz unverſehrt gefunden haben. Von ihme zu Zürich in den Druck kommen

Von Erkieſen und Freyheit der Speiſen, von Ergernus und Verböſerung, ob man Gewalt habe die Speiſen zu etlichen Zeiten verbieten. Zürich A. 1522. 4to.

Von Klarheit und Gewüſſe oder Unbetrogliche des Worts GOttes. eod.

Ein göttliche Vermanung an die Lerſamen ꝛc. älteſten Eydgnoſſen zu Schwytz, daß ſie ſich vor frömden Herren hütind und entladind. eod. 4to.

Predig von der ewig reinen Magd Maria, der Mutter Chriſti eod. 4to.

Ermahnung und Bitt an geſamte Eydgnoſſchaft, daß man die Predig des Evangeliums nicht abſchlage und ſich an der Prieſteren erlaubten Ehen nicht ärgern laſſe. eod. 4to.

Supplicatio quorundam apud Helvetios Evangeliſtarum ad R. D. Hugonem Epiſcopum Conſtantienſem, ne ſe induci patiatur, ut quicquam in præjudicium Evangelii promulget, neve Scortationis Scandalum ultra ferat, ſed presbyteris uxores ducere permittat, aut ſaltem ad eorum nuptias conniveat. ibid. eod.

Apologeticus Archeteles adpellatus, quo reſpondetur Paræneſi à R. D. Conſtantienſi. (quorundam procaci factione ad id perſua-

so) *ad Senatum Præpositurœ Tigurinœ , quem Capitulum vocant ; missœ.* ibid. eod. 4to.

Suggestio deliberandi super propositione Hadriani Pontificis Romani, Norimbergœ facta ad Principes Germaniœ. ibid. eod.

Handlung der Versammlung in der Lobl. Statt Zürich auf den 29. Tag Jenner von wegen des Heil. Evangelii zwischen der Ersamen treffenlichen Bottschaft von Costanz, Huldrichen Zwinglj, Predigern des Evangelii Christi und gemeiner Priesterschaft des ganzen Gebiets der Statt Zürich vor gesessnem Raht beschehen A. 1523. zu welchem End auch in Druck kommen.

Die nachbestimpten Artikel und Meinung beken ich Huldrich Zwinglj mich in der Lobl. Statt Zürich geprediget haben aus Grund der Geschrifft die Theopneustos (das ist von GOtt ingesprochen heißt,) und ambüt mich mit dero genente Artikel zu beschirmen und zu eroberen, und so ich jetz berürte G'schrifften nit recht verstunde, mich bessers Verstands doch us gedachter G'schrifft berichten lassen.

Uslegen und Grund der Schluß-Reden oder Artiklen durch Huldrychen Zwinglj Zürich uegangen. eod.

Entschuldigung etlichen Huldrychen Zwinglj zugelegter Artikel doch unwarlich, an gemein Eydgnoschaft Botten in der Stadt Bern versamt. A. 1523.

Quo pacto ingenui adolescentes formandi sint , præceptiones ibid. eod. deutsch A. 1526.

Von göttlicher und menschlicher Gerechtigkeit 4to.

De Canone Missæ Epicheresis. &

Apologia libelli de Canone Missæ. eod. 4to.

Acta oder Geschicht, wie es auf dem Gespräch den 26. 27. und 28. Tagen Wynmonats in der christenlichen Statt Zürich vor einen Ersamen gesessnen grossen und kleinen Radt, ouch in Beysin meer den 500. Priester und vil andern biderben Lüten ergangen ist, anbetreffend die Gözen und die Meß. ibid eod. 4to.

Kurze

Kurze und christenliche Inleitung, den ein Erf. Rat der Stadt Zürich den Seelsorgeren und Predicanten in iren Stetten, Landen und Gebietren wonhaft zugesandt haben, damit sie die Evangelische Warheit einhellig fürhin verkündent und iren Unterthanen predigen: auogangen 17. Nov. eod. 4to.

Der Hirt: wie man die waren christlichen Hirten und widerum die valschen erkennen, auch wie man sich mit ihnen halten solle. eod. 1524. 4to.

Ein Epistel kurz und christenlich an den Erf. Landsradt und ganze Gemeind sines Vatterlands der Grafschaft Doggenburg. eod. 4to.

Christlich Antwurt Burger-Meister und Rades zu Zürich dem Hochwürdigen Herren Hugen, Bischofen zu Costanz über die Underricht beyder Urticklen der Bilder und Meß innen zugeschickt: also in Göttlicher Warheit gründt, daß menklich ersehen mag, was davon unter Christennen Volk billich solle gehalten werden, eod. ibid.

Unterrichtung wie man sich vor Lügen büeten und bewaren solle. eod. ibid.

Ueber Johannes Eggen *Missiv* und Entbieten denen Frommen ꝛc. gemeinen Eydgenoß Botten zu Baden im Ougsten versamlet überschickt, so vil er Zwingli angerürt, Christenlich und zimlich verantwortet. eod. 4to.

Adversus Hieronymum Emserum Canonis Missæ adsertorem Antibolon eod. 4to.

Ad Fridelinum Lindoverum Bremgartensium Concionatorem super publica de Gratia per Christum hallucinatione expostulatio eod. 4to.

Antwurt dem Ehrf. Radt zu Zürich ylends geben über Anzeigen Eggen Geschrift und nüner Orten Anschlag zu Frowenfeld beschehen eod. ibid.

Antwort an Valentin *Compar* alt Landschreiber von Uri über die 4. Articul wo er im uß sinen Schluß-Reden angetastet von dem Evangelio, was es seye, von den Vättern, wie vil innen zu glauben seye, von den Bildern, und wie an denen die Schirmer und Stürmer mißlörend: vom Fägfeur: A. 1525. 4to.

Von dem Nachtmahl Christi, Wider-Gedächtnus oder Danksagung Huldrichen Zwingli Meinung jez in lateinischen *Commentario* beschrieben, und durch drey getreue Brüder ylends ins Tütsch gebracht, ob GOtt wil zu gutem auch tütscher Nation eod. 4to.

Von dem Predig-Ampt, darinnen man sicht wie die selbes Gesandten ufrürer mit Apostel als sie wöllend gesehen syn wider GOttes Wort thüind, das sy einem jeden getreuen Wächter und Prediger des Evangelii under synem Volk predginen ufschlahend, one durfft und Erlaubung der ganzen Gemeind und Wachters eod. 4to.

Von dem Tauf, Wider-Tauf und dem Tauf der jungen Kindern eod. 4to.

De peccato originali ad Urbanum Rhegium eod. 4to.

Subsidium sive Coronis de Eucharistia. eod. 4to.

De vera & falsa Religione Commentarius eod. 4to.

Antwort über D. Baltazars Hübners Touf-Büchlein. eod. 4to.

Ad Matthæum Alberum, Ruthlingensium Ecclesiasticen de Cæna Domini Epistola eod. 4to.

Ueber die Gevatterschaft daß si die Ee nit hintern soll noch mag; Zwinglis Antwurt an alle Gemein Eydgenossen mit ernstlicher Wahrnung daß sich die nit lassend gegen einander verwirren. eod.

Welche Ursach gebend zu Ufruren, welches die waren Ufrürer sygind, und wie man zu Christlicher Einigkeit und Fryden kommen möge. eod. 4to.

Ad Joannis Pugenhagii, Pomerani Epistolam de Cæna Domini Responsio eod. 4to.

Eine klare Unterweisung von dem Nachtmahl Christi. A. 1526. 8vo.

Des Rats zu Zürich Gleits-Brief D. Johann Eggen A. 1524. zugeschickt, samt Zwinglis Antwort an die Eydgenößischen Botten im Jahr 1527.

Geschrift an Gemein Eydgenossen, die Disputation gen Baden angeschlagen betrefend.

Ad Theobaldi Billicani & Urbani Rhegii Epistolas Responsio eod.

Die erst kurz Antwurt über Eggen siben Schluß-Reden mit einer Epistel an die Ersamen Rahts-Botten der XII. Orten. eod. 4to.

Die andere Antwurt über etliche unwarhaft, unchristlich Antwurten die Egg uf der Disputation zu Baden geben hat mit einer Vorred an ein lobliche Eydgnoßschaft. eod. 4to.

Geschrift an Gemein Christen voraus in einer L. Eydgnoßschaft warnend vor Fabers fürnemmen, der die Bücher und das Neue Testament zu verbrennen unternimmt.

Antwurt über die hinderwerts ausgesprengte Brief D. Fabers. eod. 8vo.

Die andere und dritte Schrift und diese letstere über sein erdichtet Büchlein, das er nüw Zytung genennt an D. Faber. eod. 8vo.

Epistola ad Petrum Gynoræum, nunc Augustæ agentem, qua nonnulla de Eccio, Fabro, Balthasare Catabaptista comperies.

Responsio brevis ad Epistolam satis longam amici cujusdam haud vulgaris, in qua de Eucharistia quæstio tractatur. eod.

Fründliche Verglimpfung und Ableynung über die Predig des Martin Luthers wider die Schwermer zu Wittenberg gethan und beschrieben zu Schirm des wäsenlichen Lychnams und Bluts Christi im Sacrament zu guter Bewarung. eod. 8vo.

Christliche Epistel an die Gläubigen zu Eßlingen von etlichen Predigen D. Balthasar Sattlers. eod.

Unt-

Antwurt über D. Strusen Büchlein wider Zwingli geschriben das Nachtmahl Christi betreffend. A. 1527. 4to.

Christenliche Antwurt daß dise Wort JEsu Christi; das ist mein Lychnam der für üch hingeben wird: ewiglich den alten eynigen Sinn haben werden, und M. Luther mit sinem letsten Buch sinen und des Bapsts Sinn gar nicht gelert noch bewärt hat. 8vo.

In Cataptistarum strophas elenchus. eod. 8vo.

Amica Exegesis, id est, Expositio Eucharistiæ Negotij ad Martinum Lutherum. A. 1527. 8vo.

Farrago Annotationum in Genesin & Exodum per Leonem Judæ & Casparum Megandrum exceptarum. eod. 8vo.

Antwurt über D. Luthers Buch Bekanntnus genant A. 1528. 8vo.

Zwey zu Bern gehaltene Predigen in der erstern er anzeiget, daß er in allen Stücken die in dem gemeinlich versachnen Glauben vergriffen sind, einhellig seye mit allen Rechtglaubigen und Verständigen; die ander aber handelt von der Standhaftigkeit. eod. 8vo.

Annotationes in utramque Epistolam ad Corinthios per Leonem Judæ ex ore Zuinglii conceptæ. eod. 8vo.

Wie sich Zwingli und Luther zu Marpurg in der Summa Christlicher Lere gleichförmig zu seyn befunden habend. A. 1529. 4to.

Complanationis Isaiæ Prophetæ fœtura prima cum Apologia complanationis, cur quidque sic versum sit. eod. fol.

Ad Carolum Romanorum Imperatorem Comitia Augusta celebrantem Fidei ratio. A. 1530. 4to.

Ad Illustriss. Germaniæ Principes Augustæ congregatos de Eccii conviciis Epistola. 4to.

Ad Ill. Cattorum Principem Philippum de Providentia Dei Anamnema ecd. 8vo.

Chri-

Christiana fidei in Huldrico Zuuinglio prædicata brevis & clara expositio ad Regem Christianissimum scripta. eod.

Complanationis Jeremiæ Prophetæ factura prima cum Apologia cur quidque sic versum sit. A. 1531. fol.

Enchiridion Psalmorum, quos ex Hebraica veritate latinitate donavit & sua claritate illustravit A. 1532. 12.

Liber Proverbiorum Solomonis juxta Hebraicam veritatem explanatus.

Complanatio Ecclesiastes Cantici Canticorum liber Job.

Annotationes in Evangelia Matthæi, Marci, Lucæ & Johannis, Historiam Passionis Dominica, in Epistolas ad Romanos I. & II. ad Corinthios, ad Philippenses, ad Colossenses I. & II. ad Thessalonicenses & B. Jacobi ex Zuuinglii ore in Concionibus sacris & lectionibus publicis excepta per Leonem Judæ, & in Epistolam ad Hebræos & Johannis Epistolam primam per Gaspar Megandrum. ibid. An. 1532. in fol.

Expositio in Epistolam Jacobi per Leonem Judæ edita. ibid. An. 1133. 8vo.

Zuuinglii & Oecolampadii Epistolarum libr. IV. Basel 1536. in fol.

Epistolarum liber, in Editione operum de A. 1581.

Acta Tigurina inter Episcopi Constantiensis Suffraganeum & Huldr. Zuuinglium ab eodem & Erasmum perscripta. in Monumentis Pietatis & Literaria &c. Franckfurt An. 1701.

Von vorbeschriebenen Werken sind alle meistens von Rudolf Gwalter seinem Tochtermann und hernach auch Oberster Pfarrer in der Stadt Zürich in die Lateinische Sprach übersetzt, auch einige absonderlich in selbiger in Druck kommen; alle aber sind von gedachten Gwalter An. 1544. zusammen in IV. Tomis in fol. in Druck befördert worden, und kam auch von selbigen An. 1581. ein neue Ausgab von selbigen in III. Tomis heraus; Bibliandri Purgatio Scriptor. Zwinglii, Bullinger in libello de Prophetæ officio. Myconius in Epistolas Zwinglii & Oecolompad. Hottinger Helvetische Kirchen-Geschichte Tom. III. Lebens-Beschreibung M. Ulrich Zwingli Zürich A. 1719. Pantaleons Heldenbuch P. III. p. 110. Freher. Theatrum Vir. Erud. Clar. P. I. p. 105. Moreri grand Dictionaire Historique, und in Supplement desselben Du Pin nouvelle Biblioth. des Auth. Ecclesiast. Tom. XIII. p. 55. Nebst der an gleich gedachten Gwalter verheyrahteten Tochter Regula hinterliesse er auch einen Sohn gleiches Namens, der An. 1547. Magister Philosophiæ auf der hohen Schul zu Basel, An. 1549. Helffer in der Leut-Priesterey in der Stadt Zürich. An. 1556. Professor der Hebräischen Sprach in dem Ober-Collegio und An. 1557. auch Pfarrer in dem Spittal daselbst worden, hat auch zugleich von An. 1568. einen Theil der Theologischen Profession versehen, und ist ein Vatter gewesen auch eines gleichen Namens, der auch auf der hohen Schul zu Basel An. 1584. Magister Philosophiæ und zu Zürich 1585. und 1592. Vicarius bey der Theologischen Profession worden mit dem Namen eines Professoris Novi Testamenti, und hat in Druck gegeben

Sermones XXX. in Caput XI. Epistolæ ad Hebræos, cum Continuatione Petri Pictaviensi, Galli Genealogiæ & Chronologiæ S. Patruum usque ad nostra Tempora. Basel 1592. fol.

Es bekam auch An. 1697. das Burger-Recht in der Stadt Zürich Hans Heinrich Zwingli gebürtig von Elg, der An. 1636. Pfarrer in der Grub in dem Appenzeller Land und An. 1659. Pfarrer von Afholtern in dem Zürich Gebiet, auch An. 1679. Decanus des Freyamts Capituls worden, welche Stell auch sein Sohn gleiches Namens An. 1696. bekommen, und An. 1677. Pfarrer von Afholtern und 1701. Pfarrer von Ottenbach worden.

Zwinkel.

Ein Dörflein an der Aren, in dem Guttbanen-Thal, in der Gemeind Ober-Hasli, in dem Bernerischen Amt Hasli.

Zwischbergen.

Ein Thal in der Pfarr Ruden, in dem Zehnden Brüg in dem Land Wallis.

Zwischenbach.

Ein Hof in der Pfar und Gemeind Aegeri, in dem Ort Zug.

Zwiselberg.

Ein Dorf, Wald und Berg in der Pfare Amsoldingen und dem Bernerischen Amt Thun, welches ehemahls in die Herrschaft Reütigen gehört, und mit selbiger A. 1394. an die Stadt Bern von Adrian von Bubenberg verkauft worden.

Zwißig, siehe Zweysig.

in Zwißlen.

Ein Dörflein in der Pfarr und Gemeind Gais, in dem Land Appenzell ausser Rooden.

Zwitzer, Zwitzerland, siehe die Schweiz.

Zwöllen.

Ein ausgestorbenes Geschlecht in dem Ort Zug, aus welchem Hans A. 1444. bey St. Jacob vor Basel, Adrian von Walchweil A. 1513. bey Novarra und Peter A. 1515. bey Marignano umkommen.

Zwyer, siehe Zweyer.

Zwyk, siehe Zwik.

Zwyfel, siehe Zweifel.

Zwyselen.

Ein Mülli in der Pfarr und Gemeind Bätzenschweil, in der Stift St. Gallischen Grafschaft Toggenburg.

Zybol oder Zybold.

Ein ausgestorbenes Geschlecht in der Stadt Basel, aus welchem Johann A. 1349. an dem Gericht gewesen, Jacob von Achtburgern A. 1400. Obrister-Zunftmeister, A. 1401. des sogenannten Bischofs Hof in der mindern Stadt erkauft und des folgenden Jahrs dem Cartheuser-Orden vergabet, bekam auch A. 1395.

A. 1395. und 1399. die Vorder- und Mittel-Burg Wartenberg zu Lehen, und sein Sohn Burkhard ward A. 1429. auch Obrist-Zunftmeister, war auch Pfandherr der Grafschaft Werr, welche er aber A. 1415. wieder verkauft; hat auch der von seinem Vater gestifteten Carthaus so grosse Vergabungen gethan, daß er vor einen Mit-Stifter geachtet worden, und ist das Geschlecht mit seinem Sohn Caspar ausgestorben. Wurstisens Basel Chron. p. 203. & 205.

Zydler, siehe Zidler.

Zysen, auch Cisen.

Ein gros Dorf in dem Stadt Baselischen Amt Wallenburg da auf dem Hügel, da die Pfarrkirch stehet, ehemals die Wohnung der Edlen von Eptingen gewesen, darum sie auch etwan Zysern oder Cisner genennt worden.

Zyl, siehe Ziel.

Zyli, siehe Zili.

Zymicken oder Zimiken.

Ein Hof in der Pfarr Uster, dessen Vogtey A. 1386. Ulrich von Landenberg und Waltar an den Ort verkauft; ob auch daselbst das Stammhaus der Edlen dieses Namens, daraus Gutthäter des Stifts S. Urban, und Conrad An. 1248. der Grafen von Habsburg Vogt von Lauffenberg gewesen, ist noch ungewiß.

Zyser.

Ein ausgestorbenes Geschlecht in der Stadt Basel, aus welchem Onofrio A. 1672. Rahtsherr worden.

www.ingramcontent.com/pod-product-compliance
Lightning Source LLC
Chambersburg PA
CBHW021228300426
44111CB00007B/471